THOMSON REUTERS
ProView

PARABÉNS!
VOCÊ ACABA DE ADQUIRIR UMA OBRA
QUE JÁ INCLUI A VERSÃO ELETRÔNICA

Baixe agora e aproveite todas as funcionalidades.

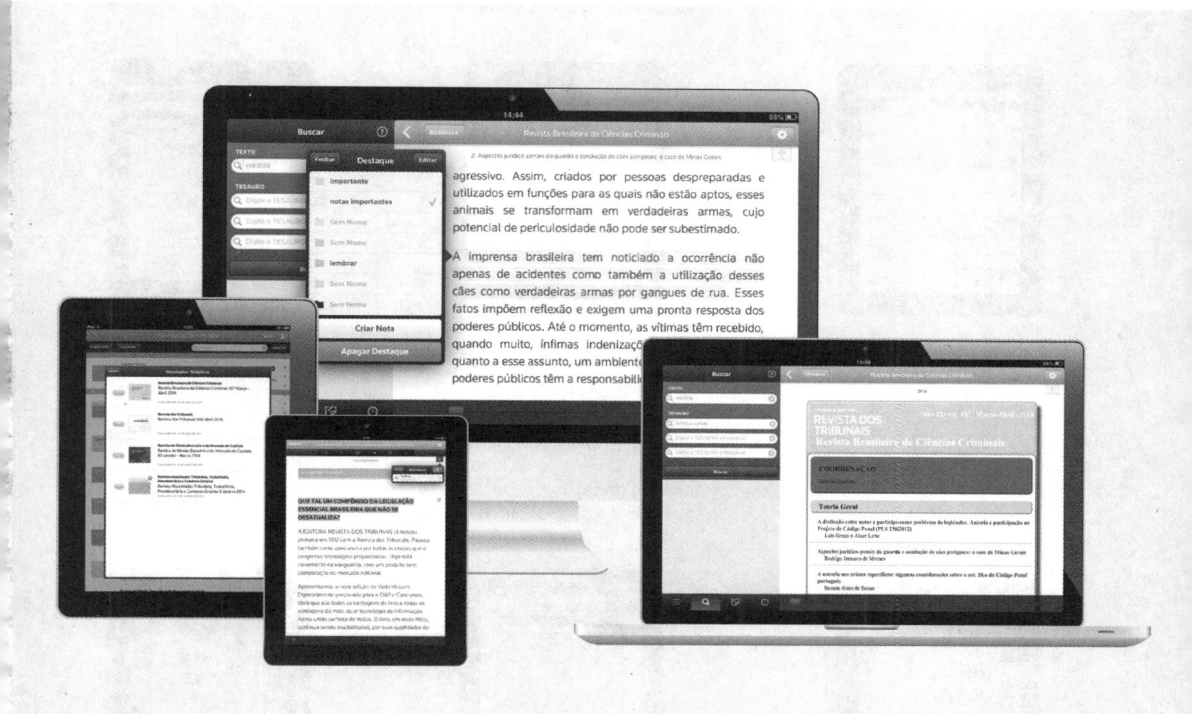

Acesso interativo para os melhores livros jurídicos no seu iPad, Android, Mac, Windows PC e na Internet – com o **NOVO aplicativo Thomson Reuters ProView™**.

FUNCIONALIDADES DO LIVRO ELETRÔNICO **PROVIEW**

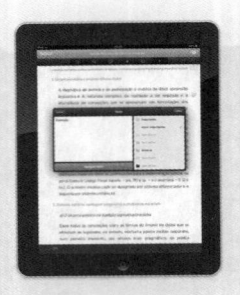

SELECIONE E DESTAQUE TEXTOS
Faça anotações e escolha entre uma variedade de cores para organizar suas notas e destaques.

USE O TESAURO PARA BUSCAR INFORMAÇÕES
Neste tipo de busca, ao começar a escrever um termo, irão aparecer diversas palavras do índice Tesauro relacionadas ao termo pesquisado.

HISTÓRICO DE NAVEGAÇÃO
Acompanhe as páginas navegadas.

ORDENAR
Ordene sua biblioteca por: Título (ordem alfabética), Tipo (livros e revistas), Editora, Lidos Recentemente, Posse (exibe apenas os livros próprios, não os emprestados de uma biblioteca).

CONFIGURAÇÕES E PREFERÊNCIAS
Escolha a aparência dos seus livros/periódicos no ProView mudando a fonte do texto, o tamanho do texto, o espaçamento entrelinhas e o esquema de cores.

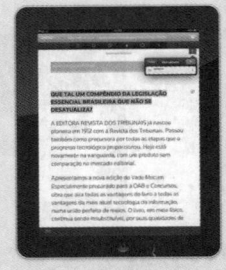

MARCADORES DE PÁGINA
Crie um marcador de página no livro tocando no ícone de Marcador de Página [1] situado no canto superior direito da página.

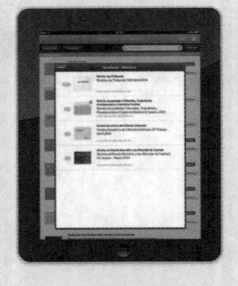

PESQUISE EM SUA BIBLIOTECA
Pesquise em todos seus *e-books* baixados e obtenha resultados com os nomes dos livros/periódicos onde os termos foram encontrados e o número de vezes que eles aparecem em cada livro/periódico.

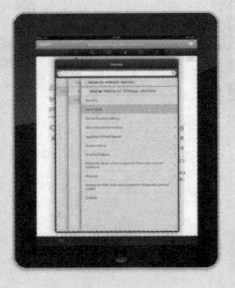

LINKS NO SUMÁRIO
Sumário com *links* diretos para o conteúdo abordado.

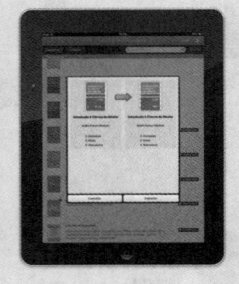

TRANSFIRA ANOTAÇÕES PARA UMA NOVA EDIÇÃO
Transfira todas as suas anotações e marcadores de maneira automática com a função "Importar Anotações".

THOMSON REUTERS
ProView

Para baixar seu livro eletrônico:

1. Acesse o link www.livrariart.com.br/proview
2. Digite seu nome, seu e-mail e o CÓDIGO DE ACESSO que se encontra na etiqueta adesiva colada neste livro.
3. Você receberá no e-mail informado a validação do código de acesso.
4. Se você já é usuário ProView, seu livro aparecerá em sua biblioteca. Caso ainda não seja, siga os passos do e-mail que recebeu para criar seu usuário OnePass, um sistema de login que permite o acesso a vários sites da Thomson Reuters com um único nome de usuário e senha.
5. Faça seu cadastro no OnePass e em seu primeiro acesso ao ProView, digite a chave que recebeu por e-mail.
6. O uso é pessoal e intransferível ao proprietário da obra, sob pena de multa.

Aproveite seu livro eletrônico e boa leitura!

Obrigado por escolher a Thomson Reuters.

Abaixo o seu código de acesso:

6B0-7DL-FS28-EMS3-C6QI

THOMSON REUTERS

Curso Avançado de Processo Civil

Teoria Geral do Processo   1

Diretora de Operações de Conteúdo
JULIANA MAYUMI ONO

Editorial: Andréia Regina Schneider Nunes, Cristiane Gonzalez Basile de Faria, Diego Garcia Mendonça, Luciana Felix, Marcella Pâmela da Costa Silva e Thiago César Gonçalves de Souza

Assistente Editorial: Francisca Sena

Produção Editorial
Coordenação
IVIÊ A. M. LOUREIRO GOMES

Líder Técnica de Qualidade Editorial: Maria Angélica Leite

Analista de Projetos: Larissa Moura

Analistas de Operações Editoriais: André Furtado de Oliveira, Damares Regina Felício, Danielle Castro de Morais, Felipe Augusto da Costa Souza, Gabriele Lais Sant'Anna dos Santos, Maria Eduarda Silva Rocha, Mayara Macioni Pinto, Patrícia Melhado Navarra, Rafaella Araujo Akiyama e Thaís Rodrigues Sampaio

Analistas Editoriais: Claudia Helena Carvalho, Daniela Medeiros Gonçalves Melo e Maria Cecilia Andreo

Analista de Qualidade Editorial: Carina Xavier Silva

Estagiários: Angélica Andrade, Guilherme Monteiro dos Santos, Miriam da Costa e Sthefany Moreira Barros

Capa: Chrisley Figueiredo

Adaptação da Capa: Brenno Stolagli Teixeira

Controle de qualidade da diagramação: Carla Lemos

Equipe de Conteúdo Digital
Coordenação
MARCELLO ANTONIO MASTROROSA PEDRO

Analistas: Ana Paula Cavalcanti, Jonatan Souza, Luciano Guimarães e Rafael Ribeiro

Administrativo e Produção Gráfica
Coordenação
MAURICIO ALVES MONTE

Analistas de Produção Gráfica: Aline Ferrarezi Regis e Rafael da Costa Brito

Dados Internacionais de Catalogação na Publicação (CIP)
(Câmara Brasileira do Livro, SP, Brasil)

Wambier, Luiz Rodrigues
   Curso avançado de processo civil : teoria geral do processo, volume 1 / Luiz Rodrigues Wambier, Eduardo Talamini. -- 17. ed. rev., atual. e ampl. -- São Paulo : Thomson Reuters, 2018.

   Bibliografia.
   ISBN 978-85-532-1035-0

   1. Processo civil 2. Processo civil - Brasil I. Talamini, Eduardo. II. Título.

18-12367   CDU-347.9(81)

Índices para catálogo sistemático: 1. Brasil : Processo civil 347.9(81)

LUIZ RODRIGUES WAMBIER
EDUARDO TALAMINI

Curso Avançado de Processo Civil

TEORIA GERAL DO PROCESSO | 1

17ª edição
Revista, atualizada e ampliada

THOMSON REUTERS
REVISTA DOS TRIBUNAIS™

CURSO AVANÇADO DE PROCESSO CIVIL
Volume 1
Teoria geral do processo

17.ª edição revista, atualizada e ampliada

LUIZ RODRIGUES WAMBIER

EDUARDO TALAMINI

1.ª edição: 1998 – *2.ª edição: 1.ª tiragem:* março de 1999; *2.ª tiragem:* junho de 1999 – *3.ª edição: 1.ª tiragem:* fevereiro de 2000; *2.ª tiragem:* agosto de 2000; *3.ª tiragem:* dezembro de 2001 – *4.ª edição: 1.ª tiragem:* fevereiro de 2002; *2.ª tiragem:* março de 2002 – *5.ª edição: 1.ª tiragem:* setembro de 2002; *2.ª tiragem:* março de 2003; *3.ª tiragem:* maio de 2003 – *6.ª edição:* 2004 – *7.ª edição: 1.ª tiragem:* fevereiro de 2005; *2.ª tiragem:* setembro de 2005 – *8.ª edição: 1.ª tiragem:* março de 2006; *2.ª tiragem:* abril de 2006; *3.ª tiragem:* junho de 2006; *4.ª tiragem:* setembro de 2006 – *9.ª edição: 1.ª tiragem:* março de 2007; *2.ª tiragem:* julho de 2007 – *10.ª edição: 1.ª tiragem:* março de 2008; *2.ª tiragem:* março de 2009 – *11.ª edição:* 2010. *12.ª edição: 1.ª tiragem:* outubro de 2011; *2.ª tiragem:* março de 2012; *3.ª tiragem:* julho de 2012 – *13.ª edição:* janeiro de 2013 – *14.ª edição: 1.ª tiragem:* fevereiro de 2014; *2.ª tiragem:* maio de 2014; *3.ª tiragem:* agosto de 2014 – *15.ª edição:* 2015 – *16.ª edição:* 2016.

© desta edição [2018]

THOMSON REUTERS BRASIL CONTEÚDO E TECNOLOGIA LTDA.
Rua do Bosque, 820 – Barra Funda
Tel. 11 3613-8400 – Fax 11 3613-8450
CEP 01136-000 – São Paulo, SP, Brasil

TODOS OS DIREITOS RESERVADOS. Proibida a reprodução total ou parcial, por qualquer meio ou processo, especialmente por sistemas gráficos, microfílmicos, fotográficos, reprográficos, fonográficos, videográficos. Vedada a memorização e/ou a recuperação total ou parcial, bem como a inclusão de qualquer parte desta obra em qualquer sistema de processamento de dados. Essas proibições aplicam-se também às características gráficas da obra e à sua editoração. A violação dos direitos autorais é punível como crime (art. 184 e parágrafos, do Código Penal), com pena de prisão e multa, conjuntamente com busca e apreensão e indenizações diversas (arts. 101 a 110 da Lei 9.610, de 19.02.1998, Lei dos Direitos Autorais).

CENTRAL DE RELACIONAMENTO RT
(atendimento, em dias úteis, das 8 às 17 horas)
Tel. 0800-702-2433
e-mail de atendimento ao consumidor: sac@rt.com.br
Visite nosso *site*: www.rt.com.br

Impresso no Brasil [02-2018]

Universitário (Texto)

Fechamento desta edição [26.12.2017]

ISBN 978-85-532-1035-0

Dedico minha parte nesta obra aos meus filhos, BELISA e PEDRO, e à minha neta OLIVIA.

Dedico, também, à memória de minha mãe, CARMEN RODRIGUES WAMBIER, de meu pai, DAILY LUIZ WAMBIER, e de meu filho JOÃO PAULO SCHELL WAMBIER.

WAMBIER

Para MARIA EUGÊNIA,
MARINA *e* EMANUEL.

EDUARDO

SOBRE O MÉTODO E CONTEÚDO DESTE CURSO

Todos os mais relevantes institutos e temas do processo civil são aqui apresentados em textos simples e enxutos, porém bastante precisos e completos. Cuidou-se de usar linguagem clara e direta, evitando-se, assim, que se acabasse por nublar a limpidez das ideias e dos raciocínios expostos.

Os capítulos de cada um dos volumes correspondem, em linhas gerais, aos tópicos constantes dos programas de importantes instituições de ensino superior, inclusive várias em que os autores têm lecionado, nesses quase vinte anos que já se passaram desde a origem deste projeto. Os temas são apresentados em ordem que procura a ser a mais didática possível – o que significa que nem sempre refletirá a sequência em que os temas são disciplinados no Código de Processo Civil.

Ressalte-se que os autores, em regra, abriram mão da oportunidade de expressar suas opiniões pessoais – tendo em vista o caráter didático da obra e o fato de estar sendo escrita em coautoria. Optaram por ou ficar com a maioria ou expor a sua própria opinião e os argumentos da corrente contrária, ou ainda, em certos casos, limitaram-se a noticiar que não se estaria diante de matéria a respeito da qual haja unanimidade, fazendo mera menção à polêmica e remetendo, adiante, à doutrina especializada.

Não se apresentam no curso do texto referências doutrinárias. Em regra, não se abrem notas de rodapé para citações ou desenvolvimento de ideias paralelas ou complementares. Procura-se transmitir todo o conteúdo necessário diretamente no texto, sem interpolações ou desvios nas notas de rodapé. No mais das vezes, as notas de rodapé destinam-se apenas para indicar outras obras, dos próprios autores deste Curso, em que o leitor poderá aprofundar-se no tema ali tratado.

Constam, logo depois de cada um dos textos, roteiros que serviram de base aos autores para a redação do trabalho e que podem servir ao aluno como uma espécie de estudo dirigido, e ao professor como roteiro de preparação de aula, já que foram, durante muito tempo, planos de aula mesmo.

Se não há, como indicado, citações bibliográficas durante a exposição do ponto, nem por isso cada capítulo deixa de estar referenciado doutrinariamente. Em seguida a cada ponto, constam citações doutrinárias, extraídas dos principais manuais, tratados e comentários do processo civil brasileiro ou de monografias sobre temas específicos. Busca-se, assim, que o leitor tenha, além dos textos dos autores, um panorama da doutrina nacional mais citada. A doutrina transcrita guarda direta relação com o texto que a antecede – prestando-se as transcrições ora a retratar aspectos polêmicos, ora a evidenciar que determinado entendimento é pacífico.

Depois, sempre que cabível, apresentam-se os enunciados pertinentes do Fórum Permanente de Processualistas Civis (FPPC). Trata-se de um grupo de debates, aberto a todos os estudiosos do processo civil, que tem periodicamente se reunido para discutir as normas do CPC de 2015. Já foram realizados encontros em Salvador, Rio de Janeiro, Belo Horizonte, Vitória, Curitiba, São Paulo e Florianópolis. Em cada um desses encontros esteve presente uma média de trezentos processualistas de todo o Brasil (doutrinadores, professores, pesquisadores, pós-graduandos...). As principais conclusões sobre cada tema – desde que aprovadas por unanimidade nos grupos temáticos e na reunião plenária – são transformadas em enunciados. Evidentemente, tais conclusões podem ser objeto de discussão, crítica e revisão – como toda opinião doutrinária. Elas tampouco têm valor de lei ou jurisprudência, por óbvio. Mas, sob certo aspecto, esses enunciados constituem a primeira contribuição doutrinária relevante para a compreensão do Código. Por isso – e dentro desses limites – merecem especial atenção do leitor.

Para terminar, há indicação de bibliografia especializada, relativamente ao ponto antes tratado – monografias e artigos.

Com isso, procura-se oferecer ao leitor um trabalho completo, interessante, fácil e extremamente útil: ao aluno, que cursa o bacharelado; ao professor, que deve preparar suas aulas; àqueles que estão se preparando para concursos para cargos públicos (magistratura, ministério público, advocacia e defensoria públicas etc.); e ao profissional, que não raras vezes, absorvido pelo pesado dia a dia da advocacia, precisa ter uma ideia de certo assunto, mas certamente poderá se sentir bem mais seguro com uma visão ampla do tema. E talvez até para uma consulta rápida de juízes, promotores, procuradores etc.

A obra, assim, cumpre duas funções distintas. Constitui um manual extremamente didático e serve de ponto de partida para aqueles que pretendem se aprofundar na pesquisa de específicos assuntos.

APRESENTAÇÃO DA 17.ª EDIÇÃO

Na edição anterior este *Curso* foi totalmente reformulado, ampliado e aprofundado. As mudanças derivaram não apenas da instituição de um novo Código de Processo Civil, mas também dos intensos debates e da meditação que a preparação de um novo diploma, sua *vacatio legis* e o primeiro momento de sua aplicação propiciaram. O debate e a meditação continuam – e isso está refletido nesta nova edição. Foram também feitas as atualizações necessárias em face de inovações legislativas. Reitera-se aqui o agradecimento, já feito na edição anterior, à Regiane Liblik e ao Bruno Wontroba.

LUIZ R. WAMBIER
EDUARDO TALAMINI

APRESENTAÇÃO DA 16.ª EDIÇÃO

Passado o período inicial de intensas reflexões sobre o Código de Processo Civil de 2015, que correspondeu à *vacatio legis* de um ano, e feita, portanto, a necessária transição entre o sistema de 1973 e o novo Código, a Editora Revista dos Tribunais e os autores oferecem ao público leitor um novo *Curso Avançado de Processo Civil*.

A 16.ª edição é um livro novo, escrito em função do novo Código, e fruto do amadurecimento das reflexões havidas, tanto no período em que o anteprojeto e os projetos que se lhe seguiram foram discutidos no parlamento e entre os estudiosos e profissionais do direito, quanto nessa fase de "acomodação" correspondente ao período de vacância da lei nova. É essa a função da *vacatio legis*. Permitir que o intérprete – seja ele cientista, seja profissional da área jurídica – conheça, compreenda e medite sobre a novidade. Serve para evitar precipitações, soluções impensadas e mesmo a mera repetição, mais ou menos maquiada, de ideias que serviam para o direito anterior e já não servem mais.

A preocupação da Editora e dos autores foi a de oferecer aos leitores, que há mais de dezessete anos se servem do Curso Avançado de Processo Civil, uma obra completa e, acima de tudo, escrita sem pressa, mas como resultado do processo de compreensão do novo sistema processual civil, a que todos nos dedicamos nos últimos tempos.

O novo Código não é um "conjunto de alterações", como alguns preconizam. Nem é uma revolução de paradigmas, como querem outros. É o Código possível, fruto do embate democrático nas duas Casas do Parlamento (Senado e Câmara) e fruto do intenso e profícuo debate acadêmico de que muitos participaram, ao longo dos últimos seis anos.

É um Código ligado ao seu tempo e à necessidade de simplificar, modernizar e democratizar os meios de prestação da tutela jurisdicional.

Como toda obra humana, o CPC de 2015 não está imune às críticas, sejam elas corretas ou não, decorrentes de intensa reflexão ou do inexorável jogo de vaidades em maior ou menor grau inerentes à natureza de todos nós, na discussão acadêmica e na vida.

Essas críticas têm diferentes origens. Para alguns advogados o CPC 2015 aumenta os poderes dos juízes; juízes não gostam da regra que detalha como deve e como não deve ser fundamentada a decisão judicial; professores dizem que não foram ouvidos; doutrinadores afirmam que o Código de 2015 foi pensado só para desafogar STF e STJ; esses tribunais superiores, por sua vez, anunciam que se tornarão operacionalmente inviáveis com as inovações havidas (...). Muitas dessas observações podem proceder. Mas a grande questão, agora, é, por um lado, encontrar um modo de superar os eventuais problemas que de fato se ponham e, por outro, aproveitar ao máximo as vantagens, os avanços que o novo sistema proporciona.

De resto, as críticas são o preço a ser pago pelo debate democrático, que houve até mesmo antes do primeiro esboço de anteprojeto. A Comissão de Juristas designada pelo Senado Federal fez audiências públicas e ouviu professores e representantes das profissões jurídicas, para colher sugestões para que a construção do anteprojeto fosse fruto do pensamento de setores representativos da sociedade.

Sob a forma de Projeto, o texto foi discutido pelos Senadores, com auxílio de outra Comissão de Juristas. Aprovado no Senado, o Projeto foi para a Câmara. Lá houve longa e democrática discussão, tanto entre deputados quanto entre professores, juízes, advogados, promotores, defensores e procuradores, que foram ouvidos pela Comissão para tanto criada. Depois de sua aprovação na casa revisora, voltou o Projeto ao Senado, para análise das alterações feitas pela Câmara. Mais uma vez, a comunidade acadêmica e os operadores das profissões jurídicas foram chamados.

Nossas expectativas são otimistas – ou melhor, revestem-se de um "realismo esperançoso", na expressão célebre de Ariano Suassuna. O Código de Processo Civil de 2015 não transformará a realidade como num passe de mágica, mas tem suficiente potencialidade para servir de método capaz de racionalizar, modernizar e, acima de tudo, democratizar em profundidade a prestação do serviço jurisdicional.

E há, em seu texto, exemplos contundentes dessa afirmação.

Entre eles, destacamos o incidente de resolução de demandas repetitivas. Houve, nos últimos trinta anos, a multiplicação de ações ajuizadas por diferentes sujeitos, que se encontram em situações análogas. Tais ações veiculam pedidos igualmente análogos, derivados da mesma causa de pedir remota, sobrecarregando o trabalho dos juízes. Houve milhares de ações contra os bancos, motivadas pelos desarranjados planos de estabilização da economia, anteriores ao bem-sucedido Plano Real que resgatou a estabilidade da economia brasileira. Houve ações contra as concessionárias dos serviços de telefonia, também aos milhares, tratando de tarifação, por exemplo. Igualmente, multiplicaram-se as demandas análogas de contribuintes, pensionistas, servidores públicos. Enfim, houve a consolidação das chamadas demandas de massa, com a chegada de uma nova, expressiva e interessada multidão de reivindicantes, ávida por ver suas afirmações de direito conhecidas e decididas pelo Poder Judiciário. Com os mecanismos de julgamento de causas e recursos repetitivos, não haverá mais a multiplicação descontrolada das ações de massa, pois o Poder Judiciário definirá o direito aplicável a tais casos, antes da existência de exagerado número de processos sobre o mesmo tema e estancará a avalanche de demandas. Ao STJ e ao STF, portanto, chegarão recursos representativos da controvérsia, para a definição das respectivas teses de direito federal e de direito constitucional. Além disso, a existência de um incidente único para a resolução da questão repetitiva auxilia na eliminação ou diminuição da "assimetria" no litígio. A expressão é usada para retratar o fato de que, em muitos casos, tem-se um litigante habitual, com vastos recursos e informações, para quem aquele conjunto de conflitos homogêneos, na totalidade, representa um grande valor econômico; do outro lado, tem-se uma pluralidade de litigantes inabituais, que se inibirão com os custos do processo ou não terão informações suficientes para conduzi-lo em todas as fases e graus de jurisdição. A concentração da decisão em um incidente permite que instituições e entidades representativas atuem como *amici curiae* (e aqui está outro instituto que mereceu especial atenção no CPC/2015), apresentando subsídios em favor da tese dos litigantes inabituais.

A norma constitucional que assegura a todos o direito à fundamentação das decisões judiciais, emblemática num Estado de Direito, assume feições claras, por força da regra constante no art. 489 § 1.º, do CPC/2015.

Outro exemplo, não menos importante: a ampla liberdade que o CPC/2015 atribui às partes para que celebrem convenções tendo por objeto a alteração do procedimento e do processo. São os negócios jurídicos processuais. O novo Código não os limita a hipóteses específicas. Consagra a possibilidade de negócios processuais atípicos – em uma regra sem igual no direito comparado.

Há, enfim, um novo CPC e com ele se inicia a experiência, nova, para muitos, do processo sob o regime da cooperação entre todos os seus sujeitos. Nos últimos anos os estudos de processo civil se encaminharam para a definição de novos meios de participação de todos na construção da decisão judicial. O art. 10, que expande o contraditório a limites outrora impensados, é fruto da compreensão de que decisões "surpresa", inesperadas, não mais se coadunam com a democracia, método de gestão da vida da sociedade sob o Estado que consideramos insuperável e verdadeiramente adequado para atender aos anseios sociais por liberdade, responsabilidade, participação, voz, segurança e previsibilidade.

Nosso novo *Curso Avançado de Processo Civil*, que parte do "zero", com o CPC de 2015, tem, nesta 16.ª edição, o compromisso de trazer aos estudantes e profissionais que dele se servirem, com simplicidade e adequação, os meios necessários para que esse novo sistema seja compreendido e aplicado com sucesso.

LUIZ R. WAMBIER
EDUARDO TALAMINI

SUMÁRIO

SOBRE O MÉTODO E CONTEÚDO DESTE CURSO 11

APRESENTAÇÃO DA 17.ª EDIÇÃO 13

APRESENTAÇÃO DA 16.ª EDIÇÃO 15

Parte I
NOÇÕES INTRODUTÓRIAS

CAPÍTULO 1. INTRODUÇÃO: UMA VISÃO PANORÂMICA DO DIREITO PROCESSUAL 37
    1.1. Ser humano, sociedade, conflito e jurisdição 37
    1.2. A evolução dos meios de solução de conflitos 38
    1.3. Noções provisórias: ação, defesa, tutela jurisdicional, contraditório, procedimento e processo 39

CAPÍTULO 2. NORMA JURÍDICA PROCESSUAL 43
    2.1. O direito processual no quadro geral do ordenamento jurídico 43
        2.1.1. Normas de conduta (ou primárias) e normas estruturais (ou secundárias) 44
        2.1.2. Direito material e direito processual 44
        2.1.3. Direito privado e direito público 46
    2.2. O grau de obrigatoriedade das normas processuais 48
        2.2.1. Normas dispositivas e normas cogentes 48
        2.2.2. Normas processuais cogentes e dispositivas 49
    2.3. As posições subjetivas geradas pelas normas processuais 50
        2.3.1. Classificação das posições jurídico-subjetivas 50
        2.3.2. Ônus, deveres e estados de sujeição processuais 51
    2.4. Relevância da identificação das normas processuais 53
        2.4.1. Normas processuais civis: competência e espécies legislativas 53
        2.4.2. Normas processuais civis e direito internacional 54
        2.4.3. Normas processuais civis e direito intertemporal 54
    2.5. Autonomia epistemológica do direito processual civil 56
    2.6. Constituição e Processo 57
        2.6.1. Supremacia e efetividade da Constituição 57

	2.6.2.	A especialidade da relação entre direito constitucional e processual..	58
	2.6.3.	Tutela constitucional do processo...	58
	2.6.4.	Jurisdição constitucional	59

CAPÍTULO 3. PRINCÍPIOS PROCESSUAIS 69
  3.1. Noções preliminares 69
  3.2. Princípios informativos e princípios fundamentais 70
      3.2.1. Princípios informativos 70
            3.2.1.1. Princípio lógico 71
            3.2.1.2. Princípio jurídico... 71
            3.2.1.3. Princípio político 71
            3.2.1.4. Princípio econômico... 71
      3.2.2. Princípios fundamentais 71
      3.2.3. Ainda é útil a categoria dos princípios informativos? 72
  3.3. Princípios fundamentais constitucionais e infraconstitucionais.................... 73
  3.4. Inafastabilidade e universalidade da tutela jurisdicional 74
  3.5. Efetividade do processo 75
  3.6. Devido processo legal 75
  3.7. Ampla defesa... 76
  3.8. Contraditório 76
  3.9. Imparcialidade 77
  3.10. Juiz natural 78
  3.11. Motivação (fundamentação) das decisões 78
  3.12. Publicidade 79
  3.13. Razoável duração do processo 79
  3.14. Proibição de provas ilícitas 80
  3.15. Assistência jurídica integral e gratuita 80
  3.16. Duplo grau de jurisdição... 81
  3.17. Princípio dispositivo (ou da inércia inicial da jurisdição) 81
  3.18. Impulso oficial 82
  3.19. Cooperação... 82
  3.20. Oralidade 83
  3.21. Liberdade negocial.. 85
  3.22. Fungibilidade... 85
  3.23. Lealdade processual 86
  3.24. Proporcionalidade... 86
  3.25. Os tratados e convenções internacionais sobre direitos humanos 87

Parte II
JURISDIÇÃO

CAPÍTULO 4.	JURISDIÇÃO	105
4.1.	Separação de poderes e jurisdição	105
4.2.	A evolução até a solução jurisdicional dos conflitos	106
4.3.	Conceito e características essenciais	108
	4.3.1. Atividade sancionatória e não sancionatória	108
	4.3.2. A identificação das normas jurídicas (lei, valor e fato) ..	109
	4.3.3. Jurisdição e Administração Pública	109
	4.3.4. Substitutividade (imparcialidade essencial)	109
	4.3.5. Imperatividade	110
	4.3.6. Imutabilidade (reserva de sentença)	110
	4.3.7. Inafastabilidade	111
	4.3.8. Indelegabilidade	111
	4.3.9. Inércia	111
	4.3.10. Conceito-síntese	112
4.4.	Divisão da jurisdição	112
	4.4.1. Comum e especial	112
	4.4.2. Civil e penal	112
	4.4.3. Contenciosa e voluntária	113
	4.4.4. Interna e externa	114
4.5.	Métodos extrajudiciais de solução de conflitos	114
	4.5.1. Autotutela	115
	4.5.2. Autocomposição	115
	4.5.3. Mediação e conciliação	116
	4.5.4. Arbitragem	117
	4.5.5. O processo administrativo	118
4.6.	Limites da jurisdição	119
	4.6.1. Limites internos	120
	4.6.2. A coexistência do Estado na ordem internacional – Os tribunais supranacionais	120
	4.6.3. Limites externos pessoais ("imunidades")	120
	4.6.4. Limites externos objetivos (a "competência" internacional) ...	121
	4.6.4.1. "Competência" exclusiva	121
	4.6.4.2. "Competência" concorrente	122
	4.6.4.3. Convenção de foro internacional	122
	4.6.4.4. A litispendência internacional	123
4.7.	A jurisdição no Estado contemporâneo	123

CAPÍTULO 5. PODER JUDICIÁRIO: ESTRUTURA E ORGANIZAÇÃO 137

- 5.1. Judiciário e função jurisdicional 138
- 5.2. Organização judiciária e Constituição Federal 138
- 5.3. Organização judiciária e Constituições Estaduais........................... 139
- 5.4. Órgãos do Poder Judiciário 139
- 5.5. O Supremo Tribunal Federal, o Conselho Nacional de Justiça e o Superior Tribunal de Justiça 140
- 5.6. Tribunais Regionais Federais e juízes federais 140
- 5.7. Justiças especiais 141
    - 5.7.1. Justiça do Trabalho 141
    - 5.7.2. Justiça Eleitoral 142
    - 5.7.3. Justiça Militar 142
- 5.8. Tribunais e juízes dos Estados 143

CAPÍTULO 6. COMPETÊNCIA 149

- 6.1. Conceito 149
- 6.2. Critérios para a determinação da competência 150
    - 6.2.1. Fontes normativas da competência................................... 150
- 6.3. A importância dos critérios 151
- 6.4. Utilização dos critérios 151
- 6.5. Critério territorial 152
- 6.6. Critério funcional 156
- 6.7. Critérios objetivos 157
    - 6.7.1. Valor 157
    - 6.7.2. Matéria 158
    - 6.7.3 Pessoa (*ratione personae*) 159
- 6.8. Competência relativa – Regime jurídico – Formas de impugnação ... 159
- 6.9. Competência absoluta – Regime jurídico – Formas de impugnação 160
- 6.10. Causas modificativas da competência... 161
- 6.11. Conexão e continência 161
- 6.12. Prevenção 162
- 6.13. Roteiro prático para a definição da competência 164
- 6.14. Competência-competência 165
- 6.15. Instrumentos de controle da competência 165
- 6.16. Perpetuação da jurisdição 165

CAPÍTULO 7. COOPERAÇÃO JURISDICIONAL...................................... 181

- 7.1. Cooperação internacional 181
    - 7.1.1. Noções gerais 181
    - 7.1.2. Princípios 182
    - 7.1.3. Requisitos 182

		7.1.4.	Objeto da cooperação jurídica internacional	183
		7.1.5.	Auxílio direto	183
		7.1.6.	Carta rogatória...	184
	7.2.	Cooperação nacional		185
		7.2.1.	Noções gerais...	185
		7.2.2.	Modalidades	186

Parte III
AÇÃO E DEFESA

CAPÍTULO 8.	DIREITO DE AÇÃO: NATUREZA E CONCEITO	195
8.1.	Noção preliminar	195
8.2.	Teorias sobre o direito de ação	196
	8.2.1. Teoria imanentista ou civilista	196
	8.2.2. A polêmica Windscheid x Müther e o reconhecimento da independência da ação...	197
	8.2.3. A teoria da ação autônoma e concreta...	197
	8.2.4. A teoria da ação como direito potestativo	198
	8.2.5. A teoria da ação como direito abstrato..	198
	8.2.6. A teoria eclética da ação: ação abstrata e condicionada	199
	8.2.7. A concepção tradicionalmente adotada pelo direito positivo brasileiro...	200
8.3.	O exame crítico das diversas teorias	201
	8.3.1. A insuficiência de cada teoria – A escalada de posições jurídicas...	201
	8.3.2. A extensão do art. 5.º, XXXV, da CF..	202
8.4.	Conceito analítico de ação	202

CAPÍTULO 9.	ELEMENTOS DA AÇÃO	209
9.1.	Elementos identificadores da ação	209
9.2.	As partes	211
9.3.	O pedido	211
9.4.	A causa de pedir..	212

CAPÍTULO 10.	CONDIÇÕES DA AÇÃO...	217
10.1.	Noções gerais..	217
	10.1.1. A matriz constitucional do direito de ação	217
	10.1.2. A regulação processual do exercício da ação..............................	218
	10.1.3. O sistema adotado pelo processo civil brasileiro........................	218
10.2.	Interesse processual	219
	10.2.1. Necessidade, utilidade e adequação	219
	10.2.2. Interesse processual e possibilidade jurídica do pedido	220
	10.2.3. Síntese	221

10.3.	Legitimidade das partes (legitimidade para a causa)	221
	10.3.1. Legitimação ordinária	221
	10.3.2. Legitimação extraordinária (substituição processual e legitimidade extraordinária em sentido estrito)	222
	10.3.3. Síntese	223
10.4.	Exame crítico da teoria das condições da ação	223
	10.4.1. Limitação das condições da ação a aspectos propriamente processuais	223
	10.4.2. A condição da ação não é necessariamente aferida pela mera asserção do autor	224
	10.4.3. Conclusão	225

CAPÍTULO 11. CLASSIFICAÇÃO DAS AÇÕES 237

11.1.	Noções gerais	237
11.2.	Classificação quanto ao tipo de providência jurisdicional pedida pelo autor	237
11.3.	Classificação das ações segundo a tutela requerida pelo autor no processo de conhecimento	238
	11.3.1. Ações declaratórias	238
	11.3.2. Ações constitutivas	239
	11.3.3. Ações condenatórias	241
	11.3.4. Ações mandamentais	241
	11.3.5. Ações executivas *lato sensu*	242
11.4.	Pluralidade de ações em um mesmo processo	243

CAPÍTULO 12. EXCEÇÃO (DEFESA DO RÉU) 251

12.1.	Bilateralidade da ação e do processo	251
12.2.	Conceito de exceção	252
12.3.	Características da exceção	253
12.4.	Natureza da exceção	253
	12.4.1. A exceção não é ação	253
	12.4.2. A defesa não é dever, mas direito e ônus	254
12.5.	Classificação das defesas	254
	12.5.1. Defesas materiais e defesas processuais	255
	12.5.2. Defesas dilatórias e peremptórias	255
	12.5.3. Defesas materiais diretas e defesas materiais indiretas	256
	12.5.4. Exceções em sentido estrito e objeções	256

Parte IV
PROCESSO

CAPÍTULO 13. PROCESSO: CONCEITO E NATUREZA 263

13.1.	Procedimento	263

13.2.	Processo	264
13.3.	Processo jurisdicional	264
13.4.	Relação jurídica processual	264

CAPÍTULO 14. PROCESSO E PROCEDIMENTO E SUAS RESPECTIVAS MODALIDADES ... 271

14.1.	A distinção entre processo e procedimento	271
14.2.	A importância da distinção	273
14.3.	As modalidades de tutela e os tipos de processo	275
	14.3.1. Processo com fase principal de conhecimento (processo "sincrético")	276
	14.3.2. Processo de execução	278
	14.3.3. A eventual autonomia da fase urgente	279
14.4.	Tipos de procedimento	280
	14.4.1. Procedimento comum	280
	14.4.2. Especiais	281
14.5.	A plasticidade do procedimento	282
	14.5.1. Alteração por convenção das partes	282
	14.5.2. Adaptação pelo juiz: a flexibilidade do procedimento	282

CAPÍTULO 15. PRESSUPOSTOS PROCESSUAIS ... 295

15.1.	Noções gerais	295
15.2.	Pressupostos processuais de existência	296
	15.2.1. Presença do autor (petição inicial)	296
	15.2.2. Jurisdição	297
	15.2.3. Presença (possibilidade de participação) do réu ("citação")	297
15.3.	Pressupostos processuais de validade positivos	298
	15.3.1. Petição inicial apta	299
	15.3.2. Órgão jurisdicional competente e juiz imparcial	299
	15.3.3. Capacidade de ser parte e capacidade de estar em juízo	300
15.4.	Pressupostos processuais de validade negativos	301
	15.4.1. Litispendência	301
	15.4.2. Coisa julgada	301
15.5.	Regime jurídico	302
15.6.	A relevância da distinção entre pressupostos de existência e de validade	302
15.7.	Os pressupostos de admissibilidade da tutela jurisdicional	303
15.8.	Hipóteses que não constituem pressuposto processual	303
	15.8.1. Convenção de arbitragem	304
	15.8.2. Peremção	304
	15.8.3. Capacidade postulatória: apenas reflexamente é pressuposto de existência	305

CAPÍTULO 16. PARTES, CAPACIDADE PROCESSUAL, REPRESENTAÇÃO E ASSISTÊNCIA 313
- 16.1. Partes – Conceito 313
  - 16.1.1. O momento da definição das partes 313
  - 16.1.2. Parte e legitimidade para a causa 314
- 16.2. Capacidade de ser parte 314
- 16.3. Capacidade de estar em juízo 314
- 16.4. Representação e assistência 315
- 16.5. Capacidade como pressuposto processual 317
- 16.6. Capacidade postulatória 317

CAPÍTULO 17. SUCESSÃO PROCESSUAL 325
- 17.1. Noções gerais 325
- 17.2. Sucessão das partes 325
- 17.3. Sucessão x substituição 326
- 17.4. O regramento da sucessão *inter vivos* 326
- 17.5. Sucessão processual *causa mortis* 328
- 17.6. Sucessão dos procuradores (advogados) 328

CAPÍTULO 18. LITISCONSÓRCIO 333
- 18.1. Conceito 333
- 18.2. Justificativa 334
- 18.3. Tipos de litisconsórcio, segundo diferentes modos de classificação 334
  - 18.3.1. Quanto à cumulação de sujeitos do processo 334
  - 18.3.2. Quanto ao tempo de sua formação 334
  - 18.3.3. Quanto à sua obrigatoriedade 335
  - 18.3.4. Quanto ao tratamento recebido pelos litisconsortes (ou quanto à natureza jurídica da situação material subjacente) 335
- 18.4. Litisconsórcio facultativo 336
  - 18.4.1. Litisconsórcio facultativo simples e unitário 337
  - 18.4.2. Hipóteses em que se pode formar o litisconsórcio (facultativo) ... 338
  - 18.4.3. A quem cabe a escolha pelo litisconsórcio 338
- 18.5. Litisconsórcio necessário 339
  - 18.5.1. Hipóteses de necessariedade 339
  - 18.5.2. Litisconsórcio necessário unitário e simples 340
- 18.6. Consequências da não formação de litisconsórcio necessário 341
- 18.7. Regime jurídico do litisconsórcio 342
- 18.8. Limitação do número de litisconsortes facultativos 343

CAPÍTULO 19. INTERVENÇÃO DE TERCEIROS 351
- 19.1. Noções gerais 352
- 19.2. Definição de terceiro 352

19.3.	Justificativa da intervenção de terceiro em processo pendente		352
19.4.	As espécies de intervenção de terceiros: classificação		353
	19.4.1.	Intervenção espontânea e intervenção provocada	354
	19.4.2.	Classificação conforme a posição jurídica assumida pelo terceiro	354
	19.4.3.	Classificação conforme a ocorrência de ampliação do objeto do processo	354
19.5.	Assistência		355
	19.5.1.	Assistência simples	355
		19.5.1.1. Os poderes do assistente simples	356
		19.5.1.2. A eficácia da assistência simples ("resultado da intervenção")	357
	19.5.2.	Assistência litisconsorcial	358
		19.5.2.1. Os poderes do assistente litisconsorcial	359
		19.5.2.2. Submissão à coisa julgada	360
	19.5.3.	Cabimento formal	360
	19.5.4.	Momento	360
	19.5.5.	Processamento da assistência	361
19.6.	Denunciação da lide		361
	19.6.1.	Noção e finalidades	361
	19.6.2.	Exemplos	362
	19.6.3.	Estrutura – Posições processuais	363
	19.6.4.	Hipóteses	363
		19.6.4.1. Evicção	363
		19.6.4.2. Demais hipóteses em que a lei ou contrato prevê direito de regresso	364
		19.6.4.3. A controvérsia quanto ao cabimento da denunciação pela Administração Pública a seu agente	364
	19.6.5.	Denunciação sucessiva – Limites	365
	19.6.6.	Inviabilidade de denunciação "per saltum"	366
	19.6.7.	Iniciativa	366
	19.6.8.	Sede para a denunciação	366
	19.6.9.	Momento e via da denunciação – Ônus de promover-se a citação	366
	19.6.10.	Processamento e decisão final	367
19.7.	Chamamento ao processo		368
	19.7.1.	Conceito	368
	19.7.2.	Finalidade	369
	19.7.3.	Sede para o chamamento	370
	19.7.4.	Facultatividade: extensão do ônus	370
	19.7.5.	Estrutura – Posições jurídicas	370
	19.7.6.	Hipóteses	371

		19.7.7.	Momento	371
		19.7.8.	Processamento	372
		19.7.9.	Efeitos e autoridade da sentença	372
	19.8.	Incidente de desconsideração de personalidade jurídica		372
		19.8.1.	Noção e finalidades	372
		19.8.2.	Intervenção provocada – Legitimidade para a provocação	374
		19.8.3.	Objeto e natureza do incidente	374
		19.8.4.	Posição jurídico-processual do interveniente	375
		19.8.5.	Cabimento formal e momento de instauração do incidente	375
		19.8.6.	Pleito de desconsideração formulado na inicial	375
		19.8.7.	Processamento e efeitos	375
		19.8.8.	A decisão do incidente	377
		19.8.9.	Os embargos de terceiro como remédio para impor a observância do incidente	378
	19.9.	*Amicus curiae*		379
		19.9.1.	Noção e finalidades	379
		19.9.2.	A regra geral e a previsão em normas esparsas	380
		19.9.3.	Cabimento formal e momento da intervenção	380
		19.9.4.	Pressupostos objetivos	381
		19.9.5.	Pressupostos subjetivos	381
		19.9.6.	Irrecorribilidade da decisão sobre o ingresso de *amicus curiae*	382
		19.9.7.	Os poderes do *amicus curiae*	383
		19.9.8.	Não atingimento pela coisa julgada	383
		19.9.9.	Ausência de modificação de competência	383
	19.10.	Outras hipóteses de intervenção de terceiros		384
CAPÍTULO 20.	JUIZ			403
	20.1.	Noções gerais		403
	20.2.	Poderes do juiz		406
		20.2.1.	Poderes de polícia (ou "administrativos")	406
		20.2.2.	Poderes jurisdicionais	407
			20.2.2.1. Poderes ordinatórios (ou instrumentais)	407
			20.2.2.2. Poderes instrutórios	407
			20.2.2.3. Poderes de urgência	407
			20.2.2.4. Poderes finais	408
	20.3.	Deveres do juiz		408
	20.4.	Responsabilidade do juiz		409
		20.4.1.	Responsabilidade penal	409
		20.4.2.	Responsabilidade administrativa	409
		20.4.3.	Responsabilidade civil	410
	20.5.	Impedimento e suspeição		411

20.5.1.	Causas de impedimento	411
20.5.2.	Causas de suspeição	412

CAPÍTULO 21. AUXILIARES DA JUSTIÇA 421
21.1. Noções gerais 421
21.2. Regime jurídico 422

CAPÍTULO 22. MINISTÉRIO PÚBLICO 429
22.1. Noções gerais 429
22.2. O Ministério Público como parte no processo civil individual 430
22.3. O Ministério Público como fiscal da lei 430
22.4. A atuação do Ministério Público como *custos legis* – Regras gerais 431
22.5. Estrutura do Ministério Público 432
22.6. Princípios 432

CAPÍTULO 23. ADVOCACIA 441
23.1. A essencialidade do advogado para a jurisdição 441
23.2. Poder de postulação 442
23.3. Mandato (procuração) 443
23.4. O órgão de classe: Ordem dos Advogados do Brasil (OAB) 443
23.5. Os direitos, deveres e a responsabilidade do advogado 444
    23.5.1. Direitos 444
    23.5.2. Deveres 444
    23.5.3. Responsabilidade 445
23.6. O regime único da advocacia privada e pública 445
23.7. Advocacia pública 445
    23.7.1. Representação judicial das pessoas jurídicas de direito público .. 445
    23.7.2. Intimação pessoal dos advogados públicos 446
    23.7.3. Prazos em dobro para a Fazenda Pública 446
    23.7.4. Responsabilidade civil dos advogados públicos 446
    23.7.5. A responsabilização por violação dos deveres processuais 447
    23.7.6. Honorários advocatícios 447

CAPÍTULO 24. DEFENSORIA PÚBLICA 453
24.1. Noções gerais 453
24.2. Atribuições 454
24.3. Responsabilidade 455
24.4. Prazos 455
24.5. Intimação 456

CAPÍTULO 25. FORMAÇÃO, SUSPENSÃO E EXTINÇÃO DO PROCESSO 461
25.1. Formação do processo 461

25.2. Suspensão do processo 462
    25.2.1. Noções gerais. Distinção de outras figuras. 462
    25.2.2. Regime jurídico do processo durante a suspensão 463
    25.2.3. Hipóteses de suspensão previstas no art. 313 464
        25.2.3.1. Morte da parte 464
        25.2.3.2. Perda da capacidade processual da parte 465
        25.2.3.3. Extinção de pessoa jurídica: suspensão apenas em hipóteses específicas 465
        25.2.3.4. Morte ou perda da capacidade do representante ou do procurador de qualquer das partes 466
        25.2.3.5. Convenção das partes 467
        25.2.3.6. Arguição de impedimento e suspeição do juiz 468
        25.2.3.7. Admissão de incidente de resolução de demandas repetitivas (IRDR) ou de julgamento de recursos especiais ou extraordinários repetitivos 469
        25.2.3.8. Questão prejudicial objeto de outro processo civil (prejudicialidade externa) 470
        25.2.3.9. Fatos ou provas 472
        25.2.3.10. Motivo de força maior 472
        25.2.3.11. Discussão decorrente de acidentes e fatos da navegação de competência do Tribunal Marítimo 472
        25.2.3.12. Fato delituoso (prejudicialidade externa penal) 473
        25.2.3.13. Parto ou adoção 474
        25.2.3.14. Outros casos de suspensão 475
25.3. Extinção do processo 475

Parte V
ATOS PROCESSUAIS

CAPÍTULO 26. ATOS PROCESSUAIS 487
26.1. Conceito e espécies 487
    26.1.1. Panorama dos fatos e atos jurídicos em geral 488
    26.1.2. O enquadramento dos atos processuais 489
    26.1.3. Conceito de ato processual em sentido estrito 489
26.2. Forma – O princípio da instrumentalidade 490
26.3. O emprego da língua portuguesa 491
26.4. Atos processuais por meio eletrônico 492
    26.4.1. O atual panorama 492
    26.4.2. O alcance da Lei 11.419/2006 493
    26.4.3. Regras aplicáveis aos processos que atualmente tramitam por meio físico 494

	26.4.4.	Regras aplicáveis aos processos eletrônicos	496
26.5.	Publicidade		498
26.6.	Classificação dos atos dos sujeitos processuais		499
26.7.	Atos das partes		500
26.8.	Atos do juiz		502
	26.8.1.	Sentença	504
	26.8.2.	Decisão interlocutória	505
	26.8.3.	Despachos	506
26.9.	Atos do escrivão ou chefe de secretaria		507
	26.9.1.	Atos materiais	507
	26.9.2.	Atos ordinatórios	508
26.10.	Atos de terceiros		509

CAPÍTULO 27. NEGÓCIOS PROCESSUAIS 521

27.1.	Conceito		521
27.2.	A possibilidade de negócios processuais atípicos		522
27.3.	Pressupostos dos negócios processuais		523
	27.3.1.	Pressupostos subjetivos	523
	27.3.2.	Pressuposto objetivo geral	524
	27.3.3.	Pressupostos objetivos específicos	525
27.4.	Vedação ao abuso		525
27.5.	O controle pelo juiz		526
	27.5.1.	Objeto do controle	526
	27.5.2.	Recorribilidade	526
27.6.	Modalidades de negócios processuais e seus requisitos específicos		527
	27.6.1.	Pactos meramente procedimentais	527
		27.6.1.1. Um primeiro exemplo: convenção de calendário processual	527
		27.6.1.2. Segundo exemplo: cláusula de eleição de foro	528
		27.6.1.3. Negócios procedimentais atípicos	528
	27.6.2.	Negócios jurídicos com objeto processual em sentido estrito	529
	27.6.3.	Convenções sobre o objeto da cognição judicial e o meio de prova	529
		27.6.3.1. A delimitação consensual como ato de verdade	530
		27.6.3.2. A delimitação consensual como ato de vontade	531
		27.6.3.3. Os pactos sobre meio de prova	532
		27.6.3.4. A coexistência das duas modalidades da definição consensual	532
		27.6.3.5. Diferentes graus de vinculação da jurisdição, num caso e em outro	532

CAPÍTULO 28. A INVALIDADE DOS ATOS PROCESSUAIS...................................... 541
    28.1. Planos da existência jurídica, da validade e da eficácia................................. 541
    28.2. O critério para a classificação das invalidades processuais 543
        28.2.1. O objetivo da teoria das invalidades processuais 543
        28.2.2. A sanabilidade dos atos processuais.. 543
        28.2.3. As modalidades de saneamento do ato processual: convalidação, irrelevância e suprimento 544
        28.2.4. O critério de classificação das nulidades à luz das modalidades de saneamento 545
    28.3. Espécies 546
        28.3.1. Mera irregularidade 546
        28.3.2. Nulidade relativa 546
        28.3.3. Nulidade absoluta 547
        28.3.4. Inexistência jurídica 547
        28.3.5. Ressalvas terminológicas 548
    28.4. Diretrizes a respeito da invalidade dos atos processuais 549

CAPÍTULO 29. COMUNICAÇÃO DOS ATOS PROCESSUAIS................................. 559
    29.1. Citação... 559
        29.1.1. Conceito 559
        29.1.2. Efeitos da citação 560
            29.1.2.1. Induz litispendência 560
            29.1.2.2. Torna litigiosa a coisa.. 560
            29.1.2.3. Constitui em mora... 561
        29.1.3. A interrupção do prazo da prescrição. 561
        29.1.4. O comparecimento espontâneo do réu 562
        29.1.5. Hipótese especial de comunicação do processo ao réu 562
        29.1.6. A pessoalidade 564
        29.1.7. Local onde se realiza a citação 565
        29.1.8. Circunstâncias em que a citação não se realiza 565
        29.1.9. Classificação.. 566
            29.1.9.1. Citação real 566
                29.1.9.1.1. Citação pelo correio 566
                29.1.9.1.2. Citação por oficial de justiça 567
                29.1.9.1.3. Citação pelo escrivão ou chefe da secretaria... 567
                29.1.9.1.4. Citação por meio eletrônico........................ 568
            29.1.9.2. Citação ficta 568
                29.1.9.2.1. Citação por edital 569
                29.1.9.2.2. Citação com hora certa 570
        29.1.10. Nulidades 571
    29.2. Intimação 571
        29.2.1. Conceito 571

	29.2.2.	Destinatário da intimação	572
	29.2.3.	Modo	572
		29.2.3.1. Intimação eletrônica	572
		29.2.3.2. Intimação pela imprensa oficial	573
		29.2.3.3. Intimação mediante carga dos autos	574
		29.2.3.4. Intimação em audiência	574
		29.2.3.5. Intimação por oficial de justiça	574
		29.2.3.6. Intimação pelo correio	574
		29.2.3.7. Intimação por hora certa ou edital	575
		29.2.3.8. Intimação pelo advogado da parte	575
29.3.	Nulidades		575

CAPÍTULO 30. PRAZOS PROCESSUAIS 585

- 30.1. Devido processo, procedimento e prazo 585
- 30.2. Prazos processuais 586
- 30.3. Unidades de contagem dos prazos 587
- 30.4. Prazos legais, prazos judiciais e prazos convencionais 587
- 30.5. Prazos dilatórios e prazos peremptórios 588
- 30.6. Prazos próprios e prazos impróprios 589
- 30.7. Regras gerais quanto à contagem dos prazos 590
  - 30.7.1. Definição do termo inicial do prazo para a prática de atos pelo advogado 590
  - 30.7.2. Termo inicial quando há litisconsórcio 591
  - 30.7.3. Termo inicial para a prática de atos pela parte ou de terceiro 591
  - 30.7.4. Ausência de "prematuridade" do ato processual 592
  - 30.7.5. Exclusão do dia do início e inclusão do dia do fim 592
  - 30.7.6. Início da contagem apenas em dia útil 592
  - 30.7.7. Dia com horário de expediente forense anormal ou com indisponibilidade da comunicação eletrônica 592
  - 30.7.8. Cômputo apenas dos dias úteis, nos prazos em dia 592
  - 30.7.9. Termo final apenas em dia útil – Prorrogação para o primeiro dia útil subsequente 592
  - 30.7.10. Hipóteses de prazo em dobro 593
  - 30.7.11. Suspensão e interrupção de prazo 593

CAPÍTULO 31. PRECLUSÃO 603

- 31.1. Noções gerais 603
- 31.2. Espécies de preclusão 604
  - 31.2.1. Preclusão temporal 604
  - 31.2.2. Preclusão consumativa 604
  - 31.2.3. Preclusão lógica 605
- 31.3. Preclusão e poderes do juiz 605

CAPÍTULO 32. CARTAS 613
    32.1. Noções gerais 613
    32.2. Espécies 614
    32.3. Requisitos 615
    32.4. Prazo 615
    32.5. Intimação 615
    32.6. Caráter "itinerante" 616
    32.7. Modo de expedição 616
    32.8. Cumprimento 616

OUTRAS OBRAS DOS AUTORES 621

Parte I
NOÇÕES INTRODUTÓRIAS

PART I

NOÇÕES INTRODUTÓRIAS

Capítulo 1

Introdução: Uma Visão Panorâmica do Direito Processual

> Sumário: 1.1. Ser humano, sociedade, conflito e jurisdição – 1.2. A evolução dos meios de solução de conflitos – 1.3. Noções provisórias: ação, defesa, tutela jurisdicional, contraditório, procedimento e processo.

Muito do que será dito neste capítulo será repetido nos próximos, de modo mais detalhado. Mas nos parece relevante essa introdução panorâmica ao direito processual civil.

1.1. Ser humano, sociedade, conflito e jurisdição

O ser humano singulariza-se por possuir uma dignidade própria. Não só a espécie humana tem uma essência que a peculiariza em face de todas as demais espécies, como também cada ser humano é único, especial. Mas mesmo tendo sua individualidade como traço essencial, o homem é também e fundamentalmente um ser que vive em sociedade. A história da espécie humana é, em grande medida, a história da sua civilização, de sua vida social.

Viver em sociedade implica viver em conflitos. Os bens disponíveis são limitados – ou assim parecem –, e as necessidades, aspirações, interesses e pretensões são ilimitadas. Daí as constantes disputas: dois sujeitos ou conjuntos de sujeitos pretendem o mesmo bem, ou um deles o pretende e o outro resiste em cedê-lo. O *conflito de interesses* ou *litígio* é esse embate: uma "pretensão resistida", conforme tradicional definição.

Mas a dignidade humana – esse traço essencial do homem, que o faz viver não apenas conforme os seus instintos – levou-o, na vida em sociedade, a procurar modos de solução de seus conflitos que não fossem meramente instintivos.

Nesse sentido, a história da civilização é, em grande medida, a história da evolução dos modos encontrados pelos homens para resolver seus conflitos. Freud dizia que a civilização verdadeiramente se iniciou no dia em que um homem das cavernas, pela primeira vez, apenas dirigiu um insulto ao inimigo em vez de o furar com uma lança...

Essa evolução levou ao estabelecimento de uma estrutura política, o Estado, destinada a coordenar a vida em sociedade, de modo não só a evitar e resolver conflitos como também a permitir novas conquistas individuais e coletivas.

Cabe a todos – não só ao Estado, mas também à sociedade e a cada um – encontrar maneiras de até mesmo evitar que os conflitos surjam. Além disso, se e quando surgirem, nem todos os conflitos precisam ser resolvidos pelo Estado. Há modos legítimos de fazê-lo independentemente de se recorrer ao poder estatal. De toda forma, uma função essencial do Estado é a de solução dos conflitos (a função *jurisdicional*). Se os mecanismos voluntários, espontâneos, de solução das disputas não funcionarem e se fizer necessário o uso da força, apenas o Estado pode atuar.

O *direito processual* dedica-se a disciplinar a função estatal de solução dos conflitos (*jurisdição* estatal) e suas relações com as outras modalidades (não estatais) compositivas dos litígios.

Fala-se em direito processual *penal* para designar a atividade jurisdicional que pode conduzir à aplicação de sanções (*penas*) por crimes praticados pelos jurisdicionados. Por exclusão, alude-se a direito processual *civil* para indicar a atividade jurisdicional que não tem essa perspectiva punitiva criminal.

Note-se que o termo "civil", ainda que tradicionalmente usado, deve ser compreendido com muito cuidado, especialmente em sistemas como o vigente no Brasil. Como dito, "processo *civil*" significa, entre nós, processo não penal, não criminal, e não apenas processo destinado a solucionar causas de direito civil em sentido estrito. É que o processo "civil" brasileiro também versa sobre causas públicas (direito tributário, administrativo, econômico, ambiental etc.). Além disso, mesmo no âmbito do direito privado, o nosso processo "civil" atinge matérias que não são de direito civil em sentido estrito (ex. direito empresarial, direito do consumidor etc.).

1.2. A evolução dos meios de solução de conflitos

No processo evolutivo acima referido, o mais primitivo modo de solução de conflitos era o uso da força pelas partes litigantes. É a chamada *autotutela* (ou autodefesa). Não prevalecia a posição de quem tinha razão, mas de quem era mais forte. Com a organização estatal, a autotutela é em regra proibida. Restam poucas exceções, em casos em que a gravidade e urgência da situação justificam que o sujeito defenda, ele mesmo, um determinado bem jurídico (v. n. 4.5.1).

Progressivamente, as partes foram substituindo a força pelo diálogo, identificando modalidades autocompositivas de solução dos litígios (acordos, transações...). Passaram também a recorrer ao juízo de um terceiro, por elas eleito. Alguém em quem elas confiavam, que tinha, portanto, autoridade moral sobre elas. Esse terceiro ditava então para elas a solução do litígio. Essa já era uma modalidade heterocompositiva de solução do litígio (i.e., um terceiro dá a solução, e não os próprios envolvidos). É o embrião da atual *arbitragem* (n. 4.5.4).

Esse terceiro a quem as partes recorriam por nele confiar, normalmente era uma autoridade religiosa, mística, da comunidade. Aos poucos, essa autoridade foi-se afirmando como política. Com a maior organização societária, foi surgindo um polo de poder político, o embrião do Estado. E essa autoridade política passou a centralizar a solução dos conflitos (ao menos quando as partes não chegassem elas mesmas a um acordo). Pouco a pouco, o uso da violência pelas próprias partes foi sendo proibido, como indicado.

Foi assim que se estabeleceu a *jurisdição*, a função do Estado destinada à solução de conflitos (v. cap. 4). Gradualmente afirmou-se também a ideia de que a composição jurisdicional do litígio deve normalmente ser feita mediante a aplicação das normas jurídicas previamente estabelecidas (o ordenamento jurídico). No Estado de Direito, essa noção assume o caráter de um princípio fundamental.

Também se firmou outra diretriz essencial no moderno Estado de Direito: as diferentes funções do Estado devem ser desempenhadas precipuamente por diferentes estruturas orgânicas do Estado. É a ideia de separação de poderes. A função jurisdicional é essencialmente desenvolvida pelo Poder Judiciário. Seus agentes são genericamente denominados juízes (ou magistrados); seus órgãos colegiados são chamados de tribunais.

"Jurisdição" (ou "jurisdicional") e "judiciário" (ou "judicial") não são propriamente sinônimos. Jurisdição concerne à natureza da atividade desenvolvida. Judiciário é o nome da estrutura orgânica à qual normalmente se atribui essa atividade. Na prática, contudo, é comum o uso indistinto dos dois termos. É o que se fará, muitas vezes, neste *Curso*.

1.3. Noções provisórias: ação, defesa, tutela jurisdicional, contraditório, procedimento e processo

A jurisdição normalmente não atua por conta própria. Age quando provocada (v. n. 3.17, adiante). A parte interessada precisa ir até os agentes e órgãos jurisdicionais pedir que atuem e que lhe deem uma determinada proteção no conflito em que está envolvida, isso é, um determinado resultado concreto favorável, ao qual ela reputa ter direito. Essa proteção recebe o nome de *tutela jurisdicional*. O modo pelo qual se provoca o início da atuação jurisdicional – e se participa ativamente dessa atividade na busca da tutela jurisdicional – recebe o nome de *ação* (v. cap. 8). O ato inicial de provocação da jurisdição é usualmente chamado de *demanda*. Normalmente, no sistema brasileiro, a demanda é veiculada em uma manifestação apresentada por escrito, chamada de *petição inicial*. O sujeito que toma a iniciativa de provocar a atuação jurisdicional costuma receber o nome de *autor*, *demandante* ou *requerente*.

O conflito é sempre intersubjetivo. Então, quem pede tutela jurisdicional pede em face de outrem: de seu adversário (ou adversários) no litígio. Esse é o *réu*, *demandado* ou *requerido*.

Uma conquista civilizatória fundamental é a ideia de que os agentes jurisdicionais não podem decidir favoravelmente ao autor sem ouvir o réu. Essa é a ideia de *contraditório* (v. n. 3.8): todo aquele que pode vir a ser atingido por um futuro ato concreto de poder estatal tem o direito de manifestar-se previamente e participar do procedimento de produção de tal ato. Cada uma das partes, portanto, tem o direito de apresentar seus argumentos e produzir provas sobre eles, a fim de demonstrar que tem razão. O desempenho dessa atividade pelo réu é a exatamente contraface da ação do autor e recebe o nome de *defesa* (ou *exceção* em sentido amplo – v. cap. 12). O primeiro e principal momento de defesa do réu é a *contestação*. Mas assim como a ação não se exaure na demanda (e na petição inicial), a defesa tampouco se limita à contestação. Abrange a participação ativa no desenvolvimento da atividade jurisdicional.

Daí já se vê que a tutela jurisdicional, ao menos em regra, não é prestada em um ato instantâneo, imediatamente após a demanda e nem mesmo logo depois da contestação. No passado, as fases e rituais tinham predominante razão mística, religiosa. Hoje, trata-se de uma imposição de racionalidade e razoabilidade. Há todo um conjunto de atos e etapas destinados à verificação dos fatos afirmados por cada parte (*provas* – v. vol. 2, cap. 13) e à consideração de seus argumentos jurídicos. A atividade jurisdicional desenvolve-se de modo procedimentalizado. *Procedimento* (v. cap. 14) consiste num conjunto concatenado de atos, coordenados em vista da produção de um ato final (na hipótese, a tutela jurisdicional): o resultado da prática de cada ato funciona como premissa para a prática do ato seguinte (o autor formula a demanda, o réu é chamado [*citado*] para defender-se, ele contesta, ouve-se de novo o autor sobre a contestação, o juiz manda produzir provas, produzem-se as provas, as partes debatem sobre a prova produzida, o juiz decide [*sentencia*], a parte insatisfeita com a decisão recorre – e assim por diante).

Esse procedimento, na medida em que é desenvolvido com a participação dos possíveis atingidos pela decisão final, recebe o nome de processo. *Processo* consiste no procedimento que se submete ao contraditório. Em outros termos: como o juiz tem o dever de prestar tutela jurisdicional observando o contraditório e o poder de adotar as providências necessárias para tanto, e como as partes têm direitos e deveres nessa participação no procedimento, isso gera uma verdadeira e nova relação jurídica (ou um complexo de relações jurídicas), a *relação jurídica processual* (v. cap. 13).

A ideia de procedimento não é exclusiva da atividade jurisdicional. Há procedimento em outras atividades estatais e também na esfera privada. A própria noção de processo não se restringe à jurisdição. Nas modernas democracias, há uma verdadeira processualização das demais atividades estatais, permitindo-se, cada vez mais, que os cidadãos participem do procedimento de produção dos atos públicos (iniciativa legislativa popular, orçamento participativo, audiências públicas prévias a projetos de lei e a programas da administração pública etc.).

Mas foi no âmbito jurisdicional que primeiro se desenvolveu o instituto do processo. E o processo permanece ocupando um papel decisivo na jurisdição. Daí vem a tradição de se chamar de *direito processual* a disciplina jurídica (e a matéria de estudo científico) da jurisdição. Por vezes, simplifica-se ainda mais, e se chama a disciplina apenas de "processo". Então, até não seria inadequado, como se faz em alguns outros países, denominá-la também direito jurisdicional.

De todo modo, "direito processual" é denominação bastante adequada, em tempos modernos, porque: (i) ela presta-se a abranger instrumentos não estatais de solução de conflitos que também se desenvolvem por meio de processos, mas não integram a jurisdição estatal, ainda que com ela se relacionem (arbitragem, mediação...); (ii) em vez de dar destaque ao puro e simples poder estatal (jurisdição), ela enfatiza o caráter participativo, democrático, da atividade jurisdicional (processo), fazendo-nos sempre lembrar que o jurisdicionado – melhor dizendo: o *cidadão*, o *ser humano* – é a razão de ser dessa atividade.

> **Explicação sobre as referências bibliográficas**
>
> Em todos os demais capítulos deste *Curso*, logo depois de cada um dos textos, constam *roteiros* que podem servir ao aluno como uma espécie de *estudo dirigido*, e ao professor como *roteiro de preparação de aula*. Em seguida, são transcritas citações extraídas de alguns dos principais manuais, comentários e ensaios teóricos, para que o leitor possa ter, além dos textos dos autores deste *Curso*, um panorama da doutrina nacional mais citada. Por fim, há *indicação de bibliografia especializada*, relativamente ao ponto antes tratado – monografias e artigos.
>
> Como este capítulo é uma espécie e "cartão de visitas" do direito processual, optamos, exclusivamente nele, por um método diferente. Apresentamos a seguir, uma lista de obras doutrinárias clássicas sobre o processo civil. Concentramo-nos em livros de acesso relativamente fácil, que costumam constar dos acervos das bibliotecas jurídicas. Em muitos casos, optamos por indicar edições mais antigas (não atualizadas por terceiros), por serem mais fiéis à concepção original de seus autores.
>
> Essas obras não se referem ao direito vigente – e muitas nem sequer concernem ao direito processual civil brasileiro (deu-se preferência, de todo modo, às traduções para o português). Mas todas elas tratam com profundidade, clareza e elegância dos grandes institutos do direito processual. Essa lista fica como uma provocação, um incentivo, para o estudo aprofundado do direito processual.

Breve lista de obras clássicas do direito processual

ANTONIO CARLOS DE ARAÚJO CINTRA, ADA PELLEGRINI GRINOVER, CÂNDIDO RANGEL DINAMARCO, *Teoria Geral do Processo*, 31. ed., São Paulo, Malheiros, 2015; ARRUDA ALVIM, *Manual de direito processual civil*, 16. ed., São Paulo: Ed. RT, 2013; CÂNDIDO RANGEL DINAMARCO, *A instrumentalidade do processo*, 15. ed., São Paulo, Malheiros, 2013; *Instituições de direito processual civil*, vol. I a IV, São Paulo, Malheiros, 2009 – 2013; Eduardo COUTURE, *Fundamentos del derecho procesal civil*, 3. ed., B. Aires, Depalma, 1958; EGAS MONIZ DE ARAGÃO, *Sentença e coisa julgada*, Rio de Janeiro, Aide, 1992; ELIO FAZZALARI, *Istituzioni di diritto processuale*, 6. ed., Pádua, Cedam, 1992; ENRICO TULLIO LIEBMAN, *Manual de direito processual civil* (tradução de C. Dinamarco), 2. ed., vol. I, Rio de Janeiro, Forense, 1985; FRANCESCO CARNELUTTI, *Diritto e processo*, Nápoles, Morano, 1958; GALENO LACERDA, "Processo e cultura", em *Revista de direito processual civil*, v. 3, 1961; GIUSEPPE CHIOVENDA, *Instituições de direito processual civil* (tradução de G. Menegale, da 2. ed. ital.), 2. ed., vol. I, II e III, São Paulo, Saraiva, 1965; J. J. CALMON PASSOS, *Comentários ao CPC*, 8. ed., III, Rio de Janeiro, Forense, 1998; JAMES GOLDSCHMIDT, *Derecho procesal civil* (trad. Prieto Castro, da 2. ed. alemã; anot. N. Alcalá-Zamora y Castillo), Barcelona, Labor, 1939; JOSÉ CARLOS BARBOSA MOREIRA, *Temas de direito processual*, Primeira a Nona Séries, São Paulo, Saraiva, 1977-2007; JOSÉ FREDERICO MARQUES, *Instituições de Direito Processual Civil*, 4. ed., vol. I a V, Rio de Janeiro, Forense, 1972; *Manual de Direito Processual Civil*, vol. 1 a 4, São Paulo, Saraiva, 1975-1980; LUIZ MACHADO GUIMARÃES, *Estudos de direito processual civil*, Rio de Janeiro – São Paulo, Jurídica e Universitária, 1969; MOACYR AMARAL SANTOS, *Primeiras linhas de direito processual civil* (atual. por Aricê Moacyr Amaral Santos), 3, 11. ed., São Paulo, Saraiva, 1990; OVÍDIO BAPTISTA DA SILVA, *Curso de processo civil*, 6ª ed., vol. 1 a 3, São Paulo, RT, 2002; PIERO CALAMANDREI, *Istituzioni di diritto processuale civile*, vol. I a III, Milão, Cedam, 1943; PONTES DE MIRANDA, *Tratado das ações*, vol. I a VII, São Paulo, Ed. RT, 1970-1978.

CAPÍTULO 2

NORMA JURÍDICA PROCESSUAL

> SUMÁRIO: 2.1. O direito processual no quadro geral do ordenamento jurídico; 2.1.1. Normas de conduta (ou primárias) e normas estruturais (ou secundárias); 2.1.2. Direito material e direito processual; 2.1.3. Direito privado e direito público – 2.2. O grau de obrigatoriedade das normas processuais; 2.2.1. Normas dispositivas e normas cogentes; 2.2.2. Normas processuais cogentes e dispositivas – 2.3. As posições subjetivas geradas pelas normas processuais; 2.3.1. Classificação das posições jurídico-subjetivas; 2.3.2. Ônus, deveres e estados de sujeição processuais – 2.4. Relevância da identificação das normas processuais; 2.4.1. Normas processuais civis: competência e espécies legislativas; 2.4.2. Normas processuais civis e direito internacional; 2.4.3. Normas processuais civis e direito intertemporal – 2.5. Autonomia epistemológica do direito processual civil – 2.6. Constituição e Processo; 2.6.1. Supremacia e efetividade da Constituição; 2.6.2. A especialidade da relação entre direito constitucional e processual; 2.6.3. Tutela constitucional do processo; 2.6.4. Jurisdição constitucional.

2.1. O direito processual no quadro geral do ordenamento jurídico

Em uma de suas mais importantes dimensões, o direito consiste num conjunto de normas destinadas a regular a convivência humana. Há uma série de critérios pelos quais se podem agrupar tais normas. Esses diferentes critérios dão origem às diversas classificações a que o direito pode se submeter.

Já vimos que o direito processual é a parte do ordenamento jurídico destinada a disciplinar o modo como a função jurisdicional atua (v. n. 1.1 e 1.2). Mas é necessário tornar um pouco mais preciso o enquadramento das normas processuais no ordenamento jurídico como um todo, para daí extrair suas peculiaridades. A consideração das características próprias das normas de direito processual não é um simples exercício teórico. Delas extraem-se importantes características práticas, como se vê adiante.

2.1.1. Normas de conduta (ou primárias) e normas estruturais (ou secundárias)

Costuma-se dizer que o direito opera regulando o comportamento humano. E não está errado. Uma parte substancial das normas jurídicas tem essa função. São normas impositivas de condutas. Elas proíbem ou autorizam (facultam) comportamentos, estabelecendo sanções para quem praticar as condutas proibidas ou para quem impedir que os outros pratiquem as condutas autorizadas. Assim, a norma que proíbe matar impõe uma conduta. O mesmo fazem as normas que asseguram a propriedade, a liberdade de culto, de manifestação, de associação etc.: proíbem os demais de afrontarem o direito, a liberdade, em questão. A norma que consagra o direito à saúde ou à educação igualmente tem esse caráter: atribui ao cidadão um direito, ao Estado, um dever – e assim por diante.

Essas são as normas de conduta (ou primárias).

Mas elas não exaurem todo o universo de normas jurídicas. Elas, por si sós, não seriam suficientes para que o direito (no sentido de ordenamento jurídico como um todo e de cada norma específica) se constitua; possa ser reconhecido, identificado; seja eficaz, incida; possa ser alterado... Enfim, para que o direito tenha dinamismo e efetividade não bastam normas que disciplinem as condutas das pessoas. São indispensáveis normas que regulem o próprio direito – a própria criação, modificação e aplicação das normas jurídicas.

Essas são as normas estruturais (ou secundárias).

Assim, as normas que regulam o processo legislativo, isso é, a forma de criação das diversas espécies de lei (ex. arts. 59 a 69 da CF), são normas de estrutura. Têm igual caráter, p. ex., as regras que preveem as condições em que autoridade administrativa deve anular ou pode revogar os seus atos (Lei 9.784/1999, arts. 53 a 55). Outros vários exemplos encontram-se na Lei de Introdução às Normas do Direito Brasileiro (antiga "Lei de Introdução ao Código Civil" – Dec.-lei 4.657/1942, na redação dada pela Lei 12.376/2010): são normas que tratam da interpretação, eficácia e aplicação das demais normas.

As normas de direito processual civil incluem-se entre as normas estruturais. Como já afirmado, elas disciplinam a atividade jurisdicional. Então, em termos muito gerais, elas regem o modo de aplicação do ordenamento jurídico, pelos juízes e tribunais, ao solucionar os conflitos.

2.1.2. Direito material e direito processual

Outra das formas de classificar os diversos ramos do direito consiste em dividi-lo em dois grandes âmbitos: direito material e direito processual.

Quando as partes têm um conflito e o levam ao juiz, há dois conjuntos de normas a se observar.

Por um lado, há as normas que regulam o modo como os juízes e tribunais devem desenvolver o processo em que a tutela jurisdicional será prestada. Essas normas disciplinam também a forma de atuação, dentro do processo, das partes (autor e réu) e de todos os outros sujeitos que por alguma razão tenham de intervir no processo. Essas são as normas processuais.

Por outro lado, existem as normas que o juiz precisa aplicar para saber quem tem razão quanto ao conflito que ele deve resolver. Ou seja, as regras incidentes sobre o caso litigioso que foi levado até ele. Essas são as normas materiais.

Então, em termos bem simplificados, pode-se afirmar que as normas jurídicas de direito material tratam das relações jurídicas que se travam no mundo empírico, na vida cotidiana, antes e independentemente de haver um processo. Por exemplo, são materiais, as regras e princípios que regulam a compra e venda de bens, que disciplinam o modo como deve ocorrer o relacionamento entre vizinhos, que regulam os deveres dos cônjuges durante o casamento, que definem como se opera um negócio no âmbito financeiro etc. Essas normas materiais, em geral, já estão incidindo enquanto as relações entre os sujeitos são travadas. Se vier a surgir um conflito entre esses sujeitos e eles recorrerem ao Judiciário, caberá a esse definir quais normas materiais efetivamente incidiram no caso conflituoso. Mas como visto no cap. 1, isso não é feito de modo instantâneo. Estabelece-se um processo jurisdicional para resolvê-lo, o juiz terá de ouvir as partes, investigar, produzir provas (e deixar que as partes as produzam) – enfim, terá de desenvolver todas essa atividade para *definir quais foram as normas materiais que incidiram no caso*, para assim poder dizer quem tem razão no conflito.

As normas que regulam *toda essa atividade* que precisa ser previamente desempenhada para a jurisdição poder dizer quem tem razão são processuais. Ou seja, elas regem o modo como o Judiciário será provocado para atuar, definem como as partes exercerão a ação e a defesa, disciplinam a produção das provas e a formulação de argumentos e recursos – enfim, tratam do desenvolvimento do processo jurisdicional.

As normas processuais também proporcionam a criação, modificação e extinção de direitos e deveres. A diferença está em que lá, nas normas de direito material, há disciplina das relações jurídicas travadas nos mais diferentes ambientes (familiar, negocial etc.), ao passo que aqui, no que diz respeito às normas de direito processual, são disciplinados os fenômenos endoprocessuais (que ocorrem dentro do processo) e a própria relação jurídica em que consiste o processo.

O relacionamento entre esses dois ramos do direito – direito material e direito processual – é de *instrumentalidade* do segundo diante do primeiro, na medida em que é por intermédio do processo que se consegue dar rendimento à norma jurídica de direito material que foi desrespeitada por um dos sujeitos do litígio. Vale dizer: o processo é instrumento de realização do direito material. Não há exagero em dizer que o direito processual está a serviço do direito material.

Diante do descumprimento de determinada norma jurídica, o direito material nem sempre tem o que fazer (isto é, o direito material não prevê todos os mecanismos capazes de restabelecer a harmonia rompida pelo descumprimento ou pelo inadimplemento), restando ao interessado buscar a tutela jurisdicional para seu interesse violado.

Imagine-se que Fulano causa um dano a Beltrano, em decorrência de um acidente de veículos. As normas de direito material, previstas nos arts. 186 e 927 do CC, dispõem que "aquele que, por ação ou omissão voluntária, negligência ou imprudência, violar direito e causar dano a outrem, ainda que exclusivamente moral, comete ato ilícito" (art. 186) e "aquele que, por ato ilícito (arts. 186 e 187), causar dano a outrem, fica obrigado a repará-lo" (art. 927). Que conduta deverá ter Beltrano se Fulano se negar a reparar o dano? Sendo proibida a autotutela, resta a Beltrano buscar a tutela jurisdicional, o que fará mediante o ajuizamento de uma ação, ou seja, iniciando um processo, que servirá de instrumento para que Beltrano alcance a realização de seu direito à reparação do dano que sofreu.

Mas mesmo quando não há violação das normas jurídicas, estabelecendo-se apenas uma dúvida objetiva quanto a quais sejam as normas aplicáveis, o direito material não está habilitado a superar o impasse. Nesses casos, será necessária a intervenção de um agente jurisdicional que defina o direito aplicável a determinado caso concreto, eliminando a incerteza até então reinante.

2.1.3. *Direito privado e direito público*

Há ainda outro critério classificatório, que é o relativo à natureza dos sujeitos envolvidos nas relações jurídicas disciplinadas pelo ordenamento jurídico.

No discurso tradicional, o âmbito jurídico em que atua o Poder Público (União, Estados, Municípios e Distrito Federal) diretamente ou por meio de seus entes descentralizados ou delegatários (autarquias, fundações, empresas públicas...) recebe o nome de "direito público". As relações jurídicas de que participam esses sujeitos são de direito público. As normas jurídicas que regulam tais relações são de direito público.

Na mesma linha, o âmbito jurídico alheio ao Poder Público é qualificado como sendo de "direito privado". São privadas as relações jurídicas travadas entre sujeitos particulares (e que estejam alheios a qualquer atuação delegada do Poder Público). As normas que as disciplinam são de direito privado.

Assim, as normas de direito civil são classificadas como normas de direito privado, porque regulam as relações entre sujeitos particulares. Já as normas de direito administrativo são de direito público, pois dizem respeito às relações jurídicas existentes entre os particulares e a Administração Pública.

As normas de direito processual são normas de direito público. Elas disciplinam fundamentalmente a atuação dos órgãos e agentes jurisdicionais, que integram o Poder Público e exercem poder estatal. Mesmo quando o litígio levado para o juiz resolver for integralmente privado (por exemplo, um contrato de compra e venda celebrado entre dois particulares), a atuação do juiz para resolver esse conflito e suas relações com as partes serão necessariamente públicas. Por isso, o direito processual é direito público.

É necessário apenas observar que as constantes transformações sociais implicam a também constante evolução do direito, cuja função é a de resolver novas questões, antes não imaginadas pelo legislador e que decorrem das mutações havidas na sociedade. Considerem-se alguns exemplos: a democratização da informação (ampliada intensamente com a internet); o aumento de complexidade técnica nas relações comerciais; o surgimento de entidades que, embora privadas, têm grande poder fático; a preocupação com a proteção de minorias ou hipossuficientes em relações privadas; o surgimento de relações de massa que, apesar de privadas, reproduzem-se homogeneamente de tal modo que assumem imensa repercussão socioeconômica. São todos fenômenos modernos, que se têm mostrado cada vez mais expressivos e crescentes.

Além disso, cada vez mais se reconhece que a essência do direito público não está na presença ou participação do órgão estatal, e sim, muito mais, na circunstância de o bem ou atividade envolvidos afetar toda a coletividade ou revestir-se de relevância tal que transcenda o mero interesse das partes diretamente envolvidas no caso.

Esses fenômenos requerem disciplina jurídica própria e fazem surgir novas categorias de normas, nem sempre subsumíveis perfeitamente a um dos dois grandes e tradicionais ramos (direito público e direito privado).

Isso não retira a utilidade da classificação *público x privado*, mas deve servir de alerta para a existência de novos ramos do direito, em que as relações jurídicas entre particulares recebem tratamento diferenciado das normas de direito privado, antes referidas. São, em muitos casos, relações jurídicas entre partes essencialmente desiguais, em que o poder estatal intervém, mediante a edição de normas imperativas. Exemplo dessa situação está nas regras de direito do trabalho, em que empregado e empregador, conquanto sejam particulares, submetem suas relações jurídicas a regras cogentes, a respeito das quais não têm disponibilidade. Da mesma forma se dá nas relações de consumo, por força, inclusive, de disposição expressa do art. 1.º da Lei 8.078/1990 (Código de Defesa do Consumidor). Pense-se ainda em todo o regramento repressivo do abuso de poder econômico, que incide inclusive sobre relações que, a princípio, seriam submetidas apenas a normas de direito comercial, privado. Sob esse aspecto, assiste-se a uma maior regulação estatal de relações e institutos privados.

Mas existe ainda o outro lado da moeda. Há também relações e institutos jurídicos tradicionalmente qualificados como públicos, por conta da intervenção do (ou do contato com) o Estado, que têm sofrido o influxo de diretrizes privadas. Amplia-se o poder de participação dos particulares e se lhes permite atuar conforme margens de liberdade mais próximas do direito privado. Esse fenômeno atinge inclusive o direito processual. Considerem-se, como exemplos, a experiência da mediação extrajudicial e da arbitragem (v. n. 4.5.3 e 4.5.4, adiante) e a ampla autorização para as partes celebrarem negócios jurídicos que modulem a relação processual (art. 190 do CPC/2015 – v. n. 2.2.2, n. 3.21 e cap. 27, adiante).

2.2. O grau de obrigatoriedade das normas processuais

2.2.1. Normas dispositivas e normas cogentes

Pelo critério do grau de obrigatoriedade, as normas jurídicas podem ser classificadas em *cogentes* e *dispositivas*.

São *cogentes*, imperativas ou de ordem pública, as normas jurídicas que devem ser cumpridas, sempre, independentemente da escolha daquele que lhes deva cumprimento e, mesmo, *independentemente da escolha daquele que em princípio será beneficiado por tal cumprimento*. Trata-se de regras inderrogáveis pela vontade das partes. Assim, por exemplo, são *cogentes* as regras relativas ao casamento. Aqueles que pretendam casar devem necessariamente observar o conjunto de regras que disciplinam a matéria, não havendo qualquer possibilidade de dispor diferentemente do que prevê, a respeito, o comando imperativo da lei. De nada adiantaria que homem e mulher, pretendentes ao casamento, estipulassem condições, como a da duração do vínculo matrimonial, dizendo que gostariam de manter o casamento pelo período de cinco anos, por exemplo. Trata-se de regra impositiva, cogente, imperativa, de ordem pública, que não admite nenhum tipo de disposição por parte da vontade humana.

Já as normas facultativas, ou dispositivas, embora também devam ser cumpridas, podem ser afastadas, nos limites permitidos pela própria lei, pela vontade das partes. Exemplo: a regra relativa ao casamento prevê que, se não houver prévia manifestação de vontade em contrário, no sentido da escolha do regime de bens desejado por aqueles que vão se casar, o regime legal será o da comunhão parcial (art. 1.640, *caput* do CC). Todavia, desejando os noivos a adoção de outro regime de bens, podem, mediante pacto antenupcial, afastar o regime legal, isso é, da regra geral, e optar por outro regime (aliás, o art. 1.639, § 2.º, do CC admite até a alteração posterior – mediante autorização judicial – do regime de bens inicialmente escolhido).

2.2.2. Normas processuais cogentes e dispositivas

Quanto ao grau de obrigatoriedade das normas processuais, tradicionalmente o direito processual foi reconhecido como sendo integrado, sobretudo, por normas cogentes, imperativas ou de ordem pública. Ou seja, prevaleceria a impossibilidade de disposição das normas processuais pelas partes.

Hoje, todavia, o regime jurídico de disponibilidade instituído pelo Código de Processo Civil é muito mais largo e flexível. Abre-se nova perspectiva, consistente na ampla possibilidade de disposição, pelas partes, de diversas categorias de normas processuais. Nesse sentido, hoje prevalece no processo civil brasileiro o princípio da liberdade negocial (v. n. 3.21). De acordo com o art. 190 do CPC/2015, as partes plenamente capazes podem estipular mudanças no procedimento e na relação processual, por meio de cláusula contratual ou convenção específica (pré-processualmente, portanto) ou por negociação ocorrida ao longo do processo. A baliza geral reside na possibilidade de solução extrajudicial do litígio: toda vez que a intervenção jurisdicional estatal não for obrigatória, de modo que as partes poderiam legitimamente resolver o conflito sem ter de ir ao Judiciário (mediante transação, arbitragem, processo administrativo, termo de ajuste de conduta etc.), podem igualmente, caso recorram aos juízes e tribunais estatais, celebrar negócios jurídicos alterando o procedimento ou mesmo modificando os poderes, ônus e deveres processuais.

Todavia, e mesmo com a regra geral de negócios processuais atípicos (i.e., admissíveis não apenas em casos taxativos), há normas processuais que são inderrogáveis ou inafastáveis pela vontade das partes. Não se concebe a celebração de negócios jurídicos que afastem a incidência de tais normas. Por exemplo, a norma que impõe a ocorrência da coisa julgada (v. vol. 2, cap. 40) é cogente. Ela é estabelecida não apenas no interesse da parte vitoriosa, mas também no interesse da própria jurisdição, que não pode novamente despender recursos e tempo com uma causa que já foi legitimamente julgada. Então, as partes não podem celebrar um negócio jurídico prevendo a não incidência da coisa julgada sobre a sentença que venha a ser dada no processo. O mesmo se diga a respeito da norma que impõe o reexame necessário da sentença em determinadas situações (i.e., a obrigatoriedade de que a sentença seja revista pelo tribunal, mesmo não havendo recursos, em certas hipóteses). De nada adianta, em um caso desses, as partes pactuarem que o processo terá apenas um grau de jurisdição.

Por outro lado, quando as partes optam pela arbitragem (v. n. 4.5.4), estão escolhendo um mecanismo alternativo ao processo desenvolvido perante o Poder Judiciário. Mas nem por isso, nessa hipótese, elas afastam completamente as normas processuais que regulam a atividade voltada a resolver a lide. As partes, na arbitragem, podem definir tanto as normas de direito material que regerão a solução do conflito pelos árbitros, como também as normas processuais que pautarão o processo arbitral. Contudo, há um núcleo essencial de normas, relativo ao devido processo legal, que não pode absolutamente ser desconsiderado (Lei 9.307/1996, arts. 20, 21, § 2.º, 26, II), sob pena de nulidade e ineficácia da sentença arbitral (Lei 9.307/1996, arts. 32 e 33, alterados pela Lei 13.129/2015).

2.3. As posições subjetivas geradas pelas normas processuais

2.3.1. Classificação das posições jurídico-subjetivas[1]

As normas jurídicas podem ser classificadas como geradoras de: (i) *deveres* (no sentido *lato*, que abrange as obrigações), (ii) *estados de sujeição* e (iii) ônus.

Dever jurídico é a imposição jurídica da observância de determinado comportamento ativo ou omissivo, passível de ser resguardada por sanção. Daí se extraem duas características: (a) no dever, há a imposição jurídica de uma prestação de conduta positiva (pagar quantia, entregar coisa ou fazer) ou negativa (não fazer); e (b) o sujeito obrigado ao cumprimento do dever sofre a aplicação de uma medida jurídica negativa (sanção) se não o cumprir.[2] A contraface do dever jurídico é o direito prestacional (o direito a uma prestação de conduta).

Embora frequentemente usados como termos sinônimos, "dever" não se identifica com "obrigação". A *obrigação* consiste em uma *espécie* dentro do gênero dever. Ou seja, é uma das modalidades de dever jurídico. Nesse sentido, a obrigação também é uma prestação de conduta, que tem por contraface o direito à tal prestação e cujo inadimplemento enseja sanção. Sua peculiaridade advém de sua origem. Os deveres obrigacionais originam-se ou de negócios jurídicos (ex. obrigação contratual) ou do regime da responsabilidade civil (indenização) ou da rejeição ao enriquecimento sem causa (repetição de indébito).

Já o *estado de sujeição* consiste na simples submissão do sujeito a efeitos extintivos, modificativos ou constitutivos de direito que se produzam em sua esfera jurídica – independentemente de uma conduta sua. A contraface do estado de sujeição recebe o nome de direito potestativo. Por exemplo, o outorgante da procuração normalmente tem o direito potestativo de revogá-la: basta ele exercer sua vontade nesse sentido que a procuração será extinta; o mandatário apenas submeter-se-á a essa extinção do mandato, sendo dispensável qualquer conduta sua. Do mesmo modo, diante da falta grave de um dos cônjuges, o outro tem o direito potestativo à extinção do vínculo matrimonial;

---

1. Sobre todas as categorias expostas nesse tópico, veja-se EDUARDO TALAMINI, *Tutela relativa aos deveres de fazer e de não fazer*, 2. ed. São Paulo, Ed. RT, 2003, n. 4.1, p. 126-127.
2. Sobre o conceito de sanção e suas espécies, nem todas negativas (constritivas), veja-se o vol. 3, n. 1.1.

o contratante inadimplente sujeita-se à resolução contratual – e assim por diante. Uma vez que não envolve uma prestação de conduta, o estado de sujeição não tem como ser descumprido. O sujeito passivo dessa posição subjetiva simplesmente se submete ao estado. Logo, como não há nem em tese perspectiva de inadimplemento, não cabe aqui falar de sanção pelo descumprimento de um direito potestativo (mas – e isso é algo diverso – o direito potestativo e o estado de sujeição em determinadas hipóteses apresentam-se eles mesmos como consequências sancionatórias pelo descumprimento de outro dever: no exemplo acima dado, a resolução do contrato é sanção pelo inadimplemento da obrigação contratual; o divórcio é sanção pela falta grave do cônjuge...). Diante da impossibilidade de descumprimento do direito potestativo, poder-se-ia supor que jamais caberia uma ação judicial para fazê-lo valer. Mas não é assim. Embora, quando exercido pelo titular do direito, o direito potestativo não tenha como ser violado pelo sujeito passivo ("devedor"), muitas vezes o ordenamento não permite o puro e simples exercício de direito potestativo pelo seu titular, exigindo que, para exercê-lo, esse tenha de necessariamente promover uma ação judicial (é a ação constitutiva necessária, de que se trata no n. 11.3.2, adiante).

Por sua vez, o *ônus* consiste na imposição de uma conduta no interesse do próprio onerado, para que ele obtenha uma vantagem ou impeça uma desvantagem. O ônus não tem como contraface nenhum direito de outro sujeito. O onerado só está *obrigado consigo mesmo*: cumpre, caso queira obter uma vantagem ou afastar uma desvantagem. Nesse sentido, também não há, no sentido técnico do termo, uma sanção pelo descumprimento do ônus. Se o onerado não cumpre o ônus, ele apenas prejudica (ou pode prejudicar) a si mesmo. Como se vê a seguir, a categoria do ônus tem enorme importância no direito processual. Mas não é exclusividade sua. Existem ônus no direito material. Por exemplo, se o locatário quer que seu direito de preferência na aquisição do imóvel seja oponível perante terceiros também interessados na aquisição do bem, ele tem o ônus de promover o registro do contrato de locação na matrícula imobiliária. Ele não tem o dever de fazer isso. Ninguém tem o direito de exigir isso dele. Mas se ele quer fazer valer essa vantagem que o contrato lhe dá (direito de preferência) perante outros possíveis compradores do bem, cabe-lhe promover o registro.

2.3.2. *Ônus, deveres e estados de sujeição processuais*

No que diz respeito às posições subjetivas, a grande maioria das normas processuais que regem as atividades das partes consiste em *ônus*. Desse modo, em processo em que A é autor e B é réu, se este deixar de cumprir o *ônus* de contestar, prejuízo não haverá para A, mas sim para o próprio B, que, ao desatender ao ônus de responder ao pedido do autor, terá contra si, em regra, nos termos do art. 344 do CPC/2015, os efeitos da revelia (v. vol. 2, cap. 10). Nesse mesmo sentido, as partes têm o ônus de produzir prova dos fatos que lhes favoreçam, de impugnar a prova produzida pelo adversário, de recorrer das decisões que lhes sejam desfavoráveis – e assim por diante. Nada disso é dever da parte. Pelo contrário, há mesmo, em face da jurisdição, o *direito* à prova, ao contraditório, ao recurso etc. Mas é algo que incumbe à parte fazer, para obter uma situação melhor ou evitar uma situação pior.

Das normas processuais são igualmente extraíveis *estados de sujeição* – e, portanto, também a sua contraface: direitos potestativos. O próprio direito de ação, quando exercido, estabelece um estado de sujeição de natureza processual (ainda que não se limite a isso). É bastante conhecida a formulação doutrinária que qualifica o direito de ação como um direito potestativo: ao ajuizar a ação, provocar a atuação jurisdicional e instaurar o processo, o autor impõe ao réu um necessário estado de sujeição. Uma vez citado (i.e., cientificado da existência da ação) o réu, queira ou não, fica vinculado à relação processual e àquilo que o órgão judicial vier a determinar. Ele poderá apresentar as razões pelas quais reputa que o pedido do autor é infundado ou mesmo os motivos pelos quais considera que o processo nem deve ser levado adiante. Mas, enquanto não sobrevier a resposta final da jurisdição, ele fica sujeito ao processo e ao concreto exercício do poder jurisdicional (é a chamada inevitabilidade da jurisdição, de que se trata no n. 4.3.7, adiante).

As normas processuais estabelecem também *deveres* para o juiz, as partes e os outros sujeitos que participam do processo.

As regras sobre litigância de boa-fé impõem verdadeiros *deveres* aos litigantes e terceiros que de alguma forma participem no processo (arts. 5.º, 77, 78, 80, 774, 903, § 6.º, 918, parágrafo único etc. do CPC/2015). Há a imposição de condutas positivas ou negativas, ditadas em favor de interesses alheios (titularizados pela parte adversária e pelo Estado-Jurisdição).

A inobservância de tais condutas implica a incidência de sanções indenizatórias e punitivas (arts. 77, §§ 1.º a 8.º, 79, 81, 774, parágrafo único etc. CPC/2015). Por exemplo, pela violação dos deveres estabelecidos no art. 77, os advogados, os membros do Ministério Público e os Defensores Públicos respondem perante os respectivos órgãos de classe ou corregedorias (art. 77, § 6.º, CPC/2015). Já os demais envolvidos no processo (partes, intervenientes, oficiais de justiça, peritos, tradutores intérpretes etc.), em caso de violação a tais deveres, além das demais sanções processuais, civis e criminais cabíveis, sujeitar-se-ão à multa de até 20% do valor da causa, que será revertida para os fundos de modernização do Poder Judiciário (arts. 77, §§ 2.º e 3.º, e 97, CPC/2015).[3]

---

3. Sobre o tema, tratando ainda do Código anterior, mas com considerações igualmente aplicáveis ao atual, v. LUIZ RODRIGUES WAMBIER, *O contempt of court* na recente ex-

Também impõem deveres as normas que balizam a atuação do juiz e de seus auxiliares (arts. 139 a 175 CPC/2015). São normas impositivas de condutas, estabelecidas no interesse geral e dos específicos litigantes de cada processo e cuja inobservância enseja a aplicação de sanções (arts. 143, 146, § 5.º, 155, 158, 161, entre outros, do CPC/2015).

Merece ainda destaque o dever de cooperação, que se aplica tanto ao juiz quanto às partes (art. 6.º do CPC/2015 – v. n. 3.19, adiante).

Parte da doutrina reputa que as normas processuais civis também dão origem a *obrigações*. Citam-se como exemplos: a obrigação do vencido (sucumbente) de pagar honorários; a obrigação de indenizar os danos gerados pela efetivação de uma tutela provisória posteriormente revogada; a obrigação de ressarcir os prejuízos derivados da litigância de má-fé etc. Outros doutrinadores, porém, reputam que tais obrigações não seriam propriamente ou exclusivamente "processuais", mas advindas das normas materiais sobre responsabilidade civil (ou, quando menos, da conjugação destas com normas processuais).

2.4. Relevância da identificação das normas processuais

Reconhecer uma identidade própria para as normas processuais em face das normas de direito material não é algo que se faça para fins meramente teóricos. A distinção tem grande importância prática.

2.4.1. *Normas processuais civis: competência e espécies legislativas*

As normas de direito processual são de competência legislativa privativa da União (art. 22, I, da CF). O tema reveste-se de alguma complexidade porque, por outro lado, a Constituição autoriza os Estados e o Distrito Federal a legislar, concorrentemente com a União, em matéria de "procedimento em matéria processual" (art. 24, XI, da CF). Então, põe-se grande dificuldade em saber o que é propriamente matéria processual e o que é mero procedimento. O tema é retomado no n. 13.2, adiante.

Já a competência para a edição de normas de direito material variará conforme o tema envolvido (vejam-se as várias hipóteses previstas nos arts. 22, 24, 25, § 1.º, e 30, I, da CF).

Além disso, a definição da norma como processual ou não é também relevante para a definição da espécie legislativa utilizável: mesmo no âmbito da União, é proibida a edição de medida provisória em matéria processual (art. 62, § 1.º, I, *b*, da CF, na redação dada pela EC 32/2001).

---

periência brasileira – Anotações a respeito da necessidade premente de se garantir efetividade às decisões judiciais, RePro 119/35.

2.4.2. Normas processuais civis e direito internacional

No que tange ao direito internacional, em princípio se aplica a norma processual brasileira ao processo judicial em curso no Brasil, ressalvadas as regras processuais previstas em tratados internacionais, convenções ou acordos internacionais de que o Brasil seja signatário (art. 13 do CPC/2015). Quanto à norma de direito material, nem sempre é assim: muitas vezes, é relevante a lei do local em que ocorreu o fato originador do direito ou dever.

A incidência, em princípio, da norma brasileira aos processos judiciais em curso no Brasil deriva de uma razão simples: trata-se de atuação do Estado brasileiro; por isso, em regra, segue as normas brasileiras.

2.4.3. Normas processuais civis e direito intertemporal

No direito processual normalmente são aplicáveis as normas que estão em vigor no momento da prática dos atos processuais – e não as que vigoravam na época em que se passaram os fatos da causa (parâmetro esse, por sua vez, que serve para o direito material). Surgindo uma norma processual nova, ela será aplicável aos atos processuais ainda não realizados (art. 14 do CPC/2015).

Mas essa diretriz geral não é, por si só, suficiente para solucionar todos os problemas de direito intertemporal na esfera do processo civil. Mais alguns esclarecimentos podem ser dados, ainda que em caráter meramente exemplificativo.

No que tange aos requisitos da petição inicial, importa saber quais as regras que estão em vigor no momento da propositura da demanda (ex.: a exigência de indicação do CPF ou CNPJ do réu, feita pelo art. 319, II, do CPC/2015 e inexistente na legislação anterior, não se aplica às petições iniciais ajuizadas antes de sua entrada em vigor).

Isso vale, aliás, para todas as normas que fixam requisitos para a prática de atos processuais. Em princípio, aplica-se a norma vigente no momento em que se pratica o ato.

Relativamente aos títulos executivos extrajudiciais, vale a regra do momento do ajuizamento da ação executiva – e não a que vigorava quando o ato extrajudicial foi praticado (v. vol. 3, n. 2.3.3.3).

No que tange ao cabimento de recursos, é aplicável a regra que está em vigor no momento em que é publicada a decisão de que se pretende recorrer. As sentenças e decisões interlocutórias emitidas por escrito são publicadas no momento em que o juiz entrega o documento que as formaliza em cartório. As decisões e sentenças prolatadas oralmente, assim como os acórdãos dos tribunais, tornam-se públicas no momento em que o órgão judicial as prolata.

Quanto à natureza dos efeitos das decisões, vale também a regra em vigor no momento em que a decisão é publicada.

No que tange às hipóteses de rescisão de sentença, importa saber as que estavam em vigor no momento do trânsito em julgado. Por exemplo, o CPC não prevê mais rescisória por vício no ato de disposição de vontade homologado pela sentença (hipótese prevista no CPC/1973, no art. 485, VIII). As sentenças que transitaram em julgado antes do início da vigência do CPC atual, uma vez observado o prazo para propositura da rescisória, ainda são rescindíveis por tal fundamento. A supressão de tal hipótese rescisória aplica-se às sentenças que transitam em julgado depois da entrada em vigor do CPC/2015.

O termo inicial do prazo para a propositura da ação rescisória também depende da lei vigente no momento do trânsito em julgado. No CPC/1973, em todos os casos, o prazo para a rescisória contava-se a partir do trânsito em julgado da sentença que se pretendia rescindir. No CPC atual, há casos em que o termo inicial vincula-se a um evento posterior ao trânsito em julgado (arts. 525, § 15, 535, § 8.º, e 975, §§ 2.º e 3.º). Esse novo termo inicial aplica-se apenas às sentenças transitadas em julgada após o início de vigência do Código de 2015 (art. 1.057).

O momento do trânsito em julgado é também relevante para definir as regras aplicáveis relativamente à configuração da coisa julgada. Por exemplo, diferentemente do CPC/1973, o atual CPC atribui, dentro de certas condições e independentemente de pedido das partes, autoridade de coisa julgada às questões prejudiciais decididas de modo expresso (art. 503, § 1.º). Tal norma aplica-se apenas às sentenças transitadas em julgado depois do início de vigência do CPC/2015. Relativamente às sentenças anteriores, a incidência de coisa julgada sobre a decisão da questão prejudicial dependia da propositura de ação declaratória incidental.

Quando a lei aumenta determinado prazo processual, tal aumento incidirá apenas nos casos em que o prazo anterior ainda não tinha decorrido integralmente. Por exemplo, o prazo para o agravo de instrumento no CPC/1973 é de dez dias; no CPC/2015, é de quinze dias. Nesse caso, se o curso do prazo está no seu nono dia por ocasião da entrada em vigor do CPC/2015, a parte passa a dispor de prazo de quinze dias (portanto, tem mais seis dias de prazo). Já se o décimo dia do prazo dá-se um dia antes da vigência do CPC/2015, o prazo encerra-se naquele décimo dia, operando-se, caso não tenha sido interposto o recurso, a preclusão temporal (v. n. 31.2, adiante). Nessa segunda hipótese, é irrelevante a superveniência da lei ampliativa do prazo.

Por outro lado, quando a lei diminui o prazo, e ele já estava em curso no caso concreto, cabe verificar quanto faltava fluir do prazo antigo. Se o remanescente, de acordo com a lei antiga, é menor do que o total do novo prazo, computa-se o remanescente. Caso contrário, computa-se o total do novo prazo. Isso aconteceu, por exemplo, quando o CPC/1973 reduziu o prazo da ação rescisória de cinco para dois anos. A jurisprudência pacificou-se no sentido de que, se, de acordo com o prazo antigo (cinco anos), a parte, no caso concreto, dispunha de um saldo inferior a dois anos, considerar-se-ia esse saldo. Já se o saldo remanescente fosse superior a dois anos, computar-se-iam apenas mais dois anos.

Quando a lei suprime determinado tipo de procedimento, a regra não se aplicará àqueles processos desse tipo que já estejam em curso (art. 1.046 do CPC/2015). Essa noção é aplicável ao procedimento sumário, a determinados procedimentos especiais e aos procedimentos cautelares nominados, todos suprimidos pelo CPC.

Já as inovações normativas que não instituem nova modalidade processual nem suprimem algum tipo de procedimento, mas limitam-se a dar nova disciplina a atos e institutos já existentes, devem ser aplicadas a cada específico ato que ainda não tenha ocorrido por ocasião da entrada em vigor da nova norma. Já os atos havidos antes do início da vigência da inovação normativa permanecem regulados pelas normas anteriores. Assim, se já tinha havido a realização da praça para a alienação de bem imóvel, a circunstância de o CPC/2015 ter suprimido essa modalidade expropriatória não afeta a alienação já realizada na execução que segue seu curso na vigência do novo código (v. vol. 3, cap. 10). Outro exemplo: no CPC/1973 a arguição de incompetência relativa fazia-se em incidente próprio, suspensivo do restante do processo; no CPC/2015, a arguição de tal matéria não tem eficácia suspensiva. As exceções de incompetência relativa interpostas antes do início de vigência do CPC atual permanecem suspendendo o restante do processo, até que sejam decididas. As arguições de tal matéria formuladas já depois da entrada em vigor do CPC atual não têm tal eficácia suspensiva – mesmo que ocorram em processos que se tenham iniciado quando ainda vigorava a norma que conferia sempre efeito suspensivo à exceção.

2.5. Autonomia epistemológica do direito processual civil

A doutrina processual, até os anos 1970, dedicou-se intensamente a afirmar a autonomia do direito processual civil. As formulações teóricas de Oskar von Büllow, no século XIX, foram a base da autonomia do processo em relação às regras de direito material. A afirmação dessa autonomia foi muito importante para o desenvolvimento científico do direito processual.

Mas essa afirmação tem limites. O que ora importa destacar, passando ao largo de toda a história do direito processual civil e de sua antiga vinculação ao "direito civil", é que há, certamente, razoável carga de interdependência entre o direito processual civil e o direito dito "civil" (ou melhor, entre direito processual e direito material).[4]

---

4. Como indicado no n. 1.1, acima, "civil" tem, nesse caso, o significado de não penal, não criminal – abrangendo, além do direito civil em sentido estrito, o direito comercial, administrativo, tributário, econômico etc.

Tal interdependência se dá no nível das essências do direito material e do direito processual e, por isso, usa-se a expressão "ontologicamente", para explicar o plano em que esta ligação existe. "*Onthos*", em grego, significa *ser*. O processo, em última análise, existe em função do direito material e da necessidade de se contar com um instrumento capaz de servir de conduto para as pretensões de direito material diante do aparelho jurisdicional. Assim, do ponto de vista ontológico, direito processual e direito material estão necessariamente ligados, na medida em que o primeiro encontra no segundo a sua razão de ser. O direito processual é instrumental ao direito material. O processo existe para servir ao direito material, para dar-lhe eficácia, concretude.

Todavia, do ponto de vista dos estudos científicos, ou seja, sob o enfoque epistemológico, ambos os ramos do direito são independentes e autônomos. A palavra "epistemologicamente" significa *cientificamente*, pois *"episteme"* quer dizer ciência em grego. O tema será aprofundado, adiante, especialmente ao se tratar do conceito e da natureza da ação e do processo.

2.6. Constituição e Processo

A Constituição é o ponto de partida para a compreensão adequada do que é o processo civil. É de suas normas que podemos extrair a essência, a finalidade e a forma do processo em um Estado de Direito. Nesse sentido, costuma-se falar em "modelo constitucional do processo civil".

2.6.1. *Supremacia e efetividade da Constituição*

Todo o ordenamento jurídico brasileiro, na verdade, é regido pela Constituição Federal. Assim, há muito tempo que a simples remissão à lei deixou de ser suficiente para a compreensão não apenas do direito processual civil, mas também dos demais ramos e disciplinas do direito.

Em se tratando especificamente do processo civil, isso significa que as normas do Código de Processo Civil ou da legislação processual civil extravagante, como um todo, somente podem ser integradas e satisfatoriamente interpretadas em cotejo com aquelas dispostas na Constituição Federal, isto é, não se bastam sozinhas. É a própria Constituição que orienta todo o "dever-ser" do processo e de todos os seus temas e institutos. A Constituição Federal é a matriz de todo o sistema processual. As normas e institutos infraconstitucionais do processo devem ser todos compreendidos e aplicados à luz da Constituição – jamais o contrário.

O art. 1.º do CPC/2015 preocupou-se inclusive em explicitar o princípio da supremacia e efetividade da Constituição, ao estabelecer que "o processo civil será ordenado, disciplinado e interpretado conforme os valores e as normas fundamentais estabelecidos na Constituição da República Federativa do

Brasil (...)". Tal disposição, a rigor, desnecessária (pois isso já advém da força normativa da Constituição), tem função didática.

Assim, o direito processual civil e cada um de seus institutos devem ser compatíveis com os preceitos constitucionais e destinados à realização de seus valores, de forma a maximizá-los por meio do processo, através tanto do atingimento da pacificação social quanto dos próprios objetivos do Estado elencados na Constituição Federal.

2.6.2. A especialidade da relação entre direito constitucional e processual

Como dito, uma vez que a Constituição estabelece as bases do ordenamento jurídico, ditando seus princípios e valores fundamentais, há necessária relação do direito constitucional com todos os demais "ramos" do direito. Mas há razões que peculiarizam a vinculação do direito processual ao direito constitucional.

Em primeiro lugar, o direito processual regula uma das funções do poder estatal, a atividade jurisdicional (v. cap. 4, adiante). E as normas constitucionais têm por um de seus objetos essenciais, precisamente, a regulação da atividade estatal. É o que faz a Constituição quando determina a "separação de poderes" (a rigor: separação de *funções* a serem operadas no exercício do poder soberano único), estrutura o Estado e assegura direitos fundamentais. As mais basilares regras e princípios do direito processual, portanto, partem da própria Constituição.

Por outro lado, a jurisdição é atividade destinada a dar atuação concreta ao ordenamento, inclusive às próprias normas constitucionais. Assim, o direito processual abrange a disciplina do próprio modo de efetivação da Constituição.

Daí a relação em dois vetores, expressa de maneira bastante apropriada pela doutrina, através da seguinte fórmula: *a Constituição tutela o processo para que o processo proteja a Constituição e o ordenamento como um todo.*

A proteção que a Constituição confere ao processo é aquilo que se denomina de "tutela constitucional do processo".

Os instrumentos de defesa da ordem constitucional compõem a chamada "jurisdição constitucional".

2.6.3. Tutela constitucional do processo

A Constituição busca assegurar o adequado funcionamento da atividade jurisdicional, quando:

(a) define e separa os "poderes" do Estado – ou seja, confere, dentro do possível, as diferentes funções do Estado a diferentes estruturas orgânicas, dotadas de autonomia (arts. 2.º, 5.º, XXXV, 52, I e II..., da CF);

(b) distribui, entre os órgãos da Federação, a competência para legislar sobre "processo" e "procedimento" (arts. 22, I, e 24, XI, da CF – v. Cap. 13, adiante);

(c) estrutura os órgãos do Judiciário e distribui competências entre eles (arts. 92 e ss., da CF – Cap. 5 e 6, adiante);

(d) estabelece garantias institucionais aos órgãos do Judiciário e garantias funcionais a seus membros (arts. 95, 96, I, 99..., da CF);

(e) estabelece princípios do processo e outras garantias fundamentais (arts. 5.º, XI, XII, XXXV, XXXVI, XXXVII, LIII, LIV, LV, LVI, 93, IX..., da CF – Cap. 3, adiante).

2.6.4. *Jurisdição constitucional*

Para que a ordem constitucional e, em consequência, o ordenamento jurídico como um todo tenham sua efetividade assegurada, a própria Constituição estabelece os seguintes instrumentos:

(a) meios de controle direto e abstrato de constitucionalidade (ação direta de constitucionalidade, ação direta de inconstitucionalidade, arguição de descumprimento de preceito fundamental e súmula vinculante – arts. 102, I, *a*, e § 1.º, 103 e 103-A da CF);

(b) garantia fundamental de ação (art. 5.º, XXXV, da CF), que possibilita inclusive o controle incidental de constitucionalidade;

(c) a jurisdição constitucional das liberdades: instrumentos jurisdicionais específicos voltados para a proteção de determinados direitos e garantias fundamentais. Trata-se do *habeas corpus*, mandado de segurança, mandado de injunção, *habeas data* e ação popular (art. 5.º, LXVIII a LXXIII, da CF). São instrumentos jurisdicionais cuja explícita consagração no texto constitucional e sua essencial destinação de proteção de valores fundamentais impõem que recebam tratamento diferenciado, seja do legislador infraconstitucional, seja do intérprete. Daí as peculiaridades de rito, visando-se, sobretudo, à celeridade; o emprego de meios mais efetivos de tutela (a possibilidade de concessão antecipada; a força mandamental[5] de que se revestem as liminares e sentenças em muitos desses casos...); as facilidades de acesso ao Judiciário (exemplos: a isenção de custas e honorários no mandado de segurança e em outras dessas medidas; a dispensa de advogado no *habeas corpus*). Enfim, são ações de "eficácia potenciada", no dizer de importante doutrina.

---

5. Sobre a eficácia mandamental dos provimentos judiciais, v., neste volume, Cap. 11, e ainda vol. 2, Cap. 21, e vol. 3, Cap. 16.

Quadro Sinótico

1. Divisão do direito

a) Segundo o critério da aptidão da norma para disciplinar condutas ou para regular o próprio direito:

Segundo esse critério	• Normas de conduta (ou primárias)
	• Normas estruturais (ou secundárias)

b) Segundo o critério da aptidão da norma para criar, reger ou extinguir relações jurídicas ou, num segundo momento, para disciplinar os fenômenos que se passam no processo:

Segundo esse critério	• Direito material (cria/rege/extingue relações jurídicas – atividades não jurisdicionais)
	• Direito processual (função instrumental – garante a integridade do ordenamento jurídico – atividades do juiz, das partes e de terceiros)

c) Segundo o critério relativo à natureza dos sujeitos envolvidos nas relações jurídicas disciplinadas pelo ordenamento jurídico:

Segundo esse critério	• Direito Público – relações de caráter público/Estado
	• Direito Privado – relações jurídicas entre particulares
	• Categorias novas, não subsumíveis a esses dois ramos

2. O grau de obrigatoriedade das normas processuais

Classificação segundo esse critério	• Cogentes ou de ordem pública (imperativas)
	• Dispositivas (facultativas)

3. As posições subjetivas geradas pelas normas processuais

Classificação das posições jurídico-subjetivas	• Dever
	• Obrigação
	• Estado de sujeição
	• Faculdade
	• Ônus

4. Direito processual civil

Características	
	• Direito processual (não material)
	• Direito público
	• Ampla liberdade de negociação de certas categorias de regras processuais
	• Normas de ordem pública (cogentes)
	• Interdependência ontológica
	• Independência epistemológica

5. Relevância da identificação das normas processuais

– Competências e espécies legislativas
– Direito internacional
– Direito intertemporal

6. Constituição e processo – todas as normas infraconstitucionais devem ser compatíveis com as constitucionais

Normas constitucionais atinentes ao processo civil:		
	• Supremacia e efetividade da Constituição	
	• Princípios	
	• Tutela constitucional do processo	
	• Organização do Poder Judiciário	
	• Jurisdição constitucional	Meios de controle direto e abstrato de constitucionalidade
		Garantia fundamental de ação
		Jurisdição constitucional das liberdades

DOUTRINA COMPLEMENTAR

Autonomia do Direito Processual Civil

- **ARAÚJO CINTRA, ADA GRINOVER E CÂNDIDO DINAMARCO** (*Teoria geral...*, 30. ed., p. 59 e 60) sustentam que, "chama-se direito processual o complexo de normas e princípios que regem tal método de trabalho, ou seja, o exercício conjugado da jurisdição pelo Estado-juiz ou pelo árbitro, da ação pelo demandante e da defesa pelo demandado. (...) O direito processual é assim, do ponto de vista de sua função jurídica, um instrumento a serviço do direito material: todos os seus institutos básicos (jurisdição, ação, exceção, processo) são concebidos e justificam-se no quadro das instituições do Estado pela necessidade de garantir a autoridade do ordenamento jurídico. O objeto do direito processual reside precisamente nesses institutos e eles concorrem decisivamente para dar-lhe sua própria individualidade e distingui-lo do direito material".

- **ARRUDA ALVIM** (*Manual...*, 16. ed., p. 129) adverte que, antes da renovação conceitual pela qual passou o CPC, este era disciplinado, assim como sua própria dinâmica, à luz de princípios típicos de direito civil, praticamente inexistindo aquilo que se pode chamar, hoje, de dogmática processual, isto é, o conjunto de regras que disciplinam o direito processual civil, enquanto disciplina que goza de autonomia. Nessa fase, anterior à revisão conceitual, predominava "um método acentuadamente descritivo dos fenômenos judiciários, que se contentava com a contemplação dos usos e praxes observados em juízo, sem uma preocupação de se identificar, por exemplo, em que consistia o processo e a que regras haveria de se submeter para atingir o seu fim (fins). O Direito Processual Civil, por conseguinte, era tido como o próprio Direito Privado, numa posição projetada em juízo".

- **FREDIE DIDIER JR.** (*Curso...*, v. 1, 17. ed., p. 34) afirma que "o *Direito Processual Civil* é o conjunto das normas que disciplinam o processo jurisdicional civil – visto como ato-jurídico complexo ou como feixe de relações jurídicas. Compõe-se das normas que determinam o modo como o processo deve estruturar-se e as situações jurídicas que decorrem dos fatos jurídicos processuais".

- **HUMBERTO THEODORO JÚNIOR** (*Curso...*, v. 1, 56. ed., p. 2) define o direito processual civil "como o ramo da ciência jurídica que trata do complexo de normas reguladoras do exercício da jurisdição civil". Afirma não ser possível confundir direito processual com uma parcela do direito material, pois, o processo civil "visa a regulamentar uma função pública estatal". Ampara sua afirmação no sentido da autonomia do direito processual na diferença de princípios que o regem, diante dos que regulam o direito material. No âmbito do direito processual, há princípios ligados ao direito público, ao passo que no direito material predominam os princípios de ordem privada.

Características do Direito Processual Civil

- **ARAÚJO CINTRA, ADA GRINOVER E CÂNDIDO DINAMARCO** (*Teoria geral...*, 30. ed., p. 59) sustentam que a distinção fundamental entre o direito material e o processual "é que este cuida das relações dos sujeitos processuais, da posição de cada um deles no processo, da forma de se proceder aos atos deste – sem nada dizer quanto ao bem da vida que é objeto do interesse primário das pessoas (o que entra na órbita do direito substancial)". Sua condição de instrumento diante do direito material está ligada a que "seus institutos básicos (jurisdição, ação, exceção, processo) são concebidos e justificam-se, no quadro das instituições do Estado, pela necessidade de garantir a autoridade do ordenamento jurídico".

- **ARRUDA ALVIM** (*Manual...*, 16. ed., p. 128) admite que, em que pese a autonomia científica do direito processual civil, "ainda assim convive ele com o direito material, porque tem, em certo sentido, natureza instrumental, destinada à tutela do direito substancial".
- **FREDIE DIDIER JR.** (*Curso...*, v. 1, 17. ed., p. 38) ressalta que "a separação que se faz entre 'direito' e 'processo', importante do ponto de vista didático e científico, não pode implicar um processo neutro em relação ao direito material que corresponde ao seu objeto". É que, "não há processo oco: todo processo traz a afirmação de ao menos uma situação jurídica carecedora de tutela jurisdicional. Essa situação jurídica afirmada pode ser chamada de *direito material processualizado* ou simplesmente *direito material*".
- **LUIZ GUILHERME MARINONI, SÉRGIO CRUZ ARENHART E DANIEL MITIDIERO** (*Novo Código...*, p. 89) sustentam que "o direito material atribui bens às pessoas dentro da ordem jurídica mediante direitos, pretensões, deveres e exceções. O direito material depende para sua realização da adoção de comportamentos pessoais. O direito processual visa a prevenir ou reprimir crises comportamentais de colaboração na realização do direito material".

Enunciados do FPPC

N.º 308. (*Arts. 489, § 1.º, 1.046, CPC/2015*) Aplica-se o art. 489, § 1.º, a todos os processos pendentes de decisão ao tempo da entrada em vigor do CPC, ainda que conclusos os autos antes da sua vigência.

N.º 311. (*Art. 496; art. 1.046, CPC/2015*) A regra sobre remessa necessária é aquela vigente ao tempo da publicação em cartório ou disponibilização nos autos eletrônicos da sentença, de modo que a limitação de seu cabimento no CPC não prejudica os reexames estabelecidos no regime do art. 475 do CPC de 1973.

N.º 354. (*Art. 1.009, § 1.º; art.1.046, CPC/2015*) O art. 1.009, § 1.º, não se aplica às decisões publicadas em cartório ou disponibilizadas nos autos eletrônicos antes da entrada em vigor do CPC.

N.º 355. (*Art. 1.009, § 1.º; art. 1.046, CPC/2015*) Se, no mesmo processo, houver questões resolvidas na fase de conhecimento em relação às quais foi interposto agravo retido na vigência do CPC/1973, e questões resolvidas na fase de conhecimento em relação às quais não se operou a preclusão por força do art. 1.009, § 1.º, do CPC, aplicar-se-á ao recurso de apelação o art. 523, § 1.º, do CPC/1973 em relação àquelas, e o art. 1.009, § 1.º, do CPC em relação a estas.

N.º 356. (*Art. 1.010, § 3.º; Art. 1046, CPC/2015*) Aplica-se a regra do art. 1.010, § 3.º, às apelações pendentes de admissibilidade ao tempo da entrada em vigor do CPC, de modo que o exame da admissibilidade destes recursos competirá ao Tribunal de 2º grau.

N.º 369. (*Arts. 1.º a 12, CPC/2015*) O rol de normas fundamentais previsto no Capítulo I do Título Único do Livro I da Parte Geral do CPC não é exaustivo.

N.º 370. (*Arts. 1.º a 12, CPC/15*) Norma processual fundamental pode ser regra ou princípio.

BIBLIOGRAFIA

Fundamental

ANTONIO CARLOS DE ARAÚJO CINTRA, ADA PELLEGRINI GRINOVER e CÂNDIDO RANGEL DINAMARCO, *Teoria geral do processo*, 30. ed., São Paulo, Malheiros, 2014; ARRUDA ALVIM, *Manual de direito processual civil*, 16. ed., São Paulo, Ed. RT, 2013; Eduardo Talamini, *Tutela relativa aos deveres de fazer e de não fazer*, 2. ed., São Paulo, Ed. RT, 2003; FREDIE DIDIER JR., *Curso de Processo Civil: introdução ao direito processual civil, parte geral e processo de conhecimento*, 17. ed., Salvador, Juspodivm, 2015, v. 1; HUMBERTO THEODORO JÚNIOR, *Curso de direito processual civil*, 56. ed., Rio de Janeiro, Forense, 2015, vol. 1; LUIZ GUILHERME MARINONI, SÉRGIO CRUZ ARENHART e DANIEL MITIDIERO, *Novo código de processo civil comentado*, São Paulo, Ed. RT, 2015.

Complementar

ADA PELLEGRINI GRINOVER, Ética, abuso de direito e resistência às ordens judiciárias, *RePro* 102/219; _____, A responsabilidade do juiz brasileiro, *Estudos de direito processual em homenagem a José Frederico Marques no seu 70.º aniversário*, São Paulo, Saraiva, 1982; ADA PELLEGRINI GRINOVER, Moderno direito processual brasileiro, *RFDUSP* 88/273; _____, *Novas tendências do direito processual de acordo com a Constituição Federal de 1988*, Rio de Janeiro, Forense, 1990; _____, *O processo em evolução*, Rio de Janeiro, Forense Universitária, 1996; _____, *O processo em sua unidade*, São Paulo, Saraiva, 1978; _____, e KAZUO WATANABE. Recepção e transmissão de institutos processuais civis. *RePro* 140/143, out. 2011. *Doutrinas Essenciais de Processo Civil*, vol. 9, p. 1071, out. 2011; ALEXANDRE DE FREITAS CÂMARA, Das relações entre o Código Civil e o Direito Processual Civil. FREDIE DIDIER JR. e RODRIGO MAZZEI (coord.), *Reflexos do novo Código Civil no direito processual*, Salvador, JusPodivm, 2006; _____, *Lições de direito processual civil*, 16. ed., Rio de Janeiro, Lumen Juris, 2007. vol. 1; ALFREDO DE ARAÚJO LOPES DA COSTA, *Manual elementar de direito processual civil*, 3. ed., Atual. Sálvio de Figueiredo Teixeira, Rio de Janeiro, Forense, 1982; ANDRÉ DEL NEGRI, A teoria do processo como viabilizadora do programa constitucional democrático e a esperada eliminação da vontade pré-suposta do decididor, *RT,* 814/745, ago. 2003; ANDRÉ MATTOS SOARES, Aspectos atuais e polêmicos do direito intertemporal no processo civil, Curitiba, Juruá, 2012; ANTONIO DO PASSO CABRAL, O processo como superego social: um estudo sobre os fins sociais da jurisdição, *RePro* 115/345, maio-jun. 2004; ARAKEN DE ASSIS, O *contempt of court* no direito brasileiro, *RePro* 111/18; _____, *Doutrina e prática do processo civil contemporâneo*, São Paulo, Ed. RT, 2001; ARRUDA ALVIM, Anotações sobre as perplexidades e os caminhos do processo civil contemporâneo, *RePro* 64/7; _____, O Código de Processo Civil, suas matrizes ideológicas, o ambiente sócio-político em que foi editado e as duas décadas que se lhe seguiram, com suas necessidades – A complementação do sistema processual – Processo e procedimento, no sistema constitucional de 1988, *RePro* 70/34; ATHOS GUSMÃO CARNEIRO. O novo código de processo civil – breve análise do projeto revisado no senado. *RePro* 194/141, abr. 2011. *Doutrinas Essenciais de Processo Civil*, vol. 1, p. 1303, out. 2011; CÂNDIDO RANGEL DINAMARCO, *Fundamentos do processo civil moderno*, 3. ed., São Paulo, Ed. RT, 2000; _____, *Instituições de direito processual civil*, 5. ed., São Paulo: Malheiros, 2005, vol. 1; _____, *A instrumentalidade do processo*, 12. ed., São Paulo, Malheiros, 2005; _____, *A reforma da reforma*, São Paulo, Malheiros, 2002; _____, Polêmicas do processo civil. *Doutrinas Essenciais de Processo Civil*, vol. 1, p. 523, out. 2011; CARLOS ALBERTO ÁLVARO DE OLIVEIRA, *Do formalismo no processo civil*, 2. ed., São Paulo: Saraiva, 2003; _____, O processo civil na perspectiva dos direitos fundamentais, *RePro* 113/9, jan.-fev. 2004; CARLOS ALBERTO CARMONA, Considerações sobre a evolução conceitual do processo, *RePro* 57/39; CARLOS ALBERTO DE SALLES, *Processo civil e interesse público:* o processo como instrumento de defesa social, São Paulo, Ed. RT, 2003; CARLOS ALBERTO MOTA DE SOUZA, Direito judicial, jurisprudencial e sumular, *RePro* 20/208; CARLOS ROBERTO BARBOSA MOREIRA, O processo civil no Código de Defesa do Consumidor: alguns aspectos, *RePro* 16/138; CASSIO SCARPINELLA BUENO, *Curso sistematizado de direito processual civil,* São Paulo: Saraiva, 2009, vol. 1; _____, O "modelo constitucional do direito processual civil": Um paradigma necessário de estudo do direito processual civil e algumas de suas aplicações. *RePro* 161/261, jul. 2008. *Doutrinas Essenciais de Processo Civil,* vol. 1, p. 1209, out. 2011; CELSO ANICET LISBOA, A aproximação recíproca dos diversos ordenamentos jurídicos por meio dos códigos-modelo: algumas tendências do processo civil brasileiro moderno, *RePro* 116/231, jul. ago. 2004; CELSO AGRÍCOLA BARBI, *Comentários ao Código de Processo Civil,* 10. ed., Rio de Janeiro, Forense, 1997, vol. 1; CIBELE PINHEIRO MARÇAL TUCCI, Bases estruturais do processo civil moderno, *Processo civil:* estudo em comemoração aos 20 anos de vigência do Código de Processo Civil, São Paulo, Saraiva, 1995; CLÓVIS DO COUTO E SILVA, Direito material e processual em tema de prova, *RePro* 13/135; DANIEL MITIDIERO. As relações entre o processo civil e a constituição na primeira metade do século XX e sua breve evolução na doutrina processual civil brasileira. *RT,* 915/50, jan. 2012; _____, O processualismo e a formação do Código Buzaid, *RePro* 183/165; DANIEL ROBERTO HERTEL, Perspectivas do direito processual civil brasileiro, *RDDP,* 42/20, set. 2006; E. D. MONIZ DE ARAGÃO. Sobre a reforma processual. *Doutrinas Essenciais de Processo Civil,* vol. 1, p. 501, out. 2011; EDSON PRATA, Apontamentos para a história do processo, *RBDP* 44/37: _____, Crise do processo, *Saneamento do processo –* Estudos em homenagem ao Prof. Galeno Lacerda, Porto Alegre, S. A. Fabris Ed., 1989; EDUARDO RIBEIRO DE OLIVEIRA, Notas sobre o conceito de lide, *RePro* 34/85; EDUARDO CAMBI, Norma e processo na crença democrática, *RePro* 110/325, abr.-jun. 2003; EDWARD CARLYLE SILVA, *Direito processual civil,* Rio de Janeiro, Impetus, 2007; EGAS DIRCEU MONIZ DE ARAGÃO, As tendências do processo civil contemporâneo, *GenesisProc* 11/154; ELAINE HARZHEIM MACEDO e FERNANDA DOS SANTOS MACEDO. Direito processual civil e a pós-modernidade. *RePro* 204/351, fev. 2012; ELICIO DE CRESCI SOBRINHO, Função ética social do processo civil, *RBDP* 23/67; ELPIDIO DONIZETTI NUNES, Curso didático do direito processual civil, 8. ed., Rio de Janeiro, Lumen Juris, 2007; ENRICO TULLIO LIEBMAN, *Estudos sobre o processo civil brasileiro,* São Paulo, Bushatsky, 1976; _____, *Manual de direito processual civil,* 2. ed., Rio de Janeiro, Forense, 1985, vol. 1; ERNANE FIDÉLIS DOS SANTOS, *Manual de direito processual civil,* 12. ed., São Paulo, Saraiva, 2007, vol. 1; FRANCISCO C. PONTES DE MIRANDA, *Comentários ao Código de Processo Civil,* 4. ed., Rio de Janeiro, Forense, 1995, t. I; FRANCISCO WILDO LACERDA DANTAS, Tendências evolutivas no processo civil, *RePro* 64/92; FREDIE DIDIER JUNIOR, *Curso de direito processual civil: teoria geral do processo e processo do conhecimento,* 7. ed., Salvador, JusPodivm, 2007, vol. 1; _____, *Direito processual civil –* Tutela jurisdicional individual e coletiva, 5. ed., Salvador: Edições Jus Podivm, 2005, vol. 1; _____, Teoria geral do direito, teoria geral do processo, ciência do direito processual e direito processual: aproximações e distinções necessárias. *RT,* 923/385, set. 2012; GILSON AMARO DE SOUZA, A lide no processo civil brasileiro, *RBDP* 52/57; GISELE SANTOS FERNANDES GÓES, *Direito processual civil: processo de conhecimento,* São Paulo, Ed. RT, 2006; GLAUCO GUMERATO RAMOS, Processo jurisdicional, república e os institutos fundamentais do direito processual, *RePro* 241/27; HUMBERTO THEODORO JÚNIOR, Interpretação e aplicação das normas jurídicas, *RePro* 150/11; ÍTALO AUGUSTO ANDOLINA, O papel do processo na atuação do ordenamento constitucional e transnacional, *RePro* 87/63; IVES GANDRA DA SILVA

MARTINS, Limites à autonomia entre o processo penal e o processo administrativo ou civil, IOB 21/336; JEFFERSON CARÚS GUEDES, Direito processual social no Brasil: as primeiras linhas, *RePro* 142/137, dez. 2006; J. J. CALMON DE PASSOS, Função social do processo, *GenesisProc* 7/35; JOÃO BATISTA LOPES, *Curso de direito processual civil* – Parte geral, São Paulo, Atlas, 2005, vol. 1; _____, Efetividade da tutela jurisdicional à luz da constitucionalização do processo civil, *RePro* 116/29, jul.-ago. 2004; JORGE DE OLIVEIRA VARGAS, *As consequências da desobediência da ordem do juiz cível* – Sanções: pecuniária e privativa de liberdade, Curitiba, Juruá, 2001; JORGE MIRANDA, Constituição e processo civil, *RePro* 98/29, abr.-jun. 2000; JORGE W. PEYRANO, El derecho procesal post moderno, *RePro* 81/141; JOSÉ CARLOS BARBOSA MOREIRA, As bases do direito processual civil, *Temas de direito processual* – Primeira série, 2. ed., São Paulo, Saraiva, 1988; _____, Efetividade do processo e técnica processual, *RePro* 77/168; _____, Evoluzione della scienza processuale latino-americana in mezzo secolo, *RePro* 88/165; _____, A influência do direito processual civil alemão em Portugal e no Brasil, *RePro* 56/100; _____, Miradas sobre o processo civil contemporâneo, *RePro* 79/142; _____, O novo Código Civil e o direito processual, *RJ* 304/7; _____, Os novos rumos do processo civil brasileiro, *Temas de direito processual* – Sexta série, São Paulo, Saraiva, 1997; _____, Privatização do processo? *GenesisProc* 8/368; _____, Processo civil e processo penal: mão e contramão? *RePro* 94/13; _____, Sobre a multiplicidade de perspectivas no estudo do processo, *RePro* 49/7; _____, Os temas fundamentais do direito brasileiro nos anos 80: direito processual civil, *Temas de direito processual* – Quarta série, São Paulo: Saraiva, 1989; _____, Tendências contemporâneas do direito processual civil, *RePro* 31/199; _____, Tendenze evolutive del processo civile, *Temas de direito processual* – Sexta série, São Paulo, Saraiva, 1997; JOSÉ EDUARDO CARREIRA ALVIM, *Elementos de teoria geral do processo*, 7. ed., Rio de Janeiro: Forense, 2001; JOSÉ NOSETE ALMAGRO, La reforma del proceso español, *RePro* 14/88; JOSÉ ROBERTO DOS SANTOS BEDAQUE, *Direito e processo*, 4. ed., São Paulo, Malheiros, 2006; JOSÉ ROGÉRIO CRUZ E TUCCI, *Lineamentos da nova reforma do CPC*, 2. ed., São Paulo, Ed. RT, 2002; JOSÉ SILVA PACHECO, *Evolução do processo civil brasileiro*, 2. ed., Rio de Janeiro: Renovar, 1999; JÚLIO GUILHERME MÜLLER, O modelo constitucional de processo civil, PEDRO MANOEL ABREU e PEDRO MIRANDA DE OLIVEIRA (coords.), *Direito e processo: estudos em homenagem ao Desembargador Norberto Ungaretti*, Florianópolis, Conceito, 2007; LEONARDO GRECO, A revisão constitucional e o processo civil, *RePro* 17/103; LEONARDO JOSÉ CARNEIRO DA CUNHA, *Inovações no processo civil: comentários às Leis 10.352 e 10.358/2001*, São Paulo, Dialética, 2002; LEONARD ZIESEMER SCHMITZ. A teoria geral do processo e a parte geral do novo código de processo civil. *Revista de Direito Privado*, 55/329, jul. 2013; LUIZ FUX, *Curso de direito processual civil*, 3. ed., Rio de Janeiro, Forense, 2005; LUIZ GUILHERME MARINONI e SÉRGIO CRUZ ARENHART, *Teoria geral do processo*, 2. ed., São Paulo, Ed. RT, 2007, vol. 1; LUIZ RODRIGUES WAMBIER, TERESA ARRUDA ALVIM WAMBIER e JOSÉ MIGUEL GARCIA MEDINA, *Breves comentários à nova sistemática processual civil 2*, São Paulo, Ed. RT, 2006; _____, TERESA ARRUDA ALVIM WAMBIER e JOSÉ MIGUEL GARCIA MEDINA, *Breves comentários à nova sistemática processual civil 3*, São Paulo, Ed. RT, 2007; _____, O contempt of court na recente experiência brasileira – Anotações a respeito da necessidade premente de se garantir efetividade às decisões judiciais, *RePro* 119/35; _____, TERESA ARRUDA ALVIM WAMBIER, *Breves comentários à 2.ª fase da reforma do Código de Processo Civil*, 2. ed., São Paulo, Ed. RT, 2002; _____, TERESA ARRUDA ALVIM WAMBIER e JOSÉ MIGUEL GARCIA MEDINA, *Breves comentários à nova sistemática processual civil*, 3. ed., São Paulo, Ed. RT, 2005; MANTOVANNI COLARES CAVALCANTE, *Estudo sistemático do objeto e das fontes do direito processual civil brasileiro*, *RePro* 131/11; MARCELO ABELHA RODRIGUES, *Elementos de direito processual civil*, 3. ed., São Paulo, Ed. RT, 2003; _____,

FLÁVIO CHEIM JORGE e FREDIE DIDIER JR., *A nova reforma processual*, São Paulo, Saraiva, 2002; MARCELO BATLOUNI MENDRONI, Síntese da evolução histórico-científica do processo, *RePro* 124/291, jun. 2005; MARCUS VINICIUS RIOS GONÇALVES, *Novo curso de direito processual civil*, 4. ed., São Paulo, Saraiva, 2007, vol. 1; MISAEL MONTENEGRO FILHO, *Curso de direito processual civil*, 4. ed., São Paulo, Atlas, 2007, vol. 1; MOACYR AMARAL SANTOS, *Primeiras linhas de direito processual civil*, 25. ed. Atual. Aricê Moacyr Amaral Santos, São Paulo: Saraiva, 2007, vol. 1; NELSON NERY JR., O processo civil no Código de Defesa do Consumidor, *RePro* 16/24; OVÍDIO A. BAPTISTA DA SILVA, *Curso de processo civil*, 6. ed., São Paulo, Ed. RT, 2002, vol. 1; ____, FÁBIO LUIZ GOMES, *Teoria geral do processo civil*, 4. ed., São Paulo, Ed. RT, 2006; PAULO AFONSO BRUM VAZ, O *contempt of court* no novo processo civil, *RePro* 118/149; PAULO MAGALHÃES NASSER, Considerações sobre o direito intertemporal e o reexame necessário: a supressão de hipótese de reexame necessário exclui a sujeição ao duplo grau de jurisdição de sentenças proferidas antes da vigência da lei nova, mas que ainda aguardam o reexame? *RePro* 166/136; PETER GILLES. Civil justice systems and civil procedures in conversion. Main problems and fundamental reform movements in Europe – a comparative view. *RePro* 173/329, jul. 2009; RAVI PEIXOTO. Rumo à construção de um processo cooperativo. *RePro* 219/89, mai. 2013; ROBERTO ROSAS, Efetividade e instrumentalidade. Estruturação processual: caminhos de uma reforma, *RePro* 85/212; RODRIGO DA CUNHA LIMA FREIRE, Processo civil e sociedade da informação, BENTO HERCULANO DUARTE e RONNIE PREUSS DUARTE (coords.), *Processo civil: aspectos relevantes, vol. 2: estudos em homenagem ao Prof. Humberto Theodoro Júnior*, São Paulo, Método, 2007; ROLF STÜRNER e CHRISTOPH KERN. Processo civil comparado – tendências recentes e fundamentais. *RePro* 200/203, out. 2011; SÉRGIO BERMUDES, *Introdução ao processo civil*, 4. ed., Rio de Janeiro, Forense, 2006; RODOLFO DA COSTA MANSO REAL AMADEO, Questões de direito intertemporal na Lei 11.280/2006, na coletânea *Reflexões sobre a Reforma do Código de Processo Civil – Estudos em homenagem a Ada Pellegrini Grinover, Cândido R. Dinamarco e Kazuo Watanabe*, CARLOS ALBERTO CARMONA (coord.), São Paulo: Atlas, 2007; ROGÉRIO LAURIA TUCCI, *Temas e problemas de direito processual*, São Paulo, Saraiva, 1983; ROSEMIRO PEREIRA LEAL, Processo e democracia: a ação jurídica como exercício da cidadania, *RePro* 161/324; SÁLVIO DE FIGUEIREDO TEIXEIRA, A efetividade do processo e a reforma processual, *RePro* 78/85; SÉRGIO GILBERTO PORTO e DANIEL USTÁRROZ, Lições de direitos fundamentais no processo civil – O conteúdo processual da Constituição Federal, Porto Alegre, Livraria do Advogado, 2009; SILVANA DALLA BONTÀ. L'evoluzione del diritto processuale civile nella mitteleuropea alla volta del nuovo millennio – riforme e codificazioni – tradizione e innovazione. *RePro* 203/293, jan. 2012; TALINE DIAS MACIEL, Resquícios do civilismo no moderno direito processual civil, *RePro* 47/17; TERESA ARRUDA ALVIM WAMBIER, Anotações sobre o direito intertemporal e as mais recentes alterações do CPC, *RePro* 150/262; ____, Goals of civil justice (Brazilian national report). *RePro* 214/367, dez. 2012; VITOR FONSÊCA, Os tratados de direitos humanos como fontes do Direito Processual Civil, RePro 194/35; WILLIS SANTIAGO GUERRA FILHO, Para uma epistemologia do processo, *RePro* 49/197; WILSON ALVES DE SOUZA, Medida provisória em matéria processual: inconstitucionalidade, *RePro* 17/120.

Capítulo 3

PRINCÍPIOS PROCESSUAIS

> Sumário: 3.1. Noções preliminares – 3.2. Princípios informativos e princípios fundamentais; 3.2.1. Princípios informativos; 3.2.1.1. Princípio lógico; 3.2.1.2. Princípio jurídico; 3.2.1.3. Princípio político; 3.2.1.4. Princípio econômico; 3.2.2. Princípios fundamentais; 3.2.3. Ainda é útil a categoria dos princípios informativos? – 3.3. Princípios fundamentais constitucionais e infraconstitucionais – 3.4. Inafastabilidade e universalidade da tutela jurisdicional – 3.5. Efetividade do processo – 3.6. Devido processo legal – 3.7. Ampla defesa – 3.8. Contraditório – 3.9. Imparcialidade – 3.10. Juiz natural – 3.11. Motivação (fundamentação) das decisões – 3.12. Publicidade – 3.13. Razoável duração do processo – 3.14. Proibição de provas ilícitas – 3.15. Assistência jurídica integral e gratuita – 3.16. Duplo grau de jurisdição – 3.17. Princípio dispositivo (ou da inércia inicial da jurisdição) – 3.18. Impulso oficial – 3.19. Cooperação – 3.20. Oralidade – 3.21. Liberdade negocial – 3.22. Fungibilidade – 3.23. Lealdade processual – 3.24. Proporcionalidade – 3.25. Os tratados e convenções internacionais sobre direitos humanos.

3.1. Noções preliminares

Quando tratamos da autonomia do direito processual em relação ao direito material, vimos que essa independência caracteriza-se, entre outros fatores, pela existência de princípios que são próprios do direito processual civil.

Mas, o que são esses princípios? Para que servem? Qual a importância de seu estudo? Os princípios são normas que fornecem coerência e ordem a um conjunto de elementos, sistematizando-o. Segundo a doutrina, são normas "fundantes" do sistema jurídico. São os princípios que, a rigor, fazem com que exista um sistema. Os princípios jurídicos *são* também normas jurídicas. Mesmo quando implícitos, não expressos, os princípios jurídicos são obrigatórios, vinculam, impõem deveres, tanto quanto qualquer regra jurídica.

Então, como vetores de organização do sistema, os princípios orientam a elaboração legislativa, a interpretação e a aplicação do direito processual. Por outro lado, na condição de normas jurídicas, os princípios também impõem deveres e constituem direitos.

A diferença entre as normas jurídicas que são princípios e as demais normas jurídicas (que são – no dizer da doutrina – apenas "regras" e não princípios) reside em que os princípios têm um âmbito de incidência ilimitado, ao passo que as regras contêm em si mesmas (em um único dispositivo ou na conjugação de diferentes dispositivos) as hipóteses específicas em que vão incidir (isto é, as "hipóteses de incidência"). Os princípios são "mandados de otimização": incidem sempre que puderem incidir, de modo a fazer com que o sistema atinja da melhor maneira possível os fins a que se destina (no caso do sistema processual, o objetivo é a tutela jurisdicional justa, eficiente e em tempo razoável). Além disso, a aplicação do princípio sempre envolve um prévio juízo de valor. Não se tem uma aplicação direta, objetiva, do princípio. O mesmo não se dá necessariamente com a regra. Muitas delas se aplicam objetivamente aos fatos, sem necessidade de adotar-se um prévio critério valorativo. Tais diferenças entre as "normas-princípios" e as "normas-regras" fazem inclusive com que sejam diferentes o modo de composição de conflitos entre princípios e o modo de composição de conflitos entre regras. A esse respeito, veja-se o n. 2.3.4, adiante, e, no vol. 3, o n. 5.3.4.

3.2. Princípios informativos e princípios fundamentais

A doutrina tradicional afirmava haver duas categorias de princípios aplicáveis ao direito processual. A primeira conteria os chamados princípios informativos, enquanto a outra envolveria os princípios fundamentais.

3.2.1. *Princípios informativos*

Sempre segundo essa doutrina tradicional, a primeira categoria – dos princípios informativos – contém balizas de cunho generalíssimo, e se aplica a todas as normas processuais, tanto às de índole constitucional quanto infraconstitucional, independentemente de tempo e lugar. Ou seja, seriam diretrizes aplicáveis ao processo de qualquer país, em qualquer época. Seriam como que vetores inerentes à própria ideia de direito processual.

Conforme tal concepção, o processo é informado pelos princípios lógico, jurídico, político e econômico.

3.2.1.1. Princípio lógico

Como o processo é basicamente uma sequência de atos que se volta a um fim determinado – a tutela do jurisdicionado – há de existir lógica na concepção normativa de tais atos e em sua disposição ao longo do procedimento, a fim de que esse evolua até aquele resultado almejado.

Por exemplo, as provas devem ser produzidas antes de o juiz sentenciar dizendo quem tem razão. Mas antes da produção probatória, impõe-se logicamente que as partes tenham posto no processo suas alegações, para que se saiba o que se pretende provar – e assim por diante.

3.2.1.2. Princípio jurídico

O princípio jurídico informa que tudo quanto se faça em cada processo deve ser feito em rigorosa conformidade com a lei, garantindo-se a igualdade das partes e a justiça das decisões que venham a ser tomadas pelo juiz.

3.2.1.3. Princípio político

Pelo princípio político, a estrutura do processo deve ser conformada à estrutura política que tenha sido adotada no país. Assim, a normatização processual num Estado de Direito,[1] deve ser coerente com a concepção democrática com que se moldam as estruturas públicas. O direito ao contraditório é um bom exemplo.

Sob outro aspecto, também referido na doutrina, o princípio político significa que o processo deve ter o máximo rendimento possível, como garantia da sociedade, com o mínimo de sacrifício da liberdade individual. Servem de exemplo as normas que limitam o emprego de provas que violem a intimidade ou integridade física de alguém.

3.2.1.4. Princípio econômico

O princípio econômico, por seu turno, deve inspirar tanto o legislador processual quanto o profissional do direito (juiz, advogado, promotor...) a obter o máximo rendimento com o mínimo de dispêndio. Ainda conforme esse princípio, o processo deve ser acessível a todos quantos dele necessitem, inclusive no que diz respeito ao seu custo.

3.2.2. Princípios fundamentais

Os princípios fundamentais também consistem em comandos de incidência indeterminada (como todo princípio o é). Mas, diferentemente dos princípios

---

1. Se é Estado de Direito é, a nosso ver, substancialmente democrático, sendo desnecessário o qualificativo "Estado Democrático de Direito".

informativos, eles têm maior inserção contextual. Referem-se a uma determinada ordem jurídica, levando em conta suas especificidades e características.

Em outras palavras, os princípios fundamentais constituem normas (explícitas ou implícitas) de um específico ordenamento jurídico. Nos modernos Estados de Direito, inclusive no Brasil, grande parte dos princípios processuais fundamentais tem assento na Constituição. São a base sobre a qual se constrói todo o sistema normativo infraconstitucional. Mas isso não exclui a existência de outros princípios processuais igualmente fundamentais no âmbito infraconstitucional.

Os princípios fundamentais do processo civil brasileiro são adiante expostos destacadamente (n. 3.4 e seguintes, adiante).

3.2.3. *Ainda é útil a categoria dos princípios informativos?*

Sob certo aspecto, a teoria princípios informativos do processo perdeu sua relevância. Isso deve-se a mais de um motivo.

Primeiro, tal discurso remonta a um período em que a natureza normativa e a consequente força obrigatória dos princípios ainda não estava plenamente reconhecida. Então, dizia-se que os princípios serviam para inspirar, auxiliar, "informar", o legislador e o interprete da lei. E também por isso se afirmava que eles pairariam acima do ordenamento jurídico. Hoje, reconhecendo-se os princípios como normas integrantes da ordem jurídica, aquele discurso perde grande parte de seu sentido.

Some-se a isso a circunstância de que os modernos ordenamentos, inclusive o brasileiro, dedicam-se amplamente ao estabelecimento de princípios (*normativos*) fundamentais do processo. E tais princípios não só cobrem todo o conteúdo normalmente atribuído aos princípios informativos, como vão além, especificando e desdobrando aquelas diretrizes e instituindo outras tantas.

Por fim, a teoria dos princípios informativos do processo pode ser alvo de uma crítica quanto à sua formulação. Ela afirma que tais princípios, tal como acima expostos, seriam vetores aplicáveis a qualquer processo, de qualquer ordenamento, época ou lugar. Mas não é bem assim. O conjunto de diretrizes postas pelos princípios informativos tem em mira um específico modelo de processo: aquele que deve vigorar no Estado de Direito, com a liberdade e a solidariedade ocupando papel de destaque. Afinal, o direito processual de Estados antidemocráticos não se preocupa, por exemplo, em infligir o "mínimo de sacrifício individual" ao jurisdicionado nem em permitir que o processo seja acessível a todos etc.

Mas é a partir dessa crítica que se pode extrair, com alguma correção do discurso, a indicação da relevância e atualidade da teoria dos princípios informativos do processo. Tais princípios não inspiram todo e qualquer processo. Eles constituem, isso sim, balizas pré-positivadas para a formatação de um processo razoável e justo. Os princípios informativos são o "roteiro" a ser seguido pelas sociedades livres, democráticas e solidárias que pretendam ter um processo que reflita igualmente tais valores. Afinal, o processo apenas merece o nome de processo quando se reveste de tais qualidades.

Nesse sentido, a teoria dos princípios informativos permanece bastante atual.

3.3. Princípios fundamentais constitucionais e infraconstitucionais

Como indicado, diversos princípios fundamentais do processo estão postos na própria Constituição Federal. Tais princípios constituem garantias fundamentais, na medida em que são essenciais para a asseguração de todos os demais direitos e liberdades reconhecidos constitucionalmente: todos os direitos, para serem efetivos, dependem de um aparato jurisdicional seguro e eficaz, que possa ser facilmente ativado se eles forem ameaçados ou violados. Na condição de garantias fundamentais, os princípios constitucionais do processo têm incidência concreta direta: sua aplicação prescinde da intermediação de uma regra infraconstitucional (art. 5.º, § 1.º, da CF). Enfim, são dotados daquilo que a doutrina tradicionalmente denomina "eficácia plena".

Outros tantos princípios processuais são estabelecidos pelo legislador infraconstitucional. São igualmente vinculantes.

Saber se um princípio é constitucional ou infraconstitucional não é mera questão teórica. Como veremos no vol. 2 deste *Curso*, em determinada etapa processual podem vir a caber diferentes espécies de recurso conforme se repute que a decisão a ser recorrida tenha ofendido a Constituição (recurso extraordinário) ou a legislação federal infraconstitucional (recurso especial).

Mas a tarefa de classificar os princípios como constitucionais e infraconstitucionais não é fácil. Alguns princípios são claramente constitucionais; outros, infraconstitucionais. Mas existem vários cujo exato enquadramento é objeto de muita controvérsia.

Isso acontece por duas razões.

A primeira é que a Constituição brasileira é extremamente analítica, detalhada: ela retratou saudável reação democrática ao anterior período de restrição às liberdades. Assim, princípios processuais explicitados na legislação infraconstitucional acabam sempre tendo uma base constitucional, mais ou menos direta. Por exemplo, o princípio da lealdade processual (n. 3.23, abaixo) é consagrado no CPC, mas também encontra base em normas da Constituição (o art. 3.º, I, consagra a solidariedade; o art. 37 da CF consagra a moralidade na esfera pública etc.).

Por outro lado, a legislação infraconstitucional reitera, especifica e aprofunda a disciplina dos princípios constitucionais do processo. Especialmente o CPC reflete a consagração de diversos princípios, como fruto do desenvolvimento que essa matéria sofreu nas últimas décadas, seja em decorrência do amadurecimento da experiência constitucional brasileira, seja como consequência do uso, cada vez mais frequente, do método de redação de textos normativos que privilegia cláusulas abertas e conceitos indeterminados.

A seguir, examinamos separadamente cada um dos mais relevantes princípios fundamentais do processo – indicando os dispositivos normativos que lhes servem de suporte. Fica a advertência de que a simples reiteração ou maior detalhamento de dado princípio na legislação infraconstitucional, não lhe retira o caráter constitucional, se há disposições constitucionais dos quais ele possa ser claramente extraído. Por outro lado, a simples identificação de um suporte valorativo constitucional para um princípio formulado na lei infraconstitucional não faz desse princípio, em si mesmo, constitucional.

3.4. Inafastabilidade e universalidade da tutela jurisdicional

Pela inafastabilidade da tutela jurisdicional (art. 5.º, XXXV, CF; reafirmado no art. 3.º do CPC/2015) é assegurado que toda situação conflituosa, que implique *ameaça* ou *lesão* a direitos individuais ou coletivos, possa ser submetida ao controle jurisdicional, independentemente de possuir expressão econômica. Nenhuma lei – nem qualquer outro ato impositivo unilateral público ou privado – pode impedir alguém de pedir a proteção judiciária.

A garantia de inafastabilidade da tutela jurisdicional traz consigo, portanto, a imposição de universalidade dessa proteção. Não pode ser excluída do Judiciário, contra a vontade das partes litigantes, a apreciação de conflito de qualquer natureza. Não se admitem limitações objetivas (conforme a natureza da disputa, o tipo do direito pretendido etc.) nem subjetivas (todos podem levar suas pretensões à Jurisdição).

Tampouco podem ser criados obstáculos desarrazoados à propositura de ação judicial. Nesse sentido, por exemplo, o STF editou a Súmula Vinculante 28: "É inconstitucional a exigência de depósito prévio como requisito de admissibilidade de ação judicial na qual se pretenda discutir a exigibilidade de crédito tributário".

A inafastabilidade da jurisdição é também conhecida como garantia do acesso à justiça. Mas não se trata de apenas assegurar o ingresso no Judiciário – e sim também o de ser ouvido pelos juízes, poder apresentar argumentos, produzir provas e, ao final, obter uma resposta jurisdicional útil, efetiva e tempestiva. Por isso, a norma do inc. XXXV do art. 5.º da CF também impõe os princípios da efetividade e da razoável duração do processo, adiante examinados. E é também por isso que a doutrina costuma usar a expressão "acesso à *justiça*" com j minúsculo: não se trata apenas de acesso ao Judiciário (de que "Justiça" costuma ser usado como sinônimo), mas de acesso à ordem jurídica justa, ou seja, o direito de receber um tratamento justo (obter "justiça").

O princípio da inafastabilidade guarda ainda íntima relação com o princípio da assistência jurídica integral, que também é tratado adiante.

Por outro lado, a garantia da inafastabilidade não implica *dever* de o jurisdicionado sempre submeter-se à jurisdição. Ele é livre para exercer tal *direito*. Em regra, a intervenção judicial não é obrigatória, quando houver *consenso* entre as partes do conflito quanto a resolvê-lo de outro modo. É por isso que a arbitragem (v. n. 4.5.4 deste volume e n. 2.3.3.1 do vol. 3) e os modos autocompositivos de solução dos litígios normalmente são legítimos. Isso já é reconhecido de há muito pelo STF e está também explicitado no art. 3.º do CPC/2015.

3.5. Efetividade do processo

Como indicado, o princípio da efetividade do processo (ou da efetividade da tutela jurisdicional) também se extrai do art. 5.º, XXXV, da CF.

Significa que os mecanismos processuais (isto é, os procedimentos, os meios instrutórios, as eficácias das decisões, os meios executivos...) devem ser aptos a propiciar decisões justas, tempestivas e úteis aos jurisdicionados – assegurando-se *concretamente* os bens jurídicos devidos àquele que tem razão.

A necessidade de eficiência da atuação jurisdicional é reafirmada no CPC/2015 (art. 8.º).

Mas não se trata apenas de uma imposição a ser observada pelo juiz, ao conduzir o processo. A efetividade do processo depende ainda de: (a) normas legais que estabeleçam procedimentos e técnicas de tutela adequados; (b) juízes e auxiliares da Justiça devidamente preparados; (c) recursos materiais suficientes para o Poder Judiciário.

3.6. Devido processo legal

Dada sua origem no direito anglo-saxão, tal garantia é também conhecida pela expressão inglesa *due process of law*. Segundo esse princípio, que se consubstancia em postulado fundamental de todo o sistema processual, previsto no inc. LIV do art. 5.º da CF, "ninguém será privado da liberdade ou de seus bens sem o devido processo legal".

Isso quer dizer que toda e qualquer interferência negativa que as partes possam sofrer, tanto na esfera da liberdade e integridade pessoal quanto no âmbito de seu patrimônio, deve necessariamente decorrer de decisão prolatada num processo que tenha tramitado de conformidade com antecedente previsão legal e em consonância com o conjunto de garantias constitucionais fundamentais.[2]

Assim, numa primeira acepção, *devido processo legal* significa o processo cujo procedimento e cujas consequências tenham sido previstas em lei. Isso corresponde à garantia de legalidade, que é também objeto de cláusula constitucional geral (art. 5º, II, da CF). Numa segunda dimensão, trata-se da exigência de que a atuação jurisdicional esteja em sintonia com os valores constitucionais processuais e substanciais. Por fim, há uma terceira e fundamental acepção: o princípio do *due process of law* impõe a configuração normativa e a realização prática de um *processo razoável* à luz dos direitos e garantias fundamentais. Não são admitidas soluções caprichosas, desarrazoadas, ainda que aparentemente amparadas em texto legal. Devem sempre ser ponderados os valores constitucionais envolvidos, de modo a se adotar a solução que se revele a mais consentânea possível com a ordem constitucional. Nesse sentido, a garantia do devido processo tem íntima relação com o critério da proporcionalidade (v. n. 3.24 adiante).

3.7. Ampla defesa

Uma vez que se garante que nenhuma lesão ou ameaça de lesão poderá ter sua apreciação pela Jurisdição excluída, é certo que também o réu (i.e., o adversário daquele que foi pedir a proteção judicial) tem o direito de ser ouvido pelo Judiciário. Isso é tanto mais evidente se o princípio do acesso à justiça for conjugado com o princípio, também constitucional, da isonomia. Sob esse aspecto a garantia de ampla defesa – compreendida como o direito de o réu também poder formular alegações, produzir provas, enfim, influenciar a formação da convicção do juiz – já seria também extraível do princípio do acesso à justiça.

De qualquer modo, a Constituição assegura expressamente esse direito, estendendo-os explicitamente ao processo civil (art. 5.º, LV, da CF).

3.8. Contraditório

É nesse contexto – de acesso à justiça, igualdade e ampla defesa – que se põe o princípio do contraditório (art. 5.º, LV, da CF; arts. 7.º, parte final, 9.º e 10 do CPC/2015).

Por um lado, ele implica a paridade de tratamento e a bilateralidade da audiência, que é resumida no binômio *ciência e reação*. Ou seja, é preciso dar ao réu possibilidade de saber da existência de pedido judicialmente formulado

---

2. Sobre o princípio do devido processo legal, ver Luiz Rodrigues Wambier, Anotações sobre o devido processo legal, *RePro* 63/54.

contra si, bem como dar ciência de todos os atos processuais subsequentes, às partes (autor e réu) e demais sujeitos que participam do processo (p. ex., Ministério Público, assistentes etc.), permitindo-lhes sempre reagir, responder a tais atos, e produzir provas para demonstrar as alegações formuladas em suas manifestações (ou para derrubar as alegações feitas pelo adversário). Por exemplo, se uma parte junta aos autos um documento novo, o juiz deve intimar a outra parte para manifestar-se sobre essa prova documental; se uma parte interpõe recurso, a outra deve ser cientificada disso, para poder apresentar uma resposta – e assim por diante.

Contraditório – mais do que simples ciência e reação – é o direito de plena *participação* de todos os atos, sessões, momentos, fases do processo, e de efetiva *influência* sobre a formação da convicção do julgador.

Bem por isso, de há muito se enfatiza que o próprio juiz deve, ele mesmo, observar o contraditório. Há um "dever de diálogo" do juiz com as partes. Esse aspecto do princípio é extraordinariamente destacado no CPC/2015. O seu art. 10 explicita o dever de o juiz instaurar o contraditório, ainda que sua decisão verse sobre matéria ou se fundamente em questão que ele possa decidir de ofício (ou seja, que ele possa examinar por iniciativa própria, mesmo que nenhuma das partes ou qualquer outro sujeito do processo a tenha alegado). Por exemplo, se de ofício o juiz traz um novo elemento probatório para o processo ou constata a provável existência de um defeito de ordem pública (apto em tese a gerar a extinção anormal do processo), em vez de decidir diretamente, cabe-lhe ouvir antes as partes. Longe de ser um mero formalismo, o debate do juiz com as partes, além de consentâneo com o caráter ético do processo, assegura decisões de melhor qualidade.

3.9. Imparcialidade

Todo agente público deve agir com isenção e honestidade. Mas quando se afirma que o juiz deve ser imparcial, quer dizer-se algo mais do que isso. O agente jurisdicional é um terceiro estranho, alheio, ao conflito que é chamado a resolver. Como se vê no n. 4.3.4, isso é da essência da jurisdição. O juiz "substitui-se" às partes na solução do litígio. Nesse sentido, imparcialidade, mais do que retidão de conduta – o que também se aplica ao juiz – quer significar a sua condição de *não parte*, sua neutralidade, sua "assubjetividade" (toma-se a liberdade de empregar essa palavra, que a rigor não existe em português, para transmitir uma ideia bastante precisa em italiano: *asoggettività*). O juiz deve atuar com total independência, sem amarras ou vinculação a qualquer sujeito de direito, sem uma pauta política, enfim, sem qualquer outro objetivo que não o de aplicar corretamente o ordenamento jurídico.

A Constituição visa a assegurar a imparcialidade dos juízes ao (i) separar os poderes e atribuir a função jurisdicional ao Poder Judiciário (art. 99 da

CF); (ii) conferir garantias institucionais aos órgãos judiciários e pessoais aos magistrados (art. 95 da CF); (iii) ao estabelecer o princípio do juiz natural, a seguir examinado.

3.10. Juiz natural

Também conhecido como "princípio da vedação dos tribunais de exceção", tal princípio encontra-se estampado nos incs. XXXVII e LIII do art. 5.º da CF, que preveem, respectivamente, que não poderá haver juízo ou tribunal de exceção e que nenhuma pessoa poderá ser processada ou sentenciada sem que o seja pela autoridade competente.

Autoridade ou órgão competente é aquele a quem uma norma jurídica previamente atribui, em termos gerais e abstratos, a tarefa de processar julgar aquela espécie de conflito que concretamente se põe.

Em suma, é imprescindível que a autoridade judiciária julgadora preexista ao fato que a ela será submetido para julgamento, bem como que seja competente para tanto, a fim de que a boa qualidade da prestação jurisdicional e a imparcialidade do órgão julgador sejam asseguradas.

3.11. Motivação (fundamentação) das decisões

Essa garantia tem assento no art. 93, IX e X, da CF e dispõe que é imprescindível que toda e qualquer decisão judicial seja fundamentada, isso é, seja justificada e explicada, pela autoridade judiciária que a proferiu, a fim de que sejam compreensíveis as suas razões de decidir e se dê transparência à atividade judiciária, possibilitando-se seu controle pelas partes e pela sociedade como um todo.

É por essa razão que decisões "implícitas" não são admitidas em nosso ordenamento processual, pois é necessário que todas as decisões judiciais sejam fundamentadas suficientemente, ainda que de modo conciso, demonstrando o enfrentamento de todas as questões aduzidas.

Há também previsão expressa da indispensabilidade de motivação no Código de Processo Civil de 2015, nos arts. 11 e 489, §§ 1.º e 2.º. O § 1.º do art. 489 estabelece verdadeiro roteiro de tudo que uma decisão deve (e não deve) conter para que possa ser considerada fundamentada. Trata-se de norma meramente didática: o que está ali estabelecido é precisamente aquilo que a doutrina e os julgados que se dedicaram ao tema com atenção sempre extraíram do dever constitucional de motivar.

Contudo, ainda que o princípio da motivação não estivesse expresso nem no texto constitucional e nem no Código de Processo Civil, é possível extraí-lo, mesmo que implicitamente, do próprio modelo político de Estado de Direito proposto pela Constituição.

3.12. Publicidade

A atividade jurisdicional tem natureza pública, pois é um modo de exercício do poder estatal. Assim o é mesmo quando o litígio entre as partes, objeto daquela atuação, é puramente privado. Por isso, em geral, os atos realizados no processo devem ser amplamente acessíveis e divulgados ("públicos", também nesse sentido). Trata-se de norma que representa uma garantia para as partes, para o próprio juiz e para toda a sociedade.

Em sede constitucional, o princípio está estampado nos arts. 5.º, LX, e no 93, IX.

A Constituição, no mesmo inc. LX do art. 5.º, ressalva a possibilidade de restringir-se a publicidade processual apenas quando isso for necessário para a proteção do direito à intimidade ou por razões de interesse social (ex.: questões íntimas do casal, na ação de divórcio; preservação de segredos industriais em litígio de direito concorrencial etc.). O balanceamento de valores retratado nessas exceções é um bom exemplo de aplicação, pelo legislador constituinte, do princípio informativo político do processo (máximo de rendimento social com o mínimo de sacrifício individual).

No Código de Processo Civil de 2015, os arts. 189 e 368 dispõem a respeito da publicidade dos atos processuais em geral e da audiência, respectivamente. O art. 189 enumera hipóteses de limitação à publicidade que constituem especificações dos parâmetros gerais das exceções postas constitucionalmente. O princípio da publicidade é ainda reafirmado, em caráter principiológico, nos arts. 8.º e 11 do CPC/2015.

Mesmo quando o caso enquadrar-se em alguma das exceções, jamais se poderá vedar às próprias partes e seus advogados o acesso e pleno conhecimento dos atos processuais. Isso está explicitado no § 1.º do art. 189 do CPC/2015.

3.13. Razoável duração do processo

O inc. LXXVIII do art. 5.º da CF (acrescido pela EC 45/2004) assegura a todos, tanto no âmbito do processo judicial quanto do processo administrativo, o *direito à razoável duração do processo*, bem como a meios que garantam que sua tramitação se dará de modo célere. Reflexo desse princípio está presente no art. 93, XV (também acrescentado pela EC 45/2004), que prevê a obrigatoriedade de distribuição imediata dos processos, em todos os graus de jurisdição (visando a evitar o fenômeno do "represamento", verificável em alguns tribunais, consistente no fato de um recurso aguardar distribuição durante longo período). Ao menos em tese, a previsão de "atividade jurisdicional ininterrupta", contida no inc. XII do art. 93 (também inserido pela EC 45/2004), está igualmente ligada a esse princípio.

O Código de Processo Civil de 2015 reafirma o princípio da duração razoável nos seus arts. 4.º e 6.º. O art. 12 do CPC/2015 também traz regra que tem em mira a realização desse princípio. Trata-se da exigência de que os processos sejam, normalmente, julgados pelo juiz na ordem cronológica em que foram levados à conclusão (i.e., em que foram encaminhados para ele). Ressalvadas as exceções postas no dispositivo, sempre que possível, impõe-se respeitar a ordem de preferência ali prevista. A não consideração da ordem cronológica dependerá de justo motivo, devidamente exposto na decisão.

3.14. Proibição de provas ilícitas

De acordo com o inc. LVI do art. 5.º da CF "são inadmissíveis, no processo, as provas obtidas por meios ilícitos". A vedação também está insculpida no art. 369 do CPC/2015.

Há provas que, em si mesmas consideradas, não só violam o ordenamento jurídico como são de todo inidôneas (como é o caso da confissão mediante tortura, por exemplo), não comportando qualquer gradação, enquanto que outras são admitidas ou toleradas pelo ordenamento, mas seu meio de produção é ilegal (ex.: prova produzida a partir de "grampo telefônico"), de modo que admitem gradações em face de outros princípios fundamentais, por meio da aplicação do critério da proporcionalidade (v. adiante).

O escopo de tal princípio é resguardar ampla e peremptoriamente a integridade, a intimidade e a vida privada dos indivíduos. Se tais provas forem apresentadas no processo, devem ser consideradas como não produzidas perante o magistrado. O tema é retomado no vol. 2, n 13.10.

3.15. Assistência jurídica integral e gratuita

A plena consecução do princípio da inafastabilidade exige que o Estado preste adequadamente a assistência jurídica *integral* aos menos favorecidos (art. 5.º, LXXIV, da CF), isentando-os de custas judiciais e outras despesas relativas ao processo (benefício da justiça gratuita), propiciando-lhes advogado preparado e empenhado na defesa de seus interesses, instruindo-os e educando-os para o exercício dos direitos.

Na jurisprudência, assentou-se o benefício da justiça gratuita pode estender-se, dentro de certas condições a pessoas jurídicas (Súmula 481 do STJ: "Faz jus ao benefício da justiça gratuita a pessoa jurídica com ou sem fins lucrativos que demonstrar sua impossibilidade de arcar com os encargos processuais").

O CPC/2015 regula o modo de obtenção do benefício da justiça gratuita (art. 98 e seguintes).

3.16. Duplo grau de jurisdição

O princípio do duplo grau consiste no direito de se obter um segundo exame, por outro órgão judicial, da questão já decidida por um primeiro órgão judicial. Em sentido estrito, o órgão revisor seria hierarquicamente superior ao órgão prolator da decisão a ser revista. Em sentido mais amplo, é dispensável que o órgão revisor seja de grau superior – bastando que seja um órgão distinto daquele que decidiu primeiro. Fala-se, então, mais precisamente em garantia do duplo exame. Enfim, em termos simples, é o direito de se poder recorrer, para outro órgão, de uma decisão que é desfavorável.

Parte da doutrina sustenta que se trataria de um princípio constitucional. Seria extraível do inc. LV do art. 5.º da CF, no ponto em que se assegura a ampla defesa "com os meios e recursos a ela inerentes". Há ainda quem afirme tratar-se de um princípio constitucional implícito, extraível do conjunto de garantias fundamentais do processo ou da previsão constitucional de tribunais.

Mas o STF tem entendimento consolidado de que o duplo grau não consiste, em si mesmo, em um princípio constitucional. Há várias razões para tanto.

Primeiro, o termo "recursos" no art. 5.º, LV, é usado no sentido amplo e genérico de *instrumentos processuais* – não impondo que sempre caiba recurso.

Em segundo lugar, o duplo grau não pode ser considerado um princípio constitucional implícito. Afinal, a própria Constituição expressamente estabelece diversas hipóteses em relação às quais fica de plano afastado o duplo grau (ex., art. 105, II, *a* e *b*, quando o julgamento for de procedência). Só se concebe um princípio implícito quando, embora não expressamente formulado, *todo o sistema, sem exceções,* tenda para a diretriz nele consubstanciada (por exemplo, a segurança jurídica: nada há que lhe contrarie no texto constitucional).

Mas isso não significa que o duplo grau não tenha importância constitucional. Tem-na precisamente na medida em que se destine a viabilizar um processo *razoável* – que, como visto, é uma imposição do princípio do devido processo legal (art. 5.º, LIV, da CF). Sob essa ótica, justifica-se, então, que causas que envolvam, por exemplo, exclusivamente bens patrimoniais de ínfimo valor não se submetam ao duplo grau (ex., Lei 6.830/1980, art. 34). Agora, seria desarrazoado confiarem-se apenas à decisão de um magistrado singular controvérsias que têm por objeto bens imateriais ou bens patrimoniais mais valiosos.

3.17. Princípio dispositivo (ou da inércia inicial da jurisdição)

Conforme o princípio dispositivo, incumbe àquele que se diz titular do direito que deve ser protegido jurisdicionalmente (ou àquele a quem autoriza a agir em seu lugar) colocar em movimento o aparato judiciário, para dele obter uma concreta solução quanto à parcela do conflito trazida a juízo (a essa parcela do conflito que é judicializada denomina-se lide). Na esfera do direito processual civil, o Poder Judiciário é absolutamente inerte, só se manifestando (em amplo sentido) mediante a solicitação do interessado. Por isso, fala-se também de princípio da inércia inicial da jurisdição.

Duas nobres razões justificam esse princípio: (1.ª) o juiz poderia ter sua imparcialidade afetada, se ele mesmo desse início aos processos: ao reputar que determinada tutela jurisdicional é necessária, o juiz já estaria tomando uma posição acerca da lide; (2.ª) a instauração de processos de ofício (i.e., sem provocação do interessado) normalmente não contribuiria para a pacificação social: se as partes não foram ao Judiciário, isso significa, muitas vezes, que não reputam o litígio relevante para tanto. De todo modo, em casos em que, por relevantes razões, não se deve deixar a opção da iniciativa jurisdicional unicamente à mercê do interessado, o ordenamento atribui a outros órgãos ou pessoas, que não o juiz, o poder de pedir a instauração de um processo judicial (p. ex., o Ministério Público).

O processo previsto no Código de Processo Civil está baseado fundamentalmente nesse princípio, como se vê da disposição constante no art. 2.º. Segundo essa regra, "o processo começa por iniciativa da parte (...)".

O princípio dispositivo implica ainda que o juiz apenas atuará nos limites em que foi provocado. Pretensões e respectivos fundamentos não formulados pelas partes, pelas vias apropriadas, não podem ser julgados pelo juiz. Nesse passo, o art. 492 do CPC/2015 estabelece que "é vedado ao juiz proferir decisão de natureza diversa da pedida, bem como condenar a parte em quantidade superior ou em objeto diverso do que lhe foi demandado".

3.18. Impulso oficial

A jurisdição é inerte apenas quanto ao início e aos limites de sua atuação. Uma vez instaurado o processo por iniciativa da parte, este se desenvolve por iniciativa do juiz, independentemente de nova manifestação de vontade da parte. O juiz, como agente do poder jurisdicional do Estado, promove e determina que se promovam atos processuais de forma que o processo siga sua marcha em direção à solução da lide que lhe foi posta.

O art. 2.º do CPC/2015, depois de afirmar que "o processo começa por iniciativa da parte", complementa: "e se desenvolve por impulso oficial".

3.19. Cooperação

O Código de Processo Civil consagrou expressamente o princípio da cooperação (art. 6.º). Esse princípio impõe ao juiz, partes e demais sujeitos da relação processual que atuem de modo coordenado em vista do objetivo final do processo.

Não se ignora o antagonismo estabelecido entre as partes. Tampouco se pode desconsiderar que, em primeiro lugar, cada parte tem o direito de, nos limites da boa-fé, exercer todas as faculdades processuais possíveis para obter no processo o resultado que lhes seja o mais favorável possível.

No entanto, nada disso afasta a consideração de que o único objetivo a que legitimamente se pode aspirar no processo é uma tutela jurisdicional justa e oportuna. Esse escopo é idêntico para todos os sujeitos do processo – e ele serve de pauta e meta para o dever de cooperação.

Por um lado, espera-se um relacionamento lhano e probo entre as partes, o juiz, seus auxiliares etc. Por outro, impõe-se o diálogo permanente entre esses sujeitos. Assim, em larga medida, o princípio da cooperação é uma decorrência da conjugação de aspectos relevantes dos princípios do contraditório e da boa-fé, acima examinados.

Para o juiz, o princípio da cooperação desdobra-se em quatro deveres: de esclarecimento, diálogo, prevenção e auxílio.

Cumpre ao juiz *esclarecer-se* quanto às manifestações das partes: questioná-las quanto a obscuridades em suas petições; pedir que esclareçam ou especifiquem requerimentos feitos em termos mais genéricos e assim por diante (ex.: art. 357, § 3.º, do CPC/2015).

Impõe-se ainda reconhecer o contraditório não apenas como garantia de embate entre as partes, mas também como dever de debate do juiz com as partes. Essa dimensão do contraditório, já enfatizada acima, constitui o dever de *diálogo* do juízo com as partes (art. 9.º do CPC/2015).

O juiz deve ainda *prevenir* as partes sobre os riscos e deficiências das manifestações e estratégias por elas adotadas, conclamando-as a corrigir os defeitos sempre que possível (ex., art. 321 do CPC/2015).

Além disso, o juiz deve *auxiliar* as partes, eliminando obstáculos que lhes dificultem ou impeçam o exercício das faculdades processuais (ex., arts. 373, § 1.º, 139, VI, e 437, § 2.º, do CPC/2015).

As partes também têm o dever de cooperar. Por exemplo, embora elas não estejam obrigadas a produzir provas contra si mesmas, nada justifica que possam recusar-se, de modo imotivado ou desarrazoado, a fornecer elementos imprescindíveis para que o adversário (ou o juiz, quando tal couber) produza determinada prova relevante para a causa.

3.20. Oralidade

Mais do que a simples forma verbal dos atos, com o princípio da oralidade busca-se um processo célere, concentrado, em que o juiz possa decidir baseando-se em um contato seu recente e direto com as provas colhidas no processo. Por isso, ele é tradicionalmente composto por outros subprincípios:

a identidade física do juiz, a imediação, a concentração dos atos processuais e a irrecorribilidade das decisões interlocutórias.[3]

Mas nem todos esses subprincípios estão consagrados no atual ordenamento brasileiro.

É o que se passa com a identidade física do juiz. De acordo com esse princípio, o juiz perante o qual as provas são produzidas deveria ser o mesmo que vem depois a julgar a causa. Essa diretriz, que já se submetia a diversas exceções no Código anterior, deixou de ser consagrada no Código de Processo Civil.

Mas, por outro lado, o subprincípio da irrecorribilidade das decisões interlocutórias, antes não adotado no processo civil brasileiro, passou a vigorar. As decisões proferidas no curso do processo, antes da sentença, não são autonomamente recorríveis. Há um elenco restrito e taxativo das hipóteses em que excepcionalmente pode-se recorrer de decisões interlocutórias (art. 1.015 do CPC/2015). Nos demais casos, a questão deve ser rediscutida em preliminar de apelação (art. 1.009, § 1.º, do CPC/2015).

A irrecorribilidade das interlocutórias contribui inclusive para o fortalecimento do princípio da concentração, segundo o qual todos os atos do processo, inclusive a sentença, devem realizar-se o mais proximamente possível uns dos outros, para que o juiz possa proferir decisão amparada no seu contato recente com as provas e argumentos reunidos no processo. Os arts. 365 e 366 expressam incisivamente esse princípio. O *caput* do primeiro dispõe que "a audiência é una e contínua, podendo ser excepcional e justificadamente cindida na ausência de perito ou de testemunha (...)". Já o art. 366 prevê que "encerrado o debate ou oferecidas as razões finais, o juiz proferirá sentença em audiência ou no prazo de 30 (trinta) dias".

O subprincípio da imediação, por sua vez, estabelece que, na medida do possível, a produção das provas deve ser feita na presença do juiz. Por isso, a audiência de instrução e julgamento é presidida pelo juiz, que ouve diretamente as testemunhas, partes, peritos... Mas essa diretriz comporta exceções. Por exemplo, pode haver a necessidade de se produzirem provas fora da comarca em que atua o juiz – hipótese em que o juiz terá de contar com o auxílio de outro juiz, da localidade em que está a prova, para que esse a colha. Será usada, então, uma carta precatória, rogatória ou de ordem, conforme o caso (v. cap. 32 deste volume). Além disso, em outros casos, é possível tomar-se emprestada uma prova já produzida em outro processo, perante outro juiz (v. vol. 2, cap. 14).

---

3. A respeito do substrato constitucional da oralidade e seus subprincípios, v. EDUARDO TALAMINI, "A nova disciplina do agravo e os princípios constitucionais do processo", em *RePro* 80/125, 1995, n. 2.

3.21. Liberdade negocial

O Código de Processo Civil, em norma ímpar no direito comparado, consagra ampla possibilidade de as partes alterarem não apenas o procedimento como também seus poderes, deveres e ônus processuais (art. 190). Portanto, podem celebrar, além de negócios jurídicos processuais típicos (como a eleição de foro, redistribuição do ônus da prova, convenção de arbitragem...), inúmeros outros negócios atípicos.

Essa larguíssima liberdade negocial fica condicionada apenas à aptidão de a causa submeter-se a autocomposição (i.e., tratar-se de um conflito que poderia ser resolvido independentemente de intervenção do juiz estatal, por qualquer modo legítimo) e encontra limite apenas na impossibilidade de abusos em contratos de adesão ou em situações em que uma das partes esteja em manifesta vulnerabilidade. V. cap. 27, adiante.

3.22. Fungibilidade

Outro princípio inerente ao sistema processual brasileiro é o da fungibilidade. Ele tem sido habitualmente utilizado no contexto dos recursos. O Código de Processo Civil de 1939 continha regra expressa no sentido de que um recurso poderia ser recebido por outro, se não houvesse erro grosseiro ou má-fé. A ausência de erro grosseiro, a rigor, significava a dúvida justificável, principalmente em face da hesitação da doutrina e dos tribunais, a respeito de qual seria o recurso cabível de uma determinada decisão. A parte não se poderia aproveitar dessa situação, de má-fé, e optar pelo recurso que, por alguma razão, lhe fosse mais conveniente.

O Código de Processo Civil de 1973 não repetiu expressamente tal princípio, pois ele tinha a pretensão de haver implantado uma sistemática recursal que não geraria dúvidas, de modo a tornar a fungibilidade dispensável.

Logo nos primeiros tempos de sua vigência, a realidade mostrou-se intensamente mais rica do que a imaginação do legislador e as hipóteses de dúvida, ainda que em menor número, começaram a surgir. Logo a doutrina e a jurisprudência tiveram de reconhecer a subsistência da fungibilidade como princípio implícito.

Até há pouco, entendia-se que o princípio da fungibilidade, concebido no contexto recursal, seria aplicável apenas nesses estreitos limites. O CPC atual inclusive consagra expressamente a fungibilidade no âmbito do recurso especial e extraordinário (arts. 1.032 e 1.033).

Mas parte da rica doutrina gerada a respeito do tema, ao longo das últimas décadas, estabeleceu uma concepção muito mais ampla do princípio da fungibilidade. Adotou entendimento afeiçoado à visão que exige que seja o processo fundamentalmente instrumental, estendendo esse princípio a diversas outras áreas do processo civil. De fato, se a razão de ser da fungibilidade consiste em fazer com que a parte não sofra qualquer tipo de prejuízo em função do que poderíamos chamar de uma imperfeição do sistema, concretizada nas situações em que existe efetivamente dúvida a respeito de qual seja o caminho correto a seguir, inexiste razão para que sua incidência seja limitada ao campo dos recursos.

Exemplos de situação em que se reconheceu a incidência de tal princípio são: (a) a admissão de ação rescisória nos casos em que se pretende apontar falta ou nulidade de citação do réu – hipótese, em que, a rigor, caberia simples ação declaratória; (b) a concessão de uma medida de cunho conservativo (cautelar) em lugar de uma medida urgente antecipatória; (c) a aceitação do emprego da ação monitória quando é discutível a eficácia de título executivo do documento apresentado como prova escrita etc.

3.23. Lealdade processual

O princípio da lealdade, por sua vez, vem tratado minuciosamente nos arts. 77 e ss. do CPC/2015. O comportamento das partes e de todos os envolvidos no processo deve respeitar os preceitos relativos à boa-fé, repugnando ao sistema o comportamento desleal. Se o processo tem como um de seus escopos a realização do direito no caso concreto, não se pode alcançar esse objetivo por meio de trapaças e comportamentos levianos. A lei prevê severas punições para os comportamentos destoantes desse princípio. Como já observamos, quando tratamos da noção de norma que contém dever a ser observado pela parte (e por todos quantos atuem no processo), o art. 5.º prevê como dever, tanto das partes quanto de seus advogados, o de "comportar-se de acordo com a boa-fé".

Também estão impregnadas dessa imposição ética as normas relativas aos deveres do advogado (art. 106 do CPC/2015), do juiz (arts. 139 a 143 do CPC/2015), do perito (art. 157 do CPC/2015), do escrivão e do chefe de secretaria (art. 152 do CPC/2015), do oficial de justiça (art. 154 do CPC/2015), dos conciliadores e mediadores (arts. 165 a 175 do CPC/2015) etc.

3.24. Proporcionalidade

Por fim (e a enumeração aqui feita não é exaustiva) deve-se mencionar aquele que por muitos doutrinadores é apontado como "o princípio dos princípios", que é o critério da proporcionalidade. Explica-se essa afirmação da doutrina, em razão de que a proporcionalidade constitui um método que permite ao operador do direito trabalhar com os princípios jurídicos, de modo a dar-lhes efetivo rendimento, mesmo na hipótese em que eles estejam em conflito. Trata-se de reconhecer que não é possível uma hierarquização prévia e abstrata, em termos absolutos, de todos os princípios de um mesmo grau normativo (constitucional ou infraconstitucional). Diante disso, quando há conflito entre dois ou mais princípios do mesmo grau normativo, cumpre considerar, no caso concreto, qual deles está protegendo bens jurídicos mais sensíveis, que mereçam maior proteção – e tal princípio apenas prevalecerá na exata medida da necessidade de proteção do bem mais sensível.

O critério da proporcionalidade é uma imposição constitucional. Ele é inerente à exigência de processo razoável que, reitere-se, se extrai do princípio do devido processo legal (art. 5.º, LIV, da CF). De qualquer modo, o art. 8.º do CPC/2015 reitera a determinação de que o juiz observe os princípios da proporcionalidade e da razoabilidade.

Veja-se o seguinte exemplo: a Constituição Federal consagra o princípio da proibição da prova ilícita. Num determinado caso levado a juízo, todavia, a gravação não autorizada e obtida por meio eletrônico clandestino pode ser a única capaz de demonstrar fatos gravíssimos relativos ao abuso sexual de uma criança. Numa hipótese como essa, o juiz poderá afastar o princípio da proibição da prova ilícita, em favor do princípio da dignidade da pessoa humana, levando em conta, para a formação de sua convicção, justa e precisamente aqueles fatos trazidos por meio que, em outra situação, seria desprezado pelo Poder Judiciário.

Outro exemplo de conflito de dois princípios, igualmente relevantes para o sistema, está na hipótese de concessão de liminar constritiva de direitos patrimoniais do réu, sem que este se manifeste, em face do risco iminente no sentido de que este, ao saber da existência do pedido formulado pelo autor, tome atitudes que inviabilizem o cumprimento da liminar. O direito de ser ouvido está na base do princípio do contraditório. Nessa hipótese, o juiz, em um primeiro momento, afasta o princípio do contraditório, em nome do princípio da efetividade das decisões judiciais.

Torna-se a tratar da proporcionalidade no vol. 3, quando se examina o tema da "execução equilibrada" (n. 5.3.4).

3.25. Os tratados e convenções internacionais sobre direitos humanos

O art. 5.º, § 2.º, da CF ressalva que o elenco de direitos e garantias fundamentais expressos constitucionalmente não exclui outros que advenham dos princípios gerais do direito ou de tratados e convenções de que o Brasil tome parte.

Daí se extrai que as normas sobre direitos e garantias fundamentais contidas em tratados e convenções ratificados pelo Brasil assumem uma especial condição na ordem jurídica brasileira. Certamente, tais normas têm *status* superior ao das leis infraconstitucionais. A EC 45/2004 estabeleceu um sistema especial de inclusão dos atos internacionais sobre direitos humanos na ordem constitucional brasileira (§ 3.º do art. 5.º da CF: "Os tratados e convenções internacionais sobre direitos humanos que forem aprovados, em cada Casa do Congresso Nacional, em dois turnos, por três quintos dos votos dos respectivos membros, serão equivalentes às emendas constitucionais"). Mas é uma regra que se aplica a partir da vigência da emenda. Os tratados e convenções sobre direitos fundamentais aprovados antes da emenda independiam desse especial requisito para ingressar na ordem constitucional brasileira. Já os tratados e convenções sobre direitos humanos que vierem a ser ratificados pelo Brasil depois da aprovação da emenda, mas sem submeter-se ao sistema especial do § 3.º, permanecem de qualquer modo assumindo *status* superior ao da lei infraconstitucional. O quórum especial previsto no § 3.º do art. 5.º da CF não é condição para o ingresso do tratado ou convenção na ordem brasileira, e sim apenas para que ele assuma força constitucional.

Daí se extrai que outros tantos princípios processuais podem vir a ser estabelecidos a partir desses atos internacionais de que o Brasil tomar parte.

O exemplo mais marcante é a proibição de qualquer prisão civil. A Constituição brasileira já continha tal vedação, mas abria duas exceções: descumprimento de ordem judicial de devolução de bem depositado ("depositário infiel") e o descumprimento de mandado judicial de pagamento de dívida alimentícia ("devedor de alimentos"). Essa garantia foi ampliada pela Convenção Americana de Direitos Humanos (Pacto de San José da Costa Rica), que apenas autoriza a prisão civil do devedor de alimentos. A Convenção foi ratificada sem qualquer reserva pelo Congresso Nacional brasileiro, ainda antes da EC 45/2004, e desde então vigora com força normativa supralegal. Esse é hoje o entendimento pacífico na jurisprudência, inclusive do STF, que editou a Súmula Vinculante 25: "É ilícita a prisão civil de depositário infiel, qualquer que seja a modalidade do depósito".[4]

---

4. Sobre o tema, veja-se EDUARDO TALAMINI, Prisão civil e penal e "execução indireta", na RePro 92/40, e Ainda sobre a prisão como "execução indireta": a criminalização da desobediência a ordens judiciais, Processo de execução (org. Teresa A. Alvim e S. Shimura), São Paulo, Ed. RT, 2001, p. 280-282.

Quadro Sinótico

Princípios	Informativos	• Lógico
		• Jurídico
		• Político
		• Econômico
	Fundamentais Constitucionais e Infraconstitucionais	• Inafastabilidade e universalidade da tutela jurisdicional
		• Efetividade do processo
		• Devido processo legal
		• Ampla defesa
		• Contraditório
		• Imparcialidade
		• Juiz natural
		• Motivação (fundamentação) das decisões
		• Publicidade
		• Razoável duração do processo
		• Proibição de provas ilícitas
		• Assistência jurídica integral e gratuita
		• Duplo grau de jurisdição
		• Princípio dispositivo (ou da inércia inicial da jurisdição)
		• Impulso oficial
		• Cooperação
		• Oralidade
		• Liberdade negocial
		• Fungibilidade
		• Lealdade processual
		• Proporcionalidade
		• Os tratados e convenções internacionais sobre direitos humanos

Doutrina Complementar

- **ALEXANDRE FLEXA, DANIEL MACEDO E FABRÍCIO BASTOS** (*Novo...*, p. 43). "O princípio da duração razoável do processo é um direito constitucional de obter a tutela jurisdicional sem dilações indevidas, dirigido aos órgãos do Poder Judiciário, gerando para este a obrigação de satisfazer em um prazo razoável as pretensões e resistências das partes e de realizar sem demora a execução das decisões. Esse conceito, inspirado em obra espanhola do ano de 1986, já mostrava, há pelo menos duas décadas, a preocupação do legislador não apenas em assegurar o acesso à tutela jurisdicional, mas à tutela jurisdicional célere. No dizer de Eduardo Couture, justiça retardada nada mais é do que justiça denegada. Não nos arriscamos a dizer que este é o princípio mais importante na seara processual, mas sem dúvida ele foi inspirador de todo o movimento de criação de um novo CPC".

- **ARAÚJO CINTRA, ADA PELLEGRINI GRINOVER E CÂNDIDO R. DINAMARCO** (*Teoria geral...*, 30. ed., p. 69-96) entendem que os princípios informativos são "normas ideais que representam uma aspiração de melhoria do aparelhamento processual". São eles: "a) o princípio lógico (seleção dos meios mais eficazes e rápidos de procurar e descobrir a verdade e de evitar o erro); b) o princípio jurídico (igualdade no processo e justiça na decisão); c) o princípio político (o máximo de garantia social, com o mínimo de sacrifício individual da liberdade); d) o princípio econômico (processo acessível a todos, com vistas ao seu custo e à sua duração)". Os princípios gerais são, segundo esses autores, indiretamente influenciados pelos princípios informativos, de modo que toda a dogmática jurídica é por eles perpassada. Em sua opinião, os princípios gerais do processo são os seguintes: da imparcialidade do juiz, da igualdade, do contraditório e da ampla defesa, da ação, da disponibilidade e da indisponibilidade, dispositivo e da livre investigação das provas, do impulso oficial, da oralidade, da persuasão racional do juiz, da motivação das decisões judiciais, da publicidade, da lealdade processual, da economia, da instrumentalidade das formas e do duplo grau de jurisdição. O devido processo legal, para esses autores, é fórmula que significa "o conjunto de garantias constitucionais que, de um lado, asseguram às partes o exercício de suas faculdades e poderes processuais e, de outro, são indispensáveis ao correto exercício da jurisdição. São garantias que não servem apenas aos interesses das partes, como direitos públicos subjetivos (ou poderes e faculdades processuais) destas, mas que configuram, antes de mais nada, a salvaguarda do próprio processo, objetivamente considerado, como fator legitimante do exercício da jurisdição" (p. 101).

- **ARRUDA ALVIM** (*Manual...*, 16. ed., p. 47 e ss.) trata dos princípios informativos (lógico, jurídico, político e econômico) e dos princípios fundamentais do processo. Quanto aos informativos, que, segundo diz, "se poderiam considerar quase axiomas", sustenta que se tratam de "regras predominantemente técnicas" (p. 47), sem maior conotação ideológica, razão pela qual os tornam quase que universais, diferentemente dos princípios fundamentais, que "são diretrizes nitidamente inspiradas por características políticas, trazendo em si carga ideológica significativa, e, por isto, válidos para os sistemas ideologicamente afeiçoados aos princípios fundamentais que lhes correspondam". Em sua opinião os principais princípios fundamentais são os seguintes (p. 55): o da bilateralidade da audiência, o dispositivo, o do impulso processual pelas partes (que, segundo adverte, não é acolhido no direito brasileiro), o da oralidade e o da publicidade dos atos processuais. O princípio da lealdade, para Arruda Alvim, tem conotação ética, não se constituindo, portanto, nem em princípio informativo nem em princípio fundamental (p. 63).

- **FREDIE DIDIER JR.** (*Curso...*, vol. 1, 17. ed., p. 133). A respeito da liberdade negocial, afirma o autor que "defender o autorregramento da vontade no processo não é necessariamente defender um processo estruturado em um modelo *adversarial*. O respeito à liberdade convive com a atribuição de poderes ao órgão jurisdicional, até mesmo porque o poder de autorregramento da vontade no processo não é ilimitado, como, aliás, não o é em nenhum outro ramo do direito". Assim, o autorregramento da vontade "visa, enfim, à obtenção de um ambiente processual em que o direito fundamental de autorregular-se possa ser exercido pelas partes sem restrições irrazoáveis ou injustificadas".

- **HUMBERTO THEODORO JÚNIOR** (*Curso...*, vol. 1, 56. ed., p. 46) entende que alguns princípios "decorrem da construção história da própria função jurisdicional, outros se acham transformados em normas do direito positivo, qualificadas como fundamentais ao processo". Para esse autor, "entre os princípios universais, merecem destaque: *a*) o princípio do devido processo legal; *b*) o princípio da verdade real; *c*) o princípio do duplo grau de jurisdição; *d*) o princípio da oralidade; *e*) o princípio da economia processual; *f*) o princípio da eventualidade e da preclusão". Segundo sustenta, no novo Código de Processo Civil, "adquiriram o caráter de normas fundamentais vários princípios consagrados como inerentes ao processo democrático de nosso tempo, entre eles, o inquisitivo e o dispositivo, a demanda, o contraditório, a boa-fé objetiva, a lealdade, o acesso à justiça, a publicidade, a isonomia, a duração razoável do processo, bem como todos os que a Constituição manda aplicar aos serviços públicos em geral".

- **JOSÉ FREDERICO MARQUES** (*Manual...*, 9. ed., vol. 1, p. 125) entende que as bases da tutela jurisdicional estão no inc. XXXV do art. 5.º da CF, o qual prevê que "a lei não excluirá da apreciação do Poder Judiciário lesão ou ameaça a direito". Para esse autor há vários postulados que desse artigo decorrem, como o princípio do juiz natural, o do devido processo legal, o da proibição de tribunais de exceção, o que garante assistência judiciária aos necessitados, entre outros. Os princípios da jurisdição civil, para Marques, são: o do juiz natural, o da improrrogabilidade, o da indeclinabilidade e o do duplo grau de jurisdição (p. 129).

- **LUIZ GUILHERME MARINONI, SÉRGIO CRUZ ARENHART E DANIEL MITIDIERO** (*Novo Código...*, p. 106). Para os autores, "o postulado da proporcionalidade resulta da necessidade de otimização do princípio da liberdade e impõe que os meios sejam proporcionais aos fins buscados. Aplicação proporcional de normas jurídicas significa aplicação em que os meios são necessários, adequados e proporcionais em sentido estrito. A proporcionalidade serve para estruturar a aplicação de outras normas que se colocam em uma relação de meio e fim. O postulado da razoabilidade resulta da necessidade de aplicação do princípio da igualdade e impõe dever de equidade (consideração na aplicação das normas jurídicas daquilo que normalmente acontece), dever de atenção à realidade (consideração da efetiva ocorrência do suporte fático que autoriza sua incidência) e dever de equivalência na aplicação do direito (consideração da existência de dever de equivalência entre a medida adotada e o critério que a dimensiona). O postulado da razoabilidade não pressupõe, como o postulado da proporcionalidade, uma relação entre meio e fim – pressupõe, no entanto, uma relação entre o geral e o particular".

- **NELSON NERY JR. E ROSA MARIA DE ANDRADE NERY** (*Comentários*..., p. 187) afirmam que a tutela jurisdicional adequada é "corolário e desdobramento indissociável do princípio constitucional do direito de ação. A facilitação do acesso do necessitado à justiça, com a assistência jurídica integral (5.º LXXIV, da CF), é manifestação do princípio do direito de ação. Todo expediente destinado a impedir ou dificultar sobremodo a ação ou a defesa no processo civil, como, por exemplo, o elevado valor de custas judiciais, constitui ofensa ao princípio constitucional do direito de ação".

- **OVÍDIO A. BAPTISTA DA SILVA** (*Curso*..., 8. ed., vol. 1, p. 45) destaca que a "doutrina processual costuma indicar certos princípios informadores do direito processual que, com maior ou menor intensidade, ocorrem em todos os sistemas legislativos e servem para auxiliar-nos na classificação e avaliação, indicando os respectivos pressupostos doutrinários em que eles se alicerçam e suas tendências mais marcantes". Esse autor alista alguns dos princípios de que, a seu ver, se pode extrair alguma expressão legislativa: dispositivo, da demanda, da oralidade, imediatidade, identidade física do juiz, concentração, irrecorribilidade das interlocutórias, livre convencimento do juiz e bilateralidade da audiência.

- **PAULO CEZAR PINHEIRO CARNEIRO** (*Breves*..., p. 78) ressalta que "o contraditório contemporâneo encontra-se escorado em duas linhas mestras: a vedação às decisões surpresa – corolário do direito de participação – e o direito de influenciar a decisão judicial, a qual tem no dever judicial de motivar a decisão o seu escudo protetor. Todavia, nenhuma das perspectivas assinaladas será desenvolvida se o processo não for pautado na paridade de armas e na cooperação entre os sujeitos processuais".

- **TERESA ARRUDA ALVIM WAMBIER, MARIA LÚCIA LINS CONCEIÇÃO, LEONARDO FERRES DA SILVA RIBEIRO E ROGERIO LICASTRO TORRES DE MELLO** (*Primeiros* ..., p. 62), sobre o princípio da cooperação, afirmam que "cooperar é agir de boa-fé. Embora nem todas as condutas de boa-fé sejam essencialmente cooperativas. O dever de cooperar existe no interesse de todos, pois todos pretendem que o processo seja solucionado em tempo razoável".

- **ZULMAR DUARTE** (*Teoria*..., p. 26) "A celeridade processual não pode ser perseguida com atropelos às garantias processuais. O processo, conquanto instrumento, apresenta face de garantia das partes contra o arbítrio jurisdicional, enquanto representativo do devido processo legal (art. 5.º, LIV, da CF/1988 – eficácia vertical dos direitos fundamentais). Não se pode diminuir o papel do processo à uma mera técnica de obtenção de resultados, uma vez que sua estruturação serve igualmente ao penhor da segurança jurídica, no que instrumentaliza, controla e direciona o poder estatal, afastando a possibilidade de desmedida sujeição das partes ao poder estatal. Processo não é só instrumento de alocação de decisão. Mesmo porque, o justo processo pressupõe mais, muito mais, do que a celeridade na prestação da tutela jurisdicional".

Enunciados do FPPC

N.º 6. *(Art. 5.º; art. 6.º; art. 190, CPC/2015)* O negócio jurídico processual não pode afastar os deveres inerentes à boa-fé e à cooperação.

N.º 13. *(Art. 189, IV, CPC/2015)* O disposto no inc. IV do art. 189 abrange todo e qualquer ato judicial relacionado à arbitragem, desde que a confidencialidade seja comprovada perante o Poder Judiciário, ressalvada em qualquer caso a divulgação das decisões, preservada a identidade das partes e os fatos da causa que as identifiquem.

N.º 15. *(Art. 189, CPC/2015)* As arbitragens que envolvem a Administração Pública respeitarão o princípio da publicidade, observadas as exceções legais (vide art. 2.º, § 3.º, *da Lei n. 9.307/1996, com a redação da Lei 13.129/2015*).

N.º 104. *(Art. 1.024, § 3.º, CPC/2015)* O princípio da fungibilidade recursal é compatível com o CPC e alcança todos os recursos, sendo aplicável de ofício.

N.º 108. *(Art. 9.º, CPC/2015)* No processo do trabalho, não se proferirá decisão contra uma das partes, sem que esta seja previamente ouvida e oportunizada a produção de prova, bem como não se pode decidir com base em causa de pedir ou fundamento de fato ou de direito a respeito do qual não se tenha oportunizado manifestação das partes e a produção de prova, ainda que se trate de matéria apreciável de ofício.

N.º 113. *(Art. 98, CPC/2015)* Na Justiça do Trabalho, o empregador pode ser beneficiário da gratuidade da justiça, na forma do art. 98.

N.º 235. *(Art. 7.º; art. 9.º; art. 10, CPC/2015; 6.º, 7.º e 12 da Lei 12.016/2009)* Aplicam-se ao procedimento do mandado de segurança os arts. 7.º, 9.º e 10 do CPC.

N.º 245. *(Art. 15; art. 99, § 4.º, CPC/2015).* O fato de a parte, pessoa natural ou jurídica, estar assistida por advogado particular não impede a concessão da justiça gratuita na Justiça do Trabalho.

N.º 246. *(Art. 15; art. 99, § 7.º, CPC/2015)* Dispensa-se o preparo do recurso quando houver pedido de justiça gratuita em sede recursal, consoante art. 99, § 7.º, aplicável ao processo do trabalho. Se o pedido for indeferido, deve ser fixado prazo para o recorrente realizar o recolhimento.

N.º 259. *(Art. 10; art. 190, CPC/2015)* A decisão referida no parágrafo único do art. 190 depende de contraditório prévio.

N.º 263. *(Art. 194, CPC/2015)* A mera juntada de decisão aos autos eletrônicos não necessariamente lhe confere publicidade em relação a terceiros.

N.º 264. *(Art. 194, CPC/2015)* Salvo hipóteses de segredo de justiça, nos processos em que se realizam intimações exclusivamente por portal eletrônico, deve ser garantida ampla publicidade aos autos eletrônicos, assegurado o acesso a qualquer um.

N.º 278. *(Art. 4.º; art. 282, § 2.º, CPC/2015)* O CPC adota como princípio a sanabilidade dos atos processuais defeituosos.

N.º 361. *(Art. 1.026, § 4.º, CPC/2015)* Na hipótese do art. 1.026, § 4.º, não cabem embargos de declaração e, caso opostos, não produzirão qualquer efeito.

N.º 373. (*Art. 4.º*; art. 6.º, *CPC/2015*) As partes devem cooperar entre si; devem atuar com ética e lealdade, agindo de modo a evitar a ocorrência de vícios que extingam o processo sem resolução do mérito e cumprindo com deveres mútuos de esclarecimento e transparência.

N.º 374. (*Art. 5.º, CPC/2015*) O art. 5.º prevê a boa-fé objetiva.

N.º 375. (*Art. 5.º, CPC/2015*) O órgão jurisdicional também deve comportar-se de acordo com a boa-fé objetiva.

N.º 376. (*Art. 5.º, CPC/2015*) A vedação do comportamento contraditório aplica-se ao órgão jurisdicional.

N.º 377. (*Art. 5.º, CPC/2015*) A boa-fé objetiva impede que o julgador profira, sem motivar a alteração, decisões diferentes sobre uma mesma questão de direito aplicável às situações de fato análogas, ainda que em processos distintos.

N.º 378. (*Art. 5.º*; art. 6.º; art. 322, § 2.º; art. 489, § 3.º, *CPC/2015*) A boa-fé processual orienta a interpretação da postulação e da sentença, permite a reprimenda do abuso de direito processual e das condutas dolosas de todos os sujeitos processuais e veda seus comportamentos contraditórios.

N.º 514. (*Art. 370, CPC/2015*) O juiz não poderá revogar a decisão que determinou a produção de prova de ofício sem que consulte as partes a respeito.

N.º 515 (*Art. 371; art. 489, § 1.º, CPC/2015*) Aplica-se o disposto no art. 489, § 1.º, também em relação às questões fáticas da demanda.

N.º 516 (*Art. 371; art. 369; art. 489, § 1.º, CPC/2015*) Para que se considere fundamentada a decisão sobre os fatos, o juiz deverá analisar todas as provas capazes, em tese, de infirmar a conclusão adotada.

N.º 517 (*Art. 375; art. 489, § 1.º, CPC/2015*) A decisão judicial que empregar regras de experiência comum, sem indicar os motivos pelos quais a conclusão adotada decorre daquilo que ordinariamente acontece, considera-se não fundamentada.

N.º 523 (*Art. 489, § 1.º, IV, CPC/2015*) O juiz é obrigado a enfrentar todas as alegações deduzidas pelas partes capazes, em tese, de infirmar a decisão, não sendo suficiente apresentar apenas os fundamentos que a sustentam.

N.º 524 (*Art. 489, § 1.º, IV; art. 985, I, CPC/2015*) O art. 489, § 1.º, IV, não obriga o órgão julgador a enfrentar os fundamentos jurídicos deduzidos no processo e já enfrentados na formação da decisão paradigma, sendo necessário demonstrar a correlação fática e jurídica entre o caso concreto e aquele já apreciado.

N.º 562 (*Art. 1.022, parágrafo único, II; art. 489, § 2.º, CPC/2015*) Considera-se omissa a decisão que não justifica o objeto e os critérios de ponderação do conflito entre normas.

Bibliografia

Fundamental

ALEXANDRE FLEXA, DANIEL MACEDO e FABRÍCIO BASTOS, *Novo Código de Processo Civil. O que é inédito. O que mudou. O que foi suprimido*, Salvador: JusPodivm, 2015; ANTÔNIO CARLOS DE ARAÚJO CINTRA, ADA PELLEGRINI GRINOVER e CÂNDIDO RANGEL DINAMARCO, *Teoria geral do processo*, 30. ed., São Paulo, Malheiros, 2014; Arruda

Alvim, *Manual de direito processual civil*, 16. ed., São Paulo, Ed. RT, 2013; FERNANDO DA FONSECA GAJARDONI, LUIZ DELLORE, ANDRE VASCONSELOS ROQUE e ZULMAR DUARTE DE OLIVEIRA JR., *Teoria geral do processo: comentários ao CPC de 2015: parte geral*, São Paulo, Forense, 2015; FREDIE DIDIER JR., *Curso de Processo Civil: introdução ao direito processual civil, parte geral e processo de conhecimento*, 17. ed., Salvador, Juspodivm, 2015, v. 1; HUMBERTO THEODORO JÚNIOR, *Curso de direito processual civil*, 56. ed., Rio de Janeiro, Forense, 2015, vol. 1; JOSÉ FREDERICO MARQUES, *Manual de direito processual civil*, 9. ed., Atual. OVÍDIO ROCHA BARROS SANDOVAL, Campinas, Millennium, 2003, vol. 1; LUIZ GUILHERME MARINONI, SÉRGIO CRUZ ARENHART e DANIEL MITIDIERO, *Novo código de processo civil comentado*, São Paulo, Ed. RT, 2015; LUIZ RODRIGUES WAMBIER, Anotações sobre o devido processo legal, *RePro* 63; NELSON NERY JR. e ROSA MARIA DE ANDRADE NERY, *Comentários ao código de processo civil*, São Paulo, Ed, RT, 2015; OVÍDIO A. BAPTISTA DA SILVA, *Curso de processo civil*, 3. ed., Rio de Janeiro, Forense, 2008, vol. 1; TERESA ARRUDA ALVIM WAMBIER, FREDIE DIDIER JR., EDUARDO TALAMINI e BRUNO DANTAS (coord.), *Breves comentários ao Novo Código de Processo Civil*, São Paulo, Ed. RT, 2015; _____, MARIA LÚCIA LINS CONCEIÇÃO, LEONARDO FERRES DA SILVA RIBEIRO e ROGERIO LICASTRO TORRES DE MELLO, *Primeiros comentários ao novo código de processo civil: artigo por artigo*, São Paulo, Ed. RT, 2015.

Complementar

ADA PELLEGRINI GRINOVER, Acesso à justiça e garantias constitucionais no processo do consumidor, *As garantias do cidadão na justiça*, São Paulo, Saraiva, 1993; _____, A conciliação extrajudicial no quadro participativo, *Participação e processo*, São Paulo, Ed. RT, 1988; _____, *As garantias constitucionais do direito de ação*, São Paulo, Ed. RT, 1973; _____, As garantias constitucionais do processo, *Novas tendências do direito processual*, Rio de Janeiro, Forense Universitária, 1990; _____, A independência do juiz brasileiro, em *O processo em sua unidade – II*, Rio de Janeiro, Forense, 1984; _____, O princípio da ampla defesa no processo civil, penal e administrativo, *O processo em sua unidade – II*, Rio de Janeiro, Forense, 1984; _____, O princípio do juiz natural e sua dupla garantia, *RePro* 29/11; _____, *Os princípios constitucionais e o Código de Processo Civil*, São Paulo, Bushatsky, 1975; _____, Princípios processuais fora do processo, *RePro* 147/307; ADEMAR FERREIRA MACIEL, O devido processo legal e a Constituição de 1988, *RePro* 85/175; ADILSON PAULO PRUDENTE DO AMARAL FILHO, A remessa oficial e o princípio da igualdade, *RePro* 80/215; ADOLFO GELSI BIDART, Principio del realismo procesal, *RePro* 41/123; AGAPITO MACHADO, O princípio da isonomia e os privilégios processuais, *RT* 693/7; ALCIDES DE MENDONÇA LIMA, Os princípios informativos no Código de Processo Civil, *RePro* 34/9; _____, Os princípios informativos do Código de Processo Civil, *RePro* 9/9; ALESSANDRA MENDES SPALDING, Direito fundamental à tutela jurisdicional tempestiva à luz do inciso LXXVIII do art. 5.º da CF inserido pela EC n. 45/2004, *Reforma do Judiciário*: Primeiras reflexões sobre a Emenda Constitucional n. 45/2004, São Paulo, Ed. RT, 2005; ALEXANDRE AUGUSTO S. CABALLERO, Da relação entre o princípio da isonomia e o contraditório no processo civil, *RePro* 52/225; ALEXANDRE FREITAS CÂMARA, *Lições de direito processual civil*, 16. ed., Rio de Janeiro, Lumen Juris, 2007, vol. 1; _____, Princípio da correlação entre demanda e sentença no direito processual civil, *RDDP*, 44/9, nov. 2006; _____, Dimensão processual do princípio do devido processo constitucional, *Revista Iberoamericana de Derecho Procesal*, 1/17, jan. 2015; ALFREDO DE ARAÚJO LOPES DA COSTA, *Manual elementar de direito processual civil*, 3. ed.. Atual. Sálvio de Figueiredo Teixeira, Rio de Janeiro, Forense, 1982; ANA MARIA GOFFI FLAQUER SCARTEZZINI, O prazo razoável para a duração dos processos e a responsabilidade do Estado pela demora na outorga da prestação jurisdicional, *Reforma do Judiciário* – Primeiras reflexões sobre a Emenda Constitucional n. 45/2004, São Paulo, Ed. RT, 2005; ANDREA PROTO PISANI, Il principio di effettivitá nel processo civile italiano, *Repro* 239/365, jan. 2015; ANGEL TINOCO PASTRANA, Los principios procesales en el derecho español, *Genesis RDPC* 2/408, maio/ago. 1996; ANGELA CARBONI MARTINHONI CINTRA, A publicidade dos atos do Poder Judiciário, *Reforma do Judiciário* – Primeiras reflexões sobre a Emenda Constitucional n. 45/2004, São Paulo, Ed. RT, 2005; ANGÉLICA ARRUDA ALVIM, Princípios constitucionais do processo, *RePro* 74/20; ANTONIO DE PÁDUA NOTARIANO JUNIOR, Garantia da razoável duração do processo, *Reforma do Judiciário* – Primeiras reflexões sobre a Emenda Constitucional n. 45/2004, São Paulo, Ed. RT, 2005; ANTONIO DO PASSO CABRAL, O contraditório como dever e a boa-fé processual objetiva, *RePro* 126/59; ARAKEN DE ASSIS, *Doutrina e prática do processo civil contemporâneo*, São Paulo, Ed. RT, 2001; _____, Duração razoável do processo e reformas da lei processual civil, *Processo e Constituição*: estudos em homenagem ao Professor José Carlos Barbosa Moreira, Coord. LUIZ FUX, NELSON NERY JR. e TERESA ARRUDA ALVIM WAMBIER, São Paulo, Ed. RT, 2006; _____, Garantia de acesso à justiça: benefício da gratuidade, *Garantias constitucionais do processo civil*, São Paulo, Ed. RT, 1999; ARNALDO GODOY, A igualdade no processo, *RePro* 76/200; ARRUDA ALVIM, Principios fundamentales y formativos de procedimiento civil brasileño, *RePro* 38/84; _____, *Tratado de direito processual civil*, 2. ed., São Paulo, Ed. RT, 1990, vol. 1; ARTUR CÉSAR DE SOUZA, A parcialidade positiva do juiz, *RePro* 183/25; _____, O princípio do juiz natural e os critérios objetivos de convocação de juízes para atuar nos Tribunais, *RePro* 212/57; _____, O princípio da cooperação no projeto do novo Código de Processo Civil, *Repro* 225/65; ARTURO HOYOS, La garantía constitucional del debido proceso legal, *RePro* 47/43; ATHOS GUSMÃO CARNEIRO, O litisconsórcio facultativo ativo ulterior e os princípios processuais do "juiz natural" e do "devido processo legal", *RJ* 269/56, *RePro* 96/195 e *RT* 776/109; ARTHUR MENDES LOBO, Assistência judiciária gratuita no novo Código de Processo Civil: uma proposta de possível emenda ao PL 8.046/2010, *RePro* 194/351; AUGUSTO AMARAL DERGINT, Aspecto material do devido processo legal, *RT* 709/249; BENTO HERCULANO DUARTE, Constitucionalidade do novel artigo 285-A do CPC (Decisão liminar de improcedência): uma resposta à luz dos princípios fundamentais do direito processual e outras questões, *Processo civil* – Aspectos relevantes: estudos em homenagem ao Prof. Humberto Theodoro Júnior, São Paulo, Método, 2007, vol. 2; CÂNDIDO RANGEL DINAMARCO, Escopos políticos do processo, *Participação e processo*, São Paulo, Ed. RT, 1988; _____, *Instituições de direito processual civil*, 5. ed., São Paulo, Malheiros, 2005, vol. 1; _____, O princípio do contraditório, *Fundamentos do processo civil moderno*, São Paulo, Ed. RT, 1986; CARLOS ALBERTO ALVARO DE OLIVEIRA, Garantia do contraditório, *Garantias constitucionais do processo civil*, São Paulo, Ed. RT, 1999; _____, O juiz e o princípio do contraditório, *RePro* 71/31; _____, O processo civil na perspectiva dos direitos fundamentais, *RePro* 113/9; _____, Os direitos fundamentais à efetividade e à segurança em perspectiva dinâmica, *RePro* 155/11; CARLOS MARIO DA SILVA VELLOSO, Princípios constitucionais do processo, *RAMPR* 08/20; CÁSSIO SCARPINELLA BUENO, *Curso sistematizado de direito processual civil*: teoria geral do direito processual civil, 3. ed., São Paulo, Saraiva, 2009, vol. 1; _____, Os princípios do processo civil transnacional e o Código de Processo Civil brasileiro: uma primeira aproximação, *RePro* 122/167, abr. 2005; CELISMARA LIMA DA SILVA e EMÍLIA SIMEÃO ALBINO SAKO, A aplicação do princípio da proporcionalidade na solução dos *hard cases*, *RT* 832/52; CELIO SILVA COSTA, *Manual de prática processual civil*: princípios teóricos e normas gerais de prática do processo civil, São Paulo, Liber Juris, 1991; CELSO AGRÍCOLA BARBI, *Comentários ao Código de Processo Civil*, 10. ed., Rio de Janeiro, Forense, 1997, vol. 1; CLÁUDIO HENRIQUE DE CASTRO,

Breves anotações sobre o direito ao contraditório, *RePro* 85/311; CRISTIANE DRUVE TAVARES FAGUNDES, A solução de conflitos principiológicos e a proporcionalidade, *RePro* 185/9; DANIEL ADENSOHN DE SOUZA, Reflexões sobre o princípio da motivação das decisões judiciais no processo civil brasileiro, *RePro* 167/132; DANIEL AMORIM ASSUNPÇÃO NEVES, Princípios do processo de execução, *RDDP,* 27/36, jun. 2005; DANIEL GIOTTI DE PAULA, Aplicação do CPC e dos princípios processuais nos processos junto ao Cade, *RDDP* 55/26; DELOSMAR MENDONÇA JUNIOR, *Princípios da ampla defesa e da efetividade no processo civil brasileiro*, São Paulo, Malheiros, 2001; DENISE MARIA WEISS DE PAULA MACHADO e JOÃO CARLOS LEAL JÚNIOR, Análise crítica do duplo grau de jurisdição sob o prisma do direito à razoável duração do processo, *RePro* 183/77; DIEGO MARTINEZ FERVENZA CANTOARIO, Poderes do juiz e princípio do contraditório, *RePro* 195/279; DOMINGOS SÁVIO DRESCH DA SILVEIRA, Considerações sobre as garantias constitucionais do acesso ao Judiciário e do contraditório, *Elementos para uma nova teoria geral do processo*, Porto Alegre, Livraria do Advogado, 1997; EDILTON MEIRELES, Duração razoável do processo e os prazos processuais no projeto do código de processo civil, *RePro* 207/199, mai. 2012; EDOARDO F. RICCI, Princípio do contraditório e questões que o juiz pode propor de ofício, *Processo e Constituição*: estudos em homenagem ao Professor José Carlos Barbosa Moreira, Coord. LUIZ FUX, NELSON NERY JR. e TERESA ARRUDA ALVIM WAMBIER, São Paulo, Ed. RT, 2006; EDUARDO ARRUDA ALVIM, *Curso de direito processual civil*, São Paulo, Ed. RT, 1999, vol. 1; EDUARDO DE AVELAR LAMY, *Princípio da fungibilidade no processo civil,* São Paulo, Dialética, 2007; EDUARDO TALAMINI, A nova disciplina do agravo e os princípios constitucionais do processo, *RePro* 80/125; EDUARDO VIEIRA BUSCH, Acesso à justiça e seus limites, *CaJur* 1/165; EDWARD CARLYLE SILVA, *Direito processual civil,* Rio de Janeiro, Impetus, 2007; ELIVAL DA SILVA RAMOS, O direito de ação como direito político, *Participação e processo*, São Paulo, Ed. RT, 1988; ELPIDIO DONIZETTI NUNES, *Curso didático do direito processual civil,* 8. ed., Rio de Janeiro, Lumen Juris, 2007; ENRICO TULLIO LIEBMAN, *Manual de direito processual civil*, 2. ed., Rio de Janeiro, Forense, 1985, vol. 1; ERNANE FIDÉLIS DOS SANTOS, *Manual de direito processual civil*, 12. ed., São Paulo, Saraiva, 2007, vol. 1; ERNESTO ANTUNES DE CARVALHO, Princípio da fungibilidade recursal, *RePro* 79/249; FABIANO CARVALHO, Princípios do contraditório e da publicidade no agravo interno, *Gênesis RDP* 35/80, jan./mar. 2005; FÁBIO MARTINS DE ANDRADE, Ensaio sobre o inciso LXXVIII do art. 5.º da CF/88, *RePro* 147/175; FABIANA MARION SPENGLER E THEOBALDO SPENGLER NETTO, A boa-fé e a cooperação previstas no PL 8.046/2010 (novo CPC) como princípios viabilizadores de um tratamento adequado dos conflitos judiciais, *Repro* 230/13; FABIANO CARVALHO, EC n. 45: reafirmação da garantia da razoável duração do processo, *Reforma do Judiciário*: primeiras reflexões sobre a Emenda Constitucional n. 45/2004, São Paulo, Ed. RT, 2005; FÁTIMA NANCY ANDRIGHI, A democratização da justiça, *RePro* 88/179; FERNANDA TARTUCE, Igualdade e vulnerabilidade no processo civil, Rio de Janeiro, Forense, 2012; FERNANDO GONZAGA JAIME e MARINA FRANÇA SANTOS, A superação do duplo grau de jurisdição como princípio, *RePro* 214/147; FERNÃO BORBA FRANCO, A fórmula do devido processo legal, *RePro* 94/81; FLÁVIO CHEIM JORGE, Relação processual e contraditório nas diversas espécies de execução, *RePro* 114/301; FRANCISCO C. PONTES DE MIRANDA, *Comentários ao Código de Processo Civil*, 3. ed., Rio de Janeiro, Forense, 1996, t. IV; FRANCISCO CLÁUDIO DE ALMEIDA SANTOS, Atividade jurisdicional: princípios gerais aplicáveis, *RePro* 58/135; FRANCISCO FERNANDES DE ARAÚJO, Princípio da proporcionalidade na execução civil, *Execução civil*: aspectos polêmicos, Coord. JOÃO BATISTA LOPES e LEONARDO José CARNEIRO DA CUNHA, São Paulo, Dialética, 2005; FRANCISCO GLAUBER PESSOA ALVES, *O princípio jurídico da igualdade e o processo civil brasileiro*. Rio de Janeiro,

Forense, 2003; FRANCISCO ROSITO, O princípio da duração razoável do processo sob a perspectiva axiológica, *RePro* 161/21; FREDIE DIDIER JR., *Curso de direito processual civil*: teoria geral do processo e processo do conhecimento, 11. ed., Salvador, JusPodivm, 2009, vol. 1; _____, Notas sobre a garantia jurisdicional do acesso à justiça: o princípio do direito de ação ou da inafastabilidade do Poder Judiciário, *RePro* 108/23; GELSON AMARO DE SOUZA, Princípio da identidade física do juiz e a nova redação do art. 132 do CPC, *GenesisProc* 1/18; GEOVANY CARDOSO JEVEAUX, *A simbologia da imparcialidade do juiz*, Rio de Janeiro, Forense, 1999; GERALDO ATALIBA, Princípios constitucionais do processo e procedimento em matéria tributária, *RDTr* 12/118; GILSON BONATO e RITA DE CÁSSIA CORRÊA DE VASCONCELOS, Aspectos controvertidos do contraditório nos recursos cíveis, *Aspectos polêmicos e atuais dos recursos cíveis e de outras formas de impugnação às decisões judiciais*, São Paulo, Ed. RT, 2001; GIORGIO DEL VECCHIO, *Princípios gerais do direito*, Belo Horizonte, Líder, 2003; GISELE SANTOS FERNANDES GÓES, *Direito processual civil*: processo de conhecimento, São Paulo, Ed. RT, 2006; _____, Princípio da proporcionalidade no processo civil, São Paulo, Saraiva, 2004; _____, Razoável duração do processo, coletânea *Reforma do Judiciário*: primeiras reflexões sobre a Emenda Constitucional n. 45/2004, São Paulo, Ed. RT, 2005; GIUSEPPE TARZIA, O contraditório no processo executivo, *RePro* 28/55; GUILHERME FREIRE DE BARROS TEIXEIRA, *O princípio da eventualidade no processo civil*, São Paulo, Ed. RT, 2004; GUILHERME LUIS QUARESMA BATISTA SANTOS, Algumas notas sobre o contraditório no processo civil, *RePro* 194/69; HORÁCIO WANDERLEI RODRIGUES, EC n. 45: acesso à justiça e prazo razoável na prestação jurisdicional, *Reforma do Judiciário*: primeiras reflexões sobre a Emenda Constitucional n. 45/2004, São Paulo, Ed. RT, 2005; HUGO DE BRITO MACHADO, *Os princípios jurídicos na Constituição de 1988*, 4. ed., São Paulo, Dialética, 2001; HUMBERTO ÁVILA, O que é "devido processo legal"?, *RePro* 163/50; HUMBERTO BERGMANN AVILA, *Teoria dos princípios*: da definição à aplicação dos princípios jurídicos, 7. ed., São Paulo, Malheiros, 2007; HUMBERTO THEODORO JÚNIOR, A garantia fundamental do devido processo legal e o exercício do poder de cautela no direito processual civil, *RT* 665/11; _____, *Curso de direito processual civil*, 50. ed., Rio de Janeiro, Forense, 2009, vol. 1; _____, Princípios gerais do direito processual civil, *RePro* 23/173; IZABELA RÜCKER CURI, A imediata distribuição dos processos: utilidade e possibilidade fática, *Reforma do Judiciário*: primeiras reflexões sobre a Emenda Constitucional n. 45/2004, São Paulo, Ed. RT, 2005; JALDEMIRO RODRIGUES DE ATAÍDE JR., O princípio da inércia argumentativa diante de um sistema de precedentes em formação no direito brasileiro, *Repro* 229/377; JAMES GOLDSCHMIDT, *Princípios gerais do processo civil*, Belo Horizonte, Líder, 2002; JOÃO BATISTA LOPES, Efetividade da tutela jurisdicional à luz da constitucionalização do processo civil, *RePro* 116/29; _____, Princípio da proporcionalidade e efetividade do processo civil, *Estudos de direito processual civil*: homenagem ao Professor Egas Dirceu Moniz de Aragão, Coord. LUIZ GUILHERME MARINONI, São Paulo, Ed. RT, 2005; JORGE DE OLIVEIRA VARGAS, A garantia fundamental contra a demora no julgamento dos processos, *Reforma do Judiciário*: primeiras reflexões sobre a Emenda Constitucional n. 45/2004, São Paulo, Ed. RT, 2005; J. J. CALMON DE PASSOS, Democracia, participação e processo, *Participação e processo*, São Paulo, Ed. RT, 1988; _____, Instrumentalidade do processo e devido processo legal, *RePro* 102/55; JOSÉ AUGUSTO DELGADO, Pontos polêmicos das ações de indenização de áreas naturais protegidas: efeitos da coisa julgada e os princípios constitucionais, *RePro* 103/9; _____, Princípio da instrumentalidade, do contraditório, da ampla defesa e a modernização do processo civil, *RJ* 285/31; _____, Princípio processuais constitucionais, *RePro* 44/195; _____, A supremacia dos princípios nas garantias processuais do cidadão, São Paulo, Jurid Vellenich, 1994; JOSÉ AUGUSTO GALDINO DA COSTA, *Princípios gerais no processo civil*: princípios fundamentais e princípios informativos, Rio de Janeiro, Forense, 2007; JOSÉ CARLOS BAPTISTA PUOLI, *Os poderes do juiz e as refor-*

mas do processo civil, São Paulo, Juarez de Oliveira, 2002; JOSÉ CARLOS BARBOSA MOREIRA, Efetividade do processo e técnica processual, *Temas de direito processual* – Sexta série, São Paulo, Saraiva, 1997; _____, A garantia do contraditório na atividade de instrução, *RePro* 35/231; _____, A motivação das decisões judiciais como garantia inerente ao Estado de Direito, *Temas de direito processual* – Segunda série, 2. ed., São Paulo, Saraiva, 1988; _____, De la igualdad de las partes en el proceso civil, *RePro* 44/176; _____, Notas sobre o problema da efetividade do processo, *Estudos de direito processual em homenagem a José Frederico Marques no seu 70.º aniversário*, São Paulo, Saraiva, 1982; _____, Les principes fondamentaux de la procédure civile dans la nouvelle Constitution brésilienne, *Temas de direito processual* – Quinta série, São Paulo, Saraiva, 1994; JOSÉ EDUARDO CARREIRA ALVIM, *Elementos de teoria geral do processo*, 7. ed., Rio de Janeiro, Forense, 2001; JOSÉ HENRIQUE MOURA ARAÚJO, *Acesso à justiça e efetividade do processo*, Curitiba, Juruá, 2004; JOSÉ OLYMPIO DE CASTRO FILHO, Princípios constitucionais aplicáveis ao processo civil, *RePro* 70/154; JOSÉ RAIMUNDO GOMES DA CRUZ, *Estudos sobre o processo e a Constituição de 1988*, São Paulo, Ed. RT, 1993; JOSÉ ROBERTO DOS SANTOS BEDAQUE, Garantia da amplitude de produção probatória, *Garantias constitucionais do processo civil*, São Paulo, Ed. RT, 1999; _____, *Tutela cautelar e tutela antecipada*: tutelas sumárias e de urgência, São Paulo, Malheiros, 1998; JOSÉ ROGÉRIO CRUZ E TUCCI, Garantia do processo sem dilações indevidas, *Garantias constitucionais do processo civil*, São Paulo, Ed. RT, 1999; _____, Garantias constitucionais da duração razoável e da economia processual no Projeto do Código de Processo Civil, *RePro* 192/193; JOSÉ RUBENS COSTA, *Tratado de processo de conhecimento*, São Paulo, J. Oliveira, 2003; KARL SCHWAB, Divisão de função e o juiz natural, *RePro* 48/124; KÁTIA APARECIDA MANGONE, A garantia constitucional do contraditório e a sua aplicação no direito processual civil, *RePro* 182/362; KAZUO WATANABE, Acesso à justiça e sociedade moderna, *Participação e processo*, São Paulo, Ed. RT, 1988; LENIO LUIZ STRECK e FRANCISCO JOSÉ BORGES MOTTA, Um debate com (e sobre) o formalismo-valorativo de Daniel Mitidiero, ou "colaboração no processo civil" é um princípio?, *RePro* 213/13, nov. 2012; LEONARDO GRECO, O princípio do contraditório, *Dialética* 24/71; LEONARDO JOSÉ CARNEIRO DA CUNHA, Anotações sobre a garantia constitucional do juiz natural, *Processo e Constituição*: estudos em homenagem ao Professor José Carlos Barbosa Moreira, Coord. LUIZ FUX, NELSON NERY JR. e TERESA ARRUDA ALVIM WAMBIER, São Paulo, Ed. RT, 2006; _____, O processo civil no estado constitucional e os fundamentos do projeto do novo código de processo civil brasileiro, *RePro* 209/349, jul. 2012; _____, A previsão do princípio da eficiência no projeto do novo Código de Processo Civil brasileiro, *Repro* 233/65, jul. 2014; LESTER MARCANTONIO CAMARGO, O princípio do duplo grau de jurisdição e a efetividade de processo civil, *Direito e processo*: estudos em homenagem ao Desembargador Norberto Ungaretti, Coord. Pedro Manoel Abreu e PEDRO MIRANDA DE OLIVEIRA, Florianópolis, Conceito, 2007; LÍVIO GOELLNER GORON, Acesso à Justiça e gratuidade: uma leitura na perspectiva dos direitos fundamentais, *RePro* 195/249; LUCIA VALLE FIGUEIREDO, Princípios constitucionais do processo, *RTDP* 1/118; LÚCIO GRASSI DE GOUVEIA, O princípio da proporcionalidade e a questão da proibição da prova ilícita no processo civil, *Dialética* 7/47; LUÍS AFONSO HECK, Princípios e garantias constitucionais do processo, *GenesisProc* 7/46; LUIS ALBERTO REICHELT, O conteúdo do direito à igualdade das partes no direito processual civil em perspectiva argumentativa, RePro 210/13; LUÍTA MARIA OURÉM SABÓIA VIEIRA, O princípio da correlação aplicado ao processo civil e ao processo penal, *RePro* 211/391, set. 2012; LUIZ AIRTON DE CARVALHO, Princípios constitucionais processuais, *JB* 157/30; LUIZ FUX, *Curso de direito processual civil*, 3. ed., Rio de Janeiro, Forense, 2005; LUIZ GUILHERME DA COSTA WAGNER JUNIOR, *Processo civil*: curso completo, Belo Horizonte, Del Rey, 2007; LUIZ GUILHERME MARINONI, O direito à adequada tutela jurisdicional, *RT* 663/243; _____, Garantia da tempestividade da tutela jurisdicional e duplo grau de jurisdição, *Garantias constitucionais do processo civil*, São Paulo, Ed. RT, 1999; _____, *Novas linhas do processo civil*, 2. ed., São Paulo, Malheiros, 1996; _____ e SÉRGIO CRUZ ARENHART, *Teoria geral do processo*, 2. ed., São Paulo, Ed. RT, 2007, vol. 1; LUIZ RODRIGUES WAMBIER, Anotações sobre o princípio do devido processo legal, *RePro* 63/54; _____, TERESA ARRUDA ALVIM WAMBIER e JOSÉ MIGUEL GARCIA MEDINA, *Breves comentários à nova sistemática processual civil*, 3. ed., São Paulo, Ed. RT, 2005; _____ e AMÍLCAR ARAÚJO CARNEIRO JUNIOR, Uma contribuição para o estudo da razoável duração do processo, *Revista Jurídica*, v. 58, n. 396, p. 11-45, out. 2010; MADALENA AGUIAR, O contraditório no processo de execução, *RDDP* 14/83; MARCELO ABELHA RODRIGUES, Análise de alguns princípios do processo civil à luz do Título III do Código de Proteção e Defesa do Consumidor, *RDC* 15/43; _____, *Elementos de direito processual civil*, 3. ed., São Paulo, Ed. RT, 2003, vol. 1; MARCELO JOSÉ MAGALHÃES BONICIO, Ensaio sobre o dever de colaboração das partes previsto no projeto do novo código de processo civil brasileiro, *RePro* 190/210, dez. 2010; MARCELO LIMA GUERRA, Notas sobre o dever constitucional de fundamentar as decisões judiciais (CF, art. 93, IX), *Processo e Constituição*: estudos em homenagem ao Professor José Carlos Barbosa Moreira, Coord. LUIZ FUX, NELSON NERY JR. e TERESA ARRUDA ALVIM WAMBIER, São Paulo, Ed. RT, 2006; MÁRCIA FERNANDES BEZERRA, O direito à razoável duração do processo e a responsabilidade do Estado pela demora na outorga da prestação jurisdicional, *Reforma do Judiciário*: primeiras reflexões sobre a Emenda Constitucional n. 45/2004, São Paulo, Ed. RT, 2005; MARCOS AFONSO BORGES, *Princípios de direito processual civil e agrário*, São Paulo, Cejup, 1991; MARCOS PAULO PASSONI e FABIO GUEDES GARCIA DA SILVEIRA, Breve abordagem sobre alguns princípios constantes no projeto do novo código de processo civil, *RePro* 211/239, set. 2012; MARCUS VINICIUS RIOS GONÇALVES, *Novo curso de direito processual civil*, 4. ed., São Paulo, Saraiva, 2007, vol. 1; MARIA CAROLINA SILVEIRA BERALDO, O dever de cooperação no processo civil, *RePro* 198/455, ago. 2011; MARIA CELINA BODIN DE MORAES, *Princípios do direito civil contemporâneo*, São Paulo, Renovar, 2006; MARIA CRISTINA C. CESTARI, Princípios informativos do processo, *Elementos para uma nova teoria geral do processo*, Porto Alegre, Livraria do Advogado, 1997; MARIA ELIZABETH DE CASTRO, *Juiz e o princípio dispositivo*, São Paulo, Ed. RT, 2006; _____, O princípio do contraditório no processo de execução, *Execução civil*: aspectos polêmicos, Coord. JOÃO BATISTA LOPES e LEONARDO JOSÉ CARNEIRO DA CUNHA, São Paulo, Dialética, 2005; MARIA ROSYNETE OLIVEIRA, *Devido processo legal,* Porto Alegre, Fabris, 1999; MARINA FRANÇA SANTOS, A garantia do duplo grau de jurisdição, Belo Horizonte, Del Rey, 2012; MAURICIO A. RIBEIRO LOPES, Garantia de acesso à justiça: assistência judiciária e seu perfil constitucional, *Garantias constitucionais do processo civil*, São Paulo, Ed. RT, 1999; MAURÍCIO JOSÉ NOGUEIRA, Duplo grau de jurisdição: aspectos constitucionais e reflexos processuais, *Processo e Constituição*: estudos em homenagem ao Professor José Carlos Barbosa Moreira, Coord. LUIZ FUX, NELSON NERY JR. e TERESA ARRUDA ALVIM WAMBIER, São Paulo, Ed. RT, 2006; MAURO CAPELLETTI, O valor atual do princípio da oralidade, *RJ* 297/12; MISAEL MONTENEGRO FILHO, *Curso de direito processual civil*, 4. ed., São Paulo, Atlas, 2007, vol. 1; MOACYR AMARAL SANTOS, *Primeiras linhas de direito processual civil*, 25. ed., Atual. Aricê Moacyr Amaral Santos, São Paulo, Saraiva, 2007, vol. 1; NELSON JULIANO SCHAEFER MARTINS, *Poderes do juiz no processo civil*, São Paulo, Dialética, 2004; _____, Princípio da isonomia e tratamento desigual às partes no processo civil, *Dialética* 6/71; NELSON NERY JR., Embargos de declaração no processo administrativo da concorrência junto ao CADE: nulidade absoluta do processo administrativo e efeito modificativo dos embargos; Contraditório e ampla defesa: cerceamento de defesa; O tempo no processo administrativo: decurso do prazo, *RePro* 124/179, jun. 2005; _____, O juiz natural no direito processual civil comunitário europeu, *RePro* 101/101, jan./mar. 2001; _____, *Princí-*

pios do processo civil na Constituição Federal, 8. ed., São Paulo, Ed. RT, 2004; _____, *Teoria geral dos recursos*, 6. ed., São Paulo, Ed. RT, 2004; ORESTE NESTOR DE SOUZA LASPRO, *O duplo grau de jurisdição no direito processual civil*, São Paulo, 1993; _____, Garantia do duplo grau de jurisdição, *Garantias constitucionais do processo civil*, São Paulo, Ed. RT, 1999; OVÍDIO A. BAPTISTA DA SILVA, *Curso de processo civil*, 6. ed., São Paulo, Ed. RT, 2002, vol. 1; _____, Democracia moderna e processo civil, *Participação e processo*, São Paulo, Ed. RT, 1988; _____, A "plenitude de defesa" no processo civil, *As garantias do cidadão na justiça*, São Paulo, Saraiva, 1993; _____ e FÁBIO LUIZ GOMES, *Teoria geral do processo civil*, 4. ed., São Paulo, Ed. RT, 2006; PAULO H. DOS SANTOS LUCON, Garantia do tratamento paritário das partes, *Garantias constitucionais do processo civil*, São Paulo, Ed. RT, 1999; PEDRO MIRANDA DE OLIVEIRA, Princípios constitucionais do processo civil no âmbito recursal, *Processo e Constituição*: estudos em homenagem ao Professor José Carlos Barbosa Moreira, Coord. LUIZ FUX, NELSON NERY JR. e TERESA ARRUDA ALVIM WAMBIER, São Paulo, Ed. RT, 2006; _____, O princípio da primazia do julgamento do mérito recursal no CPC projetado: óbice ao avanço da jurisprudência ofensiva, *Revista dos Tribunais* 950/107, dez. 2014; PHILLIP GIL FRANÇA, O princípio fundamental processual da inafastabilidade da prestação da tutela jurisdicional e as indevidas restrições de sua aplicação pelo Estado, *RIAP* 34/159, dez. 2006; R. REIS FRIEDE, Garantia constitucional do devido processo legal, *RT* 716/71; _____, Do princípio constitucional do contraditório: vertentes material e formal, *Revista dos Tribunais* 946/113; RAFAEL LOPES DO AMARAL, Fungibilidade das tutelas de urgência, *RDDP* 46/90, jan. 2007; RAVI PEIXOTO, O princípio da cooperação e a construção de um sistema comunicativo das nulidades sob a ótica da teoria do fato jurídico processual, *Revista de Direito Privado* 60/99; REINHARD GREGER, Cooperação como princípio processual (tradução de Ronaldo Kochem), RePro 206/123; RICARDO ARONNE, *O princípio do livre convencimento do juiz*, Porto Alegre, Fabris, 1996; RITA DE CÁSSIA CORRÊA DE VASCONCELOS, *Princípio da fungibilidade*: hipóteses de incidência no processo civil brasileiro contemporâneo, São Paulo, Ed. RT, 2007; ROBERTO ROSAS, Devido processo legal: proporcionalidade e razoabilidade, *RT* 783/11; ROBSON CARLOS DE OLIVEIRA, Breves reflexões sobre o princípio constitucional da razoável duração do processo tendo como paradigma os Juizados Especiais Federais Cíveis: como a frutífera experiência desse sistema pode ser aproveitada pelo processo civil comum? *Processo e Constituição*: estudos em homenagem ao Professor José Carlos Barbosa Moreira, Coord. LUIZ FUX, NELSON NERY JR. e TERESA ARRUDA ALVIM WAMBIER, São Paulo, Ed. RT, 2006; _____, O princípio constitucional da razoável duração do processo, explicitado pela EC n. 45, de 08.12.2004, e sua aplicação à execução civil: necessidade de que o Poder Judiciário através dessa norma-princípio flexibilize as regras jurídicas e passe a aplicá-las, garantindo um efetivo e qualificado acesso à Justiça, *Reforma do Judiciário* – Primeiras reflexões sobre a Emenda Constitucional n. 45/2004, São Paulo, Ed. RT, 2005; ROGÉRIO IVES BRAGHITTONI, Devido processo legal e direito ao procedimento adequado, *RePro* 89/220; ROLF STÜRNER, TRADUZIDO POR RONALDO KOCHEM, Oralidade e escritura no processo civil europeu, *RePro* 223/111, set. 2013; RONALDO BRÊTAS DE CARVALHO DIAS, Direito à jurisdição eficiente e garantia da razoável duração do processo na reforma do judiciário, *RePro* 128/164; _____, A fundamentação das decisões jurisdicionais no Estado Democrático de Direito, *Processo e Constituição* – estudos em homenagem ao Professor José Carlos Barbosa Moreira, Coord. LUIZ FUX, NELSON NERY JR. e TERESA ARRUDA ALVIM WAMBIER, São Paulo, Ed. RT, 2006; ROSMAR ANTONI RODRIGUES CAVALCANTI DE ALENCAR, Segurança jurídica e fundamentação judicial, *RePro* 149/52; RUI PORTANOVA, *Princípios do processo civil*, Porto Alegre, Livraria do Advogado, 1995; RUITEMBERG NUNES PEREIRA, *O princípio do devido processo legal substantivo*, São Paulo, Renovar, 2005; SÁLVIO DE FIGUEIREDO TEIXEIRA, O aprimoramento do processo civil como garantia da cidadania, *As garantias do cidadão na justiça*, São Paulo, Saraiva, 1993; SANDRO GILBERT MARTINS, Princípio da inafastabilidade (CF/1988, art. 5.º, XXXV) e a classificação das sentenças, *Processo e Constituição*: estudos em homenagem ao Professor José Carlos Barbosa Moreira, Coord. LUIZ FUX, NELSON NERY JR. e TERESA ARRUDA ALVIM WAMBIER, São Paulo, Ed. RT, 2006; SÉRGIO BERMUDES, *Introdução ao processo civil*, 4. ed., Rio de Janeiro, Forense, 2006; SERGIO CHIARLONI, Ragionevolezza costituzionale e garanzie del processo, *RePro* 213/193, nov. 2012; SÉRGIO CRUZ ARENHART, Reflexões sobre o princípio da demanda, *Processo e Constituição* – estudos em homenagem ao Professor José Carlos Barbosa Moreira, Coord. LUIZ FUX, NELSON NERY JR. e TERESA ARRUDA ALVIM WAMBIER, São Paulo, Ed. RT, 2006; SÉRGIO MASSARU TAKOI. O princípio constitucional da inafastabilidade do controle jurisdicional e suas dimensões jurídico-constitucionais, *Revista de Direito Constitucional e Internacional* 88/81; SÉRGIO NOJIRI, *O dever de fundamentar as decisões judiciais*, São Paulo, Ed. RT, 1999; SÉRGIO SHIMURA, Reanálise do duplo grau de jurisdição obrigatório diante das garantias constitucionais, *Processo e Constituição*: estudos em homenagem ao Professor José Carlos Barbosa Moreira, Coord. LUIZ FUX, NELSON NERY JR. e TERESA ARRUDA ALVIM WAMBIER, São Paulo, Ed. RT, 2006; SIDNEY PALHARINI JÚNIOR, Celeridade processual – garantia constitucional pré-existente à EC n. 45 – Alcance da "nova" norma (art. 5.º, LXXVIII, da CF), *Reforma do Judiciário: primeiras reflexões sobre a Emenda Constitucional n. 45/2004*, São Paulo, Ed. RT, 2005; _____, O princípio da isonomia aplicado ao direito processual civil, *Processo e Constituição*: estudos em homenagem ao Professor José Carlos Barbosa Moreira, Coord. LUIZ FUX, NELSON NERY JR. e TERESA ARRUDA ALVIM WAMBIER, São Paulo, Ed. RT, 2006; TAÍSA DA MAIA, O princípio da fungibilidade como instrumento à efetividade do processo, *RePro* 195/473; TERESA ARRUDA ALVIM WAMBIER, A influência do contraditório na convicção do juiz: fundamentação de sentença e de acórdão, *RePro* 168/53; _____, O óbvio que não se vê: a nova forma do princípio da fungibilidade, *RePro* 137/134; _____, O princípio da fungibilidade sob a ótica da função instrumental do processo, *RT* 821/39; TIAGO LEZAN SANT'ANNA, O princípio da fungibilidade e a confusão entre agravo e apelação no recurso da decisão de impugnação à gratuidade de justiça, *RDDP* 48/111, mar. 2007; TICIANO ALVES E SILVA, Benefício da justiça gratuita às pessoas jurídicas: o entendimento (agora) unitário do STF e do STJ, *RePro* 189/271; VALCLIR NATALINO DA SILVA, O princípio constitucional da razoável duração do processo (art. 5.º, LXXVIII, da CF), *Reforma do Judiciário – Primeiras reflexões sobre a Emenda Constitucional n. 45/2004*. São Paulo, Ed. RT, 2005; VALISNEY DE SOUZA OLIVEIRA, Expressão do devido processo legal, *RePro* 106/297; _____, *Nulidade da sentença e o princípio da congruência*, São Paulo, Saraiva, 2004; WALTER CLAUDIUS ROTHENBURG, *Princípios constitucionais*, Porto Alegre, Fabris, 1999; WENDEL DE BRITO LEMOS TEIXEIRA, O princípio da imparcialidade do julgador como garantia fundamental e seus efeitos no processo, *RePro* 186/333; WILHELM VON HUMBOLDT, Princípios das Leis Processuais, *RePro* 189/123; WILLIAM SANTOS FERREIRA, As garantias constitucionais do jurisdicionado e a competência nas tutelas de urgência: um enfrentamento positivo, *Processo e Constituição*: estudos em homenagem ao Professor José Carlos Barbosa Moreira, Coord. LUIZ FUX, NELSON NERY JR. e TERESA ARRUDA ALVIM WAMBIER, São Paulo, Ed. RT, 2006; WILLIS SANTIAGO GUERRA FILHO, Notas sobre a necessariedade do litisconsórcio e a garantia do direito fundamental ao contraditório, *Processo e Constituição: estudos em homenagem ao Professor José Carlos Barbosa Moreira*, Coord. LUIZ FUX, NELSON NERY JR. e TERESA ARRUDA ALVIM WAMBIER, São Paulo, Ed. RT, 2006; _____, Princípio da isonomia e da proporcionalidade e privilégios processuais da Fazenda Pública, *RePro* 82/70; _____, Princípio do contraditório e eficácia ultrassubjetiva da sentença, *GenesisProc* 3/712.

Parte II

JURISDIÇÃO

Capítulo 4

JURISDIÇÃO

> Sumário: 4.1. Separação de poderes e jurisdição – 4.2. A evolução até a solução jurisdicional dos conflitos – 4.3. Conceito e características essenciais; 4.3.1. Atividade sancionatória e não sancionatória; 4.3.2. A identificação das normas jurídicas (lei, valor e fato); 4.3.3. Jurisdição e Administração Pública; 4.3.4. Substitutividade (imparcialidade essencial); 4.3.5. Imperatividade; 4.3.6. Imutabilidade (reserva de sentença); 4.3.7. Inafastabilidade; 4.3.8. Indelegabilidade; 4.3.9. Inércia; 4.3.10. Conceito-síntese – 4.4. Divisão da jurisdição; 4.4.1. Comum e especial; 4.4.2. Civil e penal; 4.4.3. Contenciosa e voluntária; 4.4.4. Interna e externa – 4.5. Métodos extrajudiciais de solução de conflitos; 4.5.1. Autotutela; 4.5.2. Autocomposição; 4.5.3. Mediação e conciliação; 4.5.4. Arbitragem; 4.5.5. O processo administrativo – 4.6. Limites da jurisdição; 4.6.1. Limites internos; 4.6.2. A coexistência do Estado na ordem internacional – Os tribunais supranacionais; 4.6.3. Limites externos pessoais ("imunidades"); 4.6.4. Limites externos objetivos (a "competência" internacional); 4.6.4.1. "Competência" exclusiva; 4.6.4.2. "Competência" concorrente; 4.6.4.3. Convenção de foro internacional; 4.6.4.4. A litispendência internacional – 4.7. A jurisdição no Estado contemporâneo.

4.1. Separação de poderes e jurisdição

Como visto no cap. 1, no multifacetado conjunto de interesses que coexistem na vida da sociedade, há casos em que a simples previsão abstrata da norma no ordenamento jurídico não é suficiente para eliminar conflitos, isto é, a incidência de interesses simultâneos e excludentes de diferentes sujeitos sobre o mesmo bem. Essa litigiosidade rompe a paz social – exigindo providências aptas a solucionar de modo eficaz e justo o conflito, a fim de restabelecer-se a harmonia nas relações sociais.

Por outro lado, a noção de Estado de Direito, que se adota contemporaneamente, consagra a ideia de divisão das funções atribuídas ao Estado, próprias de sua soberania. Tais funções estão voltadas ao alcance dos fins do próprio Estado e são dispostas, na organização da sua estrutura, de modo a garantir o necessário equilíbrio no exercício do poder estatal. Assim, o poder do Estado envolve três funções: (a) produzir normas jurídicas gerais e abstratas (função legislativa); (b) executá-las para o alcance de objetivos eleitos como sendo do interesse da coletividade (função administrativa) e (c) julgar os conflitos relativos ao descumprimento de tais normas (função jurisdicional). Se estas três funções estiverem enfeixadas na mesma mão, ter-se-á uma situação de absolutismo, de ditadura. Assim, a tripartição das funções do Estado, com a entrega de cada função do poder a organismos diferentes, é um dos elementos que permite a existência do Estado de Direito.

Ao lado das funções de normatizar as condutas e administrar os meios de que o Estado dispõe para o alcance de seus próprios fins, há a função jurisdicional, que está direcionada à promoção da paz social, por meio da solução de cada conflito, mediante a atuação da vontade concreta das normas. Essa função, de atuar o ordenamento jurídico, imparcialmente, e, com vistas à pacificação social, é exercida essencialmente pelo Poder Judiciário.

Para a realização das funções da jurisdição, o sistema jurídico positivo do Estado brasileiro prevê uma série de garantias, com assento na Constituição Federal, conforme já visto, a partir das quais o legislador infraconstitucional está autorizado a "construir" o sistema processual.

São garantias como a do devido processo legal, do juiz natural, da indelegabilidade e indeclinabilidade da jurisdição, da ampla defesa, do contraditório, da fundamentação das decisões judiciais, da razoável duração do processo, entre outras tantas previstas na Constituição, que permitem às pessoas obter a proteção jurisdicional do Estado.

A jurisdição, portanto, como atividade estatal destinada à atuação completa do ordenamento e à solução dos conflitos, está garantida pela Constituição e nesta é que se encontram os princípios em respeito aos quais o legislador ordinário deve regular toda a atividade judicial no âmbito do processo civil. Por outras palavras, é somente à luz das normas constitucionais que se pode organizar todo o aparato legislativo infraconstitucional relativo ao processo.

4.2. A evolução até a solução jurisdicional dos conflitos

O estudo do direito processual civil exige que se tenha noção mais precisa daquilo que é *jurisdição*. Afinal, é no seio da atividade jurisdicional que se desenvolve o processo civil. Como já indicado, o direito processual civil contém o conjunto de normas disciplinadoras da atividade jurisdicional.

Adiante, analisaremos especificamente o aspecto polêmico do conceito de jurisdição. Mas, para que se possa compreender o conceito de jurisdição é necessário, como dado prévio, que se tenha algum conhecimento, ainda que breve, de sua evolução histórica.

Nos primórdios, aqueles que se vissem envolvidos em qualquer tipo de conflito intersubjetivo poderiam resolvê-lo por si mesmos, do modo que conseguissem, realizando aquilo a que hoje se denomina de autotutela.

Se dois sujeitos estivessem em conflito por pretenderem ambos um mesmo bem, qualquer um deles poderia defender-se sozinho, resolvendo a disputa mediante qualquer modo de prevalecimento de sua posição, ainda que baseado na força bruta ou em qualquer faceta representativa do poder econômico ou social. Assim, se uma pessoa reputava que outra devia-lhe algo, ela, havendo condições fáticas para tanto, simplesmente apropriava-se de bens do suposto devedor. Hoje, no direito positivo brasileiro, o exercício da autotutela, salvo pouquíssimas exceções expressamente previstas na lei (v. n. 4.5.1, adiante) é tipificado penalmente. O art. 345 do CP define o exercício arbitrário das próprias razões como crime.

Em estágio subsequente da civilização, a autotutela foi progressivamente abandonada. As partes passaram a tentar soluções conciliatórias, consensuais. Igualmente, passaram a recorrer a um terceiro, que não tivesse interesse pessoal naquele conflito e em que elas confiassem como alguém imparcial. Assim, escolhiam de comum acordo esse terceiro, normalmente investido de autoridade religiosa ou moral na comunidade.

Subsequentemente, a arbitragem tornou-se obrigatória, de modo que os envolvidos no conflito deveriam necessariamente submeter-se a uma solução criada por terceiro desprovido de interesse direto no objeto daquele conflito. Em uma etapa seguinte, a escolha do árbitro (privado) pelas partes passou a ser feita perante uma autoridade estatal, que controlava essa escolha e fixava determinados parâmetros de como se daria o processo perante o árbitro (era o que se tinha na fase arcaica e clássica do direito romano).

Mas somente muito depois, com o desenvolvimento e consolidação da noção de Estado e, consequentemente, com o nascimento das primeiras ideias a respeito daquilo que seria, bem mais tarde, o Estado de Direito, é que a tarefa de solucionar os conflitos foi admitida como função do Estado, primeiramente atribuída ao soberano, de quem emanava todo o Direito e, mais tarde, numa fase mais desenvolvida, mediante o concurso dos organismos do Poder Judiciário, dotados de independência estrutural diante dos demais órgãos de gestão das atividades estatais.

Essas fases não ocorreram de forma marcadamente distinta, de modo que se possa enxergá-las, num olhar voltado para o passado, absolutamente separadas umas das outras. Não houve marcos divisórios nítidos, precisos, entre essas diferentes fases, correspondentes a distintos modos de solução de conflitos admitidos pelas diversas sociedades ocidentais. A história mostra que, em quase todos os momentos, esses diferentes sistemas conviveram uns com os outros, ora com a predominância de um, ora com a preponderância de outro.

Ainda hoje essa concomitância se verifica com muita clareza, apesar da predominância da atividade jurisdicional estatal nos estudos teóricos sobre o tema.

A progressiva afirmação da solução jurisdicional estatal dos conflitos de interesses faz com que se afirme, na doutrina, que a jurisdição, como expressão da soberania estatal, é monopólio do Estado. Mas é preciso esclarecer que essa noção não retira dos jurisdicionados, ao menos em regra, possibilidade de resolver por conta própria os seus conflitos, de um modo consensual, sem o uso da força. O consenso pode dizer respeito diretamente à própria solução do litígio (transação) ou pode incidir sobre a escolha de um terceiro, alheio ao Estado, para decidi-lo (arbitragem). Nessa hipótese, a solução do conflito pelo(s) árbitro(s) é, por assim dizer, um exato *equivalente jurisdicional*. Ou seja, uma atividade que, embora não desempenhada pelo Estado, é constitucionalmente legítima (sendo inclusive protegida e incentivada pelo Estado), e que se destina a definir quem tem razão em um dado conflito, mediante decisão final que se equipara à sentença judicial. Assim se vê que o verdadeiro monopólio recai sobre o uso da força. Apenas o Estado pode adotar medidas coercitivas, de modo a executar providências mesmo contra a vontade do jurisdicionado. Mas definir quem tem razão – mediante um pronunciamento vinculante para os litigantes – é tarefa que pode ser feita por um particular, em regra, se as partes, de comum acordo, assim preferirem.

Portanto, se a jurisdição estatal merece especial atenção isso deve-se ao fato de que ela constitui o estuário, a alternativa última, para todos os litígios que, de um modo ou de outro, não são resolvidos pelos mecanismos extrajudiciais de composição. Em suma, esses mecanismos coexistem com a via jurisdicional estatal.

4.3. Conceito e características essenciais

A *jurisdição* é a função de resolver conflitos em lugar dos litigantes, por meio da aplicação de uma solução prevista pelo sistema jurídico.

4.3.1. Atividade sancionatória e não sancionatória

Por solução prevista no sistema, entendemos aquela prevista pela função normatizadora do direito, consistente em regular a apropriação dos bens da vida pelas pessoas, mediante o uso de um sistema de comandos coativos ou de medidas de incentivo, de sorte que seja possível alcançar soluções compatíveis com a necessidade de manutenção da paz social.

Isso não significa que a jurisdição atue apenas aplicando sanções negativas (medidas punitivas, coativas etc.). Por vezes, bastam decisões meramente declaratórias (que eliminem dúvidas das partes sobre qual é, no caso concreto, a solução dada pelo sistema jurídico) ou outras providências que não constituem propriamente sanção.

4.3.2. A identificação das normas jurídicas (lei, valor e fato)

Por outro lado, a solução prevista no sistema não consiste na mera aplicação da letra da lei. O ordenamento jurídico é mais do que isso. O sentido assumido pelo texto da lei depende dos valores reinantes na sociedade e dos fatos envolvidos no caso concreto. A tarefa do agente jurisdicional é identificar esse significado, à luz desses valores e fatos, para assim aplicar a lei.

4.3.3. Jurisdição e Administração Pública

A função dos órgãos jurisdicionais (juízes e tribunais) é essencialmente aplicar o ordenamento jurídico, na condição de *terceiro estranho, alheio ao caso concreto*.

A Administração Pública (atividade desenvolvida precipuamente pelos órgãos do Poder Executivo) também deve seguir a lei, mas sua função essencial não é a de aplicar a lei. A administração tem outras tarefas: prestar serviço público, exercer poder de polícia, fomentar ou regular atividades – e deve realizá-las todas seguindo a lei. Seguir a lei é um parâmetro, uma baliza, para a Administração Pública, mas não é sua função última. Já a função última da jurisdição é, mesmo, *verificar e atuar a vontade concreta das normas jurídicas*, do que decorrerá a solução dos conflitos que lhe sejam apresentados. Em suma, aplicar a lei, para o juiz, é *um fim*; para o administrador, é mero *meio*.

4.3.4. Substitutividade (imparcialidade essencial)

Portanto, o juiz aplica a lei na condição de terceiro estranho, alheio aos interesses envolvidos no caso. A doutrina já aludiu a esse fenômeno usando a expressão *substitutividade*: o juiz substitui-se às partes para resolver o conflito.

Autores mais recentes não consideram essa expressão de todo adequada porque há casos em que as partes não teriam mesmo como resolver a questão sozinhas, mesmo se não estivessem em conflito (p. ex.: não adianta as partes concordarem que o seu casamento é inválido, pois só a sentença judicial pode invalidar um matrimônio). Por isso, prefere-se deixar um pouco de lado a ideia de *substituição*, para enfatizar outro aspecto contido também naquela expressão: o juiz é um *terceiro*, um *estranho*, alguém *alheio* ao conflito que vai julgar. Aplica a lei para satisfazer um interesse *que não lhe diz respeito*. E isso – como se viu – é diferente do que se passa na atividade administrativa. A administração pública persegue determinados interesses quando atua, que são os interesses da coletividade, normalmente apresentados sob o impreciso conceito de "interesse público".

Então, quando se fala na *imparcialidade* da jurisdição se está pensando em algo mais intenso e profundo do que mera *isenção* pessoal. Todo agente público deve atuar de modo isento, honesto, não confundindo os interesses pessoais com os de sua função. Mas quando se alude à *imparcialidade* da jurisdição, pensa-se em mais do que isso (embora isso também seja fundamental). *Imparcial* tem, então, o sentido de *não parte*. Ou seja, um terceiro estranho e independente em relação ao caso concreto. Na doutrina italiana, por exemplo, usam-se termos não existentes no vocabulário português, mas que são muito apropriados para designar essa condição: *asoggettività* (condição de não sujeito no caso concreto posto), *terzietà* (condição de terceiro).

E o juiz tem essa condição *imparcial* mesmo quando julga um conflito que envolva o Poder Público (União, Estados, Municípios, Distrito Federal etc.). Para isso, o Judiciário e os juízes são cercados de intensas garantias institucionais e pessoais (v. esp. arts. 93, 95 e 96 da CF).

A imparcialidade é assegurada pela separação de poderes, com a atribuição da função jurisdicional ao Poder Judiciário (art. 99 da CF), pela outorga de garantias institucionais aos órgãos judiciários e pessoais aos magistrados (art. 95 da CF) e pelo princípio juiz natural (art. 5.º, XXXVII e LIII, da CF – v. cap. 3, acima).

4.3.5. *Imperatividade*

As decisões proferidas pelo juiz, após o devido processo legal, são imbuídas de autoridade, motivo pelo qual são impostas às partes, independentemente da sua concordância. É nisso que se consubstancia a imperatividade da jurisdição.

Bem por isso, é dever das partes, de seus advogados e de todo aquele que de algum modo participe do processo "cumprir com exatidão as decisões jurisdicionais, de natureza provisória ou final, e não criar embaraços à sua efetivação" (art. 77, IV, do CPC/2015). Violar tal dever implica a aplicação de multa pelo juiz de até 20% do valor da causa, sem prejuízo de outras sanções civis, penais e processuais (art. 77, § 2.º, do CPC/2015). Inclusive o crime de desobediência (art. 330 do CP), dentro de certas condições, pode caracterizar-se pelo descumprimento de ordens judiciais.

4.3.6. *Imutabilidade (reserva de sentença)*

A jurisdição não é apenas imperativa, mas também tende a ser imutável. Isso se relaciona com aquilo que a doutrina denomina "reserva de sentença", que significa que as decisões proferidas no exercício do Poder Jurisdicional não poderão ser revistas pelos outros Poderes estatais. Mais ainda, muitas vezes as decisões judiciais não podem ser revistas nem mesmo pelo próprio Judiciário. A esse segundo aspecto concerne o instituto da coisa julgada (v. adiante, cap. 40, v. 2).

Essa característica tem por finalidade, por um lado, assegurar a autoridade e a função jurisdicional e, por outro, garantir a segurança jurídica, impedindo que os conflitos durem eternamente. Em outras palavras, uma vez solucionado o litígio, não há a possibilidade de suscitá-lo novamente e nem de revisar a solução proferida após suficiente apreciação pelo Poder Judiciário.

4.3.7. Inafastabilidade

A jurisdição é também inafastável, isso por disposição expressa da Constituição Federal, em seu art. 5.º, XXXV (reafirmada no art. 3.º do CPC/2015).

A inafastabilidade manifesta-se de diversas formas: primeiramente, quando se determina que, entre os órgãos estatais, a função jurisdicional é exercida única e exclusivamente pelo Poder Judiciário; em segundo lugar, quando veda o estabelecimento de obstáculos à submissão de conflitos ao Judiciário; depois, ainda, quando proíbe o juiz de eximir-se do exercício da função diante do caso concreto, ainda que existam lacunas ou obscuridades na lei (art. 140 do CPC/2015 e art. 4.º da LINDB); por fim, quando exige que os órgãos judiciais deem aos jurisdicionados uma resposta justa e eficiente. Sobre o tema, veja-se o n. 3.4, acima.

4.3.8. Indelegabilidade

Apenas a Constituição Federal cria e autoriza os órgãos estatais aptos a exercer a função jurisdicional, bem como delimita a sua competência, não podendo esses delegarem a sua missão a outros órgãos ou agentes.

Em razão disso, a Constituição estabelece também prerrogativas aos juízes, que são as pessoas físicas que atuam em nome do Poder Judiciário, com vistas, da mesma forma, a garantir a imparcialidade, conforme já visto.

Quando as partes utilizam a arbitragem, não há delegação da jurisdição estatal aos árbitros. A fonte do poder dos árbitros é a própria liberdade das partes. Em regra, as partes são livres para solucionar seus conflitos sem ter de levá-lo ao juiz, desde que o façam de modo acorde, sem empregar a violência.

4.3.9. Inércia

Para que o juiz possa exercer a função jurisdicional, ele deve primeiramente ser provocado (art. 2.º do CPC/2015). A jurisdição não é prestada de ofício, isso é, por impulso próprio.

É a inércia da jurisdição que assegura a imparcialidade. Vejam-se a respeito os nn. 3.17 e 3.18, acima.

4.3.10. Conceito-síntese

À luz dessas características, define-se jurisdição como a atividade estatal, revestida de *imperatividade*, que tem por *escopo próprio a atuação do ordenamento* (o Direito, compreendido em sua integralidade), por agente imparcial (no sentido de *não parte*, de alheio às posições dos sujeitos envolvidos), investido de *garantias institucionais e pessoais* que lhe garantam essa posição – atividade essa impassível de revisão pelas demais funções estatais ("*reserva de sentença*").

4.4. Divisão da jurisdição

A jurisdição é una. Ou seja, toda atividade jurisdicional é expressão de um mesmo e único poder, que é aquele decorrente da soberania do Estado. Mas as formas e órgãos de atuação da jurisdição podem assumir diferentes feições. É nesse sentido – didático – que a jurisdição comporta algumas divisões, cujas principais veremos a seguir.

4.4.1. Comum e especial

Num primeiro momento, podemos dividir a jurisdição em *comum* e *especial*. Por esse critério classificatório, diferencia-se a função jurisdicional de acordo com a "justiça competente".

A jurisdição comum se subdivide em civil e penal; a jurisdição especial, em militar, trabalhista e eleitoral. Por outro lado, em razão da adoção da forma federativa de Estado, a justiça comum comporta outra divisão: federal e estadual. Veja-se o cap. 5.

4.4.2. Civil e penal

No sistema jurídico brasileiro, a identificação da jurisdição civil é feita por exclusão.

Se se está diante de um caso que se pretenda aplicar sanção punitiva criminal, por conta de uma possível conduta delituosa, atua a jurisdição penal. A jurisdição civil, em sentido amplo, é a que atua em todos os demais casos.

A jurisdição comum pode ser civil ou penal. E também as duas modalidades estão presentes na jurisdição especial – com a ressalva de que a jurisdição militar é exclusivamente penal, e trabalhista, exclusivamente civil (no sentido de não penal). Enfim, são conceitos e classificações que se sobrepõem.

4.4.3. Contenciosa e voluntária

A jurisdição contenciosa é aquela destinada à solução de conflitos. Isto é, o juiz aplica o direito controvertido no caso concreto, em substituição à vontade das partes.

Já na chamada jurisdição voluntária, prevista nos arts. 719 a 770 do CPC/2015, diferentemente, desde o princípio sabe-se a quem a tutela jurisdicional deverá ser conferida, pois inexiste conflito entre as partes. Trata-se apenas da prática de um ato ou negócio jurídico cuja relevância exige a intervenção do órgão judicial, que aferirá seus pressupostos e o revestirá de maiores formalidades. Ela é também denominada de jurisdição graciosa ou de *administração judicial de interesses privados*.

Discute-se, na doutrina, se essa atividade é substancialmente jurisdicional, ou se se trata de atividade apenas formalmente jurisdicional (no sentido de que é atribuída a agentes jurisdicionais, sem ter, todavia, essa natureza).

Segundo a doutrina tradicional, a jurisdição voluntária não teria verdadeira natureza da atividade jurisdicional, por nela não haver decisão que diga o direito aplicável à lide, em substituição à vontade dos interessados. Também, segundo essa mesma doutrina, não se assemelharia à atividade da jurisdição porque não consiste em resolver conflitos, mas apenas em "chancelar", por força de lei, a prática de um ato ou negócio jurídico cuja eficácia depende dessa "chancela", ainda que apenas com caráter homologatório da vontade dos interessados. Também não tem os mesmos efeitos da atividade jurisdicional típica, não produzindo, por exemplo, coisa julgada material (que, muitas vezes, está presente nos atos jurisdicionais – v. vol. 2, cap. 40, adiante).

Se não se trata efetivamente de jurisdição, também não se trata de atividade voluntária dos interessados, pois estes recorrem ao Poder Judiciário para a obtenção dessa "chancela" aos interesses privados, porque assim a lei exige, sob pena de ineficácia, ou seja, o que se pretende só pode ser obtido por essa via.

Exemplo expressivo dessa situação é o da separação consensual de casal com filhos menores ou incapazes, em que os cônjuges, juntos, tendo o mesmíssimo objetivo, vão ao Poder Judiciário para pedir manifestação que desfaça a sociedade conjugal existente. Não há, nesse caso, nenhum conflito. Ambos querem desfazer a sociedade conjugal por meio da separação consensual. Todavia, como está envolvido o interesse de menores, não basta a vontade deliberada de ambos, pois esta deverá necessariamente (e não voluntariamente, como faz supor a expressão jurisdição voluntária) ser objeto de homologação pelo juiz. Já quando não estiver envolvido o interesse de incapazes, é possível que os cônjuges, de comum acordo quanto à separação e à partilha, recorram diretamente ao tabelião para lavrar escritura pública de separação ou divórcio. Nessa hipótese, nem haverá intervenção de autoridade judicial, destacando-se o caráter administrativo da intervenção do tabelião.

Portanto, para a doutrina tradicional, trata-se de atividade extraordinariamente desempenhada pelo Poder Judiciário, sem que faça parte de sua destinação de resolver os conflitos de interesses a ele submetidos. Assim, se for enfatizado o prisma da *solução de conflitos*, a jurisdição voluntária afasta-se da noção tradicional de jurisdição, dita "contenciosa".

Agora, se for para considerar como aspecto essencial da jurisdição a circunstância de essa atividade ser desenvolvida por um terceiro imparcial, então a jurisdição voluntária dela se aproxima. O órgão judicial, mesmo na jurisdição voluntária, ocupa-se apenas de dar concreta aplicação à lei, não perseguindo a consecução de nenhum interesse próprio. O juiz atua investido das mesmas garantias que o cercam nos demais casos, de inequívoca atuação jurisdicional – e deve, como não parte, aplicar a lei, na aferição dos pressupostos do ato a ser chancelado, do mesmo modo que o faria para solucionar um conflito. Por isso, há uma tendência na doutrina moderna de considerar a jurisdição voluntária atividade propriamente jurisdicional.

4.4.4. Interna e externa

Essa classificação diz respeito à soberania de cada Estado-nação. Sendo assim, a jurisdição interna é aquela compreendida como nacional, enquanto a externa, a desempenhada por outros países ou por organismos supraestatais.

Na própria Constituição Federal encontram-se disposições relativas a tal classificação, como, por exemplo, a que submete o Brasil à jurisdição de Tribunal Penal Internacional, a cuja criação tenha manifestado adesão (art. 5.º, § 4.º), e a que reserva ao Superior Tribunal de Justiça a competência originária para a homologação de sentenças estrangeiras e a concessão de *exequatur* às cartas rogatórias (art. 105, I, *i*).

No tocante à jurisdição interna, importa estudarmos qual é a competência, de acordo com a Constituição Federal, conferida a cada órgão jurisdicional em cada caso concreto (vide cap. 6, adiante).

4.5. Métodos extrajudiciais de solução de conflitos

Os métodos extrajudiciais de solução de conflitos são aqueles, como o próprio nome denuncia, que prescindem da atuação do Poder Judiciário para a que o litígio entre as partes seja dirimido.

Tais métodos, em especial a conciliação e a mediação, apresentam a vantagem, em muitos casos, de possibilitar verdadeira composição da lide, de forma mais célere e menos custosa, tanto emocional quanto financeiramente. A arbitragem, por sua vez, pode viabilizar decisões definitivas para o litígio, proferidas por julgadores eventualmente mais especializados e em um tempo mais curto do que o despendido no processo judicial.

Vejamos os principais mecanismos extrajudiciais.

4.5.1. Autotutela

Este método produz uma solução egoísta e parcial do conflito, uma vez que ela é resultado tão somente da imposição da vontade de apenas um dos litigantes. Justamente por isso normalmente não é permitida nos ordenamentos jurídicos civilizados. Pelo contrário, muitas vezes é tipificada como crime, como ocorre no Brasil, por exemplo (art. 345 do CP).

Mas há exceções, como é o caso do art. 1.210, § 1.º, do CC, em que se autoriza o possuidor molestado ou desapossado ao desforço imediato para a manutenção ou restituição da posse. Segundo essa norma, *"o possuidor turbado, ou esbulhado, poderá manter-se ou restituir-se por sua própria força, contanto que o faça logo; os atos de defesa, ou de desforço, não podem ir além do indispensável à manutenção, ou restituição da posse"*.

Também servem de exemplos de autotutela autorizada pelo ordenamento: o direito de greve, o direito de retenção e a autoexecutoriedade dos atos administrativos, a legítima defesa na esfera penal, entre outros.

4.5.2. Autocomposição

Num primeiro sentido, mais privatista e tradicional, a autocomposição consiste na resolução da controvérsia pelo sacrifício voluntário, por um dos litigantes, no todo ou em parte, do seu interesse próprio em favor do interesse do outro. Nesse sentido, a autocomposição implica a prática, pela parte, de um ato de *disposição* total ou parcial do bem jurídico objeto do litígio. A parte abre mão de uma parcela daquilo a que (ela achava) que tinha direito. Enfim, tem-se um "ato de *vontade*". Em tal acepção (adotada, p. ex., pelo Código Civil, art. 841), a autocomposição só se pode realizar se o direito material for disponível (isso é, negociável, renunciável...).

Mas esse primeiro sentido está em larga medida superado, ou melhor, já não é o único nem o mais relevante. Isso se deve a pelo menos três fatores: (1ª) as transformações sofridas pelo direito material, que em muitos casos já não comporta uma divisão estanque e absoluta entre o que é privado e disponível e o que é público e indisponível (v. n. 2.2, acima); (2ª) a crescente valorização dos meios não judiciais de solução dos litígios, que põe ênfase na possibilidade e mesmo necessidade de cada sujeito (atue ele na esfera pública ou privada), quando constatar que não tem razão em um litígio, desde logo procurar modos de resolvê-lo independentemente de intervenção judiciária; e, sobretudo, (3ª) a afirmação da legalidade, razoabilidade e moralidade (boa-fé) como parâmetros fundamentais de atuação dos entes públicos (e de seus entes descentralizados ou delegatários) – o que impõe que, toda vez que um desses sujeitos verifique a improcedência de sua posição em um conflito real ou potencial, desde logo adote todas as medidas para resolvê-lo.

Assim, põe-se uma segunda acepção de autocomposição. Não se trata da renúncia a um direito material que se reputa possuir. Mas sim a constatação, pelo próprio litigante, de que não tem razão, no todo ou em parte, com consequente adoção de providências, em consenso com o outro polo litigante, destinadas a desde logo por fim ao litígio. Nessa hipótese, não se tem "ato de vontade", mas "ato de *verdade*".

Muitas vezes, será dispensável indagar o motivo pelo qual as partes estão se compondo – se é porque simplesmente querem (renúncia) ou se é porque perceberam a improcedência de sua posição (constatação). Mas a distinção é muito relevante naqueles casos em que o bem jurídico disputado não é renunciável (i.e., há um direito material indisponível). Nessa hipótese, não cabe autocomposição no primeiro sentido, mas ela é perfeitamente admissível e recomendável na segunda acepção.

Em qualquer de suas duas acepções, a autocomposição é gênero, do qual são espécies: (i) a transação em sentido estrito (concessões ou reconhecimentos mútuos), (ii) a total submissão ou reconhecimento da procedência da pretensão alheia e (iii) a total renúncia ou reconhecimento de improcedência da própria pretensão. Mas não há problema em se chamar todas as três modalidades de transação (em sentido amplo).

Observe-se que, muito embora estejamos tratando do meio como extrajudicial, a autocomposição pode ocorrer também dentro do processo judicial ou paralelamente a ele.

As partes podem levar o resultado da autocomposição ao juiz, para que seja por ele homologada e tenha maior estabilidade, tornando-se título executivo judicial (ou seja, autorizando diretamente a execução judicial, se houver posterior descumprimento da autocomposição por alguma das partes). Isso pode acontecer quando já há processo judicial em curso acerca do conflito (art. 515, II, do CPC/2015). Mas pode ser feito também quando não pendia processo (art. 515, III, do CPC/2015): qualquer das partes pode instaurar um procedimento judicial para a simples obtenção da homologação (art. 57, *caput*, da Lei 9.099/1995).

Com o objetivo de estimular a autocomposição, o Código de Processo Civil prevê a possibilidade de criação, por cada tribunal, de setor de conciliação e mediação ou de que programas tenham o mesmo objetivo (art. 165 e ss.).

4.5.3. *Mediação e conciliação*

A mediação e a conciliação são espécies de autocomposição coordenada por uma terceira pessoa, o mediador ou conciliador, que é uma pessoa qualificada que atua no intuito de levar os litigantes a uma solução embasada na identificação e eliminação das causas que geraram o conflito. Assim, os litigantes chegam de comum acordo a uma solução, mas com o auxílio, o incentivo, do mediador ou conciliador.

A distinção entre o conciliador e o mediador sempre foi doutrinariamente controvertida. O Código de Processo Civil veicula conceitos legais das duas figuras. Assim, nos termos da lei, o mediador atuará preferencialmente nos casos em que houver vínculo anterior entre as partes, cabendo-lhe auxiliá-las a compreender as questões e os interesses em conflito, de modo que elas possam, pelo restabelecimento da comunicação, identificar, por si próprias uma solução consensual satisfatória (art. 165, § 3.º, do CPC/2015). Já o conciliador atuará preferencialmente nos casos em que não houver vínculo anterior entre as partes, cabendo-lhe sugerir, sem coagir nem intimidar, soluções razoáveis para o litígio (art. 165, § 2.º, do CPC/2015). Em suma, a distinção reside em que o mediador trabalha para que as partes identifiquem e construam a solução consensual, ao passo que o conciliador formula ele mesmo sugestões de solução, que as partes poderão acolher, na íntegra ou com alterações, ou rejeitar.

A mediação e a conciliação são previstas no Código como mecanismos de que se poderá servir o juiz, logo ao início do processo, após o recebimento da petição inicial (art. 334 do CPC/2015). Mas as partes, em consenso, podem recorrer a tais métodos mesmo em outras fases do processo, que então deverá ficar suspenso.

Mais que isso, é importante destacar a essência extrajudicial desses mecanismos. Eles podem ser empregados – e na prática frequentemente o são – mesmo quando não há processo algum em curso. Basta que as partes, de comum acordo, optem por recorrer a um mediador ou conciliador.

Além das regras contidas no Código de Processo Civil, a Lei 13.140/2015 é dedicada especificamente ao instituto da mediação. No geral, os dois diplomas complementam-se. Mas, em caso de conflito entre suas normas, prevalecem as da Lei de Mediação, tanto por sua especialidade (a lei especial prevalece sobre a geral) quanto por sua posterioridade em relação ao CPC (a lei posterior revoga a anterior).

4.5.4. Arbitragem

Como visto, a opção pela arbitragem é fruto de livre escolha das partes interessadas. No exercício de sua autonomia da vontade, elas pactuam que um conflito ou conjunto de conflitos presente ou futuro será resolvido por um terceiro imparcial, alheio à esfera estatal, que atuará segundo as normas do devido processo legal. Por isso – também já se viu – não há violação ao princípio da inafastabilidade do controle jurisdicional (art. 5.º, XXXV, da CF).

A opção pela arbitragem será admissível toda a vez que não houver norma impondo a necessariedade da intervenção do juiz estatal (como há, por exemplo, para o julgamento de causas criminais, para a decretação de falência, para a solução de questões relativas ao estado da pessoa, para a aplicação das penas de improbidade ao agente público etc.). Enfim, pode-se adotar o processo arbitral sempre que a pretensão de tutela judicial (i.e., o direito de submeter ao judiciário uma pretensão ou uma defesa) for disponível. É nesse sentido que se deve interpretar a referência que a lei faz a "direitos... disponíveis" como pressuposto da opção arbitral (art. 1.º, *caput*, da Lei 9.307/1996).[1]

A decisão dada pelos árbitros ao litígio (sentença arbitral) equipara-se à sentença judicial (art. 31 da Lei 9.307/1996; art. 515, VII, do CPC/2015). Confira-se também o vol. 3, n. 2.3.3.1, letra g.

Entre todas as modalidades de solução extrajudicial dos conflitos, a arbitragem é a que mais se aproxima, em suas características, da jurisdição estatal. Se o que se chama de "jurisdição" é uma das formas de expressão da soberania estatal, a arbitragem não é propriamente "jurisdição". Mas caso se empregue o vocábulo para enfatizar a função de solucionar conflitos mediante a intervenção de um terceiro, imparcial (não parte), ela pode aplicar-se à arbitragem. Por isso muitos autores, no Brasil e no exterior, afirmam o caráter jurisdicional da arbitragem. No ordenamento jurídico brasileiro, a arbitragem é regulada por lei própria, a Lei 9.307/1996 (com as mudanças que lhe foram feitas pela Lei 13.129/2015).

4.5.5. *O processo administrativo*

No direito brasileiro, o chamado "processo administrativo" não tem natureza jurisdicional. Trata-se de um procedimento desenvolvido com a observância do contraditório (i.e., com o direito de participação da pessoa que poderá ser atingida pelo ato final desse procedimento), por órgãos ou agentes públicos, no exercício de atividades que são administrativas, e não jurisdicionais. Por exemplo, para adquirir um determinado produto (p. ex., cartuchos de tinta para impressora), em regra, o Poder Público precisa fazer uma licitação, que é um procedimento em que todos os interessados em vender aquele produto (chamados "licitantes") podem participar, em igualdade de condições. O Poder Público então selecionará aquele que faz a proposta mais vantajosa, para comprar dele. Mas podem surgir impugnações e disputas nesse procedimento (p. ex., um licitante discorda da avaliação que a Administração fez do seu produto ou do produto de outro concorrente). Essas disputas serão resolvidas pelo órgão que promove a licitação, permitindo que as partes interessadas (os licitantes) formulem seus argumentos e defesas. Isso é o contraditório. Então, esse procedimento é um processo. Mas o órgão que promove a licitação não faz isso como terceiro imparcial, como um agente que está ali

---

1. Ver a respeito: EDUARDO TALAMINI, A (in)disponibilidade do interesse público: decorrências processuais, *RePro* 128/59, 2005.

para aplicar a lei. Ele faz isso porque precisa adquirir aquele produto objeto da licitação – e tem de fazer isso dentro da lei. Então, esse processo não é jurisdicional, mas administrativo.

O processo administrativo normalmente é feito por órgãos da Administração Pública. Mas, como será visto melhor depois, os órgãos do Poder Judiciário e do Poder Legislativo também desenvolvem atividades administrativas, no âmbito de sua própria gestão. Eles também precisam comprar cartucho de impressora, por exemplo – e também precisam fazer licitação para isso. Então, também existem processos administrativos realizados por esses dois outros poderes, quando eles não estão desempenhando suas funções típicas (jurisdicional e legislativa, respectivamente), mas estão, atipicamente, cumprindo tarefas administrativas.

É nesse mesmo contexto em que se inserem os chamados "tribunais administrativos". São órgãos que não desempenham atividade jurisdicional – embora conduzam processos e decidam questões. Normalmente, eles se encontram na esfera do Poder Executivo. Tomem-se como exemplos o Tribunal Marítimo (Lei 2.180/1954), as agências reguladoras (ex.: Anatel, Antaq, Aneel etc.), os Conselhos de Contribuintes e o Conselho Administrativo de Defesa Econômica (Cade). Mas existem alguns "tribunais administrativos" na estrutura do Poder Judiciário (ex., o Conselho Nacional de Justiça – v. n. 5.4, adiante) e do Poder Legislativo (ex., os Tribunais de Contas – art. 71, II, da CF).

As controvérsias resolvidas por esses órgãos muitas vezes envolvem, de um lado, o próprio ente público em que tais órgãos estão inseridos e, do outro lado, um particular (ex.: o Conselho de Contribuintes julga impugnações feitas pelo contribuinte em face do Fisco). Mas ainda que por vezes as resoluções das controvérsias por tais órgãos se deem por heterocomposição (isto é, por um sujeito isento que analisa o conflito concreto entre dois sujeitos em disputa), elas não têm por escopo único e final atuar concretamente o ordenamento jurídico, mas sim desenvolver outras atividades de consecução do interesse da coletividade (por exemplo, o equacionamento do conflito entre duas empresas fabricantes de cerveja que uma decisão do Cade eventualmente venha a propiciar será *reflexo* da atividade de regulação concretamente exercida por tal órgão, e não o seu escopo último). Bem por isso, tais decisões não possuem aptidão para a coisa julgada e são suscetíveis a controle externo. Ou seja, elas poderão ser revisadas posteriormente pelos órgãos jurisdicionais, em ações promovidas pelas partes interessadas.

Em suma, o processo administrativo e os chamados tribunais administrativos não reúnem os atributos inerentes à atividade e aos órgãos jurisdicionais.

4.6. Limites da jurisdição

A jurisdição submete-se a limites.

4.6.1. Limites internos

Internamente, os limites são dados pelos pressupostos conforme os quais o agente jurisdicional pode atuar. O tema será examinado nos capítulos atinentes a pressupostos processuais e condições da ação, que juntos formam a categoria dos pressupostos de admissibilidade da tutela jurisdicional (v. adiante, cap. 10 e 15).

4.6.2. A coexistência do Estado na ordem internacional – Os tribunais supranacionais

No discurso tradicional, a soberania é um poder supremo e ilimitado, de modo que a atividade jurisdicional, como expressão do poder soberano, teria esses mesmos atributos. Todavia, essa é uma concepção superada, que, de resto, jamais correspondeu à realidade.

Cada país, cada Estado, para conseguir coexistir na ordem internacional, precisa reconhecer a soberania de outros Estados. Assim, a soberania de cada Estado encontra um limite na dos demais. Há uma relação de reciprocidade.

Além disso, é cada vez mais comum a submissão voluntária dos Estados a sistemas jurídicos internacionais, com normas próprias e – mais importante – tribunais próprios. Pense-se no exemplo da comunidade europeia. Considerem-se ainda os sistemas protetivos internacionais de direitos humanos, como o Tribunal Europeu de Direitos dos Homens (que assegura o respeito ao Tratado Europeu de Direitos Humanos) e a Corte Interamericana de Direitos Humanos (que zela pela efetividade da Convenção Americana de Direitos Humanos). Nesses casos, essas cortes podem inclusive rever decisões dos órgãos jurisdicionais dos Estados que, mediante adesão a tratados internacionais, pactuaram submeter-se a elas.[2]

Tudo isso implica limites externos à jurisdição.

4.6.3. Limites externos pessoais ("imunidades")

Por força de tratados internacionais e normas de reciprocidade do direito internacional, o Brasil não impõe a determinados sujeitos estrangeiros que se submetam à sua jurisdição civil. Alude-se a uma "imunidade" à jurisdição brasileira.

Usufruem dessa imunidade os Estados estrangeiros, as organizações internacionais (ex.: ONU, OEA, Unesco etc.), seus chefes de Estado e agentes diplomáticos.

---

2. Sobre o tema, EDUARDO TALAMINI, *Coisa julgada e sua revisão*, São Paulo, Ed. RT, 2005, cap. 12.

Mas há exceções, nos casos de: (i) renúncia à imunidade; (ii) ação proposta no Judiciário brasileiro pela própria pessoa que seria imune (que nada mais é do que uma renúncia tácita); (iii) demanda acerca de direito real sobre imóvel situado no país; (iv) demanda relacionada com atividade empresarial ou profissional liberal desenvolvida pelo imune; (v) a pessoa que seria imune também ter nacionalidade brasileira.

4.6.4. Limites externos objetivos (a "competência" internacional)

A antiga doutrina qualificava as regras a seguir examinadas como sendo concernente à "competência" internacional. Era esse também o termo usado em anteriores leis, inclusive o CPC/1973. Mas aqui se está diante de um problema de jurisdição e não de competência. Isso porque, como veremos no cap. 6, as regras de competência são aquelas segundo as quais há uma espécie de "divisão de trabalho" entre os órgãos de um mesmo Poder Judiciário. Todos têm jurisdição: o que as normas de competência fazem é determinar em que momento e sob quais circunstâncias devem exercê-la. Não se pode, a não ser por uma analogia imperfeita, usar a expressão "competência" para tratar dos fenômenos abaixo descritos, que são atinentes aos limites em que cada jurisdição estatal pode atuar tendo em vista sua necessidade de coexistência com outras. Ao intitular a matéria, o CPC/2015 corretamente alude a "limites da jurisdição nacional", em vez de "competência internacional" – embora, nas disposições relativas ao tema, também acabe por empregar o termo "competência".

Como acima se afirmou, cada Estado, no contexto internacional, é detentor de soberania, razão pela qual a jurisdição, como expressão do poder dela decorrente, encontra natural barreira nas jurisdições dos demais Estados. Em razão disso, há regras que disciplinam a necessidade de convivência da jurisdição, ou seja, da atividade jurisdicional de um Estado diante de atividade de mesma índole nos demais Estados.

O legislador brasileiro criou um sistema de normas para disciplinar essa matéria, com base em critérios capazes de definir, em razão de opção legislativa, os limites da jurisdição nacional em face da jurisdição estrangeira. Definiu também o legislador brasileiro hipóteses em que somente se admitem decisões proferidas por juízos nacionais.

4.6.4.1. "Competência" exclusiva

O art. 23 do CPC/2015 prevê causas que o juiz brasileiro (i.e., o Poder Judiciário brasileiro) é o único habilitado para conhecer e julgar. Segundo essa regra, será "competente" o juiz brasileiro (isto é, estará habilitado ao exercício da jurisdição), com exclusão de qualquer outro, para: (i) julgar ações que digam respeito a imóveis situados no território brasileiro; (ii) proceder à confirmação de testamento particular (em matéria de sucessão hereditária) e ao inventário e partilha de bens que estejam localizados no Brasil, mesmo que o falecido seja estrangeiro ou tenha domicílio fora do território nacional; e (iii) proceder à partilha de bens situados no Brasil, em divórcio, separação judicial ou dissolução de união estável, mesmo que o titular seja estrangeiro ou tenha domicílio fora do território nacional.

Note-se que se todos os herdeiros forem capazes e não tiverem divergências quanto ao inventário e à partilha, esses atos podem ser realizados junto a tabelião, mediante escritura pública (art. 610, §§ 1.º e 2.º, do CPC/2015). Mas, mesmo nessas hipóteses que ora são de competência extrajudicial, continua existindo a proibição de que o inventário e a partilha de bens aqui localizados façam-se por autoridade (judicial ou extrajudicial) estrangeira.

Isso significa que, no Brasil, não se reconhece sentença proferida por juiz estrangeiro acerca dessas matérias.

4.6.4.2. "Competência" concorrente

Os arts. 21 e 22 do CPC/2015 tratam daquilo que a doutrina denomina de "competência internacional concorrente", pois dispõem sobre casos em que não houve a exclusão do juiz estrangeiro, tanto podendo, pois, ser instaurada ação a respeito dessas causas perante juiz brasileiro quanto diante de juiz estrangeiro.

Trata-se das ações: (a) em que o réu, independentemente de sua nacionalidade, tenha domicílio no Brasil (art. 21, I, do CPC/2015); (b) a respeito de obrigação que deva ser cumprida no Brasil (art. 21, II, do CPC/2015); (c) decorrentes de fato praticado no Brasil (art. 21, III, do CPC/2015); (d) de alimentos, quando o credor tiver seu domicílio ou residência no Brasil ou o réu mantiver vínculos pessoais ou reais no país (art. 22, I, do CPC/2015); (e) relativas às relações de consumo, quando o consumidor tiver domicílio ou residência no Brasil (art. 22, II, do CPC/2015); e em que as partes, tácita ou expressamente, escolherem a jurisdição brasileira (art. 22, III, do CPC/2015).

4.6.4.3. Convenção de foro internacional

Por outro lado, se a causa não for de competência exclusiva da autoridade judiciária brasileira, as partes poderão celebrar cláusula elegendo um foro internacional – ou seja, poderão expressamente optar pela jurisdição de outro país, excluindo a do Brasil (art. 25 do CPC/2015).

Para que tal cláusula seja válida e eficaz, é preciso que, além de não versar sobre hipótese de competência exclusiva brasileira, ela tenha sido celebrada por escrito, refira-se a um negócio jurídico determinado e não seja abusiva, i.e., não inviabilize ou prejudique gravemente o direito de acesso à justiça de qualquer das partes (art. 25, § 2.º, c/c art. 63, §§ 1.º a 4.º, do CPC/2015).

Sendo a cláusula válida e eficaz, se a ação mesmo assim for proposta no Brasil, o Judiciário brasileiro deverá recusar-se a levar adiante o seu processamento, *desde que o réu argua a existência da convenção de foro internacional, ao contestar a ação* (art. 25, parte final, do CPC/2015). Se não houver tal arguição pelo réu, isso significa que ambas as partes renunciaram à convenção de foro internacional, devendo então ela ser processada no Brasil.

4.6.4.4. A litispendência internacional

Nas hipóteses de competência concorrente, o Código determina que o trâmite da ação no exterior não implica litispendência, ressalvadas as disposições em contrário estabelecidas em tratados internacionais e em acordos bilaterais em vigor no país (art. 24 do CPC/2015).

Isto quer dizer que o fato de certa ação estar em curso em país estrangeiro, nos casos de que acima se falou, não impede que a mesma ação seja ajuizada perante autoridade judiciária brasileira.

A sentença proferida na ação processada e julgada na jurisdição estrangeira só terá eficácia no Brasil quando for homologada pelo STJ (art. 105, I, *i* da CF). A pendência de ação perante a jurisdição brasileira entre as mesmas partes e com o mesmo objeto não obsta a homologação dessa sentença estrangeira (art. 24, parágrafo único, do CPC/2015). Mas se a ação no Brasil já tiver sido definitivamente julgada no seu mérito, tendo transitado em julgado (ou seja, tendo sido encerrado o processo), haverá coisa julgada, que impedirá a homologação da sentença estrangeira.

4.7. A jurisdição no Estado contemporâneo

Ao longo do século XX, uma série de fenômenos sociais, políticos, econômicos e culturais alteraram profundamente os traços das sociedades e Estados contemporâneos. Graves episódios – notadamente o advento de regimes totalitários e as duas grandes guerras mundiais – impuseram uma reação positiva: a consolidação de um modelo de ordenamento jurídico que confere primazia à Constituição. É o que se tem no atual direito brasileiro:

a) Vigora *Constituição "rígida"*. Não pode ser alterada por normas hierarquicamente inferiores. Mais do que isso, sua própria alteração mediante emendas submete-se a limites formais e materiais ("*cláusulas pétreas*") – incluindo-se entre esses últimos a proibição da supressão ou esvaziamento dos direitos e garantias fundamentais (art. 60 da CF). Aliás, isso tem relação com a segunda característica.

b) Há no texto constitucional a "*positivação do catálogo de direitos fundamentais*". Os direitos e garantias fundamentais não estão enunciados como simples valores ou metas programáticas. Estão normativamente prescritos. E a Constituição preocupa-se em explicitar sua "aplicabilidade imediata" (art. 5.º, § 1.º).

c) Esse aspecto põe em destaque a terceira característica: é a chamada "*omnipresença de regras e princípios*" na Constituição. Os direitos e garantias fundamentais, assim como as demais previsões ali contidas, têm caráter vinculante, cogente. Revestem-se de força normativa, como já vimos no cap. 3. Ou seja, a Constituição não apenas é *rígida* como também é *vinculante*. Os direitos fundamentais, na medida em que veiculados em normas-princípios constituem uma "ordem objetiva de valores" que permeia todo o ordenamento, público e privado.

d) As normas constitucionais têm *aplicação direta* também para regular relações *entre particulares*. Ou seja, não são mais meras normas limitadoras do poder estatal.

e) Inclusive como decorrência dos traços anteriores, vigora a diretriz hermenêutica que se poderia denominar, como faz determinada doutrina, de "*máxima interpretação*" da Constituição (i.e., a Constituição é interpretada extensivamente e dela extraem-se princípios implícitos).

f) Pelas mesmas razões, impõem-se *peculiaridades na interpretação e aplicação das leis infraconstitucionais*, à luz da Constituição ("interpretação de acordo com a Constituição", "interpretação conforme a Constituição", suprimento de lacunas constitucionais, ponderação e balanceamento de princípios etc.).

g) Há ainda um aspecto essencial, sem o qual os anteriores nem sequer se poriam: a *garantia jurisdicional da Constituição*, consagrada não apenas no direito à tutela jurisdicional do art. 5.º, XXXV, mas também nos mecanismos de controle direto de constitucionalidade, nos instrumentos de jurisdição das liberdades (v. n. 2.6, acima) e nos meios de proteção coletiva (v. vol. 4, cap. 28 e ss.).

h) De resto, multiplicaram-se os direitos difusos (direitos que pertencem a toda a coletividade e a cada membro seu, simultaneamente): direito ao meio-ambiente, ao patrimônio histórico e cultural, à diversidade etc. Estabeleceu-se uma sociedade de massas, com uma grande quantidade de indivíduos titularizando direitos que, embora individuais, são homogêneos (i.e., análogos entre si): milhares de consumidores de um mesmo produto com defeito têm direito à reparação de danos; milhões de aposentados ou de servidores públicos têm direito a um mesmo aumento em suas pensões ou salários; milhões de contribuintes têm o direito de não pagar um tributo que é inconstitucional – e assim por diante. Tudo isso conduz ao estabelecimento de conflitos que não são individuais, mas coletivos (v. vol. 4, cap. 28 e ss.).

Nesse sentido, tem-se uma Constituição que não apenas norteia ou inspira – nem meramente limita – o restante do ordenamento, mas que o "impregna" com seus valores e ditames. Trata-se da "constitucionalização" do ordenamento jurídico – fenômeno não de todo recente nem restrito ao direito brasileiro. No Brasil, ele assumiu toda sua magnitude com a Constituição de 1988.

Diante desse cenário, a jurisdição assume papel de imensa importância nos atuais Estados de Direito. Cabe-lhe permanentemente identificar e concretizar os valores fundamentais estabelecidos na Constituição. Fica descartada a ideia de que a jurisdição consista na atividade de aplicação pura e automática da lei ao caso concreto (concepção essa discutível mesmo antes). Reconhece-se que a interpretação e aplicação do direito, especialmente dos princípios constitucionais, envolve necessariamente uma atividade que é em certa medida *construtiva*.

Além disso, a atuação jurisdicional, mais do que a aplicação da lei (no sentido de lei infraconstitucional), destina-se também e primeiramente à aplicação da Constituição – o que implica o permanente controle da lei e exige, em muitos casos, a direta aplicação de princípios constitucionais em campos em que a lei é omissa ou insuficiente.

Por fim, a atividade jurisdicional deixou de ser simples forma de solução de litígios individuais. Em muitos casos – seja nas ações de controle direto de constitucionalidade (de que se falou no n. 2.6.4, acima), seja nas ações coletivas (v. vol. 4, cap. 28 e ss.), seja ainda nos mecanismos de solução de casos e questões repetitivas (v. vol. 2, cap. 35 e ss.) – têm-se uma atividade que produz resultados aplicáveis a toda uma generalidade de pessoas, quando não a todos os jurisdicionados.

Assim, o papel do Judiciário de órgão pacificador de conflitos também é potencializado e assume novas características nesse contexto. Os órgãos jurisdicionais passam a equacionar não apenas litígios privados, intersubjetivos – mas verdadeiros conflitos institucionais, que põem em choque a sociedade como um todo (basta tomar como exemplos importantes questões enfrentadas pelo Judiciário brasileiro nos últimos anos: interrupção de gestação de feto anencefálico; pesquisas com células-tronco de embriões; efeitos jurídicos da união homoafetiva; responsabilidade por possíveis perdas em planos econômicos etc.).

Quadro Sinótico

Separação de poderes e jurisdição		
Histórico	Justiça privada	• autotutela
		• arbitragem
	Justiça pública	• jurisdição como atividade estatal
Jurisdição	• Estado de Direito	
	• Funções do Estado	
	• Objetivos do Poder Judiciário: resolver conflitos/pacificar	

Conceito e características essenciais	• Atividade sancionatória e não sancionatória
	• Aplicação da lei — • Valores / • Fatos
	• Jurisdição e Administração Pública – aplicação da lei como fim e como meio
	• Substitutividade (imparcialidade essencial)
	• Imperatividade
	• Imutabilidade (reserva de sentença)
	• Inafastabilidade
	• Indelegabilidade
	• Inércia
Divisão da jurisdição	• Comum e especial
	• Civil e penal
	• Contenciosa e voluntária
	• Interna e externa
Métodos extrajudiciais de resolução de conflitos	• Autotutela
	• Autocomposição
	• Mediação e conciliação
	• Arbitragem
	• Processo administrativo
Limites da jurisdição	• Limites internos – pressupostos de admissibilidade da tutela jurisdicional
	• Coexistência do Estado na ordem internacional – tribunais supranacionais
	• Limites externos pessoais – "imunidades"
	• Limites externos objetivos – "competência" internacional: • "Competência" exclusiva / • "Competência" concorrente / • Convenção de foro internacional / • Litispendência internacional

Jurisdição no Estado contemporâneo	• Constituição "rígida".
	• "Positivação do catálogo de direitos fundamentais"
	• "Omnipresença de regras e princípios"
	• Aplicação direta das normas constitucionais
	• "Máxima interpretação" da Constituição
	• Interpretação e aplicação das leis infraconstitucionais conforme a Constituição
	• Garantia jurisdicional da Constituição
	• Conflitos coletivos

DOUTRINA COMPLEMENTAR

- **ARAÚJO CINTRA, ADA GRINOVER E CÂNDIDO RANGEL DINAMARCO** (*Teoria...*, 30. ed., p. 149) conceituam jurisdição como "uma das funções assumidas e exercidas pelo Estado, mediante a qual este se substitui aos titulares dos interesses em conflito para, imparcialmente, buscar a pacificação do conflito que os envolve, com justiça. Essa pacificação é feita mediante a atuação da vontade do direito objetivo que rege o caso apresentado em concreto para ser solucionado; e o Estado desempenha essa função sempre mediante o processo, seja ao expressar imperativamente o preceito concreto pertinente ao caso (através de uma sentença de mérito), seja ao realizar ou fazer com que se realize no mundo das coisas o que o preceito estabelece (através da execução forçada)".

- **ARRUDA ALVIM** (*Manual...*, 16. ed., p. 205 e 206) assevera ser substitutiva a índole da função jurisdicional, destinando-se a "solucionar um conflito de interesses, tal como tenha sido trazido ao Estado-juiz, sob a forma e na medida da lide. (...) Essa prestação jurisdicional, que soluciona a lide, para que seja realizada com eficácia imutável, terá que ter validade absoluta, porquanto, se não a tivesse, ainda, e de certa forma, perduraria o conflito e não teria havido substitutividade. Desta forma, em virtude da atividade jurisdicional, o que ocorre, em regra, é a substituição de uma atividade/vontade privada por uma atividade pública, que é a vontade da lei a imperar".

- **FREDIE DIDIER JR.** (*Curso...*, vol. 1, 17. ed., p. 153) conceitua jurisdição como sendo "a função atribuída a terceiro imparcial de realizar o Direito de modo imperativo e criativo (reconstrutivo), reconhecendo/ efetivando/ protegendo situações jurídicas concretamente deduzidas, em decisão insuscetível de controle externo e com aptidão de tornar-se indiscutível".

- **HUMBERTO THEODORO JÚNIOR** (*Curso...*, vol. 1, 56. ed., p. 104) sustenta que a instituição de órgãos jurisdicionais se deu não para "definir academicamente meras hipóteses jurídicas, tampouco para interferir *ex officio* nos conflitos privados de interesse entre os cidadãos. A função jurisdicional só atua diante de casos concretos de conflitos de interesses (lide ou litígio) e sempre na dependência da invocação dos interessados, porque são deveres primários destes a obediência à ordem jurídica e a aplicação voluntária de suas normas nos negócios jurídicos praticados".

- **JOSÉ FREDERICO MARQUES** (*Manual...*, 9. ed. atualizada, vol. 1, p. 97) conceitua jurisdição como a função exercida pelo Estado "para compor processualmente conflitos litigiosos, dando a cada um o que é seu segundo o direito objetivo. (...) Os elementos individualizadores da jurisdição civil, dentro da jurisdição como gênero, são os seguintes: a) a jurisdição civil é exercida pelos órgãos judiciários da magistratura ordinária, constituindo, portanto, subespécie da jurisdição ordinária; b) a jurisdição civil tem por objeto, no campo da jurisdição ordinária, a composição dos litígios não penais".

- **LEONARDO FARIA SCHENK** (*Breves...*, p. 98). Para o autor, "a jurisdição pode ser conceituada como a função preponderantemente estatal, exercida por um órgão independente e imparcial, que atua a vontade concreta da lei na justa composição da lide ou na proteção de interesses particulares".

- **LUIZ GUILHERME MARINONI, SÉRGIO CRUZ ARENHART E DANIEL MITIDIERO** (*Novo Curso...*, vol. 1, p. 152) afirmam que "partindo-se dessas significativas transformações do pano de fundo com que trabalha o processo civil, é possível visualizar esses *dois importantes discursos* que o processo civil deve ser capaz de empreender na nossa ordem jurídica a fim de que essa se consubstancie em uma *ordem* realmente idônea para *tutela dos direitos*. A jurisdição não tem compromisso apenas com a *resolução de casos concretos* (prolação de uma decisão justa e adequada e tempestivamente efetivável), mas também tem compromisso com a cognoscibilidade, com a estabilidade e com a confiabilidade da *ordem jurídica como um todo* (formação e superação de precedentes)".

- **MARCELO ABELHA RODRIGUES** (*Manual...*, 5. ed., vol. 1, p. 81) afirma: "O conceito, clássico e tradicional, que poderíamos extrair de jurisdição com base na tripartição de poderes é o de que a jurisdição é o poder-dever-função do Estado de, quando provocado, substituindo a vontade das partes, fazer atuar a vontade concreta da lei para realizar a paz social".

- **NELSON NERY JR. E ROSA MARIA DE ANDRADE NERY** (*Comentários...*, p. 234) sustentam que "a jurisdição, monopólio do poder estatal, é una e indivisível. O termo jurisdição civil está aqui empregado em sentido didático, para diferenciar as divisões da atividade jurisdicional no âmbito penal, trabalhista, eleitoral e militar da mesma atividade no âmbito civil, esta última regulada pelo CPC. São julgadas de acordo com o CPC as lides civis, vale dizer, as não penais, não trabalhistas, não eleitorais e não militares. No Brasil não existe jurisdição constitucional nem administrativa, como em alguns países europeus. Na locução civil compreendem-se as questões relativas a direito civil, comercial, da infância e da juventude, previdenciário, do consumidor, bem como a direito constitucional, tributário, ambiental, empresarial, societário e administrativo, todas elas julgadas pelo Poder Judiciário".

- **OVÍDIO A. BAPTISTA DA SILVA** (*Curso...*, 8. ed., vol. 1, p. 26) conclui no sentido de que as notas essenciais, "capazes de determinar a jurisdicionalidade de um ato ou de uma atividade realizada pelo juiz, devem atender a dois pressupostos básicos: a) o ato jurisdicional é praticado pela autoridade estatal, no caso pelo juiz, que o realiza por dever de função; o juiz, ao aplicar a lei ao caso concreto, pratica essa atividade como finalidade específica de seu agir, ao passo que o administrador deve desenvolver a atividade específica de sua função tendo a lei por limite de sua ação, cujo objetivo não é simplesmente a aplicação da lei ao caso concreto, mas a realização do bem comum, segundo o direito objetivo; b) o outro componente essencial do ato jurisdicional é a condição de terceiro imparcial em que se encontra o juiz em relação ao interesse sobre o qual recai sua atividade. Ao realizar o ato jurisdicional, o juiz mantém-se numa posição de independência e estraneidade relativamente ao interesse que tutela".

Jurisdição e Arbitragem

- **ARAÚJO CINTRA, ADA GRINOVER E CÂNDIDO RANGEL DINAMARCO** (*Teoria geral...*, 30. ed., p. 44) destacam o crescimento da consciência da importância de meios alternativos de pacificação social, dentre os quais destacam a arbitragem: "Abrem-se os olhos agora, todavia, para todas essas modalidades de soluções dos conflitos, tratadas como meios alternativos de pacificação social. Vai ganhando corpo a consciência de que, se o que importa é pacificar, torna-se irrelevante que a pacificação venha por obra do Estado ou por outros meios, desde que eficientes". (p. 49) Sobre a arbitragem, assim como definida na Lei 9.307/1996, tecem as seguintes considerações: "O juízo arbitral é delineado no direito brasileiro da seguinte forma: a) convenção de arbitragem (compromisso entre as partes ou cláusula compromissória inserida em contrato: lei cit., art. 3.º); b) limitação aos litígios relativos a direitos patrimoniais disponíveis (art. 1.º); c) restrições à eficácia da cláusula compromissória inserida em contratos de adesão (art. 4.º, § 2.º); d) capacidade das partes (art. 1.º); e) possibilidade de escolherem as partes as regras de direito material a serem aplicadas na arbitragem, sendo ainda admitido convencionar que esta 'se realize com base nos princípios gerais de direito, nos usos e costumes e nas regras internacionais de comércio' (art. 2.º, §§ 2.º e 3.º); f) desnecessidade de homologação judicial da sentença arbitral (art. 31); g) atribuição a esta dos mesmos efeitos, entre partes, dos julgamentos proferidos pelo Poder Judiciário (valendo inclusive como título executivo, se for condenatória: art. 31); h) possibilidade de controle jurisdicional ulterior, a ser provocado pela parte interessada (ação anulatória – arts. 32 e 33); i) possibilidade de reconhecimento e execução de sentenças arbitrais produzidas no exterior (arts. 34 e ss.)".

- **FREDIE DIDIER JR.** (*Curso...*, vol. 1, 17. ed., p. 169) sustenta que arbitragem é "técnica de solução de conflitos mediante a qual os conflitantes buscam em terceira pessoa, de sua confiança, a solução amigável e 'imparcial' (porque não feita pelas partes diretamente) do litígio. É, portanto, heterocomposição". Afirma que "não há vício de inconstitucionalidade na instituição da arbitragem, que não é compulsória; trata-se de opção conferida a pessoas capazes para solucionar problemas relacionados a direitos disponíveis".

- **HUMBERTO THEODORO JÚNIOR** (*Curso...*, vol. 1, 56. ed., p. 121) entende que a arbitragem é um meio de solução da lide mediante decisão confiada a "pessoas desinteressadas, mas não pertencentes aos quadros do Poder Judiciário". Destaca que a instituição do juízo arbitral implica renúncia à via judiciária para a solução da lide. Ressalta que "hoje, o tratamento que nosso direito positivo lhe dispensa atribui à sentença arbitral a natureza de título executivo judicial, de sorte que não se pode continuar tratando a arbitragem como mero substitutivo da jurisdição. Embora desenvolvido fora dos quadros do Poder Judiciário, o procedimento em questão tem a mesma natureza, a mesma função e a mesma força dos atos judiciais contenciosos".
- **NELSON NERY JR. E ROSA MARIA DE ANDRADE NERY** (*Comentários...*, p. 234) afirmam que "instituído o juízo arbitral por convenção de arbitragem celebrada entre as partes, nele o árbitro é juiz de fato e de direito (LArb 18), decide a lide substituindo a vontade das partes, e sua sentença não fica sujeita a recurso nem precisa ser homologada pelo Poder Judiciário, tem força de coisa julgada material e constitui título executivo judicial (art. 515 VII, do CPC/2015; LArb 31). Conquanto não seja juiz nomeado mediante concurso de provas e títulos, o árbitro exerce jurisdição".

Jurisdição Voluntária

- **ARAÚJO CINTRA, ADA GRINOVER E CÂNDIDO DINAMARCO** (*Teoria geral...*, 30. ed., p. 175) sustentam que na jurisdição voluntária, se não há lide a ser resolvida, há situações de conflito, ou incertas, cuja eliminação contribui para a pacificação social. Ademais, "exerce-se segundo as formas processuais; há uma petição inicial, que deverá ser acompanhada de documentos (art. 1.104 do CPC [de 1973 – art. 720 do CPC/2015]), como na jurisdição contenciosa; há a citação dos demandados (art. 1.105 [CPC/1973 – art. 721 do CPC/2015]), resposta destes (art. 1.106 [CPC/1973 – art. 721 do CPC/2015]), princípio do contraditório, provas (art. 1.107), fala-se em sentença e apelação (art. 1.110 [CPC/1973 – art. 724 do CPC/2015])". Informam que, por essas razões, há quem, na doutrina, sustente a "natureza jurisdicional da jurisdição voluntária". Por fim, sustentam que não há razão para que não se apliquem à jurisdição voluntária os conceitos de parte e de processo.
- **ARRUDA ALVIM** (*Manual...*, 16. ed., p. 271 a 273) sustenta que a jurisdição voluntária é uma "anomalia no quadro sistemático das funções estatais". (p. 273) Trata-se de "instrumento de que se serve o Estado para resguardar, por ato do juiz, quando solicitado, bens reputados pelo legislador como de alta relevância social". Em seu sentir, a jurisdição voluntária se diferencia da jurisdição propriamente dita porque: 1) nela não existe nenhuma atividade substitutiva da vontade das partes pela do Estado-juiz; 2) não há lide a ser solucionada pelo Poder Judiciário, não há pretensão e, consequentemente, não há partes, mas somente interessados, embora possa haver dissenso desses interessados a respeito de quaisquer das matérias levadas ao Poder Judiciário por meio de procedimento de jurisdição voluntária.
- **FREDIE DIDIER JR.** (*Curso...*, vol. 1, 17. ed., p. 186). Segundo afirma o autor, é a jurisdição voluntária "uma atividade estatal de integração e fiscalização. Busca-se do Poder Judiciário a integração da vontade, para torná-la apta a produzir determinada situação jurídica. Há certos efeitos jurídicos decorrentes da vontade

humana, que somente podem ser obtidos após a integração dessa vontade perante o Estado-juiz, que o faz após a fiscalização dos requisitos legais para a obtenção do resultado almejado".

- **HUMBERTO THEODORO JÚNIOR** (*Curso...*, vol. 1, 56. ed., p. 117) entende que na jurisdição voluntária o juiz realiza "gestão pública em torno de interesses privados", de forma que existe "negócio jurídico-processual envolvendo o juiz e os interessados", em que não há lides ou partes. Segundo sustenta, a função do juiz, na jurisdição voluntária, se assemelha à função do Tabelião, pois "a eficácia do negócio jurídico depende da intervenção pública do magistrado".

- **JOSÉ FREDERICO MARQUES** (*Manual...*, 9. ed. atual., p. 135) define jurisdição voluntária como "atividade administrativa do Poder Judiciário destinada a tutelar direitos individuais em determinados negócios jurídicos, segundo previsão taxativa da lei". Segundo sustenta, não há, na jurisdição voluntária, atividade substitutiva da vontade das partes pelo juiz, pois este, no exercício da função que lhe atribui a lei, integra o negócio jurídico celebrado entre os interessados, "embora não se coloque no lugar da pessoa interessada na realização do ato jurídico" (p. 137). Diferentemente do que acontece na chamada jurisdição contenciosa, que tem como pressuposto a existência de lide, na jurisdição voluntária o pressuposto é um negócio ou ato jurídico.

- **LEONARDO GRECO** (*Breves...*, p. 1.662) entende que "a chamada jurisdição voluntária abrange todos os procedimentos judiciais que se caracterizam pela ausência de litigiosidade e pela inexistência de partes com interesses inicialmente antagônicos".

- **NELSON NERY JR. E ROSA MARIA DE ANDRADE NERY** (*Comentários...*, p. 234) afirmam que "no Anteprojeto do novo Código, propôs-se a alteração da denominação para 'procedimentos não contenciosos', o que era correto, pois a 'jurisdição voluntária' não podia ser assim considerada *stricto sensu*, porque o juiz não diz o direito substituindo a vontade das partes, mas pratica atividade integrativa do negócio jurídico privado administrado pelo Poder Judiciário. Nesses casos, esse negócio jurídico privado não terá validade se não integrado pelo juiz, donde é lícito concluir não ser voluntária essa 'jurisdição', mas sim forçada".

- **OVÍDIO A. BAPTISTA DA SILVA** (*Curso...*, 8. ed., vol. 1, p. 27) sustenta que a jurisdição voluntária é um "complexo de atividades confiadas ao juiz, no qual, ao contrário do que acontece com a jurisdição contenciosa, não há litígio entre os interessados". Menciona a opinião dominante na doutrina, segundo a qual a jurisdição voluntária "não é verdadeira jurisdição, mas autêntica atividade administrativa exercida pelo juiz".

- **TERESA ARRUDA ALVIM WAMBIER, MARIA LÚCIA LINS CONCEIÇÃO, LEONARDO FERRES DA SILVA RIBEIRO E ROGERIO LICASTRO TORRES DE MELLO** (*Primeiros...*, p. 1.068). Segundo afirmam os autores, "a jurisdição voluntária não parte de uma lide, de um conflito, em que há interesses opostos entre autor e réu, mas de uma situação de convergência de interesses. Aliás, aqueles que seriam autor e réu se lide houvesse, são, no contexto da jurisdição voluntária, chamados de interessados".

Enunciados do FPPC

N.º 4. (*Art. 69, § 1.º, CPC/2015*) A carta arbitral tramitará e será processada no Poder Judiciário de acordo com o regime previsto no Código de Processo Civil, respeitada a legislação aplicável.

N.º 5. (*Art. 69, § 3.º, CPC/2015*) O pedido de cooperação jurisdicional poderá ser realizado também entre o árbitro e o Poder Judiciário.

N.º 13. (*Art. 189, IV, CPC/2015*) O disposto no inc. IV do art. 189 abrange todo e qualquer ato judicial relacionado à arbitragem, desde que a confidencialidade seja comprovada perante o Poder Judiciário, ressalvada em qualquer caso a divulgação das decisões, preservada a identidade das partes e os fatos da causa que as identifiquem.

N.º 15. (*Art. 189, CPC/2015*) As arbitragens que envolvem a Administração Pública respeitarão o princípio da publicidade, observadas as exceções legais (vide art. 2.º, § 3.º, da Lei n. 9.307/1996, com a redação da Lei 13.129/2015).

N.º 24. (*Art. 237, CPC/2015*) Independentemente da sede da arbitragem ou dos locais em que se realizem os atos a ela inerentes, a carta arbitral poderá ser processada diretamente pelo órgão do Poder Judiciário do foro onde se dará a efetivação da medida ou decisão, ressalvadas as hipóteses de cláusulas de eleição de foro subsidiário.

N.º 26. (*Art. 260; art. 267, I, CPC/2015*) Os requisitos legais mencionados no inc. I do art. 267 são os previstos no art. 260.

N.º 27. (*Art. 267, CPC/2015*) Não compete ao juízo estatal revisar o mérito da medida ou decisão arbitral cuja efetivação se requer por meio da carta arbitral.

N.º 85. (*Arts. 960 a 965, CPC/2015*) Deve prevalecer a regra de direito mais favorável na homologação de sentença arbitral estrangeira em razão do princípio da máxima eficácia. (art. 7.º da Convenção de Nova York – Decreto n. 4.311/2002).

N.º 86. (*Art. 964; art. 960, § 3.º, CPC/2015*) Na aplicação do art. 964 considerar-se-á o disposto no § 3.º do art. 960.

N.º 164. (*Art. 496, CPC/2015*) A sentença arbitral contra a Fazenda Pública não está sujeita à remessa necessária.

N.º 203. (*Art. 966, CPC/2015*) Não se admite ação rescisória de sentença arbitral.

N.º 489. (*Art. 144; art. 145, CPC/2015; arts. 13 e 14 da Lei 9.307/1996*) Observado o dever de revelação, as partes celebrantes de convenção de arbitragem podem afastar, de comum acordo, de forma expressa e por escrito, hipótese de impedimento ou suspeição do árbitro.

N.º 543. (*Arts. 914 a 920, CPC/2015*) Em execução de título executivo extrajudicial, o juízo arbitral é o competente para conhecer das matérias de defesa abrangidas pela convenção de arbitragem.

N.º 544. (*Arts. 914 a 920, CPC/15*) Admite-se a celebração de convenção de arbitragem, ainda que a obrigação esteja representada em título executivo extrajudicial.

N.º 553. *(Art. 961, § 1.º, CPC/2015; art. 23 da Lei 9.307/1996)* A sentença arbitral parcial estrangeira submete-se ao regime de homologação.

N.º 572. *(Art. 1.º, § 1.º, da Lei 9.307/1996)* A Administração Pública direta ou indireta pode submeter-se a uma arbitragem *ad hoc* ou institucional.

Bibliografia

Fundamental

ANTONIO CARLOS DE ARAÚJO CINTRA, ADA PELLEGRINI GRINOVER e CÂNDIDO RANGEL DINAMARCO, *Teoria geral do processo*, 30. ed., São Paulo, Malheiros, 2014; ARRUDA ALVIM, *Manual de direito processual civil*, 16. ed., São Paulo, Ed. RT, 2013; FREDIE DIDIER JR., *Curso de Processo Civil: introdução ao direito processual civil, parte geral e processo de conhecimento*, 17. ed., Salvador, JusPodivm, 2015, v. 1; HUMBERTO THEODORO JÚNIOR, *Curso de direito processual civil*, 56. ed., Rio de Janeiro, Forense, 2015, vol. 1; JOSÉ FREDERICO MARQUES, *Manual de direito processual civil*, 9. ed., Atual. Ovídio Rocha Barros Sandoval, Campinas, Millennium, 2003, vol. 1; LUIZ GUILHERME MARINONI, SÉRGIO CRUZ ARENHART e DANIEL MITIDIERO, *Novo curso de processo civil: teoria do processo civil*, São Paulo, Ed. RT, 2015, v. 1; MARCELO ABELHA RODRIGUES, *Manual de direito processual civil*, 5. ed., São Paulo, Ed. RT, 2010, vol. 1; NELSON NERY JR. e ROSA MARIA DE ANDRADE NERY, *Comentários ao código de processo civil*, São Paulo, Ed, RT, 2015; OVÍDIO A. BAPTISTA DA SILVA, *Curso de processo civil*, 8. ed., Rio de Janeiro, Forense, 2008, vol. 1; TERESA ARRUDA ALVIM WAMBIER, FREDIE DIDIER JR., EDUARDO TALAMINI e BRUNO DANTAS (COORD.), *Breves comentários ao Novo Código de Processo Civil*, São Paulo, Ed. RT, 2015; _____, MARIA LÚCIA LINS CONCEIÇÃO, LEONARDO FERRES DA SILVA RIBEIRO e ROGERIO LICASTRO TORRES DE MELLO, *Primeiros comentários ao novo código de processo civil: artigo por artigo*, São Paulo, Ed. RT, 2015.

Complementar

ADA PELLEGRINI GRINOVER, A crise do poder judiciário, *RDP* 98/18; ADRIANA PIRES e MILENA CARDOSO COSTA, Acesso à jurisdição e suas limitações, *Elementos para uma nova teoria geral do processo*, Porto Alegre, Livraria do Advogado, 1997; AFRANIO SILVA JARDIM, Notas sobre a teoria da jurisdição, *RF* 83/29; AGATHE ELSA SCHMIDT DA SILVA, Limites entre jurisdição e administração, sob a ótica de Piero Calamandrei, *RJ* 40/11; ALEXANDRE FREITAS CÂMARA, *Lições de direito processual civil*, 16. ed., Rio de Janeiro: Lumen Juris, 2007. vol. 1; ALEXANDRE DE MORAES, Jurisdição constitucional e Conselho Nacional de Justiça, *RT* 951/141; ALFREDO DE ARAÚJO LOPES DA COSTA, *Manual elementar de direito processual civil*, 3. ed., Atual. Sálvio de Figueiredo Teixeira, Rio de Janeiro, Forense, 1982; ALISSON FARINELLI e EDUARDO CAMBI, Conciliação e mediação no novo Código de Processo Civil (PLS 166/2010), *RePro* 194/277; ALUÍSIO GONÇALVES CASTRO MENDES, *Do individual ao coletivo: os caminhos do direito processual brasileiro*, *RePro* 165/231; AMÍLCAR DE CASTRO, Reparos sobre a jurisdição e a ação, *RF* 254/17; ANTONIO CARLOS MARCATO, Breves considerações sobre jurisdição e competência, *RePro* 66/25; _____, *Procedimentos especiais*, 13. ed., São Paulo, Atlas, 2007; ANTÔNIO PEREIRA GAIO JÚNIOR, Os limites da jurisdição nacional e a cooperação internacional no plano do novo código de processo civil brasileiro, *RePro* 243/537; AR-

RUDA ALVIM, *Tratado de direito processual civil*, 2. ed., São Paulo, Ed. RT, 1990, vol. 1; ATHOS GUSMÃO CARNEIRO, Jurisdição – Noções fundamentais, *RePro* 19/9; _____, *Jurisdição e competência*, 14. ed., São Paulo, Saraiva, 2005; BRUNO SILVEIRA DE OLIVEIRA, Flexibilização do binômio "processo tradicional"/"processo coletivo": breve análise da presença do indivíduo em processos coletivos, *RePro* 189/53; CÂNDIDO RANGEL DINAMARCO, *A instrumentalidade do processo*, 12. ed., São Paulo, Malheiros, 2005; _____, *Fundamentos do processo civil moderno*, 3. ed., São Paulo, Ed. RT, 2000; _____, *Instituições de direito processual civil*, 5. ed., São Paulo, Malheiros, 2005, vol.1; _____, Tutela jurisdicional, *RePro* 81/54; CÁRMEN LÚCIA ANTUNES ROCHA, O direito constitucional à jurisdição, *As garantias do cidadão na justiça*, São Paulo, Saraiva, 1993; CÁSSIO SCARPINELLA BUENO, *Curso sistematizado de direito processual civil: teoria geral do direito processual civil*. 3.ed. São Paulo, Saraiva, 2009. vol. 1; CÉLIO CÉSAR PADUANI, Natureza jurídica da jurisdição, *RT,* 813/739, jul. 2003; CELSO AGRÍCOLA BARBI, *Comentários ao Código de Processo Civil*, 10. ed., Rio de Janeiro, Forense, 1997, vol. 1; CELSO NEVES, *Estrutura fundamental do processo civil*, 2. ed., Rio de Janeiro, Forense, 1997; CLEBER LÚCIO DE ALMEIDA, Anotações sobre a efetividade da jurisdição e do processo, *RT,* 919/317, mai. 2012; CRISTIANNE FONTICIELHA DE ROSE, O conceito de jurisdição, *Elementos para uma nova teoria geral do processo*, Porto Alegre, Livraria do Advogado, 1997; DIOGO ASSUMPÇÃO REZENDE DE ALMEIDA, Jurisdição e tutela específica, *RDDP,* 48/18, mar. 2007; _____, O princípio da adequação e os métodos de solução de conflitos, *RePro* 195/185; DIRCEU AGUIAR DIAS CINTRA JÚNIOR, Magistratura democrática e direito alternativo – Em busca de uma nova ética de jurisdição, *RT* 691/53; DJANIRA M. RADAMÉS DE SÁ, *Teoria geral do direito processual civil – A lide e sua resolução*, 2. ed., São Paulo, Saraiva, 1998; DOMINGOS TACIANO LEGPRI GOMES, Competência exclusiva e concorrente: limites e expansão da jurisdição internacional, *RDP,* 14/176, abr./jun. 2003; EDILTON MEIRELES, Limites da jurisdição e a efetividade dos direitos subjetivos constitucionais, *RePro* 223/349, set. 2013; EDUARDO ARRUDA ALVIM, *Curso de direito processual civil*, São Paulo, Ed. RT, 1999, vol. 1; EDUARDO CAMBI, *Jurisdição no processo civil – compreensão crítica*, Curitiba, Juruá, 2002; EDUARDO COUTURE, A jurisdição, *RBDP* 10/37; EDUARDO JOSÉ DA FONSECA COSTA, Jurisdição constitucional, jurisdição coletiva e tutela de instituições, *RePro* 244/247; EDUARDO RIBEIRO DE OLIVEIRA, Sobre o conceito de jurisdição, *RePro* 16/135; EDUARDO TALAMINI, O exame de sentenças da jurisdição brasileira pela Corte Interamericana de Direitos Humanos, *in* ADROALDO FURTADO FABRÍCIO, *Meios de impugnação ao julgado civil: estudos em homenagem a José Carlos Barbosa Moreira*, Rio de Janeiro, Forense, 2007; EGAS DIRCEU MONIZ DE ARAGÃO, O Estado de Direito e o direito de ação (a extensão de seu exercício), *RBDP* 16/69; ELAINE HARZHEIM MACEDO, *Jurisdição e processo*, Porto Alegre, Livraria do Advogado, 2005; ÊNIO SANTARELLI ZULIANI, Jurisdição penal e civil: integração e conflitos, *Radv,* 81/34, abr. 2005; ENRICO TULLIO LIEBMAN, Os limites da jurisdição brasileira, *Estudos sobre o processo civil brasileiro*, 2. ed., São Paulo, José Bushatsky, 1976; _____, *Manual de direito processual civil*, 2. ed., Rio de Janeiro, Forense, 1985, vol. 1; ERNANE FIDÉLIS DOS SANTOS, *Manual de direito processual civil*, 12. ed., São Paulo, Saraiva, 2007, vol. 1; FELIPE FRÖNER, Cooperação internacional na perspectiva da normatização projetada e da normatização internacional, *RePro* 215/281, jan. 2013; FLÁVIA PEREIRA HILL, A cooperação jurídica internacional no projeto de novo código de processo civil o alinhamento do brasil aos modernos contornos do direito processual, *RePro* 205/347, mar. 2012; FLÁVIO LUÍS DE OLIVEIRA, A jurisdição na perspectiva da dignidade da pessoa humana, *RNDJ,* 53/11, maio 2004; FLAVIO LUIZ YARSHELL, *Tutela jurisdicional*, 2. ed., São Paulo, DPJ, 2006; FRANCISCO CLÁUDIO DE ALMEIDA SANTOS, Atividade jurisdicional – Princípios gerais aplicáveis, *RePro* 58/135; FRANCISCO C. PONTES DE MI-

RANDA, *Comentários ao Código de Processo Civil*, 4. ed., Rio de Janeiro, Forense, 1995, t. I; FRANCISCO DE ASSIS F. MENDES, A atividade jurisdicional e a racionalização da justiça, *GenesisProc* 10/701; FREDIE DIDIER JÚNIOR, *Curso de direito processual civil: teoria geral do processo e processo do conhecimento*, 7. ed., Salvador, JusPodivm, 2007, vol. 1; _____, *Direito processual civil*: tutela jurisdicional individual e coletiva, 5. ed., Salvador, JusPodivm, 2005. vol. 1; GAMALIEL FALEIROS CARDOSO FILHO, Jurisdição coletiva: mecanismo de concreção do direito fundamental à razoável duração do processo e de humanização do acesso à justiça, *Revista de Direito Constitucional e Internacional* 91/29; GEORGES ABBOUD, Jurisdição constitucional vs. Arbitragem: os reflexos do efeito vinculante na atividade do árbitro, *RePro* 214/271; GILMAR FERREIRA MENDES, *Jurisdição constitucional*, 2. ed., São Paulo, Saraiva, 1998; GISELE SANTOS FERNANDES GÓES, *Direito processual civil*: processo de conhecimento, São Paulo, Ed. RT, 2006; HAROLDO VALLADÃO, Problemas jurídicos da cooperação internacional no campo do desenvolvimento econômico e social, *Doutrinas Essenciais de Direito Internacional*, vol. 1, p. 1029, fev. 2012; HÉLIO TORNAGHI, *Comentários ao Código de Processo Civil*, 2. ed., São Paulo, Ed. RT, 1976, vol. 1; HENRY CHALU BARBOSA e JOSÉ EDUARDO CARREIRA ALVIM, *Manual de direito processual civil básico*, 2. ed., Curitiba, Juruá, 2006; HUMBERTO THEODORO JÚNIOR, Ainda a polêmica sobre a distinção entre a "jurisdição contenciosa" e a "jurisdição voluntária" espécies de um mesmo gênero ou entidades substancialmente distintas?, *Repro* 198/13, ago. 2011, *Doutrinas Essenciais de Processo Civil*, vol. 2, p. 543, out. 2011; _____, Tutela de segurança, *RePro* 88/9; JAIR JOSÉ PERIN, Considerações críticas a respeito da divisão de competências entre a justiça comum e as especiais, *RePro* 150/105; JÂNIA MARIA LOPES SALDANHA; ÂNGELA ARAÚJO DA SILVEIRA ESPINDOLA, A jurisdição constitucional e o caso da ADIn 3.510: do modelo individualista – e liberal – ao modelo coletivo – e democrático – de processo, *RePro* 154/265; JAQUES DE CAMARGO PENTEADO, Imputação por julgador, *RT* 705/305; JOÃO BATISTA LOPES e MARIA ELIZABETH DE CASTRO LOPES, Novo Código de Processo Civil e efetividade da jurisdição, *RePro* 188/163; JOEL DIAS FIGUEIRA JÚNIOR, Projeto legislativo de novo código de processo civil e a crise da jurisdição, *RT,* 926/455, dez. 2012; JOSÉ AFONSO DA SILVA, *Jurisdição constitucional*, São Paulo, Ed. RT, 1983; JOSÉ CARLOS BARBOSA MOREIRA, Duelo e processo, *RePro* 112/177; JOSÉ DA SILVA PACHECO, *Curso de teoria geral de processo*, Rio de Janeiro, Forense, 1985; JOSÉ EDUARDO CARREIRA ALVIM, *Elementos de teoria geral do processo*, 7. ed., Rio de Janeiro, Forense, 2001; JOSÉ LEBRE DE FREITAS, Intervenção de terceiros em processo arbitral, *RePro* 209/433; JOSÉ MANOEL DE ARRUDA ALVIM NETTO, Jurisdição voluntária suprimento de outorga marital, *Soluções Práticas – Arruda Alvim*, vol. 3, p. 669, ago. 2011; JOSÉ RENATO NALINI, A educação permanente de juízes, *RT* 718/326; _____, O juiz, o mundo exterior e a produção de justiça, *RT* 705/272; _____, A reforma do Estado: proposta concreta para um novo judiciário, *RT* 724/115; JOSÉ ROGÉRIO CRUZ E TUCCI, *Jurisdição e poder*: contribuição para a história dos recursos cíveis, São Paulo, Saraiva, 1987; _____ e LUIZ CARLOS DE AZEVEDO, *Lições de processo civil canônico* (história e direito vigente), São Paulo, Ed. RT, 2001; JUVÊNCIO VASCONCELOS VIANA, Notas em torno da jurisdição e dos meios alternativos de solução dos conflitos, *Dialética* 9/57; KAZUO WATANABE, Política pública do Poder Judiciário nacional para tratamento adequado dos conflitos de interesses, *RePro* 195/381; _____, Relação entre demanda coletiva e demandas individuais, *RePro* 139/28; LAURO PAIVA RESTIFFE, *Jurisdição, inação e ação*, São Paulo, Ed. RT, 1987; LEO ROSEMBERG, *Da jurisdição no processo civil,* São Paulo, Impactus, 2005; LEON FREJDA SZKLAROWSKY, A arbitragem – Uma visão crítica, *RePro* 212/203; LUIZ FUX, *Curso de direito processual civil*, 3. ed., Rio de Janeiro, Forense, 2005; LUIZ GUILHERME DA COSTA WAGNER JÚNIOR, *Processo civil*: curso completo, Belo Horizonte, Del Rey, 2007; LUIZ GUILHERME

MARINONI, A jurisdição no estado contemporâneo, *Estudos de* direito processual civil: homenagem ao Professor Egas Dirceu Moniz de Aragão, São Paulo, Ed. RT, 2005; _____, *Novas linhas do processo civil*, 2. ed., São Paulo, Malheiros, 1996; _____ e SÉRGIO CRUZ ARENHART, *Teoria geral do processo*, 2. ed., São Paulo, Ed. RT, 2007, vol. 1; MARCELO FORTES BARBOSA, Jurisdição, ação e processo na teoria geral do processo, *RJTJSP* 139/23; MARCUS FIRMINO SANTIAGO, Uma abordagem diferenciada acerca da tutela jurisdicional, *RePro* 146/32; MARCUS VINICIUS FURTADO COELHO, O Judiciário hoje e os objetivos da reforma processual civil, *RePro* 126/119; NAPOLEÃO NUNES MAIA FILHO, O modo processual de solucionar conflitos, *Dialética* 10/93; NELSON JULIANO SCHAEFER MARTINS, *Poderes do juiz no processo civil*, São Paulo, Dialética, 2004; NELSON RODRIGUES NETTO, Classificação das tutelas jurisdicionais segundo a técnica processual empregada para a satisfação do direito, *RePro* 186/31; _____, Qual o juízo competente para a minha ação? *Repro* 146/359, abr. 2007; NEWTON DE OLIVEIRA LIMA, Hermenêutica ativista e jurisdição constitucional democratizada, *RT*, 895/111, mai. 2010; NOVELY VILANOVA DA SILVA REIS, O estado estrangeiro e a jurisdição brasileira, *Revista do TRF 1.ª Região* 07/ 91; OSMIR ANTONIO GLOBEKNER, A tutela jurisdicional dos direitos fundamentais sociais através do instrumento das ações individuais, *RePro* 170/123; OVÍDIO A. BAPTISTA DA SILVA, *Curso de processo civil*, 6. ed., São Paulo, Ed. RT, 2002, vol. 1; _____, *Jurisdição, direito material e processo*, Rio de Janeiro, Forense, 2008; PETRONIO CALMON, Fundamentos da mediação e da conciliação, Rio de Janeiro, Forense, 2007; RAFAEL DA CÁS MAFFINI, Tutela jurisdicional: um ponto de convergência entre o direito e o processo, *GenesisProc* 14/718; RAFAEL LAZZAROTO SIMIONI, Jurisdição e aplicação do direito em Jürgen,Harbermas, *RePro* 154/314; RÉGIS FERNANDES DE OLIVEIRA, O papel do juiz e do poder judiciário na sociedade moderna, *RT* 824/61; ROBERTO ROSAS, Processo civil de resultados, *Dialética* 2/108; RODOLFO DE CAMARGO MANCUSO, Da jurisdição coletiva à tutela judicial plurindividual, *RePro* 237/307; _____, *Jurisdição coletiva e coisa julgada: teoria geral das ações coletivas*, São Paulo, Ed. RT, 2006; ROGÉRIO LAURIA TUCCI, Jurisdição, ação e processo civil: subsídios para a teoria geral do processo civil, *RePro* 52/7; RONALDO BRÊTAS C. DIAS, Direito à jurisdição eficiente e garantia da razoável duração do processo, *RePro* 128/164; SÉRGIO BERMUDES, A ação judicial como espécie de direito de petição e a independência do Poder Judiciário como condição do exercício da jurisdição, *RBDP* 17/103; _____, A função jurisdicional no Brasil, *Estudos de direito processual em homenagem a José Frederico Marques no seu 70.º aniversário*, São Paulo, Saraiva, 1982; _____, *Introdução ao processo civil*, 4. ed., Rio de Janeiro, Forense, 2006; SYDNEY SANCHES, Acesso à justiça, *RT* 621/266; _____, Estatuto da Magistratura, *RT* 644/240; _____, O juiz e os valores dominantes – O desempenho da função jurisdicional em face dos anseios sociais por justiça, *RT* 669/238; TEORI ALBINO ZAVASCKI, Cooperação jurídica internacional e a concessão de exequatur, *RePro* 183/9, mai. 2010, *Doutrinas Essenciais de Processo Civil*, vol. 4, p. 1393, fev. 2012; _____, Reforma do sistema processual civil brasileiro e reclassificação da tutela jurisdicional, *RePro* 88/173, *CaJur* 1/255; TIAGO RAVAZZI AMBRIZZI, Reflexões sobre o controle judicial da sentença arbitral, *RePro* 214/299; VALMIR PONTES FILHO, O controle jurisdicional dos atos administrativos, *RePro* 24/178; VERA MARIA BARRERA JATAHY, *Do conflito de jurisdição*, Rio de Janeiro, Forense, 2003; WILLIS SANTIAGO GUERRA FILHO, Noções básicas sobre tutela normativa e tutela jurisdicional dos direitos, *GenesisProc* 1/116; _____, Teoria da jurisdição: nota sobre uma nova disciplina, *RePro* 59/231; ZAIDEN GERAIGE NETO, *Princípio da inafastabilidade do controle jurisdicional* – O art. 5.º, inciso XXXV, da Constituição Federal, São Paulo, Ed. RT, 2003.

Capítulo 5

PODER JUDICIÁRIO: ESTRUTURA E ORGANIZAÇÃO

> Sumário: 5.1. Judiciário e função jurisdicional – 5.2. Organização judiciária e Constituição Federal – 5.3. Organização judiciária e Constituições Estaduais – 5.4. Órgãos do Poder Judiciário – 5.5. O Supremo Tribunal Federal, o Conselho Nacional de Justiça e o Superior Tribunal de Justiça – 5.6. Tribunais Regionais Federais e juízes federais – 5.7. Justiças especiais; 5.7.1. Justiça do Trabalho; 5.7.2. Justiça Eleitoral; 5.7.3. Justiça Militar – 5.8. Tribunais e juízes dos Estados.

As normas de organização judiciária são aquelas que regulam o funcionamento da estrutura do Poder Judiciário, mediante a definição de seus órgãos singulares ou colegiados, com suas respectivas funções, e por meio do regramento de seus serviços auxiliares. Não são de organização judiciária as regras que disciplinam o processo, ou seja, a atividade jurisdicional voltada ao exercício do direito de ação, com todos os seus desdobramentos. O que se normatiza, pela organização judiciária, é a estrutura do Poder Judiciário e a forma de constituição e de funcionamento de seus órgãos.

Os órgãos do Poder Judiciário são os juízos monocráticos e os tribunais, além de um conselho nacional com funções administrativas.

As regras aplicáveis à organização judiciária são a Constituição Federal, as Constituições Estaduais, as Leis de Organização Judiciária de cada Estado, a Lei Orgânica da Magistratura e os Regimentos Internos dos Tribunais.

5.1. Judiciário e função jurisdicional

Como já ficou claro, dentro do sistema de separação de poderes consagrado na Constituição brasileira, concerne essencialmente ao Poder Judiciário exercer a atividade jurisdicional. Isso não significa que absolutamente toda a atuação jurisdicional seja feita apenas pelo Judiciário nem que o Poder Judiciário só desempenhe atividade jurisdicional.

Excepcionalmente, a Constituição atribui a um órgão externo ao Poder Judiciário uma função jurisdicional: o Senado Federal é competente para processar e julgar o Presidente da República, o Vice-Presidente e algumas outras autoridades por crime de responsabilidade (art. 52, I e II, da CF). Note-se que apenas a Constituição pode estabelecer essa exceção ao monopólio da jurisdição pelo Judiciário.

Por outro lado, como já se indicou em capítulos anteriores, o Poder Judiciário também desempenha, pontualmente, atividades não jurisdicionais. Vigora a garantia institucional de sua autogestão (art. 99 da CF), de modo que as atividades de Administração Pública, no âmbito dos órgãos judiciais, são desempenhadas pelos próprios agentes jurisdicionais e seus auxiliares. Além disso, o Judiciário também participa do processo legislativo, pois tem poder privativo de iniciativa para projetos de leis em determinadas matérias (art. 96, II, da CF).

Essa assunção de tarefas atípicas não é exclusividade do Judiciário. Isso também se dá com os outros "Poderes" estatais. O Senado Federal, como visto, tem excepcionalmente competência jurisdicional (art. 52, I e II, da CF). Também exerce atividade administrativa, na autogestão do parlamento. O Executivo, por sua vez, participa do processo legislativo, seja pela possibilidade de iniciativa de um projeto (art. 84, III, da CF), seja pelo veto ou sanção dos projetos de lei aprovados pelo parlamento (arts. 66 e 84, IV e V, da CF), seja ainda pela edição de Medidas Provisórias (art. 62 da CF) e a elaboração de Leis Delegadas (art. 68 da CF). Enfim, não existe um modelo puro e absoluto de separação de poderes – o que também se nota no direito comparado e na história do direito público.

5.2. Organização judiciária e Constituição Federal

Por força do que dispõe o art. 96, I, *a*, da CF, é da competência privativa dos tribunais a elaboração de seus regimentos internos, dispondo a respeito da competência e do funcionamento dos respectivos órgãos judiciários e administrativos. A regra constitucional expressamente determina que, para o regramento por meio dos regimentos internos, deverão ser observadas as normas de processo e as "garantias processuais das partes".

Também compete privativamente aos tribunais, de acordo com a regra da letra *b* do inc. I do art. 96 da CF, organizar suas secretarias e serviços auxiliares e os dos juízos que lhes forem vinculados.

O art. 96, II, trata da competência privativa do Supremo Tribunal Federal, dos Tribunais Superiores e dos Tribunais de Justiça, para propor ao respectivo Poder Legislativo (Federal nos dois primeiros casos e Estadual ou Distrital, no caso dos Tribunais de Justiça) a alteração do número de membros dos tribunais inferiores (letra *a*), a criação ou extinção de cargos e a fixação de vencimentos de seus membros, dos juízes, inclusive dos tribunais inferiores, dos serviços auxiliares e dos juízos a eles vinculados (letra *b*). De acordo com a letra *c* desse dispositivo da CF, é também do Supremo Tribunal Federal, dos Tribunais Superiores e dos Tribunais de Justiça a competência (igualmente privativa) para propor ao Poder Legislativo respectivo a criação ou extinção dos tribunais inferiores.

É também da competência privativa dos tribunais, por força do disposto na letra *d* do inc. II do art. 96 da CF, a formulação de proposta ao respectivo Poder Legislativo, para a alteração da organização e da divisão judiciárias. No caso da justiça estadual, por exemplo, é do Tribunal de Justiça a competência privativa para propor à Assembleia Legislativa do respectivo Estado a criação de comarcas ou de novas varas em comarcas já existentes.

5.3. Organização judiciária e Constituições Estaduais

A organização dos serviços judiciários nos Estados e no Distrito Federal incumbe às respectivas Constituições, às leis de divisão e organização judiciárias e aos regimentos internos dos respectivos tribunais.

Essa competência é absolutamente residual, no sentido de que não pode deixar de considerar as regras previstas na Constituição Federal e em outras regras de disciplina da organização judiciária compatíveis com o texto constitucional, aplicáveis também às justiças dos Estados e do Distrito Federal, como a Lei Orgânica da Magistratura e as leis processuais.

Tanto os Tribunais de Justiça quanto os Tribunais Regionais Federais e os Tribunais Regionais do Trabalho poderão funcionar de forma descentralizada (por exemplo: o Tribunal Regional Federal da 4.ª Região, com sede em Porto Alegre, poderá criar Câmaras Regionais no Paraná e Santa Catarina), assim como adotar modelo itinerante de prestação jurisdicional, realizando audiências, por exemplo, fora dos tradicionais edifícios do fórum, em salas cedidas por órgãos públicos ou entidades comunitárias (art. 107, §§ 2.º e 3.º; art. 115, §§ 1.º e 2.º; art. 125, §§ 6.º e 7.º, da CF).

5.4. Órgãos do Poder Judiciário

A Constituição Federal, no seu art. 92, estabelece os seguintes órgãos do Poder Judiciário: "I – o Supremo Tribunal Federal; I-A – o Conselho Nacional de Justiça; II – o Superior Tribunal de Justiça; III – os Tribunais Regionais Federais e Juízes Federais; IV – os Tribunais e Juízes do Trabalho; V – os Tribunais e Juízes Eleitorais; VI – os Tribunais e Juízes Militares; VII – os Tribunais e Juízes dos Estados e do Distrito Federal e Territórios".

5.5. O Supremo Tribunal Federal, o Conselho Nacional de Justiça e o Superior Tribunal de Justiça

O Supremo Tribunal Federal é o órgão de cúpula do Poder Judiciário no Brasil. Foi criado logo após a Proclamação da República, pelo Dec. 848, de 11 de outubro de 1890. Sua função principal é a de manter a integridade da ordem constitucional. Sua competência está disciplinada no art. 102 da CF, cujo *caput* dispõe que "compete ao Supremo Tribunal Federal, precipuamente, a guarda da Constituição (...)". É, portanto, o órgão a que incumbe a jurisdição constitucional (ainda que sua competência não se resuma a isso).

O Conselho Nacional de Justiça, criado pela EC 45/2004, é responsável pelo controle da atuação financeira e administrativa dos órgãos do Poder Judiciário, assim como pelo cumprimento dos deveres funcionais dos magistrados. Tem funções de planejamento (art. 103-B, § 4.º, VII – "elaborar relatório anual, propondo as providências que julgar necessárias, sobre a situação do Poder Judiciário (...)") e disciplinares (incs. III e V), dentre outras. Ele não desempenha nenhuma atividade jurisdicional, mas apenas tarefas de cunho estritamente administrativo.

O Superior Tribunal de Justiça – STJ, foi criado pela CF/1988, e funciona como órgão destinado a julgar, em última instância, a matéria relativa ao direito federal infraconstitucional. Diz, portanto, a palavra final sobre todas as matérias que se refiram ao direito federal. Sua competência está disciplinada no art. 105 da CF.

5.6. Tribunais Regionais Federais e juízes federais

Em razão do sistema federativo, adotado como forma de estruturação do Estado brasileiro, também o Poder Judiciário está dividido de modo a se adequar ao modelo de federação. Assim, há órgãos judiciários federais e órgãos judiciários estaduais (e distrital, em razão do Distrito Federal).

A estrutura da Justiça Federal é composta dos juízes federais, como órgãos judiciários de primeiro grau, pelos cinco Tribunais Regionais Federais, divididos por regiões, como órgãos de segundo grau,[1] e, evidentemente, pelo

---

1. O TRF da 1.ª Região, com sede em Brasília, compreende os Estados do Acre, Amapá, Amazonas, Bahia, Distrito Federal, Goiás, Maranhão, Mato Grosso, Minas Gerais, Pará, Piauí, Rondônia, Roraima e Tocantins; o TRF da 2.ª Região, com sede na cidade do Rio de Janeiro, compreende os Estados do Espírito Santo e Rio de Janeiro; o TRF da 3.ª Região, com sede na cidade de São Paulo, compreende os Estados do Mato Grosso do Sul e São Paulo; o TRF da 4.ª Região, com sede em Porto Alegre, compreende os Estados

Superior Tribunal de Justiça e pelo Supremo Tribunal Federal, respectivamente para a uniformização da aplicação do direito federal e da Constituição Federal. Nos termos do que prevê o art. 98 da CF, também são órgãos da justiça federal os Juizados Especiais Cíveis e Criminais da Justiça Federal, criados pela Lei 10.259, de 12 de julho de 2001.

A competência da Justiça Federal está prevista nos arts. 108 e 109 da CF e sua estrutura está disciplinada pela Lei 5.010, de 30 de maio de 1966.

5.7. Justiças especiais

Na estrutura do Poder Judiciário, há três organizações distintas, cada qual encarregada da aplicação de regras de uma área específica do direito: do trabalho, eleitoral e militar. Integram o Poder Judiciário, que é uno. Desempenham, como os demais órgãos judiciais brasileiros, precipuamente atividade jurisdicional. Mas foram estruturadas como ramos próprios do Poder Judiciário, para o fim de processar e julgar conflitos que se peculiarizam pela especificidade da matéria envolvida.

5.7.1. *Justiça do Trabalho*

A Justiça do Trabalho tem sua competência definida no *caput* do art. 114 da CF, segundo o qual "compete à Justiça do Trabalho processar e julgar: I – as ações oriundas da relação de trabalho, abrangidos os entes de direito público externo e da administração pública direta e indireta da União, dos Estados, do Distrito Federal e dos Municípios; II – as ações que envolvam exercício do direito de greve; III – as ações sobre representação sindical, entre sindicatos, entre sindicatos e trabalhadores, e entre sindicatos e empregadores; IV – os mandados de segurança, *habeas corpus* e *habeas data*, quando o ato questionado envolver matéria sujeita à sua jurisdição; V – os conflitos de competência entre órgãos com jurisdição trabalhista, ressalvado o disposto no art. 102, I, *o*; VI – as ações de indenização por dano moral ou patrimonial, decorrentes da relação de trabalho; VII – as ações relativas às penalidades administrativas impostas aos empregadores pelos órgãos de fiscalização das relações de trabalho;

---

do Paraná, Rio Grande do Sul e Santa Catarina; por fim, o TRF da 5.ª Região, com sede em Recife, compreende os Estado de Alagoas, Ceará, Paraíba, Pernambuco, Rio Grande do Norte e Sergipe. Em 06 de junho de 2013, foi promulgada a EC 73/2013 para criar os Tribunais da 6.ª, 7.ª, 8.ª e 9.ª Regiões. O TRF da 6.ª Região, com sede em Curitiba, compreenderá os Estados do Paraná, Santa Catarina e Mato Grosso do Sul; o TRF da 7.ª Região, com sede em Belo Horizonte, compreenderá o Estado de Minas Gerais; o TRF da 8.ª Região, com sede em Salvador, compreenderá os Estados da Bahia e Sergipe; e o TRF da 9.ª Região, com sede em Manaus, compreenderá os Estados do Amazonas, Acre, Rondônia e Roraima. A EC 73/2013 é questionada pela ADI 5.017, que aguarda julgamento no STF.

VIII – a execução, de ofício, das contribuições sociais previstas no art. 195, I, *a* e II, e seus acréscimos legais, decorrentes das sentenças que proferir; IX – outras controvérsias decorrentes da relação de trabalho, na forma da lei". Os órgãos da Justiça do Trabalho são (arts. 111 e 111-A da CF): o Tribunal Superior do Trabalho, os Tribunais Regionais do Trabalho e os Juízes do Trabalho, estes últimos encarregados do exercício da função jurisdicional em primeiro grau.

Nos termos da Súmula Vinculante 22 do STF, "a Justiça do Trabalho é competente para processar e julgar as ações de indenização por danos morais e patrimoniais decorrentes de acidente de trabalho propostas por empregado contra empregador, inclusive aquelas que ainda não possuíam sentença de mérito em primeiro grau quando da promulgação da Emenda Constitucional n. 45/2004".

5.7.2. *Justiça Eleitoral*

A divisão de atribuições dos órgãos da Justiça Eleitoral foi delegada, pela Constituição Federal, para a lei complementar (art. 121 da CF). Atualmente, a norma reguladora é o Código Eleitoral, que, embora seja anterior à CF/1988, foi por ela recepcionado.

Os órgãos da Justiça Eleitoral são (art. 118 da CF): o Tribunal Superior Eleitoral, os Tribunais Regionais Eleitorais, os juízes eleitorais e as juntas eleitorais.

5.7.3. *Justiça Militar*

A competência da Justiça Militar não se insere na jurisdição civil, pois, de acordo com o art. 124 da CF, a ela "compete processar e julgar os crimes militares definidos em lei". A CF/1988 (art. 122) previu, como órgãos da Justiça Militar, o Superior Tribunal Militar e os tribunais e juízes militares que fossem instituídos por lei.

Nos termos da Lei 8.457/1992 são órgãos da Justiça Militar, além do Superior Tribunal Militar, a Auditoria de Correição, os Conselhos de Justiça, os juízes auditores e os juízes auditores substitutos (art. 1.º).

A EC 45/2004, todavia, trouxe novas disposições relativas à Justiça Militar Estadual, que poderá passar a contar, além dos Conselhos de Justiça, com Juízes de Direito (primeiro grau de jurisdição) e o próprio Tribunal de Justiça, na hipótese de se tratar de Estado da Federação que conte com efetivo superior a vinte mil integrantes (art. 125, § 3.º, da CF). De acordo com a regra do § 5.º do art. 125 da CF, a competência dos Juízes de Direito está limitada às hipóteses de crimes militares cometidos contra civis e ações judiciais contra atos disciplinares militares, reservando-se ao Conselho de Justiça processar e julgar os demais crimes militares.

5.8. Tribunais e juízes dos Estados

Na organização judiciária dos Estados (e do Distrito Federal) há, como órgãos de primeiro grau, os juízes de Direito, togados e vitalícios, e, como órgãos de segundo grau, os Tribunais de Justiça.

De conformidade com o art. 98, I, da CF, são também órgãos da Justiça dos Estados e do Distrito Federal os Juizados Especiais Cíveis e Criminais, "providos por juízes togados, ou togados e leigos", e os Juízes de paz. Os Juizados Especiais, que estavam previstos na Constituição desde sua promulgação, vieram a ser efetivamente instituídos pelas Leis 9.099/1995 (Juizados Especiais Cíveis e Criminais) e 12.153/2009 (Juizados Especiais da Fazenda Pública).

Na esfera da jurisdição penal há também o Tribunal do Júri, previsto no inc. XXXVIII do art. 5.º da CF.

QUADRO SINÓTICO[2]

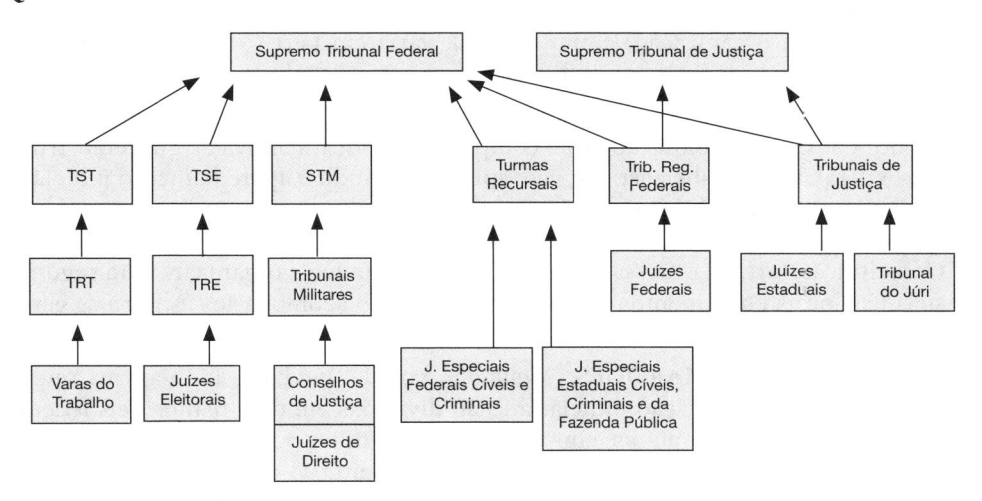

```
                    Supremo Tribunal Federal          Supremo Tribunal de Justiça

        TST    TSE    STM           Turmas      Trib. Reg.      Tribunais de
                                   Recursais    Federais         Justiça

        TRT    TRE   Tribunais                  Juízes        Juízes    Tribunal
                     Militares                  Federais      Estaduais  do Júri

        Varas do  Juízes    Conselhos   J. Especiais    J. Especiais
        Trabalho  Eleitorais de Justiça  Federais Cíveis e  Estaduais Cíveis,
                                        Criminais         Criminais e da
                            Juízes de                     Fazenda Pública
                            Direito
```

DOUTRINA COMPLEMENTAR

- **ARAÚJO CINTRA, GRINOVER E DINAMARCO** (*Teoria geral...*, 30. ed., p. 188) sustentam que às normas de organização judiciária incumbe estabelecer regras sobre a constituição dos órgãos da jurisdição, diferentemente das normas pro-

---

2. As linhas correspondem à estrutura recursal. Em relação ao sistema das Turmas Recursais, o art. 105, I, *f*, da CF, prevê, ainda, a possibilidade de manejo da reclamação perante o Superior Tribunal de Justiça, para preservação da competência dessa corte superior e garantia da autoridade de suas decisões. Ver vol. 2, cap. 39, e vol. 4, cap. 25 e ss.

cessuais, que "disciplinam o exercício da jurisdição, da ação e da exceção pelos sujeitos do processo, ditando as formas do procedimento e estatuindo sobre o relacionamento entre esses sujeitos". No sentir desses autores, as regras processuais "são normas sobre a atuação da justiça", enquanto as regras de organização judiciária são normas sobre a "administração da justiça". Afirmam tais autores, "utilizando palavras de um antigo processualista brasileiro, que organização judiciária é o regime legal da constituição orgânica do Poder Judiciário".

- **ARRUDA ALVIM** (*Manual...*, 16. ed., p. 283) sustenta que, como regra geral, é possível afirmar-se que as leis de organização judiciária "visam disciplinar as condições materiais para o exercício da função jurisdicional, atribuindo funções e competência aos órgãos monocráticos ou colegiados, regrando sua própria constituição, e, ainda, regulam a organização, classificação, disciplina e atribuições dos serviços auxiliares da Justiça". (p. 284) Assevera também que a "organização judiciária estadual disciplina também os requisitos essenciais ao funcionamento dos órgãos, quer no que tange à pessoa dos seus ocupantes e à ligação (estatutária ou não), entre o agente e o órgão, quer no que diz respeito aos vários auxiliares da Justiça". Ainda segundo seu sentir, pode-se concluir que "a organização judiciária é essencial, pois, na sua falta, o Poder Judiciário não poderia materialmente funcionar. Tal organização, como é curial, varia em parte, dependentemente da estrutura, necessidades e possibilidades do próprio Estado federado".

- **HUMBERTO THEODORO JÚNIOR** (*Curso...*, vol. 1, 56. ed., p. 413) afirma que à União "compete a elaboração de lei complementar, de iniciativa do Supremo Tribunal Federal, para estabelecer normas, aplicáveis a todo o aparelhamento judiciário do País, sobre organização, funcionamento, disciplina, vencimentos, promoções, remoções etc., observados alguns princípios fundamentais já traçados pela própria Constituição (art. 93). Dessa forma, as justiças estaduais organizar-se-ão segundo suas leis locais e regimentos internos, mas deverão acomodá-los às normas gerais traçadas pelo Estatuto Nacional".

- **JOSÉ FREDERICO MARQUES** (*Manual...*, vol. 1, 9. ed., p. 151) afirma que as leis relativas à organização judiciária estão divididas em dois planos: leis federais e leis estaduais. As primeiras, em seu dizer, "podem ter por objetivo: 1) a estruturação orgânica da magistratura nacional, *ex vi* do art. 93 da CF; 2) a organização judiciária da Justiça do Trabalho, da Justiça Eleitoral e da Justiça Militar (arts. 113, 121 e 124, parágrafo único, da CF); 3) a organização judiciária da justiça federal ordinária (Tribunais Regionais Federais e juízes federais), *ex vi* dos arts. 22, XVII, e, 107, parágrafo único [atual § 1.º, renumerado pela EC 45/2004], da CF; 4) a organização judiciária do Distrito Federal e dos Territórios (art. 22, XVII, da CF)". Às leis estaduais de organização judiciária, cuja iniciativa cabe aos Tribunais de Justiça, "cabe a organização da justiça dos respectivos Estados, observados os princípios constitucionais (art. 125 e § 1.º, da CF)". E conclui, a esse respeito: "Donde existir: 1) organização judiciária das justiças especiais; 2) organização judiciária da justiça federal ordinária; 3) organização judiciária do Distrito Federal e dos Territórios; 4) organização judiciária dos Estados. E sobrepairando a todas as leis referentes a esses quatro setores normativos sobre organização judiciária, a Lei Orgânica da Magistratura Nacional (LC 35, de 14 de março de 1979), a ser substituída pela lei complementar referida no art. 93 da CF, de iniciativa do Supremo Tribunal Federal, que disporá sobre o Estatuto da Magistratura".

- **TERESA ARRUDA ALVIM WAMBIER, MARIA LÚCIA LINS CONCEIÇÃO, LEONARDO FERRES DA SILVA RIBEIRO E ROGERIO LICASTRO TORRES DE MELLO** (Primeiros..., p. 295) afirmam que, "enquanto o juízo é a unidade básica da organização judiciária, as comarcas e seções judiciárias dizem respeito à divisão das competências territoriais em primeiro grau. Assim, há possibilidade de existir mais de uma unidade judiciária (juízo), na mesma comarca, ou na mesma seção judiciária".

BIBLIOGRAFIA

Fundamental

ANTONIO CARLOS DE ARAÚJO CINTRA, ADA PELLEGRINI GRINOVER e CÂNDIDO RANGEL DINAMARCO, *Teoria geral do processo*, 30. ed., São Paulo, Malheiros, 2014; ARRUDA ALVIM, *Manual de direito processual civil*, 16. ed., São Paulo, Ed. RT, 2013; HUMBERTO THEODORO JÚNIOR, *Curso de direito processual civil*, 56. ed., Rio de Janeiro, Forense, 2015, vol. 1; JOSÉ FREDERICO MARQUES, *Manual de direito processual civil*, 9. ed., atual. Ovídio Rocha Barros Sandoval, Campinas, Millennium, 2003, vol. 1; TERESA ARRUDA ALVIM WAMBIER, MARIA LÚCIA LINS CONCEIÇÃO, LEONARDO FERRES DA SILVA RIBEIRO e ROGERIO LICASTRO TORRES DE MELLO, *Primeiros comentários ao novo código de processo civil: artigo por artigo*, São Paulo, Ed. RT, 2015.

Complementar

ADHEMAR FERREIRA MACIEL, Considerações sobre as causas do emperramento do judiciário, *RePro* 97/17; AILTON STROPA GARCIA, Desburocratização do Poder Judiciário, *RePro* 60/89; ALCIDES DE MENDONÇA LIMA, O processo como garantia das instituições sociais, *RePro*, 13/147, jan. 1979, *Doutrinas Essenciais de Processo Civil*, vol. 1, p. 625, out. 2011; ALDACY RACHID COUTINHO, Relação de trabalho: uma questão da competência da Justiça do Trabalho – anotações sobre os servidores públicos, *Reforma do Judiciário*: primeiras reflexões sobre a Emenda Constitucional n. 45/2004, São Paulo, Ed. RT, 2005; ALEXANDRE FREITAS CÂMARA, *Lições de direito processual civil*, 16. ed., Rio de Janeiro, Lumen Juris, 2007, vol. 1; ALFREDO DE ARAÚJO LOPES DA COSTA, *Manual elementar de direito processual civil*, 3. ed., atual. Sálvio de Figueiredo Teixeira, Rio de Janeiro, Forense, 1982; AMIR JOSÉ FINOCCHIARO SARTI, A competência da Justiça Federal do Cível, *RJ* 264/5; ANA LUÍZA BARRETO DE ANDRADE FERNANDES NERY, Observações iniciais sobre o Conselho Nacional de Justiça, *RePro* 134/122; ANDRÉ DE ALBUQUERQUE CAVALCANTI ABBUD, O processo e os novos rumos do Judiciário: desafios e tendências, *RePro* 142/268; ANDRÉ RAMOS TAVARES, *Reforma do judiciário no Brasil pós-99*: (des)estruturando a justiça: comentários completos à Emenda Constitucional n. 45/04, São Paulo, Saraiva, 2005; ANGELA CRISTINA PELICIOLI, O Poder Judiciário e a nova perspectiva do princípio da separação dos poderes, in Pedro Manoel Abreu e Pedro Miranda de Oliveira (coords.), *Direito e processo*: estudos em homenagem ao Desembargador Norberto Ungaretti, Florianópolis, Conceito, 2007; CÂNDIDO RANGEL DINAMARCO, *Instituições de direito processual civil*, 5. ed., São Paulo, Malheiros, 2005, vol. 1; CARLOS ALBERTO CHIARELLI, *O poder judiciário e a nova Constituição*, Porto Alegre, Ajuris,

1985; CARLOS BASTIDE HORBACH e BEATRIZ BASTIDE HORBACH, A organização judiciária alemã, *RePro,* 226/323, dez. 2013; CARLOS EDUARDO THOMPSON FLORES LENZ, O Conselho Nacional de Justiça e a administração do Poder Judiciário, *RePro* 141/263; _____, O Tribunal de Contas e o Poder Judiciário, *RDCI* 55/341; CARLOS HENRIQUE BEZERRA LEITE, Democracia interna no poder judiciário: eleições para os cargos diretivos dos tribunais no paradigma do estado democrático de direito, *RDCI,* 81/199, out. 2012; CARLOS MARIO DA SILVA VELLOSO, Do poder judiciário: organização e competência, *RDA* 200/01; _____, O Poder Judiciário como poder político no Brasil do século XX, *RJ* 283/5; CASSIO SCARPINELLA BUENO, *Curso sistematizado de direito processual civil,* São Paulo, Saraiva, 2007, vol. 1; CELIO BORJA, *Reforma do poder judiciário,* São Paulo, Confederação Nacional do Comércio, 1994; CELSO AGRÍCOLA BARBI, *Comentários ao Código de Processo Civil,* 10. ed., Rio de Janeiro, Forense, 1997, vol. 1; CLÈMERSON MERLIN CLÈVE, Poder judiciário: autonomia e justiça, *RT* 691/34; DANIEL MITIDIERO, Por uma reforma da justiça civil no brasil um diálogo entre Mauro Cappelletti, Vittorio Denti, Ovídio Baptista e Luiz Guilherme Marinoni, *RePro,* 199/83, set. 2011; DOMINGOS FRANCIULLI NETTO, Reforma do Poder Judiciário. Controle externo. Súmula Vinculante, *Reforma do Judiciário*: primeiras reflexões sobre a Emenda Constitucional n. 45/2004, São Paulo, Ed. RT, 2005; DONALDO ARMELIN, Uma visão da crise atual do Poder Judiciário, *RePro* 137/245; EDUARDO CHEMALE SELISTRE PEÑA, Reforma do judiciário: a polêmica em torno da adoção das súmulas vinculantes e a solução oferecida pelas súmulas impeditivas de recursos, *RePro* 120/77; EDUARDO DE AVELAR LAMY, Reflexões sobre os filtros, a temática do acesso à justiça e o funcionamento do Supremo Tribunal Federal, *Revista de Processo Comparado* 1/97, jan./ 2015; EDWARD CARLYLE SILVA, *Direito processual civil,* Rio de Janeiro, Impetus, 2007; EGAS D. MONIZ DE ARAGÃO, Estatística judiciária, *RePro* 110/9; ELPIDIO DONIZETTI NUNES, *Curso didático do direito processual civil,* 8. ed., Rio de Janeiro, Lumen Juris, 2007; ERIK FREDERICO GRAMSTRUP, Conselho Nacional de Justiça e controle externo: roteiro geral, *Reforma do Judiciário*: primeiras reflexões sobre a Emenda Constitucional n. 45/2004, São Paulo, Ed. RT, 2005; ERNANE FIDÉLIS DOS SANTOS, *Manual de direito processual civil,* 12. ed., São Paulo, Saraiva, 2007, vol. 1; EUGENIO RAÚL ZAFFARONI, *O poder judiciário,* São Paulo, Ed. RT, 1995; FÁBIO CARDOSO MACHADO e RAFAEL BICCA MACHADO (coords.), *A reforma do poder judiciário,* São Paulo, Quartier Latin, 2006; FERNANDO MACHADO e JOSÉ AUGUSTO DIAS DE CASTRO, A reforma do poder judiciário e a súmula impeditiva de recursos, in Fábio Cardoso Machado e Rafael Bicca Machado (coords.), *A reforma do poder judiciário,* São Paulo, Quartier Latin, 2006; FLÁVIA DE ALMEIDA MONTINGELLI ZANFERDINI, A crise da justiça e do processo e a garantia do prazo razoável, *RePro* 112/240; FRANCISCO C. PONTES DE MIRANDA, *Comentários ao Código de Processo Civil,* 3. ed., Rio de Janeiro, Forense, 1995, t. II; FREDIE DIDIER JUNIOR, *Curso de direito processual civil*: teoria geral do processo e processo do conhecimento, 7. ed., Salvador, JusPodivm, 2007; GALENO LACERDA, O juiz e a justiça no Brasil, *RePro* 61; GISELE LEMKE, A reforma do poder judiciário, *GenesisProc* 12/244; GISELE SANTOS FERNANDES GÓES, *Direito processual civil*: processo de conhecimento, São Paulo, Ed. RT, 2006; HÉLIO TORNAGHI, *Comentários ao Código de Processo Civil,* 2. ed., São Paulo, Ed. RT, 1976, vol. 1; HORÁRIO WANDERLEI RODRIGUES, Poder Judiciário e Emenda Constitucional n. 45, Coord. PEDRO MANOEL ABREU e PEDRO MIRANDA DE OLIVEIRA, *Direito e processo*: estudos em homenagem ao Desembargador Norberto Ungaretti, Florianópolis, Conceito, 2007; IVAN APARECIDO RUIZ, Primeiras impressões acerca da competência prevista no art. 114 da CF/1988, de acordo com a reforma constitucional (EC n. 45, de 08.12.2004), *Reforma do Judiciário*: primeiras reflexões sobre a Emenda Constitucional n. 45/2004, São Paulo, Ed. RT, 2005; IVES GANDRA DA SILVA MARTINS, Poder

Legislativo e Poder Judiciário?, *JP* 1/49; JOÃO BATISTA LOPES, Efetividade do processo e reforma do Código de Processo Civil: como explicar o paradoxo do processo moderno – justiça morosa?, *RePro* 105/128; _____, Reforma do Judiciário e efetividade do processo civil, *Reforma do Judiciário*: primeiras reflexões sobre a Emenda Constitucional n. 45/2004, São Paulo, Ed. RT, 2005; JOSÉ ALFREDO DE OLIVEIRA BARACHO, Democracia e poder judiciário, *RFDUFMG* 32/31; JOSÉ AUGUSTO DELGADO, Organização política do Brasil. O poder judiciário. Instrumento da política. Identificação do poder judiciário na democracia representativa. A organização e o funcionamento do Poder Judiciário em todas as instâncias, *JP* 10/21; JOSÉ CARLOS MOREIRA ALVES, O poder judiciário no Brasil, *RMP* 11/15; JOSÉ DE ALBUQUERQUE ROCHA, Democratização do Judiciário, *GenesisProc* 12/260; JOSÉ EDUARDO CARREIRA ALVIM, *Elementos de teoria geral do processo*, Rio de Janeiro, Forense, 1995; _____, *Elementos de teoria geral do processo*, 7. ed., Rio de Janeiro, Forense, 2001; JOSÉ MAURICIO PINTO DE ALMEIDA, *O poder judiciário brasileiro e sua organização*, Curitiba, Juruá, 1996; JOSÉ NÉRI DA SILVEIRA, A independência do Poder Judiciário e dos magistrados, *RTDP* 4/199; JOSÉ RENATO NALINI, A reforma do Estado: proposta concreta para um novo Judiciário, *RT* 724/115; JOSÉ RUBENS COSTA, *Tratado de processo de conhecimento*, São Paulo, J. Oliveira, 2003; JULIO GUILHERME MÜLLER, O papel fundamental do Superior Tribunal de Justiça no contexto do estado democrático de direito: reflexões a partir do interesse público de uniformização da interpretação da legislação infraconstitucional, *RePro* 238/145; JUVÊNCIO VASCONCELOS VIANA, Nova sistemática do processo à luz da "Reforma do Poder Judiciário" (EC n. 45/2004), *RDDP* 42/69; LEONARDO GRECO, A reforma do Poder Judiciário e o acesso à Justiça, *RDDP* 27/67; LUÍS GASTÃO FRANCO DE CARVALHO, O Poder Judiciário na Constituição de 1988, *RT* 647/244; LUÍS ROBERTO BARROSO, Constitucionalidade e legitimidade da criação do Conselho Nacional de Justiça, *Reforma do Judiciário*: primeiras reflexões sobre a Emenda Constitucional n. 45/2004, São Paulo, Ed. RT, 2005; LUIZ ALBERTO MARTINS DE OLIVEIRA, *Independência do judiciário*: garantia do estado democrático, Brasília, Senado Federal, 1993; LUIZ FLÁVIO GOMES, Poder judiciário: controle interno e externo e revisão constitucional, *RA* 43/46; LUIZ FUX, *Curso de direito processual civil*, 3. ed., Rio de Janeiro, Forense, 2005; LUIZ GUILHERME DA COSTA WAGNER JUNIOR, *Processo civil*: curso completo, Belo Horizonte, Del Rey, 2007; LUIZ GUILHERME MARINONI e SÉRGIO CRUZ ARENHART, *Teoria geral do processo*, 2. ed., São Paulo, Ed. RT, 2007, vol. 1; LUIZ MACHADO BISNETO, O sistema de organização judiciária inglês, *RePro*, 200/195, out. 2011; LUIZ ROBERTO SABATTO, Judiciário – controle externo – aspectos constitucionais – mecanismo admissível nos países que adotam a bipartição do poder – inconstitucionalidade no Brasil – experiência francesa – origem – evolução – desmantelamento do Judiciário – infiltração política – esforço de recuperação – Brasil na contramão da história, *RT* 820/91; LUIZ RODRIGUES WAMBIER, TERESA ARRUDA ALVIM WAMBIER e JOSÉ MIGUEL GARCIA MEDINA, *Breves comentários à nova sistemática processual civil*, 3. ed., São Paulo, Ed. RT, 2005; MARCELO ABELHA RODRIGUES, *Elementos de direito processual civil*, 3. ed., São Paulo, Ed. RT, 2000, vol. 1; MARCO AFONSO BORGES, Os poderes, os deveres e as faculdades do juiz no processo, *RePro* 95/171; MARCUS VINICIUS FURTADO COÊLHO, O judiciário hoje e os objetivos da reforma processual civil, *RePro* 126/119; MARCUS VINICIUS RIOS GONÇALVES, *Novo curso de direito processual civil*, 4. ed., São Paulo, Saraiva, 2007, vol. 1; MÁRIO HELTON JORGE, O Conselho Nacional de Justiça e o controle externo administrativo, financeiro e disciplinar do Poder Judiciário: violação do pacto federativo, *Reforma do Judiciário*: primeiras reflexões sobre a Emenda Constitucional n. 45/2004, São Paulo, Ed. RT, 2005; MAURÍCIO ANTONIO RIBEIRO LOPES, A reforma do poder judiciário, *RePro* 89/62; MAURO SPALDING, O servidor público federal e a ampliação da competência da Justiça do Trabalho, *Reforma do Judiciário*:

primeiras reflexões sobre a Emenda Constitucional n. 45/2004, São Paulo, Ed. RT, 2005; MISAEL MONTENEGRO FILHO, *Curso de direito processual civil*, 4. ed., São Paulo, Atlas, 2007, vol. 1; MOACYR AMARAL SANTOS, *Primeiras linhas de direito processual civil*, 25. ed., atual. Aricê Moacyr Amaral Santos, São Paulo, Saraiva, 2007, vol. 1; MODESTO CARVALHOSA, Controle externo do poder judiciário, *RA* 43/42; MÔNICA JACQUELINE SIFUENTES, O Poder Judiciário no Brasil e em Portugal: reflexões e perspectivas, *RePro* 98/133, *RIL* 142/325; NELSON NERY JR., Alguns aspectos da competência da Justiça do Trabalho, *Reforma do Judiciário*: primeiras reflexões sobre a Emenda Constitucional n. 45/2004, São Paulo, Ed. RT, 2005; NELSON RODRIGUES NETTO, Qual o juízo competente para a minha ação?, *RePro* 146/359; NILTON BUSSI, Emenda constitucional para o Poder Judiciário, *Genesis RDPC* 4/91; OSCAR DIAS CORRÊA, Breves ponderações sobre a crise do poder judiciário, *RePro* 98/153; OVÍDIO A. BAPTISTA DA SILVA, A função dos tribunais superiores, Coord. FÁBIO CARDOSO MACHADO e RAFAEL BICCA MACHADO, *A reforma do Poder Judiciário*, São Paulo, Quartier Latin, 2006; _____, *Curso de processo civil*, 6. ed., São Paulo, Ed. RT, 2002, vol. 1; PAULA BAJER FERNANDES MARTINS DA COSTA, Sobre a importância do Poder Judiciário na configuração do sistema da separação dos poderes instaurado no Brasil após a Constituição de 1988, *RDCI* 30/240; PEDRO A. BATISTA MARTINS, O poder judiciário e a arbitragem: quatro anos da Lei 9.307/96 (4 partes), *RDBMA* 9/315 a 13/350; PEDRO LESSA, *Do poder judiciário*, Rio de Janeiro, Francisco Alves, 1915; PEDRO MADALENA, Judiciário e planejamento, *RJ* 226/53; PETRÔNIO CALMON FILHO (org.), *Reforma constitucional do poder judiciário*, São Paulo, IBDP, 1999; RAIMUNDO DANTAS, A reforma do Poder Judiciário e a nova Justiça do Trabalho, *Reforma do Judiciário*: primeiras reflexões sobre a Emenda Constitucional n. 45/2004, São Paulo, Ed. RT, 2005; REGIS FERNANDES DE OLIVEIRA, O papel do juiz e do poder judiciário na sociedade moderna, *RT* 824/61; RENATO VAQUELLI FAZANARO, O modelo brasileiro de composição do Supremo Tribunal Federal: uma análise contemporânea, *Revista de Direito Constitucional e Internacional*, 89/217; RICARDO ARNALDO MALHEIROS FIUZA, O poder judiciário nas constituições dos países da comunidade de língua portuguesa, *RePro* 98/219; _____, *O poder judiciário no Brasil*, Belo Horizonte, Del Rey, 1995; RICARDO LEWANDOWSKI, A modernização do Poder Judiciário, *Consulex* 240/6; SÁLVIO DE FIGUEIREDO TEIXEIRA, O Judiciário brasileiro e as propostas de um novo modelo, RJ 262/5; SÉRGIO BERMUDES, *A reforma do judiciário pela Emenda Constitucional n. 45*, Rio de Janeiro, Forense, 2005; _____, *Introdução ao processo civil*, 4. ed., Rio de Janeiro, Forense, 2006; SÉRGIO SÉRVULO DA CUNHA, Um judiciário para o Brasil, *RT,* 923/25, set. 2012; SIDNEI AGOSTINHO BENETI, O juiz e o serviço judiciário, *RePro* 55/127; _____, Doutrina de precedentes e organização judiciária, *Processo e Constituição*: estudos em homenagem ao Professor José Carlos Barbosa Moreira, Coord. LUIZ FUX, NELSON NERY JR. e TERESA ARRUDA ALVIM WAMBIER, São Paulo, Ed. RT, 2006; SYDNEY SANCHES, O advogado e o Poder Judiciário, *RT* 648/240; SÍLVIO NAZARENO COSTA, *Súmula vinculante e reforma do judiciário*, Rio de Janeiro, Forense, 2002; THEOTONIO NEGRÃO, Reforma do processo e da organização judiciária, *RT* 629/280; _____, Uma nova estrutura para o Judiciário, *RT* 639/242; THEREZA ALVIM, A organização judiciária e o Código de Processo Civil, *RePro* 3/32; VLADIMIR PASSOS DE FREITAS, *Corregedorias do Poder Judiciário*, São Paulo, Ed. RT, 2003; WILLIAM LOPES DA FONSECA, O controle social do Poder Judiciário, a independência da magistratura e o caráter político da função jurisdicional, *RT* 841/87; _____, A reforma do poder judiciário e do direito processual brasileiro, *RT* 829/62.

CAPÍTULO 6

COMPETÊNCIA

> SUMÁRIO: 6.1. Conceito – 6.2. Critérios para a determinação da competência; 6.2.1. Fontes normativas da competência – 6.3. A importância dos critérios – 6.4. Utilização dos critérios – 6.5. Critério territorial – 6.6. Critério funcional – 6.7. Critérios objetivos; 6.7.1. Valor; 6.7.2. Matéria; 6.7.3 Pessoa (*ratione personae*) – 6.8. Competência relativa – Regime jurídico – Formas de impugnação – 6.9. Competência absoluta – Regime jurídico – Formas de impugnação – 6.10. Causas modificativas da competência – 6.11. Conexão e continência – 6.12. Prevenção – 6.13. Roteiro prático para a definição da competência – 6.14. Competência-competência – 6.15. Instrumentos de controle da competência – 6.16. Perpetuação da jurisdição.

6.1. Conceito

É preciso estabelecer, desde logo, a diferença entre jurisdição e competência. Esse segundo conceito, embora seja extremamente vinculado ao de jurisdição, com esse não se confunde.

Como já se viu, jurisdição é a função do Estado, atributo de sua soberania, de resolver os conflitos, na medida em que a ela sejam apresentados, em lugar daqueles que no conflito estão envolvidos, através da aplicação de uma solução contida no sistema jurídico. Na medida em que é uma das formas de exercício do poder do Estado, a jurisdição é una.

Como função do poder estatal, a jurisdição é exercida sobre toda a sociedade, de forma abrangente sobre todo o território nacional. Esse exercício em todo o país implica necessidade de organização e de divisão do trabalho do Poder Judiciário, o que faz com que a função de exercer a jurisdição seja distribuída entre diversos órgãos, a partir de alguns critérios.

São justamente as normas de competência que atribuem concretamente a função de exercer a jurisdição aos diversos órgãos jurisdicionais, pelo que se pode conceituá-la como instituto que define o âmbito de exercício da atividade jurisdicional de cada órgão dessa função encarregado.

Daí não ser feliz a imagem criada por alguns autores, no sentido de que a competência seria *a medida da jurisdição*, como se os órgãos do Poder Judiciário exercessem apenas "parte" da jurisdição.

Na verdade, quando as regras de competência preveem que determinado órgão do Poder Judiciário deva exercer a jurisdição, esse o fará integralmente, não havendo que se falar em exercício de parcela ou de parcelas da jurisdição. Importante ressaltar, neste passo, que competência é atribuição do órgão jurisdicional e não do agente, pessoalmente, dada a prevalência do princípio da impessoalidade. Essa é a opção adotada pelo legislador, embora, na redação do art. 42 do CPC/2015, tenha sido feita referência a "juiz" em lugar de "órgão jurisdicional".

6.2. Critérios para a determinação da competência

O legislador definiu critérios para a determinação da competência dos diversos órgãos da Jurisdição, a fim de que se possa saber, diante de um caso concreto, qual juízo, entre todos igualmente investidos na função jurisdicional, tem competência para processar e julgar determinada causa.

6.2.1. *Fontes normativas da competência*

Os dispositivos que estabelecem como identificar-se a competência diante de casos concretos encontram-se dispersos no ordenamento e são numerosos: muitos deles estão previstos já na própria Constituição Federal (arts. 102, 105, 108, 109, 114, 124, entre outros); outros tantos estão veiculados, de modo relativamente sistemático, no Código de Processo Civil; mas há ainda aqueles veiculados em leis esparsas da mesma hierarquia, como a Lei de Recuperação e Falência, a Lei Orgânica da Magistratura e as Constituições estaduais e leis locais de organização judiciária. Há, ainda, enunciados de súmula a respeito da interpretação das regras de competência (ex.: Súmulas 222, 363, 365, 367, 383, 428 e 505 do STJ).

Por isso, a melhor forma de abordagem do tema consiste em tratar dos critérios gerais de sua fixação e das consequências da infração das regras que tenham elegido um ou outro critério. Dominando os critérios e seus respectivos regimes jurídicos, torna-se possível definir-se a competência para cada caso concreto, mediante a consideração das regras especificamente aplicáveis.

Em suma, o importante é, diante da regra, saber de que tipo de competência se trata e quais as consequências da desobediência àquela norma. É o que se fará a seguir.

6.3. A importância dos critérios

Há critérios que dão origem a regras que estabelecem a competência denominada relativa, e outros que, utilizados, geram normas de competência absoluta.

Na necessidade de diferenciação entre a competência absoluta e relativa, que decorre do tipo de critério de que se valeu o legislador para criar aquela determinada regra de competência, é que reside a importância do estudo desses critérios.

Isto porque, uma vez infringidas as regras de competência absoluta, está-se diante de um vício insanável, gerador de uma nulidade absoluta, a respeito da qual não se opera a preclusão, nem para as partes, nem para o juiz, devendo este, até mesmo de ofício, reconhecer o defeito.

Aliás, é de tamanha gravidade o vício consistente na incompetência absoluta que, mesmo depois de se formar a coisa julgada, a sentença continua passível de impugnação, no prazo de dois anos a partir do trânsito em julgado, por meio de ação rescisória (art. 966, II, do CPC/2015).

Já quando se trata de competência relativa, determinada por outros critérios, uma vez infringida a regra, está-se diante de nulidade relativa (ou anulabilidade, segundo alguns), que não pode ser conhecida de ofício e se sujeita à preclusão, pois, não sendo arguida oportunamente, fica sanada (CPC, arts. 64, 65 e 337, II, do CPC/2015).

É por isso que, ao examinar-se a regra que determina a competência, é importante que se perceba em que tipo de critério a norma se baseou.

6.4. Utilização dos critérios

Os critérios são fundamentalmente os seguintes: territorial, funcional, em razão da pessoa, matéria a ser decidida e valor da causa.

Os critérios concernentes ao *território* e, em certas condições, ao *valor* ligam-se à competência *relativa*, em regra. A competência relativa é definida por critérios vinculados eminentemente ao interesse das partes. Ou seja, toma em conta aquilo que normalmente é o mais conveniente e prático para elas ou, em certas circunstâncias, para uma delas.

Em regra, o critério *funcional* e aqueles ligados à *pessoa* e à *matéria* (além dos ligados a valor em certas condições) são tomados em conta, pelo legislador, para estabelecer regras de competência absoluta. Tais critérios interessam mais diretamente à própria Jurisdição: visam à maior racionalidade, eficiência e segurança da atuação dos órgãos jurisdicionais.

Todos os elementos necessários para se estabelecer a competência devem constar da petição inicial:

1. território – domicílio das partes, localização do bem que é objeto material do litígio, local em que ocorreram os fatos relevantes da causa (ex.: onde a obrigação foi contraída, onde deveria ser paga, onde se deu o acidente de trânsito etc.);

2. valor – valor pecuniário atribuído à causa;

3. matéria – a causa de pedir e o pedido apresentados;

4. em razão da pessoa – identificação das partes;

5. função – a circunstância de ser uma petição inicial (o que levará à necessidade de identificar quem tem a competência originária para a causa, i.e., a competência para o primeiro exame da causa).

Os itens 2, 3 e 4 são designados por parte da doutrina como critérios "objetivos" de estabelecimento da competência.

É importante ressaltar que, na verdade, todos, ou quase todos os critérios são utilizados simultaneamente para indicar a competência de determinado órgão jurisdicional para processar e julgar ações e recursos.

Por exemplo, se A quer intentar ação judicial de divórcio contra B, deve fazê-lo:

a) perante a Justiça "comum" (i.e., não especializada), pois a causa não concerne à relação trabalhista, matéria eleitoral, nem crime militar – competência definida em razão da matéria;

b) perante a Justiça Estadual, pois a causa não envolve a União nem suas autarquias, fundações e empresas públicas – competência em razão da pessoa;

c) em 1.º grau de jurisdição – competência funcional: é função do primeiro grau de jurisdição julgar ações originariamente, ressalvadas as hipóteses expressamente atribuídas aos tribunais (que, por sua vez, pautam-se em critérios relativos à matéria e à pessoa);

d) no último domicílio do casal ou, se nenhuma das partes nele residir, no domicílio do réu (art. 53, I, b e c, do CPC/2015) – critério territorial;

e) na vara de família – competência fixada em razão da matéria: divórcio.

Advirão consequências diferentes, todavia, da violação de umas ou outras regras determinantes da competência.

6.5. Critério territorial

O poder de cada órgão e agente jurisdicional incide sobre todo o território nacional. Em princípio, uma decisão dada em qualquer lugar do Brasil é eficaz em todo o país. Mas há uma repartição geográfica de atribuições: o exercício da jurisdição se dá, pelos diferentes órgãos, em determinados limites territoriais.

Essa delimitação recebe genericamente o nome de *foro*. Mas, conforme o ramo do Judiciário, há variação do termo empregado. Dessa forma, os juízes de Direito dos Estados atuam nos limites das respectivas circunscrições territoriais, as *comarcas*. Os juízes federais o fazem nos limites das chamadas *seções* e *subseções judiciárias*, e assim por diante. Em relação aos tribunais dá-se exatamente o mesmo: os Tribunais Regionais Federais têm competência para exercer a jurisdição nos limites das respectivas regiões. O TRF da 4.ª Região, por exemplo, tem competência territorial limitada aos Estados do Rio Grande do Sul, Santa Catarina e Paraná. O Tribunal Regional Federal da 3.ª Região, por sua vez, tem competência, sob o critério territorial, para exercer a jurisdição nos Estados de São Paulo e Mato Grosso do Sul (v. n. 5.6, acima).

Vista essa matéria sob o ângulo da parte, a competência territorial nos leva à determinação do foro competente, isto é, do local em que se deva ajuizar a ação contra determinada pessoa.

Em princípio, quando uma norma se servir de critério territorial para fixar a competência, o desrespeito a esse dispositivo gera, como regra geral, vício relativo. Se, ao ajuizar a ação, o autor não observar a correta competência territorial, em regra, o defeito apenas será considerado pelo juiz se o réu alegar o defeito em sua contestação. As partes também podem expressamente convencionar o foro que preferem (ou seja, mediante negócio jurídico processual, estabelecer a competência territorial).

Exceção à regra de que a competência fixada em razão do critério territorial é relativa se encontra prevista no art. 47, §§ 1.º, parte final, e 2.º. Neste caso, não há prorrogação, decorrente da ausência de impugnação, e não pode haver convenção das partes em sentido contrário àquele que a lei prevê. A competência fixada em razão do art. 47, §§ 1.º, parte final, e 2.º, é absoluta (e, segundo parte da doutrina, por ser absoluta, teria caráter funcional, e não meramente territorial). É também o que se passa no caso da competência para a ação coletiva (Lei 7.347/1985, art. 2.º). Nesse caso, aliás, a própria lei qualifica a competência como "funcional", para ressaltar seu caráter absoluto.

Do ponto de vista da parte, a esta cabe identificar informações do litígio concernentes aos aspectos territoriais, cotejando-os com as regras que tratam de tais critérios, a fim de definir qual o foro competente para o processamento e julgamento da ação.

Reiterando-se que aqui não se pretende, nem é possível, esgotar o tema das específicas regras definidoras de competência, eis algumas das principais delas, no que tange ao critério territorial:

(a) regras gerais (foro comum):

(a.1) do domicílio do réu, pessoa natural (art. 46, *caput*);

(a.2) foro da pessoa jurídica (art. 53, III, *a* e *b*): nas ações contra ela propostas, o da sua sede ou o da sua agência ou sucursal em que a obrigação (discutida na ação) foi contraída;

(a.3) foro da sociedade de fato (art. 53, III, *c*): nas ações contra ela propostas, o do local onde usualmente exerce suas atividades;

(b) foros subsidiários ao comum (art. 46, §§ 1º a 4º):

(b.1) réu com mais de um domicílio: o foro de qualquer um deles;

(b.2) réu com domicílio incerto ou desconhecido: foro de onde for encontrado ou no do autor;

(b.3) réu sem domicílio ou residência no Brasil: foro do autor ou, se esse também residir no exterior, qualquer foro;

(b.4) pluralidade de réus: o foro do domicílio de qualquer deles;

(c) foros especiais:

(c.1) foro da situação do imóvel (art. 47): foro de onde se situa o imóvel, nas ações fundadas em direito real sobre imóvel e nas ações possessórias imobiliárias (sendo excepcionalmente absoluta essa competência, no caso das possessórias e quando o direito real versar sobre propriedade, vizinhança, servidão, divisão e demarcação de terras e nunciação de obra nova – como visto acima);

(c.2) foro hereditário (art. 48): o foro onde se domiciliava no Brasil a pessoa que faleceu ("autor da herança", "*de cujus*"), nas ações relativas a inventário, partilha e arrecadação de seus bens ou de cumprimento de seu testamento (inclusive as ações anulatórias de partilha extrajudicial) e nas ações contra o espólio (i.e., o conjunto de bens e direitos deixados pelo falecido) – sendo irrelevante o fato de a pessoa eventualmente ter morrido no estrangeiro. Se o falecido não tinha domicílio certo, é competente para esses casos o foro de onde se situam os seus imóveis (se houver imóveis em vários foros, qualquer deles) ou, não havendo imóveis, o foro de onde estejam quaisquer outros bens do espólio;

(c.3) foro do ausente (art. 49): o foro do seu último domicílio conhecido, nas ações contra ele e nas ações hereditárias relativas a ele;

(c.4) foro do incapaz (art. 50): o foro do domicílio do representante ou assistente, nas ações contra o incapaz;

(c.5) foro para separação, divórcio, anulação de casamento, reconhecimento ou dissolução de união estável (art. 53, I): o do domicílio do cônjuge ou companheiro que esteja com a guarda de filho incapaz ou, não sendo o caso, no do último domicílio do casal ou no do réu, se nenhuma das partes mais residir no antigo domicílio;

(c.6) foro da ação de alimentos (art. 53, II): o do domicílio ou residência do alimentando, que se aplica também à ação de investigação de paternidade, quando essa é cumulada com a de alimentos (Súmula 1 do STJ);

(c.7) foro obrigacional (art. 53, III, *d*): nas ações em que se busca a satisfação de uma obrigação, o do local em que ela deveria ser cumprida;

(c.8) foro indenizatório (art. 53, IV, *a*): nas ações de reparação de dano, o do local do ato ou fato lesivo;

(c.9) foro de responsabilização de administrador (art. 53, IV, *b*): o do local do ato ou fato lesivo, nas ações contra administrador ou gestor de negócios alheios;

(c.10) foro de acidente de veículos (art. 53, V): nas ações indenizatórias por acidentes de veículos (inclusive aeronaves), o do local do acidente ou o do domicílio do autor;

(c.11) foro da reparação do delito (art. 53, V): na ação de reparação do dano gerado por crimes, o do domicílio do autor ou o do local do fato delituoso;

(c.12) foro do idoso (art. 53, III, *e*): o da residência do idoso, nas ações relativas a direitos protegidos pela Lei 10.741/03 (Estatuto do Idoso);

(c.13) foro cartorial (art. 53, III, *f*): o da sede da serventia notarial ou do registro, nas ações de indenização por dano causados pelos agentes desses ofícios;

(c.14) foro da União (art. 109, §§ 1.º e 2.º, da CF; art. 51 do CPC/2015): o do domicílio do réu, nas ações em que ela é autora; o domicílio do autor, o do local do ato ou fato gerador da demanda, o do local em que se situa o bem controvertido ou o do Distrito Federal, nas ações em que ela é ré (sobre o tema, v. também n. 6.7.3, adiante);

(c.15) foro do Estado e do Distrito Federal (art. 52): o do domicílio do réu, nas ações propostas por Estado ou DF; o do domicílio do autor, o do local do ato ou fato gerador da demanda, o do local em que se situa o bem controvertido ou o da capital do ente federado em causa, nas ações em que ele é réu;

(c.16) foro da execução fiscal (art. 46, § 5º): o do domicílio ou residência do executado ou, na falta ou incerteza desses, o do lugar onde ele for encontrado;

(c.17) foro das ações coletivas: o do local do ato ou fato gerador da lesão que se quer impedir, cessar ou reparar, se a lesão for meramente local; o da capital do Estado ou do Distrito Federal, alternativamente, se a lesão tiver alcance regional ou nacional (Lei 7.347/1985, art. 2.º; CDC, art. 93). Como visto, nesse caso, a competência territorial tem excepcionalmente caráter absoluto, chegando a ser qualificada como "funcional" pelo art. 2.º da Lei 7.347/1985;

(c.18) foro do representante comercial (art. 39 da Lei 4.886/1965): o do seu domicílio, nas ações que tenham por objeto obrigações decorrentes do contrato de representação comercial.

Os foros especiais normalmente consistem em uma vantagem legalmente atribuída ao autor, em contraste com o foro geral que é pautado na proteção ao réu (foro do seu domicílio, de sua sede etc.). Por isso – e desde que não se trate, excepcionalmente, de competência absoluta (item c. 1, acima) –, em vez de observar o foro especial, o autor pode também propor a ação no foro geral (foro do domicílio ou sede do réu, foro da sede da pessoa jurídica ré etc.), sem que o réu possa opor-se a isso. Por exemplo, na ação de reparação por acidente de trânsito, em vez de propor a ação no seu domicílio ou no do lugar do acidente (v. item c.10, acima), o autor pode propô-la no foro do domicílio ou sede do réu.

6.6. Critério funcional

O critério funcional, em primeiro lugar, é útil para definir quem tem a competência originária – se um juiz monocrático ou um tribunal. Depois, ele é muito importante para saber a quais órgãos jurisdicionais o processo será submetido, na medida em que nele sejam interpostos recursos ou surjam novos incidentes.

A competência funcional é determinada pela função que o órgão jurisdicional deve exercer no processo. Normalmente, no mesmo processo, terão de atuar dois ou mais órgãos jurisdicionais. A competência funcional pode ser determinada a partir do objeto do próprio juízo, da hierarquia e das distintas fases do procedimento.

Em regra, as ações devem ser originariamente processadas e julgadas pelos juízes que atuam monocraticamente. A competência originária dos tribunais é excepcional, depende de expressa previsão. As hipóteses de competência originária do STF estão arroladas no art. 102, I, da CF. As hipóteses de competência originária do STJ estão previstas no art. 105, I, da CF. A competência originária dos TRF's é estabelecida no art. 108, I, da CF. As hipóteses de competência originária dos Tribunais de Justiça dos Estados e do Distrito Federal são dispostas nas Constituições estaduais e (ou) nas leis de organização judiciária locais. Quando a causa não se inserir em nenhuma das hipóteses elencadas em todas essas regras, será de competência de um juízo monocrático (juiz de primeiro grau de jurisdição).

Conforme o processo desenvolva-se, suas novas fases, recursos e incidentes podem implicar novas competências judiciais.

A competência funcional em razão da hierarquia leva em conta que normalmente mais de um órgão da jurisdição deve julgar a lide, se houver recurso. Fala-se, nesses casos, em competência funcional "vertical". Como já vimos, os organismos do Poder Judiciário estão hierarquicamente dispostos, em diferentes graus de jurisdição. No chamado primeiro grau de jurisdição, estão os juízos singulares (juiz de direito/vara); no segundo grau de jurisdição, encontram-se os tribunais locais (estaduais e do DF) e os Tribunais Regionais Federais; ainda, em grau superior, estão os tribunais superiores (STF e STJ). Nos tribunais de segundo grau e nos tribunais superiores, os juízos são colegiados.

Os recursos de apelação e agravo contra decisões do juiz (de primeiro grau) competem ao Tribunal de Justiça Estadual ou do Distrito Federal ou ao Tribunal Regional Federal ao qual, respectivamente, esteja vinculado o juiz estadual, federal ou distrital. Excepcionalmente, quando a causa que tramitar perante o juiz federal de primeiro grau envolver Estado estrangeiro ou organismo internacional, de um lado, e, do outro, Município ou pessoa residente ou domiciliada no País, os recursos de agravo e apelação ("recurso ordinário") serão de competência do STJ (art. 105, II, *c*, da CF).

Quando a causa é de competência originária dos Tribunais de Justiça ou dos Tribunais Regionais Federais, em determinados casos, caberá recurso ordinário, que será de competência do STJ (art. 105, II, *a* e *b*, da CF). Quando a causa for de competência originária do STJ, quando couber recurso ordinário, será de competência do STF (art. 102, II, *a*, da CF).

Os recursos especiais contra as últimas decisões possíveis nos Tribunais de Justiça estaduais ou distritais ou nos Tribunais Regionais Federais competem ao Superior Tribunal de Justiça (art. 105, III, da CF). Os recursos extraordinários contra as únicas ou últimas decisões possíveis de quaisquer outros órgãos judiciais ou tribunais serão de competência do STF (art. 102, III, da CF).

Mas existe também uma distribuição "horizontal" de competência funcional. Vale dizer, diferentes órgãos, com o mesmo grau hierárquico, recebem atribuições distintas, no curso de um mesmo processo.

Exemplo disso está no incidente de arguição de inconstitucionalidade (art. 97 da CF; art. 948 e ss. do CPC/2015). Em regra, quando, num tribunal, surgir dúvida quanto à constitucionalidade de uma lei ou ato normativo, será competente para o julgamento da lide o órgão fracionário para o qual tenha sido distribuído o recurso ou ação originária, mas será competente para o julgamento do incidente de constitucionalidade o plenário do tribunal ou o órgão especial, conforme o caso.

Outro exemplo tem-se nos casos em que é necessária a prática de um ato ordinatório ou instrutório do processo em outro foro ou, quando a causa tramita perante tribunal, em local distinto do da sede desse. Por exemplo, se é preciso ouvir determinada testemunha, que reside fora da comarca perante a qual tramita o processo, o juízo competente para conhecer e julgar essa ação poderá ouvi-la mediante videoconferência ou outro recurso tecnológico de transmissão de sons e imagens em tempo real (art. 453, § 1.º, do CPC/2015). Mas se, por qualquer motivo, isso não for possível ou conveniente, ele não irá até o lugar em que está a testemunha, para ouvi-la pessoalmente. Deverá expedir carta precatória (arts. 237, III, e 453, II, do CPC/2015) para que essa testemunha seja ouvida na comarca em que se encontre.

6.7. Critérios objetivos

6.7.1. *Valor*

O valor dado à causa é outro dos critérios determinativos de competência.

Este critério pode desempenhar papel importante no que diz respeito ao primeiro grau de jurisdição, principalmente nas comarcas de grande extensão territorial, em que pode haver varas distritais (nos bairros) cuja competência seja fixada, pelo menos em parte, a partir deste critério (são os denominados "fóruns distritais").

É também relevante na fixação da competência dos Juizados Especiais (estaduais e federais). Nos Juizados Especiais Cíveis estaduais, um dos parâmetros de determinação da competência é o valor da causa (art. 3.º, § 1.º, da Lei 9.099/1995: competência para causas cujo valor não exceda quarenta salários mínimos – com as exclusões do § 2.º do mesmo artigo) e nos Juizados Estaduais para Fazenda Pública (art. 2º, *caput*, da Lei 12.153/2009: causas até sessenta salários mínimos – com as exclusões do § 1.º do mesmo artigo). Também o é, em princípio, nos Juizados Especiais Federais, para as causas de até sessenta salários mínimos (art. 3º, *caput*, da Lei 10.259/2001, com as exceções do § 1.º).

Em algumas hipóteses, essa competência é relativa. No caso dos fóruns distritais, normalmente, o limite de valor impede que a causa de valor maior do que o limite fixado para a competência deles seja ali julgada. Essa competência, portanto, é absoluta. Mas não impede que a causa de valor menor do que o limite seja julgada pelo fórum "central". Nesse sentido, ela é relativa. O mesmo ocorre com os Juizados Especiais Cíveis estaduais: ressalvados os casos em que a competência deles é determinada exclusivamente por matéria, e não por valor (art. 3º, II e III, da Lei 9.099/1995), a causa de valor maior do que quarenta salários mínimos não pode ser por eles julgada (competência absoluta); mas as causas de valor menor do que esse limite podem também ser julgadas pelos juízes comuns de primeiro grau (competência relativa). Já no que concerne aos Juizados Especiais estaduais para a Fazenda Pública e aos Juizados Especiais Federais, a competência determinada por valor é, em qualquer caso, absoluta (art. 2.º, § 4.º, da Lei 12.153/2009; art. 3.º, § 3.º, da Lei 10.259/2001).

6.7.2. *Matéria*

A matéria a ser decidida (lide, pedido ou pretensão) desempenha papel de critério de competência, interferindo na sua fixação em primeiro grau de jurisdição.

Exemplos: uma ação sobre relação de emprego é de competência da Justiça Trabalhista, e não da Justiça comum; uma ação de divórcio não consensual deve ser distribuída para a vara de família, quando houver essa vara especializada no foro; uma ação de retificação de assento (nome), que deve ser distribuída para a vara dos registros públicos, quando essa existir no foro; uma ação de falência deve ser distribuída à vara de falências, quando houver no foro etc.

A infração à regra em que se elegeu como critério para fixação de competência a *matéria* a ser decidida gera vício que não fica acobertado pela preclusão, podendo ser decretado de ofício e a qualquer tempo (incompetência absoluta).

6.7.3   *Pessoa* (ratione personae)

A competência também pode ser fixada em razão das partes envolvidas.

Importante exemplo de competência *ratione personae* é daquela definida pelo art. 109, I, da CF e reiterada pelo art. 45 do CPC/2015, segundo a qual são de competência da Justiça Federal as causas em que for parte ou terceiro interveniente a União, suas empresas públicas, fundações e entidades autárquicas (incluindo-se aqui os conselhos de fiscalização de atividade profissional), ressalvadas as hipóteses de recuperação judicial, falência, insolvência civil, acidentes de trabalho e as causas sujeitas à Justiça Eleitoral e à Justiça do Trabalho. Sobre o tema, no que concerne aos casos em que tais entes federais intervêm no processo, veja-se também o cap. 19.

Mas a própria Constituição estabelece exceção à competência federal nesses casos (art. 109, §§ 3.º e 4.º). Nas ações previdenciárias, se a localidade do domicílio do segurado não for sede de vara federal, a ação tramitará perante o juiz estadual (§ 3.º), com o recurso sendo de competência do TRF (§ 4.º). O § 3.º permite, ainda, que essa delegação de competência a juízes estaduais, quando o local não é sede de vara federal, seja estendida a outras causas, mediante lei.

Outro exemplo de competência *ratione personae* é o da competência definida em razão da prerrogativa de função, que é a hipótese do litigante com foro privilegiado (competência originária de tribunais – v. n. 6.6, acima).

6.8.   Competência relativa – Regime jurídico – Formas de impugnação

A classificação da competência em relativa e absoluta depende de as normas que a respeito delas dispõem serem facultativas (i.e., podem ser afastadas em função de convenção das partes) ou imperativas (i.e., incidem independentemente da vontade das partes). A natureza dessas normas depende, em regra, do critério eleito para estabelecer a competência.

Gera vício menos grave a infração a regras de competência que levem em conta critério territorial e de valor (nos limites antes apresentados). Trata-se de competência estabelecida por regras derrogáveis (art. 63, cuja infração gera, no processo, vício sanável).

Portanto, trata-se de defeito que não pode ser arguido pelas partes a qualquer tempo, de modo que, uma vez escoado o prazo dentro do qual essa arguição pode ser feita, a questão fica acobertada pela preclusão. Também não pode o juiz conhecer tal matéria de ofício (sem provocação da parte).

A parte deve se insurgir contra a situação de a demanda ter sido movida em juízo relativamente incompetente em preliminar de contestação (arts. 64 e 337, II, do CPC/2015). Não tendo a parte alegado a incompetência relativa nesse momento processual, ocorre a *prorrogação da competência,* tornando-se competente o juízo que antes incompetente era, não havendo mais oportunidade para que, durante o processo, se levante esse defeito (art. 65). A prorrogação da competência nada mais é do que efeito específico da preclusão que ocorre nesse caso. Como o vício fica sanado, se não arguido em tempo e através do meio hábil, tem-se como consequência ser absolutamente imaculada sentença proferida por juízo (que antes era) relativamente incompetente.

Tratando-se de competência relativa, as partes podem previamente alterá-la de comum acordo. É a chamada cláusula de eleição de foro (art. 63). Por exemplo: um litígio que surgisse de um contrato seria, pelas regras legais, de competência da comarca X ou Y. As partes podem, porém, prever no contrato apenas a comarca X como competente, ou ainda apenas a comarca Y, *ou, mesmo, uma terceira, Z,* que a princípio nem seria a competente.

Para produzir efeitos, essa eleição de foro deve constar de instrumento escrito e indicar expressamente a quais litígios, derivados de qual negócio jurídico, ela se refere (art. 63, § 1.º).

A eleição do foro deve ser fruto de livre escolha de ambas as partes. A imposição de tal cláusula, se abusiva, pode ter sua invalidade reconhecida pelo juiz. O § 3.º do art. 63 determina que o juiz declare de ofício a ineficácia dessa cláusula, quando, por exemplo, se deparar com um processo em que a parte que impôs o contrato de adesão estiver pretendendo valer-se da cláusula de eleição abusiva. A cláusula de eleição de foro é abusiva quando, de modo inequívoco, torna excessivamente difícil o exercício da ação ou da defesa pela parte que aderiu ao contrato. Essa abusividade, além de poder ser conhecida de ofício pelo juiz antes de determinar a citação do réu, pode por esse ser alegada na contestação. Não a alegando nesse momento, ocorrerá a preclusão (§ 4.º).

6.9. Competência absoluta – Regime jurídico – Formas de impugnação

A infração de regra que disponha a respeito de competência absoluta gera vício incomparavelmente mais grave. Desta maior gravidade decorre a diversidade de regimes jurídicos entre este vício e aquele de que no item anterior se tratou. A competência absoluta é determinada por regras imperativas ou de ordem pública, sendo, portanto, inderrogáveis, já que essas normas incidem independentemente da vontade das partes (art. 62).

Aqui está-se diante de vício que pode ser arguido a qualquer tempo pelo réu, embora o momento mais adequado seja o da resposta e o meio mais apropriado seja a preliminar da contestação (arts. 64 e 337, II), por razões ligadas à economia processual.

Não alegando o réu a incompetência absoluta neste momento oportuno, poderá posteriormente fazê-lo por meio de simples petição (arts. 64, § 1.º, e 485, § 3º).

Justamente por se tratar de vício de maior gravidade, deve o juiz dele conhecer, de ofício, durante o procedimento em primeiro grau de jurisdição, na fase de apelação e durante o julgamento de todos os recursos ordinários. É esse o sentido da expressão *em qualquer tempo e grau de jurisdição,* constante do art. 485, § 3.º.

Aliás, o próprio autor pode apontar a existência do defeito – ainda que na origem ele tenha dado causa a ela (questão outra será saber se ele agiu de boa ou má-fé – hipótese em que pode ser sancionado, nos termos do art. 81. O réu que não alega o defeito na primeira oportunidade possível, embora, como visto, ainda possa alegá-lo depois, também poderá, eventualmente, ser punido por comprovada má-fé).

Mais ainda: não tendo qualquer das partes alegado e não se tendo o juiz manifestado de ofício a respeito da incompetência absoluta – ou mesmo tendo sido ela rechaçada, de ofício ou por provocação de qualquer das partes –, e tendo havido, nesse processo, decisão de mérito transitada em julgado, está-se diante de sentença passível de ação rescisória (art. 966, II), a ser proposta no prazo de dois anos contados do trânsito em julgado (art. 975).

6.10. Causas modificativas da competência

A competência relativa pode ser modificada. A modificação pode derivar da vontade das partes ou de imposição legal.

A modificação voluntária pode ser expressa ou tácita. É expressa quando advém de convenção de eleição de foro. É tácita quando decorre do fato de o autor propor a ação perante juízo relativamente incompetente e o réu não arguir oportunamente a incompetência (v. n. 6.8, acima).

A imposição legal de modificação de competência relativa funda-se na configuração de conexão ou continência, que são examinadas no tópico seguinte.

6.11. Conexão e continência

A conexão e a continência constituem liames de afinidade existentes entre duas ou mais ações, que fazem com que se justifique a reunião dos processos para que tramitem em conjunto e sejam decididos concomitantemente. Isso pode fazer com que um juiz que, a princípio não teria competência relativa para o conhecimento da causa, por força da conexão ou continência, passe a tê-la. Nesse sentido, pode ser uma causa modificativa de competência (art. 54 do CPC/2015). Em outros casos, há a simples reunião de processos perante um juiz que, desde o início, era em tese competente (inclusive pelos critérios relativos) para todos eles.

Dois foram os objetivos do legislador ao determinar a possibilidade de reunião de todas elas. O primeiro deles foi o de levar a efeito o princípio da economia processual, já que, em função da mencionada afinidade, é comum que a mesma fase probatória possa ser partilhada por ambas as ações, e as provas, que deverão dar origem a duas sentenças, sejam produzidas de uma só vez. O segundo dos objetivos é evitar a existência de decisões logicamente contraditórias.

Para que haja reunião das ações continentes ou conexas, é necessário que o juízo em que tramitarão os processos seja competente em relação a todos, em função de critérios relativos à competência absoluta. A eventual incompetência relativa para alguma das ações é irrelevante, em face da conexão ou continência – havendo, nessa hipótese, modificação da competência relativa, como destacado acima.

O juiz tem o dever de juntar processos conexos (art. 55, § 1.º), exceto se um deles já tiver sido sentenciado. É que, à luz dos fins acima destacados, não há utilidade em juntar processos quando, por exemplo, um deles já estiver em avançada fase recursal e o outro ainda em fase de citação. Nesse mesmo sentido, o STJ já havia sumulado que "a conexão não determina a reunião dos processos, se um deles já foi julgado" (Súmula 235). É o que também preceitua a parte final do § 1.º do art. 55.

Diz a lei que a conexão que enseja a reunião de causas é aquela que decorre da identidade ou do pedido ou da causa de pedir, seja esta próxima ou remota (art. 55). Tem-se conexão, por exemplo, em ações decorrentes de um mesmo acidente automobilístico. Também há conexão, nos termos do art. 55, § 2.º, do CPC/2015, na hipótese de execução de título extrajudicial e ação de conhecimento decorrentes do mesmo ato jurídico ou, ainda, na hipótese de execuções fundadas no mesmo título executivo.

Continência existe quando as partes são as mesmas, idêntica é a causa de pedir, mas o pedido de uma é maior do que o da outra, ou seja, *contém* o da outra (art. 56).

Em regra, quando a ação com pedido menor for movida depois, deve ser extinta por litispendência, só cabendo a reunião dos processos por força da continência quando a ação com pedido menor for intentada antes (art. 57).

6.12. Prevenção

A noção de prevenção ganha importância quando surge a necessidade de reunião de diferentes processos. Exemplo: conexão, continência, incidentes processuais etc. É comum haver casos em que, a princípio, eles são distribuídos a diferentes juízos. Em que juízo eles devem ser reunidos? Naquele em que, em primeiro lugar, ocorreu a prevenção. A prevenção, em sua configuração tradicional, é fenômeno que gera, em relação às demais ações já em curso, o que a doutrina chama de *vis attractiva,* "atraindo", como consta da expressão, para junto de si, as outras ações.

A ideia de prevenção também é importante quando se está diante de duas ações idênticas (litispendência, n. 15.4.1, adiante). A segunda ação, idêntica à primeira, deverá ser distribuída ao mesmo juízo perante a qual já tramita a primeira – a fim de que ele promova a extinção desse segundo processo (art. 485, V, do CPC/2015). A Lei 11.419/2006, que dispõe sobre o processo eletrônico e informatização dos atos processuais, estabelece, no parágrafo único do art. 14, que os sistemas eletrônicos de processamento de ações judiciais a serem desenvolvidos pelos órgãos do Poder Judiciário deverão buscar identificar os casos de ocorrência de prevenção, litispendência e coisa julgada.

Também se aplicam as regras de prevenção quando a reunião de processos for necessária para evitar que sejam proferidas decisões conflitantes ou contraditórias, caso sejam os processos julgados separadamente (arts. 55, § 3.º, e 286, III, do CPC/2015).

Dá-se a prevenção em função de dois critérios, ambos cronológicos, a que faz menção a lei: o registro ou a distribuição da petição (art. 59). Ocorre a prevenção no juízo onde o registro da petição inicial ocorrer em primeiro lugar, nas comarcas ou localidades com vara única; e no juízo em que tiver havido a distribuição da petição inicial em primeiro lugar, nas comarcas ou localidades com mais de uma vara.

A prevenção pode ocorrer tanto em primeiro quanto em segundo grau de jurisdição, e também nos tribunais superiores.

Outra hipótese de prevenção (distribuição por dependência) ocorre quando, "tendo sido extinto o processo sem resolução de mérito, for reiterado o pedido, ainda que em litisconsórcio com outros autores ou que sejam parcialmente alterados os réus da demanda" (art. 286, II, do CPC/2015). Vale dizer: o juiz torna-se prevento não em virtude de uma ação em curso, mas de um processo já extinto. Nesse caso, a distribuição por dependência não toma em conta razões de economia processual. Pretende-se, com isso, impedir que o autor, tendo sua ação distribuída por sorteio para uma vara cujo juiz tem posição contrária à tese veiculada na ação, desista da ação e ajuíze outra, idêntica, na tentativa de que, na nova distribuição por sorteio, a ação seja distribuída para outra vara, cujo juiz seja favorável à tese do autor. A nova ação será distribuída, por dependência, para o mesmo juízo para o qual fora a anterior ação. Essa regra aplica-se a qualquer caso em que o primeiro processo tenha sido extinto sem resolução de mérito. Além disso, a parcial alteração dos réus não afasta a necessidade de distribuição por dependência.

6.13. Roteiro prático para a definição da competência

Com base nas noções até aqui expostas, pode-se fazer um roteiro prático para a definição da competência:

1º) verifica-se se a causa compete a alguma jurisdição estatal ou se houve convenção arbitral, pela qual as partes optaram em submeter o litígio à arbitragem (v. n. 4.5.4, acima);

2º) não havendo convenção arbitral, verifica-se se a causa está entre aquelas que se submetem, com exclusividade ou em caráter concorrente, à jurisdição brasileira (v. n. 4.6.4, acima);

3º) submetendo-se à jurisdição brasileira, cabe examinar se a matéria do litígio implica a competência de um dos ramos especializados do Judiciário (Justiça Trabalhista, Militar ou Eleitoral – v. cap. 5);

4º) não sendo assim, cumpre verificar se a causa insere-se entre as de competência originária do STF ou do STJ (n. 6.6, acima);

5º) se não for de competência originária desses tribunais superiores, o passo seguinte consiste em examinar se a União, autarquia, fundação ou empresa pública federal é parte na ação – hipótese em que a competência será da Justiça Federal. Caso contrário, será da Justiça Estadual ou do Distrito Federal (n. 6.7.3, acima);

6º) seja de competência da Justiça Federal ou da Justiça Estadual (ou do DF), deve-se então verificar, pelas regras de competência territorial, em qual região federal (no caso da Justiça Federal) ou ente da Federação (no caso de Justiça Estadual ou do DF) está o órgão competente (n. 6.5, acima);

7º) a seguir, é preciso observar se a causa é de competência originária de juiz de primeiro grau ou de tribunal (TRF, no caso do da Justiça Federal; Tribunal de Justiça, no caso da Justiça Estadual ou do DF – v. n. 6.6, acima);

8º) sendo a competência originária de juiz de primeiro grau, deve-se definir o foro competente, de acordo com os critérios de competência territorial (n. 6.5, acima). Nessa etapa, caberá também considerar eventual cláusula de eleição de foro ou um foro prevento por já processar causa conexa ou continente àquela que se vai ajuizar (n. 6.12, acima);

9º) definido o foro, a etapa subsequente é a da identificação do juízo ("vara") competente, quando houver mais de uma naquele foro (e desde que esse também já não esteja definido por eventual prevenção advinda de conexão ou continência): isso se faz pela verificação da matéria (ex.: vara de família, vara de falências, vara de registros públicos etc.) ou da pessoa (ex.: vara da Fazenda Pública) envolvidas. Havendo mais de um juízo competente no mesmo foro, a distribuição é feita por sorteio para um deles.

6.14. Competência-competência

Todo juiz ou órgão judicial detém competência para primeiramente pronunciar-se sobre sua competência. Ou seja, por mais manifesta e óbvia que seja a incompetência de um juiz para determinada causa, cabe a ele primeiro decidir a questão – sem prejuízo de depois se rediscutir a decisão por ele tomada, em sede de recurso.

Esse é um elemento ineliminável da atividade judicante, que se designa *princípio da competência-competência*.

Em termos práticos, isso significa que, normalmente, não é possível impedir previamente o conhecimento de uma causa por um juiz, por mais que ele pareça incompetente: não é possível, assim, obter-se uma ordem judicial proibitiva de se propor uma ação em determinado juízo, comarca, ramo da Justiça etc.; não é possível obter-se uma ordem proibindo-se a parte de dar início a uma arbitragem (por mais que se repute que não há convenção arbitral para isso ou que ela é nula) – e assim por diante.[1]

6.15. Instrumentos de controle da competência

Além da arguição da incompetência pela parte e, no caso da incompetência absoluta, sua verificação de ofício pelo órgão judicial, existe ainda outro mecanismo destinado ao controle da competência no curso do processo: o incidente de conflito de competência (arts. 66 e 951 e ss. Do CPC/2015). Ele tem vez quando dois ou mais órgãos judiciários, que não estão em relação de sobreposição hierárquica, afirmam-se igualmente competentes para a mesma causa (conflito positivo) ou negam sua competência, atribuindo-a um ao outro (conflito negativo). Sobre o tema, veja-se o vol. 2, cap. 32.

6.16. Perpetuação da jurisdição

Determina-se a competência com base nos fatos existentes e nas normas em vigor no momento do ajuizamento da ação (ou melhor, no seu registro ou distribuição). Posteriores alterações fáticas ou legais, em regra, serão irrelevantes. A exceção se dá quando a mudança superveniente implicar supressão de órgão judiciário ou alteração de competência absoluta (art. 43).

Por exemplo, se uma nova comarca é criada, os processos que em tese agora seriam de competência territorial dela, mas que já estão em trâmite em outro foro, nesse permanecerão, pois a inovação concerne à competência rela-

---

1. Sobre o tema, EDUARDO TALAMINI, "Competência-competência e as medidas antiarbitrais pretendidas pela Administração Pública", em *Revista de Arbitragem e Mediação*, vol. 50, 2016.

tiva. Já se uma comarca é extinta, as causas que nela estavam sendo processadas terão de ser remetidas ao juízo de outro foro, que assumiu a competência territorial da comarca que deixou de existir, pois nessa hipótese houve a supressão do órgão judiciário em que tramitavam tais processos.

Outro exemplo: a criação de uma vara especializada (de causas de família, p. ex.), em uma comarca que só tinha varas não especializadas, autoriza a remessa, para o novo juízo, dos processos de família que já estavam em trâmite, pois a inovação concerne à competência absoluta (em razão de matéria).

Quadro Sinótico

Jurisdição e competência			
Critérios	• Territorial	• Foro geral	
		• Foros especiais	
	• Funcional	• Órgão	• Objeto do juízo
			• Hierarquia
	• Objetivos	• Pessoa (*ratione personae*)	
		• Matéria	
		• Valor	

Competência absoluta	Funcional	Art. 62
	Matéria	
	Pessoa	
a) Características – Inderrogável/insanável		
b) Formas de ataque – *Ex officio*/preliminar de contestação/a qualquer tempo		

Competência relativa	Valor	Art. 63
	Território	
a) Características – Derrogável/sanável		
b) Formas de ataque – preliminar de contestação		

Reunião dos processos	• Objetivos	• Economia/coerência
	• Requisitos	• Competência absoluta

Causas modificativas da competência	• Conexão
	• Continência

Prevenção	• 2 ou mais ações	
	• 2 ou mais juízos competentes, abstratamente	
	• Liame entre as causas • Continência • Incidentes processuais	• Conexão
	• Critério cronológico	• Distribuição da petição inicial
		• Registro da petição inicial

Roteiro prático para a definição da competência – utilização dos critérios

Princípio da competência-competência

Instrumentos de controle da competência	• Arguição da incompetência pela parte	
	• Reconhecimento *ex officio*	
	• Incidente de conflito de competência	• Conflito positivo
		• Conflito negativo

Perpetuatio (fixação)	• Imunização às modificações
	• Objetivo – Garantia – Estabilidade
	• *Perpetuatio libelli*
	• *Perpetuatio legitimationis*
	• *Perpetuatio jurisdictionis*

DOUTRINA COMPLEMENTAR

Competência – Noções gerais – Definição

- **ANTONIO CARLOS DE ARAÚJO CINTRA, ADA PELLEGRINI GRINOVER E CÂNDIDO RANGEL DINAMARCO** (*Teoria...*, 23. ed., p. 246) sustentam que, em razão do grande número de processos, que "podem ser instaurados em decorrência dos conflitos interindividuais que surgem em um país e múltiplos também os órgãos jurisdicionais, é facilmente compreensível a necessidade de distribuir esses processos entre esses órgãos. A jurisdição como expressão do poder estatal é uma só, não comportando divisões ou fragmentações: cada juiz, cada tribunal, é plenamente investido dela. Mas o exercício da jurisdição é distribuído, pela Constituição e pela lei ordinária, entre os muitos órgãos jurisdicionais; cada qual então a exercerá dentro de determinados limites (ou seja, com referência a determinado grupo de litígios). Chama-se competência a quantidade de jurisdição cujo exercício é atribuído a cada órgão ou grupo de órgãos (Liebman). Na mesma ordem de ideias é clássica a conceituação da competência como medida de jurisdição (cada órgão só exerce a jurisdição dentro da medida que lhe fixam as regras sobre competência)".

- **ARRUDA ALVIM** (*Manual...*, 11. ed., vol. 1, p. 282) afirma que a "competência é a atribuição a um dado órgão do Poder Judiciário daquilo que lhe está afeto, em decorrência de sua atividade jurisdicional específica, dentro do Poder Judiciário, normalmente excluída a legitimidade simultânea de qualquer outro órgão do mesmo poder (ou, *a fortiori*, de outro poder). Competência é atributo do órgão, juízo, tribunal, câmara etc. e não do agente (= juiz). Nessa conceituação compreendem-se, além dos critérios de determinação da competência (critério objetivo, Livro I, Título IV, Cap. III, Seção I, ao qual a lei, assim, explicitamente, não denomina, aludindo só às suas espécies: competência em razão do valor e material, critério territorial ou de foro, e critério funcional, que comporta espécies, mas a lei, expressamente, só deu destaque à competência hierárquica), também aquilo que se há de denominar de critério de fixação de competência, isto é, a prevenção. No conceito de competência, portanto, inserimos também o de prevenção".

- **FREDIE DIDIER JR.** (*Curso...*, v. 1, 17. ed., p. 197). Para o autor, é a competência "o resultado de critérios para distribuir entre vários órgãos as atribuições relativas ao desempenho da jurisdição. A competência jurisdicional é o poder exercer a jurisdição nos limites estabelecidos por lei. É o âmbito dentro do qual o juiz pode exercer a jurisdição; é a medida da jurisdição".

- **HUMBERTO THEODORO JÚNIOR** (*Curso...*, v. 1, 56. ed., p. 187) informa que "como função estatal, a jurisdição é, naturalmente, *una*. Mas seu exercício, na prática, exige o concurso de vários órgãos do Poder Público. A *competência* é justamente o critério de distribuir entre vários órgãos judiciários as atribuições relativas ao desempenho da jurisdição". Adverte esse autor que "houve época em que se confundia os conceitos de jurisdição e competência. Em nossos dias, isto não ocorre mais entre os processualistas, que ensinam de maneira muito clara que a competência é a medida da jurisdição, isto é, a determinação da esfera de atribuições dos órgãos encarregados da função jurisdicional. Se todos os juízes têm jurisdição, nem todos, porém, se apresentam com competência para conhecer e julgar determinado litígio. Só o juiz competente tem legitimidade para fazê-lo".

- **JOSÉ FREDERICO MARQUES** (*Manual...*, 9. ed., vol. 1, p. 265) afirma que a "competência é a medida da jurisdição, uma vez que determina a esfera de atribuições dos órgãos que exercem as funções jurisdicionais".

- **LUIZ DELLORE** (*Teoria...*, p. 167) entende que "competência pode ser definida como parcela, parte ou medida da jurisdição. Todo juiz tem jurisdição, mas nem todo juiz tem jurisdição para decidir todas as causas – ou seja, cada juiz tem uma parcela da jurisdição (que é, exatamente, a competência)".

- **LUIZ GUILHERME MARINONI E SÉRGIO CRUZ ARENHART E DANIEL MITIDIERO** (*Novo Curso...*, v. 2, p. 56) afirmam que "a competência não se confunde com a jurisdição. Enquanto a jurisdição é poder, a competência constitui a *capacidade* para exercê-lo. Não se trata propriamente de medida da jurisdição. O conceito de competência é qualitativo e não quantitativo. (...) A conceituação da competência como *medida da jurisdição* leva ao fim e ao cabo à identificação da competência com a jurisdição. Se a competência é medida da jurisdição, a ausência de competência equivale à ausência de jurisdição. Mais apropriado, portanto, conceituá-la como capacidade para exercer a jurisdição".

- **NELSON NERY JR. E ROSA MARIA DE ANDRADE NERY** (*Comentários...*, p. 302), em comentário ao art. 42 do CPC/2015, afirmam que "a lei fixa critérios que distribuem entre os diversos órgãos do Estado a órbita do poder jurisdicional de seus agentes. Fazendo isto a lei confere competência ao órgão estatal incumbido de exercer a jurisdição, nos exatos limites da linha que traça".

- **TERESA ARRUDA ALVIM WAMBIER, MARIA LÚCIA LINS CONCEIÇÃO, LEONARDO FERRES DA SILVA RIBEIRO E ROGERIO LICASTRO TORRES DE MELLO** (*Primeiros...*, p. 107). Segundo afirmam os autores, "a competência é um dos pressupostos processuais de validade" e consiste "na delimitação das hipóteses em que o órgão jurisdicional pode exercer a plena jurisdição, de acordo com alguns critérios (território, valor da causa, matéria etc.). Desta forma, cada órgão jurisdicional terá, assim, incumbência de exercer a jurisdição relativamente a determinada controvérsia conforme os critérios de distribuição de competência dispostos no ordenamento jurídico".

Competência – Critérios

- **ARRUDA ALVIM** (*Manual...*, 11. ed., vol. 1, p. 290) sustenta a clássica divisão tripartida da competência, adotada pela maioria dos processualistas da atualidade e também pelo Código de Processo Civil. De acordo com esse critério, há três divisões básicas: "a) a competência objetiva – embora a lei não se utilize deste adjetivo – compreende a competência determinável, quer em razão da matéria (absoluta, art. 111 [do CPC/1973 – art. 62 do CPC/2015]), quer em razão do valor (relativa, art. 111 [do CPC/1973 – art. 63 do CPC/2015]); é disciplinadora da competência de juízo; b) a competência territorial (relativa, art. 111 [do CPC/1973 – art. 63 do CPC/2015]) é regulamentadora da competência do foro; c) a competência funcional (absoluta, art. 111 [do CPC/1973 – art. 62 do CPC/2015]), que se refere à competência hierárquica, espécie da funcional". Segundo esse autor, o critério funcional de determinação da competência "parte de outra perspectiva do fenômeno e coexiste com as demais formas de determinação da competência. É um critério aplicável fundamentalmente em momentos – via de regra – distintos dos antecedentes. Leva em consideração, precipuamente, a função do órgão jurisdicional. Os problemas de competência funcional surgem, então, quando o critério básico para a determinação da competência é aquele que encara a função do órgão jurisdicional, prescindindo, mas só aparentemente, da matéria, do valor da causa etc." (p. 293).

- **HUMBERTO THEODORO JÚNIOR** (*Curso...*, v. 1, 56. ed., p. 204) afirma que, com base em Wach e Chiovenda, a doutrina tradicional se utiliza de três critérios para definir a competência para "o processamento e julgamento de uma determinada causa: (...) (a) critério objetivo: se funda no valor da causa, na natureza da causa ou na qualidade das partes; (b) critério funcional: atende às normas que regulam as atribuições dos diversos órgãos e de seus componentes, que devam funcionar em um determinado processo, como se dá nas sucessivas fases do procedimento em primeiro e segundo graus de jurisdição. Por esse critério, determina-se não só qual o juiz de primeiro grau, como também qual o tribunal que em grau de recurso haverá de funcionar no feito, além de estabelecer-se, internamente, qual a câmara e o respectivo relator que atuarão no julgamento; (c) critério territorial: se reporta aos limites territoriais em que cada órgão judicante pode exercer sua atividade jurisdicional. Sua aplicação decorre da necessidade de definir, dentre os vários juízes do país, de igual competência em razão da matéria ou do valor, qual poderá conhecer de determinada causa. Baseando-se ora no domicílio da parte, ora na situação da coisa, ou ainda no local em que ocorreu o fato jurídico, o legislador atribui a competência da respectiva circunscrição territorial. A competência assim firmada recebe o nome de competência territorial ou do foro".
- **JOSÉ FREDERICO MARQUES** (*Manual...*, 9. ed., vol. 1, p. 266) sustenta que a Constituição e a lei ordinária definem os limites de atuação dos diversos órgãos da jurisdição, "com base em elementos da causa ou litígio (elementos objetivos, subjetivos ou causais), a legislação ordinária e a constitucional traçam os limites jurisdicionais dos diversos órgãos judiciários, tendo em vista apenas o objeto material da competência: é a competência material em sentido amplo. Quando, porém, a discriminação dos poderes jurisdicionais recai no objeto formal da jurisdição civil, para dispor sobre os atos que cada órgão judiciário possa praticar na relação processual (ou em procedimento de jurisdição voluntária), temos a chamada competência funcional. Aliás, tanto na competência material como na funcional, a natureza da causa ou litígio influi sobre a discriminação das atribuições de juízes e tribunais. Todavia, na competência funcional, isto constitui exceção, ao passo que na competência *ratione materiae* constitui a regra geral".
- **LUIZ GUILHERME MARINONI, SÉRGIO CRUZ ARENHART E DANIEL MITIDIERO** (*Novo Curso...*, v. 2, p. 60). Para os autores, "o Código de Processo Civil brasileiro filia-se à corrente dominante que resulta da análise do direito comparado, que utiliza o critério tripartite para disciplinar a competência. Portanto, o direito nacional utiliza três critérios básicos (um deles cindido em dois, resultando na existência de quatro elementos capazes de determinar a competência) para a fixação do órgão jurisdicional competente para cada causa (na linha do pensamento de Chiovenda): objetivo, territorial e funcional".
- **NELSON NERY JR. E ROSA MARIA DE ANDRADE NERY** (*Comentários...*, p. 303) sustentam que os critérios determinativos de competência de maior destaque na doutrina internacional (adotado, entre nós, por Moacyr Amaral Santos) são três: "o objetivo, o territorial e o funcional. O primeiro engloba os critérios de fixação de competência segundo a natureza da causa (CPC 62, absoluta), seu valor (CPC 63, relativa), ou segundo a condição das pessoas em lide (CPC 62, absoluta).

O segundo fixa a competência do juízo segundo os limites de suas circunscrições territoriais (CPC 63, relativa). O terceiro estabelece a competência de acordo com os poderes jurisdicionais de cada um dos órgãos julgadores, conforme sua função no processo (CPC 62, absoluta)". Na opinião desses autores (p. 300), "são vários os critérios adotados para classificar-se a competência e não se anulam entre si, mas, antes, se completam. Divide-se a competência em: a) internacional e interna; b) originária e derivada; c) objetiva e subjetiva; d) exclusiva e concorrente; e) absoluta e relativa; f) de foro e de juízo; g) material; h) funcional; i) valor da causa; j) territorial. O CPC classificou a competência em absoluta (material e funcional) e relativa (territorial e valor da causa)".

- **SALOMÃO VIANA** (*Breves...*, p. 155) entende que "os critérios de determinação da competência são o fruto do esforço doutrinário para sistematizar os valores levados em consideração pelo sistema normativo para a identificação, em abstrato, do juízo (ou dos juízos) com potencial para ter a sua competência fixada. Segundo afirma o autor, "a doutrina classifica os critérios de determinação da competência em objetivo (em razão da pessoa, em razão da matéria e em razão do valor), territorial e funcional. A aplicação de tais critérios pode (i) resultar na identificação de um único juízo competente, situação que permite saber, com antecedência, qual o juízo que, em tese, será concretamente responsável pelo processamento e pelo julgamento da causa, na hipótese de ocorrer um dos fatos aptos a produzir, como efeito, a fixação da competência, como pode (ii) conduzir à conclusão de que há, a um só tempo, vários juízos competentes. Acontecendo multiplicidade de juízos competentes, somente depois de ocorrido um dos fatos aptos a produzir, como efeito, a fixação da competência, é que será possível identificar qual dos juízos é concretamente responsável pelo processamento e pelo julgamento da causa".

- **TERESA ARRUDA ALVIM WAMBIER, MARIA LÚCIA LINS CONCEIÇÃO, LEONARDO FERRES DA SILVA RIBEIRO E ROGERIO LICASTRO TORRES DE MELLO** (*Primeiros...*, p. 108) entendem que "A competência é atribuída a cada órgão jurisdicional por intermédio da aplicação de quatro espécies de critérios, que podemos denominar de 'critérios de estabelecimento da competência jurisdicional'. Referimo-nos, assim, às competências de natureza (i) material, (ii) funcional, (iii) territorial e (iv) em razão do valor. As duas primeiras espécies de competência são chamadas de 'absolutas', e as duas restantes são denominadas 'relativas'".

Competência relativa e competência absoluta – Prorrogação da competência

- **ANTONIO CARLOS DE ARAÚJO CINTRA, ADA PELLEGRINI GRINOVER E CÂNDIDO RANGEL DINAMARCO** (*Teoria...*, 23. ed., p. 257-259) sustentam que, "nos casos de competência determinada segundo o interesse público (competência de jurisdição, hierárquica, de juízo, interna), em princípio o sistema jurídico não tolera modificações nos critérios estabelecidos, e muito menos em virtude da vontade das partes em conflito. Trata-se, aí, de competência absoluta, isto é, competência que não pode jamais ser modificada. Iniciado o processo perante o juiz incompetente, este pronunciará a incompetência ainda que nada aleguem as partes

(CPC [de 1973], art. 113; CPP; art. 109), enviando os autos ao juiz competente; e todos os atos decisórios serão nulos pelo vício de incompetência, salvando-se os demais atos do processo, que serão aproveitados pelo juiz competente (CPC [de 1973], art. 113, § 2.º [art. 64, § 3º, do CPC/2015]; CPP, art. 567). (...) Tratando-se de competência de foro, o legislador pensa preponderantemente no interesse de uma das partes em defender-se melhor (no processo civil, interesse do réu; no trabalhista, do economicamente fraco – v. CPC [de 1973], art. 94 [art. 46 do CPC/2015], e CLT, art. 651). Assim sendo, a intercorrência de certos fatores (entre os quais, a vontade das partes – *v.g.*, a eleição de foro: CPC de 1973], art. 111 [arts. 63 e 64 do CPC/2015]) pode modificar as regras ordinárias de competência territorial. A competência, nesses casos, é então relativa. Também relativa é, no processo civil, a competência determinada pelo critério do valor". E concluem os autores: "abstraídas as aplicações particularizadas das regras sobre improrrogabilidade, absoluta é a competência improrrogável (que não comporta modificação alguma); relativa é a prorrogável (que, dentro de certos limites, pode ser modificada). E a locução prorrogação de competência, de uso comum na doutrina e na lei, dá a ideia de ampliação da esfera de competência de um órgão judiciário, o qual recebe um processo para o qual não seria normalmente competente".

- **ARRUDA ALVIM** (*Manual...*, 11. ed., vol. 1, p. 330) afirma que "as regras de competência podem ser infringidas, gerando dois tipos de vícios, com consequências jurídicas distintas. O primeiro vício é denominado de incompetência relativa, e o segundo, incompetência absoluta. No primeiro caso, o vício da competência é necessariamente superado no curso do processo, caso a parte ré ou o devedor-embargante, nos embargos à execução, tendo em vista execução fundada em título extrajudicial (arts. 741, VII, 742, 745 e 576 [arts. 535, V e § 1.º, 781 e 917]), não postule com exceção de incompetência (arts. 112 [art. 64 do CPC/2015], *caput* e parágrafo único, com a redação da Lei 11.280/2006 e 297 [art. 335, *caput*]; arts. 114 e 305, parágrafo único [art. 65 e 340, *caput*], ambos com a redação da mesma lei). No caso do parágrafo único do art. 112 (inserido pela Lei 11.280) [sem correspondência no CPC/2015], há, igualmente, prorrogação de competência, se o juiz não reconhece, *ex officio* e antes da resposta do réu, a nulidade de cláusula de eleição de foro em contrato de adesão, bem como se o réu não opõe exceção, tempestivamente. Antes da alteração da Lei 11.280, a incompetência relativa devia ser deduzida no juízo onde foi proposta a ação, i.e., no juízo que é tido por relativamente incompetente. Não o fazendo, ficava prorrogada a competência do juízo relativamente incompetente, e competente se tornava esse juízo do foro, se a ação devesse ter sido movida em outro foro. Atualmente, no entanto, em razão do que dispõe o parágrafo único do art. 305 (inserido pela Lei 11.280/2006) [art. 340, *caput*], "na exceção de incompetência (art. 112 desta Lei [art. 64 do CPC/2015]), a petição pode ser protocolizada no juízo de domicílio do réu, com requerimento de sua imediata remessa ao juízo que determinou a citação". O único meio idôneo para se arguir incompetência relativa é a exceção. Tanto é que há prorrogação da competência quando a incompetência relativa é arguida em preliminar de contestação. (...) Se se deslocar a competência de um juízo para outro, situado este noutro foro, isto compreenderá, portanto, a deslocação da causa de um foro para outro. A incompetência relativa não pode ser conhecida *ex officio* pelo Juiz (Súmula 33 do

STJ), salvo na hipótese do juiz entender haver, no caso, nulidade da cláusula de eleição de foro, em contrato de adesão, por flagrante prejuízo para a defesa do réu hipossuficiente, isto é, por excessiva dificuldade ocasionada à sua defesa, como determina o previsto no parágrafo único do art. 112 [art. 64 do CPC/2015], inserido pela Lei 11.280/2006, nos termos referidos acima (...). O magistrado deverá, então, de manifestar-se a respeito antes da apresentação de resposta pelo réu. Mesmo no caso do art. 112 [art. 64 do CPC/2015], parágrafo único, se o réu apresentar contestação ou reconvenção, não opondo exceção, fica consolidada a competência do juízo, já que a cláusula de eleição de foro não terá comprometido a defesa do réu, sendo, *ipso facto*, válida e eficaz. Uma vez citada a parte, e verificada a ocorrência de incompetência relativa, a lei permite-lhe usar uma defesa processual indireta, denominada exceção, que nada tem que ver com o litígio. Tal exceção, até que seja devidamente resolvida, isto é, desde que admitida sua discussão, até a decisão interlocutória que a solucione, tem a virtude de suspender o curso do processo, o que se compreende, mas não se suspende o processamento da exceção, pois nela se discute justamente aspecto da legitimidade do órgão jurisdicional (arts. 265, III, e 306 [arts. 313, III, e 146, § 2.º])". Em resumo, conforme Arruda Alvim, num enunciado amplo, é possível afirmar: "1.º) que a infringência das regras especiais da competência, preferindo-se, indevidamente, a regra geral em detrimento da regra especial configurada (isto é, que incidiu), gera uma incompetência relativa, salvo nos casos em que a infração gere incompetência absoluta, nos casos dos arts. 95 [art. 47 do CPC/2015] (em parte) e 99 [art. 51 do CPC/2015]; 2.º); e, de outra parte, deixar-se de seguir as regras gerais de determinação do foro geral, indo a um especial, indevidamente, configura, outrossim, incompetência relativa" (p. 336).

- **BRUNO SILVEIRA DE OLIVEIRA** (*Breves...*, p. 217) entende que "as razões que levam o legislador a criar normas modificadoras da competência atendem a duas ordens de valores: I – a maior comodidade ou conveniência das partes (sem prejuízo, é claro, do bom cumprimento da função jurisdicional) ou II – o interesse público na obtenção julgados harmoniosos (justiça formal). Essa dicotomia se reflete com muita clareza na seleção, pela lei, dos chamados fatores de modificação (fatos jurídicos que, previstos nas hipóteses de incidência das normas sob exame, deflagram – por nexo de imputação – a alteração de competência cominada no consequente dessas normas mesmas)".

- **FREDIE DIDIER JR.** (*Curso...*, v. 1, 17. ed., p. 203) afirma que "as regras de competência submetem-se a regimes jurídicos diversos, conforme se trate de regra fixada para atender principalmente a interesse público, chamada de regra de competência absoluta, ou para atender preponderantemente ao interesse particular, a regra de competência relativa". Indica o autor que "dar-se-á a modificação ou prorrogação da competência quando se amplia a esfera de competência de um órgão judiciário para conhecer certas causas que não estariam, ordinariamente, compreendidas em suas atribuições jurisdicionais. Só há modificação da competência relativa. Há causas de modificação legal (conexão e continência) e voluntária (foro de eleição e não alegação de incompetência relativa) da competência".

- **HUMBERTO THEODORO JÚNIOR** (*Curso...*, v. 1, 56. ed., p. 204). Para o autor "o novo Código reconhece duas modalidades de definição de competência interna:

competência absoluta e competência relativa (NCPC, arts. 62 e 63), embasando-se em critérios ligados ora ao interesse público (conveniência da função jurisdicional), ora ao interesse privado (comodidade das partes). Não procedeu, de maneira explícita, à antiga divisão doutrinária e da codificação de 1973, que levava em conta (i) o valor da causa; (ii) a matéria; (iii) a função; e, (iv) o território. Tal circunstância, no entanto, não significa o abandono pelo novo ordenamento dessas modalidades de competência interna, que podem ser deduzidas da sistemática adotada pela legislação reformadora. (...) A divisão da competência em absoluta e relativa se dá conforme a possibilidade de sofrer ou não alterações. Absoluta é a competência insuscetível de sofrer modificação, seja pela vontade das partes, seja pelos motivos legais de prorrogação (conexão ou continência de causas). Trata-se de regra fixada em atenção ao interesse público. Relativa, ao contrário, é a competência passível de modificação por vontade das partes ou por prorrogação oriunda de conexão ou continência de causas, porque atende principalmente ao interesse particular. São relativas, segundo o Código, as competências que decorrem do valor ou do território (art. 63) e absolutas a *ratione materiae*, a *ratione personae* e a funcional (art. 62)". Segundo afirma o autor, "dá-se a prorrogação de competência quando se amplia a esfera de competência de um órgão judiciário para conhecer de certas causas que não estariam, ordinariamente, compreendidas em suas atribuições jurisdicionais. A prorrogação pode ser: (a) legal (ou necessária): quando decorre de imposição da própria lei, como nos casos de conexão ou continência (arts. 54 a 56); (b) voluntária: quando decorre de ato de vontade das partes, como no foro de eleição (art. 63), ou na falta de alegação de incompetência relativa em preliminar de contestação ou de impugnação com base em convenção de arbitragem (arts. 65 e 337, § 6.º). A prorrogação, no entanto, em quaisquer desses casos, pressupõe competência relativa, visto que juiz absolutamente incompetente nunca se legitima para a causa, ainda que haja conexão ou continência, ou mesmo acordo expresso entre os interessados".

- JOSÉ FREDERICO MARQUES (*Manual...*, 9. ed. atual., vol. 1, p. 309) afirma que a competência "absoluta é a que não pode sofrer modificações, nem por vontade das partes, nem tampouco pela conexão e continência de causas. É competência relativa, ao reverso, aquela que pode ser alterada por vontade das partes, pela conexão ou pela continência de causas. (...) Prorroga-se a competência quando, sob certas condições, um órgão judiciário se torna competente para determinado processo que, segundo as regras comuns, refoge de sua jurisdição (p. 311). (...) A prorrogação pressupõe a competência relativa e se divide em prorrogação legal e prorrogação voluntária. A primeira se verifica nos casos de mudança de competência operada por conexão ou continência e outros casos previstos na lei, e a segunda, quando há convenção das partes (art. 111 [art. 64 do CPC/2015]) ou quando ocorre a hipótese constante do art. 114 [art. 65 do CPC/2015]do Código de Processo Civil. 'Prorroga-se a competência, se o réu não opuser exceção declinatória do foro e de juízo, no caso e prazos legais'. Infere-se do disposto no art. 112 [art. 64 do CPC/2015] do Código de Processo Civil que a prorrogação voluntária prevista no art. 114 [art. 65 do CPC/2015] somente pode ocorrer nos casos de competência relativa."

- **NELSON NERY JR. E ROSA MARIA DE ANDRADE NERY** (*Comentários...*, p. 300) entendem que "a competência absoluta é ditada no interesse público, ao passo que a relativa é atribuída tendo em vista o interesse privado das partes. A absoluta é pressuposto processual de validade, não pode ser modificada por vontade das partes (CPC 54, *contrario sensu*), deve ser examinada *ex officio* pelo juiz (CPC 64 § 1.º); pode ser arguida por qualquer das partes, independentemente de exceção, a qualquer tempo e grau de jurisdição, pois não está sujeita à preclusão; enseja o juízo rescisório (CPC 966 II). A relativa pode ser modificada por convenção das partes (eleição de foro) ou por inércia do réu que não arguiu exceção de incompetência no prazo da lei; não pode ser declarada de ofício pelo juiz (STJ 33), exceto, na sistemática do CPC/1973, na hipótese do CPC/1973 112 par. ún.; não enseja nulidade dos atos processuais e nem juízo rescisório. São de competência absoluta: a material e a *funcional*. São de *competência relativa*: a *territorial* e a *valor da causa*".

- **TERESA ARRUDA ALVIM WAMBIER, MARIA LÚCIA LINS CONCEIÇÃO, LEONARDO FERRES DA SILVA RIBEIRO E ROGERIO LICASTRO TORRES DE MELLO** (*Primeiros...*, p. 108), em comentário ao art. 65 do CPC, afirmam que "ao contrário do que sucede com a incompetência absoluta, que jamais se sana e pode ser suscitada a qualquer tempo e grau de jurisdição, comportando pronunciamento ex officio, a incompetência relativa tem prazo e forma próprios para ser arguida: o prazo é o da contestação, e deverá a incompetência relativa ser arguida em capítulo preliminar da peça contestatória. Não sendo arguida em preliminar de contestação, dá-se a prorrogação da competência relativa: o que outrora era, potencialmente, incompetência relativa deixa de sê-lo. O vício de incompetência que antes existia torna-se um 'não vício'. Há, nesta situação, uma prorrogação da competência relativa em virtude da não suscitação da incompetência. Evidentemente, prejuízo algum para a parte deve decorrer se por ação, não suscitar a incompetência relativa nas preliminares de contestação, mas no bojo da peça".

Enunciados do FPPC

N.º 20. (*Art. 190, CPC/2015*) Não são admissíveis os seguintes negócios bilaterais, dentre outros: acordo para modificação da competência absoluta, acordo para supressão da primeira instância, acordo para afastar motivos de impedimento do juiz, acordo para criação de novas espécies recursais, acordo para ampliação das hipóteses de cabimento de recursos.

N.º 236. (*Art. 44, CPC/2015*) O art. 44 não estabelece uma ordem de prevalência, mas apenas elenca as fontes normativas sobre competência, devendo ser observado o art. 125, § 1.º, da Constituição Federal.

N.º 237. (*Art. 55, § 2.º, I e II, CPC/2015*) O rol do art. 55, § 2.º, I e II, é exemplificativo.

N.º 238. (*Art. 64, caput e § 4.º, CPC/2015*) O aproveitamento dos efeitos de decisão proferida por juízo incompetente aplica-se tanto à competência absoluta quanto à relativa.

N.º 289. (*Art. 327, § 1.º, II, CPC/2015*) Se houver conexão entre pedidos cumulados, a incompetência relativa não impedirá a cumulação, em razão da modificação legal da competência.

N.º 337. (*Art. 966, § 3.º, CPC/2015*) A competência para processar a ação rescisória contra capítulo de decisão deverá considerar o órgão jurisdicional que proferiu o capítulo rescindendo.

N.º 340. (*Art. 972, CPC/2015*) Observadas as regras de distribuição, o relator pode delegar a colheita de provas para juízo distinto do que proferiu a decisão rescindenda.

N.º 363. (*Art. 1.036-1.040, CPC/2015*) O procedimento dos recursos extraordinários e especiais repetitivos aplica-se por analogia às causas repetitivas de competência originária dos tribunais superiores, como a reclamação e o conflito de competência.

N.º 426. (*Art. 340, § 2.º, CPC/2015*) O juízo para o qual foi distribuída a contestação ou a carta precatória só será considerado prevento se o foro competente for o local onde foi citado.

N.º 488. (*Art. 64, §§ 3.º e 4.º; art. 968, § 5.º, CPC/2015; art. 4.º da Lei 12.016/2009*) No Mandado de Segurança, havendo equivocada indicação da autoridade coatora, o impetrante deve ser intimado para emendar a petição inicial e, caso haja alteração de competência, o juiz remeterá os autos ao juízo competente.

Bibliografia

Fundamental

ANTONIO CARLOS DE ARAÚJO CINTRA, ADA PELLEGRINI GRINOVER e CÂNDIDO RANGEL DINAMARCO, *Teoria geral do processo*, 23. ed., São Paulo, Malheiros, 2007; ARRUDA ALVIM, *Manual de direito processual civil*, 11. ed., São Paulo, Ed. RT, 2007, vol. 1; FERNANDO DA FONSECA GAJARDONI, LUIZ DELLORE, ANDRE VASCONSELOS ROQUE E ZULMAR DUARTE DE OLIVEIRA JR., *Teoria geral do processo: comentários ao CPC de 2015: parte geral*, São Paulo, Forense, 2015; FREDIE DIDIER JR., *Curso de Processo Civil: introdução ao direito processual civil, parte geral e processo de conhecimento*, 17. ed., Salvador, Juspodivm, 2015, v. 1; HUMBERTO THEODORO JÚNIOR, *Curso de direito processual civil*, 56. ed., Rio de Janeiro, Forense, 2015, vol. 1; JOSÉ FREDERICO MARQUES, *Manual de direito processual civil*, 9. ed., Atual. Ovídio Rocha Barros Sandoval, Campinas, Millennium, 2003, vol. 1; LUIZ GUILHERME MARINONI, SÉRGIO CRUZ ARENHART e DANIEL MITIDIERO, *Novo curso de processo civil: tutela dos direitos mediante procedimento comum*, São Paulo, Ed. RT, 2015, v. 2; NELSON NERY JR. e ROSA MARIA DE ANDRADE NERY, *Comentários ao Código De Processo Civil*, São Paulo, Ed, RT, 2015; TERESA ARRUDA ALVIM WAMBIER, FREDIE DIDIER JR., EDUARDO TALAMINI e BRUNO DANTAS (COORD.), *Breves comentários ao Novo Código de Processo Civil*, São Paulo, Ed. RT, 2015; _____, MARIA LÚCIA LINS CONCEIÇÃO, LEONARDO FERRES DA SILVA RIBEIRO e ROGERIO LICASTRO TORRES DE MELLO, *Primeiros comentários ao novo Código De Processo Civil: artigo por artigo*, São Paulo, Ed. RT, 2015.

Complementar

ACCÁCIO CAMBI, Considerações a respeito da competência recursal dos Tribunais de Justiça e de Alçada do Paraná e jurisprudência dominante relativamente à competência do Tribunal de Alçada, GenesisPro 23/05; ALCIDES DE MENDONÇA LIMA, Juiz devedor da oponente vencedora na sentença – Nulidade, em Processo de conhecimento e processo de execução – Nova série, Rio de Janeiro, Forense, 1993; ALEXANDRE FREITAS CÂMARA, Lições de direito processual civil, 16. ed., Rio de Janeiro, Lumen Juris, 2007, vol. 1; ALFREDO DE ARAÚJO LOPES DA COSTA, Manual elementar de direito processual civil, 3. ed., Atual. SÁLVIO DE FIGUEIREDO TEIXEIRA, Rio de Janeiro, Forense, 1982; ALICE MONTEIRO DE BARROS, A nova competência jurisdicional à luz da Emenda Constitucional 45/2004: primeiras manifestações concretas, in Bento Herculano Duarte e Ronnie Preuss Duarte (Coords.), Processo civil: aspectos relevantes: estudos em homenagem ao Prof. Humberto Theodoro Júnior, São Paulo, Método, 2007, vol. 2; ALUISIO GONÇALVES DE CASTRO MENDES, Competência cível da Justiça Federal, São Paulo, Ed. RT, 2006; AMÉRICO BEDÊ FREIRE JÚNIOR, Pontos nervosos da tutela coletiva: legitimação, competência e coisa julgada, in Rodrigo Mazzei e Rita Dias Nolasco (Coords.), Processo civil coletivo, São Paulo, Quartier Latin, 2005; ANETE VASCONCELOS DE BORBOREMA, Competência territorial, RePro 20/89; ANTÔNIO CARLOS MARCATO, Breves considerações sobre jurisdição e competência, RePro 66/25; _____, Prorrogação da competência, RePro 65/7; ANTÔNIO CÉSAR BOCHENEK, Competência cível da justiça federal e dos juizados especiais cíveis, São Paulo, RT, 2004; ANTÔNIO RIGOLIN, Competência – Caso de competência, RePro 9/330; ANTÔNIO SAMPAIO CARAMELO, A competência da competência e a autonomia do Tribunal Arbitral, Revista de Arbitragem e Mediação 40/151, jan. 2014, Doutrinas Essenciais Arbitragem e Mediação, vol. 1, p. 33, set. 2014; ARAKEN DE ASSIS, Comentários ao Código de Processo Civil: arts. 566 a 645, 2. ed., Rio de Janeiro, Forense, 2003, vol. 6; ARNOLDO WALD, Do foro competente e da lei aplicável para dirimir litígios decorrentes de contrato bancário celebrado no Brasil entre empresas brasileiras, RT 805/113; ARRUDA ALVIM, Anotações sobre o tema da competência, RePro 24/9; _____, Competência internacional, RePro 7/15; _____, Direito processual civil, São Paulo, Ed. RT, 2002, vol. 1; _____, Lei 11.280, de 16.02.2006 (análise dos arts. 112, 114 e 305 do CPC e do § 5.º do art. 219 do CPC, RePro 143/11; _____, Tratado de direito processual civil, 2. ed., São Paulo, Ed. RT, 1990, vol. 1; ARTHUR OLIVEIRA DE CARVALHO, A coisa julgada e os limites da competência territorial no processo coletivo, RDDP 54/19; ATHOS GUSMÃO CARNEIRO, Conflito de competência, RePro 82/241; _____, Jurisdição e competência, 15. ed., São Paulo, Saraiva, 2007; _____, Notas sobre a competência nas ações civis públicas, RePro 235/231; BRUNELA VIEIRA DE VICENZI, Competência funcional – Distorções, RePro 105/265; BRUNO FREIRE E SILVA, O art. 72 do novo Código Civil e seu reflexo na competência jurisdicional, in Fredie Didier Jr. e Rodrigo Mazzei (Coords.), Reflexos do novo Código Civil no direito processual, Salvador, JusPodivm, 2006; Caetano Lagrasta Neto, Anotações sobre as mais recentes alterações no Código de Processo Civil, RT 801/44; CÂNDIDO RANGEL DINAMARCO, *A reforma da reforma*, São Paulo, Malheiros, 2002; _____, *Fundamentos do processo civil moderno*, 3. ed., São Paulo, Ed. RT, 2000; _____, *Instituições de direito processual civil*, 5. ed., São Paulo, Malheiros, 2005, vol. 1; CASSIO SCARPINELLA BUENO, *A nova etapa da reforma do Código de Processo Civil*, 2. ed., São Paulo, Saraiva, 2006, vol. 2; _____, *Curso sistematizado de direito processual civil*, São Paulo, Saraiva, 2007, vol. 1; CELSO AGRÍCOLA BARBI, *Comentários ao Código de Processo Civil*, 10. ed., Rio de Janeiro, Forense, 1997, vol. 1; CELSO NEVES, *Estrutura fundamental do processo civil*, Rio de Janeiro, Forense, 1995; CLEUCIO SANTOS NUNES, Pronunciamento da prescrição de ofício por juiz incompetente: exegese construída a partir da nova redação do artigo 219 do CPC: Lei 11.280, *RDDP* 40/37; DANIEL AMORIM ASSUMPÇÃO NEVES, *Competência no processo civil*, São Paulo, Método, 2005; _____, Poderes do relator no julgamento do conflito de competência, *RDDP* 51/22; DJANIRA M. RADAMÉS DE SÁ, *Teoria geral do direito processual civil* – A lide e sua resolução, 2. ed., São Paulo, Saraiva, 1998; DOMINGOS TACIANO LEGPRI GOMES, Competência exclusiva e concorrente: limites e expansão da jurisdição internacional, *RDP* 14/176; DONALDO ARMELIN, Competência internacional, *RePro* 21/31; EDSON PRATA, Competência territorial, *RBDP* 41/91; EDUARDO ARRUDA ALVIM, *Curso de direito processual civil*, São Paulo, Ed. RT, 1999, vol. 1; EDWARD CARLYLE SILVA, *Direito processual civil*, Rio de Janeiro, Impetus, 2007; EGAS DIRCEU MONIZ DE ARAGÃO, Notas sobre o foro de eleição, *RePro* 97/149; ELPIDIO DONIZETTI NUNES, *Curso didático do direito processual civil*, 8. ed., Rio de Janeiro, Lumen Juris, 2007; ELTON VENTURI, A competência jurisdicional na tutela coletiva, in ADA PELLEGRINI GRINOVER, ALUISIO GONÇALVES DE CASTRO MENDES e KAZUO WATANABE (Coords.), *Direito processual coletivo e o anteprojeto de Código Brasileiro de Processos Coletivos*, São Paulo, Ed. RT, 2007; ENRICO TULLIO LIEBMAN, *Manual de direito processual civil*, 2. ed., Rio de Janeiro, Forense, 1985, vol. 1; ERNANE FIDÉLIS DOS SANTOS, *Manual de direito processual civil*, 12. ed., São Paulo, Saraiva, 2007, vol. 1; FAGUNDES CUNHA, A competência absoluta e a ausência de limite do valor da causa nos Juizados Especiais Cíveis, *RJ* 227/123; FERNANDO BÜSCHER VON TESCHEHAUSEN EBERLIN, Aspectos relevantes da reforma processual: análise das Leis 11.187, 11.232, 11.276, 11.277 e 11.280, *RDDP* 40/48; FLÁVIO CHEIM JORGE e MARCELO ABELHA RODRIGUES, Exceção de suspeição do perito judicial. Fato descoberto após a entrega do laudo pericial e prolação da sentença. O momento para o oferecimento da exceção e as consequências de sua procedência. O efeito *ex tunc* da decisão que julga a exceção de suspeição, *RePro* 108/249; _____, FREDIE DIDIER JR. e MARCELO ABELHA RODRIGUES, *A terceira etapa da reforma processual civil*, São Paulo, Saraiva, 2006; FRANCISCO C. PONTES DE MIRANDA, *Comentários ao Código de Processo Civil*, 3. ed., Rio de Janeiro, Forense, 1995, t. II; FRANCISCO DE QUEIROZ BEZERRA CAVALCANTI e LUCIANA DE MEDEIROS FERNANDES, Da competência do Presidente de Tribunal para pedidos de suspensão formulados contra decisões liminares, cautelares e antecipatórias de tutela de magistrados integrantes da Corte presidida, *RDDP* 42/31; FREDIE DIDIER JR., A competência jurisdicional para a ação civil pública e a regra do art. 109, § 3.º da CF/88 (comentário ao acórdão do STF no RE 228.955-9), *RDDP* 5/23; _____, *Curso de direito processual civil*: teoria geral do processo e processo do conhecimento, 7. ed., Salvador, JusPodivm, 2007; GELSON AMARO DE SOUZA, Dever de declaração da incompetência absoluta e o mito da nulidade de todos os atos decisórios, *RT* 833/82; _____, Prorrogação de competência absoluta, *RJ* 292/32; _____, Validade de decisão do juízo incompetente, *RJ* 277/34; GEORGE MARMELSTEIN LIMA, Desrespeito à regra processual da livre distribuição, *RT* 797/161; GIOVANNI CRIBARI, A exceção de incompetência relativa e a suspensão do processo, *RePro* 9/71; GISELE SANTOS FERNANDES GÓES, *Direito processual civil*: processo de conhecimento, São Paulo, Ed. RT, 2006; GLÁUCIO FERREIRA MACIEL GONÇALVES, *Modificações de competência no processo civil*, Belo Horizonte, Del Rey, 2002; GUILLERMO FEDERICO RAMOS, O foro de eleição nos contratos internacionais e a jurisdição brasileira: a deferência devida ao art. 88 do CPC, *RePro* 163/221; HEITOR VITOR MENDONÇA SICA, Reconhecimento de ofício da nulidade da cláusula de eleição de foro e exceção de incompetência relativa (artigos 112, parágrafo único, 114 e 305 e 305), na coletânea *Reflexões sobre a reforma do Código de Processo Civil* – Estudos em homenagem a Ada Pellegrini Grinover, Cândido R. Dinamarco e Kazuo Watanabe, coord. Carlos Alberto Carmona, São Paulo, Atlas, 2007; HELDER MARTINEZ DAL COL, Modificações da competência, *RT* 802/105; HÉLIO TORNAGHI,

Comentários ao Código de Processo Civil, 2. ed., São Paulo, Ed. RT, 1976, vol. 1; HUMBERTO THEODORO JÚNIOR, *as novas reformas do Código de Processo Civil*, Rio de Janeiro, Forense, 2006; _____, *Perpetuatio iurisdictionis*. Alterações da competência absoluta e funcional. Critério de estabelecimento da competência interna dos órgãos do tribunal. Prevenção regimental. Momento de eficácia do ato processual. Papel do escrivão, *RDDP* 30/111; _____, Prescrição: liberdade e dignidade da pessoa humana, *RDDP* 40/64; JAQUELINE MIELKE SILVA e JOSÉ TADEU NEVES XAVIER, *Reforma do processo civil*, Porto Alegre, Verbo Jurídico, 2006; JOÃO ZAIONS JÚNIOR, MARCO ANTONIO CORREA DE SÁ e ROSANA MARA BRITTES, Ações indenizatórias decorrentes de acidente de trabalho: competência da justiça estadual, *RePro* 106/307; JOEL DIAS FIGUEIRA JR., *Da competência nos juizados especiais cíveis*, São Paulo, Ed. RT, 1996; JOSÉ AILTON GARCIA, A incompetência territorial na Lei 11.280/2006 (CPC, arts. 112, 114 e 305), *RDDP* 52/102; JOSÉ CARLOS BARBOSA MOREIRA, A competência como questão preliminar e como questão de mérito, *Temas de direito processual* – Quarta série, São Paulo, Saraiva, 1989; _____, A Emenda Constitucional n. 45 e o processo, *RDDP* 33/52; _____, Petição inicial distribuída a um juízo e despachada por outro. Ineficácia do despacho para prevenir a competência, *Temas de direito processual* – Primeira série, 2. ed., São Paulo, Saraiva, 1988; _____, Pode o juiz declarar de ofício a incompetência relativa?, *RePro* 62/28; _____, Prevenção de competência, *RePro* 7/197; JOSÉ CARLOS DE MAGALHÃES, Competência internacional do juiz brasileiro e denegação de justiça, *RT* 630/52; JOSÉ DE MOURA ROCHA, A competência no novo Código de Processo Civil, *RePro* 4/38; JOSÉ EDUARDO CARREIRA ALVIM, *Alterações do Código de Processo Civil*, 3. ed., Rio de Janeiro, Impetus, 2006; _____, *Elementos de teoria geral do processo*, 7. ed., Rio de Janeiro, Forense, 2001; JOSÉ FREDERICO MARQUES, Competência – Exegese do art. 100, V, letra "a" do Código de Processo Civil, *Pareceres*, São Paulo, AASP, 1993; JOSÉ IGNÁCIO BOTELHO DE MESQUITA, Da competência internacional e dos princípios que a informam, *RePro* 50/51; JOSÉ IGNACIO BOTELHO DE MESQUITA, *Teses, estudos e pareceres de processo civil*: jurisdição e competência, sentença e coisa julgada, recursos e processos de competência originária dos Tribunais, São Paulo, Ed. RT, 2005, vol. 2; JOSÉ ROBERTO DOS SANTOS BEDAQUE, *Competência e suspeição*: julgados e pareceres, São Paulo, Ed. RT, 1995; JOSÉ ROGÉRIO CRUZ E TUCCI, *Lineamentos da nova reforma do CPC*, 2. ed., São Paulo, Ed. RT, 2002; JOSÉ RUBENS COSTA, *Tratado de processo de conhecimento*, São Paulo, J. Oliveira, 2003; JULIANA HÖRLLE PEREIRA E GILBERTO STÜRMER, Apontamentos sobre a competência nas ações coletivas, *RePro* 237/253, nov. 2014; LEONARDO HENRIQUE MUNDIM MORAES OLIVEIRA, Da inaplicabilidade do parágrafo único do art. 100 do CPC às companhias seguradoras, *RIL* 140/279; LEONARDO MATTIETTO, Prescrição à luz da Lei 11.280/2006, *RDDP* 42/89; LUIZ CEZAR RAMOS PEREIRA, A competência internacional da autoridade judiciária brasileira, *RF* 586/15; LUIZ FUX, *Curso de direito processual civil*, 3. ed., Rio de Janeiro, Forense, 2005; LUIZ GUILHERME DA COSTA WAGNER JUNIOR, *Processo civil*: curso completo, Belo Horizonte, Del Rey, 2007; LUIZ RODRIGUES WAMBIER e TERESA ARRUDA ALVIM WAMBIER, *Breves comentários à 2.ª fase da reforma do Código de Processo Civil*, 2. ed., São Paulo, Ed. RT, 2002; _____, _____ e JOSÉ MIGUEL GARCIA MEDINA, *Breves comentários à nova sistemática processual civil*, São Paulo, Ed. RT, 2006, vol. 2; MANOEL FERNANDO THOMPSON MOTTA FILHO, Incompetência absoluta. Decisão (posterior) da exceção de incompetência, *RePro* 108/262; MARCELO ABELHA RODRIGUES, *Elementos de direito processual civil*, 3. ed., São Paulo, Ed. RT, 2003; _____, FLÁVIO CHEIM JORGE e FREDIE DIDIER JR., *A nova reforma processual*, São Paulo, Saraiva, 2002; MARCO MORAES MARQUES JUNIOR, Observações sobre a competência do juízo da falência, *RT* 806/71; MARCOS AFONSO BORGES, Alterações no Código de Processo Civil oriundas das Leis 10.352, de 26.12.2001 e 10.358, de 27.12.2001, *RJ* 295/45 e *RePro*

106/179; MARCUS VINICIUS RIOS GONÇALVES, *Novo curso de direito processual civil*, 4. ed., São Paulo, Saraiva, 2007, vol. 1; MIGUEL REALE, Da competência por dependência, *Doutrinas Essenciais de Processo Civil*, vol. 2, p. 1181, out./2011; MILTON SANSEVERINO, Incompetência relativa: impossibilidade declarada de ofício, *ADV* 34/420; MISAEL MONTENEGRO FILHO, *Curso de direito processual civil*, 4. ed., São Paulo, Atlas, 2007, vol. 1; MOACYR AMARAL SANTOS, *Primeiras linhas de direito processual civil*, 25. ed., Atual. Aricê Moacyr Amaral Santos, São Paulo, Saraiva, 2007, vol. 1; NELSON NERY JR., Legitimidade para arguir incompetência relativa, *RePro* 52/214; NEMO ELOY VIDAL NETO, A intervenção obrigatória do INPI nas ações que discutem a legalidade de marca comercial ainda não registrada e a consequente competência da Justiça Federal para processar e julgar estas ações, *RePro* 105/297; OLAVO DE OLIVEIRA NETO, *Conexão por prejudicialidade*, São Paulo, Ed. RT, 1994; OSMAR MOHR, Competência e opção de procedimento nos Juizados Especiais Cíveis, *GenesisProc* 12/272; OVÍDIO A. BAPTISTA DA SILVA, *Comentários ao Código de Processo Civil*, São Paulo, Ed. RT, 2000, vol. 1; _____, *Curso de processo civil*, 6. ed., São Paulo, Ed. RT, 2002, vol. 1; PATRICIA MIRANDA PIZZOL, *A competência no processo civil*, São Paulo, Ed. RT, 2003; PAULO BROSSARD, Ministério Público: incompetência para fiscalizar atividades bancárias, com base na legislação de proteção do consumidor, *RF* 334/263; PAULO ROBERTO DE GOUVÊA MEDINA, A conexão de causas no processo civil, *RePro* 109/63; _____, A competência no Código de Processo Civil, *Doutrinas Essenciais de Processo Civil*, vol. 2, p. 1085, out./2011; PAULO VALÉRIO DAL PAI MORAES, O STF, o STJ e a polêmica sobre a competência para processar a demanda de indenização por acidente ou doença do trabalho fundada no direito comum, *RJ* 293/90; PEDRO HENRIQUE TAVORA NIESS, Jurisdição e competência: organização judiciária nacional, *RTJE* 48/15; PEDRO LENZA, Competência na ação civil pública: dano de âmbito local, regional e nacional – art. 93 do CDC, *RePro* 129/272; RENATO FRANCO DE ALMEIDA, PAULO CALMON NOGUEIRA DA GAMA e ALINE BAYERL COELHO, A competência nas ações coletiva do CDC, *CEJ* 25/97; ROSA MARIA BARRETO DE ANDRADE NERY, Competência relativa de foro e a ordem pública: art. 51 do CDC e o verbete 33 da súmula do STM, *RT* 693/112; SÉRGIO BERMUDES, *Introdução ao processo civil*, 4. ed., Rio de Janeiro, Forense, 2006; _____, Prevenção de competência nas ações conexas, *RBDP* 9/83; SÉRGIO FERRAZ, Prevenção de competência, *RePro* 7/205; SEVERIANO IGNACIO DE ARAGÃO, Foros regionais e sua competência absoluta, *ADV* 7/72; SOLON FERNANDEZ FILHO, Juiz incompetente. Eficácia de seus pronunciamentos *RePro* 14/121; TEORI ALBINO ZAVASCKI, *Comentários ao Código de Processo Civil*: do processo de execução — arts. 566 a 645, 2. ed., São Paulo, Ed. RT, 2003, vol. 8; VICENTE DE PAULA ATAIDE JUNIOR, *As novas reformas do processo civil*, Curitiba, Juruá, 2006; VOLTAIRE DE LIMA MORAES, Dos bens jurídicos tutelados, da legitimidade passiva e do foro competente na ação civil pública, *Ação civil pública*: lei 7.347/1985 – 15 anos, São Paulo, Ed. RT, 2001; WANDERLEY JOSE FEDERIGHI, A exceção de incompetência nas ações acidentárias, *RePro* 40/275; WILNEY MAGNO DE AZEVEDO SILVA, Observações sobre competência jurisdicional. A natureza da competência dos juízos descentralizados: varas estaduais regionais e varas federais do interior, *RePro* 104/165.

Capítulo 7

COOPERAÇÃO JURISDICIONAL

> Sumário: 7.1. Cooperação internacional; 7.1.1. Noções gerais; 7.1.2. Princípios; 7.1.3. Requisitos; 7.1.4. Objeto da cooperação jurídica internacional; 7.1.5. Auxílio direto; 7.1.6. Carta rogatória – 7.2. Cooperação nacional; 7.2.1. Noções gerais; 7.2.2. Modalidades.

7.1. Cooperação internacional

7.1.1. Noções gerais

As normas de cooperação jurídica internacional são aquelas que regulam a requisição de atos a serem praticados fora dos limites territoriais do Estado soberano. São inúmeros os instrumentos multilaterais e bilaterais já celebrados pelo Brasil em matéria de cooperação internacional. Um exemplo é a Convenção sobre os Aspectos Civis do Sequestro Internacional de Crianças, concluída em Haia, em 25 de outubro de 1980, e promulgada no Brasil pelo Dec. 3.413/2000. Outro exemplo é o Acordo de Cooperação e Assistência Jurisdicional em Matéria Civil, Comercial, Trabalhista e Administrativa entre os Estados Partes do Mercosul, a República da Bolívia e a República do Chile, assinado em Buenos Aires, em 5 de julho de 2002, e promulgado no Brasil pelo Dec. 6.891/2009. Ainda, um outro exemplo é o Tratado sobre Auxílio Judicial em Matéria Civil e Comercial entre o Brasil e a China, firmado em Pequim, em 19 de maio de 2009, e promulgado no Brasil pelo Dec. 8.430/2015.

A cooperação jurídica internacional dá-se conforme as regras provenientes de tratados internacionais dos quais o Brasil seja signatário. Na falta de tratado, a cooperação é viabilizada se entre os Estados houver reciprocidade, manifestada por via diplomática (art. 26, *caput* e § 1.º, do CPC/2015). Essa regra não se aplica, contudo, na hipótese de homologação de sentença estrangeira, em que não a reciprocidade não é exigida (§ 2.º).

O legislador do CPC/2015 optou pela expressão "cooperação jurídica internacional" no intuito, parece-nos, de não restringir essa prática ao âmbito jurisdicional. Isso significa que a cooperação jurídica internacional também pode realizar-se, por exemplo, em processos administrativos.

A cooperação jurídica internacional pode ser ativa ou passiva. Será ativa, quando solicitada pelo Brasil para a prática de ato em Estado estrangeiro. Será passiva, quando requisitada pelo Estado estrangeiro para a prática de ato em território brasileiro.

7.1.2. Princípios

Além das regras provenientes de tratados dos quais o Brasil seja signatário e das normas fundamentais que regem o Estado brasileiro, deve a cooperação jurídica internacional observar os princípios e exigências do art. 26 do CPC/2015. Conforme o dispositivo, para que a cooperação se realize, devem ser observadas, no Estado requerente, as garantias do devido processo legal (inc. I).

Exige-se, além disso, que nacionais e estrangeiros, residentes ou não no Brasil, recebam o mesmo tratamento, para que a todos seja garantido o acesso à justiça e à tramitação dos processos. Aos necessitados, deve ser assegurada a assistência judiciária (inc. II).

A publicidade processual também deve ser garantida, mas são ressalvadas as regras de sigilo previstas no ordenamento jurídico do Brasil e do Estado requerente (inc. III).

7.1.3. Requisitos

A cooperação jurídica internacional, como já dito, deve observar as normas fundamentais previstas no ordenamento jurídico brasileiro. Isso significa que não é permitida a prática de atos que desrespeitem normas fundamentais ou que produzam resultados com estas incompatíveis (art. 26, § 3.º, do CPC/2015). Da mesma forma, não serão admitidos pedidos passivos de cooperação que possam configurar ofensa à ordem pública (art. 39 do CPC/2015).

Em termos práticos, o art. 26 prevê, em seu inc. IV, a necessidade de que exista autoridade central para transmissão e recepção dos pedidos de cooperação. Na ausência de determinação específica, a autoridade central será o Ministério da Justiça (§ 4.º), através do Departamento de Recuperação de Ativos e Cooperação Jurídica Internacional (DRCI), como disposto no Dec. 6.061/2007 (Anexo I).

O pedido de cooperação formulado pela autoridade brasileira e os documentos que o instruem, acompanhados da tradução para o idioma do país em que o ato será praticado, são encaminhados à autoridade central para envio ao Estado requerido.

No caso da cooperação passiva, quando o documento que instruir o pedido e a respectiva tradução para o português forem encaminhados através da autoridade central ou por via diplomática, não haverá necessidade de ajuramentação, autenticação ou outro procedimento de legalização, pois, quando encaminhados nessas condições, consideram-se autênticos, observado o princípio da reciprocidade de tratamento.

A cooperação jurídica internacional exige a espontaneidade na transmissão de informações entre as autoridades estrangeiras. Ou seja, as informações devem ser transmitidas imediatamente, sem que haja a estrita necessidade de solicitação pelo Estado requerente. O escopo dessa norma, parece-nos, é simplificar os mecanismos de cooperação.

7.1.4. *Objeto da cooperação jurídica internacional*

Podem ser objeto da cooperação jurídica internacional, a teor do que dispõe o art. 27 do CPC/2015, atos de citação, intimação e notificação judicial e extrajudicial (inc. I), "colheita de provas e obtenção de informações" (inc. II), "homologação e cumprimento de decisão" (inc. III), "concessão de medida judicial de urgência" (inc. IV) e "assistência jurídica internacional" (inc. V). Esse rol, porém, não é taxativo. O inc. VI do próprio art. 27 dispõe que poderá ser objeto de cooperação "qualquer outra medida judicial ou extrajudicial não proibida pela lei brasileira".

7.1.5. *Auxílio direto*

No auxílio direto, a cooperação jurídica internacional é mais célere e desburocratizada, sendo cabível quando a medida não decorrer diretamente de decisão judicial que tenha de ser submetida a juízo de delibação realizada no Brasil, cuja competência é do STJ (art. 105, I, *i*, CF).

Além dos casos previstos nos tratados dos quais o Brasil seja signatário, o art. 30 do CPC/2015 diz que podem ser objeto de pedido de auxílio direto a obtenção e a prestação de informações sobre o ordenamento jurídico ou a respeito de processos administrativos ou judiciais (inc. I); e a colheita de provas, desde que não trate de processo de competência exclusiva de autoridade judiciária brasileira (inc. II).

Esse rol também não é taxativo. Pode ser objeto de auxílio direto qualquer outra medida não proibida pela legislação brasileira (inc. III), desde que, como já referido, não decorra diretamente de decisão judicial que tenha de ser submetida a juízo de delibação.

O pedido de auxílio direto, cuja clareza e autenticidade deverá ser assegurada pelo Estado requerente, é encaminhado à autoridade central brasileira que lhe dará andamento. Tanto no pedido de auxílio direto ativo, quanto passivo, a autoridade central brasileira comunica-se diretamente com suas congêneres. Somente quando necessário, comunicar-se-á com os demais órgãos estrangeiros responsáveis pela tramitação e execução de pedidos de cooperação (art. 31 do CPC/2015).

Se se tratar de auxílio direto passivo para a prática de atos de natureza meramente administrativa, a própria autoridade central deverá adotar as providências necessárias para o cumprimento.

Já, quando se tratar de medida de natureza jurisdicional, recebido o pedido, a autoridade central deverá encaminhá-lo à AGU, que dirigirá ao juízo federal do lugar em que deva ser executada a medida requerimento para a prática do ato. Tal requerimento poderá ser feito pelo Ministério Público nas hipóteses em que este for designado como autoridade central.

7.1.6. Carta rogatória

A carta rogatória é mecanismo de cooperação jurídica internacional destinado a atos que exijam maiores formalidades. Há, no art. 35 do CPC/2015, previsão de que seria a carta rogatória destinada à "(...) prática de ato de citação, intimação, notificação judicial, colheita de provas, obtenção de informações e cumprimento de decisão interlocutória, sempre que o ato estrangeiro constituir decisão a ser executada no Brasil". Esse dispositivo, entretanto, foi vetado pela Presidência da República, sob o fundamento de que a imposição da prática de determinados atos pela carta rogatória, que poderiam ser realizados por meio de auxílio direto, afetaria a celeridade e a efetividade da cooperação.

É certo, contudo, que a carta rogatória permanece sendo o único mecanismo de cooperação quando a medida decorrer diretamente de decisão que deva ser submetida a juízo de delibação no Brasil.

Assim como o auxílio direto, a carta rogatória pode ser ativa ou passiva, conforme expedida pela autoridade jurisdicional brasileira para a prática de atos no Estado estrangeiro, ou pela autoridade jurisdicional estrangeira, para a prática de atos no Brasil.

Segundo dispõe a regra do art. 36 do CPC/2015, o procedimento de carta rogatória proveniente de autoridade jurisdicional estrangeira, de competência do STJ, é de jurisdição contenciosa, assegurando-se às partes todas as garantias do devido processo legal.

Na defesa, as partes podem discutir apenas questões referentes ao atendimento dos requisitos para que a decisão judicial produza efeitos no Brasil. É vedada a discussão do mérito do pronunciamento judicial estrangeiro pelas partes ou a sua revisão pelo órgão jurisdicional brasileiro.

No vol. 2, cap. 33 examina-se, com mais vagar, a homologação de sentença estrangeira e a concessão do *exequatur* à carta rogatória, previstas no art. 960 e ss.

7.2. Cooperação nacional

7.2.1. Noções gerais

Como já referido, não é permitido aos juízos a prática de atos judiciais fora da esfera de sua competência. Portanto, para que a tutela jurisdicional justa e efetiva seja prestada em tempo razoável, o art. 67 do CPC/2015 impõe aos órgãos do Poder Judiciário o dever de recíproca cooperação, visando viabilizar e facilitar a realização de atos fora dos limites da competência do juízo requerente.

Trata-se de dever que abrange absolutamente todos os órgãos do Poder Judiciário, independentemente do grau ou ramo desses órgãos (art. 69, § 3.º, do CPC/2015). É que, em respeito ao princípio da unidade da jurisdição nacional, não pode o Poder Judiciário permitir que as distinções por motivos de competência impeçam a atuação de seus diversos órgãos em sintonia. A cooperação alcança também os juízos arbitrais que, por meio das cartas arbitrais, podem formular pedido de cooperação ao Poder Judiciário. Sobre o tema, v. n. 32.2, adiante.

Assim sendo, em atenção ao dever de cooperação (art. 6.º do CPC/2015), à agilidade, à concisão e à instrumentalidade das formas, impõe-se que os atos de cooperação sejam realizados de maneira rápida e fluída.

As normas de cooperação previstas no CPC seguem as diretrizes traçadas pelo Conselho Nacional de Justiça na Recomendação 38, de 3 de novembro de 2011, através da qual recomendou a implantação de uma Rede Nacional de Cooperação Judiciária, com a instituição dos Juízes de Cooperação[1] (que também podem ser instituídos em segundo grau de jurisdição), e a criação pelos Tribunais de Núcleos de Cooperação.[2]

---

1. O art. 7.º da Recomendação 38/2011 impõe ao Juiz de Cooperação os seguintes deveres: "I – fornecer todas as informações necessárias a permitir a elaboração eficaz de pedido de cooperação judiciária, bem como estabelecer os contatos diretos mais adequados; II – identificar soluções para os problemas que possam surgir no processamento de pedido de cooperação judiciária; III – facilitar a coordenação do tratamento dos pedidos de cooperação judiciária no âmbito do respectivo Tribunal; IV – participar das reuniões convocadas pela Corregedoria de Justiça, pelo Conselho Nacional de Justiça ou, de comum acordo, pelos juízes cooperantes; V – participar das comissões de planejamento estratégico dos tribunais; VI – promover a integração de outros sujeitos do processo à rede de cooperação; VI – intermediar o concerto de atos entre juízes cooperantes; VI – intermediar o concerto de atos entre juízes cooperantes".
2. Os Núcleos de Cooperação, segundo dispõe o art. 9.º da Recomendação 38/2011, têm como função "sugerir diretrizes de ação coletiva, harmonizar rotinas e procedimentos,

7.2.2. Modalidades

O pedido de cooperação, a teor do que dispõe o art. 68 do CPC/2015, pode ser formulado para a prática de qualquer ato processual, desde que não constitua ofensa ao princípio do juiz natural.

O *caput* do art. 69 do CPC/2015 dispõe que não há forma específica para o pedido de cooperação jurisdicional. Ou seja, é possível que os juízos cooperantes estabeleçam as formas de cooperação que considerarem adequadas ao caso concreto (*v.g. e-mail* – a forma eletrônica é a preferencial). A ausência de especificidade, no entanto, não implica a escusa da forma, que sempre estará presente e é processualmente relevante. O escopo da norma é a flexibilidade, sem perder de vista o devido registro e documentação do ato praticado, em respeito, também, ao princípio da publicidade.

Ao determinar que o pedido de cooperação "deve ser prontamente atendido" e "prescinde de forma específica" reforça a necessidade de observância dos princípios da celeridade e da instrumentalidade das formas. Isto é, não basta que a cooperação se dê sem embaraços entre os órgãos jurisdicionais, é preciso que sua efetivação ocorra de maneira célere. A cooperação morosa pode não cumprir com a finalidade a que se destina.

O pedido de cooperação pode ser executado através do auxílio direto, da reunião ou apensamento de processos, da prestação de informações e dos atos concertados entre os juízes cooperantes.

Atos concertados são os atos ajustados entre os juízos cooperantes que, na dicção do § 2.º do art. 69 do CPC/2015, podem consistir no estabelecimento de procedimento para: citação, intimação, notificação de ato, obtenção e apresentação de provas e colheita de depoimentos, efetivação de tutela provisória, efetivação de medidas e providências para recuperação e preservação de empresas, facilitação de habilitação de créditos na falência e na recuperação judicial, centralização de demandas repetitivas e execução de decisão jurisdicional. Esse rol, porém, não é exaustivo. Como preceitua o art. 68 do CPC/2015, acima tratado, o pedido de cooperação pode versar sobre qualquer ato processual.

Em relação às cartas (de ordem ou precatória), tradicionalmente utilizadas para pedidos de cooperação nacional, o art. 264 do CPC/2015 preceitua que elas podem adquirir formas variadas, sejam físicas, eletrônicas, telefônicas

---

bem como atuar na gestão coletiva de conflitos e na elaboração de diagnósticos de política judiciária, propondo mecanismos suplementares de gestão administrativa e processual, fundados nos princípios da descentralização, colaboração e eficácia". Segundo consta no relatório do CNJ, gerado em 25.07.2013, a quase totalidade dos tribunais no Brasil já constituíram Núcleo de Cooperação Judiciária e instituíram a figura do juiz de cooperação. Fonte: [www.cnj.jus.br/images/manuais/Meta_4_de_2012_detalhamento.pdf]. Acesso em: 18.08.2015.

ou por telegrama. As cartas precatórias, de ordem e arbitral, diz o § 1.º do art. 69, seguem o regime do art. 260 e ss. do CPC/2015, tratado, neste *Curso*, no cap. 32, adiante.

QUADRO SINÓTICO

1. *Cooperação Internacional*

Noções Gerais	Atos a serem praticados fora dos limites territoriais do Estado soberano
	Regras aplicáveis: Tratados Internacionais – Reciprocidade (via diplomática) – Homologação de Sentença Estrangeira
	Processos Judiciais – Administrativos – Arbitragem
	Ativa (solicitada pelo Brasil) e Passiva (requisitado por Estado estrangeiro)
Princípios	Devido Processo Legal
	Tratamento Igualitário
	Assistência Judiciária
	Publicidade
Requisitos	Observar as normas fundamentais previstas no ordenamento brasileiro
	Necessidade de autoridade central para transmissão e recepção dos pedidos de cooperação
	Espontaneidade na transmissão de informações a autoridades estrangeiras
Objeto	Art. 27 do CPC/2015 – Rol exemplificativo
Modalidades	Carta rogatória
	Auxílio direto

2. *Cooperação Nacional*

Noções Gerais	Princípio/Dever de cooperação – Art. 6.º do CPC/2015
	Rede Nacional de Cooperação Judiciária
	Abrange qualquer ato processual

Modalidades	Art. 69 do CPC/2015 – Rol exemplificativo
	Ausência de forma específica

Doutrina Complementar

Cooperação Internacional

- ALEXANDRE FLEXA, DANIEL MACEDO E FABRÍCIO BASTOS (*Novo*..., p. 67). Os autores argumentam que "a cooperação internacional pode ser classificada em ativa, quando o requerente é o órgão brasileiro, ou passiva, quando o Estado estrangeiro é o requerente. No Superior Tribunal de Justiça, consoante o art. 105, I, *i*, da CF, são processadas as cartas rogatórias e os pedidos de homologação de sentenças estrangeiras, instrumentos tradicionais, mas não exclusivos, destinados a viabilizar a cooperação internacional passiva. De outro lado, a carta rogatória ativa, no momento de seu envio, deverá cumprir os requisitos da lei brasileira, além de conformar-se com a legislação estrangeira. É de responsabilidade do Ministério da Justiça, através do DRCI, o envio das cartas rogatórias".

- ANDRÉ LUÍS MONTEIRO E FABIANE VERÇOSA (*Breves*..., p. 117-118) ressaltam que "a espontaneidade na transmissão de informações significa o dever de o Estado brasileiro, quando figurar como Estado requerido em qualquer modalidade passiva de cooperação jurídica internacional já solicitada por Estado estrangeiro, prestar informações a respeito do desenvolvimento do pedido de ofício, informando a respeito de novos andamentos e novas providências, independentemente de sucessivas provocações do Estado requerente, o que torna a comunicação muito mais célere e efetiva. O termo 'espontaneidade' não poderá em qualquer hipótese ser interpretado como dispensa da exigência de tratado (...) ou reciprocidade".

- ANDRE ROQUE (*Teoria*..., p. 146) explica que "para que uma decisão brasileira produza efeitos no exterior, ou vice-versa, é preciso contar com a colaboração do Estado receptor para a realização dos atos necessários ao seu cumprimento. Esse fenômeno costuma ser denominado por diversas expressões, como assistência judiciária internacional, cooperação internacional, cooperação judicial internacional, cooperação jurisdicional internacional ou cooperação interjurisdicional. O CPC/2015 adotou a expressão cooperação jurídica internacional, que parece mesmo a mais adequada, uma vez que engloba o reconhecimento de decisões proferidas fora do Poder Judiciário, por árbitros (não possui, portanto, caráter exclusivamente judicial) e a prática, entre países distintos, de medidas de natureza administrativa (ou seja, não se trata apenas de cooperação na esfera jurisdicional)".

- HUMBERTO THEODORO JÚNIOR (*Curso*..., vol. 1, 56. ed., p. 194) entende que "o novo Código atribuiu maior importância à cooperação internacional, levando em conta a necessidade de colaboração entre os Estados, em razão da crescente globalização. Atualmente, é impossível imaginar-se um Estado completamente ilhado e centrado em seus limites territoriais. Cada vez mais as pessoas estão em interação, seja na área econômica, comercial, jurídica ou social, e as distâncias não são mais vistas como obstáculos ao intercâmbio. Essa movimentação de pessoas, bens e dinheiro, a par de incrementar a economia mundial, reclama uma maior assistência entre os Estados para assegurar o pleno funcionamento da Justiça, quer para a execução de atos processuais, quer para a colheita de provas ou simples troca de informações. Nesse cenário, os tratados internacionais ganham extrema relevância, na medida em que ditam regras de cooperação para a prática de atos processuais entre os diversos países. A jurisdição de um Estado, como ato de soberania, adstringe-se à sua área territorial. Não houvesse, pois, essa colaboração, várias decisões ficariam sem efeito, por impossibilidade de cumprimento fora dos limites jurisdicionais". Segundo afirma esse autor, "apesar de se aceitar a eficácia, no País, de atos proferidos por juízes estrangeiros, a cooperação não será admitida se tais atos contrariarem ou produzirem resultados incompatíveis com as normas fundamentais que regem o nosso Estado (art. 26, § 3º [do CPC/2015]). Dessa maneira, os fundamentos institucionais da jurisdição brasileira jamais poderão ser desrespeitados, a pretexto de colaboração com justiça estrangeira".

- **LUIZ GUILHERME MARINONI, SÉRGIO CRUZ ARENHART E DANIEL MITIDIERO** (*Novo Código...*, p. 106). Para os autores, "cabe aos tratados internacionais disciplinar cooperação internacional, não sendo atribuição do Judiciário analisar a conveniência da extensão oferecida a essa cooperação. Embora o art. 26 do CPC [2015], preveja requisitos para essa cooperação, descabe ao Judiciário brasileiro recusar a cooperação prevista em tratado, sob a alegação de violação a algum dos requisitos ali indicados. Excetua-se dessa regra a eventual violação a algum dos requisitos ali indicados. Excetua-se dessa regra a eventual violação a normas fundamentais do Estado brasileiro (arts. 1.º a 17 da CF)".

- **NELSON NERY JR. E ROSA MARIA DE ANDRADE NERY** (*Comentários...*, p. 285), afirmam que "os Estados com os quais o Brasil mantiver relações de cooperação no âmbito processual deverão tratar de forma igual brasileiros e aqueles que são nacionais desses países. A justificativa constitucional está, porém, no princípio de isonomia do CF 5.º *caput*. Tudo que estiver submetido à jurisdição brasileira ou dela requerer cooperação deve respeitar esse princípio, mediante o tratamento idêntico àqueles que são iguais e desiguais. Da mesma forma, se o Brasil requerer cooperação processual de um Estado, este deverá dispensar aos brasileiros envolvidos, o mesmo tratamento que daria aos seus nacionais."

- **TERESA ARRUDA ALVIM WAMBIER, MARIA LÚCIA LINS CONCEIÇÃO, LEONARDO FERRES DA SILVA RIBEIRO E ROGERIO LICASTRO TORRES DE MELLO** (*Primeiros...*, p. 96), sobre o inc. IV do art. 26, determinam que "a existência de autoridade central, cá e lá, está fundada na ideia de concentração dos pedidos, a fim de que sua gestão possa ser feita com algum grau de eficiência. Se, por exemplo, houver diversos órgãos jurisdicionais do Estado X, pretendendo obter a cooperação brasileira para a prática de determinados atos (como citação, por exemplo, nos termos do art. 27, I [do CPC/2015]), todos esses pedidos deverão ser encaminhados à autoridade central do Estado requerente, que as remeterá ao Ministério da Justiça para as providências que se fizerem necessárias".

Cooperação Nacional

- **ALEXANDRE FLEXA, DANIEL MACEDO E FABRÍCIO BASTOS** (*Novo...*, p. 94). De acordo com os autores, "para o CNJ, o processamento dos pedidos de cooperação judicial será informado pelos princípios da agilidade, concisão, instrumentalidade das formas e unidade da jurisdição nacional, dando-se prioridade ao uso dos meios eletrônicos. Os mecanismos de cooperação têm por finalidade institucionalizar meios que tragam maior fluidez e agilidade à comunicação entre os órgãos judiciários e outros operadores sujeitos do processo, não só para cumprimento de atos judiciais, mas também para harmonização e agilização de rotinas e procedimentos forenses, fomentando a participação dos magistrados de todas as instâncias na gestão judiciária".

- **HUMBERTO THEODORO JÚNIOR** (*Curso...*, vol. 1, 56. ed., p. 263) afirma que "o novo Código, na implantação de uma política de informalidade e agilidade, destinada a incrementar a eficiência do serviço judiciário – que leva em conta a necessidade de diligências fora da base territorial do foro –, instituiu o dever de recíproca cooperação aos órgãos do Poder Judiciário, estadual ou federal, especializado ou comum, em todas as instâncias e graus de jurisdição, inclusive aos tribunais superiores, o qual deverá se efetivar por meio de seus magistrados e servidores (art. 67 do CPC/2015). A cooperação preconizada pelo NCPC tem a função de permitir o intercâmbio e o auxílio recíproco entre juízos numa dimensão que vai além dos limites rígidos e solenes das cartas precatórias ou de ordem".

- **LEONARDO FARIA SCHENK** (*Breves...*, p. 243) entende que "a opção do legislador por um processo de matiz colaborativa (art. 6.º [do CPC/2015]) evidencia a existência de deveres não apenas das partes para com o órgão jurisdicional, mas também entre as próprias partes e do órgão jurisdicional para com elas, além do dever de mútua cooperação entre os diversos órgãos do Poder Judiciário (art. 67 [do CPC/2015]), com manifestações ao longo de todo o processo, a exemplo do dever de agir com lealdade e boa-fé, do dever de urbanidade e respeito, do dever de pontualidade, do dever de remoção dos obstáculos ao cumprimento das decisões, do dever de comparecer em juízo e de prestar esclarecimentos, do dever de imediata comunicação da impossibilidade de realização dos atos processuais, do dever de clareza, transparência e celeridade na realização das diligências e nas suas respectivas comunicações, além de inúmeros outros, sem jamais olvidar a existência de interesses antagônicos das partes no processo, justificador, inclusive, do interesse de agir na jurisdição contenciosa (art. 17 [do CPC/2015]), e a responsabilidade estatal de decidir o conflito com o máximo respeito às garantias fundamentais.".

- **NELSON NERY JR. E ROSA MARIA DE ANDRADE NERY** (*Comentários...*, p. 367), em comentário ao art. 67 do CPC/2015, afirmam que "da mesma forma que os Estados soberanos devem ajudar-se mutuamente na solução de questões que ultrapassam fronteiras, os diversos órgãos constituintes do Poder Judiciário devem também prestar esse auxílio mútuo uns aos outros", bem como que "a redação genérica do CPC [2015] 68 dá a entender que a cooperação pode se dar de qualquer forma que se faça necessária para a melhor prestação jurisdicional".

- **TERESA ARRUDA ALVIM WAMBIER, MARIA LÚCIA LINS CONCEIÇÃO, LEONARDO FERRES DA SILVA RIBEIRO E ROGERIO LICASTRO TORRES DE MELLO** (*Primeiros...*, p. 133), sobre a cooperação nacional, afirmam que "a despeito do grau do órgão jurisdicional (primeiro grau, segundo grau ou instância excepcional) e de sua competência territorial, material ou em razão do valor, deverá existir entre todos os órgãos do Poder Judiciário cooperação recíproca: atos, informações, elementos constantes dos autos e afins que sejam úteis para determinado órgão jurisdicional e que possam ser praticados ou fornecidos por outro órgão do Poder Judiciário, em prestígio a este dever de recíproca cooperação, deverão ser objeto de fluxo franco, célere, independente de forma pré-fixada (o que não quer dizer destituído de forma, como adiante consignamos). Consiste, este dever de cooperação, em algo que se impõe ao Poder Judiciário como um todo, aplicando-se tanto a magistrados quanto a todos os servidores da Justiça: note-se a ênfase dada pelo art. 67 do CPC [2015] à incidência do dever de cooperação a 'magistrados e servidores'".

Enunciados do FPPC

N.º 5. (*Art. 69, § 3.º, CPC/2015*) O pedido de cooperação jurisdicional poderá ser realizado também entre o árbitro e o Poder Judiciário.

Bibliografia

Fundamental

ALEXANDRE FLEXA, DANIEL MACEDO e FABRÍCIO BASTOS, *Novo Código de Processo Civil. O que é inédito. O que mudou. O que foi suprimido*, Salvador: JusPodivm, 2015; FERNANDO DA FONSECA GAJARDONI, LUIZ DELLORE, ANDRE VASCONSELOS ROQUE e ZULMAR DUARTE DE OLIVEIRA JR., *Teoria geral do processo: comentários ao CPC de 2015: parte geral*, São Paulo, Forense, 2015; HUMBERTO THEODORO JÚNIOR, *Curso de direito processual civil*, 56. ed., Rio de Janeiro, Forense, 2015, vol. 1; NELSON NERY JR. e ROSA MARIA DE ANDRADE NERY, *Comentários ao código de processo civil*, São Paulo, Ed, RT, 2015; TERESA ARRUDA ALVIM WAMBIER, FREDIE DIDIER JR., EDUARDO TALAMINI e BRUNO DANTAS (coord.), *Breves comentários ao Novo Código de Processo Civil*, São Paulo, Ed. RT, 2015; _____, MARIA LÚCIA LINS CONCEIÇÃO, LEONARDO FERRES DA SILVA RIBEIRO e ROGERIO LICASTRO TORRES DE MELLO, *Primeiros comentários ao novo código de processo civil: artigo por artigo*, São Paulo, Ed. RT, 2015.

Complementar

ANTÔNIO PEREIRA GAIO JÚNIOR e EDMUNDO GOUVÊA FREITAS, Os limites da jurisdição nacional e a cooperação internacional no plano do novo Código de Processo Civil brasileiro, *RePro* 243/537; CAIO GONZALEZ DE BABO, Fundamentos da cooperação jurídica internacional, *RDCI* 82/335; FELIPE FRÖNER, Cooperação internacional na perspectiva da normatização projetada e da normatização internacional, *RePro* 215/281; FLÁVIA PEREIRA HILL, A cooperação jurídica internacional no projeto de novo Código de Processo Civil o alinhamento do Brasil aos modernos contornos do direito processual,

RePro 205/347; HAROLDO VALLADÃO, Problemas jurídicos da cooperação internacional no campo do desenvolvimento econômico e social, *Doutrinas Essenciais de Direito Internacional,* 1/1029; JOSÉ MARIA TESHEINER, Cooperação judicial internacional no novo Código de Processo Civil, *RePro* 234/331; LUIZ GUILHERME MARINONI, SÉRGIO CRUZ ARENHART e DANIEL MITIDIERO, *Novo código de processo civil comentado*, São Paulo, Ed. RT, 2015; SAULO STEFANONE ALLE, Cooperação jurídica internacional e interpretação do direito interno, *RDCI* 81/329.

Parte III
AÇÃO E DEFESA

Capítulo 8

DIREITO DE AÇÃO: NATUREZA E CONCEITO

> Sumário: 8.1. Noção preliminar – 8.2. Teorias sobre o direito de ação ; 8.2.1. Teoria imanentista ou civilista; 8.2.2. A polêmica Windscheid x Müther e o reconhecimento da independência da ação; 8.2.3. A teoria da ação autônoma e concreta; 8.2.4. A teoria da ação como direito potestativo; 8.2.5. A teoria da ação como direito abstrato; 8.2.6. A teoria eclética da ação: ação abstrata e condicionada; 8.2.7. A concepção tradicionalmente adotada pelo direito positivo brasileiro – 8.3. O exame crítico das diversas teorias ; 8.3.1. A insuficiência de cada teoria – A escalada de posições jurídicas; 8.3.2. A extensão do art. 5.º, XXXV, da CF – 8.4. Conceito analítico de ação.

8.1. Noção preliminar

Como visto (cap. 4), o exercício lícito da autotutela é reservado a poucos casos, sempre expressamente previstos no ordenamento jurídico. Proíbe-se o uso da força para fazer valer as próprias razões. Se não há solução consensual (transação) nem avença para submeter-se o litígio a um julgador privado (arbitragem), cumpre recorrer à jurisdição estatal, desempenhada pelos órgãos judiciários.

Se por um lado o Estado avoca para si a função de tutela jurisdicional, por outro, faculta ao interessado a tarefa de provocar a realização dessa atividade estatal. Consagra-se, assim, a ampla possibilidade de acesso à justiça, como decorrência da garantia constitucional da inafastabilidade do controle jurisdicional, prevista no art. 5.º, XXXV, da CF: àquele que se afirma titular de direito, se sobrevier lesão ou ameaça a esse direito, não poderá ser negado o acesso ao Poder Judiciário.

Mas, em regra, a jurisdição permanece inerte, inativa, até que o interessado na proteção jurisdicional se manifeste, pedindo a solução do conflito. Cabe, portanto, ao titular da pretensão que deva ser submetida à solução do Judiciário agir no sentido de buscar a tutela estatal, ativando, acionando, por assim dizer, o aparelho jurisdicional. Tal demanda tem efeitos importantes no processo, pois é nesse momento que o demandante delimita o objeto litigioso e estabelece os limites da atividade jurisdicional que acontecerá em razão desse novo processo.

Tal provocação se faz pelo exercício do direito de ação. Mas a doutrina controverte a respeito de qual é a exata natureza e, consequentemente, qual o significado desse direito.

8.2. Teorias sobre o direito de ação

Em certa medida, a história das disputas em torno da natureza e do conceito do direito de ação refletem a própria evolução do direito processual.

8.2.1. Teoria imanentista ou civilista

Por dois milênios, desde o direito romano até o século XIX, prevaleceu a concepção de que a ação seria o próprio direito material feito valer através do processo: um modo de exercício do direito material; o "direito material em pé de guerra"; o "direito material inflamado" (Savigny). Segundo essa teoria, que hoje, em retrospectiva, é chamada de civilista (porque via a ação como fenômeno do direito civil) ou imanentista (por considerar a ação como algo imanente ao direito material), a ação seria um efeito, uma decorrência, do próprio direito material. Enfim, a ação seria uma qualidade ínsita ao próprio direito material, um estado de reação a uma agressão ou ameaça sofrida por tal direito.

Essa teoria hoje está superada, pela simples constatação de que, se ela fosse correta, só haveria "ações" julgadas procedentes, pois não se poderia falar em improcedência da ação decorrente de um direito efetivamente existente. Como justificar tal teoria diante da sentença que não reconhece a existência do direito alegado? Toda improcedência implicaria ausência de ação. Qual teria sido o direito exercido pela parte derrotada, que formulou em juízo um pedido? E como justificar a existência, no Código de Processo Civil, da ação declaratória negativa, em que o interesse do autor (art. 19 do CPC/2015) pode limitar-se ao pedido de declaração da inexistência de um determinado direito (ex.: a ação proposta por alguém para que se reconheça que ele nada deve a outrem, que insiste em se afirmar seu credor)?

Ademais, a valer essa teoria, o direito processual seria despido de qualquer relevância científica autônoma: se a ação e consequentemente a atividade jurisdicional por ela provocada fossem apenas um modo de exercício do direito material, não caberia cogitar-se de princípios e parâmetros próprios para essa atividade. Ela seria regrada pelas balizas do próprio direito material. E era essa, de fato, a concepção então reinante.

Na verdade, tal concepção descrevia fenômenos do direito material, a pretensão e a ação material. Eles de fato existem, mas não se confundem nem dispensam a existência da ação como instituto processual.

8.2.2. A polêmica Windscheid x Müther e o reconhecimento da independência da ação

A polêmica entre os romanistas alemães Windscheid e Müther é apontada como decisiva para o início da alteração dessa orientação.

Não foi apenas e propriamente a tese de um dos debatedores que contribuiu para a teoria da ação, mas as conclusões extraídas do debate entre ambos, mesmo porque o cerne da polêmica centrava-se na concepção romana de ação – e não tanto na concepção moderna.

Quanto à ação no direito moderno, ambos acabaram por concordar ser ela um direito diferente do direito material discutido em juízo (ainda que não autônomo). Vale dizer, reconheciam a *independência* da ação em face do direito material. Do debate entre eles firmou-se o entendimento de que a ação modernamente consiste em um direito *contra o Estado*. Desse modo, além de independente do direito material reconhecia-se sua natureza *pública*.

Mas ação, embora independente e pública, continuava *vinculada* a um direito material (isso é, não seria autônoma).

8.2.3. A teoria da ação autônoma e concreta

Ainda no final do século XIX (1888), Adolf Wach foi mais longe. Pôs em destaque a *autonomia* do direito de ação. Pode existir direito de ação sem que exista um direito material. É bem verdade que, para Wach, isso se daria especificamente em um único caso: a ação declaratória negativa, quando o que se pede é precisamente a inexistência de um direito do adversário (retome-se o exemplo, acima dado, do autor que pede ao juiz que declare a inexistência de crédito do réu em face dele).

Mas, embora autônoma, a ação – na visão de Wach – seria o que se convencionou chamar de *concreta*. Só existiria o direito de ação quando a sentença fosse favorável ao autor, quando o pedido fosse julgado procedente. O direito de ação seria apenas o direito daquele que tem razão, o direito a uma sentença favorável.

A afirmação da autonomia da ação constituiu um passo fundamental na identificação desse instituto, bem como para a consolidação do próprio direito processual como disciplina inconfundível com o direito civil. Mas a crítica que se opõe à concepção concretista de Wach é a de que ela não explica o que dá suporte ao processo em que a sentença final é contrária ao autor.

8.2.4. A teoria da ação como direito potestativo

Um grande processualista italiano do começo do século XX, Chiovenda, seguindo Wach, adotou também uma concepção *concreta* de ação. Mas, para ele, a ação não se dirigiria contra o Estado e sim contra o adversário *através do Estado*. Seria um *direito potestativo*, de constituir um novo estado jurídico ao qual o réu estaria necessariamente submetido e através do qual ocorreria a atuação da vontade concreta da lei (ou seja, ela seria dirigida contra o adversário).

Chiovenda pretendeu dar uma explicação para a hipótese de sentença de improcedência: nesse caso, estar-se-ia constatando que a ação que deu suporte ao processo não era detida pelo autor, mas sim pelo réu.

Chiovenda também afirmava a "regra geral" da conexão da ação a um direito material. A ação inclusive teria natureza *privada* quando privado fosse o direito material que por meio dela se estivesse a defender. Seriam excepcionais os casos em que a ação apareceria dissociada do direito material. Essas seriam as hipóteses de "pura ação", em que a parte tem razão, tem direito à sentença favorável, mas não há necessário vínculo com o direito material: ação declaratória (positiva e negativa); decisão de improcedência (que representaria uma ação declaratória negativa do réu); a tutela antecipatória precedida de cognição sumária; tutela cautelar ("conservatória") etc.

Essa solução também é criticável, por sua artificialidade: como explicar o caso em que o réu permaneceu inerte, revel, e é vitorioso? Como atribuir-lhe o exercício de ação, se ele nem participou do processo? E qual seria o critério para se admitir apenas em alguns casos uma "pura ação", dissociada do direito material, e não em todos?

Mas cabe também destacar que, ao lado daquilo que Chiovenda reputava ser a ação propriamente dita (um direito potestativo, concreto e não necessariamente público), ele via também a existência de um "direito à jurisdição", totalmente abstrato e público, no sentido de que todo e qualquer jurisdicionado dele seria titular, mesmo quando não tem nenhuma razão no processo (seria o direito de ter acesso à jurisdição, ainda que para defender uma posição improcedente).

8.2.5. A teoria da ação como direito abstrato

Mas ainda antes de Wach e Chiovenda, desenvolveram-se paralelamente formulações que davam outra explicação para o direito de ação (Degenkolb, Alemanha, 1877, e Plosz, na Hungria, 1876). É a chamada teoria *abstrata* do direito de ação.

Para essa doutrina, a ação é totalmente independente e desvinculada do direito material. Todo jurisdicionado sempre possui o direito de ação, tenha ou não razão quanto àquilo que pede; possua, ou não, o direito que afirma possuir. O direito de ação consiste, nessa ótica, no direito de levar qualquer pretensão ao juiz e dele receber uma resposta, ainda que desfavorável. Então, se o juiz julga improcedente o pedido, isso significa que o autor não tinha razão quanto ao que pediu; não tinha o direito material de obter aquilo que pretendia. No entanto, e mesmo nesse caso, o autor tinha, e exerceu, o direito de ação – tanto que pediu a atuação jurisdicional e a recebeu (ainda que mediante uma sentença desfavorável). Essa é única concepção apta a proteger os direitos efetivamente existentes. Afinal, antes do curso do processo não se sabe se um direito existe ou não. Para se proteger quem tem razão, há de se permitir que todos possam acionar a jurisdição. Bem por isso, essa foi a concepção amplamente adotada pela maioria da doutrina a partir do século XX. Progressivamente, os doutrinadores que a adotaram ocuparam-se também em enfatizar o valor constitucional do direito de ação, como direito fundamental subjetivo público.

8.2.6. A teoria eclética da ação: ação abstrata e condicionada

Enrico Tullio Liebman foi um grande processualista italiano que, fugindo do nazismo, imigrou para o Brasil. Aqui, passou a lecionar na Faculdade de Direito de São Paulo (hoje, USP) e foi muito importante para o desenvolvimento da doutrina processual brasileira. Ainda antes de mudar-se para cá, havia formulado, nos anos 1930, relevante teoria a respeito da natureza da ação. Embora adotando a teoria abstrata, ele pretendeu inserir um elemento a mais na questão. Formulou, assim, uma teoria eclética a respeito do tema.

Para Liebman, por um lado, há o direito absolutamente abstrato, incondicionado e genérico de ação, consagrado no plano constitucional ("ação no plano constitucional" ou "poder de agir em Juízo"). Tal direito cívico garante a todos a possibilidade de levar seu pedido de tutela ao tribunal.

Mas, por outro lado, no plano concreto, a ação precisa estar ligada, referida, a um efetivo caso em que se discuta a violação do direito. Essa exigência põe-se, segundo ele, diante da necessidade de racionalização da atividade estatal. Daí surge outra categoria, a da ação no plano processual, que tem seu suporte na ação constitucional, e como esta, é autônoma e abstrata. Todavia, a ação processual submete-se a condições – condições estas que vinculam a ação a um dado caso concreto.

Apenas se presentes tais condições, poderá o juiz proferir sentença de mérito. Ausentes tais condições, há carência de ação processual (e ter-se-á apenas exercido a ação no plano constitucional), com o juiz proferindo decisão em que afirma a impossibilidade de vir a decidir o mérito da causa.

Em suma, de acordo com essa doutrina, todos têm direito de pedir a atuação jurisdicional (é a "ação constitucional"). Mas nem todos têm o direito de receber uma sentença de mérito (ainda que desfavorável). Para tanto, é preciso preencher as condições da ação. A ação, na sua dimensão processual, é definida, segundo esse entendimento, como o direito a uma sentença de mérito (ainda que não necessariamente favorável). Então, para essa teoria, a "abstração" não é, todavia, absoluta, pois, para que se possa exercer o direito de ação, isso é, com possibilidade de se obter sentença de mérito (no processo de conhecimento), é preciso observar as condições da ação.

As condições da ação na formulação original de Liebman eram a possibilidade jurídica do pedido (ausência de veto em tese à providência pretendida), a legitimidade para a causa (retratada na correspondência entre as partes no processo e os titulares dos interesses controvertidos ou fundada em autorização extraordinária para defender interesse alheio em nome próprio) e o interesse de agir (consistente na necessidade de proteção jurisdicional e na utilidade e adequação das providências pleiteadas para suprir tal necessidade). Liebman, posteriormente, ampliou o conceito de interesse de agir para incluir dentro dele as hipóteses de impossibilidade. Reduziu, então, a duas as condições da ação: interesse de agir e legitimidade para a causa (sobre as condições da ação, v. cap. 10).

8.2.7. *A concepção tradicionalmente adotada pelo direito positivo brasileiro*

A teoria que prevaleceu no nosso sistema processual é a da ação como direito abstrato de agir – não em sua concepção pura, mas na vertente eclética de Liebman, segundo a qual a ação é abstrata e, no entanto, condicionada.

A forte influência que o direito positivo brasileiro sofreu de Liebman deveu-se inclusive e especialmente aos discípulos que ele aqui deixou. Hoje, tanto os que aderem quanto os que criticam suas concepções concordam em um ponto: ele foi o maior inspirador do Código de Processo Civil de 1973, notadamente em razão da influência que exerceu sobre Alfredo Buzaid, principal formulador daquele diploma.

O CPC/1973 aludia a interesse de agir, legitimidade para a causa e possibilidade jurídica do pedido como condições da ação. Seguia-se a concepção original de Liebman, por ele ainda não reformulada.

O CPC/2015 não alude expressamente ao termo "condições da ação" (o que o diploma anterior fazia uma única vez, no art. 267, VI), mas permanece prevendo, destacadamente, como hipóteses de negativa de resolução do mérito, a ilegitimidade para a causa e a falta de interesse de agir (art. 485, VI). Além disso, o seu art. 17 estabelece que "para postular em juízo é necessário ter interesse e legitimidade". O Código não se afasta da concepção de Liebman – o que a ausência de referência expressa a "condição da ação" poderia fazer supor. Ao contrário, dela mais se aproxima: ao passar a prever apenas duas hipóteses de condição da ação, em vez de três, ajusta-se à versão final da teoria doutrinador italiano. O tema é retomado no cap. 10.

8.3. O exame crítico das diversas teorias

Por muito tempo, deu-se mínima relevância à circunstância de que o direito de ação tem matriz constitucional. Quando muito, atribuía-se à garantia constitucional de acesso à justiça ("ação constitucional", "direito à jurisdição" etc.) o papel de mero pressuposto remoto sobre o qual se assentaria a ação de natureza processual, que supostamente seria a única relevante para o processo.

8.3.1. A insuficiência de cada teoria – A escalada de posições jurídicas

As diversas teorias acima examinadas não são erradas nem falsas. São apenas insuficientes para retratar toda a dimensão e repercussão da garantia fundamental inscrita no art. 5.º, XXXV, da CF.

As diferentes teorias tomam em conta ora diferentes aspectos e peculiaridades de cada ordenamento, ora consideram diferentes aspectos presentes todos em um mesmo ordenamento.

Não é à toa que, na grande maioria dessas formulações, seus autores, ao lado do instituto que reputam caracterizar-se como a "ação", identificam ainda outros fenômenos (que, por sua vez, correspondem à ação de uma das teorias adversárias). Por exemplo, Chiovenda, além da "ação" – que para ele era um direito potestativo, de caráter concreto –, reconhecia haver um "direito à jurisdição", que coincidia perfeitamente com a concepção abstrata de ação. Do mesmo modo, Liebman, além da "ação" (abstrata, mas condicionada, na sua concepção), afirmava também existir a "ação constitucional" (totalmente abstrata) e o direito à tutela jurisdicional (titularizado apenas pela parte que tivesse razão no litígio – o que corresponde à concepção concreta de ação).

Nesse panorama, é perfeitamente visível uma escalada de posições jurídico-subjetivas:

(a) o direito, completamente abstrato, de acesso ao Judiciário, de ser ouvido pelos tribunais e deles receber uma resposta. Isso corresponde à concepção abstrata da ação;

(b) o direito de obter um pronunciamento sobre o mérito (em ação de cognição exauriente ou sumária) ou de obter o processamento de uma execução, uma vez observados os pressupostos de admissibilidade processual (ou seja, pressupostos processuais [cap. 15, adiante] e condições da ação [cap. 10, adiante]). Isso corresponde, em alguma medida, à concepção de "ação condicionada";

(c) direito a uma resposta jurisdicional favorável (i.e. que lhe outorgue o bem jurídico que foi pedido) – a que o autor faz jus quando, mais do que presentes os pressupostos de admissibilidade, ele tem razão naquilo que pede. Nesse sentido, tem-se uma concepção concreta.

Essas diversas posições jurídicas estão não só escalonadas, mas encadeadas. É impossível pensar na terceira delas, sem cogitar das anteriores. E as duas primeiras existem em função da terceira.

No entanto, há ainda mais a acrescentar.

8.3.2. A extensão do art. 5.º, XXXV, da CF

O art. 5.º, XXXV, da CF dá amparo a todas essas três posições jurídicas. Todavia – e essa é a questão fundamental –, a norma constitucional em questão tampouco se exaure nisso. Ou melhor, cada uma das três posições acima referidas deve ser detalhada, enriquecida do ponto de vista dos valores fundamentais.

O direito abstrato de ser ouvido e receber uma resposta, por um lado, pressupõe mecanismos técnico-processuais e materiais que permitam que o jurisdicionado diga o que tem para dizer (i.e., que permitam o efetivo acesso à Jurisdição) e, por outro, exige que todo o percurso entre o pleito e a resposta jurisdicional respeite as demais garantias fundamentais do processo.

Os pressupostos de admissibilidade, que condicionam a segunda posição subjetiva mencionada acima, devem ser limitados ao estritamente necessário para o desenvolvimento razoável do processo.

A "resposta jurisdicional favorável" ao que tem razão, atinente ao terceiro patamar na escalada antes indicada, não pode ser entendida como um simples e qualquer pronunciamento do juiz. Há o direito, de ambas as partes, a uma decisão justa – o que supõe a preordenação de meios aptos a propiciar uma decisão justa (juízes independentes, preparados; meios de prova idôneos; ampla possibilidade de investigação e debate etc.). Além disso, a "resposta favorável" à parte que tem razão precisa traduzir-se em uma tutela *adequada*, *efetiva* e *tempestiva* – tomando em conta as peculiaridades da situação material a que ela se destina.

Em suma, assegura-se a todos não só o direito de pedir proteção ao órgão jurisdicional. Mais que isso: há o direito de receber uma decisão justa, em um processo justo, que reconheça e assegure o que foi pedido por aquele que tem razão. E ainda: aquele que tem razão precisa receber uma proteção rápida e eficiente – que mais se aproxime daquilo que ele receberia, caso não tivesse sido necessário recorrer ao Judiciário. Como disse Chiovenda, ainda em 1903: "O processo deve dar a quem tem direito tudo aquilo e precisamente aquilo a que tem direito".

8.4. Conceito analítico de ação

O direito de ação – com fundamento constitucional – é independente e autônomo diante do direito material invocado como fundamento do pedido de tutela feito pela parte – embora a ele seja vinculado instrumentalmente, exata e precisamente na medida em que seu fim é o de dar a solução do poder jurisdicional à pretensão de direito material veiculada pela parte. Há exercício do direito de ação mesmo que sem o sucesso almejado pelo autor. Ainda que a decisão final seja de rejeição parcial ou total do pedido do autor, terá havido exercício da ação, pois a isso corresponde o dever do Estado de dar uma solução, favorável ou não ao autor, em razão da garantia constitucional da inafastabilidade do controle jurisdicional.

Assim, a ação é direito público, subjetivo e abstrato, de matriz constitucional, que atribui à parte o poder de requerer ao Estado o exercício da atividade jurisdicional para solucionar determinada situação conflituosa, bem como lhe assegura a perspectiva de uma sentença justa e de tutela jurisdicional efetiva e adequada (v. cap. 3, acima).

Quadro Sinótico

Noções gerais	
Teorias	Teoria imanentista ou civilista
	Teorias de Windscheid x Müther e o reconhecimento da independência da ação
	Teoria da ação como direito autônomo concreto
	Teoria da ação como direito potestativo
	Teoria da ação como direito autônomo abstrato
	Teoria eclética – ação abstrata e condicionada
Insuficiência de cada teoria – posições jurídicas encadeadas	Direito abstrato de agir
	Direito de obter um pronunciamento sobre o mérito – direito condicionado
	Concepção concreta – tutela *adequada, efetiva* e *tempestiva*
Extensão do art. 5.º, XXXV, da CF	
Conceito analítico de ação	Direito independente e autônomo
	Direito público, subjetivo e abstrato
	Matriz constitucional

Doutrina Complementar

- **ARAÚJO CINTRA, ADA PELLEGRINI GRINOVER E CÂNDIDO DINAMARCO** (*Teoria geral...*, 30. ed., p. 271) definem ação como "direito ao exercício da atividade jurisdicional (ou o poder de exigir esse exercício). Mediante o exercício da ação provoca-se a jurisdição, que por sua vez se exerce através daquele complexo de atos que é o processo". Para esses autores, na medida em que vedada é a autotutela, e limitadas tanto à arbitragem quanto à autocomposição, "o Estado moderno reservou para si o exercício da função jurisdicional, como uma de suas tarefas fundamentais. Cabe-lhe, pois, solucionar os conflitos e controvérsias surgidos na sociedade, de acordo com a norma jurídica reguladora do convívio entre os membros desta. Mas a jurisdição é inerte e não pode ativar-se sem provocação, de modo que cabe ao titular da pretensão resistida invocar a função jurisdicional, a fim de que esta atue diante de um caso concreto. Assim fazendo, o sujeito do interesse estará exercendo um direito (ou, segundo parte da doutrina, um poder) que é a ação, para cuja satisfação o Estado deve dar a prestação jurisdicional".

- **ARRUDA ALVIM** (*Manual...*,16. ed., p. 421) define a ação como "o direito constante da lei processual civil, cujo nascimento depende de manifestação de nossa vontade. Tem por escopo a obtenção da prestação jurisdicional do Estado, visando, diante da hipótese fático-jurídica nela formulada, à aplicação da lei (material). Essa conceituação compreende tanto os casos referentes a direitos subjetivos, quanto, também, as hipóteses de cogitação mais recente, referentes a interesses e direitos difusos, coletivos e individuais homogêneos".

- **FREDIE DIDIER JR.** (*Curso...*, vol. 1, 17. ed., p. 281). Para o autor, "direito de ação é o direito fundamental (situação jurídica, portanto) composto por um conjunto de situações jurídicas, que garantem ao seu titular o poder de acessar os tribunais e exigir deles uma tutela jurisdicional adequada, tempestiva e efetiva. É direito fundamental que resulta da incidência de diversas normas constitucionais, como os princípios da inafastabilidade da jurisdição e do devido processo legal".

- **HEITOR VITOR MENDONÇA SICA** (*Breves...*, p. 903) afirma que "no ordenamento brasileiro, a matriz para compreensão do direito de ação está no art. 5.º, XXXV, da CF/1988. Primeiramente, esse dispositivo exprime ordem ao legislador, a quem se proíbe excluir o direito de acesso ao Poder Judiciário. A *contrario sensu*, o dispositivo estabelece que qualquer alegação de lesão ou ameaça a direito pode ser levada ao Poder Judiciário, independentemente se o demandante tenha ou não o direito afirmado e mesmo se esteja imbuído ou não de boa-fé. Bastará sua autoatribuição do direito, por meio de uma afirmação unilateral, para que o processo seja instaurado perante o Estado-juiz. Ação é direito fundamental que assiste a todo e qualquer indivíduo e seu exercício se manifesta, precipuamente, pela propositura da demanda, ato que se materializa na petição inicial, contendo a alegação de lesão ou ameaça a direito. Contudo, a doutrina atual tem reconhecido que a garantia constitucional insculpida no aludido art. 5.º, XXXV, não se esgota apenas no aforamento da demanda, mas inclui todas as demais atividades exercitáveis ao longo de todo o *iter* procedimental, com vistas à demonstração do direito alegado e, se reconhecido e necessário, na sua satisfação concreta".

- **HUMBERTO THEODORO JÚNIOR** (*Curso...*, vol. 1, 56. ed., p. 154) entende que "do compromisso da prestação jurisdicional com a efetividade do direito material no plano constitucional, advém a possibilidade de divisar mais de um sentido para o direito de ação, ou seja: é possível entrever uma ação processual, como 'o direito público e subjetivo imediato de exercer contra o Estado a pretensão à tutela jurídica' (ou, mais precisamente, à prestação jurisdicional); e uma ação material, como o mecanismo de realização da pretensão de direito material que atua na falta de colaboração espontânea do obrigado, ensejando meio de sujeitá-lo, por meio do poder coercitivo do Estado, ao cumprimento da prestação devida". Na opinião do autor, "restabelece-se a antiga visão romanística de que a todo direito corresponde uma ação que o protege e assegura, sempre que sofre ameaça ou lesão. São duas realidades jurídicas distintas, portanto: o direito à prestação jurisdicional (ação processual) e o direito à tutela jurisdicional (ação material). O último exercita-se, *in concreto*, por meio da ação processual; esta, porém, pode ser exercida, sem que afinal se reconheça ao demandante o direito à tutela jurisdicional. A parte, diante do conflito jurídico, tem sempre a ação processual, que é autônoma e abstrata, mas nem sempre tem a ação material, que se apresenta como concreta, sem embargo de configurar direito distinto daquele em prol do qual se realiza a tutela estatal".

- **JOSÉ FREDERICO MARQUES** (*Manual...*, 9. ed., vol. 1, p. 227) assenta seu conceito de ação no preceito constitucional da inafastabilidade do controle jurisdicional. Em seu entender, "Quando o art. 5.º, XXXV, da CF solenemente assegura que 'a lei não excluirá da apreciação do Poder Judiciário lesão ou ameaça a direito', não só garantido vem o direito de ser pedida a tutela jurisdicional, com base na afirmação da existência de ato lesivo a direito individual, como também afirmado está que todo cidadão tem o direito de pedir ao Judiciário que obrigue o autor da lesão ou da ameaça a reparar o ato danoso que praticou. E nisso, justamente, consiste o direito de ação".

- **LUIZ GUILHERME MARINONI, SÉRGIO CRUZ ARENHART E DANIEL MITIDIERO** (*Novo Código...*, p. 118) afirmam que "o direito de ação é um direito dinâmico, porque é exercido ao longo de todas as fases que compõem o direito ao processo justo, e preordenado à tutela adequada, efetiva e tempestiva dos direitos, com o que não se limita à prolação da sentença de mérito, englobando necessariamente todas as técnicas processuais que se fizerem necessárias para realização dos direitos. Daí porque hoje se entende que o direito de ação constitui direito à tutela jurisdicional adequada, efetiva e tempestiva mediante processo justo".

- **NELSON NERY JR. E ROSA MARIA DE ANDRADE NERY** (*Comentários...*, p. 187), em comentário ao art. 3.º do CPC/2015, afirmam que "ter direito constitucional de ação significa poder deduzir pretensão em juízo e também poder dela defender-se. O princípio constitucional do direito de ação garante ao jurisdicionado o direito de obter do Poder Judiciário a tutela jurisdicional adequada". Tutela adequada, segundo os autores (p. 849), é a "tutela que confere efetividade ao pedido, sendo causa eficiente para evitar-se a lesão (ameaça) ou causa eficiente para reparar-se a lesão (violação)".

- **OVÍDIO BAPTISTA DA SILVA** (*Curso...*, 8. ed., vol. 1, p. 56-57) sustenta que é necessário afastar a confusão que a doutrina frequentemente "faz entre ação e direito subjetivo público de invocar a tutela jurisdicional, provocando a atividade dos órgãos estatais encarregados de prestar esta atividade. A ação não é um direito subjetivo pela singela razão de ser ela própria a expressão dinâmica de um direito subjetivo público que lhe é anterior e no qual ela mesma se funda, para adquirir sua pressuposta legitimidade". E prossegue Ovídio Baptista da Silva: "O conceito de ação processual assenta-se na premissa de existir, como um *plus* lógico, um direito subjetivo público que lhe precede, por meio do qual o Estado reconhece e outorga a seus jurisdicionados o poder de invocar proteção jurisdicional". Para esse autor há, antes daquilo que denomina de ação processual, o nascimento da ação de direito material, consistente num agir genérico (não diante do Poder Judiciário) destinado a obter a realização do direito. Segundo a concepção doutrinária que adota (p. 59), a pretensão situa-se num momento imediatamente anterior ao do nascimento da ação de direito material, consistindo na exigibilidade do direito em favor do cumprimento voluntário da obrigação. A ação processual, portanto, seria o último desses momentos lógicos (1.º – direito subjetivo, 2.º – pretensão de direito material, 3.º – ação de direito material).

Enunciados do FPPC

N.º 521. *(Art. 487, parágrafo único, CPC/2015; arts. 210 e 211 do CC)* Apenas a decadência fixada em lei pode ser conhecida de ofício pelo juiz.

N.º 525. *(Art. 492; art. 497; art. 139, IV, CPC/2015)* A produção do resultado prático equivalente pode ser determinada por decisão proferida na fase de conhecimento.

Bibliografia

Fundamental

ANTONIO CARLOS DE ARAÚJO CINTRA, ADA PELLEGRINI GRINOVER e CÂNDIDO RANGEL DINAMARCO, *Teoria geral do processo*, 30. ed., São Paulo, Malheiros, 2014; ARRUDA ALVIM, *Manual de direito processual civil*, 16. ed., São Paulo, Ed. RT, 2013; FREDIE DIDIER JR., *Curso de Processo Civil: introdução ao direito processual civil, parte geral e processo de conhecimento*, 17. ed., Salvador, JusPodivm, 2015, v. 1; HUMBERTO THEODORO JÚNIOR, *Curso de direito processual civil*, 56. ed., Rio de Janeiro, Forense, 2015, vol. 1; JOSÉ CARLOS BARBOSA MOREIRA, *O novo processo civil brasileiro*, 29. ed., Rio de Janeiro, Forense, 2012; JOSÉ FREDERICO MARQUES, *Manual de direito processual civil*, 9. ed., atual. Ovídio Rocha Barros Sandoval, Campinas, Millennium, 2003, vol. 1; JOSÉ ROGÉRIO CRUZ E TUCCI, A *causa petendi* no Processo Civil, 3. ed. São Paulo, Ed. RT, 2009; LUIZ GUILHERME MARINONI, SÉRGIO CRUZ ARENHART E DANIEL MITIDIERO, *Novo código de processo civil comentado*, São Paulo, Ed. RT, 2015; NELSON NERY JR. e ROSA MARIA DE ANDRADE NERY, *Comentários ao código de processo civil*, São Paulo, Ed. RT, 2015; OVÍDIO A. BAPTISTA DA SILVA, *Curso de processo civil*, 8. ed., Rio de Janeiro, Forense, 2008, vol. 1; TERESA ARRUDA ALVIM WAMBIER, FREDIE DIDIER JR., EDUARDO TALAMINI e BRUNO DANTAS (COORD.), *Breves comentários ao Novo Código de Processo Civil*, São Paulo, Ed. RT, 2015.

Complementar

ADA PELLEGRINI GRINOVER, O Direito de ação, *Doutrinas Essenciais de Processo Civil*, vol. 2, p. 45, out. 2011; ALEXANDRE FREITAS CÂMARA, *Lições de direito processual civil*, 16. ed., Rio de Janeiro, Lumen Juris, 2007, vol. 1; ANTONIO GIDI, A dimensão política do direito de ação, *RePro* 60/196; ARAKEN DE ASSIS, *Cumulação de ações*, 4. ed., São Paulo, Ed. RT, 2002; _____, *Doutrina e prática do processo civil contemporâneo*, São Paulo, Ed. RT, 2001; ARRUDA ALVIM, *Tratado de direito processual civil*, 2. ed., São Paulo, Ed. RT, 1990, vol. 1; CÂNDIDO RANGEL DINAMARCO, *Execução civil*, 8. ed., São Paulo, Malheiros, 2001; _____, *Instituições de direito processual civil*, 5. ed., São Paulo, Malheiros, 2005, vol. 2; CELSO AGRÍCOLA BARBI, *Comentários ao Código de Processo Civil*, 10. ed., Rio de Janeiro, Forense, 1997, vol. 1; CELSO NEVES, *Estrutura fundamental do processo civil*, 2. ed., Rio de Janeiro, Forense, 1997; EDUARDO ARRUDA ALVIM, *Curso de direito processual civil*, São Paulo, Ed. RT, 1999, vol. 1; EDUARDO J. COUTURE, Conceito de ação, *RBDP* 58/197; ENRICO TULLIO LIEBMAN, *Manual de direito processual civil*, trad. Cândido Rangel Dinamarco, Rio de Janeiro, Forense, 1984, vol. 1; ERNANE FIDÉLIS DOS SANTOS, *Manual de direito processual civil*, 12. ed., Saraiva, 2007, vol. 1; _____, *Novíssimos perfis do processo civil brasileiro*, Belo Horizonte, Del Rey, 1999; FÁBIO LUIZ GOMES, *Carência de ação*, São Paulo, Ed. RT, 1999; FLAVIO LUIZ YARSHELL, *Tutela jurisdicional*, 2. ed., São Paulo, DPJ, 2006; FRANCISCO C. PONTES DE MIRANDA, *Comentários ao Código de Processo Civil*, 4. ed., Rio de Janeiro, Forense, 1995, t. I; _____, *Tratado das ações*, 2. ed., São Paulo, Ed. RT, 1972, t. I; FRANCISCO DE ASSIS F. MENDES, Princípios gerais do direito de ação e do modo de seu exercício, *GenesisProc* 3/618; FRANCISCO REGIS FROTA ARAÚJO e AURILA MARIA CARNEIRO ARAÚJO, Rápidas reflexões em torno do controverso conceito de ação, *RF* 292/538; FREDIE DIDIER JR., *Curso de direito processual civil*: teoria geral do processo e processo do conhecimento, 7. ed., Salvador, JusPodivm, 2007; _____, O direito de ação como complexo de situações jurídicas, *RePro* 210/41, ago. 2012; GERALDO GONÇALVES DA COSTA, Teorias sobre o conceito de ação, *RBDP* 52/67; GERSON LIRA, Evolução da teoria da ação. Ação material e ação processual, *Elementos para uma nova teoria geral do processo*, Porto Alegre, Livraria do Advogado, 1997; HÉLIO TORNAGHI, *Comentários ao Código de Processo Civil*, 2. ed., São Paulo, Ed. RT, 1976, vol. 1; HERMANN HOMEM DE CARVALHO ROENICK, Breve estudo sobre as ações, *Ajuris* 3/18; J. J. CALMON DE PASSOS, *A ação no direito processual civil brasileiro*, Livraria Progresso, 1961; JOÃO BAPTISTA L. DE ASSIS FILHO, Notas sobre as teorias da ação, *RF* 277/33; JOSÉ EDUARDO CARREIRA ALVIM, *Elementos de teoria geral do processo*, 7. ed., Rio de Janeiro, Forense, 2001; JOSÉ IGNACIO BOTELHO DE MESQUITA, *Da ação civil*, São Paulo, Ed. RT, 1975; JOSÉ MARRARA, Teoria geral do processo civil (ação-natureza jurídica), *RF* 270/374; JOSÉ RUBENS COSTA, *Tratado de processo de conhecimento*, São Paulo, J. Oliveira, 2003; JUAN HENRIQUE MARTINS OBICI, Teorias da ação, *Revista dos Tribunais Sul* 4/191; JUSTINO ADRIANO F. DA SILVA, Teoria geral da ação, *Ajuris* 33/114; LAURO PAIVA RESTIFFE, *Jurisdição, inação e ação*, São Paulo, Ed. RT, 1987; LEONARDO GRECO, *A teoria da ação no processo civil*, São Paulo, Dialética, 2003; LUIZ FERNANDO BELINETTI, Ação e condições da ação, *RePro* 96/260; LUIZ FUX, *Curso de direito processual civil*, 3. ed., Rio de Janeiro, Forense, 2005; LUIZ GUILHERME DA COSTA WAGNER JUNIOR, *Processo civil*: curso completo, Belo Horizonte, Del Rey, 2007; LUIZ GUILHERME MARINONI, *Novas linhas do processo civil*, 2. ed., São Paulo, Malheiros, 1996; _____, O direito de ação como direito fundamental (conseqüências teóricas e práticas), *RT*, 873/11, jul. 2008, *Doutrinas Essenciais de Processo Civil*, vol. 2, p. 273, out. 2011; _____ e SÉRGIO CRUZ ARENHART, *Processo de conhecimento*, 6. ed., São Paulo, Ed. RT, 2007, vol. 2; MANOEL DE SOUZA MENDES JÚNIOR, Teorias sobre a ação: uma falsa controvérsia, Coord. LUIZ FUX, NELSON NERY JR. e TERESA ARRUDA ALVIM WAMBIER, *Processo e constituição*: estudos em homenagem ao professor José Carlos Barbosa Moreira, São Paulo, Ed. RT, 2006; MARCELO ABELHA RODRIGUES, *Elementos de direito processual civil*, 3. ed., São Paulo, Ed. RT, 2003, vol. 1; MARCOS AFONSO BORGES, A ação e a reação no processo, *RJ* 284/26; _____, A ação no direito processual brasileiro, *RJ* 269/25; MARCOS JOSÉ PORTO SOARES, TÁSSIO EDUARDO DENKER, GLAZIELE ZANARDI e RAFAELA MARIA MAILLARD, A concretude das condições para o legítimo exercício do direito de ação e as consequências decorrentes, *RePro* 195/399, mai. 2011; MARCUS ORIONE G. CORREIA, O poder constitucional de ação, *GenesisProc* 12/267; MARIA BERENICE DIAS, Observações sobre o conceito de pretensão, *RAMPR* 46/39; MILTON PAULO DE CARVALHO, *Do pedido no processo civil*, Porto Alegre, Fabris, 1992; MOACYR AMARAL SANTOS, *Primeiras linhas de direito processual civil*, 25. ed., atual. Aricê Moacyr Amaral Santos, São Paulo, Saraiva, 2007, vol. 1; MOACYR MOTTA DA SILVA, Direito de ação: aspectos destacados, Coord. PEDRO MANOEL ABREU e PEDRO MIRANDA DE OLIVEIRA, *Direito e processo*: estudos em homenagem ao Desembargador Norberto Ungaretti, Florianópolis, Conceito, 2007; NELSON NERY JR., Direito superveniente: não cabimento de alteração da causa de pedir, *RePro* 25/214; OVÍDIO A. BAPTISTA DA SILVA e FÁBIO LUIZ GOMES, *Teoria geral do processo civil*, 4. ed., São Paulo, Ed. RT, 2006; _____, Direito subjetivo, pretensão de direito material e ação, *Ajuris* 29/99; ROGÉRIO LAURIA TUCCI, Aspectos modernos do conceito de ação, *RT* 497/11; _____, Jurisdição, ação e processo civil (subsídios para a teoria geral do processo civil), *RePro* 52/7, out. 1988, *Doutrinas Essenciais de Processo Civil*, vol. 2, p. 489, out. 2011; SÉRGIO BERMUDES, *Introdução ao processo civil*, 4. ed., Rio de Janeiro, Forense, 2006.

Capítulo 9

ELEMENTOS DA AÇÃO

> Sumário: 9.1. Elementos identificadores da ação – 9.2. As partes – 9.3. O pedido – 9.4. A causa de pedir.

9.1. Elementos identificadores da ação

A vida em sociedade é extremamente rica em possibilidades e, muitas vezes, conflituosa. Diante desse cenário, imprevisível e controvertido, a atividade jurisdicional está disponível para examinar os litígios que lhe sejam apresentados, pelo meio previsto na ordem jurídica, ou seja, o exercício do direito de ação, que instaura o processo.

A multiplicidade de casos determina o surgimento de inúmeras lides, inúmeras pretensões de tutela jurisdicional, para as quais deve haver soluções específicas, objetivas, capazes de promover a pacificação caso a caso, interesse por interesse.

A entrega, ao Estado, da atividade de resolver os litígios exige que, se, por um lado, os litigantes devam confiar essa solução ao Poder Judiciário, em contrapartida, devem contar com razoável segurança de que o resultado que o resultado produzido pelo processo será firme e produzirá efeitos capazes de, no mundo dos fatos, efetivamente resolver o conflito apresentado.

Essa segurança desejada pela sociedade estaria comprometida irremediavelmente, se a uma solução dada a determinado processo, entre A e B, a respeito do pedido X, pudesse se seguir outra solução, formulada por outro órgão jurisdicional, no mesmo ou noutro sentido, e, sucessivamente, mais outra solução pudesse se suceder, alterando novamente o equilíbrio conquistado por força da primeira solução. Pense-se na seguinte hipótese: A pede a anulação de contrato que celebrou com B, e esse pedido é julgado procedente; mas outro pedido, de declaração de validade do mesmo contrato, é formulado por B contra A em outro processo, e é julgado procedente, no mesmo ou em outro juízo. Evidentemente, trata-se de situações absolutamente incompatíveis, que não podem coexistir.

Esse exemplo simples serve para demonstrar a importância da estabilidade das decisões judiciais que, em determinado momento, devem se tornar firmes, imutáveis, como se se tratasse de lei a reger aquele determinando interesse submetido à apreciação judicial. Essa técnica pela qual optou o legislador, com o objetivo de conferir imutabilidade às decisões judiciais, num certo momento do processo, como se verá em espaço próprio, se traduz, em nosso sistema processual, pelo fenômeno da coisa julgada (v. adiante, n. 15.4.2, e, no vol. 2, cap. 40).

No entanto, para que se possa estabelecer com absoluta clareza tal estabilidade do comando emergente da sentença judicial, é preciso que se delimitem os contornos, objetivos e subjetivos, dentro dos quais autoridade estará garantida.

Se A move ação de cobrança contra B e essa ação é julgada procedente e produz coisa julgada, não poderá B, quando acionado por C, em razão de outra dívida, contraída diante de C, alegar que sobre essa situação incidem os efeitos da coisa julgada, porque já teria pago aquilo que devia a A. Trata-se de casos diferentes, envolvendo sujeitos parcialmente distintos. É preciso, então, identificar ação por ação e, via de consequência, cada processo nascido de cada momento de exercício do direito de ação.

Em outro exemplo, A move ação de cobrança contra B, sob o fundamento de que este lhe devia o cumprimento da obrigação de pagar determinada quantia, referente à compra e venda de um automóvel. Esse processo não interfere em outro, no qual o mesmo A, por força de contrato de compra e venda de um terreno urbano, igualmente move contra B. Há um elemento distinto nesses dois processos, apesar da identidade de partes, isto é, apesar de serem autor e réu os mesmos A e B.

Cada ação levada a juízo, portanto, deve ser particularmente observada, para que nela se identifiquem certos elementos, de forma a que possa ser considerada separadamente e distinguida das outras ações que também tenham sido propostas ou que possam vir a ser propostas futuramente.

E quais são esses aspectos, que permitem que cada ação seja isoladamente considerada? A doutrina e também o Código de Processo Civil de 2015 (art. 337, § 2.º) apontam três elementos, com base na teoria da tríplice identidade (que os antigos chamavam de "*tria eadem*", i.e., três iguais): as partes, o pedido e a causa de pedir (*causa petendi*). Diz o § 2.º do art. 337 que "uma ação é idêntica a outra quando possui as mesmas partes, a mesma causa de pedir e o mesmo pedido".

Em suma, os três elementos da ação – partes, pedido e causa de pedir – são relevantes para a definição de diversos problemas do processo civil: limites de atuação da jurisdição (v. acima, n. 4.6), conexão (n. 6.11), continência (n. 6.11) litispendência (n. 15.4.1), coisa julgada (n. 15.4.2 e vol. 2, cap. 40), entre outros.

9.2. As partes

O primeiro passo a se dar, sempre que se queira identificar uma ação e o processo que ao seu exercício se seguiu, é verificar quais são as partes: quem está atuando como autor, porque exerceu o direito de ação, e quem está no polo passivo do processo, ou seja, contra quem o autor propôs a ação diante do Poder Judiciário. Em outras palavras, trata-se de identificar os sujeitos parciais (partes) da ação e do processo.

O autor é aquele que, em nome próprio, vem a juízo para expor sua pretensão e formular o pedido diante da Jurisdição.

O réu é aquele em direção a quem ou contra quem o autor formulou o pedido de tutela jurisdicional.

Se, num determinado processo, A e B são, respectivamente, autor e réu, é fácil distinguir, pela análise desse elemento subjetivo, se há alguma outra ação em que A e B estejam situados nas mesmas situações ou nas posições inversas (B como autor e A como réu).

A qualidade de parte implica sujeição àquilo que for decidido no processo, de forma a que os chamados limites subjetivos da coisa julgada ou da estabilização da decisão (arts. 502 e 304, respectivamente) alcançarão a um e a outro dos sujeitos parciais. Se se tratar de parte ilegítima (v. n. 10.3, adiante), isso é, se vier a juízo, como autor ou como réu, alguém a quem não afeta a situação jurídica controvertida, mesmo assim, até que haja a exclusão da parte ilegítima ou a extinção do processo sem resolução do mérito, processualmente haverá a sujeição às regras que norteiam a conduta da parte. Com isso se quer dizer que, do ponto de vista processual, parte ilegítima também é parte, enquanto exista o processo ou enquanto não seja excluída dele, por força do reconhecimento da ilegitimidade. Sobre o tema, veja-se ainda o cap. 16, adiante.

9.3. O pedido

Quem vai a juízo, ou seja, quem invoca a proteção da atividade jurisdicional do Estado, movimentando esse aparato estatal, o faz porque dele necessita e tem uma pretensão, a respeito da qual fará um pedido ao Poder Judiciário.

O autor, ao exercer o direito de ação e dar início ao processo, quer que, ao seu final, o pedido seja atendido, de forma que o Poder Judiciário decida pela sua procedência e emita, para esse fim, um provimento que resolva a lide, pondo fim à discussão a respeito daquela situação jurídica e, enfim, faça valer aquela posição jurídica de que ele, autor, se diz titular.

O pedido desdobra-se em duas vertentes: uma de natureza processual (objeto imediato) e outra vinculada ao direito material subjacente à pretensão (objeto mediato). O pedido imediato concerne à providência processual que se busca obter do juiz. O pedido mediato diz respeito ao próprio bem de vida almejado pela parte (i.e., a vantagem, a utilidade, concreta por ele buscada).

Com exemplos, fica fácil compreender a distinção:

(1) o autor formula ação de cobrança de crédito de R$ 500.000,00. O pedido *imediato* refere-se à prolação de uma sentença condenatória (v. n. 11.3.3), que gere título executivo, autorizando, portanto, que autor promova a execução de réu. O pedido *mediato* tem por objeto o concreto recebimento dos R$ 500.000,00;

(2) na ação de anulação de um contrato, o pedido *imediato* concerne a um pronunciamento judicial que desconstitua a relação jurídica contratual existente entre as partes (sentença constitutiva negativa, v. n. 11.3.2), ao passo que o pedido *mediato* visa ao resultado concreto que essa desconstituição produzirá, qual seja, a liberação do autor do vínculo contratual com o réu;

(3) na ação de investigação de paternidade, o pedido *imediato* diz respeito a uma declaração judicial (sentença declaratória, v. n. 11.3.1) a respeito da relação de filiação e o pedido *mediato* tem em mira a eliminação de qualquer dúvida quanto a ser o réu pai do autor.

Em suma, tanto faz parte do pedido o pleito de providência processual por meio do qual a parte pretende ver protegida sua pretensão quanto esta mesma, que, em última análise, se constitui no próprio bem jurídico perseguido pelo autor da ação. Sobre pedido, v. ainda o vol. 2, cap. 5.

9.4. A causa de pedir

Ao levar sua pretensão a juízo, o autor apresenta duas ordens de fundamentos: (i) uma posição ou situação jurídica que ele pretende que seja reconhecida e protegida (normalmente, fala-se em um "direito" a ser protegido, mas por vezes o autor busca apenas que se declare que o adversário não tem um direito contra ele – v. n. 8.2.3 e n. 11.3.1) e (ii) os fatos que dariam respaldo a tal situação ou posição jurídica. É com base nesse complexo de fatos e de fundamentos jurídicos que o autor formula seu pedido.

Assim, a causa de pedir (*causa petendi*) significa, resumidamente, o conjunto de fundamentos levados pelo autor a juízo, constituído pelos fatos e pelo fundamento jurídico a eles aplicável. Em outros termos, a causa de pedir é o fundamento pelo qual a parte autora dirige determinado pedido ao Poder Judiciário.

Como o pedido, a causa de pedir também se desdobra em dois âmbitos. A causa *remota* consiste nos fatos dos quais o autor diz extrair-se a posição jurídica que ele busca que seja protegida. A causa de *pedir* próxima é constituída pelos fundamentos jurídicos invocados para a configuração daquela posição jurídica. Exemplificando: em ação em que pede a reparação de danos, o autor relata a ocorrência de um acidente de trânsito e descreve que o réu trafegava com seu carro em excesso de velocidade e fez uma ultrapassagem em local proibido, tendo assim gerado a colisão com o veículo do autor – essa é a causa de pedir remota; além disso, o autor invoca as regras de trânsito, sobre limite de velocidade e vedação de ultrapassagem, bem com as normas de direito civil que preveem que aquele que causa dano por ato ilícito deve indenizar – eis a causa de pedir próxima.

O sistema processual civil brasileiro adota a teoria da "substanciação", segundo a qual, para a identificação da causa de pedir é essencial a descrição dos fatos sobre os quais incide o direito alegado como fundamento do pedido – com a qualificação jurídica dos fatos ficando em segundo plano. Incumbe ao autor apenas narrar os fatos relevantes e formular pedido que seja, ao menos em tese, compatível com esses fatos. Não é imprescindível (ainda que útil e aconselhável) que o autor descreva o exato caminho jurídico pelo qual, com base naqueles fatos, chega-se àquelas consequências. E mesmo quando o autor faz essa pormenorização dos fundamentos jurídicos, o juiz não fica vinculado a eles. Respeitando os fatos apresentados pelo autor, o juiz pode vir a acolher o pedido formulado na ação tomando em conta outros fundamentos legais, outros enquadramentos jurídicos, distintos daqueles expostos na demanda. Vigora o princípio do *iura novit curia* ("o juiz conhece o direito"): é dever do juiz aplicar mesmo de ofício as normas jurídicas que repute cabíveis, sempre atendo-se aos limites fáticos da causa de pedir.

A conjugação do pedido com a causa de pedir (melhor dizendo: o pedido, identificado à luz da causa de pedir) constitui o *objeto do processo*.[1]

Quadro Sinótico

Elementos identificadores	Partes	Autor
		Réu
	Pedido	Mediato
		Imediato
	Causa de pedir	Próxima
		Remota (essencial, pela teoria da "substanciação")

---

1. Para exame mais aprofundado e detalhado das questões relativas ao pedido e à causa de pedir, ver TALAMINI, Eduardo, *Coisa julgada e sua revisão*, São Paulo, Ed. RT, 2005, n. 2.3, p. 68-87.

Doutrina Complementar

- **ARRUDA ALVIM** (*Manual...*, 16. ed., p. 458) afirma que, apesar das críticas, o critério das três identidades se firmou como capaz de fornecer um "claro esquema" para a tarefa de identificar as ações e, com isso, coibindo a pendência de ações iguais, evitar decisões contraditórias. Para esse autor, os elementos da ação são as partes, o objeto e a causa de pedir.

- **HUMBERTO THEODORO JÚNIOR** (*Curso...*, vol. 1, 56. ed., p. 175) sustenta que a razão da existência de elementos que identifiquem a ação está no princípio da segurança das partes, em função do qual não é possível "que a uma só lide possam corresponder mais de uma solução jurisdicional". Em seu entender, os elementos identificadores referem-se não à ação, que para esse autor é um direito "único da parte em face do órgão jurisdicional do Estado", mas à causa, que, segundo sustenta, é a questão litigiosa deduzida no processo. Tais elementos são: as partes, o pedido e a causa de pedir.

- **JOSÉ CARLOS BARBOSA MOREIRA** (*O novo...*, 29. ed., p. 17) sustenta que "constitui-se a causa petendi do fato ou do conjunto de fatos a que o autor atribui a produção do efeito jurídico por ele visado. As mais das vezes, podem distinguir-se um aspecto ativo e um aspecto passivo na causa petendi; por exemplo, se o autor reclama a restituição de quantia emprestada, a causa petendi abrange o empréstimo, fato constitutivo do direito alegado (aspecto ativo), e o não pagamento da dívida no vencimento, fato lesivo do direito alegado (aspecto passivo)".

- **JOSÉ FREDERICO MARQUES** (*Manual...*, 9. ed., vol. 1, p. 237) se refere ao critério de que se serve o Código de Processo Civil para a individualização das ações: partes, pedido e causa de pedir. Em sua opinião, o primeiro constitui o elemento subjetivo da ação e os dois últimos constituem seus elementos objetivos. Para esse autor, uns e outros extraem-se da pretensão. Para Frederico Marques, "a *causa petendi* é a razão da pretensão, ao passo que o pedido é a própria pretensão levada ao juiz, ou seja, a exigência nela contida, compondo o pedido. As partes, enfim, são os titulares dos interesses em conflito: o sujeito ativo da pretensão e seu sujeito passivo".

- **NELSON NERY JR. E ROSA MARIA DE ANDRADE NERY** (*Comentários...*, p. 299) sustentam que o conceito de elementos da ação é relevante para que se possa "fixar a competência da justiça especial ou comum; do foro ou do juízo competente. São elementos da ação: as partes (quem pede e aquele contra quem se pede); a causa de pedir, composta dos fatos (os fatos jurígenos que deram ensejo ao direito que o autor alega ter) e dos fundamentos de direito (as normas jurídicas que albergam a pretensão do autor); o pedido (o que o autor visa obter do Estado-Juiz)".

Bibliografia

Fundamental

ANTONIO CARLOS DE ARAÚJO CINTRA, ADA PELLEGRINI GRINOVER e CÂNDIDO RANGEL DINAMARCO, *Teoria geral do processo*, 30. ed., São Paulo, Malheiros, 2014; AR-

RUDA ALVIM, *Manual de direito processual civil*, 16. ed., São Paulo, Ed. RT, 2013; HUMBERTO THEODORO JÚNIOR, *Curso de direito processual civil*, 56. ed., Rio de Janeiro, Forense, 2015, vol. 1; JOSÉ CARLOS BARBOSA MOREIRA, *O novo processo civil brasileiro*, 29. ed., Rio de Janeiro, Forense, 2012; JOSÉ FREDERICO MARQUES, *Manual de direito processual civil*, 9. ed., atual. Ovídio Rocha Barros Sandoval, Campinas, Millennium, 2003, vol. 1; JOSÉ ROGÉRIO CRUZ E TUCCI, A *causa petendi* no Processo Civil, 3. ed. São Paulo, Ed. RT, 2009; NELSON NERY JR. e ROSA MARIA DE ANDRADE NERY, *Comentários ao código de processo civil*, São Paulo, Ed. RT, 2015; OVÍDIO A. BAPTISTA DA SILVA, *Curso de processo civil*, 8. ed., Rio de Janeiro, Forense, 2008, vol. 1.

Complementar

ALEXANDRE ALVES LAZZARINI, A causa petendi nas ações de separação judicial e de dissolução da sociedade conjugal, São Paulo, Ed. RT, 1998; ALEXANDRE FREITAS CÂMARA, Lições de direito processual civil, 16. ed., Rio de Janeiro, Lumen Juris, 2007, vol. 1; ANTONIO CLÁUDIO DA COSTA MACHADO, A causa de pedir da ação de preferência da Lei 6.649, de 1979, Justitia 130/09; ARAKEN DE ASSIS, Cumulação de ações, 4. ed., São Paulo, Ed. RT, 2002; _____, Doutrina e prática do processo civil contemporâneo, São Paulo, Ed. RT, 2001; ARRUDA ALVIM, Tratado de direito processual civil, 2. ed., São Paulo, Ed. RT, 1990, vol. 1; ATHOS GUSMÃO CARNEIRO, Da causa de pedir nas ações de investigação de paternidade, RePro 75/227, RF 328/113; Cândido Rangel Dinamarco, Instituições de direito processual civil, 5. ed., São Paulo, Malheiros, 2005, vol. 2; Carlos Silveira Noronha, A causa de pedir na execução, RePro 75/26; CELSO AGRÍCOLA BARBI, Comentários ao Código de Processo Civil, 10. ed., Rio de Janeiro, Forense, 1997, vol. 1; CELSO NEVES, Estrutura fundamental do processo civil, 2. ed., Rio de Janeiro, Forense, 1997; DANIELA BOMFIM, A causa de pedir nas demandas meramente declaratórias, RePro 217/147, mar. 2013; DJANIRA M. RADAMÉS DE SÁ, Teoria geral do direito processual civil: A lide e sua resolução, 2. ed., São Paulo, Saraiva, 1998; EDSON RIBAS MALACHINI, Pedido certo e sentença ilíquida, RePro 17/84; EDUARDO ARRUDA ALVIM, Curso de direito processual civil, São Paulo, Ed. RT, 1999, vol. 1; EDUARDO SILVA DA SILVA, Elementos da ação: sujeitos e causa, Elementos para uma nova teoria geral do processo, Porto Alegre, Livraria do Advogado, 1997; EGAS DIRCEU MONIZ DE ARAGÃO, Conexão e "tríplice identidade", RePro 29/50; _____, Hobbes, Montesquieu e a teoria da ação, RePro 108/9; ELÍSIO DE ASSIS COSTA, Ação quanti minoris: caso de não cabimento. Aplicação do art. 1.136 do CC. Preferência da ação ex empto. Cabimento de reconvenção: CPC, art. 315, RePro 109/273; ENRICO TULLIO LIEBMAN, Manual de direito processual civil, 2. ed., Rio de Janeiro, Forense, 1985, vol. 1; FELIPE CAMILO DALL'ALBA, As partes e a causa de pedir no Código de Processo Civil brasileiro: uma visão contemporânea, Genesis RDPC 35/87; FELIPE FERNANDES RIBEIRO MAIA, O interesse processual de agir na declaração de ausência diante da inexistência de bens do desaparecido: uma análise à luz do princípio da dignidade da pessoa humana, RDDP 38/50; FRANCISCO C. PONTES DE MIRANDA, Comentários ao Código de Processo Civil, 4. ed., Rio de Janeiro, Forense, 1995, t. I; _____, Tratado das ações, 2. ed., São Paulo, Ed. RT, 1972, t. I; FREDIE DIDIER JR., Curso de direito processual civil: teoria geral do processo e processo do conhecimento, 7. ed., Salvador, JusPodivm, 2007; GIL TROTA TELLES, Procedência da ação ou procedência do pedido, RePro 13/130; HÉLIO TORNAGHI, Comentários ao Código de Processo Civil, 2. ed., São Paulo, Ed. RT, 1976, vol. 1; J. J. CALMON DE PASSOS, A causa de pedir na ação de investigação de paternidade e o art. 363 do CC, prova atípica, o depoimento pessoal do representante legal da parte, atendibilidade do documento firmado em branco, o documento falso e o princípio do livre convencimento do juiz: pareceres, RePro

45/182; JEDOR PEREIRA BALEEIRO, Procedência da ação ou procedência do pedido? *RF* 307/245; JOÃO BATISTA LOPES, O interesse de agir na ação declaratória, *RT* 688/255; JOÃO PEREIRA MONTEIRO NETO, Pedido genérico: reflexões à luz do novo Código de Processo Civil, *RePro* 243/59; JOSÉ CARLOS BARBOSA MOREIRA, Considerações sobre a causa de pedir na ação rescisória, *RCJ* 3/99; _____, Correlação entre pedido e sentença, *RePro* 83/207; _____, Julgamento colegiado e pluralidade de causas de pedir, *Temas de direito processual* – Terceira série, São Paulo, Saraiva, 1984; JOSÉ EDUARDO CARREIRA ALVIM, *Elementos de teoria geral do processo*, 7. ed., Rio de Janeiro, Forense, 2001; JOSÉ IGNACIO BOTELHO DE MESQUITA, *Da ação civil*, São Paulo, Ed. RT, 1975; _____, A *causa petendi* nas ações reivindicatórias, *Ajuris* 20/166; _____, Conteúdo da causa de pedir, *RT* 564/41; JOSÉ MARIA ROSA TESHEINER, Ação e direito subjetivo, *GenesisPro* 24/297; _____, Os elementos da ação, *Ajuris* 62/108; JOSÉ RAIMUNDO GOMES DA CRUZ, Causa de pedir e intervenção de terceiros, *RT* 662/47; JOSÉ ROGÉRIO CRUZ E TUCCI, *A causa petendi no processo civil*, São Paulo, Ed. RT, 1993; _____, Identificação de ações – Apreciação *incidenter tantum* – Não-abrangência pelo julgado – Inexistência de coisa julgada material – Enriquecimento indevido, *RJ* 289/43; _____ e JOSÉ ROBERTO DOS SANTOS BEDAQUE (coords.), *Causa de pedir e pedido no processo civil*, São Paulo, Ed. RT, 2002; JOSÉ RUBENS COSTA, *Tratado de processo de conhecimento*, São Paulo, J. Oliveira, 2003; JÚLIO CÉSAR ROSSI, A *causa petendi* na ação direta de inconstitucionalidade (ADI), *RDDP* 25/66; LAURO PAIVA RESTIFFE, *Jurisdição, inação e ação*, São Paulo, Ed. RT, 1987; LIA CAROLINA BATISTA CINTRA, Relevância da vontade no processo, interpretação do ato postulatório e pedido "meramente" declaratório, *RePro* 239/35, jan. 2015; LUIZ FERNANDO BELINETTI, Ação e condições da ação, *RePro* 96/260; _____, Ações coletivas – um tema a ser ainda enfrentado na reforma do processo civil brasileiro – a relação jurídica e as condições da ação nos interesses coletivos, *RePro* 98/125; LUIZ FUX, *Curso de direito processual civil*, 3. ed., Rio de Janeiro, Forense, 2005; LUIZ GUILHERME DA COSTA WAGNER JUNIOR, *Processo civil*: curso completo, Belo Horizonte, Del Rey, 2007; LUIZ GUILHERME MARINONI e SÉRGIO CRUZ ARENHART, *Processo de conhecimento*, 6. ed., São Paulo, Ed. RT, 2007, vol. 2; LUIZ GUILHERME MARQUES, A *causa petendi* no processo civil, *Justitia* 133/9, *RBDP* 53/125; MARCOS AFONSO BORGES, A ação e a reação no processo, *RJ* 284/26; MARCELO ABELHA RODRIGUES, *Elementos de direito processual civil*, 3. ed., São Paulo, Ed. RT, 2003, vol. 1; MARCELO PACHECO MACHADO, Causa de pedir e teoria da relatividade do fato essencial, *RePro* 237/89, nov. 2014; MARIO AGUIAR MOURA, A causa de pedir na investigação de paternidade, *RJ* 93/102, *RT* 534/34; NELSON NERY JUNIOR, Mudança da causa de pedir, *Soluções Práticas – Nery*, 4/599, set. 2010; OVÍDIO A. BAPTISTA DA SILVA, *Comentários ao Código de Processo Civil*, São Paulo, Ed. RT, 2000, vol. 1; PAULO EDUARDO CAMPANELLA EUGÊNIO, A certeza do crédito e a causa de pedir na ação monitória, *RePro* 112/33; RICARDO DE BARROS LEONEL, *Causa de pedir e pedido*: o direito superveniente, São Paulo, Método, 2006; ROSA MARIA DE ANDRADE NERY, Ação declaratória incidental: descabimento em procedimento sumaríssimo; caráter exclusivamente declaratório; natureza reconvencional; interesse de agir; legitimidade das partes, *RePro* 57/140; SÉRGIO BERMUDES, *Introdução ao processo civil*, 4. ed., Rio de Janeiro, Forense, 2006; SYDNEY SANCHES, Objeto do processo e objeto litigioso do processo, *RePro* 13/31; TERESA ARRUDA ALVIM WAMBIER, *Omissão judicial e embargos de declaração*, São Paulo, Ed. RT, 2005.

Capítulo 10

CONDIÇÕES DA AÇÃO

> Sumário: 10.1. Noções gerais; 10.1.1. A matriz constitucional do direito de ação; 10.1.2. A regulação processual do exercício da ação; 10.1.3. O sistema adotado pelo processo civil brasileiro – 10.2. Interesse processual; 10.2.1. Necessidade, utilidade e adequação; 10.2.2. Interesse processual e possibilidade jurídica do pedido; 10.2.3. Síntese – 10.3. Legitimidade das partes (legitimidade para a causa); 10.3.1. Legitimação ordinária; 10.3.2. Legitimação extraordinária (substituição processual e legitimidade extraordinária em sentido estrito); 10.3.3. Síntese – 10.4. Exame crítico da teoria das condições da ação; 10.4.1. Limitação das condições da ação a aspectos propriamente processuais; 10.4.2. A condição da ação não é necessariamente aferida pela mera asserção do autor; 10.4.3. Conclusão.

10.1. Noções gerais

10.1.1. A matriz constitucional do direito de ação

O direito de ação faz parte do sistema constitucional de garantias, próprias do Estado de Direito, razão pela qual alguns autores preferem denominá-lo de direito constitucional de ação, enquanto outros optam por enquadrá-lo no direito de petição (v. cap. 8).

O exercício do direito de ação resulta na instauração do processo e, a partir daí, as normas processuais regulam tudo quanto se refira à ação, como resultado do exercício desse direito.

Isso quer dizer que, embora o direito de ação tenha matriz constitucional (i.e., seja expressamente previsto na Constituição Federal), é a ordem jurídica infraconstitucional processual que dispõe a respeito da ação, uma vez exercido o direito de acesso à jurisdição. É claro que essa disciplina infraconstitucional deverá estar em consonância com as garantias do processo ditadas na Constituição.

O que importa aqui ressaltar é que o acesso à jurisdição, sob a perspectiva constitucional, é direito extraordinariamente amplo e abstrato quanto ao seu exercício, na medida em que qualquer afirmação que o autor faça acerca de lesão ou ameaça a direito que entenda de sua titularidade pode se constituir em pretensão suficiente para exercer essa garantia, de modo a passar a ter o direito de receber *alguma* resposta jurisdicional.

10.1.2. A regulação processual do exercício da ação

Entretanto, conforme vimos ao conceituar o direito de ação (cap. 8), desde o momento em que é exercido pelo autor da demanda, esse direito se submete às regras processuais, devendo respeitar requisitos próprios. Se eles estiverem presentes, configura-se a admissibilidade da ação, dando ensejo a que, no processo de conhecimento, se profira sentença de mérito, pela procedência ou pela improcedência do pedido formulado pelo autor.

Dessa forma, conquanto possa ser exercido sem nenhuma restrição, para que seja possível a regular instauração do processo e a obtenção da tutela jurisdicional, o direito de ação sujeita-se a condições, previstas nos arts. 17 e 485, VI, do CPC/2015. Essas condições – legitimidade e interesse processual – devem estar presentes concomitantemente, para que se abra caminho para a prestação da tutela jurisdicional requerida. Ausente uma delas, fica bloqueado a via para a integral prestação da tutela, pois o juiz deve pôr fim ao processo sem a resolução do mérito (ou, tratando-se de processo executivo, em que não há resolução do mérito, o juiz extinguirá anormalmente o processo, ou seja, sem a realização prática do direito representado no título).

Tais condições para o exercício da ação têm um fundamento de legitimidade. Seria desarrazoado, antieconômico, lesivo à paz social que a jurisdição atuasse em todo e qualquer caso – atuasse mesmo quando os envolvidos no litígio não pediram que ela interviesse; mesmo quando sua atuação seria desnecessária, inútil, inadequada, e assim por diante.

10.1.3. O sistema adotado pelo processo civil brasileiro

Eis, em suma, o modelo adotado pelo direito brasileiro (n. 8.2.7, acima): ao lado de um direito absolutamente abstrato e incondicionado de ter acesso aos juízes e tribunais (o "direito constitucional de ação", "direito de acesso à jurisdição"), há o direito "processual" de ação (direito de receber sentença de mérito, ainda que desfavorável). Para que a ação possa receber resposta do Poder Judiciário, devem estar presentes a legitimidade e o interesse, sem os quais não se justifica o integral desenvolvimento da atividade jurisdicional.

Ao longo da história do processo civil brasileiro, foram previstas pela norma três condições que, presentes, permitiam a regular admissibilidade da ação: interesse processual, legitimidade das partes e possibilidade jurídica do pedido. Esta última condição, como categoria autônoma, foi abolida pelo legislador do CPC de 2015, tendo sido encartada no conceito de interesse para agir. Nesse ponto, mais uma vez, seguiu-se Liebman (v. n. 8.2.7, acima).

O CPC/2015 não alude mais ao termo "condições da ação" – embora continue a referir-se, nos arts. 17 e 485, VI, a duas hipóteses que tradicionalmente sempre foram inseridas nessa categoria (legitimidade para a causa e interesse de agir) – tratando-se destacadamente em relação aos pressupostos processuais positivos (art. 485, IV) e negativos (art. 485, V). Em certa medida, adotou-se a concepção teórica que não vê maior relevância em distinguir os "pressupostos processuais" das "condições da ação", chamando-os todos de "pressupostos de admissibilidade da tutela jurisdicional". Do ponto de vista pragmático, essa parece ser uma solução adequada.[1] Mas isso *não* significa dizer que o CPC/2015 *aboliu* as condições da ação. A aceitação (ou não) da autonomia dessa categoria é eminentemente uma questão de teoria jurídica. Na hipótese de não haver sentido em diferenciar a condição da ação do pressuposto processual, então jamais terá havido sentido nessa distinção. Na hipótese contrária, não é a ausência da expressão "condições da ação" no texto do CPC/2015 que mudará esse panorama.

Permaneceremos aqui destacando a categoria, quando menos, por razões didáticas. Ao final do capítulo, apresentamos um exame crítico do tema.

10.2. Interesse processual

A condição da ação consistente no interesse processual (ou interesse de agir) compõe-se de dois aspectos, ligados entre si, que se podem traduzir no binômio *necessidade-utilidade,* embora haja setores na doutrina que prefiram traduzir esse binômio por *necessidade-adequação* ou mesmo aludir ao trinômio *necessidade-utilidade-adequação*. Configura-se o interesse com a necessidade de proteção jurisdicional e a utilidade e adequação das providências pleiteadas para suprir tal necessidade.

10.2.1. Necessidade, utilidade e adequação

Normalmente, quando se estiver diante da propositura da ação inadequada, estar-se-á, também, diante da inutilidade do pedido para os fins que se pretenda alcançar. Em tais casos, a adequação é como que o fracionamento

---

1. Um dos autores deste *Curso*, aliás, em diversas ocasiões preferiu valer-se dessa categoria geral abrangente das condições da ação e pressupostos processuais (v., por exemplo, EDUARDO TALAMINI, "Saneamento do processo", em *RePro* 86, 1997).

da utilidade. No entanto, é possível imaginar hipóteses em que o instrumento jurisdicional utilizado pelo autor, embora lhe sendo útil, é objetivamente inadequado. É sob essa perspectiva que alguns autores, por exemplo, consideram a falta de título executivo um caso de carência de interesse processual (afinal, quem pede o pagamento de uma quantia valendo-se diretamente da via executiva, apesar de não ter título executivo, estará manejando um instrumento que lhe é útil, mas não é adequado).

O interesse processual está presente sempre que a parte tenha a necessidade de exercer o direito de ação (e, consequentemente, instaurar o processo) para alcançar o resultado que pretende, relativamente à sua pretensão e, além disso, sempre que aquilo que se pede no processo seja útil sob o aspecto prático. Essa necessidade tanto pode decorrer de imposição legal (anulação de casamento, por exemplo) quanto da negativa do réu em cumprir espontaneamente determinada obrigação ou permitir o alcance de determinado resultado (devedor que não paga o débito no vencimento).

Assim, se A pretende obter a satisfação de um crédito representado por um contrato que não se constitua em título executivo, de que é titular diante de B, terá necessidade da tutela jurisdicional se B, no vencimento, se negar ao pagamento, e terá como tutela útil aquela que vá, ao final, reconhecer a existência do crédito e condenar B à sua satisfação.

Será inexoravelmente necessária a tutela jurisdicional, em decorrência de disposição expressa da lei, na hipótese de se pretender a decretação da nulidade do casamento, por exemplo, nos termos do que preveem os arts. 1.548 e 1.549 do CC/2015.

Será, todavia, desnecessária a tutela jurisdicional, não havendo, portanto, interesse processual, se A, maior e capaz, de posse de documento comprobatório do nascimento de seu filho, requerer, representado pela mãe do recém-nascido, a tutela do Estado, pela via judicial, para obter o direito ao registro do filho junto ao ofício do registro civil. Para tanto, é desnecessária a invocação da tutela jurisdicional, bastando que A se dirija ao cartório do registro civil do local em que se deu o nascimento e o declare ao oficial.

10.2.2. Interesse processual e possibilidade jurídica do pedido

A adequação do pedido abrange ainda a viabilidade jurídica da providência processual pleiteada. Ou seja, o interesse de agir abarca a questão da possibilidade jurídica do pedido (eis por que o CPC/2015 deixou de aludir a tal hipótese como sendo uma autônoma condição da ação). Há impossibilidade jurídica – e, portanto, há inadequação da pretensão, acarretadora de falta de interesse de agir – quando o *instrumento processual* adotado pelo autor é direta ou indiretamente proibido pelo ordenamento. Exemplos: pedir a *prisão civil* do suposto devedor de uma obrigação pecuniária não alimentícia; pretender promover *execução por quantia certa comum*, com pedido de penhora, contra a Fazenda Pública; impetrar *habeas corpus* para combater uma prisão disciplinar militar.[2]

Nessa perspectiva, a possibilidade jurídica do pedido fica restrita a um aspecto essencialmente processual – *ainda que, para a aferição de sua presença, seja indispensável o exame da relação material subjacente* (para saber se a prisão civil é possível, haverá de se examinar o caráter da obrigação que se quer cobrar; para se concluir pela inadmissibilidade de execução comum, haverá de se considerar a presença da Fazenda Pública no polo passivo do conflito; para se afirmar a impossibilidade do *habeas corpus* cabe aferir a natureza militar da prisão havida).

Tais exemplos, na sistemática do CPC, permanecem constituindo casos de falta de condição da ação – inserindo-se na falta de interesse de agir.

10.2.3. Síntese

Em suma, o interesse processual nasce da necessidade da tutela jurisdicional do Estado, invocada pelo meio adequado, que determinará o resultado útil pretendido, do ponto de vista processual.

A presença do interesse processual não determina a procedência do pedido, mas viabiliza a apreciação do mérito, permitindo que o resultado seja útil, tanto nesse sentido quanto no sentido oposto, de improcedência. A utilidade do resultado se afere diante do tipo de providência requerida.

10.3. Legitimidade das partes (legitimidade para a causa)

Autor e réu devem ser partes legítimas. Isso quer dizer que, quanto ao primeiro, deve haver ligação entre ele e o objeto do direito afirmado em juízo. O autor, para que detenha legitimidade, em princípio deve ser o titular da situação jurídica afirmada em juízo (arts. 17 e 18 do CPC/2015). Quanto ao réu, é preciso que exista relação de sujeição diante da pretensão do autor.

10.3.1. Legitimação ordinária

Para que se compreenda a legitimidade das partes, é preciso estabelecer-se um vínculo entre o autor da ação, a pretensão trazida a juízo e o réu. Terá de ser examinada a situação conflituosa apresentada pelo autor. Em princípio, estará cumprido o requisito da legitimidade das partes, na medida em que aqueles que figuram nos polos opostos do conflito apresentado pelo autor

---

2. Acerca da relação entre possibilidade jurídica, tal como configurada nesse parágrafo, e interesse de agir, v. EDUARDO TALAMINI. *Tutela monitória*. 2. ed. São Paulo: Ed. RT, 2001. p. 181.

correspondam aos que figuram no processo na posição de autor(es) e réu(s). Note-se que, para a aferição da legitimidade, não importa saber se procede ou não a pretensão do autor; não importa saber se é verdadeira ou não a descrição do conflito por ele apresentada. Isso constituirá o próprio julgamento de mérito. A aferição da legitimidade processual antecede logicamente a resolução do mérito.

Assim, como regra geral, é parte legítima para exercer o direito de ação (legitimidade ativa) aquele que se *afirma* titular de determinado direito que precisa da tutela jurisdicional, ao passo que será parte legítima para figurar no polo passivo (legitimidade passiva) aquele a quem caiba a observância do dever correlato àquele hipotético direito.

Se A se afirma credor de B por determinada quantia, em razão de algum vínculo igualmente afirmado, A será parte legítima para figurar como autor da ação, ao passo que B será parte legítima para estar no polo passivo. Se, entretanto, A se diz credor de certa quantia, que lhe deve C, e propõe ação contra B, este é parte ilegítima para figurar no processo como réu.

Nesse sentido, a legitimação é um liame que se estabelece entre um objeto e um sujeito. Trata-se, portanto, de uma noção eminentemente transitiva ou relacional, na medida em que reclama um complemento. Isso quer dizer que não se pode afirmar: *fulano tem legitimidade*, sem que se diga *para quê*. É a luz do objeto discutido no processo que se definirá a legitimidade.

10.3.2. *Legitimação extraordinária (substituição processual e legitimidade extraordinária em sentido estrito)*

Excepcionalmente, porém, admite-se a *substituição processual*. Trata-se de alguém *pleitear em nome próprio* (ou seja, não como mero procurador) *direito alheio, desde que autorizado por lei* (art. 18 do CPC/2015).[3] Exemplo de *substituição processual* é o do art. 3.º da Lei 12.016/2009, que admite que, dentro de certas condições, um terceiro juridicamente interessado seja autor de mandado de segurança em nome próprio para defender direito cuja titularidade é de outrem. Também é caso de substituição processual a autorização que a Lei 6.404/1976 dá para que o acionista, em certas condições, ajuíze ação de reparação de danos em benefício da sociedade anônima (art. 159, § 3.º). É também o que se tem quando a lei permite que o Ministério Público promova ação de investigação de paternidade no interesse de menor (art. 2.º, §§ 4.º e 5.º da Lei 8.560/1992) ou que a OAB atue na defesa de interesse individual de um advogado (art. 54, II, da Lei 8.906/1994).

---

3. Com a autorização para as partes celebrarem convenções processuais (art. 190), pode-se cogitar de substituição processual estabelecida mediante negócio processual – como se dá em outros ordenamentos. Sobre o tema, veja-se o cap. 27.

Ademais, no que tange à tutela dos direitos coletivos e difusos (v. vol. 4, cap. 28 e ss.), atribui-se a determinados sujeitos (Ministério Público, pessoas de direito público, Defensoria Pública, sindicatos, entidades associativas, ou mesmo qualquer cidadão na ação popular etc.) a legitimação para atuar em nome próprio na defesa de um direito que não é propriamente titularizado individualmente por qualquer sujeito – e, nesse sentido, pertence a todos e também ao próprio legitimado ativo. Nessas hipóteses, há uma legitimação que não é ordinária, mas também não se enquadra na moldura tradicional da substituição processual (de defesa de direito *alheio* em nome próprio). Há uma legitimação extraordinária em sentido estrito.

No entanto, é frequente, sobretudo na jurisprudência, o emprego indiscriminado do termo "substituição processual", para abranger inclusive esses casos.

10.3.3. Síntese

Em suma, a legitimidade para a causa está retratada na correspondência entre as partes no processo e os titulares dos interesses controvertidos ou está fundada em autorização extraordinária para defender-se interesse alheio em nome próprio.

Tal como o interesse de agir, a constatação da presença da legitimidade para a causa não implica a procedência do pedido. Representará apenas o preenchimento de um dos pressupostos para que se possa proferir sentença de mérito, que acolherá ou rejeitará o pedido.

10.4. Exame crítico da teoria das condições da ação

A teoria das condições da ação (que, como se viu, remonta a Liebman – v. n. 8.2.6) e sua adoção no sistema processual civil brasileiro são alvo de crescentes críticas.

Como teoria eclética, afirma-se que ela pretendeu conciliar o inconciliável.

Muitos reputam que as condições da ação seriam todas perfeitamente enquadráveis entre as questões de mérito, não sendo cabível o tratamento diferenciado.

Outros, ainda, consideram que tais condições devem ter sua presença aferida em vista apenas das afirmações feitas pelo autor, na propositura da ação (petição inicial), de modo que todo o mais recairia no mérito (é a chamada "teoria da asserção" – também sustentada no direito estrangeiro).

10.4.1. *Limitação das condições da ação a aspectos propriamente processuais*

Considerando-se o direito positivo, cabe interpretar as regras sobre condição da ação de um modo harmônico com as demais prescrições do Código. Se o ordenamento alude a legitimidade e interesse processual como requisitos para que se tenha um julgamento de mérito, cumpre identificar as hipóteses em que se constata a falta desses elementos e efetivamente não se julga o mérito.

De fato, muitas questões por vezes apresentadas como atinentes às "condições da ação" concernem, mesmo, ao mérito – e como tais, como decisões de mérito, devem ser tratadas. São exemplo disso as hipóteses de "macroimprocedência" do pedido mediato, ou seja, casos em que o juiz, de plano, tem condições de aferir que o autor não possui o direito material que afirma ter. Assim, se o juiz constata prontamente que é constitucional a norma tributária apontada pelo contribuinte como inconstitucional no fundamento do seu pedido de mandado de segurança, o juiz deve julgar improcedente a ação, no mérito. Isso não é caso de falta de interesse de agir – assim como não seria, no CPC/1973, hipótese de impossibilidade jurídica. O problema *não* é de um veto à providência processual pleiteada, mas da própria *ausência do direito material*.

Já quando o autor pede *habeas corpus* contra prisão militar (hipótese expressamente vedada pelo art. 142, § 2.º, da CF), há verdadeiramente uma impossibilidade jurídica alheia ao mérito. A sentença de rejeição nada diz, nesse caso, a respeito do direito de liberdade do paciente: outras medidas processuais poderão ser adotadas.

O mesmo se diga da vedação à prisão civil (CF, art. 5º, LXVII): trata-se de mera proibição de emprego de uma medida coercitiva – tema que não interfere na questão da existência do direito material que se quer ver tutelado por esse meio.

Também há casos, por vezes indevidamente tratados como sendo de ilegitimidade, mas que dizem respeito ao mérito: se o juiz constata que o autor não é filho do réu, na ação de investigação de paternidade, o caso é de improcedência, e não de legitimidade. Haveria ilegitimidade, isso sim, se o autor fosse a juízo dizendo que pretendia obter, em prol de seu vizinho, uma declaração de que o réu é pai do dito vizinho.

10.4.2. *A condição da ação não é necessariamente aferida pela mera asserção do autor*

No último exemplo do tópico anterior, é verdade, a questão da legitimidade para a causa resolve-se pela teoria da asserção.

Mas há casos em que as coisas não se passam desse modo: ou seja, a matéria concerne efetivamente a uma questão processual (e não ao mérito) e não tem como ser aferida por simples asserção, pois depende de algum aprofundamento investigatório.

Vejam-se alguns exemplos:

(1º) legitimidade extraordinária de uma associação para ação coletiva: em regra, para que uma entidade associativa legitime-se para ação coletiva em tutela de direito difuso, ela precisa estar constituída há pelo menos um ano (art. 5º, V, a, da Lei 7.347/1985 – v. vol. 4, cap. 28 e ss.). Nesse caso, se surgir a necessidade de o juiz investigar probatoriamente se a associação está constituída há pelo menos um ano, para assim legitimar-se para a ação coletiva, ele estará tratando de um tema inconfundível com o mérito – e não o estará resolvendo meramente pelas asserções da inicial. Se concluir que a associação está constituída há menos de um ano e reputar que não é o caso de dispensar-lhe esse requisito (art. 5.º, § 4.º, da Lei 7.347/1985), a sentença proferida, fundada na ilegitimidade ativa para a ação coletiva, não será de mérito e não se terá baseado na simples asserção feita pelo autor na propositura da demanda;

(2º) interesse de agir na ação meramente declaratória: para que se configure o interesse processual do autor para pedir uma mera declaração sobre existência, inexistência ou modo de ser de uma relação ou situação jurídica (ação declaratória – v. n. 11.3.1), precisa existir *dúvida objetiva* a respeito de tal objeto. Por exemplo, não basta o autor estar em dúvida quanto a existir um direito seu (dúvida subjetiva): é preciso que o réu, devedor desse possível direito, tenha concretamente posto em dúvida a sua existência. Se isso jamais ocorreu, em princípio não há interesse processual para a ação declaratória. Imagine-se o caso da ação declaratória em que, na contestação, o réu, contrariando o que dissera o autor na sua inicial, nega que tenha alguma vez posto em dúvida o direito afirmado pelo autor. Nesse caso, o juiz terá de investigar essa questão (considerando-se que, não havendo a dúvida objetiva, faltará interesse para a ação declaratória). Em suma, o juiz aprofundará a investigação – vale dizer, não se limitará a considerar a simples asserção do autor – para definir a presença do interesse de agir, que é questão alheia ao exame do mérito.[4]

Então, as condições da ação podem ter um campo próprio de incidência (que pode ser diferenciado daquele atinente ao mérito) e podem ter de ser aferidas não apenas pelas asserções contidas na inicial.

10.4.3. Conclusão

Desse conjunto de considerações, extraem-se reparos à teoria das condições da ação.

Primeiro, os casos verdadeiramente ligados às condições da ação são mais restritos do que por vezes se supõe. Como indicado acima, frequentemente questões de mérito são tratadas como se fossem condições da ação. Mas essa não é propriamente uma crítica à teoria das condições da ação, mas à sua aplicação inadequada.

---

4. Nesse caso, se concluir que o réu jamais pôs em dúvida o direito do autor e constatar também que o direito existe (ou melhor, que não há nenhum elemento que aponte para sua inexistência), o juiz, em atenção à instrumentalidade das formas, até poderá proferir sentença declarando a existência do direito. Mas deverá condenar o autor ao pagamento dos custos do processo (custas processuais e honorários de advogado do réu). Ou seja, mesmo nesse caso, continuará sendo relevante a investigação da presença do interesse de agir.

Em segundo lugar, o fenômeno que se tem quando falta a condição da ação, de impossibilidade de pronunciamento sobre o mérito, é o mesmo que ocorre quando falta um pressuposto processual (v. cap. 15, adiante). Todavia, aos pressupostos processuais não é conferida semelhante relevância sistemática na teoria da ação condicionada, tal como formulada por Liebman. Em defesa dessa teoria, alguém poderia argumentar que as condições da ação dependem da consideração do caso concreto e dos elementos identificadores da demanda – ao passo que a aferição dos pressupostos processuais seriam sempre algo estritamente formal. Mas o argumento não parece correto. A consideração das circunstâncias concretas e seu cotejo com os elementos da ação também é imprescindível, por exemplo, para a verificação da coisa julgada e da litispendência, cuja inocorrência constitui pressuposto processual objetivo (v. n. 15.4, adiante).

Em terceiro lugar – e essa é uma crítica que se aplica também a outras das teorias da ação descritas no cap. 8 – a teoria das condições da ação (compreendida como "direito a uma sentença de mérito") foi formulada tendo em vista o processo de conhecimento (v. n. 14.3.1, adiante). Ela não se amolda perfeitamente ao processo de execução. Liebman até se dispôs a demonstrar como se configuram as condições da ação executiva. Mas, naquela seara, fica ainda mais evidente a viabilidade de dar-lhes tratamento conjunto com os pressupostos processuais. Veja-se sobre o tema o cap. 2 do vol. 3.

Essas críticas servem de base para proposições positivas:

Como já afirmado no início deste capítulo (e reiterado no n. 15.7), é preferível adotar-se tratamento semelhante ao preconizado pela doutrina alemã, de há muito, e por doutrina italiana mais recente: a referência a uma única categoria, a dos pressupostos de admissibilidade do pronunciamento de mérito ou do processamento executivo, a qual abrangeria pressupostos processuais e condições da ação – estas, porém, restritas às questões propriamente alheias ao mérito. Essa é uma categoria que se amolda melhor tanto ao processo de conhecimento, quanto ao de execução e ainda aos procedimentos de tutelas de urgência.

Mas essa é uma questão meramente taxonômica. Concretamente nada mudará se afirmarmos haver as duas categorias ou uma única. Em termos práticos, o importante é:

(1º) evitar a confusão entre casos que envolvem propriamente o mérito e os verdadeiros casos de ilegitimidade para a causa e falta de interesse de agir. A artificial ampliação dessas hipóteses (o que dá ensejo às chamadas "falsas carências de ação") gera inúmeras dificuldades para as partes. Sobre o tema, veja-se ainda o vol. 2, n. 21.4.1;

(2º) atentar para a necessidade de que os parâmetros de legitimação para a causa e de configuração do interesse de agir sejam estabelecidos à luz das garantias constitucionais do processo. O condicionamento da ação tem fundamentos constitucionais de legitimidade. Mas há um obstáculo ilegítimo ao acesso à justiça, quando pressupostos de admissibilidade – sejam eles condições da ação ou pressupostos processuais – são impostos sem que exista uma justificativa constitucional para tanto. Vale dizer, a limitação à admissibilidade da tutela jurisdicional deve ser razoável e proporcional à luz dos valores constitucionais. Essa advertência serve tanto para o legislador quanto para o intérprete e aplicador das leis processuais. Por exemplo, não é possível afirmar que falta interesse de agir para o particular desde logo impugnar judicialmente um ato administrativo que lhe é desfavorável apenas porque cabe recurso administrativo contra tal ato: o jurisdicionado não é obrigado a exaurir as esferas de discussão administrativa para só depois ir ao Judiciário. Outro exemplo: não é razoável afirmar-se que o diretamente afetado pela carga econômica do tributo (aquele que, ao fim e ao cabo, arca com o tributo, ao adquirir um produto) não tem o direito de impugná-lo, sob o fundamento de que não é formalmente o contribuinte daquele encargo. Essas construções devem ser repelidas – quer se qualifiquem a legitimidade e o interesse processual como condições da ação ou pressupostos de admissibilidade da tutela jurisdicional.

Quadro Sinótico

Noções gerais	A matriz constitucional do direito de ação	
	A regulação processual do exercício da ação	
	Sistema adotado pelo processo civil brasileiro	Direito constitucional de ação
		Direito "processual" de ação

Condições	Interesse processual
	Legitimidade das partes

Interesse processual	Art. 17 do CPC/2015
	Necessidade, utilidade e adequação
	Possibilidade jurídica do pedido

Legitimidade das partes (legitimidade para a causa)	Art. 17 do CPC/2015	
	Legitimado ativo – Titular da pretensão	
	Legitimado passivo – Sujeito à pretensão	
	Legitimação extraordinária	Substituição processual
		Legitimidade extraordinária em sentido estrito

Aspectos relevantes	Mérito x ilegitimidade e falta de interesse de agir
	Garantias constitucionais do processo

Doutrina Complementar

- **ALEXANDRE FLEXA, DANIEL MACEDO E FABRÍCIO BASTOS** (*Novo...*, p. 54) sustentam que, na sistemática do CPC/2015, "a possibilidade jurídica do pedido deixa de ter arrimo legal por não representar um requisito para o legítimo exercício do direito de ação. Na verdade, se um pedido é vedado pelo ordenamento jurídico (o que, em tese, acarreta a impossibilidade jurídica do pedido), o juiz deve julgá-lo improcedente, por sentença que aprecia o mérito, e apta a formar a coisa julgada material e não uma sentença de extinção sem resolução do mérito. Ademais, ajuizar uma ação, formulando pedido que se sabe, previamente, juridicamente impossível, não traria nenhuma utilidade ao autor, faltando-lhe, portanto, interesse de agir para a demanda". Na opinião dos autores, "o CPC/2015 foi enfático, em seu silêncio, ao não mencionar o termo 'condições da ação' em nenhum dos seus 1.072 artigos. Aos demais, pode-se alocar a legitimidade *ad causam* e o interesse de agir entre os pressupostos processuais, como pressuposto de validade subjetivo e pressuposto de validade objetivo intrínseco, respectivamente".

- **ARAÚJO CINTRA, ADA GRINOVER E CÂNDIDO DINAMARCO** (*Teoria...*, 30. ed., p. 278-279) entendem que as condições da ação devem estar presentes para que o autor possa exigir o provimento jurisdicional que pretende. Afirmam que, embora se trate de direito genericamente previsto, o direito de ação pode "ser submetido a condições por parte do legislador ordinário". Informam a existência de duas correntes doutrinárias a respeito das condições da ação: para uma delas, são condições de existência da própria ação, enquanto que, para outra, trata-se de condições para seu exercício. Depois de elencarem as três condições previstas em nosso sistema processual, afirmam que a possibilidade jurídica do pedido consiste na exclusão de determinado pedido, "*a priori* pelo ordenamento jurídico, sem qualquer consideração das peculiaridades do caso concreto". Fazem referência sobre a tendência à universalização da jurisdição, que implica a abertura das vias de acesso à justiça e a simultânea "redução dos casos de impossibilidade jurídica do pedido". Exemplo dado por esses autores é o da flexibilização do dogma da "incensurabilidade judiciária dos atos administrativos pelo mérito".

- **ARRUDA ALVIM** (*Manual...*, 16. ed., p. 422) sustenta que as condições da ação "são categorias lógico-jurídicas, existentes na doutrina e, muitas vezes, na lei, como em nosso Direito positivo, que, se preenchidas, possibilitam que alguém chegue à sentença de mérito. As condições da ação, em nosso ordenamento jurídico, são o interesse de agir, a legitimação para a causa e a possibilidade jurídica do pedido". Quanto a esta condição da ação, ARRUDA ALVIM afirma que, se se buscar, pela ação, providência jurisdicional em relação à qual não exista previsão no ordenamento jurídico, estar-se-á diante de caso de impossibilidade jurídica. Explica, todavia, que essa afirmativa, no sentido de que o conceito de possibilidade jurídica está ligado à ideia de previsão na ordem jurídica, "deve ser entendida como regra geral". Em seu sentir, "hipóteses haverá em que uma previsão legal será difícil de se encontrar, como, exemplificativamente, a hipótese dos juros compensatórios em matéria expropriatória. Em que pesasse esta dificuldade quanto aos juros compensatórios, a Primeira Seção do Superior Tribunal de Justiça acabou por sumular o entendimento de que 'em desapropriação, são cumuláveis juros compensatórios e moratórios' (Súmula 12, publicada no *DJU* I de 05.11.1990, p. 12.448). Assim, por previsão, em *ultima ratio*, entenda-se a existência de proteção, ainda que não diretamente calcada em texto. Ao reverso, se houver proibição, *ipso facto*, poder-se-á, com segurança, asseverar inexistir previsão".

- FREDIE DIDIER JR. (*Curso...*, v. 1, 17. ed., p. 306). Sobre as alterações feitas pelo CPC/2015 em relação às condições da ação, afirma que legitimidade e interesse passam "a constar da exposição sistemática dos pressupostos processuais de validade: o interesse, como pressuposto de validade objetivo extrínseco; a legitimidade, como pressuposto de validade subjetivo relativo às partes". Segundo entende o autor, "sepulta-se um conceito que, embora prenhe de defeitos, estava amplamente disseminado no pensamento jurídico brasileiro. Inaugura-se, no particular, um novo paradigma teórico, mais adequado que o anterior, e que, por isso mesmo, é mais digno de registro e aplausos".

- **HUMBERTO THEODORO JÚNIOR** (*Curso...*, v. 1, 56. ed., p. 157) destaca que "o novo Código de Processo Civil fugiu do *nomen iuris* 'condições da ação', consignando, porém, que 'para postular em juízo é necessário ter interesse e legitimidade' (art. 17). Com essa postura, aparentemente ter-se-ia escolhido a tese de que ditas condições perderam a qualidade de preliminares processuais, passando a integrar o próprio mérito, mais propriamente, como 'preliminares de mérito'. Assim, a legitimidade e interesse figurariam no objeto litigioso na mesma categoria de, por exemplo, a prescrição e a decadência. Todavia, não chegou a tanto a estrutura processual renovada, visto que, ao distinguir os provimentos que resolvem ou não o mérito, o acolhimento da falta de legitimidade ou interesse foi arrolado entre as hipóteses de extinção do processo, sem resolução do mérito". Na opinião do autor, a lei continua a tratar as condições da ação "como categoria processual distinta, intermediária entre os pressupostos de validade do processo e o mérito da causa".

- **JOSÉ FREDERICO MARQUES** (*Manual...*, 9. ed. atualiz., vol. 1, p. 241) sustenta que o autor tem sempre o direito de invocar a tutela da jurisdição, pelo exercício do direito de ação, "pois até mesmo quando desatendido de plano e liminarmente (art. 295 do Código de Processo Civil) ele o exerceu". Afirma que, apesar disso, para que se viabilize a ação, "possibilitando ao autor praticar atos processuais até obter a tutela jurisdicional", é preciso que se atendam as três condições da ação, sem o que o Estado não poderá prestar a tutela jurisdicional. Elenca as três condições previstas no Código de Processo Civil e, quanto à possibilidade jurídica, adverte que "ninguém pode invocar a tutela jurisdicional formulando pedido não admitido no direito objetivo, ou por este proibido, como na hipótese de ação de cobrança cuja *causa petendi* seja dívida de jogo".

- **LEONARDO FARIA SCHENK** (*Breves...*, p. 100) afirma que "a existência do direito ao exercício da jurisdição sobre determinada pretensão de direito material depende da concorrência das chamadas condições da ação, filtros mínimos indicados pelo legislador processual pelos quais devem passar o postulante da tutela jurisdicional não apenas para a ela ter amplo acesso, como também para evitar que o adversário seja submetido a um processo temerário, capaz de lhe causar severos prejuízos. O interesse de agir, primeira das condições da ação indicadas pelo legislador (art. 17), decorre da necessidade de se recorrer ao exercício da jurisdição para tentar obter a satisfação da pretensão do autor. Essa necessidade surge da inexistência de outro meio lícito para se alcançar o bem da vida pretendido. (...) A legitimidade para agir, por sua vez, condiciona o exercício da atividade jurisdicional ao exigir que as partes na relação jurídica processual sejam (...) os titulares da relação jurídica de direito material levada, por meio do exercício do direito de ação, à apreciação do Poder Judiciário".

- **LUIZ GUILHERME MARINONI, SÉRGIO CRUZ ARENHART E DANIEL MITIDIERO** (*Novo Curso...*, v. 1, p. 325). Na opinião dos autores, "o Novo CPC não fala em condições da ação. Apresenta o interesse e a legitimidade como requisitos para a apreciação do mérito. A existência da ação obviamente não é subordinada a estes requisitos. Aliás, se o CPC dissesse que a ação somente existe quando estão presentes as suas condições ou tais requisitos, estaria admitindo que a ação fundada na Constituição somente serve para garantir a invocação da atividade jurisdicional, constituindo-se apenas no ato introdutório da ação e de instauração do processo".

- **NELSON NERY JR. E ROSA MARIA DE ANDRADE NERY** (*Comentários...*, p. 1.112) sustentam que o mérito (o pedido), via de regra, é a última questão a ser examinada pelo juiz, tanto do ponto de vista lógico quanto do cronológico. De início, deve o juiz examinar questões preliminares, que "dizem respeito ao próprio exercício do direito de ação (condições da ação) e à existência e regularidade da relação jurídica processual (pressupostos processuais)". Segundo esses autores, o exame do pedido depende da análise das condições da ação que, presentes ou ausentes, possibilitam ou impedem o seu exame. A ausência de condição da ação implica a ocorrência do fenômeno da carência da ação "circunstância que torna o juiz impedido de examinar o mérito", devendo extinguir o processo sem julgamento do mérito. Para os autores, "as condições da ação, no CPC, são duas: legitimidade das partes (*legitimatio ad causam*) e interesse processual. As condições da ação são matéria de ordem pública, a respeito da qual o juiz deve pronunciar-se *ex officio*, a qualquer tempo e grau de jurisdição, pois a matéria é insuscetível de preclusão (CPC 485 § 3.º e 337 § 5.º)". Em relação à possibilidade jurídica do pedido, sustentam os autores que "se o pedido for juridicamente impossível ocorre o fenômeno da carência da ação por falta de interesse processual, o que acarreta a extinção do processo sem resolução do mérito".

- **OVÍDIO BAPTISTA DA SILVA** (*Curso...*, 8. ed., vol. 1, p. 84), embora admita as três condições (interesse, legitimidade e possibilidade jurídica), sustenta que se trata de condições que envolvem o mérito da ação, razão pela qual a sentença que extingue o processo pela falta de qualquer das condições da ação, em seu sentir, é sentença de improcedência do mérito. Segundo afirma, "quando o juiz declara inexistente uma das condições da ação, ele está em verdade declarando a inexistência de uma pretensão acionável do autor contra o réu, estando, pois, a decidir a respeito da pretensão posta em causa pelo autor, para declarar que o agir deste contra o réu – não contra o Estado – é improcedente. E tal sentença é sentença de mérito. A suposição de que a rejeição da demanda por falta de alguma condição da ação não constitua decisão sobre a lide, não fazendo coisa julgada e não impedindo a reproposição da mesma ação, agora pelo verdadeiro legitimado ou contra o réu verdadeiro, parte do falso pressuposto de que a nova ação proposta por outra pessoa, ou pela mesma que propusera a primeira, agora contra outrem, seria a mesma ação que se frustrara no primeiro processo. Toma-se o conflito de interesses, existente fora do processo, a que CARNELUTTI denominava lide, como verdadeiro e único objeto da atividade jurisdicional. Como este conflito não fora composto pela primeira sentença que declara o autor carecedor de ação, afirma-se que seu mérito permaneceu inapreciado no julgamento anterior. Daí porque, no segundo processo, com novos figurantes, estar-se-ia a desenvolver a mesma ação. Ora, no segundo processo, nem sob o ponto de vista do direito processual, e muito menos em relação ao direito material, a ação seria a mesma. Mudando-se as partes, transforma-se a demanda. Afirmando o juiz que o autor não tem legítimo interesse para a causa, sem dúvida estará afirmando que o conflito de interesses por ele descrito na petição inicial não merece que o Estado lhe outorgue proteção, o que significa declarar que tal conflito é irrelevante para o direito. E, neste caso, igualmente lhe falta a ação de direito material, ou esta seria ilegítima por falta de interesse. Não a ação processual que jamais será ilegítima por falta de interesse, e da qual o autor não carecerá jamais, pois o direito de ser ouvido por um tribunal é princípio constitucional a todos assegurado".

- **TERESA ARRUDA ALVIM WAMBIER, MARIA LÚCIA LINS CONCEIÇÃO, LEONARDO FERRES DA SILVA RIBEIRO E ROGERIO LICASTRO TORRES DE MELLO** (*Primeiros...*, p. 80), em comentário ao art. 17 do CPC/2015, sustentam que "não há porque deixar de considerar interesse e legitimidade como condições da ação. (...) o preenchimento destes requisitos é necessário para que se possa postular em juízo – expressão, aliás, mais ampla do que propor a ação (ou contestá-la). Mantidas apenas duas das condições da ação, interesse e legitimidade, o legislador deixou de lado a possibilidade jurídica do pedido, muito criticada pela doutrina. Na verdade, a sua classificação como condição da ação é que sempre foi criticada, porque de rigor, trata-se de um aspecto do próprio mérito. Condições da ação, juntamente com pressupostos processuais, integram os requisitos ou pressupostos genéricos que possibilitam a apreciação do mérito. Estão no plano que o juiz tem que examinar antes de decidir o pedido, pois da análise destes elementos pode resultar a impossibilidade de que seja julgado o mérito".

Enunciados do FPPC

N.º 42. (*Art. 339, CPC/2015*) O dispositivo aplica-se mesmo a procedimentos especiais que não admitem intervenção de terceiros, bem como aos juizados especiais cíveis, pois se trata de mecanismo saneador, que excepciona a estabilização do processo.

N.º 44. (*Art. 339, CPC/15*) A responsabilidade a que se refere o art. 339 é subjetiva.

N.º 296. (*Art. 338; art. 339, CPC/2015*) Quando conhecer liminarmente e de ofício a ilegitimidade passiva, o juiz facultará ao autor a alteração da petição inicial, para substituição do réu, nos termos dos arts. 339 e 340, sem ônus sucumbenciais.

N.º 339. (*Art. 967, IV, CPC/2015; art. 118, Lei 12.529/2011; art. 31, Lei 6.385/1976*) O CADE e a CVM, caso não tenham sido intimados, quando obrigatório, para participar do processo (art. 118, Lei n. 12.529/2011; art. 31, Lei n. 6.385/1976), têm legitimidade para propor ação rescisória contra a decisão ali proferida, nos termos do inciso IV do art. 967.

N.º 511. (*Art. 338, caput; art. 339, CPC/2015; Lei 12.016/2009*) A técnica processual prevista nos arts. 338 e 339 pode ser usada, no que couber, para possibilitar a correção da autoridade coatora, bem como da pessoa jurídica, no processo de mandado de segurança.

Bibliografia

Fundamental

ALEXANDRE FLEXA, DANIEL MACEDO e FABRÍCIO BASTOS, *Novo Código de Processo Civil. O que é inédito. O que mudou. O que foi suprimido*, Salvador: JusPodivm, 2015; ANTONIO CARLOS DE ARAÚJO CINTRA, ADA PELLEGRINI GRINOVER e CÂNDIDO RANGEL DINAMARCO, *Teoria geral do processo*, 30. ed., São Paulo, Malheiros, 2014; ARRUDA ALVIM, *Manual de direito processual civil*, 16 ed., São Paulo, RT, 2013; FREDIE DIDIER JR., *Curso de Processo Civil: introdução ao direito processual civil, parte geral e processo de conhecimento*, 17. ed., Salvador, JusPodivm, 2015, v. 1; HUMBERTO THEODORO Júnior, *Curso de direito processual civil*, 56. ed., Rio de Janeiro, Forense, 2015, vol. 1; JOSÉ FREDERICO MARQUES, *Manual de direito processual civil*, 9. ed., atual. OVÍDIO ROCHA BARROS SANDOVAL, Campinas, Millennium, 2003, vol. 1; LUIZ GUILHERME MARINONI, SÉRGIO CRUZ ARENHART e DANIEL MITIDIERO, *Novo curso de processo civil: teoria do processo civil*, São Paulo, Ed. RT, 2015, v. 1; LUIZ RODRIGUES WAMBIER, *Tutela jurisdicional das liberdades públicas*, Curitiba, Juruá, 1991; NELSON NERY JR. e ROSA MARIA DE ANDRADE NERY, *Comentários ao código de processo civil*, São Paulo, Ed, RT, 2015; OVÍDIO A. BAPTISTA DA SILVA, *Curso de processo civil*, 8. ed., Rio de Janeiro, Forense, 2008, vol. 1; TERESA ARRUDA ALVIM WAMBIER, *Nulidades do processo e da sentença*, 7. ed., São Paulo, RT, 2014; _____, FREDIE DIDIER JR., EDUARDO TALAMINI e BRUNO DANTAS (coord.), *Breves comentários ao Novo Código de Processo Civil*, São Paulo, Ed. RT, 2015; _____, MARIA LÚCIA LINS CONCEIÇÃO, LEONARDO FERRES DA SILVA RIBEIRO e ROGERIO LICASTRO TORRES DE MELLO, *Primeiros comentários ao novo código de processo civil: artigo por artigo*, São Paulo, Ed. RT, 2015.

Complementar

ADA PELLEGRINI GRINOVER, Condições da ação e denegação da tutela jurisdicional: da legitimação do espólio e dos herdeiros, *O processo em sua unidade – II*, Rio de Janeiro, Forense, 1984; ALESSANDRO SCHIRRMEISTER SEGALLA, Da possibilidade de utilização da ação de despejo pelo fiador do contrato de locação, *RJ* 279/22; ALEXANDRE FREITAS

CÂMARA, *Lições de direito processual civil*, 16. ed., Rio de Janeiro, Lumen Juris, 2007, vol. 1; _____, Será o fim da categoria "condição da ação"? Uma resposta a Fredie Didier Junior, *RePro* 197/261, jul. 2011; ALFREDO DE ARAÚJO LOPES DA COSTA, *Manual elementar de direito processual civil*, 3. ed., atual. Sálvio de Figueiredo Teixeira, Rio de Janeiro, Forense, 1982; ALUÍSIO GONÇALVES DE CASTRO MENDES, O acesso à Justiça e as condições da ação, *RePro* 174/325; ANTONIO GIDI, Legitimidade para agir em ações coletivas, *RDC* 14/52; ANTONIO RODRIGUES PORTO, Pressupostos processuais e condições da ação, *RJTJSP* 107/08; ARAKEN DE ASSIS, *Cumulação de ações*, 4. ed., São Paulo, RT, 2002; _____, *Doutrina e prática do processo civil contemporâneo*, São Paulo, RT, 2001; ARRUDA ALVIM, Ação de rescisão contratual – Contrato de divisão patrimonial – Inépcia da inicial – Inexistência de condições da ação, *RePro* 49/106; _____, *Direito processual civil*, São Paulo, RT, 2002, vol. 1; _____, Exceção de pré-executividade – Falta de condição da ação – Sentença de mérito, *RePro* 72/190; _____, *Tratado de direito processual civil*, 2. ed., São Paulo, RT, 1990, vol. 1; BRENO MOREIRA MUSSI, As condições da ação e a coisa julgada, *RePro* 45/35; CÂNDIDO RANGEL DINAMARCO, Condições da ação na execução forçada, *Ajuris* 34/42; _____, *Fundamentos do processo civil moderno*, 5. ed., São Paulo, Malheiros, 2002; _____, *Instituições de direito processual civil*, 5. ed., São Paulo, Malheiros, 2005, vol. 2; CARLOS AUGUSTO FARÃO, A ilegalidade da execução do contrato de abertura de crédito em conta corrente e inexistência das condições da ação, *RJ* 272/25; CARLOS ROBERTO LOFEGO CANIBAL, As condições da ação e a execução hipotecária regida pela Lei 5741/71, *Ajuris* 30/156; CELSO AGRÍCOLA BARBI, *Comentários ao Código de Processo Civil*, 10. ed., Rio de Janeiro, Forense, 1997, vol. 1; CELSO NEVES, *Estrutura fundamental do processo civil*, 2. ed., Rio de Janeiro, Forense, 1997; CLÓVIS V. DO COUTO E SILVA, Cessão de crédito – Cisão do direito subjetivo – Reserva da pretensão e do direito de ação ao cedente inadmissível por inviável no direito brasileiro – Ilegitimidade deste para propositura de execução – Violação do art. 6.º do CPC – Falta de condição da ação – Hipótese de ausência ou carência da pretensão a executar, que pode e deve ser declarada de ofício pelo juiz antes da penhora ou da propositura de embargos, *RT* 638/10; DANIEL AMORIM ASSUMPÇÃO NEVES, Condições da ação na reconvenção, *RDDP* 46/9; DENISE MARIA WEISS DE PAULA MACHADO, Possibilidade jurídica do pedido – Uma limitação ideológica do processo, *ROABPG* 1/40; DJANIRA M. RADAMÉS DE SÁ, *Teoria geral do direito processual civil* – A lide e sua resolução, 2. ed., São Paulo, Saraiva, 1998; DOMINGOS AFONSO KRIGES FILHO, Arbitragem e interesse de agir, *RJ* 275/25; DONALDO ARMELIN, *Legitimidade para agir no direito processual brasileiro*, São Paulo, RT, 1979; EDUARDO ARRUDA ALVIM, *Curso de direito processual civil*, São Paulo, RT, 1999, vol. 1; EDUARDO DE AVELAR LAMY, Condições da ação na perspectiva dos direitos fundamentais, *RePro* 173/95; EDUARDO RIBEIRO DE OLIVEIRA, Condições da ação: a possibilidade jurídica do pedido, *RePro* 46/39; EDUARDO TALAMINI, *Tutela monitória*, 2. ed., São Paulo, RT, 2001; ENRICO TULLIO LIEBMAN, *Manual de direito processual civil*, 2. ed., Rio de Janeiro, Forense, 1985, vol. 1; ERNANE FIDÉLIS DOS SANTOS, *Manual de direito processual civil*, 12. ed., São Paulo, Saraiva, 2007, vol. 1; EVERARDO DE SOUZA, Interesse de agir, *RePro* 31/30; FÁBIO GOMES, *Carência de ação*, São Paulo, RT, 1999; FRANCISCO C. PONTES DE MIRANDA, *Comentários ao Código de Processo Civil*, 4. ed., Rio de Janeiro, Forense, 1995, t. I; FRANCISCO DE ASSIS F. MENDES, Princípios gerais do direito de ação e do modo de seu exercício, *GenesisProc* 3/618; FREDIE DIDIER JR., O título executivo é uma condição da ação executiva?, *Execução civil*: estudos em homenagem ao Professor Paulo Furtado, Rio de Janeiro, Lumen Juris, 2006; _____, Será o fim da categoria "condição da ação"? Um elogio ao projeto do novo código de processo civil, *RePro* 197/256, jul. 2011, *Doutrinas Essenciais de Processo Civil*, vol. 2, p. 323, out. 2011; GELSON AMARO DE SOUZA, Mandado de segurança e a indicação errônea da autoridade coatora, *RJ* 280/21;

_____, O interesse de agir no direito processual civil, *Revista Jurídica de Porto Alegre* 226/51; HÉLIO TORNAGHI, *Comentários ao Código de Processo Civil*, 2. ed., São Paulo, RT, 1976, vol. 1; HUMBERTO THEODORO JÚNIOR, Condições da ação, *RBDP* 13/27; _____, Pressupostos processuais e condições da ação no processo cautelar, *RePro* 50/7; _____, Pressupostos processuais, condições da ação e mérito da causa, *RePro* 17/41; IBRAIM JOSÉ DAS MERCÊS ROCHA, Tutela de interesses metaindividuais – escopo dos sistemas de pressupostos de legitimidade ativa – a contramão da história: medida provisória 1.984-24, de 24.11.2000, que acresceu parágrafo único aos arts. 1.º e 2.º da lei 7.347/85, *RT* 787/57; J. A. GALDINO DA COSTA, As condições da ação, *RBDP* 49/123; J. J. CALMON DE PASSOS, Execução específica das obrigações de fazer: obrigações de prestar declaração de vontade; impossibilidade jurídica do pedido, *CJ* 50/255; JOEL DIAS FIGUEIRA JÚNIOR, A metodologia no exame do trinômio processual: pressupostos processuais, condições da ação e mérito da causa, *RePro* 72/335; JONAS KEITI KONDO, Condições da ação cautelar, *PJ* 14/11; JÔNATAS LUIZ MOREIRA DE PAULA, Interesse processual e a fungibilidade da causa de pedir, *RePro* 177/333, nov. 2009; JOSÉ CARLOS BARBOSA MOREIRA, A legitimação para a defesa dos "interesses difusos" no direito brasileiro, *Temas de direito processual* – Terceira série, São Paulo, Saraiva, 1984; JOSÉ EDUARDO CARREIRA ALVIM, *Elementos de teoria geral do processo*, 7. ed., Rio de Janeiro, Forense, 2001; JOSÉ IGNACIO BOTELHO DE MESQUITA, *Da ação civil*, São Paulo, RT, 1975; _____, MARIANA CAPELA LOMBARDI, RODOLFO DA COSTA MANSO REAL AMADEO, LUIZ GUILHERME PENNACCHI DELLORE e DANIEL GUIMARÃES ZVEIBIL, O colapso das condições da ação?: um breve ensaio sobre os efeitos da carência de ação, *RePro* 152/11, out. 2007, *Doutrinas Essenciais de Processo Civil*, vol. 2, p. 243, out. 2011; JOSÉ ROBERTO DOS SANTOS BEDAQUE, Pressupostos processuais e condições da ação, *Justitia* 156/48; JOSÉ RUBENS COSTA, *Manual de processo civil*, São Paulo, Saraiva, 1994, vol. 1; JÚLIO CAMARGO DE AZEVEDO, Legitimidade processual coletiva: rumo a uma nova classificação, *RePro* 237/285; JURANDYR NILSSON, Ilegitimidade de espólio extinto para estar em juízo, *RePro* 52/195; LAURO LUIZ GOMES RIBEIRO, Conselho tutelar – Legitimidade para propor ação civil pública, *RePro* 104/219; LEONARDO OLIVEIRA SOARES, O prazo prescricional das ações (pretensões) indenizatórias propostas contra o poder público no Estado Democrático de Direito brasileiro, *RePro* 195/137; LOURIVAL GONÇALVES DE OLIVEIRA, Interesse processual e mandado de segurança coletivo, *RePro* 56/75; LUIZ EDUARDO RIBEIRO MOURÃO, Coisa julgada, condições da ação e a impossibilidade de repropositura da demanda, *RDDP* 17/49; LUIZ FERNANDO BELINETTI, Ação e condições da ação, *RePro* 96/260; _____, Ações coletivas – um tema a ser ainda enfrentado na reforma do processo civil brasileiro – a relação jurídica e as condições da ação nos interesses coletivos, *RePro* 98/125; LUIZ FUX, *Curso de direito processual civil*, 3. ed., Rio de Janeiro, Forense, 2005; LUIZ GASTÃO PAES DE BARROS LEÃES, A prévia deliberação assemblear como condição de *legitimatio ad causam* na ação social, *RDM* 100/98; LUIZ GUILHERME DA COSTA WAGNER JUNIOR, *Processo civil*: curso completo, Belo Horizonte, Del Rey, 2007; LUIZ GUILHERME MARINONI e SÉRGIO CRUZ ARENHART, *Processo de conhecimento*, 6. ed., São Paulo, RT, 2007, vol. 2; LUIZ GUILHERME MARQUES, Pressupostos processuais e condições da ação no processo civil, *RF* 301/317; LUIZ MACHADO GUIMARÃES, Carência de ação, *Estudos de direito processual civil*, Rio de Janeiro, Jurídica e Universitária, 1969; LUIZ MANOEL GOMES JÚNIOR, A legitimidade dos municípios para o ajuizamento de ações coletivas na defesa dos consumidores, *RT* 805/133; MARCELO ABELHA RODRIGUES, *Elementos de direito processual civil*, 3. ed., São Paulo, RT, 2003, vol. 1; MARCELO LIMA GUERRA, Condições da ação e mérito no processo cautelar, *RePro* 78/191; MARCOS AFONSO BORGES, A ação e a reação no processo, *RJ* 284/26; _____, Interesse de agir. Venda *ad corpus* e *ad mensuram*. Pedidos reconvencionais,

RePro 94/223; MARCOS JOSÉ PORTO SOARES, TÁSSIO EDUARDO DENKER, GRAZIELE ZANARDI E RAFAELA MARIA MILLARD, A concretude das condições para o legítimo exercício do direito de ação e as consequências decorrentes, *RePro* 195/399; _____ e THALITA ANDREA SANTOS ROSA, Liquidez e certeza do direito como condições da ação mandamental, *RT,* 943/183; _____, Liquidez e certeza do direito como condições da ação mandamental, *Revista dos Tribunais* 943/183; MARCUS ORIONE G. CORREIA, O poder constitucional de ação, *GenesisProc* 12/267; MARIA ISABEL DE MATOS ROCHA, Legitimidade para pedir reparação pelos danos morais da morte, *RT* 684/7; MARICI GIANNICO, Carência de ação e ação rescisória. Jurisprudência, *RePro* 123/11; MARIO AGUIAR MOURA, Condições da ação em face da coisa julgada, *RT* 550/249; MOACYR AMARAL SANTOS, *Primeiras linhas de direito processual civil,* 25. ed., atual. Aricê Moacyr Amaral Santos, São Paulo, Saraiva, 2007, vol. 1; NELSON NERY JR., Condições da ação – Necessidade de subsistência até o momento da prolação da sentença, *RePro* 42/200; _____, Condições da ação, *RePro* 64/33; ORESTE N. DE SOUZA LASPRO, A ação e suas condições no processo civil de cognição, *Processo civil: estudo em comemoração aos 20 anos de vigência do Código de Processo Civil,* São Paulo, Saraiva, 1995; OVÍDIO A. BAPTISTA DA SILVA, *Comentários ao Código de Processo Civil,* São Paulo, RT, 2000, vol. 1; PAULO DE TARSO BRANDÃO, Condições da ação e o princípio constitucional do acesso à justiça, Coord. PEDRO MANOEL ABREU e PEDRO MIRANDA DE OLIVEIRA, *Direito e processo*: estudos em homenagem ao Desembargador Norberto Ungaretti, Florianópolis, Conceito, 2007; ROBERTO JOÃO ELIAS, Condições da ação: relação com o objeto do processo, *Justitia* 134/65; RODRIGO DA CUNHA LIMA FREIRE, *Condições da ação:* enfoque sobre o interesse de agir, 3. ed., São Paulo, RT, 2005; _____, Falta de pressuposto processual ou de condição da ação – declaração *ex officio* em agravo de instrumento, *Aspectos polêmicos e atuais dos recursos cíveis e de outras formas de impugnação às decisões judiciais,* São Paulo, RT, 2001; RODRIGO RAMINA DE LUCCA, O mérito do processo e as condições da ação, *RePro* 188/69; ROMANO CRISTIANO, O interesse de agir na falência requerida pela Fazenda do Estado, *RePro* 26/173; SÉRGIO BERMUDES, Aspectos constitucionais dos pressupostos processuais e das condições da ação, em *Direito processual civil* – Estudos e pareceres – 2.ª série, São Paulo, Saraiva, 1994; SÉRGIO GISCHKOW PEREIRA, Possibilidade jurídica do pedido, *Ajuris* 23/167; WAGNER BRUSSOLO PACHECO, Condições da ação popular, *RDP* 72/113; WALTER NUNES DA SILVA JUNIOR, Condições da ação e pressupostos processuais, *RePro* 64/70.

Capítulo 11

CLASSIFICAÇÃO DAS AÇÕES

> Sumário: 11.1. Noções gerais – 11.2. Classificação quanto ao tipo de providência jurisdicional pedida pelo autor – 11.3. Classificação das ações segundo a tutela requerida pelo autor no processo de conhecimento; 11.3.1. Ações declaratórias; 11.3.2. Ações constitutivas; 11.3.3. Ações condenatórias; 11.3.4. Ações mandamentais; 11.3.5. Ações executivas lato sensu – 11.4. Pluralidade de ações em um mesmo processo.

11.1. Noções gerais

Tradicionalmente, a classificação das ações é feita em razão do tipo de providência jurisdicional pedida pelo autor, por ocasião do exercício do direito de ação (i.e., na demanda).

Esse critério de classificação das ações tem por pressuposto que toda ação veicula determinado pedido de provimento jurisdicional e que é possível estabelecer diferenças entre as ações exatamente na medida da distinção entre as possíveis providências pedidas em juízo.

11.2. Classificação quanto ao tipo de providência jurisdicional pedida pelo autor

Por esse critério, as ações podem ser classificadas em ações de conhecimento, ações de execução e ações urgentes.

Nas ações de conhecimento (ou de cognição), busca-se pronunciamento do juiz acerca de quem tem razão. Pede-se que o juiz investigue fatos ocorridos no passado e defina qual a norma que está incidindo no caso concreto.[1]

---
1. Ver volume 2, cap. 3 e ss.

Nas ações executivas, busca-se, pela intervenção do juiz, resultado prático, fisicamente concreto (ex.: a retirada de um bem do patrimônio do devedor e sua entrega ao credor; a expropriação e alienação de bens do devedor e entrega do dinheiro obtido ao credor etc.).[2]

Nas ações urgentes, busca-se providência que, de modo rápido, proteja temporariamente um possível direito, que corre o risco de sofrer lesão irreparável ou de reparação muito difícil. Para tanto, o juiz examinará apenas se há razoável plausibilidade nos fundamentos apresentados pelo autor. Ou seja, não desenvolverá uma investigação aprofundada e detalhada, mas simples cognição superficial, sumária. Além disso, e quando esse juízo de verossimilhança for favorável ao autor, o juiz terá de adotar prontamente, e sem qualquer nova ação ou pedido, providências executivas que propiciem a proteção urgente necessária. Ou seja, cognição (sumária) e execução reúnem-se de um modo indissociável. Normalmente a ação urgente não afasta a necessidade do exercício de outra ação de conhecimento ou de execução, destinada a propiciar uma tutela definitiva. Nesse sentido, a tutela urgente é muitas vezes instrumental e provisória.[3]

11.3. Classificação das ações segundo a tutela requerida pelo autor no processo de conhecimento

As ações de conhecimento comportam ainda subdivisão classificatória, conforme o tipo de provimento nelas pretendido pelo autor. Ou seja, a ação de conhecimento pode ser classificada conforme a eficácia preponderante da sentença que se proferirá, caso ela seja julgada procedente.

11.3.1. Ações declaratórias

Na ação meramente declaratória o autor se limita a pedir uma declaração jurisdicional acerca da existência, inexistência ou modo de ser de determinada situação ou relação jurídica, ou a respeito da autenticidade ou da falsidade de um documento (arts. 19 e 20 do CPC/2015). A ação declaratória destina-se a eliminar uma dúvida objetiva a respeito de determinada situação jurídica. A dúvida é qualificada como "objetiva" porque ela deve pôr-se entre duas ou mais pessoas. Não pode ser uma simples dúvida interna, pessoal, de uma única pessoa. Enfim, precisa haver uma crise de incerteza entre dois ou mais sujeitos – sob pena de não haver interesse processual para a ação declaratória.

Exemplo: A reputa que a dívida que possuía com B no passado já foi integralmente paga; a despeito disso, B permanece afirmando, a terceiros e ao

---

2. Ver volume 3.
3. Ver volume 2, cap. 42.

próprio A, que ainda é credor dele. Diante disso, A propõe ação em face de B pedindo que o Judiciário declare que não existe o referido crédito. Esse é um caso de ação declaratória *negativa* – i.e., que visa ao reconhecimento da inexistência de uma relação jurídica.

A ação pode também ser declaratória *positiva*, quando se pretende a declaração da existência de uma relação jurídica. Por exemplo, a ação de investigação de paternidade, isso é, a ação em que o autor pede que se reconheça que o réu é seu pai, é declaratória positiva, pois visa à declaração da existência de relação jurídica de filiação.

Em regra, o objeto da ação declaratória deve ser uma situação *jurídica*. Normalmente, não cabe pedido de declaração jurisdicional de simples fato (p. ex., não se pode propor ação declaratória apenas para que se declare que o réu estava embriagado em determinada data e hora, pois isso é mero fato; pode-se, isso sim, pedir que se declare que o réu é responsável pelos prejuízos decorrentes de um acidente de trânsito, sob o fundamento de que ele o causou, inclusive porque dirigia embriagado...). Mas o ordenamento contempla uma exceção: a falsidade ou autenticidade de um documento é fato (e não relação jurídica), mas pode ser objeto de ação declaratória (arts. 19, II, e 433 do CPC/2015).

A ação declaratória positiva pode ser promovida mesmo quando o direito a cuja declaração de existência se visa já foi violado. Mesmo já tendo havido descumprimento do direito, o credor não é obrigado a desde logo promover ação para obter o seu cumprimento. Pode preferir antes se limitar a obter uma declaração de que tal direito existe, pelas mais variadas razões. Há regra expressa admitindo isso (art. 20 do CPC/2015). Sobre o tema, veja-se ainda o cap. 2 do vol. 3.

Todas as demais modalidades de ação de conhecimento têm também eficácia declaratória. A diferença é que não se limitam a isso: nelas, pede-se a declaração de um direito e algo mais. Por essa razão, a espécie examinada nesse tópico é chamada de ação *meramente* declaratória.

11.3.2. Ações constitutivas

As ações constitutivas visam a obter a declaração de um direito acompanhada da constituição, modificação ou desconstituição de uma situação jurídica. Nesse sentido, elas destinam-se a dar efetividade àquilo que, no plano material, chama-se de "direito potestativo", que é o direito a uma transformação jurídica. A ação constitutiva declara a existência do direito potestativo e lhe dá atuação.

Contra B, A propõe ação de anulação de contrato, alegando vício de vontade (coação, por exemplo). Se for julgado procedente o pedido, estaremos diante de sentença constitutiva negativa, porque ela desconstituirá a relação jurídica contratual entre A e B.[4]

No exemplo dado, tem-se uma ação constitutiva *negativa* (ou *desconstitutiva*), pois ela tem por objetivo desfazer, extinguir determinada situação jurídica. Outros exemplos de ações desconstitutivas, entre muitos, são a ação de divórcio (extingue o casamento) e a ação de resolução de um contrato por inadimplemento.

A ação constitutiva pode também ser *positiva*, quando se destina a criar, constituir determinada situação jurídica. Exemplo: A celebrou compromisso de compra e venda de imóvel com B; pactuou-se que, depois que fossem pagas por B as dez parcelas do preço, as partes celebrariam o contrato definitivo de compra e venda, cujo registro na matrícula do bem implicaria a transferência da propriedade do imóvel de B para A. Mas B, a despeito de receber todas as parcelas oportunamente, recusa-se a celebrar o contrato definitivo. Então, A entra com ação para suprir a necessidade da manifestação de vontade de B: se a ação for julgada procedente e B insistir em não assinar a escritura de compra e venda, a própria sentença produzirá o resultado jurídico que se teria com tal contrato, valendo como título para a transferência da propriedade do bem. Ou seja, ela *constitui* a situação jurídica que adviria de tal contrato. Sobre o tema, veja-se o vol. 3, cap. 17.

As ações constitutivas podem ainda ser classificadas como necessárias ou não necessárias. Há casos em que a transformação jurídica a que tem direito a parte não pode ser por ela obtida senão mediante pronunciamento jurisdicional. Por exemplo, o desfazimento de um registro de filiação apenas pode ser determinado judicialmente. Trata-se, então, de uma ação constitutiva necessária. Em outros casos, a desconstituição pode ser obtida tanto em juízo quanto fora dele. Por exemplo, a resolução de um contrato por inadimplemento de uma das partes pode ser feita judicialmente ou extrajudicialmente. Nessa hipótese, a ação constitutiva é não necessária. Se a parte supostamente inadimplente levantar dúvida quanto à resolução contratual efetivada pela outra parte, essa poderá valer-se de ação declaratória, que reconheça a validade e eficácia da extinção contratual já antes realizada.

As sentenças constitutivas, sejam positivas ou negativas, necessárias ou não, produzem seus efeitos no plano meramente jurídico, ideal. Vale dizer, a efetivação delas independe de qualquer providência prática: o casamento está plenamente desconstituído, tão logo seja eficaz a sentença de divórcio; o mesmo se diga quanto à extinção do contrato por força da sentença que o anula por vício de vontade ou o resolve por inadimplemento – e assim por diante.

---

4. Para aprofundar a distinção entre os provimentos constitutivos e a atividade jurisdicional executiva, veja-se o cap. 1 do vol. 3 do presente *Curso*.

11.3.3. Ações condenatórias

Nas ações condenatórias, o autor pede, além da declaração da existência de um direito a uma prestação de conduta, a condenação do réu ao seu cumprimento. Se não houver o cumprimento espontâneo da sentença condenatória, haverá a necessidade de uma execução. A sentença condenatória serve de "título executivo" para tal atividade executiva (v. vol. 3, cap. 2).

Exemplo: A promove ação de reparação de danos contra B, alegando que, em razão do dano que lhe foi causado por este, sofreu prejuízos materiais e morais que precisam ser ressarcidos e reparados por B. Se seu pedido for julgado procedente, haverá sentença condenatória, que autorizará posterior execução.

Diferentemente da sentença declaratória e da sentença constitutiva, cuja plena produção dos efeitos opera no plano estritamente ideal, a sentença condenatória depende de providências práticas para que a tutela pretendida pelo autor seja plenamente propiciada. Ou haverá o cumprimento espontâneo, pelo condenado, da devida prestação de conduta ou, não sendo assim, terá de ser promovida a execução, na qual se buscará o resultado prático que se teria com o cumprimento espontâneo.

11.3.4. Ações mandamentais

A classificação tradicional das ações contempla apenas as três espécies acima apresentadas. Na doutrina brasileira, ganhou força nas últimas décadas, a ponto de hoje prevalecer, outra classificação, que considera haver cinco espécies de ações de conhecimento (e, por isso, é conhecida como classificação quinária). Essa classificação toma em conta a impossibilidade de se qualificar como "condenatório" todo e qualquer provimento que imponha uma subsequente mudança no mundo dos fatos.

Segundo essa classificação, além das ações declaratórias, constitutivas e condenatórias, o processo de conhecimento comporta, também, ações mandamentais e ações executivas *lato sensu*.

As ações mandamentais têm por objetivo a obtenção de sentença em que o juiz emite uma *ordem,* cujo descumprimento, por quem a receba, caracteriza *desobediência à autoridade estatal* passível de sanções, inclusive de caráter penal (o art. 330 do CP tipifica o crime de desobediência). Exemplos típicos são as sentenças proferidas no mandado de segurança e nas ações que tenham por objeto obrigação de fazer ou de não fazer (art. 497 do CPC/2015).

O não cumprimento total ou parcial das decisões judiciais mandamentais constitui ato atentatório à dignidade da justiça e sujeita o destinatário da ordem do juiz a multa de até 20% do valor da causa (ou de até dez vezes o salário mínimo, quando o valor da causa for irrisório ou inestimável), que reverterá aos fundos de modernização do Poder Judiciário (art. 97 do CPC/2015), sem prejuízo da imposição das demais sanções criminais, civis e processuais cabíveis (art. 77, IV e §§ 1.º a 5.º, do CPC/2015).[5]

11.3.5. Ações executivas lato sensu

As ações executivas *lato sensu* são espécie de ação que contêm um passo além daquilo que a parte obtém com uma ação condenatória. Nas executivas *lato sensu* há, tal como nas condenatórias, uma autorização para executar. No entanto, diferentemente da regra das ações condenatórias, a produção de efeitos práticos, no mundo dos fatos, independe, na ação executiva *lato sensu*, de posterior requerimento de execução. Vale dizer: a ação condenatória produz sentença que, se for de procedência, exigirá nova provocação do interessado, pleiteando o cumprimento da sentença. Já a ação executiva *lato sensu* disso não necessita, estando sua sentença apta a diretamente determinar a produção dos efeitos de transformação no mundo empírico. Em suma, a sentença de procedência dessa categoria de ação não apenas é executada no próprio processo em que proferida, como ainda sua execução independe de requerimento do interessado. Trata-se de modelo de sentença em que o juiz age de ofício, independentemente dos parâmetros procedimentais tradicionalmente consagrados para o cumprimento de sentença.

Exemplificando: A move contra B ação *condenatória* e obtém sentença de procedência do pedido. Se se tratar de sentença líquida (v., oportunamente, liquidação da sentença, vol. 3), terá de requerer o cumprimento da sentença (isto é, deverá propor a ação de execução), na mesma relação jurídica processual, até que consiga obter a efetiva satisfação de seu crédito.

Já quando se tratar de ação executiva *lato sensu*, o autor não necessitará dessa fase, de sua iniciativa, para obter a pretendida alteração no mundo dos fatos, porque este tipo de ação não se destina a constituir título executivo a ser posteriormente cumprido, mediante requerimento do interessado (como ocorre atualmente com as ações condenatórias). Sua sentença de procedência é exequível de ofício no mesmo processo em que foi proferida. O tema será retomado adiante.[6]

Há, todavia, um interessante problema, surgido com o CPC de 2015. O art. 139, ao tratar dos poderes do juiz no processo, faz referência à possibilidade de que sejam fixadas as medidas indutivas, coercitivas, sub-rogatórias ou mandamentais adequadas para que se dê o cumprimento do comando judi-

---

5. A esse respeito, ver WAMBIER, LUIZ RODRIGUES, O *contempt of court* na recente experiência brasileira – anotações a respeito da necessidade premente de se garantir efetividade às decisões judiciais, *RePro* 119/35.

6. No vol. 3 deste *Curso*, procede-se a cotejo mais detalhado entre os provimentos condenatórios, mandamentais e executivos.

cial (inc. IV). Nos termos do que dispõe o art. 139, tais medidas poderão ser determinadas pelo juiz "inclusive nas ações que tenham por objeto prestação pecuniária". De acordo com essa regra, o juiz pode determinar medidas mandamentais e coercitivas, nos mesmos termos dos poderes que a lei lhe atribui quando se tratar de deveres de fazer, de não fazer ou de entregar coisa, conforme disposto no art. 536 e parágrafos, do CPC/2015 (que são ações mandamentais e executivas *lato sensu*). A situação gerada pelo art. 139 do CPC/2015 sugere que todas as sentenças, inclusive as proferidas em razão de pedido de natureza condenatória (como são, em regra, as que têm por objeto prestação pecuniária), seriam assimiláveis às mandamentais e às executivas. Mas, se essa fosse a intenção do legislador, qual a razão de haver diferente disciplina, no espaço próprio (do cumprimento de sentença), para cada uma das modalidades de sentença? O tema será retomado no vol. 3, mas desde logo pode-se adiantar sumariamente a resposta para a questão: as providências que o art. 139 do CPC/2015 autoriza adotar "inclusive nas ações que tenham por objeto prestação pecuniária" não são utilizáveis contra o condenado diretamente para impor o próprio cumprimento da obrigação – o que dependeria de disciplina específica no cumprimento de sentença – mas sim para assegurar a própria prática dos atos executivos. Então, não cabe aplicar medida coercitiva atípica ao devedor, no cumprimento de sentença condenatória pecuniária, por falta de pagamento, mas essas medidas podem ser adotadas para se impor a apresentação de rol de bens penhoráveis ou para se obter o acesso ao bem penhorado etc. O tema é retomado no vol. 3, n. 5.3.1.2.

11.4. Pluralidade de ações em um mesmo processo

Tradicionalmente, cada diferente modalidade de ação tenderia a gerar um diferente processo. Assim, para as ações cognitiva, executiva e urgente haveria os respectivos processos de cognição, execução e urgência. No sistema processual brasileiro, essa não é a regra (v. cap. 14, adiante).

Por razões pragmáticas, permite-se que sucessivas ações sejam promovidas dentro de um mesmo processo, em fases distintas. Assim, a propositura de ação de conhecimento dá ensejo a uma primeira fase processual. Havendo sentença condenatória ilíquida, diz o legislador que a ela se segue a fase de liquidação. Trata-se de uma nova ação, de liquidação, a ser manejada dentro do mesmo processo (art. 509 e ss., do CPC/2015). E, depois, tendo havido decisão que decide o mérito da ação de liquidação, passa-se para a ação de execução, que o legislador preferiu chamar de fase de cumprimento da sentença (art. 513 e ss., do CPC/2015). Se o réu pretender opor-se a tal cumprimento, por reputar que há algum defeito nele, promoverá uma ação de impugnação ao cumprimento, que também gerará uma nova fase processual (art. 525 do CPC/2015).

O mesmo se passa com as ações urgentes. Se já há um processo de conhecimento ou execução em curso e surge a necessidade de uma tutela de urgência, a ação urgente (i.e., o pedido dessa proteção urgente) será formulada dentro do próprio processo em curso (arts. 294, parágrafo único, e 295 do CPC/2015). Se ainda não há um processo em curso, a ação urgente implica a instauração de um processo. Mas se depois for formulada uma ação principal, de cognição ou execução, essa em regra também não gerará um novo processo: a demanda será formulada dentro do processo já instaurado pela ação urgente (arts. 303, § 1.º, I, e § 3.º, e 308 do CPC/2015). Em suma, após a fase preparatória de urgência, haverá uma fase de conhecimento ou execução, conforme o caso.

Quadro Sinótico

1. Segundo o tipo de provimento requerido	De conhecimento	
	De *execução*	
2. Segundo o tipo de tutela pedida no processo de conhecimento	a) Doutrina clássica	Meramente declaratória
		Constitutiva
		Condenatória
	b) Classificação segundo as cinco eficácias	Declaratória
		Constitutiva
		Condenatória
		Mandamental
		Executiva *lato sensu*

Doutrina Complementar

- **ARAÚJO CINTRA, ADA GRINOVER E CÂNDIDO DINAMARCO** (*Teoria...*, 30. ed., p. 286) observam, em primeiro lugar, que a doutrina utiliza o provimento jurisdicional como "ponto de referência para classificar as ações". Segundo esses autores, a doutrina parte da concepção segundo a qual, "se toda ação se refere a um pedido de provimento de dada ordem e se as ações se diferenciam entre si também na medida em que os provimentos pedidos sejam diferentes, será lícito classificá-las com base nesse seu elemento". A partir dessa explicação inicial, sustentam que, "de acordo com a natureza do provimento pedido", as ações serão de conhecimento e executiva, a primeira objetivando ao provimento de mérito e a segunda ao provimento satisfativo. As ações de conhecimento, segundo Araújo Cintra, Grinover e Dinamarco, subdividem-se "da mesma forma como se subdividem os provimentos cognitivos (sentenças de mérito): meramente declaratórias, constitutivas e condenatórias". Informam, ainda, à luz das alterações trazidas pela

Lei 11.232/2005, existir tendência de desaparecimento, no direito processual civil brasileiro, do conceito de sentença condenatória pura, "em razão a) da outorga de eficácia executiva às sentenças meramente declaratórias e b) da generalização das sentenças dotadas de eficácia mandamental ou executiva *lato sensu*".

- **ARRUDA ALVIM** (*Manual...*, 16. ed., p. 129) informa que ainda subsistem algumas classificações "feitas à base de critérios que pertencem propriamente ao direito substancial", como as que se referem às ações reais e pessoais, por exemplo. Sustenta que, processualmente, todavia, as ações classificam-se "pelos efeitos objetivados". Assim, prossegue Arruda Alvim, "temos as ações de conhecimento, ou declaratórias *lato sensu*, que habilitam o juiz a conhecer e declarar, em sentido lato, o direito, afora outras consequências específicas do tipo de ação proposta pelo autor; as executivas, que se baseiam em títulos extrajudiciais (nota promissória, cheque etc. – v. art. 585, I [art. 784, I, do CPC/2015]), e as cautelares (v. todo Livro III do Código), que têm por escopo proteger ('acautelar') uma pretensão, com aparência de direito (*fumus boni iuris*), e em relação à qual ocorra o perigo da demora da solução processual (*periculum in mora*), com vistas a assegurar praticamente futura execução (ou, a própria, eventual e futura proteção da eficácia da sentença, declaratória ou constitutiva), pois, a eficácia declaratória ou constitutiva, ou a eficácia da sentença condenatória, poderá ser elidida ou excessivamente dificultada pela demora da formação do título executivo judicial na fase de conhecimento do processo; ou, ainda, proteger cautelarmente a própria e frutífera execução por título extrajudicial. Nessa conjuntura, justificando a medida cautelar, comparece a atividade ilícita do devedor, preordenada a frustrar ou dificultar a satisfação do credor, quando provocar o *periculum in mora*". Em seu sentir, "existe na doutrina tendência a que se considere haver outros dois tipos de sentenças, ao lado das que antes mencionamos, que são as sentenças executivas *lato sensu* e as mandamentais. Ambas têm como característica serem capazes de gerar, no mundo empírico, alterações tendentes a satisfazer o credor *in natura*, independentemente do processo de execução, porque o juiz, nestes casos, será dotado de poderes para tomar providências (= determinar medidas de apoio) que acabam tendo por resultado levar o réu a cumprir o mandamento (a ordem) contida na sentença. Há autores que utilizam indiferentemente ambas as expressões: sentença mandamental e sentença executiva *lato sensu*. Outros fazem distinção entre elas, dizendo que só nas executivas *lato sensu*, em face da definitiva resistência do réu no que tange ao cumprimento da ordem contida na sentença, pode o juiz determinar providência equivalente, sub-rogando-se. Nossa posição é no sentido de que estas podem ser consideradas uma subespécie das ações condenatórias, embora reconheçamos que, no contexto atual, venham efetivamente ganhando espaço e importância".

- **FREDIE DIDIER JR.** (*Curso...*, vol. 1, 17. ed., p. 289) sustenta que "as demandas podem ser classificadas de acordo com a natureza da tutela jurisdicional que se busca: conhecimento (certificação de direito), execução (efetivação de direito) ou cautelar (proteger a efetivação de um direito). Atualmente, essa distinção tem perdido o prestígio, porquanto as demandas têm assumido natureza sincrética: vai-se a juízo em busca de uma providência jurisdicional que viabilize mais de um tipo de tutela jurisdicional, satisfazendo e assegurando, certificando e efetivando, certificando assegurando e efetivando etc. Não deixa de ter importância a distinção entre os tipos de tutela, que são diversos; perde-se, porém, a importância de distinguir as demandas conforme essas modalidades de tutela".

- **HUMBERTO THEODORO JÚNIOR** (*Curso...*, vol. 1, 56. ed., p. 168) critica as classificações "impregnadas de preconceitos civilísticos que merecem ser abolidos frente ao estágio moderno dos estudos processualísticos de nossos tempos". Segundo sustenta, a classificação que tem relevância para o sistema "deve ser a que leva em conta a espécie e natureza de tutela que se pretende do órgão jurisdicional". Assim, admite duas espécies de ações: de cognição e de execução.

- **JOSÉ FREDERICO MARQUES** (*Manual...*, 9. ed. atualiz., vol. 1, p. 247) trata de três classificações das ações: segundo o procedimento, segundo a pretensão e segundo critério processual. Esta última faz-se em razão da natureza da tutela jurisdicional pedida pelo autor: ações de conhecimento, subdivididas em declaratórias positivas e negativas, condenatórias e constitutivas; ações executivas, subdivididas em execuções de sentença e de títulos extrajudiciais; cautelares, subdivididas em ações cautelares nominadas e inominadas ou atípicas. Segundo o procedimento, as ações são, para FREDERICO MARQUES, comuns (ordinárias e sumárias) e especiais. Por fim, no que diz respeito à classificação segundo a pretensão, assevera esse autor que a "qualificação das ações como ações reais ou pessoais, reipersecutórias, mistas ou penais, mobiliárias ou imobiliárias, com seus traços específicos", ainda que muito relevante e ponderável, não constitui problema do Direito Processual Civil, mas, sim, "do direito material em que são regulados os direitos subjetivos correspondentes".

- **LUIZ GUILHERME MARINONI, SÉRGIO CRUZ ARENHART E DANIEL MITIDIERO** (*Novo Curso...*, vol. 1, p. 336) criticam a classificação das ações. Para os autores, "a classificação das ações segundo as suas eficácias perante o direito material apenas pode ser aceita por quem admite que o autor exerce ação de direito material. Para quem não aceita o exercício de ação de direito material, mas sim o exercício de pretensão à tutela jurisdicional do direito, o que se deve classificar são as tutelas jurisdicionais dos direitos. São as tutelas jurisdicionais dos direitos que expressam os resultados que o processo produz no plano do direito material".

- **OVÍDIO BAPTISTA DA SILVA** (*Curso...*, 8. ed., vol. 1, p. 113) sustenta que as "classificações usuais das ações e sentenças feitas pela doutrina são classificações das respectivas ações de direito material que constituem a substância dos respectivos processos onde elas se encontram. A classificação das ações não diz respeito à relação processual e sim à lide, nada tem a ver com a forma do processo, e sim com o seu conteúdo. Quando se diz que as ações – e as respectivas sentenças de procedência – podem ser declaratórias ou constitutivas, está-se a indicar ações de direito material afirmadas existentes, na correspondente petição inicial, e que na perspectiva da relação processual concreta onde elas se apresentam não serão mais que simples hipóteses de trabalho com que o magistrado se depara".

- **TERESA ARRUDA ALVIM WAMBIER, MARIA LÚCIA LINS CONCEIÇÃO, LEONARDO FERRES DA SILVA RIBEIRO E ROGERIO LICASTRO TORRES DE MELLO** (*Primeiros...*, p. 813) entendem que "a classificação das ações em constitutivas, condenatórias e (meramente) declaratórias funda-se no tipo de pedido formulado, ao passo que o caráter mandamental ou executivo *lato sensu* traduz-se em que ela contém uma ordem para o cumprimento do que consta da decisão e uma permissão para que o próprio Judiciário realize o comando emergente da sentença no mundo empírico, sem possibilidade de oferecimento de embargos à execução. Esta última característica deixa de existir à luz do NCPC, que prevê expressamente o cabimento de impugnação (art. 536, § 4.º)".

Enunciados do FPPC

N.º 111. (*Art. 19; art. 329, II; art. 503, § 1.º, CPC/2015*) Persiste o interesse no ajuizamento de ação declaratória quanto à questão prejudicial incidental.

Bibliografia

Fundamental

ANTONIO CARLOS DE ARAÚJO CINTRA, ADA PELLEGRINI GRINOVER e CÂNDIDO RANGEL DINAMARCO, *Teoria geral do processo*, 30. ed., São Paulo, Malheiros, 2014; ARRUDA ALVIM, *Manual de direito processual civil*, 16. ed., São Paulo, Ed. RT, 2013; FREDIE DIDIER JR., *Curso de Processo Civil: introdução ao direito processual civil, parte geral e processo de conhecimento*, 17. ed., Salvador, JusPodivm, 2015, v. 1; HUMBERTO THEODORO JÚNIOR, *Curso de direito processual civil*, 56. ed., Rio de Janeiro, Forense, 2015, vol. 1; JOSÉ FREDERICO MARQUES, *Manual de direito processual civil*, 9. ed., Atual. Ovídio Rocha Barros Sandoval, Campinas, Millennium, 2003, vol. 1; LUIZ GUILHERME MARINONI, SÉRGIO CRUZ ARENHART e DANIEL MITIDIERO, *Novo curso de processo civil: teoria do processo civil*, São Paulo, Ed. RT, 2015, v. 1; OVÍDIO A. BAPTISTA DA SILVA, *Curso de processo civil*, 8. ed., Rio de Janeiro, Forense, 2008, vol. 1; TERESA ARRUDA ALVIM WAMBIER, MARIA LÚCIA LINS CONCEIÇÃO, LEONARDO FERRES DA SILVA RIBEIRO e ROGERIO LICASTRO TORRES DE MELLO, *Primeiros comentários ao novo código de processo civil: artigo por artigo*, São Paulo, Ed. RT, 2015.

Complementar

AGAPITO MACHADO, O aspecto penal do descumprimento das decisões judiciais de natureza mandamental, *RT* 722/49; AGNELO AMORIM FILHO, As ações constitutivas e os direitos potestativos, *Doutrinas Essenciais de Processo Civil*, vol. 2, p. 25, out. 2011; ALEXANDRE FREITAS CÂMARA, *Lições de direito processual civil*, 16. ed., Rio de Janeiro, Lumen Juris, 2007, vol. 1; ALFREDO DE ARAÚJO LOPES DA COSTA, *Manual elementar de direito processual civil*, 3. ed., Atual. Sálvio de Figueiredo Teixeira, Rio de Janeiro, Forense, 1982; ANTONIO JANYR DALL'AGNOL JUNIOR, Ação condenatória: algumas reflexões, *RA* 40/44; ARRUDA ALVIM, *Tratado de direito processual civil*, 2. ed., São Paulo, Ed. RT, 1990, vol. 1; ATHOS GUSMÃO CARNEIRO, Ação declaratória incidental no novo código de processo civil, *RT*, 822/755, abr. 2004, *Doutrinas Essenciais de Processo Civil*, vol. 2, p. 941, out. 2011; BELIZE CÂMARA CORREIA, Considerações sobre a tutela jurisdicional específica, *RePro* 105/283; CÂNDIDO RANGEL DINAMARCO, *A reforma da reforma*, São Paulo, Malheiros, 2002; CARLOS ALBERTO LUNELLI E JEFFERSON

MARIN, A preservação da tutela jurisdicional a partir da interação das eficácias mandamental e condenatória, *RePro* 195/423; CÁSSIO SCARPINELLA BUENO, *A nova etapa da reforma do Código de Processo Civil*, 2. ed., São Paulo, Saraiva, 2006, vol. 1; CELSO AGRÍCOLA BARBI, *Ação declaratória principal e incidente*, 7. ed., Rio de Janeiro, Forense, 1996; CELSO NEVES, Classificação das ações, *RBDP* 7/31; _____, *Estrutura fundamental do processo civil*, 2. ed., Rio de Janeiro, Forense, 1997; CLEIDE PREVITALLI CAIS, Ação mandamental, *RePro* 19/38; CLÓVIS VERISSIMO DO COUTO E SILVA, A teoria das ações em Pontes de Miranda, *Ajuris* 43/69; DANIEL FRANCISCO MITIDIERO, A pretensão de condenação, *RJ* 292/39; DORIVAL RENATO PAVAN, *Comentários às Leis 11.187 e 11.232, de 2005*, São Paulo, Pilares, 2006; EDUARDO ARRUDA ALVIM, *Curso de direito processual civil*, São Paulo, Ed. RT, 1999, vol. 1; EDUARDO J. COUTURE, A tutela jurídica, *RF* 260/385; EDUARDO TALAMINI, *Tutela monitória*, 2. ed., São Paulo, Ed. RT, 2001; _____, *Tutela relativa aos deveres de fazer e de não fazer*, 2. ed., São Paulo, Ed. RT, 2003.; _____, Tutelas mandamental e executiva *lato sensu* e a antecipação de tutela *ex vi* do art. 461, § 3.º, do CPC, *Aspectos polêmicos da antecipação de tutela*, São Paulo, Ed. RT, 1997; ENRICO TULLIO LIEBMAN, *Manual de direito processual civil*, 2. ed., Rio de Janeiro, Forense, 1985, vol. 1; ERNANE FIDÉLIS DOS SANTOS, Breve estudo sobre as ações, *RBDP* 1/63; _____, *Manual de direito processual civil*, 12. ed., São Paulo, Saraiva, 2007, vol. 1; FABRIZIO CAMERINI, *Teoria geral da tutela mandamental*: conceituação e aplicação, São Paulo, Quartier Latin, 2007; FLÁVIO CHEIM JORGE, FREDIE DIDIER JR., MARCELO ABELHA RODRIGUES, *A terceira etapa da reforma processual civil*, São Paulo, Saraiva, 2006; FRANCISCO C. PONTES DE MIRANDA, *Comentários ao Código de Processo Civil*, 4. ed., Rio de Janeiro, Forense, 1995, t. I; _____, *Tratado das ações*, 2. ed., São Paulo, Ed. RT, 1972, t. I; GRAZIELA SANTOS DA CUNHA e WANESSA DE CÁSSIA FRANÇOLIN, Considerações sobre as principais alterações feitas pela Lei 11.232/2005 para a generalização do sincretismo entre cognição e execução, *RePro* 135/132; HÉLIO TORNAGHI, *Comentários ao Código de Processo Civil*, 2. ed., São Paulo, Ed. RT, 1976, vol. 1; HERMANN HOMEM DE CARVALHO ROENICK, Breve estudo sobre as ações, *Ajuris* 3/18; HUMBERTO THEODORO JÚNIOR, *As novas reformas do Código de Processo Civil*, Rio de Janeiro, Forense, 2006; _____, Coisa julgada, ação declaratória seguida de condenatória, *RePro* 21/82; _____, Novos rumos do direito processual civil: efetividade da jurisdição e classificação das ações – ação executiva lato sensu – tutela de urgência, *RDDP* 26/20; JÂNIA MARIA LOPES SALDANHA, JEFERSON DYTZ MARIN e CARLOS ALBERTO LUNELLI, Ação condenatória, pretensão material e a efetividade do processo: as matrizes racionalistas do direito processual sob interrogação, *RePro* 175/341; JAQUELINE MIELKE SILVA e JOSÉ TADEU NEVES XAVIER, *Reforma do processo civil*, Porto Alegre, Verbo Jurídico, 2006; JOÃO BATISTA LOPES, *Ação declaratória*, 5. ed., São Paulo, Ed. RT, 2002; JOSÉ CARLOS BARBOSA MOREIRA, A sentença mandamental. Da Alemanha ao Brasil, *RePro* 97/251; JOSÉ EDUARDO CARREIRA ALVIM, *Alterações do Código de Processo Civil*, 3. ed., Rio de Janeiro, Impetus, 2006; _____, *Elementos de teoria geral do processo*, 7. ed., Rio de Janeiro, Forense, 2001; JOSÉ LEBRE DE FREITAS, Os paradigmas da ação executiva na Europa, *RePro* 201/129, nov. 2011; JOSÉ ROGÉRIO CRUZ E TUCCI, *Lineamentos da nova reforma do CPC*, São Paulo, Ed. RT, 2002; JOSÉ RUBENS COSTA, *Manual de processo civil*, São Paulo, Saraiva, 1994, vol. 1; LEONARDO GRECO, Concurso e cumulação de ações, *RePro* 147/11; LEONARDO JOSÉ CARNEIRO DA CUNHA, A efetivação ou execução da tutela antecipada em ações condenatórias, *RDDP* 20/46; LIJEANE CRISTINA PEREIRA SANTOS, A legitimidade da autoridade coatora para recorrer em sede de mandado de segurança quando condenada pela multa do art. 14, parágrafo único, do CPC, *RePro* 122/131; LUIZ FUX, *Curso de direito processual civil*, 3. ed., Rio de Janeiro, Forense, 2005; LUIZ GUILHERME DA COSTA WAGNER JUNIOR, *Processo civil*: curso completo, Belo

Horizonte, Del Rey, 2007; LUIZ GUILHERME MARINONI e SÉRGIO CRUZ ARENHART, *Processo de conhecimento*, 6. ed., São Paulo, Ed. RT, 2007, vol. 2; LUIZ MANOEL GOMES JUNIOR e WASHINGTON DE ROCHA CARVALHO, Ação declaratória de inexistência de processo em virtude da falta de citação do litisconsorte necessário, *RePro* 104/255; LUIZ ORIONE NETO e SERGIO MICHEL DE ALMEIDA CHAIM, Sentenças mandamentais e determinativas, *RePro* 45/54; LUIZ RODRIGUES WAMBIER e TERESA ARRUDA ALVIM WAMBIER, *Breves comentários à 2.ª fase da reforma do Código de Processo Civil*, 2. ed., São Paulo, Ed. RT, 2002; LUIZ RODRIGUES WAMBIER, O *contempt of court* na recente experiência brasileira – Anotações a respeito da necessidade premente de se garantir efetividade às decisões judiciais, *RePro* 119/35; _____, TERESA ARRUDA ALVIM WAMBIER e JOSÉ MIGUEL GARCIA MEDINA, *Breves comentários à nova sistemática processual civil*, 3. ed., São Paulo, Ed. RT, 2005; _____, _____ e _____, *Breves comentários à nova sistemática processual 2*, São Paulo, Ed. RT, 2006; MARCELO ABELHA RODRIGUES, *Elementos de direito processual civil*, 3. ed., São Paulo, Ed. RT, 2003; _____, FLÁVIO CHEIM JORGE e FREDIE DIDIER JR., *A nova reforma processual*, São Paulo, Saraiva, 2002; MOACYR AMARAL SANTOS, *Primeiras linhas de direito processual civil*, 25. ed., Atual. Aricê Moacyr Amaral Santos, São Paulo, Saraiva, 2007, vol. 1; OVÍDIO A. BAPTISTA DA SILVA, Classificação de ações, *RJ* 96/60; PAULO AFONSO BRUM VAZ, O *contempt of court* no novo processo civil, *RePro* 118/149; RICARDO DE OLIVEIRA SILVA, Classificação das ações e sentenças, *RJ* 203/124; RINALDO MOUZALAS, Duplicidade da ação declaratória, *RePro* 237/115; RODRIGO CHININI MOJICA, Breves considerações sobre tutela jurisdicional para fins de classificação das ações e das sentenças (teoria trinária vs. teoria quinária), *RePro* 217/421, mar. 2013; RUI PORTUGAL BACELLAR FILHO, Tutela mandamental e efetividade das decisões judiciais, *RePro* 113/381; SÉRGIO GILBERTO PORTO, Classificação das ações, sentença e coisa julgada, *RePro* 73/37; SÉRGIO SILVA MURITIBA, *Ação executiva* lato sensu *e ação mandamental*, São Paulo, Ed. RT, 2005; VICENTE DE PAULA ATAÍDE JUNIOR, *As novas reformas do processo civil*, Curitiba, Juruá, 2006.

Capítulo 12

EXCEÇÃO (DEFESA DO RÉU)

> Sumário: 12.1. Bilateralidade da ação e do processo – 12.2. Conceito de exceção – 12.3. Características da exceção – 12.4. Natureza da exceção; 12.4.1. A exceção não é ação; 12.4.2. A defesa não é dever, mas direito e ônus – 12.5. Classificação das defesas; 12.5.1. Defesas materiais e defesas processuais; 12.5.2. Defesas dilatórias e peremptórias; 12.5.3. Defesas materiais diretas e defesas materiais indiretas; 12.5.4. Exceções em sentido estrito e objeções.

12.1. Bilateralidade da ação e do processo

Se a Constituição garante que nenhuma lesão ou ameaça de lesão poderá ter sua apreciação jurisdicional excluída (art. 5.º, XXXV), é certo que também o réu tem o direito de ser ouvido pelos órgãos da jurisdição – tanto mais se esse princípio constitucional for conjugado com o princípio, também constitucional, da isonomia (art. 5.º, *caput*). Eis porque, mesmo antes da Constituição de 1988 consagrar expressamente o direito de defesa e o contraditório, esses já eram reconhecidos como garantias constitucionais, com base apenas na garantia constitucional do direito de ação (acesso à justiça). De qualquer modo, hoje, a Constituição assegura expressamente todos esses direitos, estendendo-os explicitamente ao Processo Civil (art. 5.º, LIV e LV).

Por isso, o processo tem uma natureza eminentemente dialética. Conforme uma lição clássica, permite-se que uma parte pratique um ato (tese), que a outra pratique ato em resposta (antítese) e que, com base nisso, o juiz decida (síntese – a qual funciona como uma nova tese, reiniciando-se o processo dialético). Na verdade, o caráter dialético do processo é bem mais complexo do que isso, pois: (i) por vezes, há a necessidade de sucessivas manifestações das partes, para que o debate seja plenamente aperfeiçoado; (ii) o juiz também participa, ele mesmo, do debate – tendo o dever de possibilitar a manifestação das partes toda a vez que ele mesmo traz, de ofício, um elemento novo para dentro do processo (v. n. 3.8 e n. 3.19, acima); (iii) o diálogo não se aplica apenas às manifestações das partes, mas também às provas por elas produzidas; (iv) o processo em contraditório não se exaure na sistemática da mera ação e reação (um fala, depois outro fala, o primeiro fala de novo etc.), havendo muitos momentos em que o fundamental é a presença e atuação conjunta ou quase simultânea dos sujeitos do processo (audiências, inspeções etc.).

De qualquer modo, o fundamental é compreender que o processo é um ambiente de diálogo, debate – a ponto de autorizada doutrina nacional e estrangeira afirmar que a essência do processo reside no contraditório. Apenas desse modo a decisão a que se chegue pode ser tida como justa. O contraditório serve como fator de legitimação da Jurisdição. Em outras palavras, como também já notou a doutrina, não basta que a solução do conflito seja justa: é preciso que seja justa através de um processo justo.

Fica clara, diante dessas premissas, a noção de audiência bilateral: é a possibilidade de participação no procedimento, com a plena informação dos atos do processo e a possibilidade de reação a tais atos.

Por outro lado, deve-se compreender inteiramente a ideia de direito à ampla defesa (art. 5.º, LV, da CF). Não se trata apenas de dar a oportunidade de participação, ação e reação às partes. Mais que isso, tem de se lhes garantir, de um lado, a possibilidade de um amplo (irrestrito, melhor dizendo) leque de alegações e, de outro, o direito de produzir as provas para a demonstração dessas alegações. Deve assegurar-se às partes o direito de apresentar todos os argumentos que elas reputem relevantes à demonstração de sua razão, assim como deve-se permitir o emprego de todos os meios de prova lícitos que se mostrem pertinentes em face das alegações formuladas.

Todas as garantias ora mencionadas, ao lado de outras de que ora não cabe tratar, estão embutidas no aspecto processual da fórmula do devido processo legal (art. 5.º, LIV, da CF – v. cap. 3, acima).

Tudo isso é aqui dito para enfatizar que ação e defesa (exceção) têm exatamente a mesma fundamental importância dentro do processo. O autor não está em posição de supremacia sobre o réu – nem o contrário.

12.2. Conceito de exceção

O vocábulo "exceção" (assim como "defesa") é um termo multissignificativo. Ou, seja, tem mais de um sentido, mesmo no direito processual.

Primeiro, exceção (defesa) significa toda a atividade do réu, desenvolvida no curso do processo, pela qual ele busca demonstrar a improcedência do pedido do autor ou, quando menos, a inadmissibilidade da ação ou algum outro defeito processual. Abrange a formulação de argumentos em manifestações escritas ou orais, a produção de provas, a participação procedimentos instrutórios... – enfim, toda a gama de condutas que o réu, pessoalmente ou por seu advogado, desempenha no processo em defesa de suas posições. Note-se que a defesa não se restringe à contestação (vol. 2, cap. 8). Esse é um ato de grande importância para o réu, mas não é o único pelo qual ele haverá de defender-se.

Num segundo sentido, exceção (ou defesa) consiste em cada alegação realizada pelo réu no exercício da atividade defensiva.

Por fim – e esse é o significado mais importante – a exceção (defesa) consiste no próprio direito que embasa a atividade acima mencionada – direito esse, já ficou evidente, constitucional.

Adiante será visto outro sentido, mais restrito, no qual o termo "exceção" é também empregado (n. 12.5.4).

12.3. Características da exceção

Na medida em que constitui, para o réu, o perfeito equivalente daquilo que é a ação para o autor, a defesa deve ter sua natureza analisada levando-se em conta as características atribuídas àquela.

Como a ação, a exceção é direito público, uma vez que exercitável em face do Estado e não, ao menos diretamente, contra o autor. O réu tem o direito de exigir do órgão jurisdicional que lhe seja assegurada a defesa em face da atividade de poder por esse exercida.

Do mesmo modo, a exceção é autônoma e independentemente da existência de um direito material. O réu tem direito à defesa ainda quando não amparado em um direito material.

Também por isso, a exceção, a exemplo da ação, tem natureza abstrata. A exceção não é o direito do réu a um julgamento de procedência do pedido, mas sim direito de que seus argumentos e provas sejam considerados no julgamento do pedido.

12.4. Natureza da exceção

12.4.1. A exceção não é ação

Tamanho é o paralelismo entre ação e exceção que surge a inevitável pergunta: é também a exceção uma ação? O réu, ao se defender, também estaria exercendo o direito de ação? A discussão é antiga. Remonta a um antigo brocardo latino, segundo o qual a "exceção é a ação do réu".

Nessa linha alguns doutrinadores veem na exceção um verdadeiro direito de ação exercido pelo réu. Fundamentam essa concepção na impossibilidade de o autor desistir da ação, depois do ajuizamento da contestação, sem o consentimento do réu (art. 485, § 4.º, do CPC/2015).

Mas a concepção majoritária – e que nos parece mais acertada – não é essa. Não se pode identificar totalmente a defesa com a ação, pois não há, propriamente, interesse de agir do réu, mas apenas interesse em se defender. O réu não pede nada, apenas impede. Ou em outras palavras, no exercício da defesa ele pede apenas que se rejeite o pedido do autor (ou que o processo seja anulado ou se extinga sem cumprir sua finalidade normal). No final do processo, caso seja vencedor – e ainda que a sentença seja de mérito –, o réu não sairá com vantagem nenhuma, senão a garantia de que não poderá mais ser demando pelo autor por aquele mesmo fundamento e para aquele mesmo fim.

Tanto é assim que, toda a vez que surgir o interesse do réu agir – ou seja, toda vez que ele pretender algo mais do que a simples rejeição, com ou sem julgamento de mérito, do pedido do autor – ele precisará valer-se reconvenção (v. vol. 2, cap. 9), essa sim, uma forma de ação.

Portanto, a exceção não é a ação, mas uma posição jurídico-processual própria.

12.4.2. *A defesa não é dever, mas direito e ônus*

Outra concepção a se descartar é a de que o réu teria o dever de comparecer ao processo e se defender, de modo que sua ausência acarretar-lhe-ia uma sanção.

Isso só era verdade em modelos processuais arcaicos, como numa primeira fase do direito romano, em que o processo só se instaurava caso o réu comparecesse e concordasse em participar – o que se dava através da chamada *litiscontestatio*. Então, naquela época o seu não comparecimento caracterizava uma conduta censurável, um grave ato de rebeldia.

Hoje, reconhecido o caráter público da atividade jurisdicional e da relação processual, o processo forma-se independentemente da concordância do réu. Trata-se da imperatividade e da inevitabilidade da jurisdição (v. cap. 4, acima). Assim, a omissão do réu não gera nenhum prejuízo, a não ser para ele mesmo.

Não há, portanto, um dever de se defender. Há, isso sim, um ônus. Como já se viu, ônus é o ato que alguém pratica para evitar um prejuízo ou obter uma vantagem para si mesmo (v. n. 2.3.1 e 2.3.2, acima).

Portanto, a exceção, de um lado é um direito, e de outro, um ônus. Jamais, um dever. O réu não recebe uma pena por não se defender. Apenas corre o risco de sofrer um prejuízo, qual seja, o de ser acolhida a pretensão que o autor formulou contra ele.

O não exercício tempestivo da defesa pelo réu que foi devidamente convidado a participar do processo recebe o nome de revelia (v. vol. 2, cap. 10).

12.5. Classificação das defesas

Quando se fala em classificação das exceções, a expressão "exceção" não é então usada propriamente para designar o direito de defesa nem a atividade global de exercício de tal direito. Têm-se em mira as diferentes espécies de alegações que podem ser apresentadas no desempenho de tal atividade.

12.5.1. Defesas materiais e defesas processuais

As exceções podem ser classificadas, quanto à matéria acerca da qual versam, em materiais e processuais.

Exceções materiais são aquelas que versam acerca da própria situação de direito material que se está a discutir. Podem referir-se aos fatos envolvidos no conflito ou à qualificação jurídica de tais fatos. São também chamadas de defesas de mérito (mérito significa o objeto conflituoso a ser decidido pelo juiz).

Já as exceções processuais concernem à própria relação processual. Dizem respeito às condições da ação (v. cap. 10), pressupostos processuais (v. cap. 15), impedimentos processuais (v. n. 15.4), invalidade de atos do procedimento (v. cap. 28) e assim por diante.

O art. 337 do CPC/2015 recomenda que as defesas processuais sejam alegadas antes das defesas de mérito (v. vol. 2, cap. 8). Mas se o réu não observar essa ordem, ao formular sua contestação, isso constituirá mera irregularidade. O importante é que, antes de decidir o mérito da causa, o juiz examine as defesas processuais. Por isso, elas também são chamadas de defesas preliminares.

12.5.2. Defesas dilatórias e peremptórias

Quanto aos seus efeitos, as exceções processuais classificam-se em dilatórias ou peremptórias.

Exceção processual dilatória é aquela que tem o condão de, se acolhida, apenas retardar, dilatar, o procedimento, a fim de que o defeito apontado pelo réu seja corrigido (por exemplo, exceção de incompetência: se o órgão judicial é incompetente para processar a causa, o processo não será extinto, mas remetido ao juízo competente).

Exceção processual peremptória é aquela que, se reputada procedente, gera a extinção do processo sem o julgamento do seu mérito. Trata-se de defeito processual que não comporta correção dentro do processo (por exemplo, a existência de coisa julgada: uma vez constado que aquele mesmo conflito, entre as mesmas partes já foi definitivamente julgado em processo anterior, cumpre ao juiz apenas extinguir o processo atual).

O art. 317 do CPC/2015 estabelece que, diante de defeito que possa levar à extinção do processo, o juiz, sempre que possível, deve dar à parte a oportunidade de corrigi-lo. Portanto, mesmo as exceções processuais que têm a aptidão de pôr fim ao processo (art. 485 do CPC/2015) apenas se revestem de caráter peremptório quando forem absolutamente incorrigíveis ou quando, sendo sanáveis, o autor não as corrigir na oportunidade dada pelo juiz.

12.5.3. Defesas materiais diretas e defesas materiais indiretas

As defesas de mérito, por sua vez, dividem-se em diretas e indiretas.

Defesa material direta consiste na mera negação dos fatos alegados pelo autor ou na negativa dos efeitos jurídicos atribuídos pelo autor a tais fatos.

Já na defesa material indireta, o réu não nega os fatos apresentados pelo autor nem a qualificação jurídica desses fatos, mas alega outros que impedem, modificam ou extinguem o direito do autor.

Imagine-se que o autor propõe ação de cobrança, afirmando que entregou determinada quantia ao réu, a título de empréstimo (mútuo), e que tal dívida já venceu. Se o réu nega que o autor tenha-lhe entregue dinheiro, está formulando uma defesa material direta. Ou se o réu, sem negar que recebeu dinheiro, afirma que não era mútuo, mas doação, igualmente se trata de defesa direta. Mas se o réu, em vez disso, alega que já pagou a dívida, tem-se uma defesa material indireta: o pagamento é fato extintivo do direito de crédito do autor. Também seriam defesas materiais indiretas, por exemplo, a alegação de prescrição da dívida ou a afirmação da existência de um crédito líquido e certo do réu em face do autor, a ser compensado. Trata-se de fatos novos, que alteram, impedem ou extinguem o direito que adviria do fato narrado pelo autor.

Tal classificação é relevante para a definição de qual parte tem o ônus da prova: em regra, quem afirma o fato tem o ônus de prová-lo (art. 373 do CPC/2015 – v. vol. 2, n. 13). Então, quando formula apenas defesa direta, o réu, em princípio, não tem o ônus da prova.

12.5.4. Exceções em sentido estrito e objeções

Por fim, outra classificação relevante é a que divide a defesa em exceção *stricto sensu* e objeção. Ela toma em conta a aptidão de a defesa ser conhecida de ofício pelo juiz ou precisar ser alegada pelo réu.

Exceção em sentido estrito é aquela que o juiz não pode conhecer de ofício e cuja ausência de alegação pelo interessado no momento cabível, que é normalmente a contestação, gera preclusão (i.e., perda do direito de alegá-la no processo).

Já a objeção pode ser arguida pela parte, mas também pode e deve ser conhecida de ofício pelo juiz, a qualquer tempo e em qualquer grau de jurisdição. Logo, se o réu não apresenta a objeção no prazo de defesa, não lhe fica preclusa a faculdade de posteriormente apresentá-la. É bem verdade que poderá sofrer sanções pela sua negligência, mas não a preclusão.

Tanto as defesas processuais quanto as materiais podem ser subdivididas em objeções e exceções *stricto sensu*.

As alegações de falta de pressuposto processual, de falta de condição da ação (carência de ação) ou de nulidade absoluta são exemplos de objeções processuais. Essas são matérias que o juiz deve conhecer de ofício (arts. 337, § 5.º, e 485, § 3.º, do CPC/2015).

Já a alegação de existência de convenção arbitral e a arguição de incompetência relativa são exemplos de exceções *stricto sensu* de caráter processual. Essas matérias precisam ser oportunamente alegadas pela parte, sob pena de preclusão. O juiz não pode conhecê-las de ofício (arts. 65, 337, §§ 5.º e 6.º, e 485, § 3.º).

Mas a distinção entre objeção e exceção em sentido estrito é utilizada, também e principalmente, no âmbito das defesas indiretas de mérito. Objeções materiais, nesse passo, são as defesas indiretas que o juiz pode conhecer de ofício (v.g. prescrição, decadência legal, a alegação de pagamento...). Exceções materiais em sentido estrito são as alegações de fatos extintivos, modificativos ou impeditivos do direito do autor que só podem ser conhecidos pelo juiz se a parte oportunamente os alegar (vício de vontade, compensação de crédito, decadência convencional...).

QUADRO SINÓTICO

Bilateralidade da ação e do processo	Direito de defesa e contraditório	
Exceção – características	Direito Público	
	Autonomia e independência	
Natureza	Abstrata	
	Posição jurídico-processual própria	
	Direito	
	Ônus	
Classificação	Quanto à matéria	Materiais
		Processuais
	Quanto aos efeitos	Dilatórias
		Peremptórias
	Defesas de mérito	Diretas
		Indiretas
	Aptidão de ser conhecida de ofício pelo juiz ou precisar ser alegada pelo réu	Exceções em sentido estrito
		Objeções

Doutrina Complementar

- **FREDIE DIDIER JR.** (*Curso...*, vol. 1, 17. ed., p. 628). Para o autor, exceção "possui sentidos pré-processual, processual e substancial". Segundo afirma, "qualquer que seja a acepção dada, (...) o emprego da expressão 'exceção' pressupõe a condição de demandado. No sentido *pré-processual*, exceção pode ser entendida como o direito fundamental de defesa (...). Na acepção *processual*, exceção é o meio pelo qual o demandado se defende em juízo, representando, neste último caso, o exercício concreto do direito de defesa. Exceção é, pois, a própria defesa. Em *sentido processual ainda mais restrito*, exceção é uma espécie de matéria que não poderia ser examinada *ex officio* pelo magistrado. Em sentido *material*, exceção relaciona-se com a pretensão (...), sendo um direito de que o demandado se vale para opor-se à pretensão, para neutralizar sua eficiência ou extingui-la – é uma situação jurídica que a lei material considera apta a impedir ou retardar a eficácia de determinada pretensão (situação jurídica ativa), espécie de contradireito do réu em face do autor: é uma pretensão que se exerce como contraposição à outra pretensão".

- **HEITOR VITOR MENDONÇA SICA** (*Breves...*, p. 891) ressalta que "o CPC de 2015 concentra de maneira muito mais intensa as postulações do réu na contestação, reduzindo, do ponto de vista formal, a tipologia dos instrumentos de resposta". Para o autor, "tal inovação é positiva, pois de fato não há sentido em preservar incidentes suspensivos do curso do procedimento, sobretudo para julgamento de matérias de pequena complexidade. O julgador poderá fazer o exame de todas as questões preliminares suscitadas pelo réu ao sanear o processo, de maneira concentrada, com prováveis ganhos em termos de celeridade. Ademais, não se pode negar a manifesta simplificação formal representada pela abolição das exigências de apresentação de várias peças separadas e de autuação em apenso para diversas respostas. Também se mostra relevante em termos de celeridade a redução do rol de matérias cuja alegação suspende o prazo para a contestação".

- **HUMBERTO THEODORO JÚNIOR** (*Curso...*, vol. 1, 56. ed., p. 783) sustenta que "o sistema do processo de conhecimento é dominado pelo princípio do contraditório, que consiste em garantir-se às partes o direito de serem ouvidas, nos autos, sobre todos os atos praticados, antes de qualquer decisão (arts. 9.º e 10 [do CPC/2015]). (...) Por isso, após a propositura da ação, o réu é citado para vir responder ao pedido de tutela jurisdicional formulado pelo autor. Isto, porém, não quer dizer que o demandado tenha o dever ou a obrigação de responder. Há, para ele, apenas o ônus da defesa, pois, se não se defender, sofrerá as consequências da revelia (arts. 344 e 346 [do CPC/2015]). Na verdade, a resposta é, para o réu, pura faculdade, da qual pode livremente dispor. (...) Quando, porém, o direito em litígio for indisponível, desaparece para o réu a possibilidade de renunciar à defesa, por meio de simples inação ou revelia. O Ministério Público, então, é convocado para atuar como custos legis e o autor, mesmo diante do silêncio do demandado, não se desobriga do ônus de provar os fatos não contestados (art. 345, II, [do CPC/2015])".

- **LUIZ GUILHERME MARINONI, SÉRGIO CRUZ ARENHART E DANIEL MITIDIERO** (*Novo Curso...*, vol. 1, p. 347). Na opinião dos autores, "o direito de defesa constitui um contraponto ao direito de ação – bem por isso, são posições simétricas. A jurisdição, para responder ao direito de ação, deve necessariamente atender ao direito de defesa. Isso pela simples razão de que o poder, para ser exercido de forma legítima, depende da participação dos sujeitos que podem ser atingidos pelos efeitos da decisão. É a participação das partes interessadas na formação da decisão e a fidelidade da jurisdição ao Direito que conferem legitimidade ao exercício da jurisdição. Sem a efetividade do direito de defesa, portanto, estaria comprometida a própria legitimidade do exercício do poder jurisdicional. Ação (art. 5.º, XXXV, da CF/1988) e defesa (art. 5.º, LV, da CF/1988) são posições ineliminaveis do direito ao processo justo (art. 5.º, LIV, da CF/1988)".

- **NELSON NERY JR. E ROSA MARIA DE ANDRADE NERY** (*Comentários*..., p. 922) sustentam que "diante do pedido do autor, pode o réu manifestar-se de várias maneiras. Na resposta do réu, além das questões preliminares e das alegações próprias da defesa, o réu pode oferecer pedido contraposto e pedido declaratório incidental. Além da resposta, é lícito ao réu, ainda, reconhecer juridicamente o pedido (487 III *a*, do CPC/2015); denunciar terceiro à lide (125 do CPC/2015); chamar terceiro ao processo (130 do CPC/2015). Estas são as atitudes que o réu pode tomar em face da ação movida pelo autor. O réu pode apresentar, isoladamente, qualquer dos requerimentos apartados de resposta, como, por exemplo, reconvenção sem contestação".

- **TERESA ARRUDA ALVIM WAMBIER, MARIA LÚCIA LINS CONCEIÇÃO, LEONARDO FERRES DA SILVA RIBEIRO E ROGERIO LICASTRO TORRES DE MELLO** (*Primeiros*..., p. 574) destacam que a garantia da ampla defesa "se apresenta como a contrapartida ao direito de ação, assegurando ao réu o direito de tomar ciência da ação contra si proposta e dos respectivos atos processuais; de se opor à pretensão do autor, reagindo à demanda; e de obter a tutela jurisdicional por meio de uma decisão judicial. Defender-se para o réu, porém, é um ônus e não uma obrigação, de maneira que, em face da sua inércia, não será forçado a fazê-lo, mas poderá sujeitar-se a consequências desfavoráveis, como a presunção de veracidade dos fatos alegados pelo autor".

Enunciados do FPPC

N.º 34. (*Art. 311, I, CPC/2015*) Considera-se abusiva a defesa da Administração Pública, sempre que contrariar entendimento coincidente com orientação vinculante firmada no âmbito administrativo do próprio ente público, consolidada em manifestação, parecer ou súmula administrativa, salvo se demonstrar a existência de distinção ou da necessidade de superação do entendimento.

Bibliografia

Fundamental

FREDIE DIDIER JR., Curso de Processo Civil: introdução ao direito processual civil, parte geral e processo de conhecimento, 17. ed., Salvador, JusPodivm, 2015, vol. 1; HUMBERTO

THEODORO JÚNIOR, Curso de direito processual civil, 56. ed., Rio de Janeiro, Forense, 2015, vol. 1; LUIZ GUILHERME MARINONI, SÉRGIO CRUZ ARENHART E DANIEL MITIDIERO, Novo curso de processo civil: teoria do processo civil, São Paulo, Ed. RT, 2015, vol. 1; NELSON NERY JR. e ROSA MARIA DE ANDRADE NERY, Comentários ao código de processo civil, São Paulo, Ed, RT, 2015; TERESA ARRUDA ALVIM WAMBIER, FREDIE DIDIER JR., EDUARDO TALAMINI e BRUNO DANTAS (COORD.), Breves comentários ao Novo Código de Processo Civil, São Paulo, Ed. RT, 2015; _____, MARIA LÚCIA LINS CONCEIÇÃO, LEONARDO FERRES DA SILVA RIBEIRO e ROGERIO LICASTRO TORRES DE MELLO, Primeiros comentários ao novo código de processo civil: artigo por artigo, São Paulo, Ed. RT, 2015.

Complementar

ALEXANDRE AUGUSTO DA SILVA CABALLERO, Da relação entre o princípio da isonomia e o contraditório no processo civil, *RePro* 52/225; ALEXANDRE COUTINHO PAGLIARINI, Contraditório e ampla defesa: direitos humanos e principais garantias processuais, *RT* 784/459; ALEXANDRE COUTINHO PAGLIARINI, Contraditório e ampla defesa: direitos humanos e principais garantias processuais, *RT* 784/459; ANISSARA TOSCAN, Contraditório e representação adequada nas ações coletivas, *RePro* 240/191; ANTONIO CARLOS MARCATO, Preclusões: limitação ao contraditório?, *RePro* 17/105; ANTONIO DO PASSO CABRAL, O contraditório como dever e a boa-fé processual objetiva, *RePro* 126/59; CARLOS ALBERTO A. DE OLIVEIRA, O juiz e o princípio do contraditório, *RePro* 73/7; CONSUELO TAQUES FERREIRA SALAMACHA, Bilateralidade da ação – respeito ao contraditório visando a função social do processo, *RePro* 73/149; DARCI GUIMARÃES RIBEIRO, A dimensão constitucional do contraditório e seus reflexos no projeto do novo CPC, *RePro* 232/13; DIEGO MARTINEZ FERVENZA CANTOARIO, Poderes do juiz e princípio do contraditório, *RePro* 195/279; FELIPPE BORRING ROCHA, O contraditório utilitarista, *RePro* 229/171; GUILHERME FRANCISCO SEARA ARANEGA E RODRIGO VALENTE GIUBLIN TEIXEIRA, A concessão da tutela antecipada *ex officio* no caso de abuso de direito de defesa, *RePro* 240/139; GUILHERME LUIS QUARESMA BATISTA SANTOS, Algumas notas sobre o contraditório no processo civil, *RePro* 194/69; HUMBERTO THEODORO JÚNIOR e DIERLE JOSÉ COELHO NUNES, Uma dimensão que urge reconhecer ao contraditório no direito brasileiro: sua aplicação como garantia de influência, de não surpresa e de aproveitamento da atividade processual, *RePro* 168/107; JOSÉ CARLOS PERES DE SOUZA e LEILI ODETE CAMPOS IZUMIDA DE ALMEIDA, Direito de ampla defesa e processo administrativo, *RT* 695/78, set. 1993, *Doutrinas Essenciais de Direito Administrativo* vol. 1, p. 1121, nov. 2012; JOSÉ MANOEL DE ARRUDA ALVIM NETTO, O direito de defesa e a efetividade do processo: 20 anos após a vigência do Código, *RePro* 79/207, jul. 1995, *Doutrinas Essenciais de Processo Civil* vol. 1, p. 207, out. 2011; KÁTIA APARECIDA MANGONE, A garantia constitucional do contraditório e a sua aplicação no direito processual civil, *RePro* 182/362; LEONARDO OLIVEIRA SOARES, Ação e defesa no estado democrático de direito brasileiro atual: existe possibilidade de equilíbrio?, *RT* 928/85; LUIS ALBERTO REICHELT, O conteúdo da garantia do contraditório no direito processual civil, *RePro* 162/330; MARCELO PACHECO MACHADO, Demanda, reconvenção e defesa: o que é o que é?, *RePro* 236/71; PATRÍCIA CARLA DE DEUS LIMA, O abuso do direito de defesa no processo civil: reflexões sobre o tema no direito e na doutrina italiana, *RePro* 122/93; PAULO HAMILTON SIQUEIRA JÚNIOR, O direito de defesa como princípio constitucional processual, *RIASP* 7/103; REIS FRIEDE, Do princípio constitucional do contraditório: vertentes material e formal, *RT* 946/113.

Parte IV

PROCESSO

Capítulo 13

PROCESSO: CONCEITO E NATUREZA

> Sumário: 13.1. Procedimento – 13.2. Processo – 13.3. Processo jurisdicional – 13.4. Relação jurídica processual.

13.1. Procedimento

A noção de processo está indissociavelmente ligada à de procedimento – ainda que ambas não se confundam.

O procedimento consiste no conjunto coordenado de atos destinados à emanação de um ato final. Pelo procedimento, tem-se o encadeamento de atos de modo tal que o resultado do cumprimento do ato antecedente funciona como pressuposto, como elemento autorizador da prática do ato seguinte – e assim, sucessivamente, até um resultado final. Cada um destes atos, ainda que tendo existência autônoma, não tem uma finalidade autônoma: destina-se a, conjugadamente com os demais, produzir um resultado final único.

Por vezes, este ato final afeta a esfera jurídica de outras pessoas além daquela que o está emanando. Nesses casos, cabe permitir que estas outras pessoas participem do procedimento. No ordenamento brasileiro, em relação aos procedimentos *administrativos e judiciais*, isto é uma *imposição constitucional*, prevista no art. 5.º, LV, da CF.

Nesses casos, assegura-se o direito ao contraditório. Ou seja, o direito de ser cientificado dos atos praticados no procedimento – e de a estes reagir, praticando outros atos, também inseridos no procedimento (v. n. 3.8, acima).

13.2. Processo

Tem-se processo toda vez que, no procedimento, conceder-se o direito de contraditório aos potenciais afetados pelo provimento final. Portanto, processo consiste no procedimento desenvolvido com possibilidade de participação, no exercício do contraditório, daqueles que serão direta e juridicamente afetados pelo ato final.

Mas, ao se proporcionar o contraditório, não se conferem apenas direitos aos participantes. Eles assumem, também, específicos deveres (o principal deles, de agir com boa-fé, dentro do procedimento). Impõem-se-lhes, também, ônus – vale dizer: atribui-se às partes a possibilidade da prática de atos cujo descumprimento poderá gerar desvantagens para o onerado (ex.: apresentar defesa; provar; recorrer). Também o agente que comanda o procedimento passa a ter não só poderes, mas também deveres correlatos aos direitos conferidos aos participantes (v. n. 2.3, acima).

Forma-se, assim, uma relação jurídica entre os participantes do contraditório e aquele que coordena o procedimento. Daí a fórmula: processo = procedimento + relação jurídica processual).

13.3. Processo jurisdicional

Há processos estatais (jurisdicionais, legislativos, administrativos – ex.: procedimentos disciplinares, incidentes instaurados no procedimento licitatório etc.) e não estatais (clubes, sociedades, organismos internacionais – ex.: assembleia geral nas sociedades anônimas).

Ainda que se reconheça o caráter processual destes outros procedimentos não desenvolvidos no exercício da atividade jurisdicional, é inegável que o processo jurisdicional tem um elemento que o distingue dos demais: o juiz atua, sempre, como terceiro estranho em relação à situação objeto do processo – o juiz substitui-se às partes para a consecução do resultado final do procedimento. E este atributo da substitutividade advém diretamente do exercício do poder soberano estatal de que o magistrado é agente (v. cap. 4).

Importa-nos a relação jurídica processual jurisdicional. É dela que se trata, neste e nos capítulos seguintes.

13.4. Relação jurídica processual

A relação jurídica processual é aquela que se estabelece entre autor, juiz e réu. Há outros participantes do processo como, por exemplo, os *amici curiae* e os assistentes, que, todavia, não a integram. Como dito, a relação processual é formada apenas entre juiz e partes (incluídos os litisconsortes e terceiros intervenientes que assumem a condição de parte – v. cap. 18 e 19).

A noção de relação processual nasceu na Alemanha, na segunda metade do século XIX. O surgimento dessa noção foi de importância vital, da mesma forma que ocorreu com reconhecimento da ação como um direito público e autônomo em face do direito material e com a afirmação do conceito de lide ou de objeto litigioso, para a concepção do direito processual como objeto de conhecimento de uma ciência autônoma, ou seja, para a sua independência epistemológica, uma vez que antes disso o processo era visto como mero apêndice ou capítulo do direito material.

Veja-se que essa relação, na medida em que sempre dela participa o juiz, é de natureza pública – o que conduz a reconhecer o direito processual, que dela se ocupa, como estando encartado no direito público. Essa constatação surgiu precisamente com a teoria da relação processual e as demais formulações ora recapituladas, e está em consonância com a moderna concepção do processo.

Costuma-se conceber a relação processual sob forma triangular, com o juiz ocupando um de seus vértices, equidistante de ambas as partes (autor e réu), que ocupam os outros dois. Isso significa que há vínculos diretos de cada uma das partes com o juiz e das partes entre si. Tal concepção prevalece sobre outra – dita angular – segundo a qual todos os vínculos internos ao processo seriam intermediados pelo juiz, de modo que não haveria relações diretas entre as partes. O ordenamento processual impõe diversos deveres de uma parte em face da outra – p. ex., o dever de cooperação (CPC/2015, art. 6°: "todos os sujeitos do processo devem cooperar entre si"), o dever de boa-fé (art. 77 e ss.: a previsão de indenização ao adversário, no art. 81, confirma que tal dever põe-se também diretamente entre as partes, e não apenas perante a Jurisdição), e o dever de ressarcir o adversário dos custos do processo (arts. 82, § 2°, e 85 e ss.).

A formação da relação processual se dá em duas etapas distintas: a primeira delas é a propositura da ação. Proposta a ação pelo autor, tem-se como iniciada a formação da relação jurídica processual. Nesse momento, entretanto, ela é ainda linear (art. 312 do CPC/2015). A segunda etapa, em que efetivamente se completa a relação jurídica processual, ocorre com a citação do réu (art. 240 do CPC/2015). Antes deste segundo momento, a relação processual não está formada, não está triangularizada, não está, portanto, ainda completa – ainda que já seja apta a produzir determinados efeitos (v. n. 15.2.3, adiante). É possível afirmar que, antes deste segundo momento (citação do réu), *não há processo* em sua plenitude. O processo só está completo depois da citação do réu. A presença do réu é pressuposto de existência da relação processual (v. n. 15.2, adiante).

Em síntese, a relação jurídica processual reveste-se das seguintes características:

– é autônoma (não se confunde com a relação jurídica que se discute no processo: têm pressupostos próprios, sujeitos parcialmente diversos, natureza distinta – basta examinar as demais características a seguir expostas);

– é trilateral (dela participam autor, réu e juiz);

– é triangular (há direitos e deveres entre o juiz e as partes e das partes entre si);

– é pública (o juiz nela figura como órgão do poder estatal),

– é complexa (há recíprocos direitos, deveres e ônus – como já indicado – que constituem todo um feixe de outras relações jurídicas, internas à relação processual como um todo);

– e é dinâmica (desenvolve-se progressivamente até um ato final – eis um atributo que lhe advém em virtude de desenvolver-se mediante um procedimento).

QUADRO SINÓTICO

Relação processual	• Autônoma	
	• Trilateral (participantes: autor, juiz e réu)	
	• Triangular	
	• Pública	
	• Complexa	
	• Dinâmica	
Momento de formação	• Arts. 312 + 240	– Fase inicial – Art. 312
		– Finalização – Art. 240
Ausência de citação – Não triangularização da relação jurídica processual – Efeitos		

DOUTRINA COMPLEMENTAR

• **ARAÚJO CINTRA, ADA GRINOVER E CÂNDIDO DINAMARCO** (*Teoria...*, 30. ed., p. 306-308) tratam das diversas teorias voltadas à explicação da natureza jurídica do processo, concluindo pelo acerto daquele que nele vê uma relação jurídica processual. Para esses autores, não se pode negar que "o Estado e as partes estão, no processo, interligados por uma série muito grande e significativa de liames jurídicos, sendo titulares de situações jurídicas em virtude das quais se exige de cada um deles a prática de certos atos do procedimento ou lhes permite o ordenamento jurídico essa prática". Sustentam que a relação jurídica se constitui precisamente nesse nexo que une dois ou mais sujeitos, "atribuindo-lhes poderes, direitos, faculdades, e os correspondentes deveres, obrigações, sujeições, ônus. Através da relação jurídica, o direito regula não só os conflitos de interesses entre as pessoas, mas também a cooperação que estas devem desenvolver em benefício de determinado objetivo comum". Segundo sustentam, ao se aceitar a teoria da relação jurídica processual, não se pode afirmar, como já se fez, "que o processo seja a própria relação processual, isto é, que processo e relação processual sejam expressões sinônimas". O processo, para esses autores, "é uma entidade complexa, podendo ser encarado pelo aspecto dos atos que lhe dão corpo e da relação entre eles (procedimento) e igualmente sob o aspecto das relações entre os seus sujeitos (relação processual): a observação do fenômeno processo mostra que, se ele não pode ser confundido com o mero procedimento (como fazia a doutrina antiga), também não se exaure no conceito puro e simples de relação jurídica processual".

- **ARRUDA ALVIM** (*Manual...*, 16. ed., p. 506-507) adverte que não se deve confundir a relação jurídica processual com a relação jurídica de direito material. Esta constitui, normalmente, a matéria debatida, enquanto "a relação processual é onde aquela se contém". Para ARRUDA ALVIM, "o conceito de relação jurídica processual traduz-se, em última análise, como sendo aquela relação jurídica formada entre o autor e o juiz, entre o juiz e o réu e entre o autor e o réu. É uma relação trilateral". Em seguida, este autor justifica a adoção desta teoria com base nas normas do Código de Processo Civil: "Alguns autores não concordam que a relação jurídica processual seja trilateral. Nossa lei, contudo, adotou essa posição, pois, no art. 219, [CPC/1973] estabelece que a citação válida (quando o réu, normalmente, toma conhecimento da ação que lhe foi proposta) torna prevento o juízo, induz litispendência e faz a coisa litigiosa, e, mesmo se ordenada por juiz (*rectius*, juízo) incompetente, constitui o devedor em mora e interrompe a prescrição. (...) Entretanto, no art. 263 [CPC/1973} considera-se proposta a ação 'tanto que a petição inicial seja despachada pelo juiz ou simplesmente distribuída, onde houver mais de uma vara'. A propositura da ação, todavia, só produz, quanto ao réu, os efeitos mencionados no art. 219 [CPC/1973], depois que for validamente citado, em face do disposto no art. 263, 2.ª frase [CPC/1973]. À primeira vista, se a lei considera proposta a ação desde o despacho da petição inicial, parece que teria adotado posição de que a relação jurídica processual ou processo só se estabeleceria entre o autor e o juiz. Mas não é assim. Antes da citação, pelos próprios termos do art. 263 [CPC/1973], não há coisa litigiosa e, se esta não existe, não há processo em relação ao réu, nem se operam os outros efeitos, quanto ao réu, elencados no art. 219 [CPC/1973]. No art. 263 [CPC/1973], simplesmente, pelo seu texto, considera-se instaurado o processo ou a relação processual entre o autor e o juiz, mas a relação jurídica processual trilateral só se formará (= integrará) com a citação. (...) Na verdade, portanto, o momento do art. 263, 1.ª frase [CPC/1973], é o que se inicia a formação da relação processual, que só se completará no momento a que alude o art. 219, isto é, o da citação, ou de circunstância que lhe faça as vezes (= comparecimento espontâneo do réu)".

- **FREDIE DIDIER JR.** (*Curso...*, v. 1, 17. ed., p. 32) afirma que "a relação jurídica é composta por um conjunto de situações jurídicas (direitos, deveres, competências, capacidades, ônus etc.) de que são titulares todos os sujeitos do processo. É por isso que se costuma afirmar que o processo é uma relação jurídica *complexa*. Assim, talvez fosse mais adequado considerar o processo, sob esse viés, um conjunto (feixe) de relações jurídicas". Para esse autor, "não se pode, no entanto, definir teoricamente o conteúdo dessa relação jurídica, que deverá observar o modelo de processo estabelecido na Constituição. Ou seja: não há como saber, sem examinar o direito positivo, o perfil e o conteúdo das situações jurídicas que compõem esse feixe de situações jurídicas, chamado 'processo'".

- **HUMBERTO THEODORO JÚNIOR** (*Curso...*, v. 1, 56. ed., p. 703) sustenta que "relação jurídica é o vínculo estabelecido entre pessoas, provocado por um fato que produz mudança de situação, regido por norma jurídica. O processo é uma relação jurídica, pois apresenta tanto o seu elemento material (o vínculo entre as partes e o juiz) como o formal (regulamentação pela norma jurídica), produzindo uma nova situação para os que nele se envolvem". Para esse autor, a relação processual – "que se contém no processo" – se forma gradualmente: "(a) a propositura da ação vincula autor e juiz à relação processual por meio do exercício do direito de ação; (b) a citação amplia a relação e nela integra o réu, para assegurar-lhe o exercício do direito de defesa; e (c) completa a relação, assegurado ao Estado estará o exercício pleno do poder jurisdicional, diante do caso concreto".

- **JOSÉ FREDERICO MARQUES** (*Manual...*, 9. ed. atual., vol. 1, p. 194) destaca que a concepção segundo o qual o processo é uma relação jurídica "tem sua origem remota no *iudicium* romano e no conceito de *iudicium* de Búlgaro e outros juristas medievais. Entreviu-a Hegel em sua *Filosofia do direito*. Coube a Bülow, no entanto, o mérito indiscutível de ser seu criador e primeiro sistematizador. Para alguns, a relação processual é bilateral e angular, abrangendo vínculos entre autor e juiz, e juiz e réu. Hoje, no entanto, predomina o conceito triangular ou trilateral, que é o de Bülow, Wach e outros."

- **NELSON NERY JR. E ROSA MARIA DE ANDRADE NERY** (*Comentários...*, p. 768) afirmam que "muito embora com o despacho da petição inicial já exista relação angular entre autor e juiz, para que seja instaurada, de forma completa, a relação jurídica processual, é necessária a realização da citação. Portanto, a citação é pressuposto de existência da relação processual, assim considerada em sua totalidade (autor, réu, juiz). Sem a citação não existe processo".

- **OVÍDIO A. BAPTISTA DA SILVA** (*Curso...*, 8. ed., vol. 1, p. 2) sustenta que a "relação processual civil, que constitui propriamente o processo, é uma relação jurídica de Direito Público que se forma entre o pretenso titular do direito que o mesmo alega carecer de proteção estatal, e o Estado, representado pelo juiz. Como qualquer outra relação jurídica, também ela se forma entre dois sujeitos, de forma linear, ligando o autor – aquele que age, exigindo o auxílio estatal –, e o Estado".

- **TERESA ARRUDA ALVIM WAMBIER, MARIA LÚCIA LINS CONCEIÇÃO, LEONARDO FERRES DA SILVA RIBEIRO E ROGERIO LICASTRO TORRES DE MELLO** (*Primeiros...*, p. 529) indicam que "com o protocolo da petição inicial, em que o autor faz um pedido perante o Poder Judiciário, considera-se iniciado o processo de formação da relação jurídica processual, que se estabelece, neste momento, entre autor e juiz. Por isso é que se deve considerar que, ainda não há propriamente, processo. Só com a triangularização desta relação é que se pode dar, ao fenômeno que se enxerga no mundo dos fatos, a qualificação jurídica de processo. O CPC/73 prevê, assim, como o NCPC, algumas exceções, em que, mesmo no contexto de um processo em que não tenha havido citação, pode o juiz, validamente, proferir sentença de mérito. A quantidade de exceções abertas pelo NCPC é maior em relação às que existem no CPC/1973: há mais hipóteses de julgamento liminar ou antecipado (=sem citação do(s) réu(s)) do mérito (arts. 355 e 356, [CPC/2015]). Todavia, como não poderia deixar de ser, à luz da nossa CF, trata-se de exceções, que têm em vista privilegiar outras necessidades, como, por exemplo, a celeridade e a economia processual, bem como, em vários casos, a uniformidade da jurisprudência, a partir da autoridade das decisões do STF e do STJ. A regra geral é a de que o ambiente em que o juiz deve proferir sentença, decidindo o pedido do autor, é o processo juridicamente existente e válido, com contraditório, provas, cognição exauriente". Afirmam esses autores que, "no plano endoprocessual, é a citação válida que completa (= perfaz) a relação jurídica processual".

Bibliografia

Fundamental

ANTONIO CARLOS DE ARAÚJO CINTRA, ADA PELLEGRINI GRINOVER e CÂNDIDO RANGEL DINAMARCO, *Teoria geral do processo*, 30. ed., São Paulo, Malheiros, 2014; ARRUDA ALVIM, *Manual de direito processual civil*, 16. ed., São Paulo, Ed. RT, 2013; FREDIE DIDIER JR., *Curso de Processo Civil: introdução ao direito processual civil, parte geral e processo de conhecimento*, 17. ed., Salvador, JusPodivm, 2015, v. 1; HUMBERTO THEODORO JÚNIOR, *Curso de direito processual civil*, 56. ed., Rio de Janeiro, Forense, 2015, vol. 1; JOSÉ FREDERICO MARQUES, *Manual de direito processual civil*, 9. ed., Atual. Ovídio Rocha Barros Sandoval, Campinas, Millennium, 2003, vol. 1; NELSON NERY JR. e ROSA MARIA DE ANDRADE NERY, *Comentários ao código de processo civil*, São Paulo, Ed, RT, 2015; OVÍDIO A. BAPTISTA DA SILVA, *Curso de processo civil*, 8. ed., Rio de Janeiro, Forense, 2008, vol. 1; TERESA ARRUDA ALVIM WAMBIER, MARIA LÚCIA LINS CONCEIÇÃO, LEONARDO FERRES DA SILVA RIBEIRO e ROGERIO LICASTRO TORRES DE MELLO, *Primeiros comentários ao novo código de processo civil: artigo por artigo*, São Paulo, Ed. RT, 2015.

Complementar

ALEXANDRE ALVES LAZZARINI, A intervenção do Cade no processo judicial, *RePro* 105/139; ALEXANDRE FREITAS CÂMARA, *Lições de direito processual civil*, 16. ed., Rio de Janeiro, Lumen Juris, 2007, vol. 1; ALFREDO DE ARAÚJO LOPES DA COSTA, *Manual elementar de direito processual civil*, 3. ed., Atual. Sálvio de Figueiredo Teixeira, Rio de Janeiro, Forense, 1982; ARRUDA ALVIM, *Tratado de direito processual civil*, 2. ed., São Paulo, Ed. RT, 1990, vol. 1; _____, Substituição processual, *Doutrinas Essenciais de Processo Civil*, vol. 3, p. 435, out. 2011; ARTUR CÉSAR DE SOUZA, O princípio da cooperação no projeto do novo código de processo civil, *RePro* 225/65, nov. 2013; CÂNDIDO RANGEL DINAMARCO, *Fundamentos do processo civil moderno*, 3. ed., São Paulo, Ed. RT, 2000; _____, *Instituições de direito processual civil*, 5. ed., São Paulo, Malheiros, 2005, vol. 2; _____, Reflexões sobre direito e processo, *Doutrinas Essenciais de Processo Civil*, vol. 1, p. 543, out. 2011; CARLOS FONSECA MONNERAT, Momento da ciência aos sujeitos da relação processual de que a inversão do ônus da prova pode ocorrer, *RePro* 113/77; CLÓVIS V. DO COUTO E SILVA, Para uma história dos conceitos no direito civil e no direito processual civil (a atualidade do pensamento de Otto Karlowa e de Oskar Bülow), *RePro* 37/238, jan. 1985, *Doutrinas Essenciais de Processo Civil,* vol. 1, p. 705, out. 2011; EDUARDO ARRUDA ALVIM, *Curso de direito processual civil,* São Paulo, Ed. RT, 1999, vol. 1; EGAS DIRCEU MONIZ DE ARAGÃO, *Comentários ao Código de Processo Civil,* 9. ed., Rio de Janeiro, Forense, 1998, vol. 2; ENRICO TULLIO LIEBMAN, *Manual de direito processual civil,* 2. ed., Rio de Janeiro, Forense, 1985, vol. 1; ERNANE FIDÉLIS DOS SANTOS, *Manual de direito processual civil,* 12. ed., São Paulo, Saraiva, 2007, vol. 1; FÁBIO GOMES, *Comentários ao Código de Processo Civil,* São Paulo, Ed. RT, 2000, vol. 3; FLÁVIO CHEIM JORGE, Ação rescisória: ausência de citação do réu, *RePro* 48/258; _____, Relação processual e contraditório nas diversas espécies de execução, *RePro* 114/301; FRANCISCO C. PONTES DE MIRANDA, *Comentários ao Código de Processo Civil,* 4. ed., Rio de Janeiro, Forense, 1995, t. I; GRACIMERI VIEIRA SOEIRO DE CASTRO GAVIORNO, O contraditório, as partes e o juiz, *RePro* 148/283; HÉLIO TORNAGHI, *Comentários ao Código de Processo Civil,* 2. ed., São Paulo, Ed. RT, 1976, vol. 1; HUMBERTO THEODORO JÚNIOR, Estabilização da demanda no novo Código de Processo Civil, *RePro* 244/195; JOSÉ DE MOURA ROCHA, Notas sobre a fixação da natureza da relação processual, *RePro* 46/29; JOSÉ EDUARDO CARREIRA ALVIM, *Elementos de teoria geral do processo,* 7. ed., Rio de Janeiro, Forense, 2001; JOSÉ MARIA ROSA TESHEINER, Situações subjetivas e processo, *RePro* 107/18; JOSÉ RUBENS COSTA, *Manual de processo civil,* São Paulo, Saraiva, 1994, vol. 1; LUIZ FERNANDO BELINETTI, Ações coletivas – um tema a ser ainda enfrentado na reforma do processo civil brasileiro – a relação jurídica e as condições da ação nos interesses coletivos, *RePro* 98/125; LUIZ FUX, *Curso de direito processual civil,* 3. ed., Rio de Janeiro, Forense, 2005; LUIZ GUILHERME DA COSTA WAGNER JUNIOR, *Processo civil: curso completo,* Belo Horizonte, Del Rey, 2007; LUIZ GUILHERME MARINONI e SÉRGIO CRUZ ARENHART, *Processo de conhecimento,* 6. ed., São Paulo, Ed. RT, 2007, vol. 2; _____, Da teoria da relação jurídica processual ao processo civil do estado constitucional, *RT,* 852/11, out. 2006, *Doutrinas Essenciais de Processo Civil,* vol. 1, p. 1133, out. 2011; LUIZ MACHADO GUIMARÃES, A instância e a relação processual, *Estudos de direito processual civil,* Rio de Janeiro, Jurídica e Universitária, 1969; LUIZ MANOEL GOMES JUNIOR e WASHINGTON DE ROCHA CARVALHO, Ação declaratória de inexistência de processo em virtude da falta de citação do litisconsorte necessário, *RePro* 104/255; MARIA ELIZA GUALDA RUPOLO KOSHIBA, Ação rescisória: ausência de citação, *RePro* 74/220; SANDRA REGINA MANCUSO, Processo como relação jurídica, *RT* 682/56.

Capítulo 14

PROCESSO E PROCEDIMENTO E SUAS RESPECTIVAS MODALIDADES

> Sumário: 14.1. A distinção entre processo e procedimento – 14.2. A importância da distinção – 14.3. As modalidades de tutela e os tipos de processo; 14.3.1. Processo com fase principal de conhecimento (processo "sincrético"); 14.3.2. Processo de execução; 14.3.3. A eventual autonomia da fase urgente – 14.4. Tipos de procedimento; 14.4.1. Procedimento comum; 14.4.2. Especiais – 14.5. A plasticidade do procedimento; 14.5.1. Alteração por convenção das partes; 14.5.2. Adaptação pelo juiz: a flexibilidade do procedimento.

14.1. A distinção entre processo e procedimento

No capítulo anterior, viu-se que a noção de procedimento é muito relevante para a própria definição de processo – ainda que sejam institutos inconfundíveis entre si.

Mas a discussão a respeito dos conceitos de processo e procedimento não tem apenas importância teórica, mas também para a solução de problemas concretos do direito processual.

Por um lado, ela tem relevância em razão da regra do art. 24, XI, da Constituição Federal – que confere competência para União e Estados (ou DF) legislarem concorrentemente sobre "procedimentos em matéria processual". Já a competência para legislar sobre "direito processual" é privativa da União (CF, art. 22, I). Se, no passado, a discussão pouco repercutia no plano concreto, hoje, principalmente em decorrência das inevitáveis consequências que dela se podem extrair, principalmente diante da necessidade de se fixar a esfera da competência legislativa dos Estados federados, ela ganhou novamente relevância.

Por outro lado, as partes têm a possibilidade de celebrar negócios jurídicos processuais que alterem o processo ou o procedimento. Como se verá no cap. 27, os requisitos para a celebração de tais convenções processuais variam conforme elas tenham por objeto interferir sobre poderes processuais ou apenas no procedimento.

Processo é conceito de cunho finalístico, teleológico, que se consubstancia numa relação jurídica de direito público, traduzida num método de que se servem as partes para buscar a solução do direito para os conflitos de interesses (especificamente, para aquela parcela do conflito levada a juízo, ou seja, para a lide). O alcance dessa finalidade (buscar a solução do direito) se dá pela aplicação do ordenamento jurídico ao conflito trazido a juízo, e isso ocorre no processo, que é o instrumento por meio do qual a jurisdição atua.

O vocábulo processo tem sua origem etimológica em *procedere* que, na língua latina, significa "seguir adiante". Certamente o uso desse vocábulo contribuiu para que se estabelecesse certa confusão entre os conceitos de processo e de procedimento.

Processo quer dizer movimento, e isto era entendido como a organização encadeada dos atos processuais; ideia que é, sem dúvida, muito mais afeita ao conceito de procedimento.

De algum tempo para cá, o processo deixou de ser visto apenas sob este prisma da organização dos atos processuais em sequência, passando a ser observado principalmente sob seu aspecto teleológico, ou seja, em razão dos fins que lhe são próprios, especialmente quanto à função de resolver aquela parcela do conflito de interesses submetida ao Poder Judiciário pelo autor da ação. Do ponto de vista político, o processo é visto como instrumento de que dispõem o Estado e as partes para buscar *solução pacificadora dos conflitos*, servindo de meio, portanto, para a realização de objetivos afeiçoados ao Estado de Direito.

Já o procedimento (na praxe, muitas vezes também designado "rito"), embora esteja ligado ao processo, com este não se identifica. O procedimento é o mecanismo pelo qual se desenvolvem os processos diante dos órgãos da jurisdição. Trata-se do encadeamento lógico dos atos processuais, compondo certa "costura" cronológica. Como já indicado no cap. 1, o procedimento consiste no conjunto concatenado de atos coordenados em vista da produção de um ato final (nesse caso, a tutela jurisdicional). O resultado da prática de cada ato funciona como premissa para a prática do ato seguinte (o autor formula a demanda, o réu é citado para defender-se, ele contesta, ouve-se de novo o autor sobre a contestação, as partes requerem e o juiz manda produzir provas, produzem-se as provas, as partes debatem sobre a prova produzida, o juiz decide, a parte insatisfeita com a decisão recorre – e assim por diante).

Processo e procedimento, somados, compõem a relação jurídica processual (o primeiro como dado substancial e o segundo como aspecto formal, de ordem estrutural, pois é por meio dele que o processo se desenvolve) com toda a sua complexa sequência de atos, entre si interligados, de forma a proporcionar condições para a existência do provimento jurisdicional que resolva a lide. Processo é o procedimento desenvolvido em regime de contraditório, envolvendo a autoridade que conduz o procedimento e os sujeitos que serão atingidos pelo seu resultado final. O juiz tem o dever de prestar tutela jurisdicional observando o contraditório e o poder de adotar as providências necessárias para tanto. As partes têm direitos e deveres ao participar do procedimento. Esse feixe de posições jurídicas dos vários sujeitos do processo constitui uma relação jurídica própria (ou um complexo de relações jurídicas dotado de identidade própria). Isso é a *relação jurídica processual*.

Assim, e segundo autorizada doutrina, processo e procedimento não dizem respeito a objetos distintos, mas sim a aspectos diversos do mesmo objeto. De acordo com esta opinião, para a noção de processo são essenciais as ideias referentes à relação jurídica processual formada entre os sujeitos do processo e às suas finalidades (obtenção de provimento jurisdicional), ao passo que, para o procedimento, são essenciais as noções de movimento da relação processual no tempo.

14.2. A importância da distinção

Como dissemos, a discussão a respeito das diferenças entre os conceitos de processo e procedimento, durante muito tempo, deu-se exclusivamente no campo doutrinário, sem que se pudessem dela extrair importantes repercussões no plano prático.

Entretanto, com a promulgação da Constituição Federal de 1988, essa discussão assumiu novo vigor, que permanece viva, porque a Constituição Federal definiu diferentes campos de competência, em matéria processual e em matéria procedimental, tanto para a União Federal quanto para os Estados federados e para o Distrito Federal. Embora tivesse mantido a competência exclusiva da União Federal para legislar em matéria processual (art. 22, I), o art. 24, XI, criou competência concorrente entre a União e os Estados e o Distrito Federal para legislar em matéria de procedimento. De acordo com o texto do § 1.º do art. 24 da CF/1988, fica reservada para a União Federal a competência para legislar sobre matéria procedimental geral, cabendo aos Estados e Distrito Federal a competência para legislar a respeito de normas não gerais (ou específicas) em matéria de procedimento.

Conforme um dos autores deste *Curso* já afirmou, em outro espaço, a questão que tem suscitado maiores dúvidas não é aquela relacionada à definição teórica dos fenômenos processo e procedimento, mas às dificuldades consistentes em como saber se certa norma tem natureza processual ou procedimental, isto é, que temas da normatização processual são encartáveis exclusivamente na noção de normas não gerais de procedimento, com competência legislativa dos Estados-membros. E, por outro lado, quais normas são de natureza processual, a respeito de que se manteve exclusiva competência da União.[1]

Segundo essa opinião, o primeiro passo é separar, no contexto das normas de procedimento, aquelas que podem ser admitidas como de conteúdo genérico das outras, que não tratam de generalidades. A nosso ver, todos aqueles temas relacionados à gênese da relação jurídica processual, como, por exemplo, jurisdição, ação, defesa e contraditório, não são regras procedimentais.[2]

"As decisões judiciais em geral, incluídas as sentenças, os acórdãos, as decisões interlocutórias e os chamados despachos com conteúdo decisório, porque se voltam a regular a própria relação jurídica processual, e os incidentes intermédios, de cuja solução depende a prestação da tutela jurisdicional do Estado, que virá por meio da sentença, também ficam absolutamente fora do âmbito de competência legislativa dos Estados membros".[3]

As matérias que envolvem pressupostos processuais negativos e positivos, de existência e de validade e condições da ação, a nosso ver, também, não podem ser entregues à atividade legislativa estadual, pois estão ligadas, respectivamente, a questões que se referem à existência jurídica, à estrutura e à validade da ação e do processo e ao regular e válido exercício do direito constitucional de ação, temas evidentemente presos à generalidade das normas que dão forma ao processo.

Segundo a doutrina, somente podem ser objeto de lei procedimental dos Estados federados ou do Distrito Federal matérias que digam respeito ao próprio procedimento, isto é, ao encadeamento dos atos processuais, no que tange à sua forma, ao tempo de sua realização e ao lugar em que se devam realizar, reafirmando-se aquilo que linhas atrás se disse, no sentido de que em razão da competência concorrente entre União, Estados e Distrito Federal, para legislar em matéria procedimental, cabe à União estabelecer normas gerais, competindo aos entes federados editar normas procedimentais complementares (normas não gerais).

Esse conjunto de balizas será também muito útil para a definição dos pressupostos dos negócios jurídicos processuais, conforme eles tenham por

---

1. LUIZ RODRIGUES WAMBIER, *Liquidação da sentença civil*: individual e coletiva, 5. ed., p. 89.
2. Op. cit., p. 89.
3. Op. e loc. cit.

objeto alterações propriamente processuais ou meramente procedimentais (v. n. 27.6, adiante).

Prova das distinções acima expostas reside na existência, dentro de uma única categoria de processo, de vários tipos de procedimento. O tema será especificamente examinado nos vol. 3 e 4 deste *Curso*, no que concerne aos procedimentos especiais de processo executivo e de processo de conhecimento, respectivamente. Além disso, na segunda parte do vol. 4, há também o exame dos procedimentos especiais de jurisdição contenciosa, que, em sua maioria, constituem procedimentos especiais de processo de conhecimento.

14.3. As modalidades de tutela e os tipos de processo

A atuação da Jurisdição, à luz das normas processuais, se dá tendo em vista um dos diferentes tipos de providência jurisdicional pretendida pelo autor. Como já se viu (cap. 11), esse é o principal critério classificatório das modalidades de ação.

O tipo de resultado desejado pela parte – com a consequente variação da atividade jurisdicional desenvolvida em cada caso – é também critério útil para classificar as modalidades de processos. O Código de Processo Civil consagra duas grandes espécies de processo.

Por um lado, há o processo que, à falta de expressão melhor e tendo-se em vista a terminologia que já ganhou força na doutrina, pode ser qualificado como "sincrético". Nele tem especial destaque a fase de conhecimento (conquanto ele também possa incluir uma fase urgente e outra de execução – além de outras diferentes fases cognitivas).

Por outro lado, há o processo de execução (vol. 3, segunda parte).

Ainda que não constituindo uma terceira modalidade processual merecedora de um nome próprio no CPC, convém destacar que o processo sincrético pode ter uma primeira fase urgente e se resumir a ela – conforme será melhor destacado adiante.

Convém destacar, que a adoção do modelo sincrético de processo, em que se abrigam, na mesma relação jurídica processual, a ação de conhecimento e a ação de execução (além de eventual ação urgente), altera substancialmente a antiga classificação que abrigava processo de conhecimento e processo de execução. Veja-se, por exemplo, no Código de Processo Civil de 2015, o regime de cumprimento de sentença (arts. 513 e seguintes), por meio do qual a sentença condenatória é "cumprida" (isto é, executada) na mesma relação jurídica processual, prescindindo, portanto, da instauração de processo de execução, como nova e subsequente relação jurídica processual. No âmbito do processo autônomo de execução, também há, em certa medida, atividade de cognição. São exemplos o arbitramento dos honorários advocatícios, a definição de incidentes relacionados com a penhora e avaliação de bens, a resolução de objeções à execução (i.e., defesas fundadas na falta de pressupostos de admissibilidade da tutela executiva ou na nulidade absoluta dos atos executivos). A esse respeito, confiram-se especialmente os capítulos 1 e 22 do vol. 3.

14.3.1. Processo com fase principal de conhecimento (processo "sincrético")

O processo de conhecimento tradicionalmente é definido como sendo aquele em que a parte busca o reconhecimento jurisdicional da existência ou inexistência de um direito, pleiteando ao juiz que investigue fatos pretéritos e aplique o ordenamento a tais fatos, de modo a afirmar quem tem razão. Por isso é chamado de "conhecimento" ou "cognição": conhecer significa compreender e formar um juízo. É um processo eminentemente ideal, intelectual, e não prático: o juiz *diz* que a pretensão do autor é fundada ou infundada (a expressão jurisdição vem daí, *juris* + *dicção*, pois, no passado, reputava-se que apenas essa atividade – e não a executiva – seria jurisdicional). Se a simples afirmação da existência ou inexistência do direito bastar à parte, a atuação cognitiva propicia plenamente a tutela (é o que acontece quando se precisa apenas de declaração ou [des]constituição jurisdicional, como visto no cap. 11). Já se houver a necessidade de providências práticas, de alteração do mundo dos fatos, a atuação jurisdicional cognitiva é insuficiente. No modelo processual tradicional, haveria então a necessidade de outro processo, executivo.

No contexto do CPC de 2015, todavia, há prevalência do modelo sincrético de processo, em que as atividades de cognição e de execução ocorrem na mesma relação jurídica processual. Foi essa a opção legislativa – iniciada, aliás, ainda na vigência do CPC/1973, que sofreu sucessivas reformas para adotar tal modelo. Não mais se fala, em regra, em processo de conhecimento e processo de execução, mas, repita-se, em razão da relevância do tema, em modelo sincrético de processo (de relação jurídica processual), que abriga, em sequência, independendo da formação de nova e subsequente relação processual, as ações (ou fases) de conhecimento, de liquidação (quando for o caso) e de execução (ou de cumprimento).

Mais do que isso, se a parte necessitar de tutela jurisdicional urgente, sua demanda nesse sentido (ação urgente) também será processada no bojo do processo sincrético, como uma fase preparatória sua ou como mero incidente, caso ele já se tenha iniciado (v. vol. 2, cap. 42).[4]

Veja-se um exemplo:

A afirma ser titular de direito à indenização, em razão de dano que lhe tenha sido causado por B (por exemplo, em acidente de automóvel), o meio

---

4. A respeito, cf. EDUARDO TALAMINI, Tutela de urgência no projeto de novo Código de Processo Civil: a estabilização da medida urgente e a "monitorização" do processo civil brasileiro, *RePro* 209/13.

para a obtenção de provimento jurisdicional que resolva essa lide será, em um primeiro momento, a ação de conhecimento. No pedido (a ser veiculado na petição inicial), A dirá que em determinado dia e hora foi vítima de acidente de automóvel, causado por B, no qual sofreu danos pessoais (ferimentos, por ex.) e materiais (estragos em seu veículo). Pedirá ao juiz a condenação de B ao ressarcimento dos danos que sofreu. B terá oportunidade para ampla defesa e, em seguida, as partes produzirão provas a respeito de tudo quanto tenham alegado. Após a produção das provas, o juiz sentenciará, dando pela procedência ou pela improcedência do pedido formulado por A. Se o pedido for julgado procedente, a sentença condenará B ao pagamento de indenização para A.

Se não houver cumprimento espontâneo dessa condenação por B, terá de ser iniciada a fase de cumprimento (execução) da sentença – dentro daquela mesma relação processual. Para tanto, A formulará novo pedido de tutela jurisdicional (ação executiva), com a qual se iniciará essa nova fase. Além disso, eventualmente, a condenação contida na sentença não terá fixado o valor dos danos – sendo necessário liquidá-los (i.e., apurar seu valor – v. vol. 3, cap. 3). Nesse caso, ainda antes da fase executiva, terá de haver a fase de liquidação da sentença condenatória (que é uma fase que também tem natureza cognitiva, pois as partes produzem provas e o juiz declara o valor dos danos).

A esse exemplo pode-se ainda acrescentar outro episódio: imagine-se que, antes mesmo de propor a ação de conhecimento, A (que atua como vendedor autônomo), pela gravidade dos ferimentos que sofreu, não está nem sequer conseguindo trabalhar – razão por que ele e sua família estão passando por graves dificuldades de subsistência, geradas pelos danos advindos do acidente. Como não pode aguardar até o final do processo para só então receber alguma indenização, A formula uma ação urgente (tutela antecipada) de caráter antecedente, pedindo ao juiz que desde logo ordene a B que lhe pague uma pensão mensal de determinado valor, suficiente para cobrir as despesas mínimas de subsistência de A e de seus dependentes. Como fundamento de seu pedido, A apresentará elementos probatórios que mostrem ser muito grande a probabilidade de que B venha a ser futuramente reconhecido como o responsável pelo acidente e pelo ressarcimento dos danos havidos (o que só será definitivamente verificado na ação de conhecimento). Nesse caso, tal pedido de tutela antecipada ensejará uma fase inicial urgente, que em regra será sucedida pela fase de conhecimento (e depois pela de liquidação, execução etc.), tudo dentro do mesmo processo sincrético.

Como se vê, o processo sincrético tem como eixo nuclear sua fase de conhecimento (ainda que essa fase, por si só, seja no mais das vezes insuficiente para propiciar toda a proteção de que a parte necessita). Se houver fase urgente antecedente, ela normalmente tenderá à instauração da fase cognitiva. Por outro lado, a fase executiva é desdobramento – efetivação – do comando produzido na fase cognitiva (por isso é chamada de "fase de cumprimento de sentença" – i.e., cumprimento do provimento produzido na fase cognitiva). Por essas razões, muito frequentemente, na doutrina e na prática, o processo sincrético é ainda chamado de "processo de conhecimento". O próprio CPC mantém o emprego do termo: o Livro I da sua Parte Especial é intitulado "Do Processo de Conhecimento e do Cumprimento de Sentença". Mesmo neste *Curso*, em diversas ocasiões, utiliza-se a expressão "processo de conhecimento" por razões didáticas (para ressaltar institutos e fenômenos que ocorrem na fase nuclear cognitiva do processo sincrético). Não há problema nesta terminologia, desde que se esteja ciente de todos esses aspectos até aqui destacados.

Então, é possível afirmar que na fase (e ação) de conhecimento, que normalmente dá início ao processo sincrético, as partes têm oportunidade de realizar ampla produção de provas dos fatos que dão respaldo às suas posições jurídicas, bem como de apresentar todos os argumentos de direito que sejam relevantes para tanto. Diz-se ação de conhecimento porque é nessa fase do processo que o juiz realiza ampla cognição, analisando todos os fatos e argumentos invocados pelas partes, aos quais deverá conhecer e ponderar para formar sua convicção e sobre eles aplicar o direito – decidindo pela procedência ou pela improcedência do pedido formulado pelo autor. Existe, por isso, na fase de conhecimento do processo, a chamada cognição exauriente (v. vol. 2, cap. 2). Em consequência disso, a fase cognitiva do processo normalmente é apta para a produção da coisa julgada (v. cap. 15, deste volume, e cap. 40, do vol. 2).

14.3.2. *Processo de execução*

Quando desenvolve atividade de conhecimento, o juiz investiga fatos ocorridos anteriormente e define qual a norma que está incidindo no caso concreto. É uma atividade lógica, e não material. Já a atuação executiva é prevalentemente material: busca-se um resultado prático, fisicamente concreto – por exemplo, a retirada de um bem do patrimônio do devedor e sua entrega ao credor; a expropriação e alienação de bens do devedor e entrega do dinheiro obtido ao credor etc.

No processo de execução, desenvolve-se esta atividade de atuação concreta. Esta expressão – atuar concretamente – quer dizer fazer com que determinada previsão de que uma parte deve uma prestação de conduta à outra realize-se e produza efeitos no mundo dos fatos, de forma que o credor receba aquilo a que tem direito. Trata-se de cumprir coativamente o comando de prestação de conduta. Se B deve a A determinada quantia em dinheiro, que se encontra representada por título de crédito, e se B não a paga espontaneamente, serão utilizados os chamados meios executórios (isto é, atos de força, coativamente realizados pelo Estado), para que A efetivamente receba de B aquilo a que tem direito. Esse tipo de processo se destina a operar modificações no mundo empírico (i.e., no mundo dos fatos), através das quais se dê pleno cumprimento àquilo que se tenha decidido na sentença.

Além de servir como modelo para a fase de efetivação (cumprimento) de determinados títulos executivos judiciais (v. vol. 3), o processo de execução serve sobretudo para, com os mesmos meios executórios, realizar concretamente a satisfação de obrigações retratadas em determinados documentos produzidos pelas partes, aos quais a lei confere a mesma força executiva atribuída à decisão judicial condenatória. São os chamados títulos executivos extrajudiciais (exs.: nota promissória, cheque, certidão de inscrição em dívida ativa, instrumento de confissão de dívida que observe determinadas formalidades etc.), que serão examinados oportunamente (vol. 3, cap. 2).

Em nosso processo civil, eliminou-se o emprego do processo executivo para a efetivação de sentenças judiciais. Em 1994, já se havia alterado o sistema de tutela de obrigações de fazer e não fazer, de modo que a efetivação da sentença que versa sobre o cumprimento desse tipo de obrigação passou a ocorrer no próprio processo em que proferida. Em 2002, adotou-se o mesmo modelo de tutela para as obrigações de entrega de coisa. A Lei 11.232/2005 determinou que as sentenças condenatórias a pagamento de quantia fossem cumpridas (isto é, executadas) no próprio processo em que foram proferidas, em uma fase denominada de "cumprimento de sentença". Restavam poucas exceções (a principal era a do processo de execução por quantia certa contra a Fazenda Pública). O CPC/2015 elimina tais exceções, estendendo a regra para todos os títulos executivos judiciais. Existe, sem dúvida, *atividade de execução*, mas, nesses casos, ela ocorre no próprio processo em que se proferiu a sentença (ou seja, na fase de cumprimento da sentença). Com isso, o processo de execução autônomo (do Livro II da Parte Especial do CPC) fica restrito às hipóteses de execução de títulos extrajudiciais. Quanto ao tema, veja-se o vol. 3 deste *Curso*.

14.3.3. A eventual autonomia da fase urgente

Como se viu, uma ação urgente pode ser formulada em caráter preparatório, antes da propositura da ação de conhecimento ou de execução, ou em caráter incidental, quando já está em curso o processo de conhecimento ou execução. Nessa segunda hipótese, o ajuizamento da ação urgente não dá ensejo ao surgimento de uma fase processual própria e apartada: o pedido incidental de tutela urgente é processado no bojo da própria fase cognitiva ou executiva que estiver em curso. Já quando a ação urgente tem caráter antecedente, seu ajuizamento propicia a instauração de um processo. Nesse processo, a primeira fase terá natureza urgente – e normalmente será sucedida pela fase atinente à ação formulada em caráter principal (da qual a ação urgente era preparatória), de conhecimento ou de execução.

No entanto, há casos em que o processo se limitará à fase urgente. Não cabe aqui examinar pormenorizadamente essas hipóteses (quanto a isso, ver vol. 2, cap. 42). Basta indicar sumariamente que é o que se tem quando o pedido principal não é formulado (seja porque a tutela urgente antecedente não foi nem concedida, seja porque foi concedida e o autor deixou de desincumbir-se de seu ônus de propor em seguida a ação principal) ou quando a tutela antecipada concedida em caráter antecedente estabiliza-se por não ter havido recurso do réu contra a decisão que a concedeu. Nesses casos, o processo pode vir a ser extinto sem que ocorram as fases subsequentes (ressalvada a hipótese de o juiz condenar alguma das partes ao reembolso de custas e pagamento de honorários advocatícios e surgir, diante da falta de adimplemento espontâneo, a necessidade de execução de tais verbas – o que ensejará uma fase executiva subsequente à fase urgente).

14.4. Tipos de procedimento

Sob o aspecto procedimental, o Código de Processo Civil de 2015 subdivide o processo de conhecimento em duas categorias: o procedimento comum (art. 318 e ss.) e os procedimentos especiais (art. 539 e ss.). O CPC/2015 simplificou a matéria, prevendo um número menor de procedimentos especiais (se comparado com o previsto no CPC/1973), que ficam restritos a tipos de litígio que, de fato, demandam tratamento procedimental diferenciado. Além disso, extinguiu-se o procedimento sumário previsto no CPC/1973, que era uma variação do procedimento comum (então denominado "ordinário").

Há também os procedimentos a que se pode chamar de *especialíssimos*, isto é, aqueles procedimentos que derivam de negócios processuais convencionados entre as partes ou entre essas e o juiz (v. n. 14.5 e cap. 27, adiante).

No processo de execução, também há modelos procedimentais que podem ser ditos comuns, para cada uma das modalidades obrigacionais (pagamento de quantia, entrega de coisa e fazer e não fazer), e execuções especiais (execução fiscal, execução de alimentos etc. – v. vol. 3).

14.4.1. Procedimento comum

Em não havendo a lei processual determinado um rito próprio ou específico para um dado processo, o procedimento que será sempre aplicável é o comum.

Assim, seu campo de aplicação é determinado por exclusão, ou seja, a ação de conhecimento fará nascer processo que se desenvolverá pelo procedimento comum, na ausência de previsão legal de um procedimento especial ou de um negócio processual que tenha estipulado alterações suficientes para estabelecer contornos procedimentais diferenciados.

O procedimento comum é regulado completa e exaustivamente pelo Código de Processo Civil, motivo pelo qual suas normas são aplicáveis subsidiariamente às demais leis reguladoras dos demais procedimentos. Cumprem, assim, a função de preencher as lacunas eventualmente existentes no sistema processual civil como um todo.

Por ser o procedimento mais completo, estruturado em fases lógicas, tende a permitir o melhor desenvolvimento do processo de conhecimento, uma vez que fornece, às partes e ao juiz, mais ferramentas para a investigação dos fatos e o debate dos argumentos jurídicos.

Esse procedimento, em sua fase cognitiva, divide-se em cinco fases internas (subfases): postulatória, saneamento, instrutória, decisória e recursal.

Seguem, então, os principais passos, assim sintetizados: petição inicial e seu deferimento, citação do réu, resposta do réu ou verificação da revelia, verificação da necessidade de providências preliminares (réplica do autor, especificação de provas etc.), verificação da possibilidade de julgamento conforme o estado do processo, instrução probatória, sentença e eventuais recursos.

Este procedimento será melhor explorado no decorrer de todo o vol. 2 desta obra.

O rito sumário, previsto nos arts. 275 a 281 do CPC/1973, foi extinto pelo legislador do CPC/2015. Tal procedimento cabia em causas abaixo de um determinado valor e também em outras peculiarizadas pela matéria discutida. Apesar de o rito sumário ter sido extinto, os processos que já seguiam esse procedimento, por ocasião da entrada em vigor do CPC/2015, a ele continuam submetendo-se, de modo que lhes permanecem aplicáveis as regras sobre o tema contidas no CPC/1973 (art. 1.046, § 1.º, CPC/2015).

14.4.2. *Especiais*

Os procedimentos especiais, cujas hipóteses são previstas expressamente em suas normas disciplinadoras, são estabelecidos a fim de que situações peculiares possam ser processadas mediante atos mais adequados, de acordo com suas especificidades. Cabe ao legislador definir que casos merecem tal diferenciação procedimental – mas sempre respeitando a garantia do devido processo legal (CF, art. 5º, LIV).[5]

Tais procedimentos podem ser de jurisdição contenciosa ou de jurisdição voluntária (sobre a distinção, veja-se o n. 4.4.3, acima). Nesses últimos, desenvolvem-se atos com vistas à formação de negócios jurídicos para os quais a lei exige, para o seu aperfeiçoamento e eficácia, a participação do Poder Judiciário. São exemplos clássicos a nomeação de tutores e as autorizações judiciais para venda de bens de menores, entre outros.

---

5. Sobre o tema, cf. LUIZ RODRIGUES WAMBIER, Abuso do procedimento especial, *RePro* 204/51.

Nos procedimentos especiais de jurisdição contenciosa estão presentes, na maior parte das vezes, tanto elementos de cognição quanto de execução. Em muitos casos, por meio dos procedimentos especiais são processadas modalidades de ações mandamentais e executivas *lato sensu* (v. n. 11.3.4 e 11.3.5, acima). Como exemplos, podemos citar as ações divisórias, as demarcatórias, as de consignação em pagamento etc.

14.5. A plasticidade do procedimento

14.5.1. Alteração por convenção das partes

Em se tratando de processo que verse sobre direitos que admitam autocomposição, é possível que as partes, desde que plenamente capazes, convencionem para estipular alterações no procedimento, adaptando-o às especificidades da causa (art. 190 do CPC/2015).

Esse acordo pode dispor a respeito de ônus, poderes, faculdade e deveres. As partes podem celebrá-lo mesmo antes de iniciado o processo, isto é, em contrato que firme negócio jurídico de natureza processual, assim como podem pactuar o negócio jurídico processual em qualquer momento, no decorrer do procedimento.

A teor do que dispõe o parágrafo único do art. 190, deverá o juiz controlar a validade das convenções das partes a respeito do procedimento, em algumas hipóteses expressamente previstas no CPC. Esse controle será realizado de ofício ou a requerimento da parte, e se dará caso o juiz verifique alguma nulidade, inserção abusiva em contrato de adesão ou, ainda, se alguma das partes estiver em situação de manifesta vulnerabilidade. Se se verificar algumas dessas hipóteses – e somente nessas hipóteses, diz o parágrafo único do art. 190 –, o juiz recusará a aplicação das alterações convencionadas pelas partes.

Outro exemplo de disposição a respeito do procedimento, igualmente por convenção, desta vez entre partes e juiz, é o do art. 191, que dispõe que juiz e partes podem fixar calendário para a prática dos atos processuais. Esse calendário é vinculativo tanto para as partes quanto para o juiz. Os prazos previstos no calendário somente poderão ser modificados em casos excepcionais, e desde que devidamente justificados. Além disso, fica automaticamente dispensada a intimação das partes para a prática de ato processual ou para o comparecimento em audiências.

Sobre negócios jurídicos processuais, veja-se o cap. 27, adiante.

14.5.2. Adaptação pelo juiz: a flexibilidade do procedimento

Ademais, o CPC/2015 contém inúmeras outras regras que permitem a flexibilização do procedimento e sua adaptação pelo juiz de acordo com as especificidades do caso concreto. Trata-se de regras que observam os princípios da efetividade e da razoável duração, dando-se ao processo o máximo aproveitamento possível. Ao proceder a tais adaptações, o juiz cumpre o dever de adequação (também dito de "auxílio" – que não é o termo mais apropriado), ínsito ao dever de cooperação (art. 6º).

Exemplo disso é o art. 139, VI, que dispõe ser dever do juiz "dilatar os prazos processuais e alterar a ordem de produção dos meios de prova, adequando-os às necessidades do conflito de modo a conferir maior efetividade à tutela do direito". Outro exemplo é o da regra do art. 373, § 1.º, que trata da distribuição dinâmica do ônus da prova, determinando que o juiz atribua esse ônus de modo diverso daquele previsto na regra geral, sempre que se mostrar impossível ou excessivamente difícil o cumprimento do encargo.

Como se vê por esses exemplos, muitas das alterações procedimentais podem até mesmo interferir sobre as posições processuais das partes. Por essa razão, cumpre ao juiz adotar essas providências sempre que necessário, mas também abster-se de fazê-lo quando ausentes os pressupostos estabelecidos na lei. Vale dizer, não é uma atividade livre, arbitrária, do juiz. Será imperativa a adequada fundamentação na decisão que alterar o procedimento.

A flexibilização do procedimento também se reflete na regra do art. 283 do CPC/2015, que dispõe que o erro de forma somente acarreta a anulação de atos quando forem inaproveitáveis ou causarem algum prejuízo à parte. Isto é, na hipótese de o processo seguir por um procedimento equivocado, se não ocorrer nenhuma das consequências negativas censuradas pelo art. 283, deverá o juiz adaptar a causa ao procedimento correto, aproveitando, sempre que possível, os atos já praticados. Por exemplo, se a ação de consignação em pagamento promovida por A contra B segue o procedimento comum (quando deveria seguir o procedimento especial disciplinado pelo art. 539 e seguintes), se não houve prejuízo às partes, não deve o juiz, ao prolatar a sentença, anular todo o processo em razão da inadequação do procedimento.[6]

Quadro Sinótico

1. *A distinção entre processo e procedimento*

Processo – Conceito finalístico – Competência legislativa da União (art. 22, I da CF/1988).
Procedimento – Conceito formal – Competência legislativa concorrente da União, Estados ou Distrito Federal (art. 24, XI da CF/1988).

---

6. Ver a respeito: LUIZ RODRIGUES WAMBIER, Flexibilidade procedimental e efetividade do processo, disponível em: [http://luizrodrigueswambier.jusbrasil.com.br/artigos/121943491/flexibilidade-procedimental-e-efetividade-do-processo]. Acesso em 16 de outubro de 2015.

Normas processuais	• Jurisdição, ação e defesa
	• Condições da ação
	• Pressupostos processuais
	• Prova
	• Decisões judiciais *lato sensu*

Normas procedimentais	• Procedimento *stricto sensu*
	• Forma dos atos processuais
	• Tempo dos atos processuais
	• Lugar dos atos processuais

2. As modalidades de tutela e os tipos de processo

Processo sincrético – fase de conhecimento	• Atividades de cognição e de execução na mesma relação jurídica processual	
	• Ações (ou fases): de conhecimento, de liquidação (quando for o caso) e de execução (ou de cumprimento)	
	• Fase de conhecimento	• Fim: dizer o direito aplicável com cognição exauriente
		• Atividade do juiz: julgar
		• Características: dialeticidade
		• Produção da coisa julgada
		• Terminologia: autor e réu
		• Base: afirmação de direito subjetivo

Processo de execução	• Fim: modificar a realidade
	• Atividade do juiz: executar
	• Característica: índole não contraditória
	• Terminologia: exequente e executado
	• Base: título executivo

Fase urgente	• Caráter preparatório ou incidental
	• Processo de conhecimento ou execução
	• Eventual autonomia

3. Tipos de procedimento

Tipos de procedimento	Comum
	Especiais
	Especialíssimos

Possibilidade de alteração por convenção das partes

Flexibilização do procedimento e sua adaptação pelo juiz

DOUTRINA COMPLEMENTAR

Processo e procedimento

- **ALEXANDRE FLEXA, DANIEL MACEDO E FABRÍCIO BASTOS** (*Novo...*, p. 261) afirmam que "processo pode ser definido como *uma relação jurídica em contraditório*, ou seja, é uma série de atos interligados e coordenados ao objetivo de produzir a tutela jurisdicional justa. Procedimento, por sua vez, é a ordem da prática dos atos que compõem o processo. No conceito de processo (...), procedimento são os atos interligados em conjunto. Assim, identificada a espécie de processo (conhecimento ou execução), deve também ser identificado o procedimento a ser adotado, isto é, quais atos processuais serão praticados e em que ordem".

- **ARAÚJO CINTRA, ADA GRINOVER E CÂNDIDO DINAMARCO** (*Teoria...*, 23. ed., p. 295) afirmam que, do ponto de vista etimológico, processo quer dizer "marcha avante" (vocábulo oriundo do latim *procedere*), razão pela qual durante muito tempo a noção de processo foi confundida com a de procedimento (sucessão de atos processuais). Destacam que, desde 1868, com a obra de Oskar von Bülow, intitulada *Teoria dos pressupostos processuais e das exceções dilatórias*, "apercebeu-se a doutrina de que há, no processo, uma força que motiva e justifica a prática dos atos do procedimento, interligando os sujeitos processuais. O processo, então, pode ser encarado pelo aspecto dos atos que lhe dão corpo e das relações entre eles e igualmente pelo aspecto das relações entre os seus sujeitos. O procedimento é, nesse quadro, apenas o meio extrínseco pelo qual se instaura, desenvolve-se e termina o processo; é a manifestação extrínseca deste, a sua realidade fenomenológica perceptível". Segundo CINTRA, GRINOVER e DINAMARCO, a noção de procedimento é de cunho formal, ao passo que a de processo é essencialmente teleológica, "porque ele se caracteriza por sua finalidade de exercício do poder".

- **ARRUDA ALVIM** (*Manual...*, 11. ed., vol. 1, p. 137) afirma que "segundo o art. 22, I, da CF, cabe à União legislar sobre direito civil, comercial, penal, processual e outros ramos do direito. Embora não faça referência expressa ao direito processual civil, o inciso I, do art. 22, do texto constitucional, confere à União competência para legislar tanto sobre direito processual civil, como sobre direito processual penal, pois a expressão "direito processual" abrange esses dois ramos do direito e outros mais (trabalhista, v.g.). As normas de processo, são, então, de exclusiva competência da União (art. 22, I, da CF). Entretanto, toda norma de processo, no sentido estrito, reclama uma norma procedimental (que também é norma de processo, *lato sensu*), pois esta, em regra, consubstancia-se em condição essencial à funcionalidade daquela. Nada impede – e, esta tem sido a regra geral – que uma e outra se encontrem amalgamadas no mesmo texto. Antes do advento da CF/88, ambas as espécies de normas eram de competência exclusiva da União. Hoje, o art. 24, XI, da CF, disciplina a competência que é concorrente, da União, dos Estados federados e do Distrito Federal, para legislar sobre o "procedimento em matéria processual". Os §§ 1.º, 2.º e 3.º deste art. 24 preveem que, nos casos de competência concorrente, à União caberá estabelecer normas gerais, tendo os Estados competência suplementar para editar normas procedimentais não gerais. Caso não haja leis federais, de caráter geral, os Estados exercerão competência legislativa plena. Se não existirem normas gerais, a título de exceção, têm os Estados federados competência para editar normas gerais. O primeiro *discrímen* que se tem de estabelecer, pois, é o que há entre normas processuais, propriamente ditas, e normas procedimentais; e, num segundo momento, a diferença que há entre normas gerais de procedimento e normas procedimentais não gerais".

- **FÁBIO VICTOR DA FONTE MONNERAT** (*Introdução...*, p. 235) afirma que "a depender da situação litigiosa, o *processo*, assim entendido o *método* de prestação jurisdicional voltado à solução da lide, bem como o *procedimento*, enquanto sequência de atos voltados ao desenvolvimento desse método, pode variar, assumindo diversas formas. Essa variação se dá, sobretudo, em função da *finalidade do processo*, isto é, do objetivo a ser alcançado pelas partes e pelo juízo mediante a atividade processual, bem como em razão da natureza da situação litigiosa discutida em juízo".

- **HUMBERTO THEODORO JÚNIOR** (*Curso...*, v. 1, 56. ed., p. 131) sustenta que processo "é o *método*, isto é, o *sistema* de compor a lide em juízo através de uma relação jurídica vinculativa de direito público, enquanto *procedimento* é a forma material com que o processo se realiza em cada caso concreto". Para esse autor, o processo "exterioriza-se de várias maneiras diferentes, conforme as particularidades da pretensão do autor e da defesa do réu". Segundo afirma, "o modo próprio de desenvolver-se o processo, conforme as exigências de cada caso, é exatamente o *procedimento* do feito, isto é, o seu *rito*".

- **JOSÉ FREDERICO MARQUES** (*Manual...*, 9. ed. atual., vol. 1, p. 10) afirma que processo e procedimento não se confundem, pois no primeiro a nota distintiva "dos atos que o compõem está na finalidade que os aglutina, ou seja, a composição do litígio *secundum ius*, para dar-se a cada um o que é seu". Entende Frederico Marques que, "o procedimento é a marcha dos atos processuais, coordenados sob formas e ritos, para que o processo alcance o seu escopo e objetivo".

- **LUIZ GUILHERME MARINONI, SÉRGIO CRUZ ARENHART E DANIEL MITIDIERO** (*Novo Curso...*, v.1, p. 439). Na opinião dos autores, "o procedimento, ao contrário do que se pensava em outra época, tem fim e conteúdo e (...) o processo não pode se desligar de um procedimento com essas qualidades. Ou melhor, o processo necessita de um procedimento que seja, além de adequado à tutela dos direitos na sua dupla dimensão, idôneo a expressar a observância dos direitos fundamentais processuais, especialmente daqueles que lhe dão a qualidade de instrumento legítimo ao exercício do poder estatal. Portanto, *o processo é o procedimento que, adequado à tutela dos direitos, confere legitimidade democrática ao exercício do poder jurisdicional*".

Tipos de Processo

- **ARAÚJO CINTRA, ADA GRINOVER E CÂNDIDO DINAMARCO** (*Teoria geral...*, 23. ed., p. 320) classificam os processos em três tipos – conhecimento, execução e cautelar – "à vista da natureza do provimento jurisdicional a que tende". Mencionam a existência de corrente doutrinária que acrescenta a essas três espécies a *ação mandamental*, que objetiva a obtenção de ordem do Poder Judiciário a órgão estatal. Exemplificam com a sentença do mandado de segurança. Fazem referência também à ação executiva *lato sensu*, destacando que essa expressão designa a "ação voltada a uma sentença de mérito, que em substância é uma condenação e vale como título executivo, mas é também provida de uma especial eficácia consistente em legitimar a execução sem necessidade de novo processo". Afirmam que a classificação quíntupla das ações, oposta à classificação clássica (condenatórias, constitutivas e declaratórias) "não obedece ao mesmo critério por esta adotado, o qual se funda na natureza processual da prestação jurisdicional invocada (condenação); sendo levado em conta esse critério, a sentença mandamental e a executiva *lato sensu* reconduzem-se perfeitamente à categoria mais ampla das sentenças condenatórias. Mas não há dúvidas de que existem peculiaridades próprias para as duas últimas categorias, em contraposição à ação condenatória pura, porquanto a ação mandamental e a executiva *lato sensu* não demandam processo de execução *ex intervallo* – o mandamento da primeira e a eficácia da segunda são atuados no próprio processo em que houve o conhecimento e julgamento do *meritum causae*. Na realidade, a Lei 11.232, de 22 de dezembro de 2005 parece ter eliminado do processo civil brasileiro regido pelo Código de Processo Civil o conceito e mesmo a categoria das sentenças condenatórias puras. Todas as sentenças que declararem a existência de obrigação a ser cumprida pelo réu comportarão efetivação *sine intervallo*, ou seja, mediante o prosseguimento do mesmo processo no qual houverem sido proferidas, sem a apresentação de uma petição inicial, sem citação do demandado e, portanto, sem um processo executivo distinto e autônomo (*sine intervallo*). E essas sentenças, às quais a lei outorga a eficácia de título executivo (art. 475-N, I, CPC/1973) serão (a) *mandamentais* quando afirmarem a existência de uma obrigação de fazer, não fazer ou entregar coisa certa ou (b) *executivas lato sensu* quando se referirem a uma obrigação em dinheiro. No primeiro caso, elas serão efetivadas mediante as atividades englobadas no cumprimento de sentença (arts. 461 e 461-A, CPC/1973) e, no segundo, mediante a *execução por quantia certa* que se faz também em prosseguimento ao processo. Não sobra espaço, pois, no âmbito do Código de Processo Civil, para as sentenças condenatórias puras".

- **FÁBIO VICTOR DA FONTE MONNERAT** (*Introdução...*, p. 236) indica que "após as reformas sofridas pelo CPC/1973. O sistema codificado passou a admitir a prestação da tutela executiva e de urgência (não apenas cautelar) no bojo do *mesmo processo* em que se pleiteia e presta a tutela jurisdicional de conhecimento. Portanto, a classificação do processo de acordo com a tutela jurisdicional pretendida já não se justificava após as reformas do CPC/73, e não se justifica à luz da atual sistemática procedimental do Código de Processo Civil, uma vez que *um mesmo processo instrumentaliza a prestação das três espécies de tutela jurisdicional*, quando muito, em *fases distintas*. Assim, em vez de se falar em 'processo de conhecimento' e 'processo de execução', fala-se em '*fase de conhecimento*' e '*fase executiva*', fases estas integrantes de um *mesmo processo* que, por sua vez, também permite o pedido, análise e concessão de provimentos de urgência".

- **HUMBERTO THEODORO JÚNIOR** (*Curso...*, v. 1, 56. ed., p. 138) sustenta que "as atividades jurisdicionais de cognição e execução são independentes entre si, no sentido de que a primeira não é necessariamente preliminar da segunda. Muitas vezes, o conhecimento exaure totalmente a prestação jurisdicional, sem que haja necessidade de usar a coação estatal prática (sentenças declaratórias e constitutivas, ou adimplemento voluntário da parte após a condenação). Outras vezes, a execução forçada é instaurada sem que antes tenha havido qualquer acertamento jurisdicional acerca do direito do credor (títulos executivos extrajudiciais). Não obstante possam ser autonomamente manejados o processo de conhecimento, e o de execução, registra-se no direito moderno uma tendência muito acentuada a neutralizar ou minimizar a rígida dicotomia de funções entre os dois tipos básicos de prestação jurisdicional". Essa tendência, segundo o autor, "culminou com as reformas do Código de Processo Civil que eliminaram a execução das sentenças condenatórias em ação autônoma e a transformou em simples ato de cumprimento do comando judicial, dentro da própria relação processual em que a condenação foi proferida. Trata-se de restauração da antiga *executio per officium iudicis* para substituir a inconveniente e pouco prática *actio iudicati*. Processo de execução, em ação autônoma, portanto, somente subsiste para os títulos executivos extrajudiciais".

- **JOSÉ FREDERICO MARQUES** (*Manual...*, 9. ed., vol. 1, p. 213) refere-se às duas modalidades de tutela jurisdicional que podem ser invocadas, cognição (conhecimento) e execução. A primeira, "para que o Judiciário componha o litígio, mediante sentença, julgando procedente ou improcedente uma pretensão regularmente ajuizada". A de execução, "para que o Judiciário imponha coativamente a sanção concretizada na sentença que julgou procedente o pedido condenatório". Para Frederico Marques, além das tutelas de conhecimento e executória, há também um terceiro gênero, "constituído por atividade jurisdicional acessória, relacionada com o processo de conhecimento ou com o processo executivo: é a da jurisdição cautelar". Essa mesma classificação é adotada por esse autor (p. 216) para se referir às ações, conforme a natureza de tutela jurisdicional que se tenha invocado.

- **JULIANA CORDEIRO DE FARIA** (*Breves...*, p. 761) afirma que "a extinção do processo cautelar como um terceiro e autônomo gênero foi uma das mais significativas alterações introduzidas pelo CPC/2015. Consolidando o movimento em prol de dotar o Direito Brasileiro de um processo sincrético, iniciado com a introdução da fase de cumprimento de sentença no processo de conhecimento, o novo CPC inova ao permitir que, em uma mesma relação processual, também se contemple a atividade jurisdicional de urgência, satisfativa e cautelar. A partir de uma visão desburocratizada do processo, o legislador concebeu que em uma mesma e única relação processual sejam praticados atos de cognição, de cautelaridade e de satisfação. Não há mais, assim, um processo para a atividade de acertamento, outro para o cumprimento da sentença proferida e um terceiro para se postular a tutela de urgência cautelar, cada qual dando origem a uma nova e autônoma relação processual. A relação processual é una e o processo único. O que será variável é o procedimento que observará cada uma das atividades a seu tempo e fase".

- **LUIZ GUILHERME MARINONI, SÉRGIO CRUZ ARENHART E DANIEL MITIDIERO** (*Novo Curso...*, v.1, p. 555) entendem que "embora o novo Código aluda a processo de conhecimento e a processo de execução, é preciso perceber que rigorosamente o processo não pode ser qualificado como de conhecimento ou como de execução. Isso porque conhecer e executar são atividades desempenhadas pelo juiz ao longo do processo. Conhecimento e execução são técnicas processuais de que o juiz se vale para satisfazer ou acautelar os direitos valendo-se do processo. Portanto, apenas elipticamente é que se pode falar em processo de conhecimento ou processo de execução".

- **NELSON NERY JR. E ROSA MARIA DE ANDRADE NERY** (*Comentários...*, p. 1260). Segundo afirmam os autores, "o que a Reforma da L 11232/2005 fez foi desburocratizar, simplificar, informalizar a ação e o processo de execução, que continuam revestindo a atividade jurisdicional satisfativa – a excussão do patrimônio do devedor pela força do credor –, quanto à obrigação de dar (pagar quantia em dinheiro), de fazer, de não fazer e de entrega de coisa, por meio da *expropriação de bens do devedor* (art. 513, CPC/2015 et seq.) e da *tutela específica* (art. 536 e ss. do CPC/2015) –, de sua natureza *executiva*. (...) Essa simplificação faz com que as ações de conhecimento, de liquidação de sentença e de execução, sejam processadas em sequência, sem solução de continuidade – a execução não se processa *ex intervallo*, mas sim *sine intervallo*, depois do trânsito em julgado da ação de conhecimento –, de modo que a citação realizada para a ação de conhecimento, formando a relação jurídica processual (*processo*), continue sendo válida e eficaz também para as ações subsequentes (liquidação de sentença e execução), bastando haver nelas a simples intimação da parte, na pessoa de seu advogado, para que se possa liquidar e executar a sentença, procedimento, aliás, que já era previsto pelo Código revogado, por exemplo, para a ação e processo de reconvenção, em estrutura que foi mantida no atual Código. Não foram extintos os processos de liquidação e de execução, que continuam existindo porque as pretensões de liquidação e de execução subsistem no mundo dos fatos, que a lei apenas reflete e regula. Modificou-se, isto sim, o *procedimento* desses dois processos, que não têm mais autonomia e independência porque se seguem à sentença proferida na ação de conhecimento sem a instauração formal de nova relação jurídica. Para esse processamento conjunto das ações de conhecimento, liquidação e execução, parcela da doutrina tem dado o nome de *processo sincrético*".

- **TERESA ARRUDA ALVIM WAMBIER, MARIA LÚCIA LINS CONCEIÇÃO, LEONARDO FERRES DA SILVA RIBEIRO E ROGERIO LICASTRO TORRES DE MELLO** (*Primeiros...*, p. 79) sustentam que "há algum tempo, a doutrina brasileira tem evitado referir-se a processo de conhecimento, processo de execução e processo cautelar. Essa doutrina correspondia à estrutura original do CPC/1973, já muito modificada pela reforma que veio sofrendo nos últimos vinte anos. Fala-se muito, hoje, em processo sincrético: não há mais processo de conhecimento puro, nem, de execução, nem cautelar. Melhor é falar-se em funções da jurisdição: cognição, cautelar e de execução. E, em vez de processos de conhecimento, de execução, cautelar, melhor é a referência a fases que são – predominantemente – de conhecimento ou de execução. Providências cautelares pode haver em ambas as fases".

Enunciados do FPPC

N.º 506. (*Art. 327, § 2.º, CPC/2015*) A expressão "procedimentos especiais" a que alude o § 2.º do art. 327 engloba aqueles previstos na legislação especial.

N.º 568. (*Art. 1.046, § 1.º, CPC/2015*) As disposições do CPC-1973 relativas aos procedimentos cautelares que forem revogadas aplicar-se-ão às ações propostas e não sentenciadas até o início da vigência do CPC/2015.

N.º 570. (*Art. 1.049, parágrafo único, CPC/2015; Lei 8.245/1991*) As ações revisionais de aluguel ajuizadas após a entrada em vigor do Código de Processo Civil deverão tramitar pelo procedimento comum, aplicando-se, com as adaptações procedimentais que se façam necessárias, as disposições dos artigos 68 a 70 da Lei 8.245/1991.

Bibliografia

Fundamental

ALEXANDRE FLEXA, DANIEL MACEDO e FABRÍCIO BASTOS, *Novo Código de Processo Civil. O que é inédito. O que mudou. O que foi suprimido*, Salvador: JusPodivm, 2015; ANTONIO CARLOS DE ARAÚJO CINTRA, ADA PELLEGRINI GRINOVER e CÂNDIDO RANGEL DINAMARCO, *Teoria geral do processo*, 23. ed., São Paulo, Malheiros, 2007; ARRUDA ALVIM, *Manual de direito processual civil*, 11. ed., São Paulo, Ed. RT, 2007, vol. 1; FÁBIO VICTOR DA FONTE MONNERAT, *Introdução ao estudo do direito processual civil*, São Paulo, Saraiva, 2015; HUMBERTO THEODORO JÚNIOR, *Curso de direito processual civil*, 56. ed., Rio de Janeiro, Forense, 2015, vol. 1; JOSÉ FREDERICO MARQUES, *Manual de direito processual civil*, 9. ed., Atual. OVÍDIO ROCHA BARROS SANDOVAL, Campinas, Millennium, 2003, vol. 1; LUIZ GUILHERME MARINONI, SÉRGIO CRUZ ARENHART e DANIEL MITIDIERO, *Novo curso de processo civil: teoria do processo civil*, São Paulo, Ed. RT, 2015, v. 1; LUIZ RODRIGUES WAMBIER, *Liquidação da sentença civil: individual e coletiva*, 4. ed., São Paulo, Ed. RT, 2009; NELSON NERY JR. e ROSA MARIA DE ANDRADE NERY, *Comentários ao código de processo civil*, São Paulo, Ed, RT, 2015; TERESA ARRUDA ALVIM WAMBIER, *Nulidades do processo e da sentença*, 6. ed., São Paulo, Ed. RT, 2007;

_____, FREDIE DIDIER JR., EDUARDO TALAMINI e BRUNO DANTAS (coord.), *Breves comentários ao Novo Código de Processo Civil*, São Paulo, Ed. RT, 2015; _____, MARIA LÚCIA LINS CONCEIÇÃO, LEONARDO FERRES DA SILVA RIBEIRO e ROGERIO LICASTRO TORRES DE MELLO, *Primeiros comentários ao novo código de processo civil: artigo por artigo*, São Paulo, Ed. RT, 2015.

Complementar

ACÁCIO VAZ DE LIMA FILHO, Processo e procedimento, *RePro* 50/192; ADRIANO PERÁCIO DE PAULA, A reforma do Código de Processo Civil: considerações acerca da Lei 10.444, de 07.05.2002, *RePro* 108/71; ALCIDES DE MENDONÇA LIMA, *Processo de conhecimento e processo de execução*: nova série, Rio de Janeiro, Forense, 1993; _____, A nova terminologia do Código de Processo Civil, *Revista dos Tribunais* 950/339; ALDO GLAUCO LANDI, O procedimento e o fato gerador do processo: uma proposta inovadora, *RPGESP* 29/159; ALEX SANDER XAVIER PIRES e FRANCISCO DE ASSIS OLIVEIRA, *Curso de direito processual civil*: teoria geral do processo, processo do conhecimento, Rio de Janeiro, FREITAS BASTOS, 2004, vol. 1; ALEXANDRE FREITAS CÂMARA, *Lições de direito processual civil*, 16. ed., Rio de Janeiro, Lumen Juris, 2007, vol. 1; ALFREDO DE ARAÚJO LOPES DA COSTA, *Manual elementar de direito processual civil*, 3. ed., Atual. SÁLVIO DE FIGUEIREDO TEIXEIRA, Rio de Janeiro, Forense, 1982; ANTONIO CARLOS COSTA E SILVA, Algumas questões controvertidas do processo de conhecimento, *RF* 928/930; ANTONIO CARLOS DE ARAÚJO CINTRA; ADA PELLEGRINI GRINOVER; CÂNDIDO RANGEL DINAMARCO, *Teoria Geral do Processo*, 18 ed., São Paulo: Malheiros, 2002; ANTONIO DE PÁDUA FERRAZ NOGUEIRA, *Questões controvertidas de processo civil e de direito material*: doutrina, jurisprudência e anteprojetos, São Paulo, Ed. RT, 2001; ANTONIO MACEDO DE CAMPOS, *Do conhecimento e da execução no processo civil*, São Paulo, Sugestões Literárias, 1975; _____, *Do processo de conhecimento*, São Paulo, Saraiva, 1983; ARAKEN DE ASSIS, *Manual de processo de execução*, 11. ed., São Paulo, Ed. RT, 2007; _____, Observações sobre o agravo no processo de execução, *Ajuris* 66/149; ARNO GASPAR TATSCH, Processo civil: processo de conhecimento – Breve roteiro, *RF* 291/127; ARRUDA ALVIM, O Código de Processo Civil, suas matrizes ideológicas, o ambiente sócio-político em que foi editado e as duas décadas que se lhe seguiram, com suas novas necessidades – A complementação do sistema processual – Processo e procedimento, no sistema constitucional de 1988, *RePro* 70/34; _____, *Tratado de direito processual civil*, 2. ed., São Paulo, Ed. RT, 1990, vol. 1; _____, Análise das principais inovações do sistema e da estrutura do Código de Processo Civil, *Revista dos Tribunais* 950/359; CÂNDIDO RANGEL DINAMARCO, *Fundamentos do processo civil moderno*, 3. ed., São Paulo, Ed. RT, 2000, vol. 1; _____, Os gêneros de processo e o objeto da causa, *GenesisProc* 2/323; _____, *Instituições de direito processual civil*, 5. ed., São Paulo, Malheiros, 2005, vol. 2 e 3; _____, *A reforma da reforma*, São Paulo, Malheiros, 2002; CARLOS ALBERTO CARMONA, O processo de execução depois da reforma, *RePro* 80/14; _____, Considerações sobre a evolução conceitual do processo, *RePro* 57/39, jan. 1990; CARLOS ARI SUNDFELD, Competência legislativa em matéria de processo e procedimento, *RT* 657/32; CARLOS EDUARDO MANFREDINI HAPNER, Ação cautelar e seu uso contra atos do juiz, *RePro* 70/85; CASSIO SCARPINELLA BUENO, *Curso sistematizado de direito processual civil*, São Paulo, Saraiva, 2007, vol. 1; CELSO AGRÍCOLA BARBI, *Comentários ao Código de Processo Civil*, 10. ed., Rio de Janeiro, Forense, 1997, vol. 1; CELSO ANICET LISBOA, O processo como manifestação primígena do direito e as grandes codificações da antiguidade pré-romana – Os grandes sistemas jurídicos contemporâneos – *Common law* e *civil law*, *RePro* 86/269; CELSO NEVES, *Estrutura fundamental do processo civil*, 2. ed., Rio de Janeiro, Forense, 1997;

CLITO FORNACIARI JÚNIOR, Escolha da ação, do processo e do procedimento, *RePro* 4/296; EDSON PRATA, Processo e procedimento, *RBDP* 33; EDUARDO ARRUDA ALVIM, *Curso de direito processual civil*, São Paulo, Ed. RT, 1999, vol. 1; EDUARDO CAMBI, O procedimento sumário depois da Lei 10.444, de 07.05.2002, *RePro* 107/130; EDWARD CARLYLE SILVA, *Direito processual civil*, Rio de Janeiro, Impetus, 2007; EGAS DIRCEU MONIZ DE ARAGÃO, Efetividade do processo de execução, *RF* 326/33; ENRICO TULLIO LIEBMAN, *Manual de direito processual civil*, 2. ed., Rio de Janeiro, Forense, 1985, vol. 1; _____, *Processo de execução*, 4. ed., São Paulo, Saraiva, 1980; ERNANE FIDÉLIS DOS SANTOS, Aplicação subsidiária de normas do processo de conhecimento no processo de execução, *RePro* 21/41; _____, *Manual de direito processual civil*, 12. ed., São Paulo, Saraiva, 2007, vol. 1; _____, *Novíssimos perfis do processo civil brasileiro*, Belo Horizonte, Del Rey, 1999; FÁTIMA NANCY ANDRIGHI, Processo de conhecimento, *RePro* 79/154; FLÁVIO CHEIM JORGE, FREDIE DIDIER JR. e MARCELO ABELHA RODRIGUES, *A nova reforma processual*, 2. ed., São Paulo, Saraiva, 2003; FRANCISCO C. PONTES DE MIRANDA, *Comentários ao Código de Processo Civil*, 3. ed., Rio de Janeiro, Forense, 1996, t. IV; FRANCISCO EMILIO BALEOTTI, Poderes do juiz na adaptação do procedimento, *RePro* 213/389, nov. 2012; FREDIE DIDIER JR., *Curso de direito processual civil*: teoria geral do processo e processo do conhecimento, 7. ed., Salvador, JusPodivm, 2007; _____, Esboço de uma teoria da execução civil, *RePro* 118/9; GALENO LACERDA, Função e processo cautelar: revisão crítica, *Ajuris* 56/5; GELSON AMARO DE SOUZA, *Teoria geral do processo cautelar*, Rio de Janeiro, América Jurídica, 2002; GILSON DELGADO MIRANDA, *Procedimento sumário*, São Paulo, Ed. RT, 2000; GIOVANNI CRIBARI, Ação, processo e procedimento em relação à separação e ao divórcio, da partilha e do registro, *RePro* 16/177; GISELE SANTOS FERNANDES GÓES, *Direito processual civil*: processo de conhecimento, São Paulo, Ed. RT, 2006; GLAUCO GUMERATO RAMOS, Processo jurisdicional, república e os institutos fundamentais do direito processual, *RePro* 241/27; GRACIELA IURK MARINS, *Produção antecipada de prova*, São Paulo, Ed. RT, 2004; GUILHERME PUCHALSKI TEIXEIRA, O art. 461 do CPC e a ruptura do paradigma conhecimento-execução, *RePro* 147/50; HEITOR VITOR MENDONÇA SICA, Reflexões em torno da teoria geral dos procedimentos especiais, *RePro* 208/61; HUGO NIGRO MAZZILLI, O processo coletivo e o Código de Processo Civil de 2015, *Revista dos Tribunais* 958/331, ago. 2015; HUMBERTO THEODORO JÚNIOR, *As inovações no Código de Processo Civil*, Rio de Janeiro, Forense, 1995; _____, *Curso de processo civil*, 50. ed., Rio de Janeiro, Forense, 2009; _____, *Processo cautelar*, 23. ed., São Paulo, Leud, 2006; JOÃO BATISTA LOPES, *Curso de direito processual civil*: processo de conhecimento, São Paulo, Atlas, 2006, vol. 2; _____, Um novo processo de execução, *IOB* 19/305; J. J. CALMON DE PASSOS, *Comentários ao Código de Processo Civil*, 8. ed., Rio de Janeiro, Forense, 1998, vol. 3; JEDOR PEREIRA BALEEIRO, Processo e procedimento, *RF* 313/301; JOEL DIAS FIGUEIRA JÚNIOR, *Comentários ao Código de Processo Civil*, 2. ed., São Paulo, Ed. RT, 2007, vol. 4, t. I; JORGE PEYRANO, La medida cautelar innovativa como anticipo de la sentencia de mérito, *GenesisProc* 1/150; JOSÉ AUGUSTO DELGADO, Alguns aspectos controvertidos no processo de conhecimento, *RTJE* 83/29; JOSÉ CARLOS BARBOSA MOREIRA, A efetividade do processo de conhecimento, *RePro* 74/126; _____, *Estrutura fundamental do processo civil*: tutela jurídica processual, ação, processo e procedimento, Rio de Janeiro, Forense, 1995; _____, *O novo processo civil brasileiro*, 25. ed., Rio de Janeiro, Forense, 2007; _____, O processo civil brasileiro: uma apresentação, *Temas de direito processual* – Quinta série, São Paulo, Saraiva, 1994; JOSÉ CARLOS VIEIRA, Autonomia da sentença cautelar, *RePro* 79/229; JOSÉ DE MOURA ROCHA, *Processo de conhecimento*: comentários condensados ao livro I do CPC, Rio de Janeiro, Forense, 1989; JOSÉ EDUARDO CARREIRA ALVIM, Alternativas para uma maior eficácia da prestação jurisdicional, *RePro* 84/175; _____, *Elementos de teoria geral do pro-*

cesso, 7. ed., Rio de Janeiro, Forense, 2001; JOSÉ EDUARDO CARREIRA ALVIM, *Procedimento sumário*, 2. ed., Rio de Janeiro, Forense, 2003; José RAIMUNDO GOMES DA CRUZ, O procedimento sumário e suas novas alterações, *RePro* 105/139; JOSÉ RENATO NALINI, Processo e procedimento: distinção e a celeridade da prestação jurisdicional, *RT* 730/673; JOSÉ ROGÉRIO CRUZ E TUCCI, *Lineamentos da nova reforma do CPC*, São Paulo, Ed. RT, 2002; JOSÉ RUBENS COSTA, *Manual de processo civil*, São Paulo, Saraiva, 1994, vol. 1; _____, *Tratado de processo de conhecimento*, São Paulo, J. Oliveira, 2003; JULIANA CAVALCANTE DOS SANTOS, O efeito executivo das sentenças declaratórias: uma visão atual das recentes alterações dos efeitos das sentenças declaratórias e seu caráter executivo numa preocupação clara do processo civil em dar-lhe efetividade e melhor oferecer a prestação jurisdicional, *RePro* 157/182; LEONARDO GRECO, Uma pauta para a reforma do processo de execução, *Adcoas* 18/537; LUIZ FERNANDO BELLINETTI, *Sentença civil*: Perspectivas conceituais no ordenamento jurídico brasileiro, São Paulo, RT, 1994; LUIZ FUX, *Curso de direito processual civil*, 3. ed., Rio de Janeiro, Forense, 2005; _____, *Tutela de segurança e tutela da evidência*, São Paulo, Saraiva, 1996; LUIZ GUILHERME DA COSTA WAGNER JUNIOR, *Processo civil*: curso completo, Belo Horizonte, Del Rey, 2007; LUIZ GUILHERME MARINONI e SÉRGIO CRUZ ARENHART, *Processo de conhecimento*, 6. ed., São Paulo, Ed. RT, 2007, vol. 2; LUIZ RODRIGUES WAMBIER, Abuso do procedimento especial, RePro 204/51; _____ e TERESA ARRUDA ALVIM WAMBIER, *Breves comentários à 2.ª fase da reforma do Código de Processo Civil*, 2. ed., São Paulo, Ed. RT, 2002; MANTOVANNI COLARES CAVALCANTE, A nova condução do procedimento ordinário no processo civil, *RTJE* 151/61; MARCELO ABELHA RODRIGUES, *Elementos de direito processual civil*, 3. ed., São Paulo, Ed. RT, 2003, vol. 1; _____, *Elementos de direito processual civil*, 2. ed., São Paulo, Ed. RT, 2003, vol. 2; _____, FLÁVIO CHEIM JORGE e FREDIE DIDIER JR., *A nova reforma processual*, São Paulo, Saraiva, 2002; MARCELO LIMA GUERRA, Condições da ação e mérito no processo cautelar, *RePro* 78/191; _____, *Estudos sobre o processo cautelar*, São Paulo, Malheiros, 1997; MARCOS JOSÉ PORTO SOARES e GLAZIELE ZANARDI, Processo como método e procedimento como técnica. Novas luzes sobre a diferença entre processo e procedimento, *Revista dos Tribunais Sul*, 4/229, mar. 2014; MARCUS VINICIUS RIOS GONÇALVES, *Novo curso de direito processual civil*, 4. ed., São Paulo, Saraiva, 2007, vol. 1; MARIA AUXILIADORA SOBRAL LEITE, Juizados especiais cíveis: processo de conhecimento, *in* CRISTIANO CHAVES DE FARIAS e FREDIE DIDIER JR. (Coords.), *Procedimentos especiais cíveis*: legislação extravagante, São Paulo, Saraiva, 2003; MARIA DO CARMO B. LEITE DE MORAES, *Conteúdo e objeto do processo de conhecimento*, São Paulo, Ed. RT, 1985; MIGUEL MONICO NETO, Ação cautelar: aspecto da competência jurisdicional, *Justitia* 155/53; MISAEL MONTENEGRO FILHO, *Curso de direito processual civil*, 4. ed., São Paulo, Atlas, 2007, vol. 1; _____, *Processo de conhecimento na prática*, 2. ed., São Paulo, Atlas, 2007; _____, *Processo civil*: técnicas e procedimentos, 2. ed., São Paulo, Atlas, 2007; OVÍDIO A. BAPTISTA DA SILVA, *Curso de processo civil*, 6. ed., São Paulo, Ed. RT, 2002, vol. 1; _____, Processo de conhecimento e procedimentos especiais, *Ajuris* 57/05; _____, *Do processo cautelar*, 3. ed., Rio de Janeiro, Forense, 2001; _____, Ritos processuais. Análise comparada dos sistemas brasileiro e lusitano, *RePro* 17/90; RÉGIS FERNANDES DE OLIVEIRA, Processo administrativo e judicial: processo e procedimento como garantia do cidadão, *RDTr* 58/105; ROGÉRIO IVES BRAGHITTONI, Devido processo legal e direito ao procedimento adequado: a interação do binômio processo/procedimento e sua importância para o *due process of law*, *RePro* 23/220-229; SÉRGIO BERMUDES, Competência legislativa concorrente sobre procedimentos em matéria processual, *Direito processual civil – Estudos e pareceres* – 2.ª série, São Paulo, Saraiva, 1994; _____, *Introdução ao processo civil*, 4. ed., Rio de Janeiro, Forense, 2006; SÉRGIO SEIJI SHIMURA, *Arresto cautelar*, 3. ed., São Paulo, Ed. RT, 2005; SIDNEI AGOSTINHO

BENETI, Reforma do processo de conhecimento: Lei 8.952/94, *RT* 716/375; TEORI ALBINO ZAVASCKI, *Processo de execução*: parte geral, 3.ed., São Paulo, Ed. RT, 2004; VICTOR ALBERTO AZI BOMFIM MARINS, *Tutela cautelar*: teoria geral e poder geral de cautela, 2. ed., Curitiba, Juruá, 2000.

Capítulo 15

PRESSUPOSTOS PROCESSUAIS

> Sumário: 15.1. Noções gerais – 15.2. Pressupostos processuais de existência; 15.2.1. Presença do autor (petição inicial); 15.2.2. Jurisdição; 15.2.3. Presença (possibilidade de participação) do réu ("citação") – 15.3. Pressupostos processuais de validade positivos; 15.3.1. Petição inicial apta; 15.3.2. Órgão jurisdicional competente e juiz imparcial; 15.3.3. Capacidade de ser parte e capacidade de estar em juízo – 15.4. Pressupostos processuais de validade negativos; 15.4.1. Litispendência; 15.4.2. Coisa julgada – 15.5. Regime jurídico – 15.6. A relevância da distinção entre pressupostos de existência e de validade – 15.7. Os pressupostos de admissibilidade da tutela jurisdicional – 15.8. Hipóteses que não constituem pressuposto processual; 15.8.1. Convenção de arbitragem; 15.8.2. Perempção; 15.8.3. Capacidade postulatória: apenas reflexamente é pressuposto de existência.

15.1. Noções gerais

A propositura da ação faz nascer o processo e, com a citação válida, completa-se a relação jurídica processual. Como visto, em regra é assim que formam o processo e a relação jurídica nele existente.

Pode ocorrer, todavia, que a determinação da citação do réu tenha sido dada por juízo desprovido de competência para a ação proposta pelo autor. Que eficácia terá o ato resultante dessa ordem? Pense-se, também, na hipótese de o autor da ação não ter capacidade de ser parte, o que corresponde aproximadamente a não ter capacidade civil, de assumir direitos e obrigações (conforme regra de direito material, prevista no Código Civil). Mesmo assim, ajuíza ação formulando pedido de proteção jurisdicional. Poderá fazê-lo validamente? Essas questões servem de ilustração para que se aborde a matéria relativa aos pressupostos processuais, que são requisitos que devem ser preenchidos, em cada caso concreto, para que o processo se constitua e desenvolva regular e validamente.

Uma vez que a relação processual é inconfundível com a situação de direito material que constitui o mérito do processo, os pressupostos da relação processual são também inconfundíveis com os pressupostos da relação de direito material ali discutida.

Ao lado das condições da ação, os pressupostos processuais integram a categoria genérica dos *pressupostos de admissibilidade da atividade jurisdicional específica*. A doutrina classifica os pressupostos processuais em pressupostos de existência e de validade. Esses últimos podem ser desdobrados em pressupostos positivos (cuja presença é indispensável para a validade do processo) e pressupostos negativos (cuja presença obsta o regular desenvolvimento do processo).

15.2. Pressupostos processuais de existência

Os pressupostos processuais de existência do processo são os elementos mínimos sem os quais não é sequer possível dizer que existe uma relação jurídica processual. São três, a saber: *presença do órgão jurisdicional*, *presença do autor* e *presença do réu*. Não há propriamente ordem hierárquica ou de importância entre os pressupostos, de tal forma que a escolha da ordem de exposição obedece apenas a critério didático.

Há correlação entre o conceito de processo e os seus pressupostos processuais de existência. Se o processo pode ser conceituado como a relação jurídica que se instaura entre autor, juiz e réu, tal relação só se apresenta em sua plenitude quando esses três sujeitos tiverem sido, de algum modo, trazidos para o processo.

Grande parte da doutrina costuma dizer que os pressupostos de existência processual seriam: jurisdição, "petição inicial" e "citação". Mas, rigorosamente, esses dois últimos atos não são, em si, os pressupostos processuais, e sim o modo mais comum de o autor e o réu virem participar do processo. Assim, por uma simplificação de linguagem, acabam sendo qualificados como pressupostos de existência do processo.

15.2.1. *Presença do autor (petição inicial)*

Como indicado, a rigor, não é a petição inicial em si mesma o pressuposto de existência da relação jurídica processual, mas sim a presença do autor. A petição inicial é o modo pelo qual o autor normalmente se apresenta no processo.

A petição inicial é o veículo formal da demanda do autor, por meio da qual ele exerce o direito de ação e pede a prestação da tutela jurisdicional. Segundo prevê o art. 2.º do CPC/2015, "o processo começa por iniciativa da parte (...)".

Se, por um lado, a existência de petição inicial indica a efetiva presença do autor e consequentemente preenche um pressuposto da existência do processo, por outro, ela não é suficiente para assegurar sua validade. Para isso, é preciso que a petição inicial seja regular e apta – como se verá adiante.

Excepcionalmente, a lei autoriza a instauração de processo sem provocação da parte. Exemplo disso é o processo de *habeas corpus*, mais frequente na esfera penal, mas que também é utilizado, em certas hipóteses, no âmbito civil. Nesse caso, o processo vai desenvolver-se como relação bilateral (juiz e réu). O fundamental é compreender que, nesse caso, aquele que poderia ter sido autor e não foi não poderá ser atingido por um resultado negativo produzido nesse processo de que ele não participou (no exemplo dado, se a medida de *habeas corpus* for ao final indeferida, aquele que seria beneficiário dela não fica impedido de pleiteá-la posteriormente).

15.2.2. Jurisdição

O segundo pressuposto processual de existência a ser examinado é a jurisdição. A parte deve formular seu pedido a um órgão jurisdicional devidamente investido dos poderes inerentes a essa função estatal – um órgão que efetivamente integre a estrutura judiciária (que, no processo civil brasileiro, monopoliza a atividade jurisdicional). Ademais, o agente que deverá atuar por esse órgão deve ser alguém investido da condição de juiz – com todas as suas garantias pessoais e institucionais.

Observadas tais condições, preenche-se esse pressuposto de existência. Se se trata ou não de juízo competente e de juiz imparcial é algo que não interessa à análise da existência, mas que se situa no âmbito da validade do processo, como se verá adiante.

15.2.3. Presença (possibilidade de participação) do réu ("citação")

Tal como dito em relação à petição inicial, também não é a citação, em si mesma, o pressuposto de existência processual. O pressuposto de existência é que o réu tenha a possibilidade de participar do processo. A citação é o modo normal de se lhe dar essa oportunidade. Mas ela pode ser suprida pelo comparecimento espontâneo do réu (art. 239, § 1.º, do CPC/2015). Se não se procede à citação do réu, ou ela é feita de modo nulo, e ele tampouco comparece espontaneamente ao processo, não se aperfeiçoa o caráter trilateral típico da relação processual.

Antes da citação (ou do comparecimento espontâneo) do réu, há, no processo, apenas um esboço inicial da relação jurídica processual. Essa apenas se formará, plenamente, com o estabelecimento do liame jurídico com o réu – quando lhe é dada ciência da existência da demanda (citação) ou quando ele toma ciência dela por conta própria (comparecimento espontâneo).

Não existe sentença (ou outro provimento) perante o réu que não foi validamente citado e por isso não participou oportunamente do processo (ou, em outros termos: o provimento lhe é juridicamente ineficaz). No entanto, no processo em que o réu não foi citado e não participou, caso o próprio autor seja derrotado, este último evidentemente não poderá alegar a inexistência (ou ineficácia) do provimento perante ele. A produção de decisões contrárias ao autor, num processo sem a presença do réu, pode acontecer acidentalmente: imagine-se que o réu não é citado e não comparece espontaneamente ao processo, mas, sem que se perceba esse defeito, o procedimento vai adiante e profere-se sentença integralmente contrária ao autor (julgamento de total improcedência do pedido). Em outros casos, o processo produz decisões contrárias ao autor, sem a presença do réu, por expressa previsão legal (arts. 330 e 332 do CPC/2015).

Em todos esses casos, a ausência do réu é irrelevante. A decisão não o prejudica em nada. É integralmente contrário ao autor, que fica vinculado a ela. Afinal, ele pôde exercer plenamente a garantia da ação e do contraditório. Nessas hipóteses, o esboço inicial de relação (a relação bilateral entre autor e juiz), a que se aludiu acima, é o que basta para vincular juridicamente o autor.

Diante dessa constatação, parte da doutrina nega que a presença ("citação") do réu seja pressuposto processual de existência. Parece mais adequado, todavia, reconhecer que a presença do réu é pressuposto para que exista relação processual trilateral – que é a única que pode produzir comandos jurisdicionais que o vinculem. A relação processual bilateral, que é sempre uma relação ainda em formação ou defeituosa, tem alcance limitado: vincula apenas o autor.[1]

15.3. Pressupostos processuais de validade positivos

Tais pressupostos são aqueles a que alude o texto da lei como de *desenvolvimento válido e regular do processo*. São requisitos que precisam estar preenchidos para que o processo seja válido. Sem eles (mas desde que presentes os pressupostos de existência), até existe uma relação jurídica processual, mas ela não se desenvolve validamente: o processo não está autorizado a gerar seus normais resultados (sentença de mérito, no processo de conhecimento; satisfação do direito, na execução).

---

1. Sobre o contido nesse tópico e nos anteriores, ver TALAMINI, Eduardo, *Coisa julgada e sua revisão*, São Paulo, Ed. RT, 2005, p. 323-361.

15.3.1. Petição inicial apta

O primeiro deles está intimamente vinculado ao primeiro pressuposto de existência acima examinado. Lá, como vimos, exige-se a petição inicial como expressão da presença do autor. Aqui, como pressuposto de validade, exige-se que essa petição inicial seja válida, regular, apta, portanto, a servir de canal condutor do pedido de tutela estatal, nos termos em que a própria lei prevê. Deve assim conter os requisitos que a lei considera indispensáveis para que a petição inicial produza seus regulares efeitos.

O art. 330, § 1º, do CPC/2015, trata da inépcia da petição inicial. Em seus quatro incisos estão previstas as hipóteses em que a petição inicial não tem aptidão para cumprir seu papel no processo que, como se verá no vol. 2 (cap. 5), é extremamente relevante, na exata medida em que o juiz não pode decidir além dos limites do pedido formulado pela parte. Se é a petição inicial que define os contornos do pedido, é ela que, remotamente, definirá os contornos da eventual sentença de procedência ou de improcedência e da coisa julgada que sobre essa incidirá.

Assim, não constituirá validamente o processo a petição inicial: a que faltar pedido ou causa de pedir (inc. I); em que o pedido for indeterminado, ressalvadas as exceções legais (inc. II); estiver confusa, de forma que a conclusão não seja decorrência lógica da exposição dos fatos (inc. III); ou contiver pedidos entre si incompatíveis (inc. IV).

A aptidão da petição inicial é também essencial para o adequado exercício do direito de defesa por parte do réu.

15.3.2. Órgão jurisdicional competente e juiz imparcial

O segundo requisito de validade do processo é, como o anterior, intimamente vinculado ao correspondente segundo requisito de existência, acima examinado. Se lá se exige que a demanda seja processada e decidida por órgão da jurisdição ocupado por juiz investido no cargo, aqui se requer que se trate de órgão jurisdicional competente para o conhecimento daquele determinado tipo de provimento desejado pelo autor e que o juiz não seja parcial.

A competência, em última análise, significa a aptidão, decorrente da lei processual (*lato sensu*) e das regras de organização judiciária, para que determinado órgão do Poder Judiciário exerça a jurisdição em determinado caso concreto. A competência relevante, para fins de validade do processo, é a absoluta. A competência relativa não constitui pressuposto de validade processual. Afinal, ela pode ser modificada pela vontade das partes (art. 63 do CPC/2015). Além disso, a incompetência relativa torna-se irrelevante ("prorrogar-se-á a competência") se não arguida oportunamente pela parte interessada (art. 65 do CPC/2015). Por fim, a competência relativa pode modificar-se pela conexão ou continência (art. 54 do CPC/2015). Quanto a todos esses aspectos, veja-se o cap. 6, acima.

Além de dever ser competente o juízo, deve também o juiz ser imparcial, isto é, a pessoa que naquele momento se encontra exercendo a jurisdição naquele juízo deve estar habilitada a receber e apreciar com isenção de espírito os argumentos e as provas trazidos por cada uma das partes, para, com a mesma isenção, vir a decidir. Há presunção legal de que a imparcialidade possa estar comprometida nos casos em que a própria lei prevê motivos para o *impedimento* do juiz. O art. 144 do CPC/2015 prevê as hipóteses de impedimento do juiz.

Os casos que a lei arrola como sendo de *suspeição* (art. 145 do CPC/2015) também podem influir na imparcialidade do juiz. No entanto, não o fazem a ponto de comprometer o pressuposto processual da imparcialidade. Ou seja, ainda que o juiz seja suspeito não se considera estar ausente o pressuposto processual da imparcialidade. Por isso, se a suspeição não for oportunamente alegada, reputa-se afastada qualquer invalidade sob o prisma da imparcialidade do juiz.

15.3.3. *Capacidade de ser parte e capacidade de estar em juízo*

O terceiro pressuposto processual de validade é relativo à capacidade, em duas de suas formas: a capacidade de ser parte e a capacidade processual, que consiste na capacidade de estar em juízo, fazendo valer direitos.

A capacidade de ser parte, em linhas gerais, corresponde à capacidade civil (personalidade jurídica), isso é, capacidade de assumir direitos e deveres. Mas o conceito de capacidade de ser parte é ainda mais amplo. A lei a confere a alguns entes despersonalizados, isto é, desprovidos de capacidade civil. Exemplos: o condomínio, o espólio, a massa falida, a sociedade de fato etc., que não têm capacidade civil, mas têm capacidade de estar em juízo.

Já a capacidade de estar em juízo coincide, em termos gerais, com a capacidade para exercício de direitos ("capacidade de fato") no plano do direito material. Nos termos do art. 70 do CPC/2015: "Toda pessoa que se encontre no exercício de seus direitos tem capacidade para estar em juízo".

Em regra, capacidade de ser parte e de estar em juízo andam juntas. Mas há casos em que as duas formas da capacidade apresentam-se dissociadas. Por exemplo, uma criança de dez anos de idade é sujeito de direitos – detendo, portanto, capacidade de ser parte. Mas não pode estar sozinha em juízo porque não detém capacidade para o exercício de seus direitos. Para tanto, dependerá da representação de quem por ele seja responsável (pai, por exemplo).

Quando o autor propõe a ação deve atentar para a questão da capacidade em ambos os polos da demanda. Cumpre-lhe não apenas deter, ele mesmo, capacidade de ser parte e estar em juízo, como também ajuizar a ação em face de sujeito revestido de tais capacidades. Por exemplo, o autor não pode simplesmente entrar com a ação contra o menor (absolutamente incapaz); tem de, desde logo, zelar para que a citação seja recebida pelo representante legal do incapaz (ou para que seja designado um curador especial para o menor, caso esse não tenha representante ou se os interesses do representante estejam em conflito com os do menor, nos termos do art. 72, I, do CPC/2015) – e assim por diante.

O tema é retomado no n. 16.4, adiante.

15.4. Pressupostos processuais de validade negativos

Além dos pressupostos processuais positivos, que devem estar presentes, em cada caso concreto, sob pena de invalidade da relação jurídica processual, há também os chamados pressupostos processuais de validade negativos, que se situam fora da relação jurídica processual que se esteja analisando, por isso que são também chamados de pressupostos extrínsecos ou exteriores. Diferentemente dos pressupostos positivos, que estão vinculados aos sujeitos do processo, os pressupostos negativos caracterizam-se por sua objetividade.

A presença desses pressupostos impede a resolução do mérito – tanto quanto a ausência dos anteriores também a impede.

São eles (a ausência de) litispendência e coisa julgada.

15.4.1. Litispendência

A citação válida (art. 240 do CPC/2015) "induz litispendência", ou seja, determina a existência, desde aquele exato momento, de processo pendente em juízo. A partir de tal momento, a mesma ação (entre as mesmas partes e com pedido e causa de pedir coincidentes) já não pode ser novamente proposta. Sob esse aspecto, como pressuposto processual negativo, a litispendência significa a existência de dois ou mais processos concomitantemente, com as mesmas partes, o mesmo pedido e idêntica causa de pedir (art. 337, VI, §§ 1.º, 2.º e 3.º, do CPC/2015). A existência de um processo pendente entre A e B, baseado numa determinada causa de pedir Y que resulta no pedido X, desempenha o papel de pressuposto processual negativo para um outro processo entre A e B, que tenha a mesma causa de pedir Y e em que se formule o mesmo pedido X. O fundamento desse pressuposto processual negativo está nos princípios da economia processual, da razoabilidade (é desproposital a tramitação duplicada de uma mesma causa) e da segurança jurídica e certeza do direito (que impõem que se evitem julgamentos conflitantes).

15.4.2. Coisa julgada

A coisa julgada consiste no fenômeno de natureza processual pelo qual se torna firme e imutável o comando sentencial, que deve guardar relação de simetria com o pedido que se tenha formulado na petição inicial. Decorre do princípio da segurança jurídica, em razão de que, num determinado momento (pelo decurso de um prazo ou pelo exaurimento dos meios de impugnação das decisões judiciais) o comando existente na sentença adquire solidez. Assim, se A pediu a condenação de B ao pagamento de indenização por perdas e danos e obteve sentença de procedência desse pedido, no momento do trânsito em julgado (quando já não cabem recursos) o dispositivo da sentença em que o juiz afirma *julgo procedente o pedido e condeno B a indenizar A pelas perdas e danos* adquire estabilidade, não podendo mais ser revisto dentro do processo. Essa é a coisa julgada. O tema volta a ser examinado no cap. 40 do vol. 2.

Trata-se também de pressuposto processual negativo, pois impede a repropositura de nova ação a respeito da mesma causa de pedir, com o mesmo pedido, entre as mesmas partes (art. 337, VII, §§ 1.º, 2.º e 4.º, do CPC/2015).

15.5. Regime jurídico

Os pressupostos de existência e de validade, positivos e negativos, da relação processual caracterizam-se pelo seguinte regime comum:

– implicam a invalidade ou inexistência do processo como um todo, e não apenas de específicos atos processuais;

– não sendo corrigido o defeito (há casos em que o defeito é corrigível – exemplo, falta ou nulidade de citação, incapacidade de estar em juízo etc.; em outros, não – exemplo, litispendência, coisa julgada etc.), impõe-se a extinção do processo sem julgamento de seu mérito (art. 485, IV a VI, do CPC/2015);

– trata-se de matéria a respeito da qual não ocorre preclusão, nem para as partes, nem para o juiz, podendo este se manifestar a respeito delas de ofício (i.e., mesmo se provocação da parte interessada), a todo momento e em todo e qualquer grau de jurisdição (arts. 337, § 5.º, e 485, § 3.º, do CPC/2015).

15.6. A relevância da distinção entre pressupostos de existência e de validade

Distinguir os pressupostos de existência dos pressupostos de validade não é questão meramente conceitual. Tem grande importância prática.

Aplica-se a ambas as categorias o regime comum sintetizado no tópico anterior. Contudo, há uma diferença fundamental:

– a falta de pressuposto de validade (positivo ou negativo) implica nulidade do processo e da sentença nele proferida. Mas, ainda que nula, se transitar em julgado (i.e., se se esgotar a possibilidade de interposição de recursos), a sentença dada no processo em que falta pressuposto de validade existe juridicamente e faz coisa julgada. Se for de mérito, tal sentença (ou mesmo decisão interlocutória, nos termos do art. 356 do CPC/2015) fará inclusive coisa julgada material. Ainda depois disso, haverá uma última chance de desconstituí-la, mediante ação rescisória, que tem prazo e fundamentos restritos (art. 966 e ss. do CPC/2015). Mas é um pronunciamento que tende a perpetuar-se, se não for desconstituído na forma e prazo legalmente previstos:

– a falta de pressuposto de existência implica a própria ausência do aperfeiçoamento da relação jurídica processual. Juridicamente não há processo – ao menos ele não existe em sua configuração plena, de relação trilateral, a única apta a produzir pronunciamentos eficazes contra qualquer das partes. Sem a presença do órgão jurisdicional, simplesmente nem se tem atividade jurisdicional. Sem a presença de qualquer das partes, nada do que se produzir no processo vinculará a parte ausente. Assim, a decisão que se proferir nesse arremedo de processo, ao qual falta pressuposto de existência, será juridicamente inexistente – ou, conforme parte da doutrina, absolutamente ineficaz. O nome que se dá a tal defeito é o menos relevante. Importa é que, nessa hipótese, não há coisa julgada. A inexistência (ou ineficácia) poderá ser reconhecida a todo tempo, por qualquer via – independentemente de ação rescisória (v. vol. 2, cap. 40 e 41).

15.7. Os pressupostos de admissibilidade da tutela jurisdicional

É possível agrupar sob a expressão *pressupostos de admissibilidade da tutela jurisdicional* as categorias dos pressupostos processuais de existência e validade, positivos e negativos, e das condições da ação (v. cap. 10, acima). São todos defeitos conhecíveis até de ofício, a todo tempo em qualquer grau de jurisdição, que desautorizam a normal produção de resultados no processo (sentença de mérito ou satisfação executiva do direito).

15.8. Hipóteses que não constituem pressuposto processual

A categoria dos pressupostos processuais – como qualquer outra – só tem alguma serventia científica e prática se dela for extraível um conjunto uniforme de características. Em outros termos, é preciso haver um regime jurídico único: os casos têm de se submeter às mesmas consequências jurídicas. De nada serve a constituição artificial de uma categoria, que depois precise submeter-se a variadas exceções, ressalvas, extensões, reparos.

Essa advertência precisa ser aqui feita, tendo em vista uma tendência doutrinária que pretende ampliar desmedidamente a categoria dos pressupostos processuais – a fim de incluir nela praticamente qualquer defeito que possa ocorrer no processo. Isso desacredita, inutiliza a categoria.

A seguir, examinam-se determinados defeitos que parte da doutrina pretende qualificar como concernindo aos pressupostos processuais. Mas, eles não se enquadram no regime geral antes sintetizado. *Não são*, portanto, pressupostos processuais.

15.8.1. Convenção de arbitragem

A convenção arbitral consiste no pacto celebrado entre as partes para submeter litígio atual ou futuro à solução mediante arbitragem (v. n. 4.5.4, acima). Pode assumir duas formas: (a) cláusula arbitral: a opção pela arbitragem é inserida pelas partes como cláusula dentro de um negócio jurídico que tem outro objeto (p. ex., num contrato de empreitada, as partes incluem uma cláusula prevendo que os litígios eventualmente decorrentes daquele contrato serão objeto de arbitragem); (b) compromisso arbitral: trata-se de uma convenção que tem por objeto especificamente submeter à arbitragem um litígio (art. 3º e ss. da Lei 9.307/1996).

A existência de convenção arbitral relativamente a determinado litígio tem a eficácia de obstar seu processamento judicial. A princípio, ela deve ser submetida à arbitragem. Mas, para isso, é preciso que o réu argua a existência da convenção arbitral, ao contestar a ação indevidamente proposta perante o Judiciário (art. 337, X e § 5.º, do CPC/2015; Convenção de Nova York, art. II, 3). O juiz não pode conhecer de ofício a existência da convenção arbitral (art. 337, § 5.º, do CPC/2015). Se não houve essa oportuna arguição pelo réu, reputa-se que ele, tal como o autor, renunciou aos efeitos daquela convenção, relativamente ao litígio ali posto (art. 337, § 6.º, do CPC/2015). Nesse caso, o processo vai adiante, sem problema nenhum.

Logo, a convenção arbitral não constitui pressuposto de validade processual (negativa), pois não se enquadra no regime jurídico acima indicado, que inclui a aptidão de a questão ser conhecida de ofício.

A despeito disso, há doutrinadores que incluem a (ausência de) convenção arbitral entre os pressupostos de validade do processo. Em parte, o equívoco pode ter sido incentivado pela redação falha do CPC/1973: no seu art. 301, § 4.º, indicava-se apenas o compromisso arbitral como dependendo de arguição da parte – o que poderia transmitir a impressão de que a cláusula arbitral poderia ser conhecida de ofício. A rigor, essa conclusão era desautorizada por outra disposição do próprio CPC/1973 (art. 267, § 3.º), além de desautorizada pela Convenção de Nova York, de que o Brasil é signatário (art. II, 3). Seja como for, a questão está hoje totalmente superada pelos termos claros do atual CPC.[2]

15.8.2. Perempção

Parte da doutrina ainda inclui entre os pressupostos negativos a perempção. Essa ocorre quando o processo é extinto por três vezes consecutivas, com

---

2. Sobre o tema, TALAMINI, Eduardo, Arguição de convenção arbitral no projeto de novo CPC, em *Revista de Arbitragem e Mediação*, vol. 40, 2014, p. 81 e ss.

fundamento no art. 485, III, do CPC/2015 (abandono do processo por mais de trinta dias). Segundo dispõe o § 3.º do art. 486 do CPC/2015, se o autor deixar a mesma ação, contra o mesmo réu, ser extinta por abandono por três vezes, ele não poderá intentar nova ação com o mesmo objeto. Restar-lhe-ia apenas a possibilidade de fazer alegações a título de defesa, em eventual ação proposta pelo réu.

A doutrina majoritária não relaciona a perempção dentre os pressupostos processuais negativos, por considerá-la fenômeno que atinge apenas o autor, não se constituindo, portanto, em pressuposto negativo para o réu, que poderá ser autor em idêntica ação (ou melhor, contrariamente simétrica à ação anterior). Trata-se, segundo a doutrina majoritária, de fato impeditivo para que, por iniciativa do autor, se forme relação jurídica processual válida.

Esta característica afasta a perempção dos pressupostos processuais negativos, que se caracterizam por atingir igualmente autor e réu (são nesse sentido objetivos), e dizem respeito, de perto, à própria formação da relação processual e aos seus elementos.

15.8.3. *Capacidade postulatória: apenas reflexamente é pressuposto de existência*

A capacidade postulatória, que não se confunde com a capacidade de ser parte, consiste na aptidão de praticar atos técnicos dentro do processo (formular a peça inicial, contestação, recursos, petições em geral etc.). Em regra, essa capacidade é detida pelo advogado regularmente inscrito na Ordem dos Advogados do Brasil (OAB) e que tenha recebido procuração da parte (arts. 103 e 104 do CPC/2015). Sobre o tema, vejam-se também os cap. 16 e 23.

Há doutrinadores que também incluem essa hipótese entre os pressupostos processuais. Valem-se do seguinte exemplo: uma vez que a lei diz ser ineficaz o ato praticado pelo advogado sem procuração (art. 104, § 2.º, do CPC/2015), se a petição inicial é formulada por advogado que não apresenta mandato, a ineficácia dessa petição implicaria falta de pressuposto de existência.

Mas note-se que, nesse caso, o pressuposto de existência do processo é a presença do autor, que já examinamos acima, e não a presença do mandato. A apresentação da procuração, portanto, é pressuposto de eficácia dos atos processuais individualmente considerados. Quando o ato praticado sem mandato for a própria petição inicial, essa, por isso, será ineficaz (caso não haja a ratificação prevista no art. 104, § 2.º, do CPC/2015) – e tal ineficácia implicará a ausência de presença do autor no processo (não haverá elemento jurídico que o vincule à petição que foi apresentada).

A prova de que a apresentação de mandato não é pressuposto de existência do processo reside em que, se o ato para o qual faltar a procuração não for a inicial, nem por isso se dirá que o processo inexiste. Se a contestação do réu é firmada por advogado sem procuração, que não a apresenta posteriormente, isso evidentemente não afetará a existência do processo. Apenas a contestação será tida por inexistente, e haverá revelia. Do mesmo modo, se faltar a procuração para o subscritor do recurso, apenas o recurso, e não todo o processo, será considerado inexistente.[3]

Quadro Sinótico

1) Existência	• Presença do autor (petição inicial)	
	• Jurisdição	
	• Presença (possibilidade de participação) do réu ("citação")	
2) Pressupostos processuais de validade positivos	• Petição inicial apta	
	• Órgão jurisdicional competente	
	• Capacidade	• De agir
		• De estar em juízo
3) Pressupostos processuais negativos	1. Litispendência: duas ou mais ações pendentes (mesmas partes, mesma causa de pedir e mesmo pedido)	
	2. Coisa julgada: uma ação entre mesmas partes, mesma causa de pedir e mesmo pedido, que já tenha transitado em julgado	
	3. Impedimento de repropositura da ação (art. 486 do CPC/2015)	
4) Hipóteses que não constituem pressuposto processual	• Convenção de arbitragem	
	• Perempção	
	• Capacidade postulatória: reflexo sobre a presença do autor no processo	

Doutrina Complementar

• **ARAÚJO CINTRA, ADA GRINOVER E CÂNDIDO DINAMARCO** (*Teoria...*, 23. ed., p. 307) afirmam: "O art. 104 do CC, que em seus três incisos dita norma de teoria geral do direito, dá como requisitos para a validade do ato jurídico em geral a capacidade do agente, a licitude do objeto e a observância das exigências legais quanto à forma. Porém, desde quando se viu com clareza a relação jurídica que há no processo (relação jurídica processual), bem como a autonomia dessa relação perante a de direito material, estava aberto o caminho para se chegar também à percepção de que ela está sujeita a certos requisitos e de que esses requisitos não

---

3. Sobre o tema, ver TALAMINI, Eduardo, *Coisa julgada e sua revisão*, cit., n. 5.8.2.5.

são os mesmos exigidos para os atos jurídicos em geral, nem para os atos privados em especial. Trata-se *dos pressupostos* processuais, que são requisitos para a constituição de uma relação processual válida (ou seja, com viabilidade para se desenvolver regularmente – CPC [1973], art. 267, IV [art. 485, IV, do CPC/2015]). (...) Assim sendo, são pressupostos processuais: a) uma demanda regularmente formulada (CPC [1973], art. 2.º [sem correspondência no CPC/2015], CPP, art. 24); b) a capacidade de quem a formula; c) a investidura do destinatário da demanda, ou seja, a qualidade de juiz. A doutrina mais autorizada sintetiza esses requisitos nesta fórmula: *uma correta propositura da ação, feita perante uma autoridade jurisdicional, por uma entidade capaz de ser parte em juízo*".

- **ARRUDA ALVIM** (*Manual...*, 11. ed., vol. 1, p. 476) afirma não se dever confundir a "relação jurídica de direito material com a relação jurídica processual. Enquanto a relação jurídica de direito material constitui, normalmente, a matéria do debate, a relação processual é onde aquela se contém". Examinando os requisitos para a existência da relação jurídica processual, ARRUDA ALVIM os expõe da seguinte forma: "O primeiro requisito é o de haver uma *demanda*, traduzida numa *petição inicial*, mesmo inepta (v. art. 295, I, [CPC/1973 – art. 330, I, do CPC/2015]), para haver um processo e, por conseguinte, uma relação jurídica processual". (...) "Outro requisito de existência da relação jurídica processual (processo) é o da existência de *jurisdição*. A parte deve, portanto, formular o pedido a alguém *investido de jurisdição*, vale dizer, a um órgão *jurisdicional* (juízo de direito ou tribunal), pois, mesmo se incompetente (inclusive absolutamente incompetente, processo haverá. (...) Não podemos dizer que já há processo íntegro, como relação trilateral, e no sentido prático e real, se não houver citação da parte contrária; afirmação diversa seria baseada em conceito estritamente técnico (desligado do Direito positivo brasileiro), e seria válida apenas considerando o processo como relação bilateral entre autor e juiz. O que se poderia dizer é que há, com a só propositura da ação, apenas um início do processo, pois há relação jurídica entre juiz e o autor". Analisando os requisitos de validade da relação jurídica processual, esse autor assevera: "O primeiro requisito de validade é o da petição inicial *regular, apta*, portanto, a produzir determinados efeitos. A petição inicial a que faltar o pedido ou a causa de pedir (art. 295, parágrafo único, I, [CPC/1973 – art. 330, § 1.º, I, do CPC/2015]), na qual os fatos narrados não conduzem, logicamente, à conclusão querida (art. 295, parágrafo único, II, [CPC/1973 – art. 330, § 1.º, III, do CPC/2015]), ou que contiver pedidos incompatíveis entre si (art. 295, parágrafo único, IV [art. 330, § 1.º, IV, do CPC/2015), por exemplo, será uma petição *inepta*, destituída de validade jurídica". (...) "A competência do juízo e a imparcialidade do juiz podem ser englobadas como requisitos de validade do processo em função da pessoa do juiz (pressupostos processuais objetivos do juiz – órgão competente ocupado por sujeito imparcial)". (...). "Para a validade da relação jurídica processual, de molde a que o juiz possa útil e validamente entrar no mérito do processo, exige a lei que tenha o autor *capacidade* (art. 7.º [CPC/1973 – art. 70 do CPC/2015])".

- **FREDIE DIDIER JR.** (*Curso...*, vol. 1, 17. ed., p. 310) sustenta que "pressupostos processuais são todos os elementos de existência, os requisitos de validade e as condições de eficácia do procedimento, que é *ato-complexo de formação sucessiva*".

Para esse autor (p. 314), os pressupostos processuais podem ser classificados como pressupostos de existência e requisitos de validade. Os pressupostos de existência podem ser classificados como subjetivos ("órgão investido de jurisdição" e "capacidade de ser parte") e objetivos ("existência de demanda"). Já os requisitos de validade podem ser classificados como subjetivos ("juiz – competência e imparcialidade"; "partes – capacidade processual, capacidade postulatória e legitimidade *ad causam*") e objetivos. Os requisitos de validade objetivos, segundo esse autor, podem ser classificados como intrínsecos ("respeito ao formalismo processual") e extrínsecos ("negativos: inexistência de perempção, litispendência, coisa julgada ou convenção de arbitragem"; "positivo: interesse de agir").

- **HUMBERTO THEODORO JÚNIOR** (*Curso*..., vol. 1, 56. ed., p. 143) sustenta que os pressupostos são "exigências legais sem cujo atendimento o processo, como relação jurídica, não se estabelece ou não se desenvolve validamente" não atingindo a sentença "que deveria apreciar o mérito da causa". "São, em suma, requisitos jurídicos para a validade da relação processual". Segundo esse autor, os pressupostos processuais são de existência ("requisitos para que a relação processual se constitua validamente") e de desenvolvimento ("aqueles a ser atendidos, depois que o processo se estabeleceu regularmente, a fim de que possa ter curso também regular, até a sentença de mérito ou a providência jurisdicional definitiva"). Os pressupostos processuais, para Theodoro Júnior, podem ser objetivos ou subjetivos, sendo estes relacionados ao juiz e às partes, compreendendo: "(*a*) competência do juiz para a causa; (*b*) a capacidade civil das partes; (*c*) sua representação por advogado". Os pressupostos objetivos "relacionam-se com a forma procedimental e com a ausência de fatos que impeçam a regular constituição do processo, segundo a sistemática do direito processual civil. Compreendem: (*a*) a demanda do autor e a citação do réu, porque nenhum processo pode ser instaurado sem a provocação da parte interessada (art. 2º [do CPC/2015]); de modo que, na demanda, se tem um pressuposto causal necessário; e porque a citação do réu é ato essencial à validade do processo (art. 239 [do CPC/2015]); (*b*) a observância da forma processual adequada à pretensão (arts. 16 e 318 [do CPC/2015]); (*c*) a existência nos autos do instrumento de mandato conferido a advogado (art. 103 [do CPC/2015]); (*d*) a inexistência de litispendência, coisa julgada, convenção de arbitragem, ou de inépcia da petição inicial (arts. 485, V e VII, e 330, I, [do CPC/2015]); (*e*) a inexistência de qualquer das nulidades previstas na legislação processual (arts. 276 a 283 [do CPC/2015])".

- **JOSÉ ROBERTO DOS SANTOS BEDAQUE** (*Breves*..., p. 1.211) destaca que a presença dos pressupostos processuais "revela que o instrumento se encontra formalmente em ordem e está apto a proporcionar o resultado que dele se espera – ou seja, a solução da controvérsia. Não há risco de, após a prática de inúmeros atos, que normalmente consomem tempo e energia, chegar-se à conclusão de que o processo não é apto a oferecer aos interessados a solução para os problemas por eles enfrentados em suas relações de direito material. Se observado o modelo legal, tudo leva a crer que o instrumento propiciará o resultado esperado".

- **LUIZ GUILHERME MARINONI, SÉRGIO CRUZ ARENHART E DANIEL MITIDIERO** (*Novo Código*..., p. 485). Na opinião dos autores, "são condições para concessão da tutela jurisdicional do direito em atenção à necessidade de processo justo o pedido de tutela jurisdicional, a capacidade para ser parte, a investidura do juiz na jurisdição, a sua imparcialidade, a sua competência absoluta, a observância do procedimento adequado, a forma em geral dos atos processuais, a inexistência de perempção, de litispendência, de coisa julgada e de convenção de arbitragem. A inobservância de quaisquer desses pressupostos impede o julgamento de mérito pelo juiz (art. 485, IV, V e VII, do CPC [2015])".

- **NELSON NERY JR. E ROSA MARIA DE ANDRADE NERY** (*Comentários...*, p. 1.110) sustentam que, ausente qualquer dos pressupostos processuais, "o processo não se encontra regular, de sorte que se impõe a sanação da irregularidade". Na opinião desses autores, "nem sempre a falta de pressuposto processual acarreta a extinção do processo, como, por exemplo, a incompetência absoluta, cuja declaração tem como consequência a anulação dos atos decisórios e o envio do processo ao juízo competente (art. 64 § 2.º, [do CPC/2015])". Segundo afirmam, "são pressupostos processuais de existência da relação processual: a) jurisdição; b) citação; c) capacidade postulatória (art. 104 § 2.º, [do CPC/2015]), apenas quanto ao autor; d) petição inicial. São pressupostos processuais de validade da relação processual: a) petição inicial apta (v. art. 330 [do CPC/2015]); b) citação válida; c) capacidade processual (*legitimatio ad processum*) (arts. 70 e 71 [do CPC/2015]); d) competência do juiz (inexistência de incompetência absoluta: material ou funcional); e) imparcialidade do juiz (inexistência de impedimento do juiz – arts. 144 e 147 [do CPC/2015]). São pressupostos processuais negativos, isto é, circunstâncias que, se verificadas no processo, ensejam sua extinção sem resolução do mérito: litispendência, perempção ou coisa julgada (art. 485 V, [do CPC/2015])".

- **TERESA ARRUDA ALVIM WAMBIER, MARIA LÚCIA LINS CONCEIÇÃO, LEONARDO FERRES DA SILVA RIBEIRO E ROGERIO LICASTRO TORRES DE MELLO** (*Primeiros...*, p. 81) destacam que "condições da ação, juntamente com pressupostos processuais, integram os requisitos ou pressupostos genéricos que possibilitam a apreciação do mérito". Para esses autores (p. 580), "são pressupostos processuais de existência: – jurisdição; – petição inicial; – citação. São pressupostos processuais intrínsecos de validade: – competência do juízo (competência absoluta); – imparcialidade do juiz (impedimento); – capacidade e legitimidade processual; – petição inicial válida; – citação válida. São pressupostos processuais extrínsecos de validade: – litispendência; – coisa julgada, – perempção".

Enunciados do FPPC

N.º 83. (*Art. 932, parágrafo único; art. 76, § 2.º; art. 104, § 2.º; art. 1.029, § 3.º, CPC/2015*) Fica superado o enunciado 115 da súmula do STJ após a entrada em vigor do CPC ("Na instância especial é inexistente recurso interposto por advogado sem procuração nos autos").

N.º 136. (*Art. 240, § 1.º; art. 485, VII, CPC/2015*) A citação válida no processo judicial interrompe a prescrição, ainda que o processo seja extinto em decorrência do acolhimento da alegação de convenção de arbitragem.

Bibliografia

Fundamental

ANTONIO CARLOS DE ARAÚJO CINTRA, ADA PELLEGRINI GRINOVER e CÂNDIDO RANGEL DINAMARCO, *Teoria geral do processo*, 23. ed., São Paulo, Malheiros, 2007; ARRUDA ALVIM, *Manual de direito processual civil*, 11. ed., São Paulo, Ed. RT, 2007, vol. 1; EDUARDO TALAMINI, *Coisa julgada e sua revisão*, São Paulo, Ed. RT, 2005; FREDIE DIDIER JR., *Curso de Processo Civil: introdução ao direito processual civil, parte geral e processo de conhecimento*, 17. ed., Salvador, JusPodivm, 2015, vol. 1; HUMBERTO THEODORO JÚNIOR, *Curso de direito processual civil*, 56. ed., Rio de Janeiro, Forense, 2015, vol. 1; LUIZ GUILHERME MARINONI, SÉRGIO CRUZ ARENHART E DANIEL MITIDIERO, *Novo código de processo civil comentado*, São Paulo, Ed. RT, 2015; NELSON NERY JR. e ROSA MARIA DE ANDRADE NERY, *Comentários ao código de processo civil*, São Paulo, Ed, RT, 2015; TERESA ARRUDA ALVIM WAMBIER, FREDIE DIDIER JR., EDUARDO TALAMINI E BRUNO DANTAS (COORD.), *Breves comentários ao Novo Código de Processo Civil*, São Paulo, Ed. RT, 2015; _____, MARIA LÚCIA LINS CONCEIÇÃO, LEONARDO FERRES DA SILVA RIBEIRO e ROGERIO LICASTRO TORRES DE MELLO, *Primeiros comentários ao novo código de processo civil: artigo por artigo*, São Paulo, Ed. RT, 2015.

Complementar

ALEXANDRE FREITAS CÂMARA, *Lições de direito processual civil*, 16. ed., Rio de Janeiro, Lumen Juris, 2007, vol. 1; ALFREDO DE ARAÚJO LOPES DA COSTA, *Manual elementar de direito processual civil*, 3. ed., atual. Sálvio de Figueiredo Teixeira, Rio de Janeiro, Forense, 1982; AMARILDO SAMUEL JUNIOR, Os pressupostos processuais: uma análise crítica sobre a citação, *RT* São Paulo 4/35; ANTONIO CELSO DE PAULA ALBUQUERQUE, Breve resenha sobre os pressupostos processuais, *Justitia* 112/18; ANTONIO RODRIGUES PORTO, Pressupostos processuais e condições da ação, *RJTJSP* 107/8; ARAKEN DE ASSIS, *Manual da execução*, 11. ed., São Paulo, Ed. RT, 2007; ARRUDA ALVIM, *Direito processual civil*, São Paulo, RT, 2002, vol. 1; _____, *Tratado de direito processual civil*, 2. ed., São Paulo, Ed. RT, 1996, vol. 2; CÂNDIDO RANGEL DINAMARCO, *Instituições de direito processual civil*, 5. ed., São Paulo, Malheiros, 2005, vol. 2; DANIELA MARTINS MADRID, Resultado da citação como pressuposto processual, *RDDP* 47/9; DONALDO ARMELIN, *Legitimidade para agir no direito processual civil brasileiro*, São Paulo, Ed. RT, 1979; EDSON PRATA, Capacidade postulatória, mandato e direitos do advogado, *RBDP* 32/11; _____, Pressupostos processuais, *RBDP* 29/27; EDUARDO ARRUDA ALVIM, *Curso de direito processual civil*, São Paulo, Ed. RT, 1999, vol. 1; EGAS DIRCEU MONIZ DE ARAGÃO, *Comentários ao Código de Processo Civil*, 9. ed., Rio de Janeiro, Forense, 1998, vol. 2; ERNANE FIDÉLIS DOS SANTOS, *Manual de direito processual civil*, 12. ed., São Paulo, Saraiva, 2007, vol. 1; FRANCISCO C. PONTES DE MIRANDA, *Comentários ao Código de Processo Civil*, 3. ed., Rio de Janeiro, Forense, 1996, t. III; FREDIE DIDIER JR., *Curso de direito processual civil*: teoria geral do processo e processo do conhecimento, 7. ed., Salvador, JusPodivm, 2007; _____, *Direito processual civil*: tutela jurisdicional individual e coletiva, 5. ed., Salvador, JusPodivm, 2005; _____, *Pressupostos processuais e condições da ação*, São Paulo, Saraiva, 2005; GELSON AMARO DE SOUZA, Emenda da petição inicial, *RJ* 220/37; GISELE SANTOS FERNANDES GÓES, *Direito processual civil*: processo de conhecimento, São Paulo, Ed. RT, 2006; HÉLIO TORNAGHI, *Comentários ao Código de Processo Civil*, 2. ed., São Paulo, Ed. RT, 1978, vol. 2; HUMBERTO THEODORO JÚNIOR, Emenda esclarecedora à petição inicial: embargos à execução; erro material, *RJ*

171/35; _____, Pressupostos processuais, condições da ação e mérito da causa, *Juriscível* 69/7; INÁCIO DE CARVALHO NETO, Os limites da cláusula *ad judicia* na procuração, *RePro* 104/191; ISO CHAITZ SCHERKERKEWITZ, Capacidade processual de entes despersonalizados, *RePro* 56/202; JOEL DIAS FIGUEIRA JÚNIOR, A metodologia no exame do trinômio processual: pressupostos processuais, condições da ação e mérito da causa, *JB* 172/33, *RePro* 72/335; JORGE LUIS DALL'AGNOL, *Pressupostos processuais*, Rio de Janeiro, Letras Jurídicas, 1988; JOSÉ CARLOS BARBOSA MOREIRA, Conflito positivo e litispendência, *Temas de direito processual* – Segunda série, 2. ed., São Paulo, Saraiva, 1988; _____, Sobre pressupostos processuais, *RF* 288/01; JOSÉ EDUARDO CARREIRA ALVIM, *Elementos de teoria geral do processo*, 7. ed., Rio de Janeiro, Forense, 2001; JOSÉ MARIA TESHEINER, *Pressupostos processuais e nulidades no processo civil*, São Paulo, Saraiva, 2000; JOSÉ ORLANDO ROCHA CARVALHO, *Teoria dos pressupostos e requisitos processuais*, Rio de Janeiro, Lumen Juris, 2005; JOSÉ ROBERTO DOS SANTOS BEDAQUE, Pressupostos processuais e condições da ação, *Justitia* 156/48; LAURO LUIZ GOMES RIBEIRO, Conselho tutelar – Legitimidade para propor ação civil pública, *RePro* 104/219; LAURO PAIVA RESTIFFE, *A preliminar e seus dois recursos*, São Paulo, Ed. RT, 1987; LIA CAROLINA BATISTA, Pressupostos processuais e efetividade do processo civil – uma tentativa de sistematização, *RePro* 214/79, dez. 2012; LUIZ GUILHERME MARINONI e SÉRGIO CRUZ ARENHART, *Processo de conhecimento*, 6. ed., São Paulo, Ed. RT, 2007, vol. 2; LUIZ GUILHERME MARQUES, Pressupostos processuais e condições da ação no processo civil, *RF* 301/317; MARCELO ABELHA RODRIGUES, *Elementos de direito processual civil*, 3. ed., São Paulo, Ed. RT, 2003, vol. 1; MARCOS AFONSO BORGES, Alterações no Código de Processo Civil oriundas das Leis 10.352, de 26.12.2001, e 10.358, de 27.12.2001, *RJ* 295/45 e *RePro* 106/179; _____, Litisconsórcio facultativo, litispendência, nulidades processuais, *RePro* 66/157; MIGUEL TEIXEIRA DE SOUSA, Sobre o sentido e a função dos pressupostos processuais: algumas reflexões sobre o dogma da apreciação prévia dos pressupostos processuais na ação declarativa, *RePro* 63/64; OSKAR VON BÜLOW, *Teoria das exceções e dos pressupostos processuais*, São Paulo, LZN, 2003; RICARDO RODRIGUES GAMA, *Pressupostos processuais e condições da ação*, Leme, Led, 2000; ROBERTO P. CAMPOS GOUVEIA FILHO, Definitivamente, a capacidade postulatória não é um pressuposto de existência do processo, *RDDP* 53/112; RODRIGO DA CUNHA LIMA FREIRE, Falta de pressuposto processual ou de condição da ação: declaração *ex officio* em agravo de instrumento, *Aspectos polêmicos e atuais dos recursos e de outras formas de impugnação às decisões judiciais*, São Paulo, Ed. RT, 2001, vol. 4; SÉRGIO BERMUDES, *Introdução ao processo civil*, 4. ed., Rio de Janeiro, Forense, 2006; SERGIO RICARDO DE ARRUDA FERNANDES, Alguns aspectos da coisa julgada no direito processual civil, *RePro* 62/79; TERESA ARRUDA ALVIM WAMBIER, *Nulidades do processo e da sentença*, 6. ed., São Paulo, Ed. RT, 2007; WALTER NUNES DA SILVA JUNIOR, Condições da ação e pressupostos processuais, *RePro* 64/70; _____, *Condições da ação e pressupostos processuais*, Natal, Nordeste Gráfica, 1990.

CAPÍTULO 16

PARTES, CAPACIDADE PROCESSUAL, REPRESENTAÇÃO E ASSISTÊNCIA

> SUMÁRIO: 16.1. Partes – Conceito; 16.1.1. O momento da definição das partes; 16.1.2. Parte e legitimidade para a causa – 16.2. Capacidade de ser parte – 16.3. Capacidade de estar em juízo – 16.4. Representação e assistência – 16.5. Capacidade como pressuposto processual – 16.6. Capacidade postu atória.

16.1. Partes – Conceito

Denominam-se *partes* os chamados sujeitos parciais do processo – autor e réu – que são, respectivamente, aquele que formula pedido em juízo, mediante o exercício da ação, e aquele em face de quem se pede a tutela jurisdicional.

16.1.1. O momento da definição das partes

Normalmente, as partes são definidas já na demanda (veiculada na petição inicial). Ali estão identificados o autor, que está propondo a ação, e o réu, contra quem o primeiro está dirigindo sua demanda.

Mas há casos em que, supervenientemente, acrescentam-se novos sujeitos como parte no processo ou, até mesmo, altera-se o sujeito que detém a condição de parte. Haverá o acréscimo de novas pessoas como parte, por exemplo, em determinadas modalidades de intervenção de terceiros (v. n. 19.4.2, adiante) ou quando é citado no processo um litisconsorte passivo necessário que originalmente não havia sido demandado pelo autor (v. cap. 18, adiante). Haverá a troca de um sujeito por outro, na condição de parte, quando houver sucessão processual (v. cap. 17, adiante) ou mediante o incidente de correção de ilegitimidade passiva (v. vol. 2, cap. 8).

16.1.2. Parte e legitimidade para a causa

O conceito de parte não se confunde com o de legitimidade para a causa (já estudada, como condição da ação, no cap. 10). O sujeito detém a condição de parte pelo tão só fato de figurar em um dos dois polos da demanda jurisdicional, como autor ou réu. Se ele de fato está legitimado para a causa, é outra questão. Eventualmente, o autor propõe a ação sem deter legitimidade para tanto – ou a dirige contra um réu que não está legitimado. Se eu proponho ação em meu próprio nome, para obter uma indenização em favor de meu irmão, por conta de danos que ele sofreu, em princípio eu não detenho legitimidade. Sou autor dessa ação. Portanto, sou *parte* – ainda que seja parte *ilegítima*. A ilegitimidade, aí, vem a adjetivar o substantivo parte – o que comprova que a condição de parte existe independentemente da legitimação.

Como dito, o tema da legitimidade para a causa já foi examinado (n. 10.3, acima), e não será aqui retomado.

16.2. Capacidade de ser parte

O art. 1.º do Código Civil prevê que *toda pessoa é capaz de direitos e deveres na ordem civil*. Isso quer dizer que todo ser humano é dotado de personalidade jurídica e pode ser titular de relação jurídica, como *credor* (em sentido amplo) ou como *devedor* de determinada obrigação.

Nesse plano se situa a capacidade de ser parte (ser autor ou ser réu). É a chamada capacidade de direito.

Essa capacidade é reconhecida ao ser humano, desde o nascimento com vida, às pessoas jurídicas regularmente constituídas e a uma série de entes destituídos de personalidade jurídica, como, por exemplo, as universalidades de bens (ex.: espólio, massa falida, condomínio, sociedade de fato etc.).

16.3. Capacidade de estar em juízo

Para que se esteja diante da capacidade de estar em juízo (formulando pedido ou sendo demandado), todavia, não basta a capacidade de direito, isso é, não basta que a parte seja capaz de ter direitos e assumir obrigações. É preciso que, além disso, exista também a capacidade de fato, ou capacidade de exercício, que se consubstancia na aptidão para a prática dos atos decorrentes da capacidade de direito (CPC/2015, art. 70). Têm capacidade de fato, ou de exercício, aqueles que podem, por si mesmos, praticar os atos da vida civil.

Àqueles aos quais a lei material não reconhece essa aptidão, como, por exemplo, os relativamente incapazes ou os absolutamente incapazes, é necessária a integração da capacidade, isto é, à capacidade de direito, de que são titulares, é preciso que se integre uma outra capacidade, que não têm, para o exercício.

São absolutamente incapazes *de exercer pessoalmente os atos da vida civil*, de acordo com o art. 3.º do Código Civil, necessitando, portanto, da integração da capacidade: os menores de dezesseis anos; aqueles que, em razão de enfermidade ou deficiência mental, não tiverem o necessário discernimento para a prática desses atos, e os que, mesmo por causa transitória, não puderem exprimir sua vontade.

A incapacidade relativa, prevista no art. 4.º do Código Civil, atinge aos maiores de dezesseis e menores de dezoito anos; aos ébrios habituais, aos viciados em tóxicos e aos que, por deficiência mental, tenham o discernimento reduzido; aos excepcionais, sem desenvolvimento mental completo; e aos pródigos. O parágrafo único do mesmo artigo dispõe que "a capacidade dos índios será regulada por legislação especial". O "Estatuto do Índio" (Lei 6.001/1973) prevê, nos arts. 7.º a 11, regime de assistência ou tutela aos silvícolas.

Todos esses não podem exercer pessoalmente os atos da vida civil, necessitando, em maior ou menor grau (conforme se trate de incapacidade absoluta ou de incapacidade relativa), integrar a capacidade, de modo que, à capacidade de direito que têm, some-se a capacidade de exercício, que não têm. Dessa maior ou menor incapacidade decorrem as modalidades de integração de capacidade de que se pode necessitar. Como veremos em seguida, há duas formas de integração: *assistência* e *representação*.

16.4. Representação e assistência

A expressão *representação* tem dois sentidos, neste contexto. Por um lado, pode significar um meio através do qual se integra a capacidade processual (para agir ou para estar em juízo) de quem não a tem, como, por exemplo, o menor impúbere autor de uma ação. Por outro, pode dizer respeito a uma necessidade gerada pelas circunstâncias, o que ocorre quando se dá a representação de pessoa jurídica.

Neste último caso, apesar de haver representação, não se pode falar em integração de capacidade. Trata-se de uma exigência que decorre da natureza das coisas: acionada, por exemplo, uma empresa, não podem todos os acionistas comparecer a juízo para atuar em seu nome. Normalmente, os estatutos designam alguém para desempenhar essa função, ou seja, representar a empresa.

A integração de capacidade só ocorre quando se tratar de pessoa física, e tem lugar diante de ausência absoluta de capacidade (art. 3.º do CC). A complementação da capacidade, quando se está diante de um relativamente incapaz (art. 4.º do CC), se dá através do instituto da *assistência*. Neste caso, assistente e assistido agem em conjunto. Obviamente, não há que se confundir esse instituto com o que estudaremos em breve, relativo a uma forma de intervenção de terceiros em processo alheio (n. 19.5, adiante).

Havendo representação ou assistência, como forma de integração de capacidade da parte pessoa física, é importante sublinhar serem partes única e exclusivamente o representado e o assistido. Refletindo as normas do Código Civil acima citadas, o art. 71 do CPC/2015 estabelece que "o incapaz será representado ou assistido por seus pais, por tutor ou por curador, na forma da lei". Se o incapaz não tiver representante legal ou se os interesses desse colidirem com os daquele, deverá ser nomeado um curador especial para o incapaz (art. 72, I). Tal curadoria deve ser desempenhada pela Defensoria Pública, nos termos da legislação específica (art. 72, parágrafo único), onde essa função estiver organizada.

A representação, como solução dada pelo sistema jurídico positivo a uma necessidade criada pela natureza das coisas, rege-se fundamentalmente pelo art. 75 do CPC/2015. Neste dispositivo se diz, por exemplo, que o espólio será representado pelo inventariante; que o município será representado por seu prefeito ou por procurador, e que uma pessoa jurídica deve ser representada por aquele a quem os seus atos constitutivos designam, ou por seus diretores. Nesses casos, a rigor o que se tem é uma *presentação*. O "representante" é em verdade "presentante" da entidade coletiva que detém a condição de parte. Funciona como um órgão seu.

Note-se que a distinção aqui apresentada é de extrema relevância.

Quando a representação (ou assistência) concerne à integração da capacidade, é ônus *do autor* zelar para que ela seja devidamente observada, inclusive no que concerne ao réu. Por exemplo, quando propõe a ação contra um menor, absolutamente incapaz, o autor tem o ônus de zelar para que a demanda seja devidamente cientificada ao representante do réu. Se a capacidade do réu não for perfeitamente integrada, o processo será extinto sem julgamento de mérito, por falta de pressuposto de validade (n. 15.3.3). Aplica-se a esse caso a regra do inc. I do § 1.º do art. 76. Nessa hipótese, seria absurdo reputar que bastaria ao autor apenas citar o próprio incapaz, cabendo a esse (que é incapaz, afinal) tomar providências para a integração de sua capacidade, sob pena de revelia.

Já no que tange à representação de entes coletivos (pessoas jurídicas, sociedades de fato, condomínios etc.), é ônus de cada parte zelar para que ela esteja perfeitamente regularizada no processo. Nessa hipótese, se o réu descumpre esse ônus, será considerado revel (art. 76, § 1.º, II). Se for o autor, suportará a extinção do processo (art. 76, § 1.º, I), por falta de providência necessária ao prosseguimento da ação.

16.5. Capacidade como pressuposto processual

Como visto no cap. 15, a capacidade é pressuposto processual positivo de validade. Isto significa que, se ausente, deve impedir o juiz de julgar o mérito. Sendo proferida decisão de mérito apesar de uma das partes não ser capaz, estar-se-á diante de decisão rescindível, com base nos arts. 485, IV e 966, V, do CPC/2015.

16.6. Capacidade postulatória

Além disso, em regra, as partes devem ser representadas no processo por advogado regularmente inscrito na OAB (art. 103). O princípio geral é o de que apenas esse profissional possui a capacidade postulatória (quanto às exceções, v. cap. 15 e 23).

Assim, a parte deve constituir como seu procurador um advogado para atuar no processo.

Os atos técnicos deverão ser praticados no processo por esse profissional. Se a própria parte ou um procurador dela que não seja advogado regularmente inscrito na OAB vier a praticar um ato técnico no processo (petição inicial, contestação, recurso etc.), esse ato será considerado nulo (Lei 8.906/94, art. 4.º).

Às partes é dado praticar, contudo, os atos pessoais (não técnicos), como, prestar depoimento pessoal, confessar, participar de audiência para fins de conciliação, exibir documentos, receber citações e intimações para a prática desses próprios atos pessoais etc. A realização de tais atos até pode ser delegada pela parte ao advogado, mediante procuração com poderes expressos. Mas são atos que ela sempre pode praticar pessoalmente.

Por outro lado, não basta a atuação do advogado regularmente inscrito na OAB. Ele precisa atuar munido de procuração (mandato) devidamente outorgada pela parte. Caso contrário, serão considerados ineficazes os atos que ele praticar no processo (art. 104, § 2.º). Aqui, põem-se duas exceções: (1) se a própria parte é advogado inscrito na OAB, ela pode atuar em causa própria – hipótese em que não cabe falar de procuração (art. 103, parágrafo único.); (2) o advogado pode praticar atos processuais urgentes em nome da parte, sem procuração, para evitar perda de direito ou em outras situações de urgência (art. 104, *caput*), desde que junte a procuração no prazo de quinze dias, prorrogáveis por outros quinze (art. 104, § 1.º).

QUADRO SINÓTICO

1. Sujeitos do processo	• Partes (autor e réu)
	• Sujeito imparcial – Juiz

2. Momento da definição das partes	• Petição inicial	
	• Alteração superveniente	• Intervenção de terceiros
		• Litisconsorte passivo necessário
		• Sucessão processual
		• Incidente de correção de ilegitimidade passiva

3. Parte e legitimidade para a causa

4. Capacidade	• Pressuposto processual positivo de validade	
	• Espécies	• De ser parte
		• De estar em juízo

5. Representação	• Integração de capacidade (sem cap.)
	• Presentação

6. Pessoa física	• Representação – Art. 3.º, do CC
	• Assistência – Art. 4.º, do CC
	• Capacidade dos índios: Lei 6.001/1973

7. Pessoa jurídica ou outro ente coletivo	Presentação (atuação como órgão)

8. Capacidade postulatória	Ineficácia dos atos praticados sem procuração – exceções

Doutrina Complementar

Partes

- **ALEXANDRE FLEXA, DANIEL MACEDO E FABRÍCIO BASTOS** (*Novo...*, p. 99) indicam que "os sujeitos parciais podem ser classificados como *partes da demanda* e *partes do processo*. Partes da demanda são aqueles que pedem e aqueles em face de quem se pede alguma coisa em juízo. São os autores e os réus nos processos de conhecimento, e os exequentes e executados nos processos de execução, sendo possível que todos sejam chamados genericamente de demandantes e demandados. Partes do processo são todos aqueles que praticam atos processuais com parcialidade, aí incluídas as partes da demanda e todos os demais sujeitos parciais, como ocorre com os assistentes técnicos".

- **FÁBIO VICTOR DA FONTE MONNERAT** (*Introdução...*, p. 219) afirma que "todo litígio pressupõe ao menos dois sujeitos interessados em um mesmo bem jurídico, o que leva, vedada a autotutela e ausente uma forma consensual de resolução da lide, à necessidade de busca de tutela jurisdicional. Esta busca, representada pela propositura da ação, necessariamente deve identificar, de um lado, o sujeito que exerce a pretensão e, de outro, aquele que oferece a resistência". Para o autor, "decorre desta afirmação o conceito de *partes: quem pede e contra quem é feito o pedido*".

- **FREDIE DIDIER JR.** (*Curso...*, vol. 1, 17. ed., p. 475) destaca que "o conceito de parte deve restringir-se àquele que participa (ao menos potencialmente) do processo com parcialidade, tendo interesse em determinado resultado do julgamento. Saber se essa participação dá-se em relação à demanda, principal ou incidental, ou em relação à discussão de outra questão, não é algo essencial para o conceito puramente processual de parte. Parte é o sujeito parcial do contraditório". Acrescenta esse autor que "de três maneiras distintas pode alguém assumir a posição de parte num processo: *a)* tomando a iniciativa de instaurá-lo; *b)* sendo chamado a juízo para ver-se processar; *c)* intervindo em processo já existente *entre* outras pessoas".

- **HUMBERTO THEODORO JÚNIOR** (*Curso...*, vol. 1, 56. ed., p. 265) aduz que parte, ao lado de ser "sujeito da lide ou do negócio jurídico material deduzido em juízo, é também sujeito do processo". Afirma esse autor ser possível "distinguir dois conceitos de parte: como sujeito da lide, tem-se a parte em sentido material, e como sujeito do processo, a parte em sentido processual. Como nem sempre o sujeito da lide se identifica com o que promove o processo, como se dá, por exemplo, nos casos de substituição processual, pode-se definir a parte para o direito processual como a pessoa que pede ou perante a qual se pede, em nome próprio, a tutela jurisdicional. A que invoca a tutela jurídica do Estado e toma a posição ativa de instaurar a relação processual recebe a denominação de autor. A que fica na posição passiva e se sujeita à relação processual instaurada pelo autor, chama-se réu ou demandado".

- **JOSÉ FREDERICO MARQUES** (*Manual...*, 9. ed. atual., vol. 1, p. 341) sustenta que "partes são as pessoas que pedem e contra as quais se pede, em nome próprio, a tutela jurisdicional. Aquele que pede a tutela jurisdicional tem o nome de autor; e de réu aquele contra quem essa tutela é pedida". No entender desse autor, "se uma pessoa pede a tutela jurisdicional em nome de outrem (e não em nome próprio), representando este, parte será o representado, e não o representante. Adquire-se a posição de parte: a) propondo a ação (autor), ou sendo citado para o processo (réu); b) por efeito de sucessão, na posição de parte que originariamente figurava no processo; c) por efeito de intervenção, voluntária ou coacta, em processo pendente".

- **LUIZ GUILHERME MARINONI, SÉRGIO CRUZ ARENHART E DANIEL MITIDIERO** (*Novo Código...*, p. 152) afirmam que "parte é quem pede e contra quem se pede tutela jurisdicional. Ao lado do juiz, as partes compõem o quadro das pessoas do juízo, dos sujeitos do processo. Eventualmente, também o Ministério Público, quando participa como interveniente (art. 178, CPC), é considerado um dos sujeitos do processo, embora nesse caso não assuma o papel de parte. O mesmo se diga dos auxiliares, permanentes ou eventuais, da justiça (arts. 149-175, CPC), que são sujeitos do processo, ainda que não sejam parte. Parte é um conceito puramente processual, que se afere mediante o simples lanço de olhos ao processo. Não se confunde com o conceito de parte legítima, que supõe pesquisa no plano do direito material".

Capacidade processual – Representação – Assistência

- **HUMBERTO THEODORO JÚNIOR** (*Curso...*, vol. 1, 56. ed., p. 270) afirma que a capacidade processual "consiste na aptidão de participar da relação processual, em nome próprio ou alheio. Em regra geral, a capacidade que se exige da parte para o processo é a mesma que se reclama para os atos da vida civil, isto é, para a prática dos atos jurídicos de direito material (Código Civil de 2002, arts. 5º e 40). Ou seja, "toda pessoa que se encontre no exercício de seus direitos tem capacidade para estar em juízo" (NCPC, art. 70). Quando se faz necessária a representação do incapaz ou do privado de demandar pessoalmente, como o falido e o insolvente civil, o representante não é considerado parte, mas sim gestor de interesses alheios. Há representações voluntárias, derivadas de negócio jurídico, e representações legais, oriundas imediatamente da lei, como a do titular do poder familiar em relação aos filhos menores. Entre as representações voluntárias, que são aquelas em que a pessoa escolhe voluntariamente o representante para atuar em seu nome, distinguem-se casos de representação necessária, em que, embora o representante seja de livre escolha do representado, não pode deixar de eleger um representante qualificado para a prática do ato".

- **JOSÉ FREDERICO MARQUES** (*Manual...*, 9. ed. atual., vol. 1, p. 341) sustenta que capacidade processual "é a aptidão de uma pessoa para ser parte, isto é, sujeito de direitos e obrigações, faculdades e deveres, ônus e poderes, na relação processual, como autor, réu, ou interveniente. Todo homem, por ser capaz de direitos e obrigações na ordem civil, (...) tem a capacidade processual de ser parte; (...). De igual capacidade estão dotadas as pessoas jurídicas, bem como outras coletividades organizadas, pluralidade de pessoas ou patrimônios autônomos, tratados no Direito Processual Civil como se tivessem personalidade jurídica, embora não a tenham: é o que se dá com a massa falida, o espólio, a herança vacante ou jacente (Código de Processo Civil, art. 12, III, IV e V)". Distinta da capacidade de ser parte é aquela de agir, sobre a qual assim dispõe o Código de Processo Civil, no art. 7.º: "Toda pessoa que se acha no exercício dos seus direitos tem capacidade para estar em juízo". No entender desse autor, a capacidade para estar em juízo tem como pressuposto a capacidade de ser parte. Segundo sustenta, "uma pessoa capaz pode não ter a capacidade processual de estar em juízo, tal como sucede com os loucos de todo o gênero, ou com os menores de dezesseis anos; tais pessoas não têm capacidade, por isso mesmo, para atuar processualmente, praticando atos processuais ou deles tendo ciência".

- **LUIZ GUILHERME MARINONI, SÉRGIO CRUZ ARENHART E DANIEL MITIDIERO** (*Novo Curso...*, vol. 2, p. 81) afirmam que "o conceito de capacidade processual é um gênero que comporta três espécies: *capacidade para ser parte,* *capacidade para estar em juízo* e *capacidade postulatória*". Para esses autores, "a capacidade para ser parte, também conhecida como personalidade processual ou personalidade judiciária, é a capacidade para demandar e ser demandado em juízo. Vale dizer: para figurar como parte no processo civil. O conceito está intimamente ligado ao conceito de personalidade jurídica". A capacidade para estar em juízo, segundo sustentam esses autores, "é a capacidade para praticar válida e eficazmente atos processuais". Na opinião desses autores, "a vinculação com o direito material é evidente, tendo em conta que a capacidade para estar em juízo depende da verificação da capacidade jurídica". A capacidade postulatória, para esses autores, é "a capacidade para postular em nome próprio ou alheio em juízo. É a capacidade de traduzir juridicamente as manifestações de vontade e as declarações de conhecimento das partes no processo civil, postulando a partir daí a produção de efeitos jurídicos".

- **NELSON NERY JR. E ROSA MARIA DE ANDRADE NERY** (*Comentários...*, p. 372) entendem que a capacidade processual "é pressuposto processual de validade (CPC 485 IV), sendo manifestação da capacidade de exercício no plano do direito processual. Os absoluta e os relativamente incapazes podem ser parte, mas não podem praticar atos processuais, pois não têm capacidade processual. Os incapazes devem ser representados ou assistidos, na forma da lei. Têm capacidade processual os que possuem capacidade plena de exercício". A capacidade de ser partes, para Nelson e Rosa Nery, decorre "da capacidade de direito, significando a aptidão para ser autor, réu ou interveniente em ação judicial. É pressuposto pré--processual (...). Têm-na os que têm capacidade de direito. O incapaz tem capacidade de ser parte, mas não possui capacidade processual (de exercício)".

- **ROGÉRIA FAGUNDES DOTTI** (*Breves...*, p. 249). Para a autora, "a capacidade processual constitui pressuposto de validade do processo. Trata-se da possibilidade de exercer seus direitos em juízo, de forma direta, sem a necessidade de assistência ou representação. Tal capacidade não se confunde com a possibilidade de pleitear ou apresentar defesa em juízo, o que caracteriza a capacidade postulatória (inerente exclusivamente aos advogados e membros do Ministério Público). A capacidade processual também difere da capacidade de ser parte. Com efeito, os menores, loucos e interditados podem ser parte, mas, para a prática de atos processuais, deverão estar assistidos (menores púberes) ou representados (demais). Isto porque lhes falta a aptidão para o exercício dos direitos e deveres processuais. Em síntese, a capacidade de ser parte refere-se à possibilidade de demandar e ser demandado; a capacidade processual a de agir em juízo e a capacidade postulatória a de formular requerimentos ou se defender (postular)".

- **TERESA ARRUDA ALVIM WAMBIER, MARIA LÚCIA LINS CONCEIÇÃO, LEONARDO FERRES DA SILVA RIBEIRO E ROGERIO LICASTRO TORRES DE MELLO** (*Primeiros...*, p. 139) sustentam que "têm capacidade de ser parte os que têm capacidade civil de direito. Têm capacidade de agir no processo ou capacidade processual, os que têm capacidade civil de exercício". Afirmam esses autores que "a capacidade é atributo de natureza absolutamente genérica. Liga-se à aptidão para ter direitos ou para a prática de atos. Nesta medida, é diferente da legitimidade (art. 17 do NCPC) que é atributo específico, sempre ligado a certo contexto e à possibilidade de um agir específico". A capacidade processual, para esses autores, é a "capacidade de agir em juízo e é, portanto, diferente da capacidade de ser parte. A capacidade de ser parte abrange também quem não têm personalidade civil – que, para agir (para adquirir capacidade processual) terão de ser representados/ assistidos e, além disso, alguns entes desprovidos de personalidade". Na opinião desses autores, "capacidade processual ou de agir é a aptidão para a prática de atos no processo. Mas para a prática de atos no processo, é necessária também a capacidade postulatória, nome que a doutrina costuma atribuir, a nosso ver de modo meio desajeitado, ao fato de a parte estar sendo representada por advogado. A capacidade é pressuposto processual de validade do processo. Trata-se de matéria de ordem pública, e, havendo vício, pode ser conhecido independentemente de ter sido alegado pelas partes".

Enunciados do FPPC

N.º 18. (*Art. 190, CPC/15*) Há indício de vulnerabilidade quando a parte celebra acordo de procedimento sem assistência técnico-jurídica.

N.º 44. (*Art. 339, CPC/15*) A responsabilidade a que se refere o art. 339 é subjetiva.

N.º 296. (*Art. 338; art. 339, CPC/15*) Quando conhecer liminarmente e de ofício a ilegitimidade passiva, o juiz facultará ao autor a alteração da petição inicial, para substituição do réu, nos termos dos arts. 338 e 339, sem ônus sucumbenciais.

N.º 368. (*Art. 1.071, CPC/15*) A impugnação ao reconhecimento extrajudicial da usucapião necessita ser feita mediante representação por advogado.

Bibliografia

Fundamental

ALEXANDRE FLEXA, DANIEL MACEDO e FABRÍCIO BASTOS, *Novo Código de Processo Civil. O que é inédito. O que mudou. O que foi suprimido*, Salvador, JusPodivm, 2015; FÁBIO VICTOR DA FONTE MONNERAT, *Introdução ao estudo do direito processual civil*, São Paulo, Saraiva, 2015; FREDIE DIDIER JR., *Curso de Processo Civil: introdução ao direito processual civil, parte geral e processo de conhecimento*, 17. ed., Salvador, JusPodivm, 2015, vol. 1; HUMBERTO THEODORO JÚNIOR, *Curso de direito processual civil*, 56. ed., Rio de Janeiro, Forense, 2015, vol. 1; JOSÉ FREDERICO MARQUES, *Manual de direito processual civil*, 9. ed., atual. OVÍDIO ROCHA BARROS SANDOVAL, Campinas: Millennium, 2003, vol. 1; LUIZ GUILHERME MARINONI, SÉRGIO CRUZ ARENHART E DANIEL MITIDIERO, *Novo código de processo civil comentado*, São Paulo, Ed. RT, 2015; _____, _____ E _____, *Novo curso de processo civil: tutela dos direitos mediante procedimento comum*, São Paulo, Ed. RT, 2015, vol. 2; NELSON NERY JR. e ROSA MARIA DE ANDRADE NERY, *Comentários ao código de processo civil*, São Paulo, Ed, RT, 2015; TERESA ARRUDA ALVIM WAMBIER, FREDIE DIDIER JR., EDUARDO TALAMINI e BRUNO DANTAS (COORD.), *Breves comentários ao Novo Código de Processo Civil*, São Paulo, Ed. RT, 2015; _____, MARIA LÚCIA LINS CONCEIÇÃO, LEONARDO FERRES DA SILVA RIBEIRO E ROGERIO LICASTRO TORRES DE MELLO, *Primeiros comentários ao novo código de processo civil: artigo por artigo*, São Paulo, Ed. RT, 2015.

Complementar

ADA PELLEGRINI GRINOVER, A assistência judiciária, a capacidade postulatória e o art. 68 do CPP, *RPGESP* 22/117; _____, Desistência e reajuizamento do processo. Exercício regular de direito. Inexistência de litigância de má-fé. Conduta ética dos procuradores, *O processo em evolução*, Rio de Janeiro, Forense Universitária, 1995; ALEXANDRE ALVES LAZZARINI, O papel do representante, do procurador e do Ministério Público nos procedimentos da Lei 8.884/94; ALEXANDRE FREITAS CÂMARA, *Lições de direito processual civil*, 16. ed., Rio de Janeiro, Lumen Juris, 2007, vol. 1; ALFREDO DE ARAÚJO LOPES DA COSTA, *Manual elementar de direito processual civil*, 3. ed., Atual. Sálvio de Figueiredo Teixeira, Rio de Janeiro, Forense, 1982; ANISSARA TOSCAN, Contraditório e representação adequada nas ações coletivas, *RePro* 240/191; ARRUDA ALVIM, *Manual de direito processual civil*, 6. ed., São Paulo, Ed. RT, 1997, vol. 2; _____, *Tratado de direito processual civil*, 2. ed., São Paulo, Ed. RT, 1996, vol. 2; CÂNDIDO RANGEL DINAMARCO, *A reforma do Código de Processo Civil*, 4. ed., São Paulo, Malheiros, 1998; _____, *Instituições de direito processual civil*, 5. ed., São Paulo, Malheiros, 2005, vol. 2; CÁSSIO SCARPINELLA BUENO, *Partes e terceiros no processo civil brasileiro*, 2. ed., São Paulo, Saraiva, 2003; CELSO AGRÍCOLA BARBI, *Comentários ao Código de Processo Civil*, 10. ed., Rio de Janeiro, Forense, 1997, vol. 1; CLAYTON MARANHÃO e EDUARDO CAMBI, Partes e terceiros na ação civil pública por dano ambiental, *Aspectos polêmicos e atuais sobre os terceiros no processo civil e assuntos afins*, São Paulo, Ed. RT, 2004; DANIEL COLNAGO RODRIGUES, A assistência provocada no processo civil brasileiro, *RePro* 240/349; DONALDO ARMELIN, *Legitimidade para agir no direito processual civil brasileiro*, São Paulo, Ed. RT, 1979; EDSON PRATA, Capacidade postulatória, mandato e direitos do advogado, *RBDP* 32/11; EDUARDO ARRUDA ALVIM, *Curso de direito processual civil*, São Paulo, Ed. RT, 1999, vol. 1; EDUARDO CÂNDIA, A representação adequada no direito processual civil coletivo brasileiro e o controle judicial em cada caso concreto: uma abordagem de lege lata, *RePro* 202/419, dez. 2011; ENRICO TULLIO LIEBMAN, O despacho saneador e a legitimação das partes, *Estudos sobre o processo civil brasileiro*, 2. ed., São Paulo, Bushatsky, 1976; _____, *Manual de direito processual civil*, 2. ed., Rio de Janeiro, Forense, 1985, vol. 1; _____, Novamente sobre a legitimação das partes, em *Estudos sobre o processo civil brasileiro*, 2. ed., São Paulo, Bushatsky, 1976; ERNANE FIDÉLIS DOS SANTOS, *Manual de direito processual civil*, 12. ed., São Paulo, Saraiva, 2007, vol. 1; EVARISTO ARAGÃO SANTOS, Sobre as partes e terceiros na execução forçada, *Aspectos polêmicos e atuais sobre os terceiros no processo civil e assuntos afins*, São Paulo, Ed. RT, 2004; FABIO MILMAN, *Improbidade processual*: comportamento das partes de seus procuradores no processo civil, Rio de Janeiro, Forense, 2007; FRANCISCO C. PONTES DE MIRANDA, *Comentários ao Código de Processo Civil*, 4. ed., Rio de Janeiro, Forense, 1995, t. I; GELSON AMARO DE SOUZA, A capacidade processual do nascituro, *RJ* 221/41; GISELE SANTOS FERNANDES GÓES, *Direito processual civil*: processo de conhecimento, São Paulo, Ed. RT, 2006; GUILHERME BEUX NASSIF AZEM e VIVIAN RIGO, A capacidade processual dos cônjuges, *Ações de direito de família*, Porto Alegre, Livraria do Advogado, 2006; HANDEL MARTINS DIAS, Eficácia da assistência: a vinculação do assistente à "justiça da decisão", *RePro* 225/123; HÉLIO TORNAGHI, *Comentários ao Código de Processo Civil*, 2. ed., São Paulo, Ed. RT, 1976, vol. 1; HUMBERTO THEODORO JUNIOR, Partes e terceiros na execução: responsabilidade patrimonial, *RePro* 100/139; ISO CHAITZ SCHERKERKEWITZ, Capacidade processual de entes despersonalizados, *RePro* 56/202; J. J. CALMON DE PASSOS, *Inovações no Código de Processo Civil*, Rio de Janeiro, Forense, 1995; JOÃO BATISTA Lopes, *Curso de direito processual civil*: parte geral, São Paulo, Atlas, 2005, vol. 1; JOSÉ AUGUSTO DELGADO, Sujeitos do processo, *RePro* 30/61; JOSÉ CARDOSO FILHO, Legitimidade em direito, *Doutrinas Essenciais de*

Processo Civil, vol. 3, p. 431, out. 2011; JOSÉ CARLOS BARBOSA MOREIRA, Condomínio de edifício de apartamentos. Capacidade para ser parte e legitimação para agir. Caução, *Temas de direito processual* – Primeira série, 2. ed., São Paulo, Saraiva, 1988; _____, A legitimação para a defesa dos "interesses difusos" no direito brasileiro, em *Temas de direito processual* – Terceira série, São Paulo, Saraiva, 1984; _____, A responsabilidade das partes por dano processual no direito brasileiro, em *Temas de direito processual* – Primeira série, 2. ed., São Paulo, Saraiva, 1988; JOSÉ EDUARDO CARREIRA ALVIM, *Elementos de teoria geral do processo*, 7. ed., Rio de Janeiro, Forense, 2001; JOSÉ MARIA ROSA TESHEINER, Partes e legitimidade nas ações coletivas, *RePro* 180/9, fev. 2010, *Doutrinas Essenciais de Processo Civil*, vol. 9, p. 805, out. 2011; JOSÉ ROGÉRIO CRUZ E TUCCI, Repressão ao dolo processual: o novo art. 14 do Código de Processo Civil, *RT* 798/65, *RJ* 292/15; LUCAS BURIL DE MACÊDO, O controle judicial da representação adequada: notas ao tratamento legal e doutrinário e proposta de adequação constitucional de seus efeitos, *RePro* 227/209, jan. 2014; LUIZ FUX, *Curso de direito processual civil*, 3. ed., Rio de Janeiro, Forense, 2005; LUIZ GUILHERME DA COSTA WAGNER JUNIOR, *Processo civil*: curso completo, Belo Horizonte, Del Rey, 2007; LUIZ GUILHERME MARINONI e SÉRGIO CRUZ ARENHART, *Processo de conhecimento*, 6. ed., São Paulo, Ed. RT, 2007, vol. 2; MARCELO ABELHA RODRIGUES, *Elementos de direito processual civil*, 3. ed., São Paulo, Ed. RT, 2003, vol. 1; MARCELO JOSÉ MAGALHÃES BONICIO, Ensaio sobre o dever de colaboração das partes previsto no projeto do novo Código de Processo Civil brasileiro, *RePro* 190/210; MARIA BERENICE DIAS, *O terceiro no processo*, Rio de Janeiro, Aide, 1993; MOACYR AMARAL SANTOS, *Primeiras linhas de direito processual civil*, 24. ed. Atual. Aricê Moacyr Amaral Santos, São Paulo, Saraiva, 2008, vol. 2; PAULO ROBERTO PEREIRA DE SOUZA, Capacidade processual, *Digesto de Processo* 2/26; ROBERTO ROSAS, O advogado e a reforma processual, *Reforma do Código de Processo Civil*, São Paulo, Saraiva, 1996; ROBSON CARLOS DE OLIVEIRA, Legitimidade para agir nos embargos à arrematação e à adjudicação: aspectos controvertidos, *Processo de execução*, São Paulo, Ed. RT, 2001, vol. 2; RODOLFO DE CAMARGO MANCUSO, Titularidade do direito, legitimação para agir e representação processual, *RT,* 771/87 jan. 2000, *Doutrinas Essenciais de Processo Civil,* vol. 3, p. 559, out. 2011; ROSMAR ANTONNI RODRIGUES CAVALCANTI DE ALENCAR, A legitimação do autor da ação popular, *RePro* 132/52; SÉRGIO BERMUDES, Capacidade processual e citação de réu morto, em *Direito processual civil* – Estudos e pareceres – Segunda série, São Paulo, Saraiva, 1994; TERESA ARRUDA ALVIM WAMBIER e LUIZ RODRIGUES WAMBIER, Casos problemáticos: partes ou terceiros? (análise de algumas situações complexas do direito material), *Aspectos polêmicos e atuais sobre os terceiros no processo civil e assuntos afins*, São Paulo, Ed. RT, 2004; TIAGO FENSTERSEIFER, A legitimidade da Defensoria Pública para a ação civil pública ambiental e a condição de pessoa necessitada em termos (socio) ambientais: uma questão de acesso à Justiça (socio) ambiental, *RePro* 193/53; THEREZA ALVIM, *O direito processual de estar em juízo*, São Paulo, Ed. RT, 1996; _____, A responsabilidade por prejuízos causados no processo, *Reforma do Código de Processo Civil*, São Paulo, Saraiva, 1996; VOLTAIRE DE LIMA MORAES, Dos bens jurídicos tutelados, da legitimidade passiva e do foro competente na ação civil pública, na coletânea *Ação civil pública*: Lei 7.347/1985 – 15 anos, São Paulo, Ed. RT, 2001.

Capítulo 17

SUCESSÃO PROCESSUAL

> Sumário: 17.1. Noções gerais – 17.2. Sucessão das partes – 17.3. Sucessão x substituição – 17.4. O regramento da sucessão *inter vivos* – 17.5. Sucessão processual *causa mortis* – 17.6. Sucessão dos procuradores (advogados).

17.1. Noções gerais

Sucessão, como indica a expressão, significa alguém passar a ocupar, sucessivamente no tempo, o lugar de outrem. É só se pensar em sucessão hereditária, fenômeno que ocorre entre o *de cujus* e seus herdeiros, em que estes passam a ocupar o lugar daquele na titularidade de seus direitos e obrigações, para se perceber que a expressão *sucessão* envolve a circunstância de alguém passar a ocupar o lugar de outrem.

Na sucessão processual, um sujeito assume a posição jurídica que até então era ocupada por outro.

A sucessão pode dizer respeito às próprias partes – hipótese que ela reflete uma sucessão havida também no plano material, relativamente à posição jurídico-material que constitui o objeto (mérito) do processo. Mas pode também concernir aos advogados das partes. Ambas as hipóteses são aqui examinadas.

17.2. Sucessão das partes

A sucessão da parte pode dar-se por força de falecimento (sucessão *causa mortis*) ou por força da transferência negocial do bem jurídico-material que é objeto do processo (sucessão *inter vivos*).

O princípio geral é o de que as partes, tal como definidas ao ingressarem na relação processual, não serão modificadas até o fim o do processo – o que recebe o nome de *perpetuatio legitimationis* (ou estabilização das partes no processo). O art. 108 prevê a possibilidade de haver troca de um sujeito por outro na condição de parte, com um sucedendo o outro – o que constitui exceção ao princípio da *perpetuatio legitimationis*.

Dois requisitos devem ser observados para que tenha lugar a sucessão *inter vivos*: o primeiro deles é a admissibilidade da lei, conforme prevê o art. 108, e o segundo é a vontade da parte contrária, nos termos do que estabelece o art. 109, § 1.º (v. n. 17.4, abaixo).

Todavia, para que haja sucessão *mortis causa*, a vontade da parte contrária é irrelevante e esta pode se dar sucessivamente em dois momentos. Primeiro pelo espólio e depois pelos sucessores, observado o disposto nos arts. 110 e 313.

17.3. Sucessão x substituição

A sucessão processual das partes não se confunde com a substituição processual.

Sucessão, como visto, significa a troca de uma pessoa por outra, num polo processual (i.e., como autor ou como réu), com o ingressante assumindo a posição jurídica daquele que está saindo. Substituição significa alguém estar ocupando o lugar que, segundo algum outro critério, poderia ser de outrem, concomitantemente no tempo.

A sucessão processual tem por base a transferência da própria posição jurídico-material discutida no processo.

Diferentemente ocorre com a substituição, fenômeno tipicamente processual, que significa a circunstância de alguém estar ocupando um lugar ou desempenhando um papel que segundo algum outro critério (que não aqueles que determinaram a sua posição) deveria caber a outrem. A substituição processual constitui modalidade de legitimação processual extraordinária: a lei excepcionalmente autoriza que um sujeito, em nome próprio, peça a proteção ou defenda em juízo o direito de outrem (art. 18 – v. n. 10.3.2, acima).

17.4. O regramento da sucessão *inter vivos*

O art. 109 do CPC/2015 disciplina o tratamento processual a ser dado à parte alienante e ao terceiro adquirente quando o bem jurídico objeto da lide é alienado no curso do processo. Assim, a regra fixa condições para que haja sucessão processual. Mas regula também uma importante hipótese de substituição processual.

Como afirmado, com a propositura da demanda, os elementos da ação ficam, por assim dizer, cristalizados. A esta situação, consistente numa certa fixação (no sentido de estabilidade), a doutrina dá o nome de *perpetuatio*. Justamente em razão da *perpetuatio legitimationis* (i.e., estabilização das partes no processo) é que se põe a regra do art. 109, *caput*. Nesse dispositivo, se diz que quaisquer alterações ocorridas no plano do direito material, em princípio, não têm o condão de se refletir no processo, alterando a legitimação das partes. Assim, se pende demanda reivindicatória entre A (autor) e B (réu), e B vende o imóvel para C, isso não significa que C passará a figurar no polo passivo da ação que A move contra B. Para que haja sucessão processual, é preciso (i) que C compareça e requeira seu ingresso no processo e (ii) que A concorde com a sucessão processual de B por C (art. 109, § 1.º). Não sendo assim, B continuará sendo réu, e aí se diz que B permanecerá como parte no processo *substituindo* processualmente C.

Para que fique bem claro o que ora se afirma, quanto a haver substituição, convém retomar rapidamente algumas noções já estudadas, ligadas à ideia de legitimação. Como exposto no cap. 10, em regra cabe à própria parte que afirma ter um direito defender sua pretensão em juízo. Essa é a legitimação ordinária. Apenas excepcionalmente permite-se que alguém defenda em juízo direito alheio em nome próprio, como substituto processual (art. 18 – v. n. 10.3.2).

É o que ocorre no art. 109, *caput*: aquele que permanece no processo a despeito de haver alienado o bem jurídico objeto da lide, passa a ser substituto processual do adquirente. O adquirente será atingido não só pelos efeitos da sentença (art. 109, § 3.º) como pela coisa julgada.[1]

Para que se aplique o art. 109, a alienação há de ser *inter vivos* (e não *mortis causa*), particular (envolvendo um ou mais bens determinados) e não universal (envolvendo todo um patrimônio), mas a lei não distingue entre alienação onerosa ou gratuita, de modo que parece poder tratar-se de ambas.

Além disso, o art. 109 apenas incide quando já houver coisa ou direito litigioso – o que, relativamente ao réu, se dá depois da citação (art. 240) e, quanto ao autor, põe-se desde o ajuizamento da demanda (v. cap. 25).

Quando o adversário do alienante não aceita a sucessão processual do alienante pelo adquirente, esse pode ainda assim participar do processo como assistente litisconsorcial (art. 109, § 2.º – sobre tal modalidade de intervenção de terceiro, v. n. 19.5.2, adiante).

---

1. Há um pressuposto atinente à boa-fé objetiva para que isso ocorra, consistente na razoável possibilidade de que o terceiro adquirente tivesse ciência da pendência da ação sobre o bem (v. a respeito, EDUARDO TALAMINI, *Coisa julgada e sua revisão*, São Paulo, Ed. RT, 205, n. 2.5.6, p. 112-113; e "Natureza do litisconsórcio em ação demarcatória e a eficácia de processo e sentença demarcatórios em face de terceiros adquirentes de imóveis objeto do litígio", em *Revista de Processo*, vol. 188, 2010, n. 7.

17.5. Sucessão processual *causa mortis*

Em caso de morte de uma das partes, o processo será suspenso para permitir-se a sucessão do falecido pelo espólio ou pelos sucessores (arts. 110 e 313, I). Nesse caso, a sucessão independe de concordância da parte adversária.

O espólio consiste na universalidade de direitos e obrigações deixados pelo falecido, que recebe um tratamento global enquanto não se formaliza a sucessão. É ente sem personalidade jurídica, mas com capacidade de ser parte. É representado em juízo pelo inventariante (art. 75, VII).

Uma vez suspenso o processo, não havendo o imediato comparecimento do espólio nem a habilitação dos sucessores, será adotada uma das seguintes alternativas: (a) se morto o réu, o juiz dará prazo de dois a seis meses ao autor para promover a citação do espólio, sucessores ou herdeiros (art. 313, § 2.º, I). Se o autor não o fizer, extingue-se o processo por falta de prática de ato indispensável a seu prosseguimento (art. 485, III e § 1.º); (b) se morto o autor e sendo intransmissível o direito discutido em juízo, extingue-se o processo sem resolução de mérito (art. 485, IX); (c) se morto o autor e transmissível o direito, o juiz intimará o espólio, sucessores ou herdeiros para que, no prazo por ele designado, querendo, promovam a habilitação – sob pena extinção do processo sem julgamento de mérito (art. 313, § 2.º, II). Sobre o tema, v. também o n. 25.2.3.1, adiante.

17.6. Sucessão dos procuradores (advogados)

Os arts. 111 e 112 do CPC/2015 tratam da possibilidade de haver sucessão dos procuradores das partes. Além disso, o art. 313, § 3.º, também trata do tema, na hipótese em que há falecimento do advogado da parte.

Há determinação expressa no sentido de que a parte, no mesmo ato em que revogue o mandato outorgado para seu procurador, constitua outro para sucedê-lo, representando-a (art. 111, *caput*).

Não sendo constituído novo advogado no prazo de quinze dias: o processo será extinto, se a providência couber ao autor; se couber ao réu, este será considerado revel. No caso de terceiro, o juiz o considerará revel ou o excluirá do processo, dependendo do polo em que se encontre. Em grau de recurso, a ausência de regularização pelo recorrente acarretará o não conhecimento do recurso. Se a providência couber ao recorrido, o relator determinará o desentranhamento das contrarrazões (art. 111, parágrafo único, c/c art. 76).

Existe também a possibilidade de que o próprio advogado renuncie, remanescendo, todavia, responsável pelo processo durante os dez dias subsequentes à renúncia, desde que necessário para evitar prejuízo à parte. Esta renúncia deve ser acompanhada de ato de ciência à parte, que deve ocorrer através de meio que se consubstancie, em si mesmo, numa prova, como, por exemplo, notificação, correspondência mediante protocolo firmado pela própria parte ou correspondência com aviso de recebimento também firmado pela própria parte. A comunicação da renúncia pode ser dispensada, todavia, quando a procuração tiver sido outorgada a vários advogados e a parte, apesar da renúncia, continuar representada por outro (art. 112, § 2.º).

No caso de renúncia, também será aplicado o regime de consequências acima indicado, previsto no art. 76.

Por fim, se houver a morte do procurador, o processo deve ser suspenso desde tal evento (art. 313, I). Se o falecido era o único procurador da parte no processo, ou o único a quem se dirigiram posteriores intimações, são nulos tais atos, ressalvada a concreta não configuração de prejuízo. Sendo o morto o único procurador da parte, o juiz dar-lhe-á quinze dias para constituir novo advogado, sob pena de extinção sem julgamento de mérito, no caso do autor, ou de prosseguimento processual à revelia, no caso do réu (art. 313, § 3.º).

Quadro Sinótico

1. Sucessão	a) Troca de uma pessoa por outra no polo processual		
	b) Exceção à regra da *perpetuatio legitimationis*		
	c) Requisitos	Lei – Art. 108	
		Vontade da parte – Art. 109, § 1.º	
	d) Sucessão *mortis causa* – Art. 110	1) Vontade da parte (irrelevante)	
		2) 1.º momento – Espólio – Inventariante	
		3) 2.º momento – Sucessores – Herdeiros	
2. Sucessão *inter vivos*	a) *Circunstância de alguém estar ocupando um lugar ou desempenhando um papel que deveria caber a outrem*		
	b) Regra da *perpetuatio legitimationis*		
	c) Alienação	• Onerosa/gratuita	
		• *Inter vivos*	
		• Particular	
	d) Coisa litigiosa – Art. 240		
	e) Extensão e efeitos – Art. 109, § 3.º		
3. Sucessão dos procuradores	a) Revogação do mandato		
	b) Renúncia		
	c) Morte – suspensão do processo		

Doutrina Complementar

- **HUMBERTO THEODORO JÚNIOR** (*Curso...*, vol. 1, 56. ed., p. 267) assevera que, como regra geral, "a titularidade da ação vincula-se à titularidade do pretendido direito material subjetivo, envolvido na lide (legitimação ordinária). Assim, 'ninguém poderá pleitear direito alheio em nome próprio, salvo quando autorizado pelo ordenamento jurídico' (NCPC, art. 18). Há, só por exceção, portanto, casos em que a parte processual é pessoa distinta daquela que é parte material do negócio jurídico litigioso, ou da situação jurídica controvertida. Quando isso ocorre, dá-se o que em doutrina se denomina substituição processual (legitimação extraordinária), que consiste em demandar a parte, em nome próprio, a tutela de um direito controvertido de outrem. Caracteriza-se ela pela 'cisão entre a titularidade do direito subjetivo e o exercício da ação judicial', no dizer de Buzaid. Trata-se de uma faculdade excepcional, pois só nos casos expressamente autorizados em lei é possível a substituição processual (art. 18). Uma dessas hipóteses ocorre quando a parte, na pendência do processo, aliena a coisa litigiosa ou cede o direito pleiteado em juízo. Embora o alienante deixe de ser o sujeito material da lide, continua a figurar na relação processual como parte (sujeito do processo), agindo, daí em diante, em nome próprio, mas na defesa de direito material de terceiro (o adquirente) (art. 109)". Segundo afirma esse autor, "não se confunde a substituição processual com a sucessão de parte. Se o direito controvertido se torna, no curso do processo, objeto de transferência a título particular, não importa se, por ato entre vivos ou por causa de morte, o processo prossegue entre as partes originárias (se se trata de ato entre vivos) ou perante o sucessor a título universal (se se trata de ato por causa de morte), mas a sentença produzirá os seus efeitos, mesmo perante o adquirente e o legatário (NCPC, art. 109, § 3º). A inoponibilidade da transferência ao adversário do alienante ou de quem tenha feito o legado, que por um lado não espolia da legitimação o alienante e o herdeiro e, por outro lado, estende os efeitos da sentença ao adquirente e ao legatário, é inspirada não pela exigência de tutelar o autor, que poderá até mesmo ser o sucumbente, mas pela necessidade de tornar possível o pronunciamento de mérito, que a oponibilidade da transferência, privando o alienante da legitimação, impediria" (p. 269).

- **JOSÉ FREDERICO MARQUES** (*Manual...*, 9. ed., vol. 1, p. 344) entende que o art. 6.º do CPC prevê a "chamada substituição processual, a qual ocorre justamente quando alguém, em nome próprio, pleiteia direito alheio. Não coincidindo o sujeito da relação processual com o da relação substancial, verifica-se caso de legitimação *ad causam* extraordinária. Por esse motivo, a substituição processual depende sempre de previsão expressa da lei, como o preceitua, claramente, o citado art. 6.º do Código de Processo Civil. O substituto processual é parte no processo, tendo, assim, o direito de ação ou o de defesa. Ele atua no próprio interesse, tanto que age em nome próprio, como diz a lei. E isto em virtude da relação entre o direito alheio e o direito do substituído: por intermédio do direito do substituído é que o substituto satisfaz o direito próprio. (...) Não se confunde a substituição processual com a sucessão, porque nesta o sucessor atua em nome próprio por um direito que lhe é próprio. Na sucessão, o sucessor ingressa na relação processual como sujeito de relação jurídica de que se tornou titular, ao passo que, na substituição processual, o substituto sempre atua na defesa de direito alheio, embora em nome próprio".

- **NELSON NERY JR. E ROSA MARIA DE ANDRADE NERY** (*Comentários...*, p. 502) sustentam que "o CPC 108 corrigiu equívoco do CPC/1973 41, que denominava substituição o que, na verdade, se trata de sucessão processual. Sucessão processual ocorre quando outra pessoa assume o lugar do litigante, tornando-se parte na relação jurídica processual. Defende, em nome próprio, direito próprio decorrente de mudança na titularidade do direito material discutido em juízo. Na substituição processual, que é espécie de legitimação extraordinária (CPC 18), o substituto defende, em nome próprio, direito alheio; na sucessão processual o sucessor defende, em nome próprio, direito próprio, pois ele é o titular do direito afirmado e discutido em juízo".

- **TERESA ARRUDA ALVIM WAMBIER, MARIA LÚCIA LINS CONCEIÇÃO, LEONARDO FERRES DA SILVA RIBEIRO E ROGERIO LICASTRO TORRES DE MELLO** (*Primeiros...*, p. 199). Na opinião dos autores, "o art. 108 do NCPC veio a corrigir equívoco existente no art. 41 do CPC/73, consistente na confusão dos termos substituição com sucessão. Talvez não tivesse sido o caso, neste artigo, de trocar um termo pelo outro, já que ambos os fenômenos só podem ocorrer, por força de lei expressa, em nosso entender, o dispositivo deveria apresentar a seguinte redação: "no curso do processo, somente é lícita a sucessão e a substituição voluntária das partes nos casos expressos em lei".

Enunciados do FPPC

N.º 44. (*Art. 339, CPC/2015*) A responsabilidade a que se refere o art. 339 é subjetiva.

N.º 115. (*Art. 109; art. 110; art. 190, CPC/2015*) O negócio jurídico celebrado nos termos do art. 190 obriga herdeiros e sucessores.

N.º 152. (*Art. 339, §§ 1.º e 2.º, CPC/2015*) Nas hipóteses dos §§ 1.º e 2.º do art. 339, a aceitação do autor deve ser feita no prazo de 15 dias destinado à sua manifestação sobre a contestação ou sobre essa alegação de ilegitimidade do réu.

N.º 487. (*Art. 18, parágrafo único; art. 119, parágrafo único, CPC/2015; art. 3.º da Lei 12.016/2009*) No mandado de segurança, havendo substituição processual, o substituído poderá ser assistente litisconsorcial do impetrante que o substituiu.

Bibliografia

Fundamental

HUMBERTO THEODORO JÚNIOR, *Curso de direito processual civil*, 56. ed., Rio de Janeiro, Forense, 2015, vol. 1; JOSÉ FREDERICO MARQUES, *Manual de direito processual civil*, 9. ed., atual. Ovídio Rocha Barros Sandoval, Campinas, Millennium, 2003, vol. 1; NELSON NERY JR. e ROSA MARIA DE ANDRADE NERY, *Comentários ao código de processo civil*, São Paulo, Ed. RT, 2015; TERESA ARRUDA ALVIM WAMBIER, MARIA LÚCIA LINS CONCEIÇÃO, LEONARDO FERRES DA SILVA RIBEIRO e ROGERIO LICASTRO TORRES DE MELLO, *Primeiros comentários ao novo código de processo civil: artigo por artigo*, São Paulo, Ed. RT, 2015.

Complementar

ACELINO RODRIGUES CARVALHO, *Substituição processual no processo coletivo*: um instrumento de efetivação do Estado Democrático do Direito, São Paulo, Pillares, 2006; ALEXANDRE FREITAS CÂMARA, *Lições de direito processual civil*, 16. ed., Rio de Janeiro, Lumen Juris, 2007, vol.1; ANTÔNIO CARLOS DE ARAÚJO CINTRA, Estudo sobre a substituição processual no direito brasileiro, *Doutrinas Essenciais de Processo Civil*, vol. 3, p. 455, out. 2011; ARRUDA ALVIM, Impossibilidade de substituição processual voluntária, face ao CPC, *RePro* 5/215; _____, *Manual de direito processual civil*, 11. ed., São Paulo, Ed. RT, 2007, vol. 2; _____, Notas sobre a figura da substituição processual, *RePro* 106/18; _____, Substituição processual, *RT* 426/24; _____, *Tratado de direito processual civil*, 2. ed., São Paulo, Ed. RT, 1996, vol. 2; CARLOS ALBERTO ÁLVARO DE OLIVEIRA, A inserção do adquirente de coisa ou direito litigioso no processo: CPC art. 42, § 2.º, *Ajuris* 28/188; CELSO AGRÍCOLA BARBI, *Comentários ao Código de Processo Civil*, 10. ed., Rio de Janeiro, Forense, 1997, vol. 1; CLITO FORNACIARI JÚNIOR, Sucessão processual, *RePro* 24/52; EDUARDO ARRUDA ALVIM, *Curso de direito processual civil*, São Paulo, Ed. RT, 1999, vol. 1; ENRICO TULLIO LIEBMAN, *Manual de direito processual civil*, 2. ed., Rio de Janeiro, Forense, 1985, vol. 1; EPHRAIM DE CAMPOS JÚNIOR, *Substituição processual*, São Paulo, Ed. RT, 1985; ERNANE FIDÉLIS DOS SANTOS, *Manual de direito processual civil*, 12. ed., São Paulo, Saraiva, 2007, vol. 1; FRANCISCO BARROS DIAS, Substituição processual: algumas hipóteses da nova Constituição, *JB* 143/29, *RePro* 55/17; FRANCISCO C. PONTES DE MIRANDA, *Comentários ao Código de Processo Civil*, 4. ed., Rio de Janeiro, Forense, 1995, t. I; GISELE SANTOS FERNANDES GÓES, *Direito processual civil*: processo de conhecimento, São Paulo, Ed. RT, 2006; HÉLIO TORNAGHI, *Comentários ao Código de Processo Civil*, 2. ed., São Paulo, Ed. RT, 1976, vol. 1; JOSÉ AUGUSTO DELGADO, *Reflexões sobre a substituição processual*, Jurid Vellenich, 1994; JOSÉ CARLOS BARBOSA MOREIRA, Substituição das partes, litisconsórcio, assistência e intervenção de terceiros, *Estudos sobre o novo Código de Processo Civil*, Rio de Janeiro, Liber Juris, 1974; JOSÉ EDUARDO CARREIRA ALVIM, *Elementos de teoria geral do processo*, 7. ed., Rio de Janeiro, Forense, 2001; LUIZ GUILHERME MARINONI e SÉRGIO CRUZ ARENHART, *Processo de conhecimento*, 6. ed., São Paulo, Ed. RT, 2007, vol. 2; LUIZ MANOEL GOMES JR. e MIRIAM FECCHIO CHUEIRI, Sistema coletivo: porque não há substituição processual nas ações coletivas, *RePro* 221/461, jul. 2013; LUIZ ORIONE NETO, Sucessão e substituição processual: traços distintivos, *RePro* 46/221; LUIZ RODRIGUES WAMBIER, O novo art. 45 do CPC, *RePro* 81/32; MARCELO ABELHA RODRIGUES, *Elementos de direito processual civil*, 3. ed., São Paulo, Ed. RT, 2003, vol. 1; MARCELO PINTO, Mandato judicial e firma reconhecida, *Adcoas* 23/778; MARIA HELENA DINIZ, Sucessão por morte ou por ausência: questão da aplicabilidade do art. 10 da LICC, *CJ* 47/11; THEREZA ALVIM, *O direito processual de estar em juízo*, São Paulo, Ed. RT, 1996; VENCESLAU TAVARES COSTA FILHO, *Notas sobre o direito de Saisine e a sucessão a causa de morte*, Ed. RT 942/105; WALDEMAR MARIZ DE OLIVEIRA JUNIOR, *Substituição processual*, São Paulo, Ed. RT, 1971.

Capítulo 18

LITISCONSÓRCIO

> Sumário: 18.1. Conceito – 18.2. Justificativa – 18.3. Tipos de litisconsórcio, segundo diferentes modos de classificação; 18.3.1. Quanto à cumulação de sujeitos do processo; 18.3.2. Quanto ao tempo de sua formação; 18.3.3. Quanto à sua obrigatoriedade; 18.3.4. Quanto ao tratamento recebido pelos litisconsortes (ou quanto à natureza jurídica da situação material subjacente) – 18.4. Litisconsórcio facultativo; 18.4.1. Litisconsórcio facultativo simples e unitário; 18.4.2. Hipóteses em que se pode formar o litisconsórcio (facultativo); 18.4.3. A quem cabe a escolha pelo litisconsórcio – 18.5. Litisconsórcio necessário; 18.5.1. Hipóteses de necessariedade; 18.5.2. Litisconsórcio necessário unitário e simples – 18.6. Consequências da não formação de litisconsórcio necessário – 18.7. Regime jurídico do litisconsórcio – 18.8. Limitação do número de litisconsortes facultativos.

18.1. Conceito

No discurso simplificado que se faz a respeito do processo, para fins didáticos, normalmente fala-se de um único autor litigando em face de um único réu. Os exemplos acadêmicos com que os estudantes de processo civil têm contato, frequentemente, partem da ideia central de que A move ação contra B.

Mas a realidade tende a ser mais variada. O Código de Processo Civil expressamente admite a possibilidade de propositura de ação contra mais de um réu, assim como também permite que diversos autores formulem pretensão, no mesmo processo, contra o mesmo e único réu, ou contra vários réus.

Trata-se do fenômeno do litisconsórcio, que ocorre quando duas ou mais pessoas se encontram no mesmo polo do processo, como autores ou como réus. Trata-se, portanto, numa palavra, da possibilidade, contemplada pelo sistema, de que exista, no processo, cumulação de sujeitos (cumulação subjetiva), seja no polo ativo, seja no passivo, seja em ambos.

Veja-se a hipótese de uma ação que venha a ser proposta pela vítima de um dano contra dois supostos responsáveis pelo ressarcimento: num acidente de automóvel, a pessoa que alega ter sofrido danos materiais e pessoais propõe ação de indenização contra o condutor do veículo (motorista profissional, por exemplo) e também contra seu proprietário. Estamos diante de hipótese de litisconsórcio passivo, em que dois são os réus.

18.2. Justificativa

A cumulação subjetiva atende a alguns princípios do processo civil, de que já tratamos.

O primeiro deles é o princípio da economia processual, em razão do qual, com o litisconsórcio, evita-se o desperdício de tempo e de recursos humanos, econômicos e técnicos.

O segundo princípio é o da segurança jurídica, pois o litisconsórcio, ao proporcionar que se aplique o direito uniformemente, àqueles que do processo sejam partes, evita a prolação de decisões conflitantes.

O terceiro princípio, não menos importante, concerne à própria instrumentalidade do direito processual em face do direito material: em determinados casos, se a relação jurídica material objeto da lide é uma, incindível, para várias pessoas, não há como resolver tal conflito senão trazendo para o processo todos esses sujeitos.

18.3. Tipos de litisconsórcio, segundo diferentes modos de classificação

18.3.1. Quanto à cumulação de sujeitos do processo

Diz-se que se está diante de situação de litisconsórcio *ativo* quando há vários autores, que propõem ação contra um único e mesmo réu.

Por outro lado, o litisconsórcio *passivo* configura-se com a propositura, por um só autor, de ação contra diversos réus.

Trata-se, por fim, de litisconsórcio *misto*, quando diferentes autores propõem ação contra vários réus.

18.3.2. Quanto ao tempo de sua formação

O litisconsórcio é denominado *inicial* ou *originário* quando sua formação se dá logo na propositura da ação. A petição inicial já é formulada por vários autores e (ou) contra diversos réus.

Já se sua formação ocorre posteriormente, em outro momento processual que não o da propositura da ação, o litisconsórcio é chamado de *ulterior* ou *superveniente*. A possibilidade de formação de litisconsórcio ulterior configura exceção ao princípio da estabilização das partes (ou *perpetuatio legitimationis* – v. n. 17.2, acima). Será possível em hipóteses restritas: (i) quando o litisconsórcio é obrigatório e deixou de ser observado na propositura da demanda (ver a seguir); (ii) sob a forma de determinadas intervenções de terceiros (v. n. 18.4.3, abaixo, e cap. 19, adiante).

18.3.3. Quanto à sua obrigatoriedade

O litisconsórcio é *facultativo* quando sua formação, no polo ativo ou passivo, é possível, mas não obrigatória (v. n. 18.4, abaixo).

O litisconsórcio é *necessário* quando sua formação é obrigatória. Adiante, examinam-se as consequências de sua não formação – sempre bastante graves (v. n. 18.6).

18.3.4. Quanto ao tratamento recebido pelos litisconsortes (ou quanto à natureza jurídica da situação material subjacente)

O litisconsórcio pode ser unitário ou simples, conforme o modo como as decisões proferidas na causa devam vir a incidir sobre os litisconsortes.

No litisconsórcio *unitário*, a decisão de mérito que vier a ser proferida dará a todos os litisconsortes idêntico tratamento (art. 116). Por exemplo, se o Ministério Público ajuíza uma ação de nulidade do casamento, irá propô-la contra ambos os cônjuges. Nesse caso, não há como esses dois litisconsortes passivos terem sortes distintas, na decisão de mérito da causa. Ou a ação é julgada procedente em face de ambos, e o casamento tem sua nulidade decretada para ambos; ou o julgamento é de improcedência, e ambos permanecem casados. Não há como um permanecer casado e o outro, não.

O litisconsórcio é qualificado como *simples* quando há a possibilidade de, na decisão de mérito da causa, os litisconsortes receberem tratamentos distintos. Imagine-se que cinco alunos ajuízam em conjunto uma ação contra a sua instituição universitária, pedindo que o juiz reconheça a desnecessidade de eles cursarem uma disciplina de prática (que a universidade está pretendendo impor-lhes como obrigatória), sob o fundamento de que já realizaram estágios que suprem aquela disciplina. É possível que o juiz julgue procedente a ação relativamente a um ou alguns deles e improcedente relativamente a outro(s) – sob o fundamento de que o estágio feito por alguns (ou por um) deles foi suficiente e preencheu todos os requisitos para a dispensa da disciplina, ao passo que o estágio de outro(s), não. Esse litisconsórcio é simples. Aliás, mesmo que a sentença viesse a ser de procedência ou improcedência para todos, continuaria sendo litisconsórcio simples – que é definido pela *possibilidade* de que o tratamento dado aos litisconsortes seja diferente.

O caráter simples ou unitário do litisconsórcio é um reflexo da situação jurídica de direito material que é objeto do litígio. Quando os litisconsortes estão inseridos numa relação ou situação jurídica material unitária (como é o caso dos cônjuges no casamento, no primeiro exemplo), o litisconsórcio também será unitário. Quando não há tal vínculo de unitariedade entre os litisconsortes no plano material (como no segundo exemplo, em que cada universitário tem uma pretensão própria, fundada na sua particular situação), o litisconsórcio será simples.

Acima foi dito que, com o litisconsórcio, há uma cumulação subjetiva na demanda. Isso, de fato, sempre se dá, em qualquer litisconsórcio. Mas quando o litisconsórcio é simples, além da cumulação subjetiva, há uma verdadeira cumulação objetiva. Não se trata de uma pretensão única e incindível formulada por (e/ou contra) os litisconsortes – como ocorre no litisconsórcio unitário. Há tantas pretensões quantos forem os litisconsortes simples. Ou seja: em vez de cada litisconsorte ativo simples propor sua ação separadamente, todos formulam os seus pedidos no mesmo processo; ou, ainda, em vez de se promoverem ações separadas contra cada um dos litisconsortes passivos simples, todas as pretensões são contra eles reunidas num mesmo processo.

A definição do litisconsórcio como simples ou unitário não é relevante apenas no momento em que a decisão da causa é dada. Pelo contrário, sua relevância põe-se desde antes do início do processo, pois a unitariedade em certos casos implica a necessidade do litisconsórcio (embora, como se verá adiante, nem sempre isso ocorra). Além disso, no curso do processo, o regime jurídico a que se submetem os litisconsortes, no que tange à extensão da eficácia dos atos praticados por um deles aos demais, é diverso se houver unitariedade – como também se verá adiante.

18.4. Litisconsórcio facultativo

O art. 113 do CPC/2015 define as hipóteses em que pode (facultativamente) ocorrer a formação de litisconsórcio pela vontade do autor. São hipóteses em que se poderia propor ações isoladamente. Se trata-se de litisconsórcio passivo, está-se diante de hipótese em que o autor poderia propor várias ações, cada uma contra um dos litisconsortes passivos, que seriam, então, isoladamente, réus em cada uma dessas ações. Se tratar de litisconsórcio ativo, os diversos autores poderiam ter proposto cada um a sua ação, isoladamente, contra o mesmo réu.

Na hipótese de litisconsórcio no polo ativo e no polo passivo (litisconsórcio misto, portanto), a facultatividade faz com que se esteja diante de hipótese em que poderiam ter sido propostas diversas ações, mediante a formação de litisconsórcio num dos polos ou não.

18.4.1. Litisconsórcio facultativo simples e unitário

Não existe uma relação necessária entre o caráter facultativo e o caráter simples do litisconsórcio, nem entre sua unitariedade e sua necessariedade. Ou seja, nem todo litisconsórcio facultativo é simples, nem todo litisconsórcio necessário é unitário – e vice-versa.

O litisconsórcio simples, em princípio, será facultativo – a não ser que exista regra expressa tornando-o obrigatório.

Mas também existem diversas hipóteses de litisconsórcio facultativo unitário. Quando a situação jurídica material unitária abrange uma pluralidade de sujeitos que poderiam ser autores da ação, o ordenamento normalmente não estabelece como obrigatório o litisconsórcio ativo. Vale dizer, o litisconsórcio ativo unitário normalmente é facultativo. No polo ativo, a unitariedade (da situação material) não implica, em regra, necessidade do litisconsórcio. A razão para isso reside na garantia constitucional do acesso à jurisdição (n. 3.4, acima), que faz com que o litisconsórcio ativo apenas muito excepcionalmente seja posto como necessário. No mais das vezes, ele é facultativo. Impor a alguém que só possa pedir tutela jurisdicional em conjunto com outras pessoas significa dificultar excessivamente o acesso à justiça. A pessoa interessada em propor a demanda ficaria dependendo da boa vontade dos outros sujeitos legitimados: se eles não se dispusessem a ir a juízo, ela ficaria impedida de ir sozinha.

Por isso, as situações que implicariam a unitariedade do litisconsórcio ativo normalmente ensejam litisconsórcio meramente facultativo. Qualquer das pessoas envolvidas na situação unitária pode propor a ação sozinha. Por exemplo, é o que se passa nos seguintes casos: (i) legitimidade de cada um dos cocredores para exigir integralmente a obrigação indivisível (CC/2002, art. 260); (ii) legitimidade de cada um dos credores solidários para exigir do devedor o cumprimento da obrigação por inteiro (CC/2002, art. 267); (iii) legitimidade de cada condômino para reivindicar a coisa comum de terceiro e para defender a sua posse (CC/2002, art. 1.314); (iv) legitimidade de qualquer dos herdeiros para defender, até a partilha, os bens integrantes da herança (CC/2002, art. 1.791, parágrafo único.); (v) legitimidade de qualquer dos titulares de direito ameaçado ou afrontado por ato de autoridade para defendê-lo mediante mandado de segurança (Lei 12.016/2009, art. 1.º, § 3.º) etc.[1]

---

1. Sobre o tema, ver EDUARDO TALAMINI, "Natureza do litisconsórcio em ação demarcatória e a eficácia de processo e sentença demarcatórios em face de terceiros adquirentes de imóveis objeto do litígio", *RePro* 188/291, e "Partes e terceiros no mandado de segurança individual, à luz de sua nova disciplina (Lei 12.016/2009)", em *Revista Dialética de Direito Processual* 80/33, n. 2.3.

18.4.2. Hipóteses em que se pode formar o litisconsórcio (facultativo)

Dispõe o art. 113 do CPC/2015 que duas ou mais pessoas podem litigar no mesmo processo, em conjunto, no polo ativo ou no polo passivo, se houver comunhão de direitos ou de obrigações em relação à lide (inc. I). É o caso da solidariedade entre credores ou devedores (arts. 264 e 265 e 267 do CC/2002), bem como dos demais exemplos dados no último parágrafo do n. 18.4.1, acima.

Podem também litigar em conjunto, como litisconsortes ativos ou passivos, os legitimados (ativos ou passivos) de ações conexas, em razão do pedido ou da causa de pedir (art. 113, II). Imagine-se que a barreira de uma usina hidrelétrica rompeu-se parcialmente e inundou cinco imóveis rurais, causando prejuízos a seus proprietários. Cada um dos cinco fazendeiros pode propor autonomamente ação pedindo indenização da empresa que explora a usina. Mas podem também reunir-se em litisconsórcio ativo facultativo. Há conexão entre as ações de cada um dos cinco no que tange à causa de pedir (o mesmo acidente).

Faculta-se ainda o litisconsórcio ativo ou passivo nos casos em que, embora não havendo conexão entre as demandas de cada um dos legitimados (ativos ou passivos), exista relativamente a elas, afinidade de questões por ponto comum, seja de fato ou de direito (art. 113, III). Tome-se o seguinte exemplo. Uma empresa contraiu empréstimos junto a dois diferentes bancos, celebrando com cada um deles um contrato próprio, sem nenhum vínculo com os contratos celebrados com o outro banco. A empresa pretende promover ações de revisão do contrato e do débito relativo a cada um dos dois bancos, porque reputa que, em ambos os casos, há cláusulas contratuais abusivas e inválidas e que a dívida foi calculada em desacordo com os critérios contratuais e legais. Não há conexão entre as ações, pois os contratos não têm nenhum vínculo entre si. No entanto, os tipos de cláusulas inseridas em ambos os contratos são semelhantes; o modo como cada um dos bancos calcula a dívida é também igual etc. Portanto, há afinidade de questões, a justificar o litisconsórcio passivo. Ou seja, a empresa até poderia promover uma ação contra cada um dos dois bancos, mas opta por cumular suas duas pretensões no mesmo processo – uma contra cada um dos bancos –, por serem afins as questões discutidas em ambos os casos, de modo que haveria economia processual com sua resolução conjunta.

18.4.3. A quem cabe a escolha pelo litisconsórcio

Quem normalmente decide se formará ou não o litisconsórcio facultativo é o autor – propondo a ação em conjunto com os demais legitimados, no caso de litisconsórcio facultativo ativo, ou propondo a ação contra os vários litisconsortes facultativos passivos.

Em qualquer das duas hipóteses (ou até em ambas cumulativamente, se houver litisconsórcio misto facultativo), o réu não tem como opor-se ao litisconsórcio facultativo, apenas porque não o quer. Ou seja, a facultatividade põe-se para o autor, e não para o réu. O que o réu pode fazer é apontar que o caso não se enquadra em nenhuma das hipóteses em que ordenamento faculta o litisconsórcio (n. 18.4.2, acima) ou pedir a limitação do número de litisconsortes nas hipóteses do art. 113, § 1.º (v. n. 18.8, adiante).

Há ainda a hipótese do litisconsórcio facultativo superveniente. Alguém que é terceiro em relação ao processo (i.e., até então não era parte no processo) espontaneamente comparece ao processo demonstrando que reúne condições de ser litisconsorte facultativo de alguma das partes. O seu ingresso poderá ser aceito, sob a forma de assistência litisconsorcial, nos limites em que essa é admissível (v. n. 19.5.2, adiante). Nesse caso, a facultatividade é conferida ao terceiro: se presentes os requisitos da assistência litisconsorcial, as partes originárias do processo não podem opor-se a ela (ressalvada, também aqui a hipótese do art. 113, § 1.º).

18.5. Litisconsórcio necessário

Como já indicado, o litisconsórcio necessário consiste na cumulação de sujeitos da relação processual (no polo ativo, no passivo ou em ambos) por expressa exigência do ordenamento.

Quando o litisconsórcio é necessário, e o autor não o observa ao propor a ação, o juiz, mesmo de ofício, determinar-lhe-á que emende sua petição inicial, para o fim de requerer a citação de todos os que deveriam haver constado como litisconsortes passivos. O juiz assinará um prazo para tal providência, sob pena de extinguir o processo sem resolução do mérito (art. 115, parágrafo único). Note-se que tal dispositivo trata apenas da hipótese do litisconsórcio passivo necessário, precisamente porque, como dito acima, o litisconsórcio ativo necessário é evitado pelo sistema, em atenção à garantia de acesso à justiça (n. 18.4.1, acima).

Além disso, ao contestar a ação em que não foi devidamente observado o litisconsórcio passivo necessário, cumpre ao réu, sempre que o souber, identificar quais seriam os litisconsortes faltantes. Esse dever é extraível do art. 339, embora tal disposição aluda literalmente apenas à hipótese de ilegitimidade passiva.

18.5.1. Hipóteses de necessariedade

O art. 114 estabelece os parâmetros gerais de litisconsórcio necessário. Tal exigência põe-se:

(i) por expressa disposição de lei, para um caso específico (ex.: Lei 4.717/1965, art. 6.º); ou

(ii) genericamente para todos os casos em que haja uma incindibilidade tal da situação jurídica envolvendo vários sujeitos que não haja como se pedir uma providência jurisdicional contra um deles sem atingir os demais. Nesse caso, todos têm de ser postos como réus. É o que se tem no exemplo, já dado, da ação de nulidade de casamento proposta pelo Ministério Público, que precisa necessariamente incluir os dois cônjuges como réus.

18.5.2. Litisconsórcio necessário unitário e simples

Como já indicado no n. 18.4.1, não há identificação entre unitariedade e necessidade do litisconsórcio nem entre sua facultatividade e seu caráter simples (não unitário). Lá já se viu que o litisconsórcio simples em princípio não será necessário – a não ser que a lei expressamente o exija. Viu-se também que, no polo ativo, a unitariedade da situação jurídico-material (que implica unitariedade do litisconsórcio) nem por isso torna o litisconsórcio necessário – sob pena de violação à garantia de acesso à justiça.

Mas, no polo passivo, a unitariedade da situação jurídico-material (acarretadora de unitariedade de litisconsórcio) impõe a necessariedade do litisconsórcio passivo – conforme estabelece a segunda parte do art. 114. Se há uma situação material unitária, i.e., uma situação que envolve de modo indissociável uma pluralidade se sujeitos, e se pretende que a decisão de mérito do processo produza seus efeitos sobre tal situação (desconstituindo-a, transformando-a, declarando-lhe a existência, inexistência ou modo de ser), toda aquela pluralidade de sujeitos deve, em princípio, figurar no polo passivo da ação (ex.: caso se pretenda invalidar integralmente um testamento, todos os herdeiros testamentários e legatários devem figurar como réus). Se algum desses sujeitos não for citado para ser réu na ação, a sentença não poderá produzir efeitos sobre ele (v. n. 15.2.3 e 15.6, acima) – e se não produzir efeitos sobre ele, como a situação controvertida é incindível, não produzirá efeitos sobre ninguém, nem mesmo sobre aqueles que foram citados como réus. Portanto, todos precisam ser incluídos no litisconsórcio passivo e devidamente citados. É isso que a parte final do art. 114 quer dizer com "a eficácia da sentença depender da citação de todos que devam ser litisconsortes". Por isso, pode-se dizer que o litisconsórcio passivo unitário será também, em princípio, necessário.

Reitere-se que, por sua vez, o litisconsórcio simples, para que seja necessário, dependerá sempre de expressa previsão legal. Por exemplo, o art. 246, § 3.º, do CPC/2015 faz com que o litisconsórcio passivo seja necessário na ação de usucapião pois devem ser citados como réus não apenas aquele em cujo nome está transcrito o imóvel que se pretende usucapir, como também os proprietários dos imóveis confinantes, mas ele é simples, pois o resultado da causa não será idêntico para os litisconsortes.

18.6. Consequências da não formação de litisconsórcio necessário

Qual o regime jurídico aplicável à sentença (ou outra decisão de mérito) proferida em processo em que se deixou de observar o litisconsórcio que era necessário? O pronunciamento padece de um defeito de validade? Ou, mais do que isso, deve-se enquadrá-lo entre os atos juridicamente inexistentes? Ou ainda se trataria de ato absolutamente ineficaz?

A consequência prática de se adotar uma ou outra dessas posições está em que, caso se considere essa decisão nula, ela terá transitado em julgado, sendo rescindível durante o prazo decadencial de dois anos (art. 975). Se se adotar a teoria da inexistência jurídica ou da ineficácia absoluta, a decisão nem sequer produzirá coisa julgada – podendo a todo tempo e por qualquer via o defeito vir a ser atacado (por exemplo: mera ação declaratória; impugnação ao cumprimento de sentença etc. – v. vol. 2, cap. 40 e 41).

A questão exige algumas distinções.

No que tange ao litisconsorte preterido (i.e, que não foi citado para participar do processo), a sentença é absolutamente ineficaz. Perante ele, a sentença nada vale. Aplica-se, no que tange ao litisconsorte preterido, o regime da inexistência jurídica. Para apontar a ineficácia da sentença perante ele, o litisconsorte preterido não precisará valer-se de ação rescisória, pois a sentença não terá aptidão para transitar em julgado. Ou seja, a situação dele é igual à de qualquer outro réu que deveria ter sido validamente citado e não o foi nem compareceu espontaneamente ao processo (v. n. 15.2.3 e 15.6, acima).

No que tange aos demais litisconsortes, que foram citados, cabe mais uma distinção.

Se o litisconsórcio necessário for unitário, a sentença também será absolutamente ineficaz perante os litisconsortes que foram citados. Afinal, se a situação é unitária e a sentença não é apta a produzir efeitos perante o litisconsorte preterido, ela igualmente será ineficaz perante os demais litisconsortes. Portanto, qualquer deles poderá apontar a todo o tempo a ineficácia da sentença, independentemente de ação rescisória.

Já se o litisconsórcio necessário for simples, a ineficácia perante o litisconsorte preterido não se estende aos demais litisconsortes. Afinal, a sentença, nessa modalidade litisconsorcial, dá tratamento próprio a cada um dos litisconsortes. Então, perante os litisconsortes que foram citados, o problema será de simples invalidade, que deverá ser oportunamente atacada e que não obstará a formação da coisa julgada.[2]

---

2. Sobre o tema, ver EDUARDO TALAMINI, *Coisa julgada e sua revisão*, São Paulo: Ed. RT, 2005, n. 5.8 e ss.

Esse é o único modo de se interpretar o art. 115, I e II, em coerência com sistema. Quando o inc. I afirma ser "nula" a sentença dada no caso de inobservância do litisconsórcio necessário que é também unitário, está a referir-se a um defeito que não ficará superado nem mesmo depois do decurso de prazo da ação rescisória. Qualquer outra solução, que convalidasse a sentença e assegurasse sua eficácia depois do prazo da ação rescisória, violaria o direito que o litisconsorte preterido tem ao contraditório e à ampla defesa.

18.7. Regime jurídico do litisconsórcio

O art. 117 estabelece que "os litisconsortes serão considerados, em suas relações com a parte adversa, como litigantes distintos, exceto no litisconsórcio unitário, caso em que os atos e as omissões de um não prejudicarão os outros, mas os poderão beneficiar".

Disso resulta, como regra geral, que, no litisconsórcio simples (ativo ou passivo, necessário ou facultativo) a atividade ou a omissão de qualquer dos litisconsortes não produz efeitos sobre os demais.

No litisconsórcio unitário (ativo ou passivo, necessário ou facultativo), os atos e omissões de um ou alguns dos litisconsortes não podem prejudicar os demais – pois cada um deles tem de ser tratado como litigante distinto em face do adversário. Todavia, a conduta ativa de um dos litisconsortes unitários pode vir a beneficiar os demais. Como a decisão de mérito deve dar tratamento uniforme a todos eles, todo ato que um litisconsorte unitário pratica em sua própria defesa acaba também servindo à defesa da posição dos demais. Além da previsão genérica contida na parte final do art. 117, essa diretriz está reiterada em outras disposições do Código que devem ser interpretadas em consonância com essa baliza geral (ex.: arts. 345; 525, § 9.º; 919, § 4.º; 1.005 etc.).

O ato de disposição de vontade praticado por um litisconsorte (renúncia a pretensão, reconhecimento da procedência do pedido, transação etc.) só vincula a ele mesmo, e não aos demais litisconsortes. Tal ato apenas pode produzir efeitos na esfera jurídica daquele que o está praticando. Ninguém pode renunciar a direitos ou assumir deveres pelos outros, senão quando investido de mandato para tanto – o que não é o caso. Essa constatação aplica-se tanto ao litisconsórcio necessário quanto ao facultativo; tanto ao unitário quanto ao simples. Mas, se o litisconsórcio for unitário, o ato de disposição de vontade praticado por apenas um ou alguns dos litisconsortes tende a ser ineficaz. Nesse caso, uma renúncia de posição jurídica ou uma transação, dependeria da manifestação de vontade de todos os litisconsortes, que não têm como receber tratamento diferenciado.

O art. 118, em regra que não faz mais do que explicitar decorrências que já adviriam do art. 117, prevê que qualquer dos litisconsortes tem o direito de dar andamento ao processo, bem como que todos eles têm o direito de ser intimados dos respectivos atos.

Em relação aos prazos processuais, há disposição expressa no sentido de que, sendo diferentes os advogados de cada litisconsorte (e de escritórios de advocacia distintos), dever-se-ão contar em dobro os prazos para todas as manifestações no curso do procedimento (art. 229). Essa regra não se aplica, todavia, se forem eletrônicos os autos ou se, existindo apenas dois réus, um deles for revel.

18.8. Limitação do número de litisconsortes facultativos

O § 1.º do art. 113 do CPC/2015 permite ao juiz limitar o número de litisconsortes facultativos quando esse for excessivo a ponto de comprometer a rápida solução da lide ou de dificultar o exercício do direito de defesa ou o cumprimento da sentença. Nessas hipóteses, o juiz pode restringir o número de litisconsortes (tanto ativos quando passivos) a um número que considere razoável, de acordo com o caso concreto. Em determinadas situações concretas, o litisconsórcio pode revelar-se contraproducente, indo contra os próprios fins que justificam sua existência.

A limitação do número de litisconsortes depende de requerimento da parte. O prazo para manifestação ou resposta, nesse caso, ficará interrompido. Sua contagem recomeçará da intimação da decisão que decidir o pedido de limitação do litisconsórcio (art. 113, § 2.º). O recurso cabível contra a decisão que indefere esse requerimento é o agravo de instrumento (art. 1.015, VIII).

QUADRO SINÓTICO

Conceito	• Cumulação de sujeitos (autores e/ou réus)	
Justificativa	• Economia processual	
	• Segurança jurídica: evitar decisões conflitantes	
	• Instrumentalidade do direito processual em face do direito material	
Tipos (segundo diferentes modos de classificação)	• Quanto ao polo em que se encontra a pluralidade de partes: ativo ou passivo	
	• Quanto ao tempo de sua formação: inicial (originário) ou ulterior (superveniente)	
	• Quanto à obrigatoriedade de sua formação	Necessário
		Facultativo
	• Quanto ao teor da decisão de mérito	Unitário
		Simples

Facultativo	• Hipóteses de sua formação
	• Limitação do número de litisconsortes facultativos

Necessário	• Hipóteses de sua formação
	• Consequências da não formação de litisconsórcio necessário

Hipóteses normais	Facultativo – Simples
	Necessário – Unitário

Doutrina Complementar

Litisconsórcio – Tipos

- **ARRUDA ALVIM** (*Manual...*, 16. ed., p. 609-612) assevera que na generalidade dos casos há, em cada processo, um único autor que litigando contra um único réu, "disputando sobre uma única lide, ou objeto litigioso único, a respeito da qual existem questões, sejam de fato ou de direito, ou de ambas as espécies. Poderá haver um autor contra um réu e mais de uma lide (v. art. 292), para o que há um regime e obediência a requisitos especiais". Destaca, todavia, a possibilidade da existência de mais de um autor (litisconsórcio ativo), "ou, então, um autor contra vários réus (litisconsórcio passivo), ou, ainda, haver vários autores contra réus (litisconsórcio misto). Trata-se do instituto do litisconsórcio, cuja característica marcante é a da existência de pluralidade de partes, num mesmo polo do processo, ou em ambos os polos do processo". Para esse autor, a expressão pluralidade de partes é representativa de que, "em certos processos, vários litigantes encontram-se num dos polos da relação jurídica processual, existindo entre eles certo grau de afinidade, variável em sua intensidade, sob múltiplos aspectos (v. arts. 46, I a IV, e 47, caput, do CPC) chegando até à identidade (litisconsórcio unitário)". Quanto ao momento de sua formação, esse autor classifica o litisconsórcio em inicial ou ulterior; quanto à obrigatoriedade ou não de sua formação, Arruda Alvim classifica o litisconsórcio em necessário e facultativo, "tendo em vista a liberdade que a lei defere ao autor em formá-lo ou não. No litisconsórcio necessário, é indispensável a presença conjunta de diversos autores e/ou diversos réus, sob pena de ineficácia da sentença; no litisconsórcio facultativo, pode o litisconsórcio ser formado ou não, nada afetando sua não formação os efeitos da sentença que, todavia, atingirão somente quem tenha sido parte (art. 472, 1ª frase, do CPC)". Esse autor classifica o litisconsórcio em simples ou unitário, "tendo em vista a identidade, relativamente à sorte no plano do direito material, da decisão em que figurem litisconsortes". (...) "Será unitário o litisconsórcio quando a demanda deva ser decidida de forma idêntica para todos quantos figurem em um mesmo polo da relação processual". Em seu sentir, "a essência da unitariedade significa ou é redutível a que a ação deverá ser contra ou a favor dos litisconsortes unitários. Isto é, essencialmente, há de ser julgada procedente, ou improcedente, podendo, desta forma, a sorte no plano do direito material variar, em certa medida". Por outro lado, para esse autor, "será simples o litisconsórcio quando tal identidade não tiver necessariamente de ocorrer, nem no plano processual, nem no material". Para Arruda Alvim o litisconsórcio unitário é figura autônoma, não se constituindo em espécie do litisconsórcio necessário.

- **FREDIE DIDIER JR.** (*Curso...*, vol. 1, 17. ed., p. 464) sustenta que "quando há vários legitimados autônomos e concorrentes, há legitimação extraordinária, porque qualquer um pode levar ao Judiciário o mesmo problema, que ou pertence a um dos colegitimados, ou a ambos, ou a um terceiro. Se a colegitimação é passiva, e há unitariedade, o litisconsórcio necessário impõe-se sem qualquer problema: como ninguém pode recusar-se a ser réu, o litisconsórcio formar-se-á independentemente da vontade dos litisconsortes. Se a colegitimação é ativa, e há unitariedade, qualquer dos colegitimados, isoladamente, pode propor a demanda, mesmo contra a vontade de um possível litisconsorte unitário".

- **HUMBERTO THEODORO JÚNIOR** (*Curso...*, vol. 1, 56. ed., p. 334), após asseverar que a regra geral é a singularidade de sujeitos da relação processual (um único autor e um único réu), classifica o litisconsórcio em ativo ou passivo, "conforme se estabeleça entre vários autores ou entre diversos réus"; inicial ou incidental, conforme se estabeleça desde a propositura da ação ou "no curso do processo em razão de um fato ulterior à propositura da ação"; necessário, "que não pode ser dispensado, mesmo com o acordo geral dos litigantes"; facultativo, "que se estabelece por vontade das partes e que se subdivide em irrecusável e recusável"; unitário, "que ocorre quando a decisão da causa deva ser uniforme em relação a todos os litisconsortes" ou, não unitário, "que se dá quando a decisão, embora proferida no mesmo processo, pode ser diferente para cada um dos litisconsortes".

- **LUIZ FUX E RODRIGO FUX** (*Breves...*, p. 392) asseveram que "o litisconsórcio é informado, primeiramente, pelo princípio da economia processual que visa a conferir às partes do processo um máximo de resultado com um mínimo de esforço, por isso que enfeixando várias relações no seu bojo, a sentença proferida num processo em que há a formação de litisconsórcio dispõe em *unum et idem judex* acerca de várias pretensões". Para esses autores, "o fenômeno encerra, também, uma cumulação de ações pela só variação do elemento subjetivo. O cúmulo subjetivo, engendrado pelo litisconsórcio pode gerar, outro; o cúmulo objetivo, como ocorre no litisconsórcio por *afinidade de questões*, hipótese em que cada um dos litisconsortes deduz sua própria pretensão. O instituto tem a justificá-lo a necessidade de *harmonia dos julgados*, razão pela qual podem litisconsorciar-se as partes que exercem em juízo ações conexas pela identidade de pedido ou da causa de pedir, como ocorre, v.g., quando vários condôminos, em juízos diversos, pleiteiam a anulação da mesma assembleia condominial. É que nesse, caso se essas ações tramitassem separadamente, poderiam resultar em decisões diferentes e antagônicas, acarretando uma crise de credibilidade em relação ao Poder Judiciário. Por essa razão, *o litisconsórcio decorrente da conexão de causas e ainda que superveniente não se pode desmembrar*".

- **LUIZ GUILHERME MARINONI, SÉRGIO CRUZ ARENHART E DANIEL MITIDIERO** (*Novo Código...*, p. 192) afirmam que "nem toda a pluralidade de partes no mesmo polo do processo dá ensejo à formação de um litisconsórcio. Litisconsórcio há apenas quando no mesmo polo do processo existe uma pluralidade de partes ligada por uma afinidade de interesses. O direito material é o que determina a existência ou não de litisconsórcio, facultando ou exigindo a sua formação. No mais das vezes, possibilita-se o litisconsórcio por razões de conveniência, buscando a economia de atos processuais e a harmonia dos julgados; em outras, o litisconsórcio justifica-se porque necessário, sendo a sua formação um imperativo ligado à legitimação para causa".

- **NELSON NERY JR. E ROSA MARIA DE ANDRADE NERY** (*Comentários...*, p. 511) comentam o art. 113 do CPC iniciando por conceituar litisconsórcio como "a possibilidade que existe de mais de um litigante figurar em um ou em ambos os polos da relação processual. Caracteriza a pluralidade subjetiva da lide. Quando ocorre o litisconsórcio, há cumulação subjetiva de ações". Em seguida, classificam o litisconsórcio da seguinte maneira: "Quanto ao momento de sua formação pode ser *inicial* ou *ulterior*; quanto à obrigatoriedade de sua formação pode ser *necessário* ou *facultativo*; quanto ao polo da relação processual pode ser ativo, passivo ou misto (ativo e passivo a um só tempo); quanto ao destino dos litisconsortes no plano do direito material, pode ser *unitário* ou *simples*". Quanto ao litisconsórcio unitário, afirmam esses autores ocorrer (p. 529) "quando a lide tiver de ser decidida de maneira uniforme para todos os litisconsortes. Se o juiz puder decidir de forma diversa para eles, o litisconsórcio será simples. Basta a potencialidade de decidir-se de forma diversa para os litisconsortes para classificá-lo como litisconsórcio simples. O fato de o juiz, eventualmente e no caso concreto, decidir de maneira uniforme para os litisconsortes não basta para caracterizá-lo como unitário. Ao contrário do litisconsórcio necessário, cuja obrigatoriedade da formação pode decorrer da lei ou da relação jurídica, a unitariedade litisconsorcial somente existe em função da natureza da relação jurídica discutida em juízo".

- **TERESA ARRUDA ALVIM WAMBIER, MARIA LÚCIA LINS CONCEIÇÃO, LEONARDO FERRES DA SILVA RIBEIRO E ROGERIO LICASTRO TORRES DE MELLO** (*Primeiros...*, p. 209), em comentário ao art. 115 do CPC, destacam que "diz a lei que será nula a sentença se não tiver sido provocado para integrar o processo litisconsorte necessário, quando se tratar de litisconsórcio necessário unitário; e ineficaz, quando se tratar de caso de litisconsórcio necessário simples, em relação àqueles que não foram citados". Sustentam que "também perante a nova lei, fica de pé a construção doutrinária, segundo a qual onde o legislador diz nulo terá querido dizer juridicamente inexistente. Isto porque, havendo litisconsórcio necessário unitário e sendo proferida sentença de mérito, não pode o litisconsorte que ficou de fora ter limitação temporal para manejar ação rescisória". Para esses autores, "sentenças de mérito proferidas nessas condições não têm aptidão material para transitar em julgado, ficando sujeitas à impugnação pela ação declaratória. A nosso ver, a ausência de citação de litisconsorte necessário é vício que equivale à ausência de citação. Afinal, o processo só se triangulariza se estiverem (ou se forem provocados a estar) ali todos aqueles cuja presença a lei considera necessária".

Enunciados do FPPC

N.º 116. *(Art. 113, § 1.º, art. 139, VI, CPC/2015)* Quando a formação do litisconsórcio multitudinário for prejudicial à defesa, o juiz poderá substituir a sua limitação pela ampliação de prazos, sem prejuízo da possibilidade de desmembramento na fase de cumprimento de sentença.

N.º 125. *(Art. 134, CPC/2015)* Há litisconsórcio passivo facultativo quando requerida a desconsideração da personalidade jurídica, juntamente com outro pedido formulado na petição inicial ou incidentemente no processo em curso.

N.º 152. *(Art. 339, §§ 1.º e 2.º, CPC/2015)* Nas hipóteses dos §§ 1.º e 2.º do art. 339, a aceitação do autor deve ser feita no prazo de 15 dias destinado à sua manifestação sobre a contestação ou sobre essa alegação de ilegitimidade do réu.

N.º 234. *(Art. 1.068; art. 506; art. 1.005, parágrafo único, CPC/2015)* A decisão de improcedência na ação proposta pelo credor beneficia todos os devedores solidários, mesmo os que não foram partes no processo, exceto se fundada em defesa pessoal.

N.º 386. *(Art. 113, § 1.º; art. 4.º, CPC/2015)* A limitação do litisconsórcio facultativo multitudinário acarreta o desmembramento do processo.

N.º 387. *(Art. 113, § 1.º; art. 4.º, CPC/2015)* A limitação do litisconsórcio multitudinário não é causa de extinção do processo.

N.º 487. *(Art. 18, parágrafo único; art. 119, parágrafo único, CPC/2015; art. 3.º da Lei 12.016/2009)* No mandado de segurança, havendo substituição processual, o substituído poderá ser assistente litisconsorcial do impetrante que o substituiu.

Bibliografia

Fundamental

ARRUDA ALVIM, *Manual de direito processual civil*, 16. ed., São Paulo, Ed. RT, 2013; CÂNDIDO RANGEL DINAMARCO, *Litisconsórcio*, 8. ed., São Paulo, Malheiros, 2009; FREDIE DIDIER JR., *Curso de Processo Civil: introdução ao direito processual civil, parte geral e processo de conhecimento*, 17 ed., Salvador, JusPodivm, 2015, vol. 1; HUMBERTO THEODORO JÚNIOR, *Curso de direito processual civil*, 56 ed., Rio de Janeiro, Forense, 2015, vol. 1; LUIZ GUILHERME MARINONI, SÉRGIO CRUZ ARENHART e DANIEL MITIDIERO, *Novo código de processo civil comentado*, São Paulo, Ed. RT, 2015; NELSON NERY JR. e ROSA MARIA DE ANDRADE NERY, *Comentários ao código de processo civil*, São Paulo, Ed. RT, 2015; TERESA ARRUDA ALVIM WAMBIER, FREDIE DIDIER JR., EDUARDO TALAMINI e BRUNO DANTAS (COORD.), *Breves comentários ao Novo Código de Processo Civil*, São Paulo, Ed. RT, 2015; _____, MARIA LÚCIA LINS CONCEIÇÃO, LEONARDO FERRES DA SILVA RIBEIRO e ROGERIO LICASTRO TORRES DE MELLO, *Primeiros comentários ao novo código de processo civil: artigo por artigo*, São Paulo, Ed. RT, 2015.

Complementar

ADA PELLEGRINI GRINOVER, Litisconsórcio necessário e nulidade do processo, *RT* 804/97; ALCIDES DE MENDONÇA LIMA, Litisconsortes necessários – Ineficácia da sentença pela falta de citação em mandado de segurança, *Processo de conhecimento e processo de execução* – Nova série, Rio de Janeiro, Forense, 1993; ALEXANDRE FREITAS CÂMARA, *Lições de direito processual civil*, 16. ed., Rio de Janeiro, Lumen Juris, 2007, vol. 1; ALFREDO DE ARAÚJO LOPES DA COSTA, *Manual elementar de direito processual civil*, 3. ed., Atual. Sálvio de Figueiredo Teixeira, Rio de Janeiro, Forense, 1982; ALÍPIO SILVEIRA, Litisconsórcio com divergência de interesses (excerto de umas razões de recurso), *Doutrinas Essenciais de Processo Civil*, vol. 3, p. 629, out. 2011; ANTONIO ARALDO FERRAZ DAL POZZO, Reflexões sobre o litisconsórcio, *Justitia* 116/165; ANTÔNIO CARLOS CAVALCANTI MAIA, O litisconsórcio superveniente no novo Código de Processo Civil, *RePro* 7/105; ANTÔNIO CARLOS DE ARAÚJO CINTRA, Do litisconsórcio no sistema do Código de Processo Civil, *Justitia* 82/63; ANTÔNIO RIGOLIN, Litisconsórcio e os art. 623 e 1.580 do Código Civil, *RePro* 22/80; ARLETE INÊS AURELI, Litisconsórcio necessário: nulidade de processo por ausência de citação de um dos litisconsortes, *RePro* 45/278; ARRUDA ALVIM, Ação de usucapião: ineficácia absoluta ou inexistência da sentença prolatada, em relação ao litisconsorte não citado, remanescendo o seu título de proprietário oponível *erga omnes*: matéria de ordem pública, não atingida pela preclusão, *RePro* 41/237; _____, *Direito processual civil*, São Paulo, Ed. RT, 2002, vol. 1; _____, *Tratado de direito processual civil*, 2. ed., São Paulo, Ed. RT, 1996, vol. 2; _____, THEREZA CELINA DE ARRUDA ALVIM, *Assistência-litisconsórcio:* repertório de jurisprudência e doutrina, São Paulo, Ed. RT, 1986; ATHOS GUSMÃO CARNEIRO, O litisconsórcio facultativo ativo ulterior e os princípios processuais do "juiz natural" e do "devido processo legal", *RJ* 269/56, *RePro* 96/195 e *RT* 776/109; BRUNO CÉSAR DA SILVA, A necessidade de formação de litisconsórcio passivo como meio de efetivação do direito à participação processual de crianças e adolescentes, *Revista de Direito da Infância e da Juventude* 4/79, jul. 2014; BRUNO SILVEIRA DE OLIVEIRA e FRANCISCO VIEIRA LIMA NETO, Notas sobre o devido processo constitucional, o litisconsórcio e os processos coletivos, *RePro* 191/19; CAETANO ERNESTO DA FONSECA COSTA, Litisconsorte necessário em ação de responsabilidade civil, entre os dependentes da vítima, *RePro* 73/104; CAIOS JULIO CESAR MARIANO, Apontamentos sobre o litisconsórcio ulterior, *RT* 792/178; CÂNDIDO RANGEL DINAMARCO, *Instituições de direito processual civil*, 5. ed., São Paulo, Malheiros, 2005, vol. 2; _____, *Litisconsórcio:* um estudo sobre o litisconsórcio comum, unitário, necessário, facultativo, 3. ed., São Paulo, Malheiros, 1994; _____, Litisconsórcio necessário: controle jurisdicional do ato administrativo, *RF* 333/173; CARLOS AUGUSTO DE ASSIS, Mandado de segurança contra ato judicial: um caso de litisconsórcio necessário?, *RePro* 169/345, mar. 2009; CARLOS SAMPAIO, *Litisconsórcio*, Rio de Janeiro, Esplanada, 1994; CASSIO SCARPINELLA BUENO, *Partes e terceiros no processo civil brasileiro*, 2. ed., São Paulo, Saraiva, 2006; CASTRO FILHO. Do litisconsórcio na denunciação da lide, *Processo e constituição*: estudos em homenagem ao professor José Carlos Barbosa Moreira, São Paulo, Ed. RT, 2006; CELSO AGRÍCOLA BARBI, *Comentários ao Código de Processo Civil*, 10. ed., Rio de Janeiro, Forense, 1997, vol. 1; DILVANIR JOSÉ DA COSTA, Do litisconsórcio necessário em ação rescisória, *RePro* 30/279; EDUARDO ARRUDA ALVIM, *Curso de direito processual civil*, São Paulo, Ed. RT, 1999, vol. 1; EDUARDO TALAMINI, Natureza do litisconsórcio em ação demarcatória e a eficácia de processo e sentença demarcatórios em face de terceiros adquirentes de imóveis objeto do litígio, *RePro* 188/291, out. 2010; EGAS DIRCEU MONIZ DE ARAGÃO, Ação – Intervenção de terceiro no processo – Assistência – Litisconsórcio – Oposição – Faixa de fronteira, *RF* 251/61; ELÍCIO DE CRESCI SOBRINHO,

Litisconsórcio: doutrina e jurisprudência, Porto Alegre, S. A. Fabris Ed., 1990; ENRICO TULLIO LIEBMAN, *Manual de direito processual civil*, 2. ed., Rio de Janeiro, Forense, 1985, vol. 1; ERNANE FIDÉLIS DOS SANTOS, O litisconsórcio no CPC brasileiro, *RBDP* 29/41; _____, *Manual de direito processual civil*, 12. ed., São Paulo, Saraiva, 2007, vol. 1; FRANCISCO C. PONTES DE MIRANDA, *Comentários ao Código de Processo Civil*, 3. ed., Rio de Janeiro, Forense, 1995, t. II; FREDIE DIDIER JR., *Curso de direito processual civil*: teoria geral do processo e processo do conhecimento, 7. ed., Salvador, JusPodivm, 2007; _____, *Direito processual civil*: tutela jurisdicional individual e coletiva, 5. ed., Salvador, JusPodivm, 2005, vol. 1; _____, Litisconsórcio unitário e litisconsórcio necessário, *RePro* 208/407, jun. 2012; GIL TROTA TELLES, Depoimento de litisconsorte, *RBDP* 43/79; GISELE SANTOS FERNANDES GÓES, *Direito processual civil*: processo de conhecimento, São Paulo, Ed. RT, 2006; HÉLIO TORNAGHI, *Comentários ao Código de Processo Civil*, 2. ed., São Paulo, Ed. RT, 1976, vol. 1; HOMERO FREIRE, Estudos sobre o litisconsórcio necessário ativo, *RT* 349/32; HUMBERTO THEODORO JÚNIOR, Arbitragem e terceiros – Litisconsórcio fora do pacto arbitral: outras intervenções de terceiros, *RDBMA* 14/357; _____, Litisconsórcio e intervenção de terceiros no processo civil brasileiro, *RF* 334/57; IBRAIM JOSÉ DAS MERCÊS Rocha, *Litisconsórcio, efeitos da sentença e coisa julgada na tutela coletiva*, Rio de Janeiro, Forense, 2002; IVES GANDRA DA SILVA MARTINS e ANDRÉ RAMOS TAVARES, Hipótese de litisconsórcio necessário. Inteligência do artigo 47, parágrafo único do CPC, *RDDP* 36/127; IVONE CRISTINA DE SOUZA JOÃO, *Litisconsórcio e intervenção de terceiros na tutela coletiva*, São Paulo, Fiúza, 2004; JÂNIA MARIA LOPES SALDANHA, Cumulação subjetiva: a problemática litisconsorcial, *RePro* 133/289; J. J. CALMON DE PASSOS, *Inovações no Código de Processo Civil*, Rio de Janeiro, Forense, 1995; JOSÉ ANTONIO LISBÔA NEIVA, Ação civil pública – Litisconsórcio de Ministérios Públicos, *RT* 707/238; JOSÉ CARLOS BARBOSA MOREIRA, Substituição das partes, litisconsórcio, assistência e intervenção de terceiros, em *Estudos sobre o novo Código de Processo Civil*, Rio de Janeiro, Liber Juris, 1974; _____, O litisconsórcio e seu duplo regime, *Doutrinas Essenciais de Processo Civil*, vol. 3, p. 637, out. 2011; JOSÉ DE AGUIAR DIAS, Responsabilidade e litisconsórcio necessário, *ADV* 40/433; JOSÉ EDUARDO CARREIRA ALVIM, *Elementos de teoria geral do processo*, 7. ed., Rio de Janeiro, Forense, 2001; JOSÉ MANOEL DE ARRUDA ALVIM NETTO, Litisconsórcio, *Soluções Práticas - Arruda Alvim*, 4/101, ago. 2011; JOSÉ RUBENS COSTA, Ação de impugnação de mandato eletivo – litisconsórcio necessário, *RT* 765/111; JÚLIO CÉSAR ROSSI, Litisconsórcio facultativo e prazo em dobro para recorrer: uma leitura crítica do artigo 191 do CPC, *RDDP* 17/19; LÉLIO DENÍCOLI SCHMIDT, O INPI nas ações de nulidade de marca ou patente: assistente ou litisconsorte?, *RePro* 94/201; LEONARDO GRECO, Concurso e cumulação de ações, *RePro* 147/11; LEONARDO JOSÉ CARNEIRO DA CUNHA, Partes e terceiros no mandado de segurança, *RDDP* 13/70; LUIZ EDSON FACHIN, Litisconsórcio no processo cautelar (comentário de acórdão do TJSP), *RAMPR* 47/43; LUIZ GUILHERME MARINONI E SÉRGIO CRUZ ARENHART, *Processo de conhecimento*, 6. ed., São Paulo, Ed. RT, 2007, vol. 2; LUIZ MACHADO GUIMARÃES, Litisconsórcio e desapropriação, em *Estudos de direito processual civil*, Rio de Janeiro, Jurídica e Universitária, 1969; _____, As três figuras do litisconsórcio, em *Estudos de direito processual civil*, Rio de Janeiro, Jurídica e Universitária, 1969; LUIZ MANOEL GOMES JUNIOR e WASHINGTON DE ROCHA CARVALHO, Ação declaratória de inexistência de processo em virtude da falta de citação do litisconsorte necessário, *RePro* 104/255; MARCELO ABELHA RODRIGUES, *Elementos de direito processual civil*, 2. ed., São Paulo, Ed. RT, 2003, vol. 2; MARCOS AFONSO BORGES, Litisconsórcio facultativo, litispendência, nulidades processuais, *RePro* 66/157; _____, O litisconsórcio no mandado de segurança contra ato judicial, *RT* 728/56; MARIA BERENICE DIAS, *O terceiro no processo*, Rio de Janeiro, Aide, 1993; MATHIAS LAMBAUER, *Do litisconsórcio necessário*, São

Paulo, Saraiva, 1982; MOTAURI CIOCCHETTI DE SOUZA, Assistência e litisconsórcio no polo ativo da ação civil pública. A legitimação concorrente e disjuntiva, *RT* 772/86; MARIO DE CAMARGO Sobrinho, *Do litisconsórcio e seus efeitos*, Campinas, Interlex, 2002; NELSON A. JOBIM, A sentença e a preterição de litisconsorte necessário, *RBDP* 43/83; NELSON NERY JR., Litisconsórcio necessário - eficácia da sentença sobre terceiros, *Soluções Práticas de Direito* – Nelson Nery Junior 8/633; _____, Litisconsórcio necessário - eficácia da sentença sobre terceiros II, *Soluções Práticas de Direito* - Nelson Nery Junior 8/657; _____, Litisconsórcio necessário - Vício da sentença - Decisão *inutiliter data*, *Soluções Práticas de Direito* - Nelson Nery Junior 8/695; RONNIE PREUSS DUARTE, Litisconsórcio alternativo e subsidiário no processo civil brasileiro, *RePro* 147/27; SÉRGIO GILBERTO PORTO, Litisconsórcio: noções e recusabilidade de sua formação, violação do juiz natural, *Ajuris* 60/31; TERESA ARRUDA ALVIM WAMBIER, Mandado de segurança. Licitação. Litisconsórcio, *RePro* 117/270; VALENTINO APARECIDO DE ANDRADE, Litisconsórcio facultativo e o fracionamento de créditos na execução contra a Fazenda Pública: impossibilidade legal (art. 100, § 4.º, da CF/1988), *RDDP* 24/120; VICENTE SABINO JÚNIOR, O litisconsórcio no moderno direito processual civil, *Doutrinas Essenciais de Processo Civil*, vol. 3, p. 609, out. 2011; WALDEMAR MARIZ DE OLIVEIRA JUNIOR, *Substituição processual*, São Paulo, Ed. RT, 1971; WILLIS SANTIAGO GUERRA FILHO, Notas fenomenológicas sobre a relativização dos limites subjetivos da coisa julgada em conexão com o litisconsórcio necessário, *Coisa julgada inconstitucional*, Belo Horizonte, Fórum, 2006; _____, Notas sobre a necessidade do litisconsórcio e a garantia do direito fundamental ao contraditório, *Processo e constituição:* estudos em homenagem ao professor José Carlos Barbosa Moreira, São Paulo, Ed. RT, 2006; _____, Eficácia ultra-subjetiva da sentença, litisconsórcio necessário e princípio do contraditório, *RePro* 84/264.

CAPÍTULO 19

INTERVENÇÃO DE TERCEIROS

Sumário: 19.1. Noções gerais – 19.2. Definição de terceiro – 19.3. Justificativa da intervenção de terceiro em processo pendente – 19.4. As espécies de intervenção de terceiros: classificação; 19.4.1. Intervenção espontânea e intervenção provocada; 19.4.2. Classificação conforme a posição jurídica assumida pelo terceiro; 19.4.3. Classificação conforme a ocorrência de ampliação do objeto do processo – 19.5. Assistência; 19.5.1. Assistência simples; 19.5.2. Assistência litisconsorcial; 19.5.3. Cabimento formal; 19.5.4. Momento; 19.5.5. Processamento da assistência – 19.6. Denunciação da lide; 19.6.1. Noção e finalidades; 19.6.2. Exemplos; 19.6.3. Estrutura – Posições processuais; 19.6.4. Hipóteses; 19.6.5. Denunciação sucessiva – Limites; 19.6.6. Inviabilidade de denunciação "per saltum"; 19.6.7. Iniciativa; 19.6.8. Sede para a denunciação; 19.6.9. Momento e via da denunciação – Ônus de promover-se a citação; 19.6.10. Processamento e decisão final – 19.7. Chamamento ao processo; 19.7.1. Conceito; 19.7.2. Finalidade; 19.7.3. Sede para o chamamento; 19.7.4. Facultatividade: extensão do ônus; 19.7.5. Estrutura – Posições jurídicas; 19.7.6. Hipóteses; 19.7.7. Momento; 19.7.8. Processamento; 19.7.9. Efeitos e autoridade da sentença – 19.8. Incidente de desconsideração de personalidade jurídica; 19.8.1. Noção e finalidades; 19.8.2. Intervenção provocada – Legitimidade para a provocação; 19.8.3. Objeto e natureza do incidente; 19.8.4. Posição jurídico-processual do interveniente; 19.8.5. Cabimento formal e momento de instauração do incidente; 19.8.6. Pleito de desconsideração formulado na inicial; 19.8.7. Processamento e efeitos; 19.8.8. A decisão do incidente; 19.8.9. Os embargos de terceiro como remédio para impor a observância do incidente – 19.9. *Amicus curiae;* 19.9.1. Noção e finalidades; 19.9.2. A regra geral e a previsão em normas esparsas; 19.9.3. Cabimento formal e momento da intervenção; 19.9.4. Pressupostos objetivos; 19.9.5. Pressupostos subjetivos; 19.9.6. Irrecorribilidade da decisão sobre o ingresso de *amicus curiae*; 19.9.7. Os poderes do *amicus curiae*; 19.9.8. Não atingimento pela coisa julgada; 19.9.9. Ausência de modificação de competência – 19.10. Outras hipóteses de intervenção de terceiros.

19.1. Noções gerais

Em regra, o processo se desenvolve tendo como sujeitos principais o juiz e as partes que originariamente formaram a relação jurídica processual, isso é, o autor, que propôs a ação, e o réu, contra quem foi à ação proposta. Essa situação em nada muda se se tratar de litisconsórcio, seja ativo (dois ou mais autores), passivo (mais de um réu) ou misto (vários autores e vários réus), porque, na verdade, continua a relação jurídica processual triangularizada entre os três sujeitos processuais, com vários autores e (ou) vários réus ocupando o polo ativo e (ou) passivo.

Pode ocorrer, todavia, a intervenção de terceiro em processo alheio. Mas para isso, há necessidade de expressa previsão legal.

19.2. Definição de terceiro

Define-se quem é terceiro por exclusão: todo aquele que não é parte no processo é terceiro. Vale dizer, se o sujeito não está vinculado ao processo por nele haver formulado a demanda ou por nele haver sido demandado e consequentemente citado para participar, ele é terceiro. Nesse sentido, *terceiro* é um contraconceito.

Entre os terceiros, haverá aqueles que jamais terão qualquer tipo de interesse jurídico que justifique sua participação no processo. Mas haverá também aqueles que possuem uma posição jurídica tal que pode servir de fundamento para que eles venham a intervir em processo alheio.

19.3. Justificativa da intervenção de terceiro em processo pendente

Na intervenção de terceiros, alguém que não tomava parte no processo desde o início, dele passa a participar, por opção dele mesmo ou de uma das partes. Deve haver interesse jurídico que justifique tal intervenção.

A autoridade da sentença consistente na sua coisa julgada, em regra, fica restrita às partes do processo (art. 506 do CPC/2015). Ou seja, quem teve a oportunidade de participar no exercício do contraditório (parte), em princípio fica vinculado ao ali decidido; quem era estranho a essa relação processual e jamais exerceu a garantia do contraditório (terceiro), não pode ficar sujeito a tal vinculação. Se de algum modo o terceiro tiver interesse jurídico para discutir a questão em outro processo, poderá fazê-lo, sem que se possa dizer que a coisa julgada do processo anterior vincula-o (sobre o tema, v. vol. 2, cap. 40).

Mas isso concerne à coisa julgada, e não aos efeitos da sentença – que é outro fenômeno. Como qualquer outro ato jurídico, a sentença irradia seus efeitos sobre toda a teia de inter-relações existente. Ainda que o comando decisório dirija-se às partes, pode repercutir sobre terceiros, conforme a maior ou menor intensidade de relacionamento jurídico das partes com terceiros, no que tange ao objeto do processo. Nota-se, nos ordenamentos jurídicos em geral, preocupação no sentido de evitar a desnecessária produção de efeitos sobre terceiros. Mas é quase impossível obstar efeitos sobre terceiros, uma vez que a sentença dispõe a respeito de relações jurídicas que, em si mesmas, são entrelaçadas e encadeadas. Por exemplo: quando uma sentença extingue (anulando, rescindindo etc.) um contrato, isso pode repercutir nas relações jurídicas existentes entre qualquer das partes e seus subcontratados; quando a sentença decreta o divórcio das partes, isso repercute sobre terceiro que pretendia casar-se com um dos divorciados e agora pode fazê-lo – e assim por diante.

Por vezes, a repercussão da sentença sobre terceiros é meramente fática (incluindo-se aí a repercussão meramente econômica ou moral), e não jurídica. Se o banco retoma judicialmente a Kombi do vendedor de caldo de cana que não pagou o financiamento bancário, isso pode repercutir em termos práticos sobre os fregueses desse comerciante, que deixarão de poder desfrutar da bebida depois de uma manhã de caminhada no parque... Mas esse obviamente não é um reflexo jurídico.

Há circunstâncias, todavia, em que os efeitos que atingem terceiros têm direta relevância jurídica. Para alguns desses casos, o ordenamento prevê a excepcional possibilidade de o terceiro intervir no processo. A base de direito material justificadora da intervenção do terceiro varia conforme a modalidade interventiva, como se verá adiante.

Processualmente, a intervenção de terceiros tem por finalidade propiciar: (a) economia processual (resolve-se em um único processo o que seria definido em dois ou mais); (b) segurança jurídica, evitando-se a contradição teórica entre julgados (vejam-se os exemplos adiante – nn. 19.6.1 e 19.7.2); (c) maior amplitude e qualidade ao contraditório (com todos os interessados em uma questão manifestando-se sobre ela num mesmo ambiente de debate).

19.4. As espécies de intervenção de terceiros: classificação

As modalidades de intervenção de terceiros são taxativamente previstas no ordenamento. Não são admissíveis em outros casos que não os expressos em lei.

O Código de Processo Civil contempla as seguintes modalidades de intervenção, no título dedicado ao tema: assistência simples e litisconsorcial, denunciação da lide, chamamento ao processo, intervenção de *amicus curiae* e incidente de desconsideração de personalidade jurídica.

Além disso, como será visto ao final deste capítulo, há regras esparsas que contemplam outras hipóteses em que um terceiro vem a ingressar supervenientemente no processo.

19.4.1. Intervenção espontânea e intervenção provocada

Em algumas hipóteses, cabe ao terceiro que requerer seu ingresso no processo. Ou seja, ele só intervém se quiser. Fala-se, então, em intervenção *espontânea* (ou *voluntária*).

Em outras hipóteses, é o juiz, a pedido de uma das partes ou de ofício, quem determina a intervenção do terceiro. Há, então, intervenção *provocada* (ou *coata*).

A assistência simples e a assistência litisconsorcial são modalidades de intervenção espontânea. A denunciação da lide, o chamamento ao processo e a desconsideração de personalidade jurídica são espécies de intervenção provocada. A intervenção do *amicus curiae* pode dar-se tanto espontaneamente quanto por provocação.

19.4.2. Classificação conforme a posição jurídica assumida pelo terceiro

O assistente simples e o *amicus curiae*, ao intervir no processo, não assumem a condição de parte. Tornam-se sujeitos (secundários) do processo, sem ficar investidos plenamente de toda a gama de faculdades e poderes atribuídos às partes.

Nas demais modalidades interventivas, o terceiro, ao intervir, torna-se parte. Ele passa a ocupar o polo ativo ou passivo de uma demanda (em alguns casos, da própria demanda originária; em outros, de uma demanda formulada por ocasião da própria intervenção) e titulariza todos os direitos, ônus e deveres inerentes à condição de parte.

19.4.3. Classificação conforme a ocorrência de ampliação do objeto do processo

Na assistência simples e na intervenção do *amicus curiae*, como esses nem sequer se tornam propriamente partes, não há alteração subjetiva na relação processual nem modificação do objeto do processo (isso é, das pretensões cujo mérito há de ser julgado).

Já nas outras hipóteses de intervenção, cabe distinguir os casos em que há simples ampliação subjetiva das demandas já postas e os casos em que há ampliação objetiva, isso é, casos em que a intervenção do terceiro traz consigo a propositura de uma nova demanda.

Na assistência litisconsorcial e no chamamento ao processo, há apenas ampliação subjetiva de demanda que já estava posta entre as partes originárias. Portanto, não surge uma nova ação.

Já na denunciação da lide e no incidente de desconsideração de personalidade jurídica, a provocação da intervenção do terceiro traz em seu bojo uma nova ação, dirigida em face do terceiro. Ou seja, o interveniente é o réu dessa nova demanda.

As características aqui sintetizadas poderão ser melhor compreendidas com o exame de cada uma das modalidades de intervenção de terceiros.

19.5. Assistência

Na assistência, o terceiro (assistente) ingressa no processo com o fim de auxiliar uma das partes (assistido) a obter a vitória no processo (art. 119 do CPC/2015). O fundamento autorizador dessa intervenção é a existência de um interesse jurídico (e não meramente moral ou econômico) do assistente na vitória do assistido. O resultado vitorioso do assistido repercutirá positivamente também na esfera jurídica do assistente.

Assim, o assistente não formula uma pretensão (ação) nova. Sua presença no processo não faz nascer outra lide para que o juiz decida juntamente com a lide originária. A lei prevê duas hipóteses de assistência: a simples e a litisconsorcial. O grau de intensidade do interesse jurídico do assistente determina seu enquadramento numa ou noutra das duas modalidades – e a gama de poderes atribuída ao assistente também será diversa num caso e noutro.

19.5.1. Assistência simples

Na assistência simples, disciplinada nos arts. 121 a 123 do CPC/2015, o assistente tem um *interesse jurídico* que, embora *diferente* do interesse jurídico da *parte*, encontra-se em relação de dependência com esse.

Há a perspectiva de o assistente simples sofrer efeitos reflexos da eventual decisão final desfavorável ao assistido, que atingiriam negativamente sua esfera jurídica. O assistente simples tem um interesse jurídico próprio, que não está diretamente posto em disputa no processo, mas que apenas pode ser preservado na medida em que a sentença seja favorável ao assistido. Assim, o assistente simples, embora não tendo qualquer relação jurídica direta com o adversário do assistido, pode ser atingido, ainda que indiretamente, pela sentença desfavorável ao assistido. O interesse jurídico do assistente simples pode apresentar-se de dois modos:

(1º) o resultado do processo poderá implicar uma eficácia constitutiva (ou desconstitutiva) favorável ou contrária ao interesse (à posição jurídico-material) do assistente;

(2º) o resultado do processo poderá autorizar uma das partes a promover ação regressiva contra o terceiro – hipótese em que esse assiste aquela parte que o poderia demandar regressivamente.

Os exemplos permitem compreender melhor em que consiste o interesse jurídico justificador a assistência simples.

Exemplo da primeira hipótese: o sublocatário do imóvel será atingido pela sentença desfavorável ao locatário, na ação movida pelo locador visando a rescindir o contrato de locação por falta de pagamento. A sentença, num caso como este, diz respeito ao locador e locatário principais, mas o contrato de sublocação extinguir-se-á com a extinção do contrato de locação, e o sublocatário terá de deixar o imóvel. O sublocatário, portanto, tem um interesse jurídico reflexo, dependente do interesse jurídico do locatário – justificando-se que atue como assistente simples desse.

Exemplo da segunda hipótese: uma empresa privada promove contra a União Federal ação pedindo indenização, sob o fundamento de que determinado agente fiscal federal lacrou, em abuso de autoridade, o seu estabelecimento comercial por dez dias. Se a União for condenada e tiver de pagar a indenização, ela terá direito de ressarcir-se do valor pago junto ao agente fiscal causador do dano, desde que demonstre que ele agiu com dolo ou culpa. Portanto, esse agente tem interesse jurídico reflexo no resultado do primeiro processo, podendo ser assistente simples da União.[1]

Vê-se que, em ambos os casos, a sentença não atinge *diretamente* esses terceiros que podem intervir no feito, mas inexoravelmente reflete em sua esfera. Também fica claro, como já dito antes, que o objeto do processo não versa sobre uma relação jurídica direta entre o assistente e o adversário do assistido. O interesse jurídico do assistente está em mera relação de dependência com a situação jurídica posta como objeto do processo.

19.5.1.1. Os poderes do assistente simples

Por isso – porque não há uma relação jurídica direta entre assistente e adversário do assistido, mas simples relação de subordinação entre o interesse do assistido posto em disputa e o interesse jurídico do assistente –, a possibilidade de atuação do assistente simples no processo é mais limitada, bastante dependente da atuação da parte assistida (arts. 121 e 122 do CPC/2015).

O assistente simples, embora estando a autorizado a exercer os mesmos poderes e sujeitando-se aos mesmos ônus que o assistido, atua como "auxiliar" deste (art. 121, *caput*, do CPC/2015). Se o assistido permanecer revel (i.e., não contestar a ação) ou omitir-se de algum outro modo no cumprimento de ônus processuais, o assistente até pode atuar em seu lugar, como seu "substituto processual" (art. 121, parágrafo único, do CPC/2015 – lembre-se que o substituto defende direito *alheio* em nome próprio). Assim, o assistente simples pode requerer provas, formular quesitos, inquirir testemunhas, interpor recursos etc.

Mas o assistente simples apenas está autorizado a suprir omissões do assistido ou a atuar na mesma linha em que esse atua. Não pode, tendo em vista

---

1. Como adiante se verá, desse exemplo também se extrairá outra modalidade de intervenção de terceiros, a denunciação da lide.

sua posição subordinada, contrapor-se às condutas ativas do assistido. Assim, ele nada pode fazer para impedir que o assistido reconheça a procedência do pedido, desista da ação, renuncie ao direito sobre o qual se funda a ação ou transija sobre direitos controvertidos (art. 122 do CPC/2015).

Tampouco é dado ao assistente simples suprir uma omissão do assistido quando o ordenamento expressamente atribui a essa inércia o caráter de escolha voluntária de um determinado efeito. Por exemplo, o Código diz que, se o réu não arguir a existência de convenção arbitral (v. n. 15.8.1, acima), reputa-se que ele e o autor optaram por manter aquela causa no Poder Judiciário, a despeito de antes terem pactuado submetê-la à arbitragem (art. 337, § 6.º, do CPC/2015). Nesse caso, se o réu-assistido não fez tal arguição, o assistente simples não pode fazê-lo em seu lugar. O mesmo se aplica à incompetência relativa (art. 65 do CPC/2015 – v. n. 6.8, acima).

Por fim, o assistente simples também não pode promover medidas que ampliem o objeto do processo (i.e., que impliquem a propositura de uma nova demanda incidental), como a reconvenção (vol. 2, cap. 9), a denunciação da lide (n. 19.6, a seguir) ou o incidente de desconsideração de personalidade jurídica (n. 19.8, a seguir).

19.5.1.2. *A eficácia da assistência simples ("resultado da intervenção")*

Esse regime de atuação processual mais limitada repercute sobre o grau de vinculação do assistente simples à decisão final de mérito. O assistente simples não fica sujeito à coisa julgada material, como ficam as partes. Ele submete-se a um fenômeno de vinculação próprio, chamado pela doutrina de "resultado da intervenção" (ou "eficácia da assistência"), que é regulado pelo art. 123 do CPC/2015. Trata-se de instituto, em certo aspecto, mais rígido e, em outro, mais flexível do que a coisa julgada a que se submetem as próprias partes.

É mais rigoroso na medida em que torna imutáveis, indiscutíveis para o assistente simples, inclusive os próprios fundamentos da sentença – e não apenas o comando sentencial (já a coisa julgada torna imutável apenas o comando da sentença, e não a fundamentação – v. vol. 2, cap. 40). É o que se extrai da proibição de que o assistente discuta, em processo posterior, a "justiça da decisão" (art. 123, *caput*, do CPC/2015). Essa proibição de o assistente simples rediscutir os fundamentos da sentença, ainda que em outra ação, com outro objeto, tem uma razão de ser. No mais das vezes, se a imutabilidade se restringisse ao objeto do *decisum*, não haveria nenhuma concreta e útil vinculação do assistente simples. Os aspectos pertinentes ao assistente que poderiam ensejar um subsequente processo entre o assistente e alguma das partes do primeiro processo normalmente estão veiculados na fundamentação (p. ex.: se o subcontratado assiste o contratado na ação de indenização por má-prestação do serviço movida pelo contratante principal, a inexistência de caso fortuito e força maior aptos a justificar a prestação defeituosa não é objeto do *decisum*, mas matéria enfrentada incidentalmente na fundamentação – de modo que, para que o subcontratado não possa depois negar alegar aqueles eventos em sua defesa quando for cobrado pelo contratado, é necessário que a própria motivação da sentença anterior torne-se indiscutível para ele, assistente).

Por outro lado, o "resultado da intervenção" é mais flexível do que a coisa julgada, na medida em que se confere ao assistente a possibilidade de subtrair-se de tal autoridade quando demonstrar que sua adequada atuação no processo foi prejudicada por atos ou omissões do assistido (art. 123, I e II do CPC/2015).[2]

19.5.2. *Assistência litisconsorcial*

Na assistência litisconsorcial (que a doutrina também chama de "qualificada"), o interesse jurídico que fundamenta a intervenção do terceiro reside na circunstância de que a própria pretensão posta no processo entre as partes originárias é também de titularidade (ou até é de titularidade exclusiva) do assistente. Em outras palavras, justifica-se seu ingresso no processo porque a demanda já ali formulada poderia ter sido proposta por ele mesmo, assistente litisconsorcial. Por isso, o art. 124 do CPC/2015 prevê que o interesse jurídico justificador da intervenção do assistente litisconsorcial consiste na perspectiva de "a sentença influir na relação jurídica entre ele e o adversário do assistido".

Considerem-se os seguintes exemplos:

(i) A, B e C são condôminos do imóvel, que é invadido por R. A ajuíza ação em face de R (art. 1.314 do CC). B e C podem intervir como assistentes litisconsorciais de A.

(ii) Outros acionistas da sociedade anônima podem assistir litisconsorcialmente aquele que promoveu ação de anulação de assembleia geral da companhia.

(iii) Outro cidadão intervém na ação popular (art. 6.º, § 5.º, da Lei 4.717/1965), como assistente litisconsorcial do autor.

(iv) Outro legitimado ativo intervém na ação civil pública, como assistente litisconsorcial do autor (art. 5.º, § 2.º, da Lei 7.347/1985).

(v) A intervenção do adquirente da coisa litigiosa, como assistente da parte que lhe alienou o bem, quando a parte adversária não admite a sucessão processual do alienante pelo adquirente ou quando tal sucessão nem é pleiteada (art. 109 do CPC/2015).

(vi) A intervenção do titular do (possível) direito, no processo de mandado de segurança promovido pelo titular de interesse reflexo, após esse haver

---

2. Sobre o tema, veja-se EDUARDO TALAMINI, Coisa julgada e sua revisão, São Paulo, RT, 2005, n. 2.5.9, p., 118-119 – de onde se extraiu a passagem contida neste subtópico.

notificado aquele para que ajuizasse a ação e aquele haver permanecido inerte (art. 3.º da Lei 12.016/2009).

(vii) Intervenção dos colegitimados para o mandado de segurança (art. 1.º, § 2.º da Lei 12.016/2009).

Como se vê dos exemplos postos acima:

– há casos em que o assistente litisconsorcial poderia ter sido desde o início litisconsorte facultativo do assistido, pois ambos são titulares da pretensão posta (exemplos *i*, *ii* e *vii*);

– há casos em que ambos, assistido e assistente litisconsorcial, detêm a mesma legitimação extraordinária para a ação (exemplos *iii* e *iv*);

– há casos em que o assistente é o único titular da pretensão posta, sendo o assistido substituto processual do assistente. É o que se tem no exemplo *v*: ao alienar o bem objeto do litígio, a parte já não está mais em juízo defendendo pretensão própria; está, a partir de então, defendendo pretensão que é do terceiro adquirente do bem, que, por sua vez, apenas pode ingressar diretamente como parte se o adversário do alienante concordar com a sucessão processual (art. 109, § 1.º, do CPC/2015). É o que se passa também no exemplo *vi*: o titular da pretensão até poderia ter impetrado diretamente o mandado de segurança, mas não o fez; permaneceu omisso, mesmo depois de notificado pelo titular do mero interesse reflexo – e esse então ajuizou o mandado de segurança como substituto processual daquele. Nesses dois exemplos, o assistente processual é o verdadeiro titular da pretensão, e o assistido, seu substituto processual. Aliás, o art. 18, parágrafo único, do CPC/2015, contém até previsão genérica no sentido de que sempre que houver substituição processual, o substituído pode vir a ingressar no processo como assistente litisconsorcial do substituto.

19.5.2.1. Os poderes do assistente litisconsorcial

Em qualquer desses casos, uma vez que a pretensão posta no processo é (também ou exclusivamente) sua, o terceiro, quando intervém, assume a condição jurídica de litisconsorte (art. 124 do CPC/2015). Vale dizer, torna-se parte, tanto quanto o é o assistido.

O assistente litisconsorcial exerce todos os poderes e submete-se a todos os ônus e responsabilidades da própria parte. Ele tem posição jurídica idêntica à do assistido. Sua atuação processual não é dependente em relação à do assistido.

Aliás, quando o assistido for substituto processual do assistente (exemplos *v* e *vi* do tópico anterior), este, ao ingressar no processo, tende a assumir a posição prioritária, visto que ele é o próprio titular da pretensão ou defesa posta em juízo.

19.5.2.2. Submissão à coisa julgada

Bem por isso, diferentemente do assistente simples, o assistente litisconsorcial fica submetido à coisa julgada eventualmente produzida no processo.

19.5.3. Cabimento formal

Em princípio, a assistência, seja simples ou litisconsorcial, pode ocorrer em qualquer tipo de procedimento, conforme o art. 119, parágrafo único do CPC/2015. Pode ocorrer tanto em processo de conhecimento quanto de execução – e tanto nas modalidades comuns desses quanto nos procedimentos especiais regulados pelo CPC ou por leis autônomas.

Mas há leis especiais que vedam expressamente a assistência. Por exemplo, ela não é admitida no procedimento do Juizado Especial (art. 10 da Lei 9.099/1995).

A jurisprudência tende a também não a admitir no mandado de segurança. Mas a razão normalmente invocada para tanto é incorreta: a suposta inaplicabilidade do CPC a essa ação constitucional. O motivo mais razoável pelo qual seu emprego poderia ser descartado seria o da complicação procedimental gerada pela assistência, que seria incompatível com a sumariedade e celeridade do rito do mandado de segurança. Contudo, aqui cabem duas ressalvas: (1.ª) mesmo esse fundamento, que no passado era plausível, tende a enfraquecer-se em face da extrema simplicidade do processamento do pedido de assistência no CPC/2015, exposto a seguir; (2.ª) se ainda prevalecer, a proibição só pode ser aplicada à assistência simples, pois a assistência litisconsorcial submete-se ao regime jurídico do litisconsórcio (art. 124, CPC/2015), e esse é expressamente admitido no mandado de segurança (art. 24 da Lei 12.016/2009).[3]

19.5.4. Momento

Nos procedimentos em que couber, a assistência pode dar-se a qualquer tempo e em qualquer grau de jurisdição (art. 119, parágrafo único, do CPC/2015).

Pode ocorrer tanto na fase de conhecimento (inclusive na eventual etapa relativa a pedido de tutela urgente antecedente), quanto na fase de liquidação ou cumprimento da sentença. E tem vez tanto em primeiro grau de jurisdição quanto na esfera recursal. Ou seja, basta haver processo pendente.

---

3. Sobre o tema, veja-se EDUARDO TALAMINI, "Partes e terceiros no mandado de segurança", em *Revista Dialética de Direito Processual*, 2009, vol. 80, n. 8. A Lei 12.016 refere-se aos arts. 46 a 49 do CPC/1973, que tratavam do litisconsórcio naquele diploma. A remissão deve agora ser compreendida como referindo-se às normas sobre litisconsórcio no CPC/2015, contidas nos arts. 113 a 118.

Mas o assistente "recebe o processo no estado em que se encontra" (art. 119, parágrafo único, do CPC/2015): com isso, a lei quer indicar que o assistente não tem o direito a que atos processuais já realizados antes de sua intervenção (p. ex., produção de provas, decisões proferidas etc.) sejam repetidos após seu ingresso. O assistente "pega o bonde andando".

19.5.5. Processamento da assistência

Se o pleito de assistência for formulado pela União Federal, autarquia, fundação ou empresa pública federal, o processo tem sua competência deslocada para a Justiça Federal, caso esteja até então tramitando na Justiça Estadual ou do DF (art. 109, I, da CF/1988). Compete ao juiz federal aferir a admissibilidade da assistência, nessa hipótese (art. 45 do CPC/2015; Súm. 150 do STJ).

Havendo o pedido de assistência, o juiz pode rejeitá-lo de plano, se ele for patentemente incabível. Se a causa havia sido remetida à Justiça Federal por força de tal pedido, caberá ao juiz federal determinar o retorno do processo à Justiça Estadual – art. 45, § 3.º, do CPC/2015.

Não sendo caso de indeferimento liminar, o juiz deve intimar as partes, que terão prazo de quinze dias para se manifestar sobre o pleito de intervenção. A impugnação ao ingresso do assistente deverá fundar-se na demonstração da sua falta de interesse jurídico para intervir. Não havendo impugnação de qualquer das partes, o juiz deverá deferir a intervenção. Havendo impugnação, compete ao juiz resolver o incidente sem suspender o processo (art. 120 do CPC/2015), em dez dias (art. 226, II, do CPC/2015). Em qualquer hipótese, não haverá autuação em apartado. A decisão sobre o pedido de intervenção é recorrível mediante agravo de instrumento (art. 1.015, IX, do CPC/2015). Se for o caso, aplicar-se-á também nesse momento o art. 45, § 3.º, do CPC/2015, acima referido.

Se a decisão final do processo for contrária ao assistido, o assistente será condenado a responder pelas despesas processuais proporcionais aos atos que ele tiver praticado no processo (art. 94 do CPC/2015).

19.6. Denunciação da lide

19.6.1. Noção e finalidades

Pela denunciação da lide, uma das partes originárias do processo (autor ou réu) formula demanda contra o terceiro, trazendo-o para dentro do processo. Nessa demanda, a parte que a formula (chamada "denunciante") pretende um direito de regresso ou reembolso contra o terceiro ("denunciado"), a fim de ressarcir-se dos prejuízos decorrentes de eventual sucumbência que venha a sofrer na demanda principal daquele processo. O denunciante reputa que o denunciado está obrigado a ressarcir-lhe os prejuízos que sofrerá com eventual derrota no processo, e por isso formula uma "ação regressiva" contra ele, mediante a denunciação. Então, o denunciante provoca a intervenção do terceiro no processo, a fim de já obter, ali mesmo, um título executivo contra o denunciado (isso é, a condenação do denunciado), caso seja derrotado na ação principal. Além disso, ao ser trazido para dentro do processo, o denunciado poderá somar esforços com o denunciante na defesa de posição comum no litígio principal.

Com a denunciação, o denunciante assegura-se de que demanda principal e ação regressiva serão ambas julgadas pelo mesmo juiz, no mesmo processo. Evita-se o risco de decisões contraditórias. Se as ações fossem julgadas em processos distintos, por juízes diferentes, seria possível, por exemplo, que a ação principal fosse julgada procedente por um juiz e, depois, no julgamento da ação de regresso, o outro juiz concluísse que a primeira ação nem deveria ter sido julgada procedente, não acolhendo, assim, a demanda regressiva. Isso pode acontecer porque, como o suposto responsável regressivo não participou do primeiro processo, o resultado lá atingido não o vincula com força de coisa julgada (art. 506 do CPC/2015), podendo ser por ele rediscutido no processo da ação regressiva.

A denunciação da lide tem assim três finalidades principais: propiciar economia processual (instruir e julgar conjuntamente a ação principal e a ação regressiva), evitar julgados contraditórios e qualificar o contraditório (mediante o eventual acréscimo, pelo denunciado, de subsídios instrutórios relevantes para a ação principal).

Há não apenas o acréscimo de um novo sujeito ao processo. Ocorre também sua ampliação objetiva, na medida em que a denunciação constitui uma nova demanda. Passam a existir no processo duas lides, interligadas, uma dita "principal" e outra que se diz "eventual". Ela é qualificada como eventual porque só haverá necessidade de julgar-se o mérito da demanda regressiva, se o denunciante for derrotado na lide principal. Se ele for vitorioso, ele não sofre prejuízos, não cabendo falar em ressarcimento. Nesse caso, a denunciação como que "perderá seu objeto".

19.6.2. Exemplos

Exemplos permitem compreender melhor a figura da denunciação da lide:

– uma pessoa transfere a outra o controle acionário que detinha em determinada sociedade, assumindo a obrigação de indenizar a sociedade, conforme determinados critérios contratuais, se essa sofrer condenações judiciais com base em fatos havidos antes da transferência do controle. Surgindo uma ação contra a sociedade que tenha por causa de pedir fatos anteriores à transferência do controle, ela pode denunciar a lide ao anterior controlador, para que, em caso de procedência da ação, ele seja condenado a ressarci-la, nos termos do contrato;

– X adquire um imóvel de Y e descobre, depois disso, haver outra pessoa (Z) ocupando o bem e também se afirmando proprietária dele. Então, X promove uma ação reivindicatória contra Z. Mas, por eventualidade, X também denuncia a lide a Y, para que esse o indenize, caso se decida que o imóvel pertence mesmo a Z.

19.6.3. Estrutura – Posições processuais

Como exposto, a denunciação da lide veicula uma nova ação, do denunciante contra o denunciado. Ou seja, no que tange à ação de regresso (ou de garantia) veiculada na denunciação, o denunciante é autor e o denunciado, réu.

Mas no que concerne à ação principal, denunciante e denunciado são litisconsortes (art. 127 do CPC/2015). O denunciado e o denunciante têm o interesse comum de evitar a derrota do denunciante na ação principal.

Poderia parecer que o caso é de simples assistência – e não litisconsórcio –, pois o interesse jurídico do denunciado, a princípio, seria apenas reflexo: a pretensão principal põe-se entre autor e réu originários, e o denunciado apenas sofreria uma consequência reflexa, na medida em que poderá ter de indenizar o denunciante, se esse for derrotado na ação principal. E, de fato, se não houver denunciação e mesmo assim o terceiro quiser ingressar espontaneamente no processo, ele o fará sob a forma da assistência simples, como foi visto antes. Nessa perspectiva, parece imprópria a qualificação como litisconsorte, feita no art. 127 do CPC/2015. Mas, no CPC/2015, isso tem razão de ser: uma vez feita a denunciação, se a ação principal e a denunciação forem julgadas procedentes, o adversário do denunciante poderá executar diretamente o denunciado, nos limites em que esse tiver sido condenado na denunciação (art. 128, parágrafo único, do CPC/2015). Isso é uma novidade do Código atual. No CPC/1973, o adversário do denunciante apenas poderia executar o denunciante, e esse, o denunciado, para reaver o que tivesse pago ao denunciante. Agora, com a denunciação, instaura-se automaticamente uma relação direta entre o adversário do denunciante e o denunciado: o denunciado é trazido para o polo passivo da ação principal. Portanto, ele é mesmo litisconsorte do denunciante, no que tange à demanda principal.

19.6.4. Hipóteses

A lei prevê duas hipóteses em que a denunciação da lide pode ocorrer.

19.6.4.1. Evicção

A primeira delas diz respeito à evicção. Evicção significa a perda de um direito (material) em função de uma decisão judicial, por um fundamento que é anterior à data de aquisição do bem (ou seja, por um motivo causado por anterior proprietário do bem, e não pelo atual). A denunciação da lide possibilita o exercício do direito que resulta da evicção. Em outras palavras, a denunciação da lide permite que o adquirente de um bem, com risco de vir a ser lesado com a perda desse bem em decorrência de uma decisão judicial, possa assegurar-se de que será ressarcido por aquele que lhe transferiu esse direito (o "alienante"), caso o risco se concretize.

O segundo exemplo apresentado no n. 19.6.2, acima, concerne a evicção.

A denunciação da lide, neste caso, era dita "obrigatória", por força do art. 456 do CC, que previa que o adquirente perderia o direito material de ser indenizado pela evicção, se não "notificasse" o alienante "quando e como" prever a lei processual. Não era propriamente uma obrigação, mas um ônus de direito material: o adquirente sofreria uma desvantagem jurídica (impossibilidade de ser indenizado), por não exercer a denunciação. Mas o CPC/2015 é explícito ao afirmar que a denunciação da lide será sempre uma faculdade da parte (art. 125, *caput*) e que a parte sempre poderá exercer o direito de regresso depois, em uma ação autônoma (geradora de um novo processo), mesmo quando deixar de exercer a denunciação (art. 125, § 1.º). Ademais, o CPC/2015 revogou o art. 456 do CC (art. 1.072, II). Assim, se o adquirente não denunciar a lide ao alienante, poderá ainda exercer o direito de regresso depois, em ação própria, observado o devido prazo de prescrição.

Por outro lado, a lei material prevê a possibilidade de o alienante se eximir da responsabilidade pela evicção, mediante cláusula expressa no contrato (art. 448 do CC). Nesses casos, evidentemente, não deve haver denunciação (nem ação autônoma de regresso). Se houver, ela estará fadada à improcedência.

19.6.4.2. Demais hipóteses em que a lei ou contrato prevê direito de regresso

A denunciação da lide é ainda admissível em todas as demais hipóteses em que o denunciado estiver obrigado, pela lei ou pelo contrato, a indenizar o eventual sucumbente. Este é o caso mais comum de denunciação e os exemplos são fartos. Um bastante frequente é o do réu, na ação de indenização por acidente de trânsito, que denuncia a lide à seguradora do seu veículo.

19.6.4.3. A controvérsia quanto ao cabimento da denunciação pela Administração Pública a seu agente

Existe bastante controvérsia a respeito da possibilidade de denunciação da lide pela Administração Pública, quando essa é acionada por ato de servidor que cause prejuízo aos administrados. Isso é, discute-se a possibilidade de a Administração denunciar a lide ao agente público que praticou o ato que embasa a pretensão do autor.

O possível fundamento para a inadmissibilidade da denunciação nessa hipótese deriva do fato de que, em muitos casos, na ação principal, a Administração é demandada com base em responsabilidade objetiva (i.e., que independe de dolo ou culpa), ao passo que o ressarcimento da Administração pelo agente público depende da demonstração de conduta culposa ou dolosa desse. Os que se opõem ao cabimento da denunciação nesses casos argumentam que ela traria para o processo uma questão (averiguação de dolo ou culpa) que não se punha para a solução da pretensão principal. Com isso, haveria uma dificultação no andamento do processo (instrução probatória mais complexa etc.), que prejudicaria o autor da ação principal.

Mas há quem admita a denunciação mesmo nesses casos, sob o argumento de que esse não é um limite posto pela lei ao cabimento dessa modalidade interventiva. A favor da denunciação, pondera-se ainda que não se deve considerar apenas o interesse do autor (em ter um processo mais simplificado e célere), mas também o interesse do réu e da própria jurisdição na economia processual (com a dispensa de outro processo) e na busca de soluções harmônicas.

Seja como for, há casos em que a responsabilidade da Administração é também subjetiva (ou seja, casos em que ela só terá de indenizar o administrado se ficar provado o dolo ou culpa do agente público). Pense-se na hipótese em que um veículo oficial da prefeitura envolve-se em uma colisão com outro carro, cujo proprietário ingressa com ação de reparação civil de danos contra o Município. O Município só terá de indenizar o autor da ação, se ficar provado que o condutor do veículo municipal agiu com dolo ou culpa. Nessa hipótese, a denunciação nem sequer ampliará o âmbito de questões a serem conhecidas pelo juiz – não se pondo, então, aquela objeção formulada por parte da doutrina.

19.6.5. Denunciação sucessiva – Limites

Em determinados casos, pode haver uma cadeia sucessiva de sujeitos que responderiam regressivamente um perante o outro. Imagine-se que A vendeu uma obra de arte para B, que vendeu para C, que vendeu para E, que vendeu para F, que vendeu para G. Então, X propõe ação contra G, reivindicando a obra de arte, sob o fundamento de que em verdade ela seria sua e haveria sido furtada de sua casa por A. Como vimos (n. 19.6.4, acima), diante do risco da evicção, G, uma vez citado na ação, poderá denunciar a lide a F. Mas a pergunta é: F pode, no mesmo processo, denunciar a lide a E, e E a D – e assim sucessivamente?

O CPC/2015 autoriza uma única denunciação sucessiva (art. 125, § 2.º). No exemplo dado, apenas F, uma vez denunciado, poderá promover, no mesmo processo, a denunciação de E. Já E não poderá promover a denunciação da lide a D. Então, para exercer o seu direito de regresso, E terá de promover uma ação autônoma contra D – e nessa ação, que constituirá um novo processo, D, réu nela, poderá denunciar a lide a C, que ainda poderá fazer a denunciação de B. Esse, por sua vez, não poderá fazer, ali mesmo, uma segunda denunciação sucessiva. Terá de promover outra ação autônoma, geradora de outro processo, contra A.

Essa expressa proibição de mais de uma denunciação sucessiva (que não existia antes do CPC/2015), se, por um lado, tenta evitar que o processo fique excessivamente complexo, por outro, não contribui para a economia processual. Se as diversas ações autônomas forem propostas de modo mais ou menos contemporâneo, terão de ser reunidas, diante do mesmo juízo, e processadas conjuntamente (art. 55, § 3.º, do CPC/2015).

19.6.6. Inviabilidade de denunciação "per saltum"

O CPC também proíbe a denunciação *per saltum*. Ou seja, no caso do risco de evicção, o adquirente apenas pode denunciar a lide ao seu alienante imediato (i.e., aquele que diretamente lhe alienou o bem), e não a outros sujeitos da cadeia de alienações sucessivas. No exemplo dado no item anterior, isso significa que G pode apenas denunciar a lide a F, e não a nenhum dos alienantes anteriores – e F apenas pode formular a denunciação contra E, e assim por diante.

É o que se extrai do art. 125, I, do CPC/2015, que apenas permite a denunciação do "alienante *imediato*". De resto, como já indicado, o CPC/2015 revogou o art. 456 do CC, que, entre outras providências, também autorizava expressamente a denunciação *per saltum*.

19.6.7. Iniciativa

Como apontado, a denunciação da lide pode ser feita tanto pelo autor quanto pelo réu. No item 19.6.2, acima, deu-se um exemplo em que a denunciação é feita pelo autor e outro em que é o réu quem a formula.

19.6.8. Sede para a denunciação

Uma vez que a denunciação da lide tem por escopo gerar a condenação do responsável regressivo simultaneamente à sucumbência, na ação principal, do beneficiário do direito de regresso, ela só tem vez na fase de conhecimento do processo. Assim, não cabe denunciação: (a) na fase de liquidação de sentença; (b) na fase de cumprimento da sentença; (c) na fase de impugnação ao cumprimento da sentença; (d) em processo autônomo de execução; (e) em embargos de executado etc.

19.6.9. Momento e via da denunciação – Ônus de promover-se a citação

O autor tem o ônus de promover a denunciação na própria petição inicial; ao réu incumbe fazê-la na contestação (art. 126 do CPC/2015). Se não for feita no momento oportuno, há a perda (preclusão – v. cap. 31) do direito de promovê-la. Depois disso, restará ao interessado exercer o seu pretenso direito de regresso mediante ação autônoma (art. 125, § 1.º, do CPC/2015).

Como a denunciação veicula uma demanda, cumpre ao denunciante nela descrever os elementos essenciais da ação: perfeita identificação do denunciado, causa de pedir, pedido.

Quando o denunciante é o réu, ele tem ainda o ônus de "promover" a citação do denunciado no prazo de trinta dias (ou dois meses, se o denunciado domiciliar-se em outra comarca, seção ou subseção ou estiver em lugar desconhecido), também sob pena de perda do direito à denunciação. A rigor, a citação é ato praticado pelo Judiciário, por ordem do juiz e mediante atos de seus auxiliares. Então, quando se diz que incumbe à parte "promovê-la", quer-se indicar que lhe incumbe ofertar todas as informações e pagar as despesas necessárias para que o ato seja praticado (ressalvado, nesse segundo caso, o benefício da justiça gratuita). Fazendo isso, o réu desincumbe-se do seu ônus, de modo que, se a máquina judiciária demorar, a despeito da pontualidade do réu, mais de trinta dias para conseguir citar o denunciado, o réu-denunciante não poderá sofrer nenhuma consequência negativa. Já quando o réu de fato não se desincumbir desse ônus, a denunciação fica sem efeito – e ele apenas poderá exercer o eventual direito de regresso mediante ação autônoma.

A rigor, o autor também tem esse ônus de "promover", no sentido ora indicado, a citação do denunciado – tanto quanto o tem relativamente ao próprio réu (arts. 82 e 319, II, e §§ 1.º a 3.º).

19.6.10. Processamento e decisão final

Se o denunciado for a União Federal, autarquia, fundação ou empresa pública federal, desloca-se a competência do processo para a Justiça Federal, caso esse já lá não tramite (art. 109, I, da CF/1988; art. 45 do CPC/2015). A decisão sobre a admissibilidade da denunciação caberá ao juiz federal, que devolverá o processo à Justiça Estadual ou do DF, em caso de inadmissão (art. 45, § 3.º, do CPC/2015; Súm. 150, do STJ).

A denunciação pode ser liminarmente indeferida, em casos de manifesto descabimento. Contra tal decisão cabe agravo de instrumento (art. 1.015, IX, do CPC/2015). Não sendo esse o caso, o juiz determinará a citação do denunciado.

Se a denunciação é feita pelo autor, cita-se o denunciado antes de citar-se o réu da ação principal. Nessa hipótese, se o denunciado aceitar a denunciação (i.e., se ele concordar que, em tese, se o denunciante fosse derrotado, ele teria de indenizá-lo), ele pode assumir a condição de litisconsorte do autor e inclusive aditar a petição inicial que essa havia formulado, acrescentando-lhe novos argumentos (art. 127 do CPC/2015). Por outro lado, se o denunciado quiser negar que tenha de indenizar o autor caso esse seja derrotado na ação principal, cabe-lhe apenas contestar a denunciação. Ainda que não exista regra expressa, nada impede que ele adote, por eventualidade, as duas condutas – ou seja, ainda que negando a condição de responsável regressivo (e, para tanto, conteste a denunciação), ele pode ativamente assumir a posição de litisconsorte, agregando subsídios à demanda do autor-denunciante.

Quando a denunciação é formulada pelo réu, uma vez citado o denunciado ele pode: (1) aceitar a denunciação, concentrando-se em atuar ao lado do réu-denunciante, como litisconsorte desse na ação principal; (2) contestar a denunciação, negando a condição de responsável regressivo; (3) assumir cumulativamente as duas primeiras condutas, por eventualidade; (4) permanecer revel, hipótese em que o réu-denunciante pode optar por abster-se de levar adiante a defesa na ação principal, concentrando-se na ação regressiva encartada na denunciação; (5) confessar os fatos narrados pelo autor da ação principal, hipótese em que o réu-denunciante também poderá optar por aderir a esse reconhecimento, centrando sua atenção na ação de regresso contra o denunciado (art. 128 do CPC/2015).

A decisão da lide principal e da lide regressiva é normalmente conjunta. Contudo, é possível que a lide principal seja resolvida no todo ou em parte em decisão interlocutória de mérito (art. 356 do CPC/2015), remetendo a solução do resto à sentença. Mesmo quando ambas as demandas são decididas no mesmo ato, em termos lógicos, antes se decide a lide principal. Se o denunciante já for ali vitorioso, fica prejudicada a ação regressiva veiculada na denunciação. Não caberá, então, decidir-se o seu mérito – devendo haver apenas a condenação do denunciante a ressarcir custas e pagar honorários de advogado do denunciado (art. 129, parágrafo único). Já se a ação principal for julgada procedente, haverá a necessidade de julgar-se subsequentemente a denunciação, para decidir se o denunciado deve indenizar o denunciante pelos prejuízos que esse sofrerá com a derrota na ação principal (art. 129, *caput*, do CPC/2015). Se a denunciação também for julgada procedente, surge para o adversário do denunciante – se a ação principal for condenatória por quantia (ou conversível em tal) e ele for o autor dela – a possibilidade de executar diretamente o denunciado, nos limites quantitativos da condenação imposta na ação regressiva (art. 128, parágrafo único, do CPC/2015). Ou seja, em vez de cobrar do réu, para que depois esse se ressarça junto ao denunciado, o autor pode preferir investir diretamente contra o denunciado. Isso significa que, nesses casos, a denunciação estabelece, por direta determinação da lei (i.e., independentemente de pedido), também uma condenação do denunciado em favor do denunciante.

19.7. Chamamento ao processo

19.7.1. Conceito

Trata-se de um instrumento de formação de litisconsórcio passivo, por iniciativa do próprio réu. Nesse sentido, é uma exceção, pois a facultatividade do litisconsórcio está normalmente ligada à figura do autor, e não à do réu: em regra, é o autor que decide se demandará um, alguns ou todos os litisconsortes passivos facultativos.

Nos casos em que há solidariedade passiva, o credor pode demandar todos ou apenas um ou alguns dos devedores solidários (art. 275 do CC). De mesmo modo, quando há fiança, o credor é livre para promover a ação contra o fiador ou o devedor principal (afiançado) ou ainda contra ambos. Ou seja, nesses casos, o litisconsórcio passivo é facultativo. Pelo chamamento ao processo, o devedor solidário que foi demandado pode trazer para o processo, como litisconsortes, os demais devedores. O mesmo pode ser feito pelo fiador, relativamente ao afiançado, quando apenas aquele primeiro figurou como réu na ação.

Com isso, evita-se que o réu original, depois de pagar a dívida, tenha de entrar com outra ação em face dos devedores solidários ou do devedor principal, para obter o reembolso.

Em certa medida, quem lança mão do instituto do chamamento traz para o processo aqueles que devem tanto quanto ele, ou mais do que ele, para responder conjuntamente a ação, ampliando-se, assim, o polo passivo da relação processual.

19.7.2. Finalidade

O objetivo fundamental deste instituto é a criação de título executivo para posterior sub-rogação (art. 132 do CPC/2015). Com isso quer-se dizer o seguinte: B, sendo acionado por A, e perdendo a ação, se tiver chamado ao processo os demais devedores solidários, pode, pagando A, sub-rogar-se em seus direitos de credor, para acionar os demais codevedores e ressarcir dos quinhões da dívida que cabem a esses. De resto, se a ação é julgada procedente, todos (i.e., réu originário e aqueles que foram chamados ao processo) são igualmente condenados, podendo a seguir o autor executar todos (cada um em sua cota) ou apenas um ou alguns deles pela dívida toda, sem incluir na execução necessariamente o réu originário. Se ocorrer essa última hipótese, quem efetivamente satisfizer a dívida também poderá valer-se da sentença para cobrar as cotas dos demais.

Dessa maneira, leva-se a efeito o princípio da economia processual e afasta-se o risco de decisões contraditórias, a exemplo do que se dá na denunciação da lide.

Ademais, só é possível ao devedor subsidiário invocar o benefício de ordem (i.e., o seu direito de que, antes de serem expropriados bens seus para a satisfação da dívida, se expropriem bens do devedor principal), na fase de cumprimento de sentença, se tiver chamado ao processo o devedor principal ainda na fase de conhecimento, ao contestar (art. 827, do CC).

19.7.3. Sede para o chamamento

O chamamento ao processo só pode ocorrer em processos de conhecimento e de natureza condenatória, em função de seu escopo de ampliação do alcance subjetivo do título executivo (i.e., incluir na condenação também os demais devedores solidários ou, no caso do fiador, o devedor principal). É incabível sua formulação na fase de cumprimento da sentença, no processo autônomo de execução ou nos embargos de executado.

19.7.4. Facultatividade: extensão do ônus

O chamamento ao processo é uma faculdade do réu. Mas, como frequentemente se dá em relação às faculdades processuais, é também um ônus (v. n. 2.3.2, acima). A intensidade do ônus variará conforme a hipótese de cabimento do chamamento.

Na hipótese do fiador em relação ao devedor principal, o ônus é bastante intenso. Não é possível a alegação do benefício de ordem pelo fiador, na fase de cumprimento de sentença, sem que ele tenha chamado o devedor ao processo, na fase de conhecimento. Portanto, há para o fiador o ônus de chamar o devedor ao processo já na fase de conhecimento, se ele quer depois valer-se do benefício de ordem. Se não o chama, perde o benefício de ordem. Mas não perde o direito material de reaver do devedor principal, em ação própria, a dívida paga.

Nos demais casos, a falta do chamamento acarreta para o réu a impossibilidade de desde logo formar um título executivo em face dos demais codevedores (ou cofiadores). Ou seja, para reaver a cota-parte dos demais, o réu que tenha arcado sozinho com a satisfação da dívida precisará intentar outra ação de conhecimento com o objetivo da obtenção de título executivo contra os outros codevedores.

Mas, em qualquer caso, o chamamento é facultativo no sentido de que a vontade relevante para sua formulação é exclusivamente a do réu (art. 130 do CPC/2015). O autor não tem como interferir nessa opção. Tampouco o terceiro pode impedir seu chamamento, que, como já indicado, é modalidade de intervenção provocada (ou coata). O que o autor e o chamado podem fazer é apenas demonstrar que o caso de não cumpre os requisitos para o chamamento. Mas se os cumprir, eles não podem impedir seu emprego pelo réu.

19.7.5. Estrutura – Posições jurídicas

Não há, com o chamamento, a ampliação do objeto do processo. A pretensão de cobrança do crédito permanece exatamente a mesma. Há apenas o acréscimo de novos sujeitos processuais parciais.

O chamado passa a integrar o polo passivo da demanda. Ele se torna litisconsorte do réu que o chamou. Trata-se de litisconsórcio passivo, facultativo e simples (não unitário).

Aplica-se-lhes o regime previsto no art. 1.005, parágrafo único, do CPC/2015, que estabelece aproveitar aos outros devedores solidários o recurso interposto por um deles, quando as defesas opostas ao credor forem comuns.

19.7.6. Hipóteses

Acima se disse que o devedor, através do chamamento, traz ao processo *aquele que deve tanto quanto ele, ou mais*. Nos termos do art. 130 do CPC/2015: (I) o fiador pode chamar o(s) devedor(es) principal (principais), (II) o fiador pode chamar outro(s) fiador(es) e (III) o devedor solidário pode chamar outro(s) devedor(es) solidário(s).

A lei silencia sobre a possibilidade de chamamentos sucessivos. Pode-se cogitar aqui da aplicação subsidiária da regra que permite uma única denunciação sucessiva.

Na ação de indenização por fato do produto, promovida por consumidor contra fornecedor, esse fica proibido de chamar ao processo os que o antecederam na cadeia de fornecimento do bem (fabricante, construtor, produtor, importador, distribuidor etc.). Essa regra está prevista no art. 88 do CDC, que impropriamente alude a "denunciação", em hipótese que concerne a chamamento (pois todos os integrantes da cadeia de fornecimento são devedores solidários em face do consumidor, que pode demandar qualquer um deles por vício ou fato do produto ou serviço – art. 12 e ss. Do CDC).

Por outro lado, o art. 101, II, do CDC prevê uma hipótese especial de admissibilidade do chamamento: o fornecedor demandado por fato ou vício do produto ou do serviço pode chamar ao processo o seu segurador, que se tornará litisconsorte passivo do réu, valendo a sentença final como título executivo, em favor do consumidor, contra o chamante e o chamado. Se não fosse essa regra especial, a hipótese enquadrar-se-ia na denunciação da lide. O Código de Defesa do Consumidor disciplinou-a como chamamento para assegurar ao consumidor uma situação melhor, de modo que o título executivo valha plenamente contra a seguradora (e não apenas nos limites do art. 128, parágrafo único, do CPC/2015).

19.7.7. Momento

O chamamento deve ser feito na contestação (art. 131 do CPC/2015). Se o réu não o fizer nesse momento, há a perda (preclusão) dessa faculdade. Restar-lhe-á a possibilidade de posteriormente promover ação autônoma para ressarcir-se junto ao terceiro.

Ademais, o réu tem o ônus de "promover" a citação do chamado, nos prazos previstos no art. 131, *caput* ou parágrafo único, do CPC/2015. Vale aqui o que já se expôs a respeito dessa regra ao se tratar da denunciação da lide (v. n. 19.6.9, acima).

19.7.8. Processamento

O chamamento pode ser indeferido liminarmente pelo juiz, por manifesta inadmissibilidade. Essa decisão comportará agravo de instrumento, assim como também o autor pode interpor agravo contra a decisão que deferir o chamamento e mandar citar o chamado (art. 1.015, IX, do CPC/2015).

Feita a citação do chamado, abre-se-lhe prazo para contestar (o mesmo de que dispôs o réu originário).

Aplica-se ao chamamento o que acima se expôs a respeito da intervenção da União Federal, autarquia, fundação ou empresa pública federal como assistente ou denunciado (v. n. 19.5.5 e 19.6.10).

19.7.9. Efeitos e autoridade da sentença

Como o chamado torna-se litisconsorte passivo, ele fica sujeito aos efeitos e coisa julgada da sentença exatamente do mesmo modo que o réu originário, que o chamou ao processo.

Se o julgamento final for de procedência, ambos são condenados, e o autor poderá executar a sentença tanto contra um quanto contra outro – e mesmo contra ambos (vedada apenas a cobrança em duplicidade, obviamente).

Além disso, a sentença condenatória servirá também de título executivo para o devedor solidário que satisfizer a dívida ressarcir-se (na íntegra, no caso do fiador; das respectivas cotas-partes, no caso do devedor solidário) junto aos demais que tiverem sido também condenados, ou para o fiador ressarcir-se junto ao devedor principal (art. 132). Note-se que essa eficácia serve tanto para o réu originário reaver as cotas-partes dos demais devedores solidários por ele chamados ao processo, quanto para qualquer um desses assim proceder, em face dos demais chamados e do próprio réu originário. A rigor, aquele que paga sub-roga-se no título executivo judicial que havia sido formado em prol do credor – e tal título é oponível aos outros devedores precisamente porque também participaram do processo em que ele se formou.

19.8. Incidente de desconsideração de personalidade jurídica

19.8.1. Noção e finalidades

A pessoa jurídica tem personalidade jurídica distinta da dos seus sócios e administradores. Ela tem direitos, obrigações, patrimônio próprios, inconfundíveis com os dos sócios e administradores. Mas a pessoa jurídica não é um ente concreto, real, como é a pessoa natural. Trata-se de um instrumento criado pelo direito para viabilizar, incentivar, facilitar o desenvolvimento de atividades e a produção de resultados desejados pelo ordenamento jurídico (atividade empresarial, relevantes atividades sem fins lucrativos, representação política ou sindical, administração dos bens públicos etc.).

Mas o direito material também prevê hipóteses em que a personalidade de pessoa jurídica deve ser desconsiderada, ignorada – tratando-se, para determinados fins, a esfera jurídica do sócio (ou administrador) e da sociedade como sendo uma coisa só. Trata-se basicamente de casos em que pessoa jurídica é utilizada para fins abusivos, com desvio de finalidade, com o propósito de lesar terceiros e (ou) fraudar a lei (ex.: art. 28 do CDC; art. 50 do CC; art. 116, parágrafo único, do CTN etc.).

Há duas modalidades de desconsideração da personalidade jurídica. Por um lado, há a desconsideração de personalidade jurídica em sentido estrito, que consiste em tratar-se como sendo da sociedade o patrimônio do sócio, a fim de atingi-lo e fazê-lo responder pelos deveres e obrigações da sociedade. Por outro lado, há a desconsideração (ou penetração) inversa: atinge-se o patrimônio da sociedade, utilizando-o para responder pelas dívidas do sócio.

Reitere-se que esse é tema afeto ao direito material. Mas cabe às leis processuais definir como se aferirá a efetiva ocorrência de algum dos fundamentos justificadores da desconsideração da personalidade jurídica. As garantias constitucionais do contraditório, ampla defesa, devido processo legal e acesso à justiça impõem que a pessoa física ou jurídica que poderá vir a ter seu patrimônio atingido tenha a oportunidade de participar da aferição pelo juiz da configuração daqueles fundamentos.

O mais delicado problema põe-se quando um processo está em curso e apenas então surgem indícios que justificam a desconsideração de personalidade jurídica.

Haveria duas soluções extremas. De acordo com uma delas, o juiz determinaria diretamente a desconsideração, cabendo à pessoa por ela afetada promover uma ação para demonstrar que a desconsideração foi indevida. A outra solução seria a de se negar a desconsideração no curso do próprio processo, cumprindo à parte interessada em obtê-la ajuizar ação específica para tanto. Nenhuma dessas soluções é adequada: a primeira viola escancaradamente as garantias constitucionais do processo acima referidas; a segunda tende a inviabilizar o sucesso prático da desconsideração.

A solução intermediária é a estabelecida no CPC/2015 (arts. 133 a 137): instaura-se um incidente específico, que suspende o resto do processo até ser decidido, no qual a pessoa que seria afetada pela desconsideração é citada, para poder defender-se. Julgada procedente a demanda de desconsideração objeto do incidente, a ação principal será retomada e poderá atingir a esfera jurídica da pessoa atingida pela desconsideração (como se fosse a própria esfera jurídica da parte originária). Se a demanda de desconsideração for rejeitada, a ação principal prosseguirá podendo apenas atingir e vincular diretamente a esfera jurídica das partes originárias.

19.8.2. *Intervenção provocada – Legitimidade para a provocação*

Trata-se de modalidade de intervenção provocada (coata): o terceiro é trazido para o processo, independentemente de sua vontade. O incidente de desconsideração pode ser requerido pela parte interessada, pelo Ministério Público (nos processos em que ele participa). O CPC/2015 exclui a hipótese de instauração do incidente de ofício pelo juiz – eliminando controvérsias que antes se punham a respeito. Ressalvada a hipótese de lei especial autorizar a instauração do incidente de ofício, esse sempre dependerá de pedido da parte ou do Ministério Público.

Quando pleiteado pelo Ministério Público, deve-se antes ouvir a parte que em tese teria interesse na desconsideração (normalmente, o autor da ação principal). Essa é uma imposição da garantia do contraditório (art. 5.º, LV, da CF/1988; arts. 9.º e 10 do CPC/2015). O incidente implica significativa interferência sobre o resto do processo, que é suspenso. Por isso, é relevante ouvir-se a parte em tese interessada na providência. Ela pode apresentar razões pelas quais não convenha sequer instaurar-se o incidente (p. ex., ausência de fundamentos para a desconsideração vir a ser determinada; ausência de bens no patrimônio da pessoa cuja personalidade seria desconsiderada etc.). Caberá ao juiz previamente apreciar tais razões, a fim de evitar a instauração de incidente fadado à inutilidade e que geraria desnecessária suspensão do processo.

19.8.3. *Objeto e natureza do incidente*

No incidente de desconsideração, há a ampliação do objeto do processo. Isso significa que o requerimento de instauração do incidente, quando formulado pela parte interessada ou pelo Ministério Público, consiste em uma nova demanda em face do terceiro (a pessoa que terá sua esfera jurídica atingida pela desconsideração). Trata-se de uma ação incidental (i.e., uma ação que se formula e tramita dentro de um processo já em curso), pela qual se pretende a desconstituição da eficácia da personalidade de uma pessoa jurídica, para o fim de atingir o patrimônio dela (quando o sócio é a parte originária no processo) ou o patrimônio de seu sócio (quando ela é a parte originária).

Precisamente por constituir uma nova demanda, que amplia o objeto original do processo, as regras do incidente de desconsideração não comportam mitigação interpretativa, no que tange à impossibilidade de instauração de ofício pelo juiz. Isso implicaria uma exceção ao princípio de que uma tutela jurisdicional não será outorgada senão mediante pedido da parte legitimada (arts. 2.º e 492 do CPC/2015) – e depende, sempre, de expressa norma autorizadora.

O incidente presta-se tanto à desconsideração em sentido estrito quanto à desconsideração invertida (art. 133, § 2.º, do CPC/2015).

Desenvolve atividade jurisdicional de cognição exauriente. O juiz investiga amplamente a configuração dos pressupostos para a desconsideração, com ampla instrução probatória, se necessário.

19.8.4. Posição jurídico-processual do interveniente

Assim, o terceiro, ao ser trazido para o processo, torna-se réu da demanda incidental de desconsideração (desconstituição da eficácia).

Mas o terceiro não se torna parte na ação principal, originária. Se for rejeitada a demanda de desconsideração, a ação principal simplesmente prosseguirá sem atingir sua esfera jurídica. Se for julgada procedente a ação principal, sua esfera jurídica será atingida como que se ele não existisse; como que se seu patrimônio fosse o próprio patrimônio da parte da ação principal.

19.8.5. Cabimento formal e momento de instauração do incidente

O incidente de desconsideração pode ser instaurado em qualquer fase processual e em todas as modalidades de processo (art. 134 do CPC/2015). Para tanto, basta que existam indicativos da presença dos fundamentos materiais para a desconsideração e que ela seja concretamente útil para os resultados do processo.

19.8.6. Pleito de desconsideração formulado na inicial

Se na própria petição inicial o autor já formular pedido de desconsideração de personalidade jurídica, o sócio ou sociedade atingido por essa providência será desde logo citado como réu no processo. Ele será, desde o início, litisconsorte do réu da ação principal.

Nessa hipótese, não se instaurará o incidente do art. 133 e seguintes, do CPC/2015. O pedido de desconsideração será processado juntamente com as outras demandas formuladas na inicial. Será resolvido na sentença ou eventualmente em decisão interlocutória (nos termos dos arts. 354, parágrafo único, ou 356, do CPC/2015), mas sem qualquer força suspensiva sobre o resto do processo (art. 134, § 2.º, do CPC/2015).

19.8.7. Processamento e efeitos

Como indicação, o pleito de instauração do incidente de desconsideração veicula uma demanda, uma ação incidental. Assim, tal requerimento deve conter os elementos essenciais de uma ação: identificação do réu, causa de pedir e pedido. No que tange à causa de pedir, cumpre ao requerente demonstrar a configuração concreta de alguma hipótese prevista no direito material para a desconsideração da personalidade jurídica (arts. 133, § 1.º e 134, § 4.º, do CPC/2015). Devem também ser indicados os meios de prova que se pretende utilizar.

Assim que recebido o pedido ou que determinada de ofício a instauração do incidente, deve-se comunicar ao cartório distribuidor de ações, para que promova o devido registro dessa demanda incidental contra o demandado (o sócio ou sociedade que sofrerá os efeitos da desconsideração). Esse registro é relevante porque, como se aponta adiante, uma fez provida a desconsideração, poderá constituir fraude à execução a alienação ou oneração de bens praticada pelo réu da demanda incidental a partir do início dessa.

O requerimento ou determinação de ofício de instauração do incidente de desconsideração implica a suspensão do restante do processo (art. 134, § 2.º, do CPC/2015).

Se o sujeito que vier a ser atingido pela desconsideração for a União, autarquia, fundação ou empresa pública federal, haverá deslocamento de competência para a Justiça Federal, se o processo já não estiver lá tramitando (art. 109, I, da CF/1988; art. 45 do CPC/2015). Caberá ao juiz federal decidir sobre a admissibilidade do incidente, determinando o retorno dos autos à Justiça Estadual ou do DF, se o reputar inadmissível (art. 45, § 3.º, do CPC; Súm. 150 do STJ).

Não havendo rejeição liminar do pedido de instauração do incidente, o juiz mandará citar o sócio ou a sociedade que seria atingido pela desconsideração, para que ele apresente sua contestação à demanda incidental em quinze dias. Deverá também nessa oportunidade requerer as provas que repute necessárias (art. 135 do CPC/2015). No seu mérito, a defesa do sócio ou sociedade apenas poderá versar sobre a (não) configuração dos pressupostos justificadores da desconsideração. Pelas razões já expostas, não lhe é dado discutir o mérito da ação principal – que, ou não lhe diz respeito (se não couber a desconsideração) ou o atingirá como se ele não tivesse personalidade jurídica própria (se couber a desconsideração).

A parte que seria beneficiária da desconsideração (normalmente o autor da ação) também terá o direito de produzir provas e participar ativamente da instrução jurídica e probatória, mesmo quando a instauração do incidente não houver decorrido de pleito seu.

Nos limites de seu objeto (verificação dos pressupostos materiais da desconsideração), a instrução do incidente é aprofundada. A cognição é exauriente (v. vol. 2, cap. 2). O juiz não resolverá a questão com base em mera plausibilidade, aparência. Mas isso obviamente não significa que não seja possível concluir pela ocorrência dos fundamentos que impõem a desconsideração a partir de provas indiretas, indícios e máximas da experiência – como poderia fazê-lo em qualquer outra causa de cognição exauriente.

19.8.8. A decisão do incidente

O incidente de desconsideração será resolvido por decisão interlocutória (art. 136, *caput*, do CPC/2015). Se a decisão for de juiz de primeiro grau, contra ela caberá agravo de instrumento (art. 1.015, IV, do CPC/2015). Se for do relator, em recurso ou em ação de competência originária do tribunal, caberá agravo interno (art. 136, parágrafo único, do CPC/2015).

A decisão pode não chegar a julgar o mérito da demanda de desconsideração, nas hipóteses do art. 485 do CPC/2015 (por exemplo, constata-se que já houve sentença entre as mesmas partes rejeitando a possibilidade da desconsideração pretendida, havendo coisa julgada que proíbe nova decisão da questão, art. 485, V).

Mas tendo julgado o mérito do pedido de desconsideração, seja para acolhê-lo, seja para rejeitá-lo, a decisão do incidente fará coisa julgada material, assim que transitar em julgado (i.e., uma vez não interposto recurso ou exaurido todos os cabíveis). Trata-se de uma decisão interlocutória de mérito, apta a fazer coisa julgada material (arts. 356, § 3.º, e 502, do CPC/2015).

A decisão de improcedência do pedido declara a impossibilidade de desconsiderar-se a personalidade jurídica (efeito declaratório negativo). A decisão de procedência declara o direito à desconsideração (efeito declaratório positivo) e desconstitui a eficácia da personalidade jurídica da sociedade, para o fim de atingir-se o patrimônio dela (na desconsideração invertida) ou o do sócio (na desconsideração em sentido estrito), no processo em curso.

A decisão de procedência da desconsideração opera seus efeitos relativamente ao processo em curso (e eventualmente a outros, entre as mesmas partes, que versem sobre causas que estejam em relação de prejudicialidade com a ação principal daquele processo). A desconsideração ali decretada, portanto, não é ampla e genérica. Até porque os pressupostos justificadores da desconsideração variam conforme o contexto da relação jurídico-material e as circunstâncias concretas. Por exemplo, um sócio que se utilizou em caráter abusivo e em desvio de finalidade de sua sociedade para lesar o fisco pode não ter feito o mesmo relativamente aos consumidores que adquiriram produtos dessa sua empresa. Em suma, a decisão determinando a desconsideração de personalidade jurídica num dado caso concreto não tem como genericamente ser utilizada em outros casos (ainda que a prova ali produzida possa vir a ser aproveitada em outros processos e incidentes em que se busque o reconhecimento da desconsideração para outros fins).

Com o julgamento de procedência da desconsideração, podem ser considerados em fraude à execução (a depender da presença dos demais pressupostos) todos os atos de alienação ou oneração de bens praticados pelo sócio ou sociedade desde sua citação no incidente (arts. 137 e 792, § 3.º, do CPC/2015). Como se verá no v. 3 (cap. 4), a configuração da fraude à execução depende da presunção de que o terceiro adquirente do bem (ou beneficiário de sua oneração) tinha ou podia razoavelmente ter conhecimento da pendência da demanda. Por isso, o registro da instauração do incidente no cartório distribuidor é importante (art. 134, § 1.º, do CPC/2015).

A decisão final do incidente condenará o vencido nas verbas de sucumbência (custas e honorários de advogado). Se a desconsideração for provida, o sócio ou sociedade responde por tais verbas. Se for rejeitada, a parte que a requereu é a responsável. Mas o problema se põe quando o incidente é instaurado a requerimento do Ministério Público e a desconsideração vem a ser negada: a parte da ação originária que seria beneficiada pela desconsideração pode ser condenada nas verbas de sucumbência, uma vez que não foi ela quem pediu a instauração do incidente? A princípio, ela apenas pode ser exonerada dessa condenação se houver expressamente se oposto à instauração do incidente (o que é possível – v. n. 19.8.2). Se não se opõe, isso significa que concorda com o incidente, que lhe beneficia – e deve então responder por sua eventual improcedência.

19.8.9. Os embargos de terceiro como remédio para impor a observância do incidente

É inadmissível a desconsideração de personalidade jurídica sem o emprego do incidente ora examinado. Se ele não for observado, a parte atingida pela desconsideração poderá valer-se de embargos de terceiro (CPC/2015, art. 674 e seguintes – v. vol. 3, cap. 22). O inciso III do § 2.º do art. 674 considera terceiro, para fins de ajuizamento dos embargos, o sócio que, sem ter sido citado para defender-se em incidente de desconsideração da personalidade jurídica (arts. 133 a 137), sofrer constrição de seus bens.

Trata-se de simples explicitação didática. A regra geral do *caput* do art. 674 já bastaria para a atribuição de legitimidade nessa hipótese. Bem por isso, também está legitimada a opor embargos de terceiro a sociedade que, sem ter sido citada para incidente de desconsideração inversa (art. 133, § 2º), tem bens seus atingidos em processo contra o sócio.

Em ambos os casos, os embargos de terceiro poderão ser usados para meramente se apontar o desrespeito ao contraditório, ampla defesa e devido processo legal, decorrente da inobservância do regular incidente de desconsideração de personalidade jurídica com a citação do sócio ou sociedade a ser por ela atingido. Ou seja, o embargante não tem o ônus de provar que a desconsideração não deveria ter ocorrido. Ele apenas pedirá a invalidação da desconsideração feita sem o devido processo. O ônus de promover o incidente de desconsideração não é dele, mas da parte que está interessada na constrição dos bens. Sustentar o contrário, significaria fazer *tabula rasa* do incidente de desconsideração – e consequentemente das garantias constitucionais acima mencionadas. Autorizaria o juiz a simplesmente desconsiderar a personalidade jurídica, sem o devido incidente – deixando para o atingido pela desconsideração o ônus de provar o contrário. Não é esse o modelo estabelecido no CPC/2015, com o art. 133 e seguintes. Aliás jamais foi essa a solução compatível com o modelo constitucional do processo.

19.9. *Amicus curiae*[4]

19.9.1. *Noção e finalidades*

O *amicus curiae*[5] (art. 138 do CPC/2015) é terceiro admitido no processo para fornecer subsídios instrutórios (probatórios ou jurídicos) à solução de causa revestida de especial relevância ou complexidade, sem, no entanto, passar a titularizar posições subjetivas relativas às partes – nem mesmo limitada e subsidiariamente, como o assistente simples. Auxilia o órgão jurisdicional no sentido de que lhe traz mais elementos para decidir. Daí o nome de "amigo da corte".

O *amicus curiae* não assume a condição de parte. E sua intervenção não se fundamenta no interesse jurídico na vitória de uma das partes, diferenciando-se, sob esse aspecto inclusive da assistência. Por isso, ele não assume poderes processuais sequer para auxiliar qualquer das partes. Ainda que os seus poderes sejam definidos em cada caso concreto pelo juiz (art. 138, § 2.º, do CPC/2015), na essência serão limitados à prestação de subsídios para a decisão.

A participação do *amicus curiae*, com o fornecimento de subsídios ao julgador, contribui para o incremento de qualidade das decisões judiciais. Amplia-se a possibilidade de obtenção de decisões mais justas – e, portanto, mais consentâneas com a garantia da plenitude da tutela jurisdicional (art. 5.º, XXXV, da CF/1988). Por outro lado, sobretudo nos processos de cunho precipuamente objetivo (ações diretas de controle de constitucionalidade; mecanismos de resolução de questões repetitivas etc.), a admissão do *amicus* é um dos modos de ampliação e qualificação do contraditório (art. 5.º, LV, da CF/1988).

O ingresso do *amicus curiae* no processo pode derivar de pedido de uma das partes ou do próprio terceiro. Pode também ser requisitado de ofício pelo juiz. Portanto, essa é uma modalidade de intervenção que tanto pode ser espontânea (voluntária) quanto provocada (coata).

---

4. O presente tópico constitui síntese do exposto por EDUARDO TALAMINI em "*Amicus curiae* – comentários aos art. 138 do CPC", em *Breves comentários ao novo CPC* (orga. Teresa Wambier, F. Didier Jr., E. Talamini e B. Dantas), São Paulo, Ed. RT, 2015, p. 438-445.

5. Cujo plural, em latim, é *amici curiae*.

19.9.2. A regra geral e a previsão em normas esparsas

Diversas regras contidas em leis esparsas preveem hipóteses de intervenção que se enquadram na moldura geral do *amicus curiae*: art. 32 da Lei 4.726/1965 (Junta Comercial); Lei 6.385/1976 (Comissão de Valores Mobiliários – CVM); art. 7.º, § 2.º, da Lei 9.868/1999 (ADI); art. 6.º, § 1.º, da Lei 9.882/1999 (ADPF); art. 14, § 7.º, da Lei 10.259/2001 (Juizados Especiais Federais); art. 3.º, § 2.º, da Lei 11.417/2006 (Súmula Vinculante); art. 118 da Lei 12.529/2011 (Cade); art. 896-C, § 8.º, da CLT, acrescido pela Lei 13.015/2014 (recursos de revista repetitivos).

Não há identidade absoluta entre os regimes jurídicos extraíveis das disposições ora citadas. Mas de todas extrai-se um núcleo comum: permitir a colaboração processual de um terceiro, que nem por isso passa a titularizar posições jurídico-processuais de parte. O art. 138 do CPC/2015 aplica-se a todas elas subsidiariamente.

O próprio CPC/2015 possui outras regras que tratam de hipóteses específicas de intervenção de *amicus curiae*, que também devem ser coordenadas com a norma geral do art. 138: art. 927, § 2.º (alteração de entendimento sumulado ou adotado em julgamento por amostragem); arts. 950, §§ 2.º e 3.º (incidente de arguição de inconstitucionalidade); art. 983 (incidente de resolução de demandas repetitivas); art. 1.035, § 4.º (repercussão geral); art. 1.038, I (recursos especiais e extraordinários repetitivos).

19.9.3. Cabimento formal e momento da intervenção

Trata-se de modalidade interventiva admissível em todas as formas processuais e tipos de procedimento.

A atuação do *amicus curiae*, dada sua limitada esfera de poderes (e, consequentemente, sua restrita interferência procedimental), é cabível inclusive em procedimentos especiais regulados por leis esparsas em que se veda genericamente a intervenção de terceiros. Tal proibição deve ser interpretada como aplicável apenas às formas de intervenção em que o terceiro torna-se parte ou assume subsidiariamente os poderes da parte. Assim, cabe ingresso de *amicus* em processo do juizado especial, bem como no mandado de segurança.[6]

Em tese, admite-se a intervenção em qualquer fase processual ou grau de jurisdição. A lei não fixa limite temporal para a participação do *amicus curiae*. A sua admissão no processo é pautada na sua aptidão em contribuir. Assim, apenas reflexamente a fase processual é relevante: será descartada a intervenção se, naquele momento, a apresentação de subsídios instrutórios fáticos ou jurídicos já não tiver mais nenhuma relevância.

---

6. Novamente, remete-se a Eduardo Talamini, "Partes e terceiros no mandado de segurança", em *Revista Dialética de Direito Processual*, 2009, vol. 80, n. 8, p. 51.

19.9.4. Pressupostos objetivos

A intervenção do amicus curiae cabe quando houver "relevância da matéria, a especificidade do tema objeto da demanda ou a repercussão social da controvérsia" (art. 138, *caput*, do CPC/2015). As regras especiais dessa intervenção, acima enumeradas, não exaurem as hipóteses objetivas de cabimento, mas servem para ilustrá-las.

São duas as balizas: por um lado a especialidade da matéria, o seu grau de complexidade; por outro, a importância da causa, que deve ir além do interesse das partes, i.e., sua transcendência, repercussão transindividual ou institucional. São requisitos alternativos ("ou"), não necessariamente cumulativos: tanto a sofisticação da causa quanto sua importância *ultra partes* (i.e., que vá além das partes) pode autorizar, por si só, a intervenção. De todo modo, os dois aspectos, em casos em que não se põem isoladamente de modo tão intenso, podem ser somados, considerados conjuntamente, a fim de viabilizar a admissão do *amicus*.

A complexidade da matéria justificadora a participação do *amicus* tanto pode ser fática quanto técnica, jurídica ou extrajurídica.

A importância transcendental da causa pode pôr-se tanto sob o aspecto qualitativo ("relevância da matéria") quanto quantitativo ("repercussão social da controvérsia"). Por vezes, a solução da causa tem repercussão que vai muito além do interesse das partes porque será direta ou indiretamente aplicada a muitas outras pessoas (ações de controle direto, processos coletivos, incidentes de julgamento de questões repetitivas ou mesmo a simples formação de um precedente relevante etc.). Mas em outras ocasiões, a dimensão *ultra partes* justificadora da intervenção do *amicus* estará presente em questões que, embora sem a tendência de reproduzir-se em uma significativa quantidade de litígios, versam sobre temas fundamentais para a ordem jurídica. Imagine-se uma ação que versa sobre a possibilidade de autorizar-se uma transfusão sanguínea para uma criação mesmo contra a vontade dos pais dela. O caso, em si, concerne a pessoas específicas e determinadas, mas envolve valores jurídicos fundamentais à ordem constitucional (direito à vida, liberdade religiosa, limites do direito à intimidade etc.). Em uma causa como essa, é justificável a intervenção de *amici curiae*, que poderão contribuir sob vários aspectos (médicos, filosóficos, religiosos...).

19.9.5. Pressupostos subjetivos

Podem ser *amici curiae* tanto pessoas naturais quanto jurídicas – e, nesse caso, tanto entes públicos como privados; entidades com ou sem fins lucrativos. Mesmos órgãos internos a outros entes públicos podem em tese intervir nessa condição.

O elemento essencial para admitir-se o terceiro como *amicus* é sua potencialidade de aportar elementos úteis para a solução do processo ou incidente. Essa demonstração faz-se pela verificação do histórico e atributos do terceiro, de seus procuradores, agentes, prepostos etc. A lei aludiu a "representatividade adequada". Mas não se trata propriamente de uma aptidão do terceiro em representar ou defender os interesses de jurisdicionados. Não há na hipótese representação nem substituição processual. A expressão refere-se à capacitação avaliada a partir da qualidade (técnica, cultural...) do terceiro (e de todos aqueles que atuam com ele e por ele) e do conteúdo de sua possível colaboração (petições, pareceres, estudos, levantamentos etc.). A "representatividade" não tem aqui o sentido de legitimação, mas de qualificação. Pode-se usar aqui um neologismo, à falta de expressão mais adequada para o exato paralelo: trata-se de uma *contributividade adequada* (adequada aptidão em colaborar).[7]

A existência de interesse jurídico ou extrajurídico do terceiro na solução da causa não é um elemento relevante para a definição do cabimento de sua intervenção como *amicus curiae*. O simples fato de o terceiro ter interesse na solução da causa não é fundamento para permitir sua intervenção como *amicus curiae*. Mas, por outro lado, o seu eventual interesse no resultado do julgamento também não é, em si, óbice a que intervenha em tal condição. O que importa é a sua capacidade de contribuir com o Judiciário. E é frequente que a existência de um interesse na questão discutida no processo faça do terceiro alguém especialmente qualificado para fornecer subsídios úteis. Não é incomum, por exemplo, que determinada entidade de classe, precisamente porque seus membros têm interesse na definição da interpretação ou validade de certa norma, promova diversos simpósios, estudos, levantamentos ou obtenha pareceres de especialistas sobre o tema. Todo esse acervo – nitidamente formado a partir de interesses específicos da entidade e seus integrantes – tende a ser muito útil à solução do processo. Caberá ao julgador aproveitá-lo, filtrando eventuais desvios ou imperfeições.

19.9.6. *Irrecorribilidade da decisão sobre o ingresso de* amicus curiae

A decisão que determina de ofício ou defere ou indefere o pedido de intervenção do *amicus curiae* é irrecorrível (art. 138, *caput*, do CPC/2015). Trata-se de exceção à regra do art. 1.015, IX, do CPC/2015 (segundo a qual cabe agravo de instrumento contra decisão sobre intervenção de terceiro).

Mas a proibição recursal não deve ser aplicada aos embargos de declaração, que se destinam meramente a esclarecer ou complementar a decisão.

---

7. É a expressão proposta por um dos autores deste *Curso* (EDUARDO TALAMINI, "*Amicus curiae*...", cit., n. 17, p. 442).

19.9.7. Os poderes do amicus curiae

O juiz, ao admitir ou solicitar a participação do *amicus curiae*, determinará concretamente os poderes que lhe são conferidos (art. 138, § 2.º, do CPC/2015).

Mas há uma gama mínima de poderes já estabelecida em lei: possibilidade de manifestação escrita em quinze dias (art. 138, *caput*, do CPC/2015); legitimidade para opor embargos declaratórios (art. 138, § 1.º, do CPC/2015); possibilidade de sustentação oral e legitimidade recursal nos julgamentos de recursos repetitivos (art. 138, § 3.º, do CPC/2015).

Há também limites máximos: ressalvadas as duas exceções acima mencionadas, o *amicus curiae* não tem poderes para recorrer das decisões no processo (art. 138, § 1.º, do CPC/2015); ele também não detém outros poderes em grau equivalente aos das partes; seus argumentos devem ser enfrentados pela decisão judicial (arts. 489, § 1.º, IV, 984, § 2.º, e 1.038, § 3.º, do CPC/2015).

Dentro desses limites mínimo e máximo, cumpre ao juiz concretamente definir a intensidade da atuação processual do *amicus curiae*.

Como indicado, a lei proíbe expressamente o *amicus curiae* de interpor recursos no processo (exceção feita a embargos declaratórios e à impugnação de decisões tomadas no julgamento de causas e recursos repetitivos). Todavia, não é de se descartar que se profiram decisões diretamente gravosas à esfera jurídica do *amicus curiae* (p. ex., o juiz o condena em litigância de má-fé ou determina que ele arque com verbas de sucumbência no processo). Uma vez que não cabe recurso contra eles, o *amicus* poderá valer-se do mandado de segurança (art. 5.º, LXIX, da CF/1988; art. 5.º, II, da Lei 12.016/2009, *a contrario sensu*).

19.9.8. Não atingimento pela coisa julgada

Precisamente porque exerce faculdades limitadas no processo, não assumindo a condição de parte, o *amicus curiae* não se submete à autoridade da coisa julgada (art. 506, do CPC/2015). Não se sujeita sequer ao efeito da assistência simples (art. 123, do CPC/2015 – v. n. 19.5.1.2, acima), por não assumir nem mesmo subsidiariamente a gama de direitos atribuída às partes.

19.9.9. Ausência de modificação de competência

A intervenção do *amicus curiae* não importa alteração de competência (art. 138, § 1.º, do CPC/2015). Assim, quando uma pessoa de direito público, órgão ou empresa pública federal ingressa como *amicus* em processo em trâmite na Justiça estadual, a competência não se deslocará para a Justiça Federal. Dado o papel processual restrito do *amicus*, não se aplicam à hipótese o art. 109, I, da CF/1988 e o art. 45 do CPC/2015.

19.10. Outras hipóteses de intervenção de terceiros

Existem ainda outras hipóteses de intervenção de terceiros que não foram reguladas no título do CPC/2015 dedicado ao tema.

É o que se tem no caso em que a reconvenção formulada pelo réu dirige-se não apenas contra o autor da ação originária como também contra um terceiro (a chamada "reconvenção subjetivamente ampliativa" – art. 343, § 3.º, do CPC/2015 – v. vol. 2, cap. 9). É também o que ocorre quando uma das partes formula pedido incidental de exibição de documento em poder de terceiro (art. 401 e seguintes, do CPC/2015 – v. vol. 2, cap. 19). Serve também de exemplo a intimação do cônjuge do executado quando a penhora recai sobre bem imóvel ou direito real imobiliário, na hipótese do art. 842 do CPC/2015 (v. vol. 3, cap. 8). Em sentido amplo, também pode-se qualificar como uma modalidade provocação de intervenção de terceiro a correção ou complementação do polo passivo da demanda, prevista nos arts. 338 e 339 do CPC/2015 (v. vol. 2, cap. 8).

Por outro lado, cumpre atentar para a existência de casos em que não há propriamente intervenção de terceiro em um processo em curso, mas sim a propositura, pelo terceiro, de uma demanda geradora de novo processo, que é incidental ou conexo a um processo em curso (ex.: oposição – art. 682 e seguintes do CPC/2015, v. vol. 4, cap. 8; embargos de terceiro, art. 674 e seguintes do CPC/2015, v. vol. 3, cap. 23) ou visa a desconstituir ou declarar a ineficácia de um processo já encerrado (ex.: ação rescisória ajuizada por terceiro – art. 967, II, do CPC/2015; ação declaratória de ineficácia de sentença promovida por aquele que deveria ter sido parte no processo mas não foi – v. vol. 2, cap. 38 e 40).

Quadro Sinótico

1. Terceiros

Terceiros – contraconceito	• Alheios à lide
	• Interessados de fato
	• Interessados juridicamente
Finalidade	• Economia processual
	• Segurança jurídica
	• Ampliação e qualificação do contraditório

Classificação	• Intervenção espontânea e intervenção provocada		
	• Conforme a posição jurídica assumida pelo terceiro	Sujeitos secundários	
		Parte	
	• Conforme a ocorrência de ampliação do objeto do processo	Não há alteração subjetiva ou objetiva	
		Há ampliação	Objetiva: surge uma nova ação
			Meramente subjetiva: Não constitui uma nova ação

2. Assistência

Assistência	• Interesse jurídico	
	• Terceiro em processo alheio	
	• Cabimento	Qualquer tipo de procedimento
		Em qualquer tempo
		Em qualquer grau de jurisdição
	• Espécies	Simples
		Litisconsorcial

Assistência simples	• Influência fática na esfera jurídica	
	• Atuação dependente da parte	
	• Eficácia da assistência simples ("resultado da intervenção")	
	• Exemplos	Sublocatário
		Agente fiscal

Assistência litisconsorcial	• Influência jurídica na esfera jurídica
	• Atuação autônoma
	• Titularidade da pretensão
	• Substituição processual
	• Submissão à coisa julgada

3. Denunciação da lide

Localização do instituto no CPC/2015

Objetivos	Propiciar a economia processual (evitar a ação regressiva)	
	Evitar o julgamento contraditório	

Estrutura – posições processuais	Ampliação objetiva	Lide principal
		Lide eventual
	Litisconsórcio "unitário" (Art. 127 e Art. 128, I e II, do CPC/2015)	

Hipóteses	Evicção (Art. 125, I, do CPC/2015)	
	Vinculação	Legal
		Contratual

Controvérsia quanto ao cabimento da denunciação pela Administração Pública a seu agente

Denunciação sucessiva – limites (Art. 125, § 2.º, do CPC/2015)

Denunciação *per saltum* – vedação

Momento	Autor – petição inicial
	Réu – contestação
	Ônus da citação

Possíveis atitudes do denunciado	Aceitação
	Contestação
	Aceitação e contestação, por eventualidade
	Revelia
	Confissão

4. Chamamento ao processo

Localização no CPC – Litisconsórcio	Facultativo
	Simples
	Passivo

Princípio da economia processual

Intervenção de Terceiros

Finalidade	a. Constituição do título – Chamado	
	b. Objeto de sub-rogação por parte do que pagar	

Estrutura – Inexistência de pretensão chamante chamado	Solidariedade (Art. 130, III, do CPC/2015 e art. 275 do CC)	Fonte – Contrato/lei
		Jamais se presume
	Fiança (Art. 130, I e II, do CPC/2015, e art. 818 do CC)	Inexiste solidariedade com devedor
		Existe solidariedade entre fiadores

Ocasião – Processos de conhecimento – Ações condenatórias (Art. 131 + art. 132 do CPC/2015)

Chamamentos sucessivos – aplicação subsidiária da regra do art. 125, § 2.º, do CPC/2015

Vontades	a. Do réu: relevante	
	b. Do chamado: irrelevante	Exceto na hipótese de demonstração da ausência dos requisitos para o chamamento
	c. Do autor: irrelevante	

5. Incidente de desconsideração de personalidade jurídica

Noção e finalidade	

Modalidades	Em sentido estrito
	Desconsideração inversa

Suspensão do processo – Art. 134, § 3.º, do CPC/2015	

Iniciativa	Parte interessada
	Ministério Público
	Ex officio

Ampliação objetiva do processo	

Posição jurídico-processual do interveniente	

Ocasião – em qualquer fase processual	

Pedido de desconsideração formulado na inicial
Elementos essenciais da ação
Registro – fraude à execução
Instrução aprofundada (nos limites do objeto do incidente) e cognição exauriente

6. Amicus curiae

Finalidade	Subsídios instrutórios
	Qualidade das decisões judiciais

Pressupostos objetivos (não cumulativos)	Grau de complexidade
	Importância da causa

Pressupostos subjetivos	Pessoas naturais ou jurídicas
Contributividade adequada	Irrelevância do interesse no resultado do julgamento

Irrecorribilidade da decisão sobre o ingresso de *amicus curiae*
Poderes – limites mínimo e máximo
Ocasião – critério da relevância
Não atingimento pela coisa julgada

Intervenção de terceiros – Generalidades

- **ARAÚJO CINTRA, ADA GRINOVER E CÂNDIDO DINAMARCO** (*Teoria...*, 30. ed., p. 369) asseveram que existem situações "em que, embora já integrada a relação processual segundo seu esquema subjetivo mínimo (juiz-autor-réu), a lei permite ou reclama o ingresso de terceiro no processo, seja em sucessão a uma das partes, seja em acréscimo a elas, de modo a ampliar subjetivamente aquela relação. As modalidades de intervenção de terceiro reconhecidas no direito positivo são heterogêneas e díspares, pouco tendo em comum além da entrada de terceiro no processo pendente entre outras pessoas".

- **FREDIE DIDIER JR.** (*Curso...*, vol. 1, 17. ed., p. 476) conceitua a intervenção de terceiros como "fato jurídico processual que implica modificação de processo já existente. Trata-se de ato jurídico processual pelo qual um terceiro, autorizado por lei, ingressa em processo pendente, transformando-se em parte". No entender de DIDIER, "a possibilidade de intervenção de terceiro serve ora à *eficiência processual* à *duração razoável do processo*, para que se possam resolver o maior número possível de questões relacionadas ao objeto litigioso em um mesmo processo, ora ao *contraditório*, ao permitir que o terceiro que sofrerá efeito da decisão possa defender-se em juízo e evitar esse prejuízo".

- **HUMBERTO THEODORO JÚNIOR** (*Curso...*, v. 1, 56. ed., p. 352) classifica a intervenção de terceiros segundo dois critérios: "(...) I – conforme o terceiro vise ampliar ou modificar subjetivamente a relação processual, a intervenção pode ser: (a) *ad coadiuvandum*: quando o terceiro procura prestar cooperação a uma das partes primitivas, como na assistência; (b) *ad excludendum*: quando o terceiro procura excluir uma ou ambas as partes primitivas, como na oposição. II – conforme a iniciativa da medida, a intervenção pode ser: (a) espontânea: quando a iniciativa é do terceiro, como geralmente ocorre na oposição, na assistência, e, às vezes, na intervenção do *amicus curiae*; (b) provocada: quando, embora voluntária a medida adotada pelo terceiro, foi ela precedida por citação promovida pela parte primitiva (denunciação da lide, chamamento ao processo e desconsideração da personalidade jurídica)".

- **LUIZ GUILHERME MARINONI, SÉRGIO CRUZ ARENHART E DANIEL MITIDIERO** (*Novo Código...*, p. 197) afirmam que "dá-se a intervenção de terceiros quando um terceiro ingressa em um processo já pendente, ocupando no processo a posição de parte ou de assistente simples da parte. Não há formação de processo novo com a participação do terceiro no processo". Destacam que "no direito brasileiro, a intervenção de terceiros divide-se em intervenção voluntária ou em intervenção forçada. Na primeira, o terceiro apresenta-se espontaneamente para participar do processo, independentemente de prévia exortação judicial (é o que ocorre com a assistência); na segunda, é imprescindível que o terceiro tenha sido convocado a intervir no processo (como se dá nos casos de denunciação da lide e chamamento ao processo)".

Assistência

- **ARRUDA ALVIM** (*Manual...*, 16. ed., p. 644-645) assevera que, "na assistência, ocorre o ingresso de um terceiro em processo alheio – embora venha a assistência disciplinada fora do capítulo atinente à intervenção de terceiros – com a finalidade de colaborar vistas a melhorar o resultado a ser dado nesse litígio, tendo em vista a parte a que passa a assistir, seja porque tenha interesse próprio (art. 50 do CPC/2015), seja porque o seu próprio direito possa ser afetado (art. 54 do CPC/2015)". O CPC/2015, segundo esse autor, contempla duas modalidades de assistência: "a simples, disciplinada a partir do art. 50 (arts. 50, *caput* e parágrafo único, 51, 52, 53 e 55, todos do CPC/2015), e a litisconsorcial, regulamentada no art. 54, e também no art. 55 do CPC/2015, pois este abrange as duas espécies. Os aspectos configuradores da fisionomia do instituto da assistência simples são: a) não é o assistente parte, tal como o são autor e réu, pois a lide não é respeitante ao seu direito, apesar de a lei o denominar de parte não principal (art. 52 do CPC/2015); b) deve sempre o assistente ter interesse jurídico para poder ingressar no litígio (art. 50 do CPC/2015). O objetivo da assistência simples é agregar-se o assistente a uma das partes, colimando que a sentença seja favorável à parte à qual auxilie". (...) "Já na assistência litisconsorcial existe uma pretensão material do assistente sobre o objeto material do processo, mas não pretensão processual pelo assistente deduzida, senão que foi deduzida pelo assistido, mas que, por isso mesmo, está em juízo, e também a ele, assistente, diz respeito (tal como se ele a houvesse deduzido)".

- **HUMBERTO THEODORO JÚNIOR** (*Curso...*, vol. 1, 56. ed., p. 355) afirma constituir a assistência "caso típico de intervenção voluntária de terceiro, mesmo quando é considerado litisconsorte da parte principal". A posição do assistente, para esse autor, "é de terceiro que tenta apenas coadjuvar uma das partes a obter vitória no processo. Não defende direito próprio, mas de outrem, embora tenha um interesse próprio a proteger indiretamente". Em seu entender, trata-se de assistência simples ou adesiva sempre que "o assistente intervém tão somente para coadjuvar uma das partes a obter sentença favorável, sem defender direito próprio", sendo caso de assistência litisconsorcial quando "o terceiro assume a posição de assistente na defesa direta de *direito próprio* contra uma das partes". (...) "É o que se passa, por exemplo, com o herdeiro que intervém na ação em que o espólio é parte representada pelo inventariante. A sentença a ser proferida perante o espólio não terá apenas efeito reflexo para o herdeiro, mas efeito direto e imediato sobre seu direito na herança litigiosa". Para esse autor, resumidamente, "o assistente litisconsorcial é aquele que mantém relação jurídica própria com o adversário da parte assistida e que assim poderia desde o início da causa figurar como litisconsorte facultativo. Seu ingresso posterior, como assistente, assegura-lhe, assim, o *status* processual de litisconsorte".

- **NELSON NERY JR. E ROSA MARIA DE ANDRADE NERY** (*Comentários...*, p. 535) sustentam que "somente pode intervir como assistente o terceiro que tiver interesse jurídico em que uma das partes vença a ação. Há interesse jurídico do terceiro quando a relação jurídica da qual seja titular possa ser reflexamente atingida pela sentença que vier a ser proferida entre assistido e parte contrária. Não há necessidade de que o terceiro tenha, efetivamente, relação jurídica com o assistido, ainda que isto ocorra na maioria dos casos". Para esses autores (p. 540), o assistente simples "tem os mesmos poderes e os mesmos ônus da parte assistida. Todavia, sua atividade processual é subordinada à do assistido, não podendo praticar atos contrários à vontade do assistido. Havendo omissão do assistido, pode o assistente simples supri-la, desde que não aja em desconformidade com a vontade do assistido". Na opinião de NELSON e ROSA NERY (p. 543), a assistência litisconsorcial "assemelha-se, de forma prática, a uma espécie de litisconsórcio facultativo ulterior. Pode ser assistente litisconsorcial todo aquele que, desde o início do processo, poderia ter sido litisconsorte facultativo-unitário da parte assistida".

- **TERESA ARRUDA ALVIM WAMBIER, MARIA LÚCIA LINS CONCEIÇÃO, LEONARDO FERRES DA SILVA RIBEIRO E ROGERIO LICASTRO TORRES DE MELLO** (*Primeiros...*, p. 216). Para esses autores, "o que justifica a intervenção do assistente é a perspectiva (futura) de que decisões proferidas neste processo (relativas à tutela provisória ou à sentença) o atinjam, de maneira mais ou menos intensa. A intensidade deste atingimento é que gera as duas espécies de assistência: simples e litisconsorcial. A intensidade deste atingimento dá os contornos do interesse de agir nos dois tipos de assistência. O terceiro pode ter interesse em que a A seja favorável à sentença, porque será atingido reflexa ou indiretamente. Então será assistente simples. Seu interesse pode ser, todavia, igual ao da parte e então terá interesse jurídico em que a sentença seja favorável à parte que assiste porque é, de rigor, titular do mesmo direito. É o caso daquele que ingressa como assistente, mas que poderia ter sido litisconsorte, nos excepcionais casos de litisconsórcio facultativo unitário. É, portanto, diretamente atingido pelo teor da sentença".

Denunciação da lide

- **ARRUDA ALVIM** (*Manual...*, 16. ed., p. 686-687) afirma que o "instituto da denunciação da lide é a forma reconhecida pela lei como idônea para trazer terceiro ao processo (litisdenunciado), a pedido da parte, autor e/ou réu, visando a eliminar eventuais ulteriores ações regressivas, nas quais o terceiro figuraria, então, como réu. Por isto mesmo é que o denunciado em relação ao denunciante é réu. O direito de regresso, ocorrendo a denunciação, deverá ser resolvido no mesmo processo. Dever-se-á atentar, para ter cabimento a denunciação da lide, que haverão de estar presentes os pressupostos processuais e condições da ação, que à denunciação digam respeito". Sustenta também esse autor que é requisito necessário para a denunciação da lide que o réu "seja parte legítima passiva. Assim é que alguém acionado para responder por acidente de veículo, na condição de proprietário do veículo, por danos causados, arguindo sua ilegitimidade passiva *ad causam*, estribado no fato de que, à época do acidente, já havia alienado o veículo, não pode, simultaneamente, pretender denunciar a lide a esse adquirente do veículo (o novo proprietário). Pela denunciação, objetiva, o denunciante, se for condenado, na ação principal, obter a seu favor, um título executivo contra aquele em relação a quem afirma ter direito de regresso. Se isto é impossível, pois o denunciante se diz parte ilegítima passiva *ad causam*, não pode denunciar". "A denunciação da lide é somente possível quando a lei expressamente a tiver previsto, conforme o art. 70, I a III, de nosso texto processual" (p. 690).

- **HUMBERTO THEODORO JÚNIOR** (*Curso...*, v. 1, 56. ed., p. 372) afirma que a denunciação da lide "era medida qualificada legalmente como obrigatória, que levava a uma sentença sobre a responsabilidade do terceiro em face do denunciante, de par com a solução normal do litígio de início deduzido em juízo, entre autor e réu. A obrigatoriedade não foi adotada pela legislação atual". Para esse autor, "a denunciação da lide consiste em chamar o terceiro (denunciado), que mantém um vínculo de direito com a parte (denunciante), para vir responder pela garantia do negócio jurídico, caso o denunciante saia vencido no processo".

- JOSÉ FREDERICO MARQUES (*Manual...*, 9. ed., vol. 1, p. 365) entende que "denunciação da lide é o *nomen iuris* dado ao instituto do chamamento à autoria (embora ampliado este) pelo Código de Processo Civil", conceituando essa modalidade de intervenção de terceiro como "o ato pelo qual o autor ou o réu procura trazer a juízo, para melhor tutelar seu direito e por imposição legal, terceiro ligado à relação jurídica consubstanciada na lide".

- NELSON NERY JR. E ROSA MARIA DE ANDRADE NERY (*Comentários...*, p. 547) comentam o art. 125 do CPC/2015 conceituando denunciação da lide como a "ação secundária, de natureza condenatória, ajuizada no curso de outra ação condenatória principal". Segundo afirmam, a denunciação da lide "tem por finalidade o ajuizamento, pelo denunciante, de pretensão indenizatória que tem contra terceiro, nas hipóteses do CPC 125, caso venha ele, denunciante, a perder a demanda principal. Tem como característica a eventualidade, pois só será examinada a ação secundária de denunciação da lide se o denunciante ficar vencido, pelo mérito, na ação principal". Para esses autores, "a denunciação da lide pode ser feita pelo réu em face de outro corréu e até daquele que já figura como denunciado em relação aos outros alienantes ou responsáveis regressivos anteriores, se a lei ou a relação jurídica de direito material assim o permitir".

- TERESA ARRUDA ALVIM WAMBIER, MARIA LÚCIA LINS CONCEIÇÃO, LEONARDO FERRES DA SILVA RIBEIRO E ROGERIO LICASTRO TORRES DE MELLO (*Primeiros...*, p. 221) afirmam que "a denunciação da lide (ou litisdenunciação) é manifestação do exercício do direito de ação. Por meio dela, autor ou réu pedem a citação de terceiro, com sua integração ao processo, de maneira a que, se forem vencidos na ação, possam exercer em face dele seu direito de regresso". Destacam que, a partir da denunciação da lide, "a processo passa a conter (...) duas lides: aquela já existente, que se diz principal, e a outra, incidente e eventual, decorrente da denunciação, entre denunciante e denunciado, que tem por objeto o ressarcimento, ao que denunciou, dos prejuízos que poderá vir a sofrer no caso de ser vencido no processo pendente. Por isso, é correto afirmar que a denunciação da lide promove a ampliação do objeto do processo". Quanto à obrigatoriedade, asseveram que o CPC/2015 "é claro no sentido de que a denunciação não é obrigatória em nenhuma das hipóteses. Ou seja, não haverá a perda do direito material à indenização caso a denunciação não seja provocada pela parte".

Chamamento ao processo

- HUMBERTO THEODORO JÚNIOR (*Curso...*, vol. 1, 56. ed., p. 391) define chamamento ao processo como "o incidente pelo qual o devedor demandado chama para integrar o mesmo processo os coobrigados pela dívida, de modo a fazê-los também responsáveis pelo resultado do feito (art. 132 do CPC/2015). Com essa providência, o réu obtém sentença que pode ser executada contra o devedor principal ou os codevedores, se tiver de pagar o débito". Afirma ser a finalidade do chamamento ao processo "favorecer o devedor que está sendo acionado, porque amplia a demanda, para permitir a condenação também dos demais devedores, além de lhe fornecer, no mesmo processo, título executivo judicial para cobrar deles aquilo que pagar".

- **JOSÉ FREDERICO MARQUES** (*Manual...*, 9. ed., vol. 1, p. 367) define chamamento ao processo como "o ato com o qual o devedor, quando citado como réu, pede a citação também de outro coobrigado, a fim de que se decida, no processo, a responsabilidade de todos".

- **NELSON NERY JR. E ROSA MARIA DE ANDRADE NERY** (*Comentários...*, p. 562) afirmam que "chamamento ao processo é modalidade de ação condenatória exercida pelo devedor solidário que, acionado sozinho para responder pela totalidade da dívida, pretender acertar, na ação secundária de chamamento, a responsabilidade do devedor principal ou dos demais codevedores solidários, estes na proporção de suas cotas". Destacam que, ocorrendo o chamamento ao processo, "a sentença, caso acolha a demanda principal, julgará procedente o pedido condenando o devedor escolhido pelo autor (único réu) e condenará os chamados (réus da ação secundária de chamamento ao processo) perante o réu-chamante, acertando a responsabilidade de cada um na relação de solidariedade que existe entre eles. Essa mesma sentença possibilitará ao chamado que pagar diretamente ao credor (autor da ação principal) o direito de haver sua cota-parte dos demais (sub-roga-se no direito do credor), conforme constar do dispositivo da sentença. Em suma, não se pode misturar a ação principal com a secundária de chamamento ao processo. Com isso resguarda-se o instituto da solidariedade, propiciando que o credor cobre de apenas um dos codevedores solidários (o que ele, credor, escolheu para pagar) a totalidade da dívida, como fora de sua vontade ao mover ação contra apenas um deles, mas facilita-se a situação daquele que pagar, que pode reaver dos demais codevedores suas cotas de responsabilidade conforme fixado na sentença".

- **TERESA ARRUDA ALVIM WAMBIER, MARIA LÚCIA LINS CONCEIÇÃO, LEONARDO FERRES DA SILVA RIBEIRO E ROGERIO LICASTRO TORRES DE MELLO** (*Primeiros...*, p. 243) destacam que "o chamamento ao processo é modalidade de intervenção de terceiro provocada, em que o réu, sendo demandado por dívida comum, pede a citação dos demais coobrigados solidários, para que passem a integrar a relação processual na condição de litisconsortes passivos, de maneira a se estender a todos os efeitos da sentença. Dessa forma, caso venha a ser proferida sentença de procedência, o autor poderá exigir o pagamento da dívida não só do réu originário (o chamante), mas também dos chamados (os codevedores). Esse mesmo título executivo possibilitará ao réu que pagar a dívida ao autor exigir do devedor principal a totalidade do que pagou ou a respectiva cota-parte dos demais coobrigados. O chamamento ao processo leva à formação de litisconsórcio passivo, ulterior, facultativo e simples, promovendo a ampliação processual subjetiva". No entender desses autores, "o instituto prestigia o princípio da economia processual sob dois aspectos. Além de evitar que o réu, que paga a dívida, tenha que propor ações regressivas, vez que terá a seu favor título executivo para voltar-se contra os demais coobrigados, não se pode perder de vista que não há prejuízo ao autor. Ao contrário, terá a seu favor um título executivo que o autoriza a exigir o pagamento da dívida não apenas do réu originário, mas também dos chamados, ampliando as condições de plena satisfação do seu direito de crédito".

Incidente de desconsideração da personalidade jurídica

- **ALEXANDRE FREITAS CÂMARA** (*Breves...*, p. 425) sustenta que o incidente de desconsideração da personalidade jurídica "trata-se, na verdade, de um incidente processual que provoca uma intervenção forçada de terceiro (já que alguém estranho ao processo – o sócio ou a sociedade, conforme o caso –, será citado e passará a ser parte no processo, ao menos até que seja resolvido o incidente). Caso se decida por não ser caso de desconsideração, aquele que foi citado por força do incidente será excluído do processo, encerrando-se assim sua participação. De outro lado, caso se decida pela desconsideração, o sujeito que ingressou no processo passará a ocupar a posição de demandado, em litisconsórcio com o demandado original. O incidente de desconsideração da personalidade jurídica, então, pode acarretar uma ampliação subjetiva da demanda, formando-se, por força do resultado nele produzido, um litisconsórcio passivo facultativo".

- **ANDRE ROQUE** (*Teoria...*, p. 432) sustenta que "a regra geral no ordenamento jurídico brasileiro é que a pessoa jurídica não se confunde com a pessoa física de seus sócios. O reconhecimento da personalidade jurídica pelo direito acarreta como consequência a noção de que a pessoa jurídica é sujeito autônomo de direitos e obrigações, de sorte que não se deve imputar ao sócio obrigações da sociedade ou vice-versa. A desconsideração da personalidade jurídica (*disregard of legal entity*), originada e desenvolvida nos tribunais estadunidenses e ingleses, tendo por escopo remediar eventual utilização abusiva da personalidade jurídica, consiste no afastamento episódico da autonomia patrimonial entre a pessoa jurídica e seus sócios, para que estes se submetam, com seus patrimônios pessoais, a responder por obrigação originariamente contraída pela pessoa jurídica". Assevera que "não se extingue a pessoa jurídica com a desconsideração, tratando-se de medida que produz efeitos pontuais, no âmbito do processo em que determinada. A hipótese não é de invalidade da pessoa jurídica, mas de ineficácia relativa, no sentido de que não incidirão determinados efeitos, em especial a autonomia patrimonial".

- **HUMBERTO THEODORO JÚNIOR** (*Curso...*, vol. 1, 56. ed., p. 397) destaca que "o Código Civil de 2002 normatizou conduta que já vinha sendo adotada pela jurisprudência, de desconsiderar a personalidade jurídica, a fim de imputar aos sócios ou administradores a responsabilidade pelo ato ilícito praticado pela empresa. De tal sorte, os bens particulares dos sócios que concorreram para a prática do ato respondem pela reparação dos danos provocados pela sociedade". Segundo afirma esse autor, "é a denominada *disregard doctrine* do direito norte-americano, que autoriza o Poder Judiciário a ignorar a autonomia patrimonial entre a empresa e seus sócios ou administradores, sempre que for manipulada para prejudicar os credores. Desta forma, o patrimônio dos sócios é alcançado na reparação de danos provocados pela empresa a terceiros, quando houver desvio de finalidade ou confusão patrimonial, para os quais os gestores tenham concorrido".

- **NELSON NERY JR. E ROSA MARIA DE ANDRADE NERY** (*Comentários...*, p. 570) afirmam que a desconsideração da personalidade jurídica "consiste na possibilidade de se ignorar a personalidade jurídica autônoma da entidade moral sempre que esta venha a ser utilizada para fins fraudulentos ou diversos daqueles para os quais foi constituída, permitindo que o credor de obrigação assumida pela pessoa jurídica alcance o patrimônio particular de seus sócios ou administradores para a satisfação de seu crédito". No entender desses autores, consiste a desconsideração inversa "em imputar à pessoa jurídica a responsabilidade por obrigações de seus sócios. O pressuposto é de que tenha havido desvio de bens de uma pessoa física para uma pessoa jurídica, sobre a qual aquela detenha controle. Pressupõe-se que o desvio ocorra por abuso de direito ou fraude". Segundo afirmam, a desconsideração inversa "é muito utilizada no direito de família, quando se percebe que um dos cônjuges não quer dividir com o outro o patrimônio do casal, passando a transferir bens em nome de empresa".

- **TERESA ARRUDA ALVIM WAMBIER, MARIA LÚCIA LINS CONCEIÇÃO, LEONARDO FERRES DA SILVA RIBEIRO E ROGERIO LICASTRO TORRES DE MELLO** (*Primeiros...*, p. 252) asseveram que "a decisão que desconsidera a personalidade jurídica não poderia, à luz da Constituição Federal, ser proferida sem ser antecedida de contraditório amplo, englobando produção de provas, como infelizmente, muito frequentemente se faz hoje em dia. Isto porque, de rigor, se trata de decisão que equivale àquela que coloca alguém na posição de réu, já que sujeita seu patrimônio a responder por uma dívida, a ser objeto de atos de desapropriação. Em face disso, não há como se permitir que o juiz profira uma decisão com este alcance sem ouvir, antes, este terceiro". Para esses autores, "andou bem também o legislador ao tratar o procedimento que pode levar à decisão de desconsideração da pessoa jurídica como uma forma de intervenção de terceiros".

Amicus Curiae

- **HUMBERTO THEODORO JÚNIOR** (*Curso...*, vol. 1, 56. ed., p. 403) sustenta que o *amicus curiae* "mostra-se – segundo larga posição doutrinária –, preponderantemente, como um auxiliar do juízo em causas de relevância social, repercussão geral ou cujo objeto seja bastante específico, de modo que o magistrado necessite de apoio técnico. Não é ele propriamente parte no processo – pelo menos no sentido técnico de sujeito da lide objeto do processo –, mas, em razão de seu interesse jurídico (institucional) na solução do feito, ou por possuir conhecimento especial que contribuirá para o julgamento, é convocado a manifestar-se, ou se dispõe a atuar, como colaborador do juízo". Afirma que a participação do *amicus curiae* "é, em verdade, meramente opinativa a respeito da matéria objeto da demanda. Sua intervenção, de tal sorte, justifica-se como forma de aprimoramento da tutela jurisdicional".

- **NELSON NERY JR. E ROSA MARIA DE ANDRADE NERY** (*Comentários...*, p. 577) sustentam que "o *amicus curiae* não está equiparado à parte ou ao terceiro tradicionalmente considerado. Isto porque não tem interesse jurídico na causa, o que caracteriza a intervenção de terceiros clássica. A situação do *amicus curiae* é de interventor anódino (*ad adiuvandum*), sem interesse jurídico. Daí a razão pela qual não se pode alterar a competência, mesmo em casos nos quais, a princípio, haveria competência constitucionalmente estipulada".

- **TERESA ARRUDA ALVIM WAMBIER, MARIA LÚCIA LINS CONCEIÇÃO, LEONARDO FERRES DA SILVA RIBEIRO E ROGERIO LICASTRO TORRES DE MELLO** (*Primeiros...*, p. 256) afirmam que "o *amicus curiae* pode intervir em qualquer processo e em qualquer fase, desde que o juiz repute de utilidade sua participação. Os critérios são: a relevância da matéria sobre a qual se discute, a circunstância de ser um tema bem específico, a ponto de reclamar o olhar de quem o conhece com profundidade e a repercussão social do conflito. São requisitos independentes. A presença de um deles já justifica a intervenção do *amicus curiae*". Destacam que "a figura do *amicus curiae*, instituto típico dos sistemas de *common law*, nasce da necessidade de se observar o processo civil, sob a ótica dos valores evidentemente encampados pela Constituição Federal que, presume-se, são os valores da nação brasileira. Trata-se de figura que, embora, como dissemos, seja típica de países de *common law*, é perfeitamente compatível com sistemas de *civil law*". No entender desses autores, "o estudo desta figura faz nascer a necessidade de se começar a desenhar com alguma precisão o conceito de interesse institucional, que justifica sua atuação no processo, interesse este que deve ser concebido num espírito diferente daquele que se afirma titular do direito sobre o qual se há de decidir, ou mesmo interesse de terceiro, ou seja, daquele que sofrerá os efeitos indiretos ou reflexos da sentença". Asseveram que "o interesse defendido pelo *amicus curiae* é da sociedade ou de um segmento da sociedade, e, suas manifestações têm em vista gerar decisão judicial em conformidade com estes. Trata-se de um terceiro, cuja intervenção tem o condão de gerar prestação jurisdicional mais qualificada, mas cuja posição em relação à lide não possibilita que se encarte nas formas de intervenção tradicionais, a respeito das quais o direito positivo traz previsão expressa".

Enunciados do FPPC

N.º 42. (*Art. 339, CPC/2015*) O dispositivo aplica-se mesmo a procedimentos especiais que não admitem intervenção de terceiros, bem como aos juizados especiais cíveis, pois se trata de mecanismo saneador, que excepciona a estabilização do processo.

N.º 120. (*Art. 125, § 1.º, art. 1.072, II, CPC/2015*) A ausência de denunciação da lide gera apenas a preclusão do direito de a parte promovê-la, sendo possível ação autônoma de regresso.

N.º 121. (*Art. 125, II, art. 128, parágrafo único, CPC/2015*) O cumprimento da sentença diretamente contra o denunciado é admissível em qualquer hipótese de denunciação da lide fundada no inciso II do art. 125, do CPC/2015.

N.º 122. (*Art. 129, CPC/2015*) Vencido o denunciante na ação principal e não tendo havido resistência à denunciação da lide, não cabe a condenação do denunciado nas verbas de sucumbência.

N.º 123. (*Art. 133, CPC/2015*) É desnecessária a intervenção do Ministério Público, como fiscal da ordem jurídica, no incidente de desconsideração da personalidade jurídica, salvo nos casos em que deva intervir obrigatoriamente, previstos no art. 178 do CPC/2015.

N.º 124. (*Art. 133, CPC/2015*) A desconsideração da personalidade jurídica no processo do trabalho deve ser processada na forma dos arts. 133 a 137 do CPC/2015, podendo o incidente ser resolvido em decisão interlocutória ou na sentença.

N.º 125. (*Art. 134, CPC/2015*) Há litisconsórcio passivo facultativo quando requerida a desconsideração da personalidade jurídica, juntamente com outro pedido formulado na petição inicial ou incidentemente no processo em curso.

N.º 126. (*Art. 134, CPC/2015*) No processo do trabalho, da decisão que resolve o incidente de desconsideração da personalidade jurídica na fase de execução cabe agravo de petição, dispensado o preparo.

N.º 127. (*Art. 138, CPC/2015*) A representatividade adequada exigida do *amicus curiae* não pressupõe a concordância unânime daqueles a quem representa.

N.º 128. (*Art. 138; art. 489, § 1.º, IV, CPC/2015*) No processo em que há intervenção do *amicus curiae*, a decisão deve enfrentar as alegações por ele apresentadas, nos termos do inciso IV do § 1.º do art. 489, do CPC/2015.

N.º 239. (*Arts. 85, caput; art. 334; art. 335, CPC/2015*) Fica superado o enunciado n. 472 da súmula do STF ("A condenação do autor em honorários de advogado, com fundamento no art. 64 do CPC/2015, depende de reconvenção"), pela extinção da nomeação à autoria.

N.º 247. (*Art. 133, CPC/2015*) Aplica-se o incidente de desconsideração da personalidade jurídica no processo falimentar.

N.º 248. (*Art. 134, § 2.º; art. 336, CPC/2015*) Quando a desconsideração da personalidade jurídica for requerida na petição inicial, incumbe ao sócio ou a pessoa jurídica, na contestação, impugnar não somente a própria desconsideração, mas também os demais pontos da causa.

N.º 249. (*Art. 138, CPC/2015*) A intervenção do *amicus curiae* é cabível no Mandado de Segurança.

N.º 250. (*Art.15; art. 138, CPC/2015*) Admite-se a intervenção do *amicus curiae* nas causas trabalhistas, na forma do art. 138 do CPC/2015, sempre que o juiz ou relator vislumbrar a relevância da matéria, a especificidade do tema objeto da demanda ou a repercussão geral da controvérsia, a fim de obter uma decisão respaldada na pluralidade do debate e, portanto, mais democrática.

BIBLIOGRAFIA

Fundamental

ANTONIO CARLOS ARAÚJO CINTRA, ADA PELLEGRINI GRINOVER e CÂNDIDO RANGEL DINAMARCO, *Teoria geral do processo*, 30. ed. São Paulo: Malheiros, 2014; ARRUDA ALVIM, *Manual de direito processual civil*, 16. ed. São Paulo: Ed. RT, 2013; FERNANDO DA FONSECA GAJARDONI, LUIZ DELLORE, ANDRE VASCONSELOS ROQUE E ZULMAR DUARTE DE OLIVEIRA JR., *Teoria geral do processo: comentários ao CPC de 2015: parte geral*. São Paulo: Forense, 2015; FREDIE DIDIER JR., *Curso de Processo Civil: introdução ao direito processual civil, parte geral e processo de conhecimento*, 17. ed. Salvador: JusPodivm, 2015, vol. 1; HUMBERTO THEODORO JÚNIOR, *Curso de direito processual civil*, 56. ed. Rio de Janeiro: Forense, 2015, vol. 1; JOSÉ FREDERICO MARQUES, *Manual de direito processual civil*, 9. ed., atual. Ovídio Rocha Barros Sandoval. Campinas: Millennium, 2003, vol. 1; LUIZ GUILHERME MARINONI, SÉRGIO CRUZ ARENHART E DANIEL MITIDIERO, *Novo Código de Processo Civil comentado*. São Paulo: Ed. RT, 2015; NELSON NERY JR. e ROSA MARIA DE ANDRADE NERY *Comentários ao código de processo civil*. São Paulo: Ed. RT, 2015; TERESA ARRUDA ALVIM WAMBIER, FREDIE DIDIER JR., EDUARDO TALAMINI E BRUNO DANTAS (COORD.), *Breves comentários ao Novo Código de Processo Civil*. São Paulo: Ed. RT, 2015; TERESA ARRUDA ALVIM WAMBIER, MARIA LÚCIA LINS CONCEIÇÃO, LEONARDO FERRES DA SILVA RIBEIRO E ROGERIO LICASTRO TORRES DE MELLO, *Primeiros comentários ao novo código de processo civil: artigo por artigo*. São Paulo: Ed. RT, 2015.

Complementar

ADA PELLEGRINI GRINOVER, Ação civil pública em matéria ambiental e denunciação da lide, *RePro* 106/9 e *RJ* 292/7; ADRIANO CALDEIRA, A inconstitucionalidade da obrigatoriedade de denunciação da lide, *RePro* 134/75; ALEXANDRE ALVES LAZZARINI, A intervenção do CADE no processo judicial, *RePro* 105/139; ALEXANDRE FREITAS CÂMARA, Intervenção forçada de terceiros e responsabilidade civil do Estado, *RDDP* 39/9; _____, *Lições de direito processual civil*, 16. ed. Rio de Janeiro: Lumen Juris, 2007, vol. 1; ALFREDO DE ARAÚJO LOPES DA COSTA, *Manual elementar de direito processual civil*, 3. ed., atual. Sálvio de Figueiredo Teixeira. Rio de Janeiro: Forense, 1982; ANTÔNIO CARLOS DE ARAÚJO CINTRA, *Do chamamento à autoria*. São Paulo: Ed. RT, 1971; ANTONIO DO PASSO CABRAL, Pelas asas de Hermes: a intervenção do *amicus curiae*, um terceiro especial; Uma análise dos institutos interventivos similares – O *amicus* e o *vertreter des öffentlichen interesses*, *RePro* 117/9; ANTÔNIO PEREIRA GAIO JÚNIOR, Desconsideração da personalidade jurídica: considerações sobre o "incidente" à luz do novo CPC – pls 166/2010, *RePro* 220/271, jun. 2013; ANTONIO GIDI, Assistência em ações coletivas, *RePro* 88/269; ARAKEN DE ASSIS, Partes legítimas, terceiros e sua intervenção no processo executivo, *Ajuris* 61/05; AROLDO PLÍNIO GONÇALVES, *Da denunciação da lide*, 3. ed. Rio de Janeiro: Forense, 1995; ATHOS GUSMÃO CARNEIRO, Denunciação da lide e chamamento ao processo, *Ajuris* 21/24, *RBDP* 27/13; _____, *Intervenção de terceiros*, 16. ed., São Paulo, Saraiva, 2006; _____, Da intervenção da União Federal, como *amicus curiae*: ilegitimidade para, nesta qualidade, requerer a suspensão dos efeitos de decisão jurisdicional; Leis 8.437/1992, art. 4.º, e 9.469/1997, art. 5.º, *RePro* 111/243; _____, Intervenção de terceiros no CPC/2015, de *lege ferenda*, *RePro* 159/119; _____, Mandado de segurança: assistência e *amicus curiae*, *RePro* 112/213; CÂNDIDO A. S. LEAL JÚNIOR, Justificativa e função da assistência litisconsorcial no direito processual civil, *RePro* 69/137; CÂNDIDO RANGEL DINAMARCO, *Instituições de direito processual civil*, 5. ed., São Paulo: Malheiros, 2005, vol. 2; _____, *Intervenção de terceiros*, 4. ed. São Paulo: Malheiros, 2006; _____, Intervenção de terceiro em processo cautelar, *RT* 597/9; CARLOS AUGUSTO DE ASSIS e CLAUDIA MARIA CARVALHO DO AMARAL VIEIRA, Denunciação da lide e evicção no direito pátrio, *Gênesis RDPC* 38/637; CARLOS GUSTAVO RODRIGUES DEL PRÁ, Primeiras impressões sobre a participação do *amicus curiae* segundo o projeto do novo Código de Processo Civil (art. 322), *RePro* 194/307, abr. 2011; CASSIO SCARPINELLA BUENO, *Partes e terceiros no processo civil brasileiro*, 2. ed. São Paulo: Saraiva, 2003; CASTRO FILHO. Do litisconsórcio na denunciação da lide, *Processo e constituição: estudos em homenagem ao Professor José Carlos Barbosa Moreira*. São Paulo: Ed. RT, 2006; CELSO AGRÍCOLA BARBI, Ação, partes, despesas judiciais, intervenção de terceiros e do MP no novo CPC, *RF* 247/20; _____, *Comentários ao Código de Processo Civil*, 10. ed. Rio de Janeiro: Forense, 1997, vol. 1; CELSO HIROSHI IOCOHAMA e WESLEY DE OLIVEIRA MACIEL, A obrigatoriedade da denunciação da lide e a possibilidade de ação autônoma em caso de evicção, *RePro* 177/73; CLAYTON MARANHÃO e EDUARDO CAMBI, Partes e terceiros na ação civil pública por dano ambiental, *Aspectos polêmicos e atuais sobre os terceiros no processo civil e assuntos afins*. São Paulo: Ed. RT, 2004; DANIEL AMORIM ASSUMPÇÃO NEVES, Intervenção de terceiros e revelia, *RDDP* 35/19; DANIEL COLNAGO RODRIGUES, A assistência provocada no processo civil brasileiro, *RePro* 240/349; DANIEL USTÁRROZ, *A intervenção de terceiros no processo civil brasileiro*. Porto Alegre: Livraria do Advogado, 2004; DELOSMAR DOMINGOS DE MENDONÇA JR., Intervenção de terceiros no processo eleitoral, *Aspectos polêmicos e atuais sobre os terceiros no processo civil e assuntos afins*. São Paulo: Ed. RT, 2004; DIRLEY DA CUNHA JR., A intervenção de terceiros no processo de controle abstrato de constitucionalidade: a intervenção do particular, do colegitimado e o *amicus curiae* na ADIN, ADC e ADPF, *Aspectos polêmicos e atuais sobre os terceiros no processo civil e assuntos afins*. São Paulo: Ed. RT, 2004; EDILSON PEREIRA NOBRE JÚNIOR, Responsabilidade civil do Estado e denunciação da lide, *RJ* 248/142; EDUARDO ARRUDA ALVIM, *Curso de direito processual civil*. São Paulo: Ed. RT, 1999, vol. 1; EDUARDO HENRIQUE DE OLIVEIRA YOSHIKAWA. Cabimento da denunciação da lide ao segurador nas ações de reparação de dano com fundamento no Código de Defesa do Consumidor (o falso chamamento ao processo do art. 101 do CDC), *RDDP* 23/9; EDUARDO JOSÉ DA FONSECA COSTA, Assistência nas execuções obrigacionais, *RePro* 134/30; EGAS DIRCEU MONIZ DE ARAGÃO, Ação – Intervenção de terceiro no processo – Assistência – Litisconsórcio – Oposição – Faixa de fronteira, *RF* 251/61; _____, Sobre o chamamento à autoria, *RePro* 27/49; EIDER AVELINO SILVA, A denunciação à lide e a possibilidade de condenação direta e solidária do denunciado: uma análise da jurisprudência do Superior Tribunal de Justiça, *RePro* 190/299; ELIAS MARQUES DE MEDEIROS NETO, O princípio da proporcionalidade, o instituto da desconsideração da personalidade jurídica e o projeto de um novo código de processo civil, *RePro* 209/375, jul. 2012; ELICIO DE CRESCI SOBRINHO, Assistência simples no direito alemão, *RePro* 202/173, dez. 2011; _____, Breve perfil histórico da assistência, *RePro* 206/351, abr. 2012; ERNANE FIDELIS DOS SANTOS, Alienação da coisa litigiosa e intervenção de terceiros, *RDDP* 8/24; _____, *Manual de direito processual civil*, 12. ed. São Paulo: Saraiva, 2007, vol. 1; FABIANO CARVALHO e RODRIGO BARIONI, Eficácia da sentença na denunciação da lide: execução direta do denunciado, *Aspectos polêmicos e atuais sobre os terceiros no processo civil e assuntos afins*. São Paulo: Ed. RT, 2004; FELIPE PALHARES. A aplicação da teoria da desconsideração inversa da personalidade jurídica à luz do ordenamento jurídico brasileiro, *Revista de Direito Civil Contemporâneo* 3/55, abr. 2015; FERNANDO SETEMBRINO, Denunciação da lide – Art. 70, III, do CPC, *RePro* 70/200; FLÁVIO CHEIM JORGE, *Chamamento ao processo*, 2. ed. São Paulo: Ed. RT, 1999; _____, Notas sobre o chamamento ao processo, *RePro* 83/69; _____ e MARCELO PACHECO MACHADO, O direito processual eleitoral e a aplicabilidade das técnicas processuais civis: um enfoque especial no recurso contra diplomação e na assistência litisconsorcial, *ReFro* 132/95; FLÁVIO LUIZ YARSHELL, Evicção e denunciação da lide no novo Código Civil: contribuição ao direito bancário, *RDBMC* 26/35; FRANCISCO C. PONTES DE MIRANDA, *Comentários ao Código de Processo Civil*, 3. ed., Rio de Janeiro, Forense, 1995, t. II; FREDIE DIDIER JR., A nova intervenção de terceiro na ação de alimentos (art. 1.698 do Código Civil, de 2002), *RDDP* 13/14; _____, Assistência, recurso de terceiro e denunciação da lide em causas coletivas, *Aspectos polêmicos e atuais sobre os terceiros no processo civil e assuntos afins*. São Paulo: Ed. RT, 2004;_____, *Curso de direito processual civil*: teoria geral do processo e processo do conhecimento, 7. ed. Salvador: JusPodivm, 2007; _____, *Direito processual civil*: tutela jurisdicional individual e coletiva, 5. ed., Salvador, JusPodivm, 2005, vol. 1; _____, Revisão do conceito de interesse jurídico que autoriza a assistência simples: intervenção para colaborar com a criação de precedente judicial. Análise de recente decisão do STF,

RePro 158/279; GENACÉIA DA SILVA ALBERTON, *Assistência litisconsorcial*. São Paulo: Ed. RT, 1994; GILBERTO GOMES DE MACEDO LEME, A denunciação da lide no novo Código de Processo Civil, *RePro* 37/31; GISELE HELOISA CUNHA, Denúncia da lide e chamamento ao processo, infungibilidade: jurisprudência comentada, *RePro* 45/279; GISELE SANTOS FERNANDES GÓES, *Direito processual civil:* processo de conhecimento. São Paulo: Ed. RT, 2006; _____, Intervenções de terceiros na justiça do trabalho, *Aspectos polêmicos e atuais sobre os terceiros no processo civil e assuntos afins*. São Paulo: Ed. RT, 2004; HANDEL MARTINS DIAS, Eficácia da assistência: a vinculação do assistente à "justiça da decisão", *RePro* 225/123, nov. 2013; HEITOR VITOR MENDONÇA SICA, Notas críticas ao sistema de pluralidade de partes no processo civil brasileiro, *RePro* 200/13, out. 2011; HELIO CAVALCANTI BARROS, *Intervenção de terceiros no processo civil*. Rio de Janeiro: Lumen Juris, 1993; HÉLIO TORNAGHI, *Comentários ao Código de Processo Civil*, 2. ed. São Paulo: Ed. RT, 1976, vol. 1; HORIVAL MARQUES DE FREITAS JUNIOR, Recurso de terceiro no processo civil brasileiro: limites da intervenção do terceiro e extensão da coisa julgada material, *RePro* 210/81, ago. 2012; HUMBERTO THEODORO JÚNIOR, Ação declaratória e incidente de falsidade: falso ideológico e intervenção de terceiros, *RePro* 51/32; _____, Arbitragem e terceiros – Litisconsórcio fora do pacto arbitral: outras intervenções de terceiros, *RDBMA* 14/357; _____, Intervenção de terceiros no processo civil: denunciação da lide e chamamento ao processo, *RePro* 16/49; _____, Litisconsórcio e intervenção de terceiros no processo civil, *RF* 334/57; IVONE CRISTINA DE SOUZA João, *Litisconsórcio e intervenção de terceiros na tutela coletiva*. São Paulo: Fiúza, 2004; IZABEL CRISTINA PINHEIRO CARDOSO PANTALEÃO, Estudo comparativo da intervenção de terceiros no atual sistema e no projeto do novo Código de Processo Civil (PLS 166/2010), *RePro* 213/261, nov. 2012; IZABELA RÜCKER CURI, Considerações sobre assistência e a provocação do terceiro para intervir no feito, *Aspectos polêmicos e atuais sobre os terceiros no processo civil e assuntos afins*. São Paulo: Ed. RT, 2004; _____, Questões sobre a denunciação da lide na hipótese de evicção, *Processo e Constituição – Estudos em homenagem ao Professor José Carlos Barbosa Moreira*, Coord. LUIZ FUX, NELSON NERY JR. e TERESA ARRUDA ALVIM WAMBIER. São Paulo: Ed. RT, 2006; J. E. DE CARVALHO PACHECO, *Intervenção de terceiros*. Curitiba: Juruá, 1980; J. J. CALMON DE PASSOS, Denunciação da lide, in RUBENS LIMONGI FRANÇA, *Enciclopédia Saraiva do Direito*. São Paulo: Saraiva, 1979, vol. 23; JOAQUIM FELIPE SPADONI, Assistência coletiva simples: a intervenção dos substituídos nas ações coletivas para defesa de direitos individuais homogêneos, *RePro* 116/40; JOSÉ CARLOS BARBOSA MOREIRA, Substituição das partes, litisconsórcio, assistência e intervenção de terceiros, *Estudos sobre o novo Código de Processo Civil*. Rio de Janeiro: Liber Juris, 1974; JOSÉ LUIZ RAGAZZI, Da assistência simples na ação civil pública em defesa de direitos difusos de consumo, *Processo civil coletivo*. São Paulo: Quartier Latin, 2005; JOSÉ DE ALMEIDA PRADO FRAGA, Chamamento à autoria – evicção, *Doutrinas Essenciais Obrigações e Contratos*, vol. 4, p. 673, jun. 2011; JOSÉ EDUARDO CARREIRA ALVIM, Assistência litisconsorcial no mandado de segurança contra ato judicial, *RePro* 76/36; _____, *Elementos de teoria geral do processo*, 7. ed. Rio de Janeiro: Forense, 2001; JOSÉ FRANCISCO DA SILVA NETO, Denunciação da lide aos saltos no novo Código Civil, *Novo Código Civil:* interfaces no ordenamento jurídico brasileiro. Belo Horizonte: Del Rey, 2004; JOSÉ RAIMUNDO GOMES DA CRUZ, Causa de pedir e intervenção de terceiro, *RT* 662/47; _____, *Pluralidade de partes e intervenção de terceiros*. São Paulo: Ed. RT, 1991; JOSÉ SEBASTIÃO DE OLIVEIRA, O instituto da assistência nos seus aspectos históricos e dogmáticos no direito processual civil nacional e estrangeiro, *RePRo* 142/59; JUNIOR ALEXANDRE MOREIRA PINTO, Assistência litisconsorcial e aquisição de bem ou coisa litigiosa: relação de independência entre assistente e assistido, *RDDP* 37/80; LÉLIO DENÍCOLI SCHMIDT, O INPI nas ações de nulidade de marca ou patente: assistente ou litisconsorte?, *RePro* 94/201; LEONARDO JOSÉ CARNEIRO DA CUNHA, Intervenção anômala: a intervenção de terceiros pelas pessoas jurídicas de direito público prevista no parágrafo único art. 5.º da Lei 9.469/1997, *Aspectos polêmicos e atuais sobre os terceiros no processo civil e assuntos afins*. São Paulo: Ed. RT, 2004; LUIS ALBERTO REICHELT, A desconsideração da personalidade jurídica no projeto de novo Código de Processo Civil e a efetividade da tutela jurisdicional do consumidor, *Revista de Direito do Consumidor* 98/245, mar. 2015; LUIZ EDSON FACHIN, *Da intervenção de terceiros no processo civil*. São Paulo: Ed. RT, 1989; LUIZ FUX, *Curso de direito processual civil*, 3. ed. Rio de Janeiro: Forense, 2005; LUIZ GUILHERME MARINONI, Sobre o assistente litisconsorcial, *RePro* 58/250; _____ e SÉRGIO CRUZ ARENHART, *Processo de conhecimento*, 6. ed. São Paulo: Ed. RT, 2007, vol. 2; LUIZ MANOEL GOMES JÚNIOR, A reforma do CPC. Lei 10.444/2002. Considerações iniciais, *RePro* 107/117; LUIZ PAULO DA SILVA ARAÚJO FILHO, *Assistência e intervenção da União*. Rio de Janeiro: Forense, 2006; MANTOVANNI COLARES CAVALCANTE, A intervenção de terceiro nos recursos especial e extraordinário e o prequestionamento, *Aspectos polêmicos e atuais sobre os terceiros no processo civil e assuntos afins*, São Paulo, Ed. RT, 2004; MARCELO ABELHA RODRIGUES, *Elementos de direito processual civil*, 2. ed. São Paulo: Ed. RT, 2003, vol. 2; MARCELO NEGRI SOARES, Amicus curiae no brasil: um terceiro necessário, *RT* 953/203, mar. 2015; MARCIA MARIA BIANCHI PRATES, Notas a respeito da denunciação da lide, *Denunciação da lide* – Repertório de jurisprudência e doutrina. São Paulo: Ed. RT, 1988; MARCOS AFONSO BORGES, Intervenção de terceiro, *RePro* 68/7; MARIA BERENICE DIAS, *O terceiro no processo*. Rio de Janeiro: Aide, 1993; MARINA FRANÇA SANTOS, Intervenção de terceiro negociada: possibilidade aberta pelo novo Código de Processo Civil, *RePro* 241/95; MARINHO BORGES DE CARVALHO, Intervenção de terceiros, *RJ* 136/13; MARIO HELTON JORGE, Da denunciação da lide no Código de Defesa do Consumidor, *RePro* 108/32; MAX GUERRA KOPPER, *Da denunciação da lide*, Belo Horizonte, Del Rey, 1996; MILTON FLAKS, *Denunciação da lide*. Rio de Janeiro: Forense, 1984; MILTON LUIZ PEREIRA, Amicus curiae: intervenção de terceiros, *RePro* 109/39; MOTAURI CIOCCHETTI DE SOUZA, Assistência e litisconsórcio no polo ativo da ação civil pública. A legitimação concorrente e disjuntiva, *RT* 772/86; NELSON NERY JR., Denunciação da lide – A teoria restritiva e o direito brasileiro, *RePro* 64/160; _____, Intervenção da União como amicus curiae – deslocamento de competência, *Soluções Práticas de Direito – Nelson Nery Junior* 8/665, set. 2014; NEMO ELOY VIDAL NETO, A intervenção obrigatória do INPI nas ações que discutem a legalidade de marca comercial ainda não registrada e a consequente competência da Justiça Federal para processar e julgar estas ações, *RePro* 105/297; NIVALDO GOTTI, Chamamento ao processo, *RePro* 16/245; NELSON FINOTTI SILVA, A intervenção de terceiros sob a luz do art. 1.698 do novo CC e o estatuto do idoso, *RePro* 119/285; OVÍDIO A. BAPTISTA DA SILVA, Assistência litisconsorcial, *RePro* 30/9; PAULO ROBERTO PEREIRA DE SOUZA, Denunciação da lide, *RePro* 14/367; PRISCILA KEI SATO, O Instituto Nacional da Propriedade Industrial nas ações de nulidade e de adjudicação: parte ou assistente?, *Aspectos polêmicos e atuais sobre os terceiros no processo civil e assuntos afins*. São Paulo: Ed. RT, 2004; ROBSON RENAULT GODINHO, Ministério público e assistência: o interesse institucional como expressão do interesse jurídico, *Aspectos polêmicos e atuais sobre os terceiros no processo civil e assuntos afins*. São Paulo: Ed. RT, 2004; RODRIGO GARCIA DA FONSECA, A responsabilidade civil do Estado e a denunciação da lide ao funcionário, *RIL* 140/123; RODRIGO SALAZAR, Denunciação da lide – rumo a efetivação processual: limites exegéticos, *RDDP* 14/91; _____, Hipótese de denunciação da lide do art. 70, I, do CPC: análise do art. 456 do novo CC. Possibilidade de denunciação *per saltum*?, *Aspectos polêmicos e atuais sobre os terceiros no processo civil e assuntos afins*. São Paulo: Ed. RT, 2004; RODRIGO STROBEL PINTO, Amicus curiae no projeto de código de processo civil, *RePro*

220/231, jun. 2013; ROLF MADALENO, Acidentes de trânsito – denunciação da seguradora à lide, *RT* 768/119; RUBENS TARCÍSIO FERNANDES VELLOZA, Denunciação da lide, *RePro* 14/87; SEBASTIÃO DE OLIVEIRA CASTRO FILHO, Do litisconsórcio na denunciação da lide, *Processo e Constituição* – Estudos em homenagem ao Professor José Carlos Barbosa Moreira, Coord. LUIZ FUX, NELSON NERY JR. e TERESA ARRUDA ALVIM WAMBIER. São Paulo: Ed. RT, 2006; SÉRGIO FERRAZ, *Assistência litisconsorcial no direito processual civil*. São Paulo: Ed. RT, 1979; SÉRGIO SEIJI SHIMURA, Denunciação da lide e ação regressiva, *RePro* 58/215; SYDNEY SANCHES, Denunciação da lide, *RePro* 34/47; THIAGO PUCCI BEGO, O enigmático instituto da assistência litisconsorcial: intrigantes questões, *RePro* 195/71; TERESA ARRUDA ALVIM WAMBIER, Ausência de participação de terceiro interessado não vicia a sentença, *RePro* 85/285; _____, Da assistência, *RePro* 79/201, jul. 1995, *Doutrinas Essenciais de Processo Civil*, vol. 3, p. 771, out. 2011; _____, Da assistência litisconsorcial no código brasileiro, *RePro* 11/45, jul. 1978, *Doutrinas Essenciais de Processo Civil*, vol. 3, p. 655, out. 2011; UBIRAJARA CARLOS MENDES, Assistência litisconsorcial: legitimidade para recorrer, *JB* 149/25; UBIRATAN DE COUTO MAURÍCIO, *Assistência simples no direito processual civil*, São Paulo, Ed. RT, 1983; VALENTINO APARECIDO DE ANDRADE, A denunciação da lide e o novo Código Civil brasileiro, *RePro* 113/133; VOLTAIRE DE LIMA MORAES, Do chamamento ao processo, *Ajuris* 41/53; WALDEMAR MARIZ DE OLIVEIRA JUNIOR, *Substituição processual*. São Paulo: Ed. RT, 1971; WESLEY DA SILVA PLACEDINO, A legitimidade recursal do *amicus curiae*, *RT*, 938/301, dez. 2013; WILLIAM COUTO GONÇALVES, *Intervenção de terceiros*. Belo Horizonte: Del Rey, 1997.

Capítulo 20

JUIZ

> Sumário: 20.1. Noções gerais – 20.2. Poderes do juiz; 20.2.1. Poderes de polícia (ou "administrativos"); 20.2.2. Poderes jurisdicionais – 20.3. Deveres do juiz – 20.4. Responsabilidade do juiz; 20.4.1. Responsabilidade penal; 20.4.2. Responsabilidade administrativa; 20.4.3. Responsabilidade civil – 20.5. Impedimento e suspeição; 20.5.1. Causas de impedimento; 20.5.2. Causas de suspeição.

20.1. Noções gerais

Usa-se neste capítulo o termo "juiz" para designar tanto o agente jurisdicional de primeiro grau quanto aqueles que integram tribunais (e que normalmente recebem a designação de "desembargador" ou "ministro", conforme o caso).

O juiz é sujeito do processo, como o são as partes, mas é sujeito diferenciado, porque está na relação processual representando o Estado, em cujo nome exercerá seus poderes voltados a aplicar o direito ao caso concreto. Para tanto, dirigirá o processo, colherá provas, decidirá a respeito de incidentes processuais, decidirá a respeito do pedido formulado pela parte (isto é, o objeto do processo) e, se necessário, promoverá medidas executivas para realizar concretamente o direito da parte.

A atividade do juiz no processo reveste-se de fundamental importância, em múltiplos e diferentes sentidos.

Sob um aspecto, que poderia ser chamado de microscópico, se visto apenas e tão somente na perspectiva da solução da parcela do conflito de interesses intersubjetivo, o juiz desempenha a função de conduzir e gerir cada processo, individualmente, na ordem procedimental definida na lei ou no negócio processual. Por exemplo, o descumprimento de cláusula contratual em negócio jurídico firmado entre A e B, pode gerar processo em que o credor peça o cumprimento específico do contrato e (ou) de reparação de danos pelo descumprimento. O juiz, então, resolverá esse caso concreto, reconhecendo ou não que o devedor descumpriu o contrato, e aplicando as consequências cabíveis, conforme o caso. Em tal perspectiva microscópica, a solução da causa dirá respeito fundamentalmente às partes – a exemplo do que já se dava em relação ao contrato existente entre elas.

Nesse processo específico, o juiz deverá cumprir suas funções, decidindo de acordo com seu convencimento motivado, inclusive com a motivação gerada compulsoriamente pelos mecanismos de uniformização das teses jurídicas. E, fundamentalmente, decide o pedido feito pela parte, que é o objeto do processo, mediante sentença (ou decisão, nas hipóteses legais) de mérito em que cumpre o dever estatal de prestar a jurisdição, isto é, de aplicar o direito vigente ao caso concreto.

Pouco importa, para essa tarefa microscópica, que o processo seja regido pelo Código de Processo Civil (processo individual) ou pelas normas do processo coletivo. O juiz decidirá aquele determinado processo, jungido pelos parâmetros constitucionais e infraconstitucionais aplicáveis ao caso concreto. Ainda no ambiente do caso concreto, isto é, do processo específico, entre A e B, o juiz exercerá poderes executórios, determinando que se realizem atos de força para que o provimento jurisdicional de procedência do pedido, por exemplo, encontre eco no mundo dos fatos. Se B foi condenado a indenizar a A e não o faz espontaneamente, o processo tem mecanismos para, sob ordens do juiz, retirar bens do patrimônio de B e convertê-los em meio de satisfação do crédito. Poderá também o juiz determinar medidas que se encaixam no espectro da chamada tutela provisória, visando, por exemplo, resguardar determinada situação jurídica.

Sob outro aspecto, macroscópico, o juiz exerce função também essencial para o Estado de Direito, na exata medida em que, com o seu trabalho, permite o equilíbrio de forças entre as diversas faces do poder estatal. É o juiz que diz, em última análise, o que a lei (elaborada pelo legislador) quer dizer, efetivamente. Evidentemente, ele não dá à lei o significado que bem entende. Cumpre-lhe, por um lado, identificar qual foi a finalidade e o contexto da produção do ato normativo. Por outro, deve considerá-la de modo sistemático, em relação às demais normas do ordenamento – e compreender seu sentido à luz dos valores reinantes na sociedade. Não é tarefa fácil. Mas deve sempre ser perseguida como meta ideal.

Essa função está sempre presente na atuação do juiz, em maior ou menor grau. Mas ela se acentua em determinadas hipóteses.

Por exemplo, ela se torna ainda mais visível quando o juiz, cumprindo tarefas ligadas ao plano recursal, decide de modo paradigmático, isto é, toma decisões que orientam a conduta da sociedade em geral, diante de determinada situação jurídica. Ao julgar incidente de assunção de competência (v. vol. 2, cap. 34), por exemplo, o Tribunal de Justiça ou o Tribunal Regional Federal, o que quer dizer o juiz, em última análise, define o modo pelo qual se deva entender questão de direito revestida de relevância, com repercussão social expressiva, embora não se reproduza em múltiplos processos (art. 947, CPC/2015).

Ao decidir incidente de resolução de demandas repetitivas (IRDR, v. vol. 2, cap. 35), o Tribunal orientará a sociedade e a magistratura de primeiro grau a respeito do entendimento que se deva adotar, como mecanismo de orientação de condutas, sobre determinada questão jurídica (art. 976, CPC/2015). Retome-se o exemplo dado acima. Suponha-se que a disputa entre A e B acerca do descumprimento contratual envolve discussão sobre a validade de uma cláusula contratual que permite o credor apropriar-se privadamente de bens do devedor. Imagine-se que esse tipo de cláusula está sendo repetido em milhares de contratos entre diferentes sujeitos – e, em muitos casos, as partes contratantes já entraram em litígio e levaram a questão ao Judiciário. A disputa contratual específica continuará dizendo respeito sempre às partes de cada contrato, mas é também importante o Judiciário definir de modo claro e uniforme qual o entendimento acerca da validade daquela cláusula que tem se repetido em milhares de contratos. O IRDR servirá para isso.

No plano dos Tribunais Superiores, o STJ, por exemplo, ao decidir o mesmo IRDR, estenderá sua decisão a todo o território nacional, pacificando conflitos e gerando paz social.

Mas não é só. Ainda no plano da uniformização do entendimento da jurisprudência sobre determinada tese jurídica, STF e STJ, em havendo multiplicidade de recursos extraordinários ou especiais com base em idêntica questão jurídica (constitucional ou infraconstitucional, respectivamente), aplicarão as regras processuais relativas ao julgamento de recursos repetitivos e pacificarão a matéria neles versada, dando a palavra final e, por fim, devolvendo à sociedade a tranquilidade representada pela segurança (normativa e negocial) que representa a previsibilidade a respeito de determinada conduta.

Além disso, o STF, no plano constitucional federal, e os Tribunais de Justiça, relativamente às constituições estaduais, exercem controle direto e abstrato de constitucionalidade das leis e outros atos normativos. Há, nesse caso, um processo dito "objetivo", em que o tribunal examina diretamente se o ato normativo infraconstitucional é compatível com a Constituição, bem como define, se for o caso, como o dispositivo legal deve ser interpretado para que seja considerado constitucional ("interpretação conforme a Constituição"). As decisões proferidas nesse processo objetivo também têm alcance geral (o que se costuma chamar "eficácia *erga omnes*").

20.2. Poderes do juiz

O juiz desempenha uma *função*, a função jurisdicional. O termo não é aleatório. No sentido técnico jurídico, "função" é o poder atribuído a alguém para que possa desincumbir-se de uma tarefa que lhe é obrigatória. Ou seja, função é o poder que alguém recebe para cumprir um dever.

Por isso, fala-se em "poder-dever" do juiz (e do agente público em geral) – ou mesmo "dever-poder". Essas expressões, especialmente a segunda, servem para destacar o caráter instrumental dos poderes que o juiz recebe. Eles não lhe são atribuídos para que os exerça como bem entender, mas sim para que desempenhe corretamente a atividade jurisdicional.

Por isso, a classificação dos poderes do juiz reflete a natureza das atribuições que ele tem no exercício de sua função. Como toda classificação, destina-se, sobretudo, a fins didáticos e não é absoluta. Todos os "poderes" a seguir discriminados remontam a um mesmo e único "dever-poder". Ou seja, a função é uma só, expressando-se de diferentes maneiras. Consequentemente, como se verá em vários dos exemplos a seguir dados, um mesmo "poder" é apto a receber diferentes classificações, conforme o aspecto seu que seja ressaltado.

20.2.1. Poderes de polícia (ou "administrativos")

A doutrina tradicional diz que esses são poderes que o juiz exerce não propriamente como sujeito inserido no processo, mas na condição de autoridade judiciária. É que além de conduzir o processo, do qual ele então participa como um de seus sujeitos principais, o juiz cumpre a função de autoridade pública responsável pela manutenção da ordem no espaço forense (i.e., no local em que está sediado o órgão jurisdicional e normalmente se realizam os atos do processo) ou mesmo fora dele, quando presidir alguma diligência externa (p. ex., inspeção de um imóvel). Assim, os poderes de polícia são os destinados a assegurar a ordem do espaço e (ou) dos trabalhos forenses.

Não deixa de haver alguma artificialidade na qualificação desses poderes como "administrativos". Tanto quanto os demais poderes a seguir examinados, eles são desempenhados essencialmente para que a jurisdição estatal cumpra seus fins. Sua qualificação como não jurisdicional é resquício de uma concepção segundo a qual o juiz apenas "diz o direito", não dando ordens, não praticando atos de força. Essa noção hoje está superada na doutrina, além de nunca ter sido de fato compatível com o papel historicamente atribuído ao juiz no direito brasileiro e no antigo direito português que antes vigorou entre nós.

A verdadeira peculiaridade de tais poderes está na circunstância de que são exercidos pelo juiz independentemente de ele estar inserido em um específico processo – e o juiz os exerce mesmo em face de pessoas que eventualmente não estejam participando de um específico processo.

Entre outros, podem ser citados como exemplos os poderes previstos nos arts. 78 (censura e supressão de expressões ofensivas no processo), 139, III, 772, II, e 774 (prevenção e repressão a ato contrário à dignidade da justiça), 139, VII (segurança interna dos fóruns e tribunais), 360, I a IV (manutenção da ordem e decoro durante a audiência), todos do CPC/2015.

20.2.2. *Poderes jurisdicionais*

Por outro lado, há os poderes que o juiz exerce no desempenho da função jurisdicional dentro de um específico processo, na condição de sujeito da relação processual ali estabelecida. Esses poderes são classificados conforme as diferentes atividades que o juiz desenvolve para que o processo produza os fins a que se destina.

20.2.2.1. *Poderes ordinatórios (ou instrumentais)*

Assim, o juiz está investido de poderes para dar direção, andamento ao processo. Podem ser citados como exemplos: o poder de reunir ações conexas (art. 55, CPC/2015); o poder de suspender o andamento do processo em certas hipóteses (arts. 313 a 315, CPC/2015); o poder de dilatar prazos processuais e de alterar a ordem dos meios de prova, de modo a adequá-los às necessidades do conflito (art. 139, VI, CPC/2015); o poder de determinar a correção de defeitos no processo (arts. 139, IX, e 352, CPC/2015) etc.

20.2.2.2. *Poderes instrutórios*

O juiz também detém poderes para providenciar a coleta de provas e de subsídios jurídicos tendo em vista a posterior tomada de decisões (exs.: arts. 139, VIII, 370, 372, 396, 438, 443, 464, § 1.º, 481, 772, III, 773, do CPC/2015). Trata-se de providências que o juiz adota a pedido das partes ou de ofício (i.e., independentemente de pedido das partes). O tema é retomado no v. 2 (cap. 13).

20.2.2.3. *Poderes de urgência*

No curso do processo, ou até mesmo antes da sua instauração, pode surgir situação de grave risco de dano irreparável (ou de reparação muito difícil) ao direito que uma parte alega possuir. Nesses casos, de nada adiantará apenas ao final do processo vir a ser prestada a tutela jurisdicional em favor dessa parte, se em tal momento seu direito já estiver destruído. Nessa hipótese, a atuação da jurisdição teria sido inútil. Assim, o juiz tem poderes para, antes da prestação da tutela jurisdicional final, outorgar uma proteção provisória em favor dessa parte que corre o risco de dano irreparável. Protege-se, desse modo, a parte que aparenta ter razão. Mas também se resguarda a própria utilidade e eficácia da jurisdição – evitando-se que atividade jurisdicional, que consome recursos materiais e humanos relevantes, ao final seja inútil.

Antigamente, falava-se em "poder geral de cautela" para se referir a tal conjunto de poderes judiciais. Hoje, é preferível falar-se em poder geral de urgência (ou de emergência). É que, por vezes, a providência urgente destina-se apenas a conservar uma situação fática, permitindo que sobre ela incida a proteção final (por exemplo, o suposto devedor, no curso da ação em que o pretenso credor está cobrando seu crédito, começa a se desfazer de todo o seu patrimônio: diante da plausibilidade do direito do autor, o juiz concede uma medida urgente arrestando bens do réu, i.e., afeta e separa bens para responder pela dívida, caso esta seja depois julgada existente). Essa providência, essencialmente conservativa, é chamada de tutela cautelar (arts. 294, parágrafo único, e 301, do CPC/2015). Outras vezes, a situação de urgência exige uma providência que desde logo satisfaça o provável direito do autor, sob pena de depois isso já não ser possível (por exemplo, o autor precisa fazer, sob o risco de morte, uma cirurgia emergencial que o seu plano de saúde recusa-se a custear: o juiz então, antes de decidir definitivamente quem tem razão, determina em caráter urgente que o plano de saúde, réu da ação, custeie desde logo a cirurgia). Essa providência é chamada de tutela antecipada (art. 294, parágrafo único, do CPC/2015).

Em regra, o exercício dos poderes de urgência depende de pedido da parte interessada. Apenas em casos em que há expressa previsão legal é possível a concessão de medidas urgentes de ofício (ex.: art. 864 do CPC/2015).

20.2.2.4. Poderes finais

Ademais, o juiz tem poderes para a prática de atos imediatamente voltados à definição do conflito. Há quem fale aqui apenas em "poderes decisórios". Mas essa expressão desconsidera o fato de que muitas vezes a solução do litígio não se faz mediante uma decisão, mas por meio de atos de força, destinados a satisfazer o direito da parte que tem razão (atos executivos). Assim, os poderes finais podem ser decisórios (ex.: arts. 140 a 142, 354 a 357, 490 e 491 do CPC/2015 etc.) ou executivos (ex.: arts. 528, 536 a 538, 806, 814, 815, 822, 823, 877, 904, 905, do CPC/2015 etc.).

20.3. Deveres do juiz

Os deveres do juiz podem ser todos reconduzidos a um único: o dever de prestar a jurisdição. Ele tem o dever de usar adequadamente seus "poderes", na justa e rápida solução do conflito. Por isso foi antes dito que seus "poderes" são deveres-poderes, *funções*.

Se forem retomados os exemplos das diversas espécies de poderes do juiz, expostos no item anterior, ver-se-á que muitos deles estão veiculados em normas que explicitamente lhe impõem "deveres". Vejam-se, p. ex., os vários "poderes" extraíveis dos incisos do art. 139 do CPC/2015: este artigo textualmente enumera o que "incumbe" ao juiz fazer. Em outros tantos casos, emprega-se o verbo no futuro do presente do modo indicativo ("decidirá...", "resolverá..." etc.) – o que evidencia tratar-se de determinação cogente. Por fim, há, entre os exemplos de "poderes" antes dados, casos em que a norma alude expressamente a "dever" do juiz (ex., art. 317 do CPC/2015). Mas mesmo quando a disposição legal não se vale dessas diversas fórmulas, limitando-se a dizer que o juiz "poderá" fazer isso ou aquilo, o sentido da norma é sempre esse mesmo: presentes os pressupostos concretos para a sua atuação, o juiz *deve* exercer o poder que lhe foi dado; ausentes tais pressupostos, ele não pode atuar.

Em suma, o juiz tem o *dever* de exercer o poder jurisdicional (em suas várias modalidades) nos casos previstos nas normas jurídicas, assim como tem o *dever* de abster-se do exercício do poder, nos casos que estejam alheios às hipóteses normativamente estabelecidas.

Mas não só o exercício dos poderes antes enumerados constitui um dever para juiz, como também, ao exercer tais poderes, põem-se para ele outros tantos deveres correlatos, atinentes ao modo do exercício do poder. Assim, o juiz tem o poder de decidir a causa. Tem também, como já se disse, o dever de fazê-lo. Mas, mais do que isso, tem o dever de fazê-lo fundamentadamente (arts. 11 e 489, § 1.º, do CPC/2015), sem abster-se de decidir qualquer questão alegando lacuna ou obscuridade do ordenamento (art. 140, *caput*, do CPC/2015) – e assim por diante. Do mesmo modo, ao dar direção e instruir o processo, o juiz deve observar os deveres de cooperação (deveres de esclarecimento, diálogo, prevenção e auxílio – v. n. 3.19, acima).

20.4. Responsabilidade do juiz

O juiz responde por seu atos, como todo agente público.

20.4.1. *Responsabilidade penal*

Responde penalmente. Existem tipos criminais em que ele pode incidir se agir indevidamente (p. ex.: corrupção [art. 317 do CP], prevaricação [art. 319 do CP], concussão, abuso de poder [art. 316 do CP], exercício arbitrário ou abuso de poder [art. 350 do CP] etc.).

20.4.2. *Responsabilidade administrativa*

Responde também administrativamente. As corregedorias dos tribunais e o Conselho Nacional de Justiça desenvolvem atividade administrativa de controle disciplinar dos juízes. Nesse âmbito, o juiz pode sofrer sanções administrativas pelo descumprimento de seus deveres funcionais. Pode até mesmo ser penalizado com a perda do cargo (mediante deliberação administrativa dos órgãos judiciários de controle disciplinar, se ele estiver no cargo há menos de dois anos, ou por sentença transitada em julgado proferida em ação judicial específica, depois disso – art. 95, I, CF/1988).

20.4.3. Responsabilidade civil

Além disso, o juiz submete-se à responsabilidade civil. Ele pode ter de indenizar os prejuízos causados por condutas ilícitas suas.

O art. 143, *caput*, do CPC dá a entender que o juiz responderia apenas "regressivamente" por perdas e danos. Ou seja, a pessoa prejudicada pelo ato do juiz teria de cobrar a indenização do Poder Público a que o juiz estiver vinculado (União ou Estado, conforme o caso), e o ente público depois se ressarciria junto ao juiz daquilo que tivesse pago a título indenizatório. Mas essa regra precisa ser interpretada conforme a Constituição. Afinal, o STF já reconheceu haver situações em que o agente público (o que inclui o juiz) pode e deve responder diretamente perante o particular pelos danos a esse causados. Aliás, há mais um aspecto a ser considerado. As normas sobre responsabilidade do juiz não são propriamente processuais. Concernem ao regime jurídico desse agente público. Integram aquilo que a Constituição denomina "Estatuto da Magistratura". E é também a Constituição que determina que tal estatuto deve ser objeto de lei complementar (CF, art. 93). O Código de Processo Civil é simples lei ordinária. E existe a lei complementar constitutiva do Estatuto da Magistratura. Trata-se da Lei Complementar 35/1979, a "Lei Orgânica da Magistratura Nacional" (Loman) – que foi recepcionada, quanto à maioria de seus dispositivos, pela Constituição de 1988. A Loman, que prevalece nesse ponto sobre o CPC/2015, regula a responsabilidade civil do juiz nos mesmos termos que o art. 143 do CPC/2015, com uma única diferença: não restringe a responsabilidade ao âmbito regressivo, consagrando também a responsabilidade direta do juiz perante o jurisdicionado (Loman, art. 49, *caput*). Portanto, deve-se interpretar o art. 143, *caput*, do CPC/2015 no sentido de que o juiz responde *inclusive* regressivamente – mas não só assim.

Ainda conforme o art. 143, I, CPC/2015 (e nesse ponto também o art. 49, I, da Loman), a responsabilidade civil do juiz incide quando, no exercício de suas funções, o juiz agir com "dolo ou fraude". Dolo pressupõe *intenção* de agir de um determinado modo. A fraude, sob esse aspecto, também é uma conduta dolosa (pressupõe intenção). Então, aparentemente, a regra estaria excluindo a responsabilização do juiz por condutas culposas – i.e., quando, sem ter a intenção de violar a lei e causar danos, o juiz assim o faz por agir com negligência, imprudência ou imperícia. É compreensível que exista alguma limitação à responsabilização do juiz por simples ação culposa – sob pena de se pretender responsabilizá-lo toda a vez que a decisão por ele proferida for depois revista em um recurso ou em outra medida de revisão. Deve haver um limite, até para se assegurar a independência e imparcialidade do juiz. Mas daí a se excluir totalmente a responsabilização por ação culposa vai grande distância. Ao disciplinar a responsabilidade dos agentes públicos em geral, a Constituição a prevê tanto no caso de dolo como no de culpa (art. 37, § 6.º, CF/1988). O ponto de equilíbrio, compatível com a Constituição, consiste em admitir-se a responsabilização do juiz não só nos casos de dolo (inclusive fraude), mas também nos de culpa grave.

Já na hipótese de conduta judicial omissiva causadora de danos, a lei não pretendeu pôr nenhum limite à responsabilização do juiz. Ele responde sempre que "recusar, omitir ou retardar, sem justo motivo, providência que deva ordenar de ofício ou a requerimento da parte" (art. 143, II, CPC/2015; art. 49, II, LC 35/1979). Vale dizer, por dolo ou culpa. Mas, para que incida a responsabilização nessa hipótese, é preciso que a parte interessada requeira uma última vez a adoção da providência pelo juiz (art. 143, parágrafo único, CPC/2015). Se ele não a adotar em dez dias, responderá pelos danos de sua omissão.

20.5. Impedimento e suspeição

A imparcialidade é aspecto essencial da jurisdição, como já visto em vários capítulos anteriores. Por isso, o ordenamento elenca um conjunto de hipóteses em que o juiz não deve atuar no processo, por haver um obstáculo ou ao menos uma dúvida quanto à sua neutralidade e isenção. Note-se que essas hipóteses são objetivas. Quando elas ocorrem, simplesmente o juiz não deve atuar. Não há nisso nenhuma imputação negativa ou mácula para ele. Enfim, é um sistema legalmente adotado para assegurar-se de modo objetivo a imparcialidade.

Há duas categorias de hipóteses que afetam a imparcialidade do juiz.

20.5.1. Causas de impedimento

O primeiro grupo reúne aquelas consideradas pelo legislador como mais graves. São as causas de *impedimento*. Como visto no n. 15.3.2, acima, a ausência de impedimento do juiz é um pressuposto de validade do processo. Isso significa que o impedimento deve ser apontado a qualquer tempo, no curso do processo – e pode inclusive ser constatado de ofício. Mesmo depois do fim do processo, ele pode servir de fundamento para a rescisão (desfazimento) da sentença de mérito (art. 966, II, CPC/2015).

Nos termos do art. 144 do CPC/2015 há impedimento do juiz, sendo-lhe vedado exercer suas funções no processo:

(I) em que interveio como mandatário da parte, oficiou como perito, funcionou como membro do Ministério Público ou prestou depoimento como testemunha;

(II) de que conheceu em outro grau de jurisdição, tendo proferido decisão;

(III) quando nele estiver postulando, como defensor público, advogado ou membro do Ministério Público, seu cônjuge ou companheiro, ou qualquer parente, consanguíneo ou afim, em linha reta ou colateral, até o terceiro grau, inclusive. Nesse caso, o impedimento só se verifica quando o defensor público, o advogado ou o membro do Ministério Público já integrava o processo antes do início da atividade judicante do juiz (art. 144, § 1.º, do CPC/2015). Isso porque é vedada a criação de fato superveniente a fim de caracterizar impedimento do juiz (art. 144, § 2.º, do CPC/2015). Ou seja, a parte não pode, por exemplo, constituir como advogado no processo um irmão do juiz precisamente com o escopo de torná-lo impedido e assim retirá-lo do processo. Nesse caso, portanto, fica vedada a constituição do advogado. Por outro lado, o impedimento do juiz por força da presença do cônjuge, companheiro ou parente estende-se à hipótese em que, embora não tendo procuração no processo, o advogado integra o mesmo escritório de advocacia do advogado que figura como procurador nos autos (art. 144, § 4.º, do CPC/2015);

(IV) quando for parte no processo ele próprio, seu cônjuge ou companheiro, ou parente, consanguíneo ou afim, em linha reta ou colateral, até o terceiro grau, inclusive;

(V) quando for sócio ou membro de direção ou de administração de pessoa jurídica parte no processo;

(VI) quando for herdeiro presuntivo, donatário ou empregador de qualquer das partes;

(VII) em que figure como parte instituição de ensino com a qual tenha relação de emprego ou decorrente de contrato de prestação de serviços;

(VIII) em que figure como parte cliente do escritório de advocacia de seu cônjuge, companheiro ou parente, consanguíneo ou afim, em linha reta ou colateral, até o terceiro grau, inclusive, mesmo que patrocinado por advogado de outro escritório;

(IX) quando promover ação contra a parte ou seu advogado.

20.5.2. *Causas de suspeição*

As hipóteses de suspeição concernem a fatores que o legislador considera menos graves. Por isso, a suspeição precisa ser arguida no prazo legalmente previsto. Caso contrário, torna-se irrelevante depois, ou seja, o juiz permanecerá atuando sem que se possa pôr em dúvida sua imparcialidade por tal fundamento.

Nos termos do art. 145 do CPC/2015, é suspeito o juiz:

(I) amigo íntimo ou inimigo de qualquer das partes ou de seus advogados;

(II) que receber presentes de pessoas que tiverem interesse na causa antes ou depois de iniciado o processo, que aconselhar alguma das partes acerca do objeto da causa ou que subministrar meios para atender às despesas do litígio;

(III) quando qualquer das partes for sua credora ou devedora, de seu cônjuge ou companheiro ou de parentes destes, em linha reta até o terceiro grau, inclusive;

(IV) interessado no julgamento do processo em favor de qualquer das partes.

Mas a arguição de suspeição é ilegítima – e, portanto, inadmissível – quando seu fundamento houver sido criado ou provocado pela própria parte que a formula (art. 145, § 2.º, CPC/2015). Por exemplo, a parte não pode pretender indispor-se pessoalmente com juiz, transformando-o em um desafeto, para daí arguir sua suspeição alegando que ele é inimigo seu.

A arguição é também inadmissível se a parte houver antes praticado qualquer ato inequívoco de aceitação do juiz como condutor da causa (art. 145, § 2.º, II, CPC/2015).

Além das hipóteses acima arroladas, em que é dado a parte arguir a suspeição, o juiz pode também dar-se por suspeito por motivo de foro íntimo – i.e., sem ter de relevar os fundamentos pelos quais não se considera imparcial para julgar a causa (art. 145, § 1.º, CPC/2015). Desse modo, assegura-se que o processo será conduzido e decidido por um juiz imparcial – e simultaneamente preserva-se o direito à intimidade do juiz.

No n. 25.2.3.6, adiante, examina-se a via processual de arguição do impedimento e da suspeição.

Quadro Sinótico

Função jurisdicional	"Poder-dever" / "Dever-poder"
Poderes do juiz	De polícia (ou "administrativo")
	Jurisdicionais
	Ordinatórios
	Instrutórios
	De urgência
	Finais – solução do conflito

Deveres do juiz	Prestar a jurisdição	
	Abster-se de exercer o poder jurisdicional	Casos alheios às hipóteses normativamente estabelecidas
	Tratamento igualitário das partes	
	Decidir de maneira justa e efetiva	
	Fundamentação	
	Cooperação	
	Velar pela razoável duração do processo	

Responsabilidade	Penal	
	Administrativa	Corregedoria dos Tribunais e CNJ
	Civil	

Impedimento	Art. 144 do CPC/2015	
	Ausência de impedimento	Pressuposto de validade do processo
	Causas mais graves de parcialidade	
	Ação rescisória	

Suspeição	Art. 145 do CPC/2015
	Causas menos graves
	Preclusão
	Arguição ilegítima – Art. 145, § 2.º, do CPC/2015

Doutrina Complementar

Juiz – Generalidades

- **HUMBERTO THEODORO JÚNIOR** (*Curso...*, v. 1, 56. ed., p. 428). Na opinião desse autor, "é preciso não confundir ativismo judicial com gestão do processo pelo juiz. Não se pode, realmente, tolerar o juiz que se torna advogado de uma das partes, diligenciando ostensivamente pela defesa de seus interesses, de maneira desleal e desigual em relação ao tratamento dispensado ao outro litigante. Imparcialidade, em processo, quer dizer igualdade no modo de velar pelo exercício dos direitos e garantias de ambas as partes". Para THEODORO JÚNIOR, "afirmar que ao Judiciário compete apenas compor os conflitos e não fazer justiça é desconhecer os fundamentos e os fins do atual Estado Democrático de Direito e, dentro dele, as garantias constitucionais do acesso à justiça e do processo que o instrumentaliza.

O autoritarismo judicial não se combate suprimindo as iniciativas do juiz na busca da composição justa dos litígios, mas por meio de mecanismos democráticos como o do contraditório pleno enriquecido pelo princípio da cooperação, pela exigência rigorosa de adequada fundamentação dos decisórios, e pelo seu controle e censura das partes, por meio da garantia do duplo grau de jurisdição". No sentir desse autor, "o garantismo por que anseia a sociedade democrática de nosso tempo não é o que afasta o juiz da preocupação pelo destino do processo, mas aquele que assegura seu comando firme à frente do processo, imparcial mas não indiferente à justiça do provimento a ser produzido, sempre dentro do clima de efetiva cooperação entre todos os sujeitos da relação processual".

- **LUIZ GUILHERME MARINONI, SÉRGIO CRUZ ARENHART E DANIEL MITIDIERO** (*Novo Código...*, p. 212) afirmam que "ao juiz incumbe a direção do processo, dando-lhe impulso oficial (art. 2.º, CPC/2015), a fim de que se resolva com justiça o caso levado à apreciação jurisdicional. A direção do processo pelo juiz no Estado Constitucional caracteriza-se por ser uma direção que se pauta pela condução paritária do processo e pela assimétrica decisão da causa. Vale dizer, o juiz está no mesmo nível das partes na condução da causa, tendo ele mesmo de observar o contraditório como regra de conduta, alocando-se em uma posição acima das partes apenas quando impõe a sua decisão. O juiz do processo civil contemporâneo é paritário no diálogo e assimétrico na decisão da causa. É um juiz que tem a sua atuação pautada pela regra da cooperação".

- **NELSON NERY JR. E ROSA MARIA DE ANDRADE NERY** (*Comentários...*, p. 583) indicam que "ao juiz cabe o importante papel de dirigir o processo, exercendo a autoridade sem mandância. A direção deve ser exercida com segurança, firmeza, imparcialidade, urbanidade, prudência e humildade, e é marcada pelo poder-dever de o juiz manter a paridade e igualdade das partes". Para os autores, "dirigir o processo significa fiscalizar e controlar a sequência dos atos procedimentais e a relação processual entre as partes, o juiz e seus auxiliares, fazendo com que o processo se desenvolva regular e validamente. Deve decidir quem permanece e quem sai da relação processual; quais os atos, e em que ordem, que devem ser praticados".

- **ROBERTO SAMPAIO CONTREIRAS DE ALMEIDA** (*Breves...*, p. 447) destaca que "o novo CPC procurou enfatizar os poderes do juiz, não somente ao lhes dar maior explicitação, como também por trazer inovações evidentes, à vista dos acréscimos introduzidos no art. 139 do CPC/2015, que traz as principais incumbências dos magistrados na direção do processo (...)". Para ALMEIDA, "no cômputo geral, esse incremento da participação do juiz na direção do processo e, por conseguinte, na sua cooperação para a realização da justiça, pode ser considerado, em última análise, como um alinhamento metodológico do novo Código com as premissas teóricas do instrumentalismo, ou seja, a busca pela otimização do sistema voltada à maior efetividade das decisões judiciais. Nessa linha, devem ser levados em conta os aspectos externos do processo, que são ligados aos seus objetivos e resultados a perseguir, não somente no plano individual, mas, sobretudo, no coletivo e social, na medida em que o processo consiga atingir resultados práticos capazes de contribuir para a almejada pacificação social, considerada escopo magno do processo".

Impedimento e suspeição

- **ANDRE ROQUE** (*Breves...*, p. 465) sustenta que "embora próximos, os conceitos de imparcialidade e independência não se confundem. O conceito contemporâneo de imparcialidade (em sentido amplo) abrange a independência e a imparcialidade propriamente dita (em sentido estrito). A primeira é a isenção, a indiferença do juiz em relação ao resultado do processo por se encontrar livre de pressões (por exemplo, dos outros poderes estatais, de grandes grupos econômicos, de organizações criminosas), não se sujeitando a qualquer dano ou prejuízo na sua esfera de interesses em decorrência do conteúdo de suas decisões. Juízes atemorizados, portanto, não são independentes. A imparcialidade em sentido estrito, por sua vez, diz respeito à inexistência de vínculos pessoais do julgador com as partes e os interesses em conflito". Segundo afirma (p. 468), "o impedimento constitui a hipótese mais grave de ausência de imparcialidade do juiz no processo. Nestas situações, fica o juiz proibido, em termos absolutos, de exercer jurisdição. Ainda que o julgador, na sua consciência, sinta-se capaz de decidir com isenção, é vedada a sua atuação na causa (presunção absoluta de parcialidade)". Para ROQUE (p. 475), "a suspeição refere-se a situações consideradas menos graves de comprometimento da imparcialidade do juiz. Recomenda-se, em tais casos, que o juiz se afaste do processo em virtude de circunstâncias subjetivas que podem comprometer, ainda que involuntariamente, sua capacidade para julgar com isenção".

- **FREDIE DIDIER JR.** (*Curso...*, v. 1, 17. ed., p. 672) afirma que "as hipóteses de impedimento (art. 144 do CPC/2015) dão ensejo à nulidade do ato, pois há uma presunção legal absoluta de que o magistrado não tem condições subjetivas para atuar com imparcialidade. É vício que pode ser alegado a qualquer tempo e grau de jurisdição (...), além de poder ser reconhecido *ex officio* pelo magistrado. O vício é tão grave que admite, inclusive, futura ação rescisória (art. 966, II, do CPC/2015), pois se entende que a condução de todo o procedimento fica comprometida". Assevera que "as hipóteses de suspeição (art. 145 do CPC/2015) também dão azo à invalidade do ato processual praticado pelo magistrado". Para DIDIER JR., "neste caso, embora o magistrado possa reconhecer-se suspeito (art. 145, § 1.º, do CPC), a parte tem prazo *preclusivo* para arguir a suspeição (quinze dias) e pedir a nulificação do ato. É que não se trata de uma presunção absoluta de parcialidade; ao contrário, por ser menos grave, sequer autoriza ajuizamento de futura ação rescisória".

- **HUMBERTO THEODORO JÚNIOR** (*Curso...*, v. 1, 56. ed., p. 432) destaca que "há um dever para o juiz de reconhecer e declarar, *ex officio*, seu próprio impedimento ou suspeição. E há, também, para a parte, o remédio processual adequado para afastar da causa o juiz suspeito ou impedido, quando este viola o dever de abstenção. Em outras palavras: à obrigação do juiz de abster-se corresponde o direito processual da parte de recusá-lo. Essa recusa da parte processa-se por meio de um incidente de impedimento ou suspeição".

Enunciados do FPPC

N.º 50. (*Art. 369; art. 370,* caput, *CPC/2015*) Os destinatários da prova são aqueles que dela poderão fazer uso, sejam juízes, partes ou demais interessados, não sendo a única função influir eficazmente na convicção do juiz.

N.º 282. (*Arts. 319, III e 343, CPC/2015*) Para julgar com base em enquadramento normativo diverso daquele invocado pelas partes, ao juiz cabe observar o dever de consulta, previsto no art. 10.

N.º 379. (*Art. 7.º, CPC/2015*) O exercício dos poderes de direção do processo pelo juiz deve observar a paridade de armas das partes.

N.º 396. (*Art. 139, IV; art. 8.º, CPC/2015*) As medidas do inc. IV do art. 139 podem ser determinadas de ofício, observado o art. 8º.

N.º 514. (*Art. 370, CPC/2015*) O juiz não poderá revogar a decisão que determinou a produção de prova de ofício sem que consulte as partes a respeito.

N.º 515. (*Art. 371; art. 489, § 1.º, CPC/2015*) Aplica-se o disposto no art. 489, § 1.º, também em relação às questões fáticas da demanda.

N.º 516. (*Art. 371; art. 369; art. 489, § 1.º, CPC/2015*) Para que se considere fundamentada a decisão sobre os fatos, o juiz deverá analisar todas as provas capazes, em tese, de infirmar a conclusão adotada.

N.º 517. (*Art. 375; art. 489, § 1.º, CPC/2015*) A decisão judicial que empregar regras de experiência comum, sem indicar os motivos pelos quais a conclusão adotada decorre daquilo que ordinariamente acontece, considera-se não fundamentada.

N.º 523. (*Art. 489, § 1.º, IV, CPC/2015*) O juiz é obrigado a enfrentar todas as alegações deduzidas pelas partes capazes, em tese, de infirmar a decisão, não sendo suficiente apresentar apenas os fundamentos que a sustentam.

N.º 524. (*Art. 489, § 1.º, IV; art. 985, I, CPC/2015*) O art. 489, § 1.º, IV, não obriga o órgão julgador a enfrentar os fundamentos jurídicos deduzidos no processo e já enfrentados na formação da decisão paradigma, sendo necessário demonstrar a correlação fática e jurídica entre o caso concreto e aquele já apreciado.

N.º 525. (*Art. 429; art. 497; art. 139, IV, CPC/2015*) A produção do resultado prático equivalente pode ser determinada por decisão proferida na fase de conhecimento.

N.º 562. (*Art. 1.022, parágrafo único, II; art. 489, § 2.º, CPC/2015*) Considera-se omissa a decisão que não justifica o objeto e os critérios de ponderação do conflito entre normas.

Bibliografia

Fundamental

FREDIE DIDIER JR., *Curso de Processo Civil: introdução ao direito processual civil, parte geral e processo de conhecimento*, 17. ed., Salvador, JusPodivm, 2015, v. 1; HUMBERTO THEODORO JÚNIOR, *Curso de direito processual civil*, 56. ed., Rio de Janeiro, Forense, 2015, vol. 1; LUIZ GUILHERME MARINONI, SÉRGIO CRUZ ARENHART e DANIEL MITIDIERO, *Novo código de processo civil comentado*, São Paulo, Ed. RT, 2015; NELSON NERY JR. e ROSA MARIA DE ANDRADE NERY, *Comentários ao código de processo civil*, São Paulo, Ed, RT, 2015; TERESA ARRUDA ALVIM WAMBIER, FREDIE DIDIER JR., EDUARDO TALAMINI e BRUNO DANTAS (COORD.), *Breves comentários ao Novo Código de Processo Civil*, São Paulo, Ed. RT, 2015.

Complementar

ADA PELLEGRINI GRINOVER, O princípio do juiz natural e sua dupla garantia, *RePro* 29/11, jan. 1983, *Doutrinas Essenciais de Processo Civil* vol. 1, p. 87, out. 2011; ALFREDO BUZAID, Da responsabilidade do juiz, *RePro* 9/15, jan. 1978, *Doutrinas Essenciais de Processo Civil* vol. 3, p. 1079, out. 2011; ALVARO LAZZARINI, Deontologia da magistratura: o juiz, suas atribuições funcionais. Seus compromissos éticos, *Revista dos Tribunais* 718/303; ARTUR CÉSAR DE SOUZA, A parcialidade positiva do juiz – fundamento ético-material do código modelo ibero-americano, *RePro* 224/15; CARLOS ALBERTO A. DE OLIVEIRA, O juiz e o princípio do contraditório, *RePro* 73/7; DANILO FONTENELE SAMPAIO CUNHA, O juiz e a (re) construção dos fatos pelo sentimento do justo, *Revista dos Tribunais Nordeste* 5/219; DIEGO MARTINEZ FERVENZA CANTOARIO, Poderes do juiz e princípio do contraditório, *RePro* 195/279; EDUARDO CAMBI, Jurisimprudência – a independência do juiz ante os precedentes judiciais como obstáculo à igualdade e a segurança jurídicas, *RePro* 231/349; FERNANDO DA FONSECA GAJARDONI E ZULMAR DUARTE DE OLIVEIRA JUNIOR, *Perpetuatio iurisdictionis* ou perpetuação do juiz natural?, *RePro* 231/57; FRANCISCO EMILIO BALEOTTI, Poderes do juiz na adaptação do procedimento, *RePro* 213/389; GRACIMERI VIEIRA SOEIRO DE CASTRO GAVIORNO, O contraditório, as partes e o juiz, *RePro* 148/283; GUILHERME BOTELHO, Os poderes processuais do juiz em perspectiva comparada, *RePro* 243/483; JOSÉ CARLOS BARBOSA MOREIRA, A função social do processo civil moderno e o papel do juiz e das partes na direção e na instrução do processo, *RePro* 37/140, jan. 1985, *Doutrinas Essenciais de Processo Civil* vol. 3, p. 1187, out. 2011; JOSÉ CARLOS BARBOSA MOREIRA, O juiz e a prova, *RePro* 35/178, set. 1984, *Doutrinas Essenciais de Processo Civil* vol. 4, p. 1101, out. 2011; JOSÉ CARLOS BARBOSA MOREIRA, O problema da "divisão do trabalho" entre juiz e partes: aspectos terminológicos, *RePro* 41/7, jan. 1986, *Doutrinas Essenciais de Processo Civil* vol. 3, p. 1203, out. 2011; JOSÉ MANOEL DE ARRUDA ALVIM NETTO, ALCIDES DE MENDONÇA LIMA, CLITO FORNACIARI JÚNIOR, LUIZ SÉRGIO DE SOUZA RIZZI E ANTÔNIO CÉZAR PELUSO, Fato que influi na decisão de interlocutória e no mérito vinculação ou não do juiz após a decisão interlocutória, *RePro* 5/185, jan. 1977, *Doutrinas Essenciais de Processo Civil* vol. 6, p. 113, out. 2011; JOSÉ RENATO NALINI, Virtudes cardeais do juiz brasileiro, *Revista dos Tribunais* 881/57; LORENA MIRANDA SANTOS BARREIROS, Justiça e decisão: respeito moral aos precedentes como indicador da concretização, pelo juiz, do direito materialmente justo, *Revista de Processo Comparado* 1/167; LUIS ALBERTO REICHELT, O direito fundamental das partes à imparcialidade do juiz no direito processual civil, *RePro* 227/105, jan. 2014; MARCELO LIMA GUERRA, O que é um juiz?, *RePro* 191/321; MÁRCIO LOUZADA CARPENA, Os poderes do juiz no common law, *RePro* 180/195; MARIA CELINA BODIN DE MORAES, Do juiz boca-da-lei à lei segundo a boca-do-juiz: notas sobre a aplicação-interpretação do direito no início do século XXI, *Revista de Direito Privado* 56/11, out. 2013; MURILO TEIXEIRA AVELINO, O juiz e a prova pericial no novo Código de Processo Civil, *RePro* 242/69; NATASHA ROCHA VALENTE E FELIPE GARCIA LISBOA BORGES, Conteúdo e limites aos poderes instrutórios do juiz no processo civil contemporâneo, *RePro* 243/109; NELSON NERY JUNIOR, O juiz natural no direito processual civil comunitário europeu, *RePro* 101/101, jan. 2001, *Doutrinas Essenciais de Processo Civil* vol. 9, p. 949, out. 2011; REGIS FERNANDES DE OLIVEIRA, O papel do juiz e do poder judiciário na sociedade moderna, *Revista dos Tribunais* 824/61; ROBERTO WANDERLEY NOGUEIRA, O juiz e o problema pedagógico no Brasil – uma abordagem jurídico-sociológica acerca do perfil do sistema judicial brasileiro e da efetividade da jurisdição, *Revista dos Tribunais* |859/92, mai. 2007; ROBSON RENAULT GODINHO, Reflexões sobre os poderes instrutórios do juiz: o processo não cabe no "leito de procusto", *RePro* 235/85; RODNEY MALVEIRA DA SILVA, A intervenção do juiz na interpretação e integração do negócio jurídico, *Revista de Direito Privado* 37/242; ROY REIS FRIEDE, O poder do juiz, *Revista dos Tribunais* 686/266; RUY ROSADO DE AGUIAR JÚNIOR, Responsabilidade política e social dos juízes nas democracias modernas, *Revista dos Tribunais* 751/32; SÁLVIO DE FIGUEIREDO TEIXEIRA, A formação do juiz contemporâneo, *RePro* 88/157; SYDNEY SANCHES, O juiz e os valores dominantes – o desempenho da função jurisdicional em face dos anseios sociais por justiça, *Revista dos Tribunais* 669/238; TERESA ARRUDA ALVIM WAMBIER, O juiz aplica a lei à verdade dos fatos?, *RePro* 216/425; TRÍCIA NAVARRO XAVIER CABRAL, Poderes do juiz no novo CPC, *RePro* 208/275; WILLIAM DO COUTO GONÇALVES, Juiz na história, critérios de sua escolha e a escola da magistratura, *RePro* 60/180.

Capítulo 21

AUXILIARES DA JUSTIÇA

Sumário: 21.1. Noções gerais – 21.2. Regime jurídico.

21.1. Noções gerais

Conquanto a prestação da jurisdição, como ato de poder, caiba exclusivamente ao juiz, é certo que, para o desempenho de suas funções, deva o magistrado contar com infraestrutura física e humana de apoio, esta última composta por diversos tipos de auxiliares da justiça e encarregada do exercício de atividades-meio, isto é, do desempenho de serviços auxiliares. Permite-se, assim, que o juiz dedique-se notoriamente à direção e gestão do processo e aos atos decisórios em geral, cabendo-lhe apenas supervisionar o desempenho das atividades de seus auxiliares. Os auxiliares, convém notar, são, em relação ao processo, terceiros desinteressados, que com as partes e com o próprio processo devem guardar imparcialidade.

Assim como ocorre em todo tipo de atividade pública ou privada – por exemplo, as assessorias dos parlamentares ou os serviços auxiliares de um advogado – também a atividade do magistrado exige que diferentes atos sejam praticados, tanto prévia como posteriormente. Para que a petição inicial seja despachada, deverá ela ser registrada, autuada e encaminhada ao juiz. A ordem de citação que venha pelo juiz a ser dada, deverá ser instrumentalizada (num mandado de citação, por exemplo) e deverá, em seguida, ser cumprida. A tomada de depoimento de testemunha que desconheça o idioma nacional deverá ser realizada com o auxílio de tradutor. Se se tratar de depoimento de pessoa portadora de deficiência auditiva, cuja comunicação se faça por meio da Língua Brasileira de Sinais, deverá o juiz contar com o auxílio de intérprete dessa linguagem especial. Na tentativa de conciliação, diz o CPC de 2015, conciliadores judiciais prestarão seu serviço. O mesmo acontecerá com o mediador, caso tenha o magistrado optado por essa técnica de aproximação dos litigantes, para que dialoguem em busca de solução para a questão que os antagonize.

Todas essas atividades, que são aqui postas a título de exemplo, exigem a realização de uma série de atos, a serem desempenhados por diferentes categorias de auxiliares da justiça, com diferentes habilidades técnicas e distintas formações.

21.2. Regime jurídico

Não há regime jurídico único, do ponto de vista funcional, na medida em que o CPC de 2015, no art. 149, contém rol exemplificativo que contempla tanto os servidores públicos, sob regime jurídico próprio, que desempenham suas atividades permanente e continuadamente (o escrivão, por exemplo), quanto auxiliares eventuais, que trabalham mediante nomeação do juiz, em situações pontuais, para o desempenho de atividades para as quais serão remunerados pelas partes (o perito, por exemplo). Enquanto os primeiros são servidores do juízo, ou do Poder Judiciário, os segundos invariavelmente são profissionais do mercado, chamados para, esporadicamente, em razão da expertise que detenham nas respectivas áreas de formação, cumprir tarefas especiais.

Sob o aspecto da responsabilidade pela prática dos atos que lhes são próprios, todos os auxiliares da justiça públicos, da carreira do Poder Judiciário, se sujeitam ao regime jurídico de direito público, que envolve uma série de princípios a serem observados pela administração pública, tais como o da legalidade, da impessoalidade, da moralidade, da publicidade e da eficiência, todos previstos no art. 37 da Constituição Federal, podendo, inclusive, responder por ato de improbidade administrativa.

De sua vez, os auxiliares não vinculados permanentemente à administração pública judiciária, mas que desempenham atividade para a qual se exige imparcialidade, sujeitam-se às regras relativas ao impedimento ou à suspeição. Relativamente ao perito, por exemplo, o art. 466 prevê o dever de escrupuloso cumprimento de sua tarefa, podendo as partes arguir seu impedimento ou suspeição (art. 465, § 1.º, I). Ainda que não integrantes do quadro permanente da administração pública judiciária, esses auxiliares sujeitam-se, pontualmente, ao regime de direito público. Por exemplo, o engenheiro civil que é designado perito judicial incide no crime de corrupção, se pede ou aceita vantagem indevida em virtude da função (CP, art. 317). Isso significa que ele é tratado como agente público, para fins penais, relativamente aos atos que pratica no desempenho de sua função de auxiliar da justiça.

É de se observar que as atividades dos auxiliares da justiça se desenvolvem permanentemente, em todos os tipos de processo, em todos os graus de jurisdição, inclusive junto ao STJ e STF, em menor ou maior grau. E isso é visível no Código de Processo Civil, pois há uma série de dispositivos que aos auxiliares fazem menção. Essa observação é útil para que se compreenda a relevância dos serviços auxiliares na prestação da tutela jurisdicional pelo Estado.

Apenas a título de exemplo, vejam-se algumas referências legislativas: o art. 152 do CPC/2015 trata das incumbências do escrivão ou do chefe de secretaria, que são os responsáveis, nas respectivas áreas de atuação, pela documentação dos atos do processo e pelo desenrolar do procedimento. Veja-se, por exemplo, o que dispõe sobre uma das incumbências do escrivão ou do chefe de secretaria, o inciso II do art. 152: *"efetivar as ordens judiciais, realizar citações e intimações, bem como praticar todos os demais atos que lhe forem atribuídos pelas normas de organização judiciária"*; o art. 206 dispõe a respeito do recebimento e autuação da petição inicial, assim como da numeração das folhas dos autos. Trata-se de outro conjunto de tarefas do escrivão ou do chefe de secretaria.

No processo de execução, tanto de título extrajudicial quanto de título judicial, este último sob a forma de cumprimento de sentença (ou de decisão, em alguns casos), o oficial de justiça realiza atividade de extrema importância, que é por vezes definidora do sucesso ou do fracasso dos atos de constrição judicial de bens do patrimônio do executado. Veja-se, por exemplo, o que dispõe o art. 782 do CPC/2015.

O art. 154, de sua vez, enumera as atribuições gerais do oficial de justiça, dentre as quais destaca-se a do inc. I: *"fazer pessoalmente citações, prisões, penhoras, arrestos e demais diligências próprias de seu ofício (...)"*.

O perito, a seu turno, realiza atividade de auxílio técnico ao juiz, de modo eventual, sempre que a determinada qualificação técnica for exigida para que se possa eficazmente demonstrar algum fato relevante para a formação da convicção do juiz. Prevê o art. 156 que o juiz contará com a assistência de perito sempre que a *"prova do fato depender de conhecimento* técnico *ou científico"*.

QUADRO SINÓTICO

Atuação	Exercício de atividade-meio	
Art. 149 do CPC/2015	Rol exemplificativo	
Estrutura	Servidores do juízo	Exercício das atividades permanente e continuadamente
		Regime próprio
	Auxiliares eventuais	Nomeação pelo juiz
		Remuneração pelas partes

Responsabilidade	Auxiliares da justiça públicos – regime jurídico de direito público	Legalidade
		Impessoalidade
		Moralidade
		Publicidade
		Eficiência
Imparcialidade	Art. 148, II, do CPC/2015	Impedimento
		Suspeição

Doutrina Complementar

- **FÁBIO VICTOR DA FONTE MONNERAT** (*Introdução...*, p. 251/252) afirma que "para o exercício de seus deveres-poderes, o juiz não está sozinho, pois conta, dentro e fora da estrutura do Poder Judiciário, com *auxiliares da Justiça*, assim entendidos sujeitos que, apesar de não estarem dotados de poder jurisdicional, possuem competência para, *sob o comando e supervisão do juiz*, praticarem atos processuais voltados ao desenvolvimento do processo e à efetivação da prestação jurisdicional. Nesse sentido, o juiz dispõe de grande número de auxiliares, nem todos integrantes dos quadros permanentes do Poder Judiciário. Por esse motivo, pode-se dividir os auxiliares da Justiça em dois grandes grupos: a) os auxiliares *permanentes*; b) os auxiliares *eventuais*. (...) Ademais, ganham relevo no atual modelo de Processo Civil brasileiro a figura de dois auxiliares da Justiça cuja função é basicamente tentar solucionar a lide por métodos consensuais, os *mediadores* e *conciliadores* cuja previsão e atribuições encontram-se definidas entre os arts. 165 a 175 do Código de Processo Civil.".

- **HUMBERTO THEODORO JÚNIOR** (*Curso...*, vol. 1, 56. ed., p. 437) entende que "não é possível a realização da prestação jurisdicional sem a formação e o desenvolvimento do processo. E isso não ocorre sem a participação de funcionários encarregados da documentação dos atos processuais praticados; sem o concurso de serventuários que se incumbam de diligências fora da sede do juízo; sem alguém que guarde ou administre os bens litigiosos apreendidos etc.". Sobre as categorias de auxiliares, afirma que "permanentes são os que atuam continuamente, prestando colaboração em todo e qualquer processo que tramite pelo juízo, como o escrivão, o oficial de justiça e o distribuidor. Sem esses auxiliares, nenhum processo pode ter andamento. Há, porém, auxiliares que não integram habitualmente os quadros do juízo e só em alguns processos são convocados para tarefas especiais, como o que se passa com o intérprete e o perito. Esses são os auxiliares eventuais.".

- **LÚCIO DELFINO** (*Breves...*, p. 484) ressalta que "apesar da importância do juiz, a quem incumbe dirigir o processo em conformidade com as disposições processuais (art. 139, CPC-2015), não se pode negar que sua atuação seria difícil sem o auxílio de terceiros (funcionários, servidores públicos ou cidadãos comuns investidos de *munus* público) com as mais variadas funções, a envolver, entre outras: i) a chefia e organização das secretarias; ii) a materialização dos autos num arranjo lógico de documentos, até a consumação mesma dos comandos judiciais; iii) o fornecimento ao juiz de subsídios para a formação de seu convencimento; iv) a tradução para a linguagem corrente de manifestações de vontade às quais o juiz deve considerar; v) o dever de guarda, vigilância e administração dos bens constritos judicialmente. Todos eles, juiz e auxiliares da justiça, compõem e fornecem os contornos daquilo que se denomina juízo e se empenham conjuntamente na instrumentalização da prestação jurisdicional, sempre atentos ao modelo previsto na Constituição Federal.".

- **LUIZ GUILHERME MARINONI, SÉRGIO CRUZ ARENHART E DANIEL MITIDIERO** (*Novo curso...*, vol. 2, p. 71/72). Os autores descrevem que "além do juiz, das partes e dos terceiros que eventualmente podem intervir no processo, dele participam também os *auxiliares do juiz* (escrivão ou diretor de secretaria, oficial de justiça, mediadores, conciliadores, assessores, peritos, intérpretes e tradutores, arts. 149 e ss.), cuja função central é a de *coadjuvar o juiz* na condução do processo civil a fim de que se chegue a uma decisão justa em um prazo razoável (arts. 5.º, LXXVIII, da CF, e 4.º e 6.º do CPC). Porque a ordem jurídica reconhece a cada um dos participantes do processo um complexo de direitos, poderes, faculdades, ônus e deveres ao longo do procedimento, diz-se que o processo civil pode ser encarado como uma *comunidade de trabalho* (*Arbeitsgemeinschaft*) – vale dizer, como um procedimento em que a atividade coordenada de todos que nele tomam parte está constitucional e legalmente direcionada à justa resolução do conflito apresentado pelas partes ao juiz.".

- **NELSON NERY JR. E ROSA MARIA DE ANDRADE NERY** (*Comentário...*, p. 624) em comentário ao art. 150, afirmam que "a nomenclatura juízo tem significado preciso em direito. Corresponde à célula mínima de jurisdição que, no organograma do Estado, permite o exercício do poder jurisdicional. Na justiça comum estadual e federal, o juízo corresponde à vara. A cada juízo corresponde, no mínimo, um ofício de justiça, que é chefiado pelo escrivão ou chefe de secretaria, ou secretário. Um mesmo juízo pode ter mais de uma secretaria a seu serviço, caso em que se deve identificar cada um dos ofícios ligados ao mesmo juízo. O escrivão é o serventuário público encarregado da chefia dos ofícios de justiça".

- **TERESA ARRUDA ALVIM WAMBIER, MARIA LÚCIA LINS CONCEIÇÃO, LEONARDO FERRES DA SILVA RIBEIRO E ROGERIO LICASTRO TORRES DE MELLO** (*Primeiros...*, p. 293), sobre os auxiliares, afirmam que "Os auxiliares da Justiça, de forma geral, são terceiros não interessados na lide que prestam serviços em cooperação com o magistrado para a realização da função jurisdicional. A Jurisdição, a toda evidência, não se realiza pelo trabalho solitário do juiz. Este depende do apoio de agentes públicos ou particulares (investidos de múnus público) que o auxiliam tanto na realização de serviços voltados à administração da justiça (por exemplo, a documentação dos autos, a comunicação às partes e a certificação de atos), como no exame de questões para as quais não possui conhecimento ou habilitação adequada (traduções e perícias). Mesmo quando não possuem vínculo funcional com o Estado, os auxiliares da Justiça estão submetidos ao regime jurídico de direito público, sendo subordinados e supervisionados pelo magistrado no exercício das suas funções. Seus atos são dotados de fé-pública (presunção de legitimidade), eventuais danos causados no exercício da sua função ensejam a responsabilidade objetiva do Estado (art. 37, § 6.º, da CF) e podem ser réus em ação de improbidade administrativa (art. 2.º da Lei Federal nº 8.429/92). Devem, ainda, atender aos princípios da legalidade, impessoalidade, moralidade, publicidade e eficiência, tal como consagrados no art. 37, *caput*, da CF.".

- **ZULMAR DUARTE** (*Teoria...*, p. 506), sobre o impedimento e suspeição do auxiliar da justiça, dispõe que "os auxiliares da justiça são considerados, tanto quanto o juiz, sujeitos imparciais do processo, já que não podem e devem ter interesse algum no resultado da demanda. Aplicam-se a eles, por isso, os motivos de impedimento e de suspeição (arts. 144 e 145 do CPC/2015) dos juízes. A parte interessada deverá arguir o impedimento ou a suspeição, em petição fundamentada e devidamente instruída, na primeira oportunidade em que lhe couber falar nos autos. O juiz mandará processar o incidente em separado e sem suspensão do processo, ouvindo o arguido no prazo de 15 dias e facultando a produção de prova, quando necessária. Nos tribunais, a arguição a que se refere o § 1.º será disciplinada pelo regimento interno.".

Bibliografia

Fundamental

FÁBIO VICTOR DA FONTE MONNERAT, *Introdução ao estudo do direito processual civil*, São Paulo, Saraiva, 2015; FERNANDO DA FONSECA GAJARDONI, LUIZ DELLORE, ANDRE VASCONSELOS ROQUE e ZULMAR DUARTE DE OLIVEIRA JR., *Teoria geral do processo: comentários ao CPC de 2015: parte geral*, São Paulo, Forense, 2015; HUMBERTO THEODORO JÚNIOR, *Curso de direito processual civil*, 56. ed., Rio de Janeiro, Forense, 2015, vol. 1; LUIZ GUILHERME MARINONI, SÉRGIO CRUZ ARENHART e DANIEL MITIDIERO, *Novo curso de processo civil: tutela dos direitos mediante procedimento comum*, São Paulo, Ed. RT, 2015, vol. 2; NELSON NERY JR. e ROSA MARIA DE ANDRADE NERY, *Comentários ao código de processo civil*, São Paulo, Ed, RT, 2015; TERESA ARRUDA ALVIM WAMBIER, FREDIE DIDIER JR., EDUARDO TALAMINI e BRUNO DANTAS (coord.), *Breves comentários ao Novo Código de Processo Civil*, São Paulo, Ed. RT, 2015; _____, MARIA LÚCIA LINS CONCEIÇÃO, LEONARDO FERRES DA SILVA RIBEIRO e ROGERIO LICASTRO TORRES DE MELLO, *Primeiros comentários ao novo código de processo civil: artigo por artigo*, São Paulo, Ed. RT, 2015.

Complementar

ANA RITA CARNEIRO BAPTISTA BARRETTO SANTIAGO, *O tradutor público e intérprete comercial e sua contribuição ao judiciário*, RePro 194/415; EDGARD FERNANDO BARBOSA, Da efetivação do papel do conciliador e da arbitragem na estrutura do juízo cível, *Revista dos Tribunais* 792/82; FABIANO CARIBÉ PINHEIRO, Os oficiais de justiça no exercício de suas atribuições o *modus procedendi* em ações que tramitam sob segredo de justiça. Análise detalhada, *RePro* 193/421; RICARDO HASSON SAYEG, Limites da responsabilidade do administrador judicial na recuperação judicial convolada em falência, *Revista de Direito Bancário e do Mercado de Capitais* 67/291; VITOR CARVALHO LOPES, Breves considerações sobre os elementos subjetivos da mediaçãc: as partes e o mediador, *Revista de Arbitragem e Mediação* 26/85, jul. 2010, *Doutrinas Essenciais Arbitragem e Mediação* vol. 6, p. 975, set. 2014.

Capítulo 22

MINISTÉRIO PÚBLICO

> Sumário: 22.1. Noções gerais – 22.2. O Ministério Público como parte no processo civil individual – 22.3. O Ministério Público como fiscal da lei – 22.4. A atuação do Ministério Público como *custos legis* – Regras gerais – 22.5. Estrutura do Ministério Público – 22.6. Princípios.

22.1. Noções gerais

O Ministério Público tem suas funções institucionais definidas na Constituição Federal (art. 127) e se constitui, inclusive no âmbito do processo civil, como representante dos interesses da sociedade, incumbido da defesa dos interesses sociais e individuais indisponíveis.

É organismo que goza de autonomia e independência diante do Poder Judiciário, junto ao qual exerce suas funções sem qualquer relação de subordinação para com ele.

O processo coletivo, que ao lado do processo civil de que estamos tratando e dos juizados especiais, constitui-se num dos "ramos" do processo civil brasileiro contemporâneo, e que determinou expressivo crescimento do número de atribuições do Ministério Público, legitimado pela Lei da Ação Civil Pública (art. 5.º, I, da Lei 7.347/1985) e pelo Código de Defesa do Consumidor (art. 82, I) para a defesa em juízo dos interesses coletivos e difusos.[1] Hoje, a presença do Ministério Público é marcante, na exata medida em que, no âm-

---

1. A respeito da legitimação do Ministério Público, ver LUIZ RODRIGUES WAMBIER, *Liquidação da sentença civil* individual e coletiva, 5. ed., p. 293 e ss.

bito do processo coletivo, tem promovido tenaz defesa dos interesses e direitos coletivos em sentido amplo.

No âmbito do processo civil tradicional, ou seja, das regras processuais do Código de Processo Civil e a ela assemelhadas (processo civil não coletivo, portanto), a atuação do Ministério Público se pode dar de duas maneiras. Nos termos do art. 177 do CPC, pode o Ministério Público atuar como parte, de acordo com suas atribuições constitucionais, ou, conforme o art. 178, pode agir como fiscal da lei (*custos legis*). Atuando como parte ou como fiscal da lei, deve o Ministério Público, a teor do que dispõe o art. 176, agir "*na defesa da ordem jurídica, do regime democrático e dos interesses e direitos sociais e individuais indisponíveis*".

22.2. O Ministério Público como parte no processo civil individual

Sua atuação como parte no processo civil individual ocorre nos casos em que, agindo autorizado por expressa determinação legal (art. 177 do CPC/2015) e nos limites de suas atribuições constitucionais (CF, arts. 127 e 129), o Ministério Público está legitimado a requerer a prestação da tutela jurisdicional do Estado. Exemplos dessa hipótese estão presentes no art. 1.549 do CC/2002 (ação de nulidade de casamento), no art. 616, VII, do CPC/2015 (pedido de abertura de inventário), e no art. 967, III, do CPC/2015 (Ministério Público como autor de ação rescisória).

Quando atua como parte, o Ministério Público tem o direito de ser intimado pessoalmente dos atos do processo e seus prazos são contados em dobro (art. 180, *caput*). Mas o prazo em dobro não se aplica se o prazo já for fixado em lei especificamente para o Ministério Público (art. 180, § 2.º).

22.3. O Ministério Público como fiscal da lei

Conforme previsão legal (art. 178, I a III), o Ministério Público deve ser intimado pessoalmente (art. 180) para, no prazo de 30 dias, atuar no processo civil na tarefa de fiscalizar o correto cumprimento da lei. Sua atuação se dá como interveniente (*custos legis*), obrigatoriamente, quando a ação versar interesses de incapazes, quando envolver interesse público ou social ou, ainda, em se tratando de litígio coletivo pela posse de propriedade rural ou urbana, além daquelas hipóteses expressamente previstas em lei ou na Constituição Federal. Alguns exemplos: ação de interdição (art. 752, § 1.º, do CPC/2015), procedimento de abertura, registro e cumprimento de testamento (art. 735, § 2.º, do CPC/2015) etc.

Há uma ressalva que merece ser feita. O "interesse público" a que alude o CPC como autorizador da intervenção do Ministério Público é o interesse da coletividade. O mero interesse patrimonial e (ou pontual) da Administração

Pública numa dada causa não constitui, portanto, necessariamente, interesse público (no sentido de algo que verdadeiramente importa para a sociedade como um todo). Por óbvio, muito menos é interesse público o interesse pessoal do ocasional ocupante do cargo público. É por essa razão que o parágrafo único do art. 178 do CPC/2015 dispõe que a participação da Fazenda Pública no processo, por si só, não é determinante da intervenção do Ministério Público. Por exemplo, nas execuções fiscais, em regra, não há a atuação do Ministério Público, pois, nesses casos, o que está em causa é o interesse patrimonial da Fazenda Pública e não o patrimônio público, no sentido da coletividade.

A ausência de intimação do Ministério Público quando sua atuação for obrigatória é caso de nulidade absoluta. Todavia, somente serão invalidados os atos praticados a partir do momento em que a intervenção deveria ocorrer e desde que o Ministério Público se manifeste sobre a real existência de prejuízo (art. 279 do CPC/2015). Trata-se, na verdade, de se dar ao processo o máximo aproveitamento possível, observando-se o princípio da sanabilidade dos atos processuais, previsto no art. 277 do CPC/2015.

22.4. A atuação do Ministério Público como *custos legis* – Regras gerais

Sendo caso de intervenção do Ministério Público, em razão de disposição expressa de lei, deve a parte promover-lhe a intimação sob pena de, não o fazendo, ocorrer a mencionada nulidade do processo (art. 279 do CPC/2015). Não o fazendo a parte, deve o juiz agir de ofício.

Trata-se, portanto, de atuação não facultativa, a respeito de que incide pesado ônus processual para a parte.

Agindo como *custos legis* (fiscal da lei), o Ministério Público tem direitos e deveres correlatos. Entre seus direitos estão os de ser intimado pessoalmente de todos os atos do processo (arts. 179, I, e 180, *caput*, do CPC/2015), de ter vista dos autos do processo, depois das partes (art. 179, I, do CPC), de produzir provas, de requerer as medidas processuais que entender necessárias e, inclusive, o de interpor recurso (art. 179, II, do CPC/2015). Também quando atua como fiscal da lei, o Ministério Público tem em regra prazos em dobro (art. 180 – v. n. 22.2, acima).

A responsabilidade do Ministério Público está prevista no art. 181 do CPC. De acordo com esse dispositivo, haverá responsabilidade civil do membro do Ministério Público sempre que, no exercício de qualquer de suas funções, proceder com dolo ou fraudulentamente. Ainda conforme a mesma disposição, a responsabilidade civil seria apenas regressiva: se a parte fosse prejudicada pela atuação dolosa ou fraudulenta do Ministério Público, deveria ingressar com ação de ressarcimento contra o Poder Público, que, por sua vez, teria ação regressiva contra o integrante da instituição que com fraude ou dolo tenha agido em prejuízo da parte. No entanto, é discutível tal limitação, que impede a parte de demandar direta e pessoalmente o integrante do Ministério Público que, por conduta ilícita, acarretou-lhe prejuízos. Há casos em que o particular tem o direito de demandar diretamente o agente público, conforme já decidiu o STF, interpretando e aplicando a Constituição. Ademais, a Constituição tampouco exclui que os agentes públicos, inclusive o Ministério Público, respondam por atos culposos. Valem aqui as razões postas nos nn. 20.4.3 e 23.7.4.

22.5. Estrutura do Ministério Público

Tratando-se de organismos que devem exercer suas funções, tanto no âmbito da justiça federal quanto no das justiças estaduais, o Ministério Público, nos termos do que dispõe o art. 128 da Constituição Federal, divide-se em Ministério Público da União e Ministério Público estadual. O primeiro compreende o Ministério Público federal (com atuação na justiça federal), o Ministério Público que atua junto às áreas especiais da jurisdição (Militar, do Trabalho e Eleitoral) e o Ministério Público que atua junto às justiças do Distrito Federal e dos Territórios. O segundo compreende a organização institucional do Ministério Público em cada um dos Estados da Federação. O agente do Ministério Público que atua junto ao primeiro grau de jurisdição é o promotor de Justiça, cabendo a designação de procurador de Justiça para o órgão do Ministério Público que atua junto ao segundo grau de jurisdição.

A Emenda Constitucional n. 45/2004 criou o Conselho Nacional do Ministério Público, com funções similares às do Conselho Nacional de Justiça (v. n. 5.4), conforme dispõe o art. 130-A da CF/1988.

22.6. Princípios

São três os princípios que informam a atividade do Ministério Público: o da unicidade, o da indivisibilidade e o da independência funcional (CF, art. 127, § 1.º). Os dois primeiros significam que a atuação do Ministério Público é corporativa, podendo ser substituídos seus membros, uns pelos outros, sem que exista qualquer alteração subjetiva formal nos processos em que o Ministério Público esteja atuando. Esta atuação será sempre da instituição Ministério Público, independentemente de se tratar do promotor (ou do procurador) A ou B.

Já o princípio da independência significa que a cada membro da instituição se exige atuação de absoluta submissão à lei sem que, no entanto, exista ingerência de qualquer espécie na formação de sua opinião, seja do Poder Judiciário, seja da própria organização a que pertence. O membro do Ministério Público é livre para agir, nos limites da lei, exclusivamente de acordo com sua consciência, inexistindo qualquer controle, que não o disciplinar, da própria instituição. Suas opiniões, entretanto, não são vinculativas para o magistrado.

Quadro Sinótico

Atuação	• Junto ao Poder Judiciário, com autonomia e independência
Atuação no âmbito do processo civil	• Como parte (art. 177) • Como fiscal da lei (art. 178)
Atividade como custos legis (interveniente)	• Obrigatória (arts. 279) • Responsabilidade por dolo ou fraude (art. 181)

Estrutura	• MP dos Estados
	    • Primeiro grau de jurisdição – Promotor de Justiça
	    • Segundo grau de jurisdição – Procurador de Justiça
	• MP Federal
	    • Primeiro e segundo grau: Procurador da República

Princípios	• Unicidade • Independência

Doutrina Complementar

- **ALEXANDRE FLEXA, DANIEL MACEDO E FABRÍCIO BASTOS** (*Novo...*, p. 161) afirmam que "com o advento do CPC/2015, restou suprimida a hipótese de intervenção obrigatória do Ministério Público nas causas concernentes ao estado da pessoa, pátrio poder, tutela, curatela, interdição, casamento, declaração de ausência e disposições de última vontade, conforme preconizava o art. 82, inciso II, CPC/73. Assim, nestas causas, somente haverá a necessidade de participação do MP se houver interesse público ou social (artigo 178, inciso I CPC/2015) ou de incapaz (art. 178, inciso II CPC/2015)".

- **ARAÚJO CINTRA, ADA GRINOVER E CÂNDIDO DINAMARCO** (*Teoria...*, 30. ed., p. 229) informam, quanto ao papel do Ministério Público, na sociedade contemporânea, tratar-se de "instituição destinada à preservação dos valores fundamentais do Estado enquanto comunidade". Também destacam a dignidade constitucional dos princípios básicos que informam a instituição do Ministério Público. Em seu sentir, a unidade da instituição "significa que todos os seus membros fazem parte de uma só corporação e podem ser indiferentemente substituídos um por outro em suas funções, sem que com isso haja alguma alteração subjetiva nos processos em que oficiam". Destacam que a atuação no processo é do Ministério Público, e não da "pessoa física de um promotor ou curador". Quanto ao princípio da independência, informam esses autores que "ser independente significa, em primeiro lugar, que cada um de seus membros age segundo sua própria consciência jurídica, com submissão exclusivamente ao direito, sem ingerência do Poder Executivo, nem dos juízes e nem mesmo dos órgãos superiores do próprio Ministério Público". Informam ainda esses autores que, do ponto de vista global, a independência do Ministério Público "identifica-se na sua competência para propor ao Poder Legislativo a criação e extinção de seus cargos e serviços auxiliares, provendo-os por concurso público de provas e títulos" e "para elaborar sua proposta orçamentária dentro dos limites estabelecidos na lei de diretrizes orçamentárias" (p. 232).

- **ARRUDA ALVIM** (*Manual...*, 16. ed., p. 524) sustenta que "por meio da atividade do Ministério Público, defende-se o interesse da sociedade mercê de rigoroso cumprimento da lei, havida como um mandamento que se deve cumprir, porque consubstanciador das regras pelas quais se proporciona a consecução do bem comum". (...) "O Ministério Público atua no processo civil de duas formas: ora como parte (art. 81), exercendo o direito de ação; ora, como fiscal da lei (art. 82). A compreensão da atividade do Ministério Público deve ter em vista as suas funções institucionais, constitucionalmente asseguradas, e, bem assim, as diversas leis existentes, que, em parte, já significam concreção dessas suas atribuições".

- **FÁBIO VICTOR DA FONTE MONNERAT** (*Introdução...*, p. 200), a respeito das funções do Ministério Público, afirma que "os dois principais papéis do Ministério Público no processo civil são: a) ser *autor* de *ações coletivas* voltadas à tutela de direitos difusos ou coletivos, de titularidade, portanto, de toda a sociedade ou de um grupo expressivo desta; e b) atuar como *fiscal da ordem jurídica* nos processos que envolvam incapazes ou qualquer outra questão de interesse público ou social, assim definido pela lei ou pela própria Constituição".

- **HUMBERTO THEODORO JÚNIOR** (*Curso...*, vol. 1, 56. ed., p. 452) adota como título do capítulo que trata do Ministério Público a expressão "sujeito especial do processo". Quanto às funções exercidas pelo Ministério Público, assevera esse autor que "no exercício das múltiplas tarefas que lhe confere a ordem jurídica, o Ministério Público ora age como parte (NCPC, art. 177), ora como fiscal da ordem jurídica (art. 178). No processo civil, mesmo quando se comete ao Ministério Público a tutela de interesses particulares de outras pessoas, como os interditos, a Fazenda Pública, a vítima pobre do delito etc., a sua função processual nunca é a de um representante da parte material. Sua posição jurídica é a de substituto processual (art. 18), em razão da própria natureza e fins da instituição do Ministério Público ou em decorrência da vontade da lei. Age, assim, em nome próprio, embora defendendo interesse alheio".

- **LUIZ GUILHERME MARINONI, SÉRGIO CRUZ ARENHART E DANIEL MITIDIERO** (*Novo Código...*, p. 236). Os autores descrevem que "a lei confere ao Ministério Público algumas prerrogativas inerentes aos interesses que pretende tutelar. Porque esses interesses são particularmente relevantes, em termos constitucionais, é inconstitucional sujeitar o Ministério Público a qualquer ônus processual que prejudique o interesse constitucional cuja tutela é atribuída ao *Parquet*. Assim, por exemplo, o regime do ônus da prova não pode incidir diante da eventual falha ou insuficiência do Ministério Público, já que isso não prejudicaria apenas essa "parte", mas sobretudo o interesse constitucional que deve ser prioritariamente protegido. Também por essa razão a insuficiência de atuação do agente do Ministério Público no caso concreto deve fazer com que o juiz comunique o fato ao órgão de supervisão do Parquet, para que, se for o caso, seja providenciado o reforço de atuação ou a substituição do agente, sempre buscando a melhor proteção possível ao interesse cuja proteção a Constituição elevou a categoria especial. O fundamental é perceber que o Ministério Público não defende interesse próprio no processo; defende a ordem jurídica, o regime democrático, os interesses e direitos sociais e aqueles individuais indisponíveis. Por isso, as deficiências do agente que conduz a demanda não podem vir em prejuízo do direito que é por ele protegido".

- **MARCOS STEFANI** (*Breves...*, p. 544) ressalta que "o Ministério Público é uma instituição, isto é, uma organização, uma entidade que tem sua missão determinada, principalmente, pela Constituição Federal. Não deixa de ser. também, um organismo (pois é integrado por vários órgãos) e, em sentido amplo, é um órgão, tanto que assim vem reconhecendo o STJ para determinar a competência da Justiça Federal quando a ação é proposta pelo MP Federal, "órgão da União". Trata-se de uma instituição pública incumbida de defender interesses públicos primários, isto é, os interesses da própria coletividade. Em uma visão mais clássica, o Ministério Público atua perante o Poder Judiciário, mas sem integrá-lo. Por isso que é considerado essencial à função jurisdicional do Estado. Promove ações penais e não penais (*civis lato sensu*), bem como atua em processos que não iniciou, pois a lei considera sua presença obrigatória em determinadas demandas, a fim de que zele pela ordem jurídica, pelo interesse de determinadas pessoas, produza provas, forneça parecer, interponha recursos e tome outras providências. Contudo, sua atuação não se dá apenas perante o Poder Judiciário. Na atualidade, o Ministério Público tem se estruturado para não ser um órgão de atuação limitada às ações judiciais. Ou seja, além de ser um órgão demandista, o Ministério Público tem se tornado, nos últimos anos, um órgão resolutivo, isto é, que tem competência para resolver determinados litígios sem acionar o Poder Judiciário. Assim, realiza acordos, celebra compromissos de ajustamento de conduta, participa e organiza audiências públicas, expede recomendações, dentre outras providências".

- **NELSON NERY JR. E ROSA MARIA DE ANDRADE NERY** (*Comentários...*, p. 654) afirmam que "de simples 'intervertor' em causas cíveis e detentor da legitimidade para a ação penal pública, o MP passou, progressivamente, a abarcar poderes mais amplos, sendo que seu foco de atuação passou a gravitar entre os três Poderes da República, de forma equidistante".

- **TERESA ARRUDA ALVIM WAMBIER, MARIA LÚCIA LINS CONCEIÇÃO, LEONARDO FERRES DA SILVA RIBEIRO E ROGERIO LICASTRO TORRES DE MELLO** (*Primeiros...*, p. 328), sobre a atuação do Ministério Público como *custos legis*, afirmam que "o NCPC optou por denominação mais correta e abrangente: fiscal da "ordem jurídica", e não apenas "fiscal da lei". Com efeito, o conceito de lei não esgota o conceito de ordem jurídica: a primeira é uma das espécies do conjunto designado pela segunda. O interesse público ou social que justifica a intervenção do MP traduz-se na circunstância de a relação jurídica posta em juízo envolver não apenas interesses individuais, porém interesses que digam respeito a toda a coletividade, vale dizer, interesses supraindividuais.".

ENUNCIADOS DO FPPC

N.º 123. (*Art. 133, CPC/2015*) É desnecessária a intervenção do Ministério Público, como fiscal da ordem jurídica, no incidente de desconsideração da personalidade jurídica, salvo nos casos em que deva intervir obrigatoriamente, previstos no art. 178.

N.º 253. (*Art. 190, CPC/2015, Resolução 118/CNMP*) O Ministério Público pode celebrar negócio processual quando atua como parte.

N.º 254. (*Art. 190, CPC/2015*) É inválida a convenção para excluir a intervenção do Ministério Público como fiscal da ordem jurídica.

BIBLIOGRAFIA

Fundamental

ALEXANDRE FLEXA, DANIEL MACEDO e FABRÍCIO BASTOS, *Novo Código de Processo Civil. O que é inédito. O que mudou. O que foi suprimido*, Salvador: JusPodivm, 2015; ANTONIO CARLOS DE ARAÚJO CINTRA, ADA PELLEGRINI GRINOVER e CÂNDIDO RANGEL Dinamarco, *Teoria geral do processo*, 30. ed., São Paulo, Malheiros, 2014; ARRUDA ALVIM, *Manual de direito processual civil* 16. ed., São Paulo, Ed. RT, 2013; FÁBIO VICTOR DA FONTE MONNERAT, *Introdução ao estudo do direito processual civil*, São Paulo, Saraiva, 2015; HUMBERTO THEODORO JÚNIOR, *Curso de direito processual civil*, 56. ed., Rio de Janeiro, Forense, 2015, vol. 1; LUIZ GUILHERME MARINONI, SÉRGIO CRUZ ARENHART e DANIEL MITIDIERO, *Novo código de processo civil comentado*, São Paulo, Ed. RT, 2015; LUIZ RODRIGUES WAMBIER, *Liquidação da sentença civil – individual e coletiva*, 5. ed., São Paulo, Ed. RT, 2013; NELSON NERY JR. e ROSA MARIA DE ANDRADE NERY, *Comentários ao código de processo civil*, São Paulo, Ed. RT, 2015; TERESA ARRUDA ALVIM WAMBIER, FREDIE DIDIER JR., EDUARDO TALAMINI e BRUNO DANTAS (coord.), *Breves comentários ao Novo Código de Processo Civil*, São Paulo, Ed. RT, 2015; _____, MARIA LÚCIA LINS CONCEIÇÃO, LEONARDO FERRES DA SILVA RIBEIRO e ROGERIO LICASTRO TORRES DE MELLO, *Primeiros comentários ao novo código de processo civil: artigo por artigo*, São Paulo, Ed. RT, 2015.

Complementar

ADALBERTO PASQUALOTTO, Revendo a intervenção do Ministério Público no processo civil, *RDC* 12/37; AFRÂNIO SILVA JARDIM, O princípio dispositivo e a intervenção do Ministério Público no processo civil moderno, *RePro* 44/166; ALCIDES DE MENDONÇA LIMA, Atividade do MP no processo civil, *RePro* 10/63; ALEXANDRE ALVES LAZZARINI, O papel do representante, do procurador e do Ministério Público nos procedimentos da Lei 8.884/94, *RePro* 95/223; ALEXANDRE FREITAS CÂMARA, *Lições de direito processual civil*, 16. ed., Rio de Janeiro, Lumen Juris, 2007, vol. 1; ALFREDO DE ARAÚJO LOPES DA COSTA, *Manual elementar de direito processual civil*, 3. ed., Atual. Sálvio de Figueiredo Teixeira, Rio de Janeiro, Forense, 1982; ÁLVARO LUIZ VALERY MIRRA, Ação civil pública em defesa do meio ambiente: a questão da competência jurisdicional, *Ação civil pública: Lei 7.347/1985 – 15 anos*, São Paulo, Ed. RT, 2001; ANGELA CARBONI MARTINHONI CINTRA, Legitimidade do Ministério Público para intentar ação civil pública cujo objeto seja tutelar patrimônio público e moralidade administrativa, *RePro* 144/180; ANTONIO

AUGUSTO MELLO DE CAMARGO FERRAZ, Ação civil pública, inquérito civil e Ministério Público, na coletânea *Ação civil pública:* Lei 7.347/1985 – 15 anos, São Paulo, Ed. RT, 2001; ANTÔNIO DA COSTA MACHADO, *A intervenção do Ministério Público no processo civil brasileiro*, 2. ed., São Paulo, Saraiva, 1998; ANTONIO EDVING CACCURI, O Ministério Público e as causas de interesse público, *RT* 814/753; _____, O MP e as causas de interesse público, *RePro* 2/115; ANTONIO JANYR DALL'AGNOL JR., Nulidade do processo civil por falta de intimação do MP, *Ajuris* 24/196; ANTONIO RAPHAEL SILVA SALVADOR, MP: defensor do interesse público e não um representante da parte, *RF* 259/13; ARISTIDES JUNQUEIRA DE ALVARENGA, O papel do Ministério Público na nova Constituição, na coletânea *As garantias do cidadão na justiça*, São Paulo, Saraiva, 1993; ARRUDA ALVIM, *Tratado de direito processual civil*, 2. ed., São Paulo, Ed. RT, 1996, vol. 2; ATHOS GUSMÃO CARNEIRO, Direitos individuais homogêneos, limitações à sua tutela pelo Ministério Público, *RePro* 103/189; _____, Direitos individuais homogêneos, limitações à sua tutela pelo Ministério Público, *RePro* 103/189; CÂNDIDO RANGEL DINAMARCO, *Fundamentos do processo civil moderno*, 3. ed., São Paulo, Ed. RT, 2000; _____, *Instituições de direito processual civil*, 5. ed., São Paulo, Malheiros, 2005, vol. 2; CELSO AGRÍCOLA BARBI, *Comentários ao Código de Processo Civil*, 10. ed., Rio de Janeiro, Forense, 1997, vol. 1; CRISTIANO CHAVES DE FARIAS, O Ministério Público interveniente (*custos legis*) e a possibilidade de pleitear a antecipação dos efeitos da tutela: a busca da efetividade do processo, *RePro* 111/38; EDUARDO ARRUDA ALVIM, *Curso de direito processual civil*, São Paulo, Ed. RT, 1999, vol. 1; EDUARDO CAMBI; LEONARDO AUGUSTO GONÇALVES, Ministério público social, *RePro* 177/209; EDUARDO CAMBI e ADRIANE HAAS, Legitimidade do Ministério Público para impetrar mandado de segurança coletivo, *RePro* 203/121; _____, Princípio da independência funcional e planejamento estratégico do Ministério Público, *Revista dos Tribunais* 955/93; EMERSON GARCIA, A autonomia financeira do Ministério Público, *RT* 803/59; _____, Conselho Nacional do Ministério Público: primeiras impressões, *RT* 836/34; _____, *Ministério Público*: organização, atribuições e regime jurídico, 2. ed., Rio de Janeiro, Lumen Juris, 2005; _____, O Ministério Público e a defesa do princípio da impessoalidade, *RT* 799/145; ENRICO TULLIO LIEBMAN, *Manual de direito processual civil*, 2. ed., Rio de Janeiro, Forense, 1985, vol. 1; ERNANE FIDÉLIS DOS SANTOS, *Manual de direito processual civil*, 12. ed., São Paulo, Saraiva, 2007, vol. 1; FERNANDO ANTONIO NEGREIROS LIMA, *A intervenção do Ministério Público no processo civil brasileiro* como custos legis, São Paulo, Método, 2007; FERNANDO CESAR FARIA, Ministério Público, Mandado de Segurança e Ação Rescisória: interveniência obrigatória como *custos iuris*? Releitura à luz da Constituição de 1988, *RePro* 238/259; FLÁVIA REGINA RIBEIRO DA SILVA, Legitimidade do Ministério Público. Ação civil pública. Taxa de limpeza urbana. Arguição incidental de inconstitucionalidade. Recurso especial em ação civil pública (REsp 478.944-SP), *RePro* 127/195; FRANCISCO C. PONTES DE MIRANDA, *Comentários ao Código de Processo Civil*, 3. ed., Rio de Janeiro, Forense, 1995, t. II; FRANCISCO DE PAULA XAVIER NETO, Intervenção do MP face à qualidade da parte, *Ajuris* 38/219; FREDERICO RIBEIRO DE FREITAS MENDES, Aspectos pontuais sobre a atuação do Ministério Público na lei de falências e recuperação de empresas, *RePro* 206/397, abr. 2012; FREDIE DIDIER JR., Ministério Público Federal e competência da Justiça Federal, *RePro* 196/463; GALENO LACERDA, Limites à atuação do Ministério Público, no que concerne ao inquérito civil e à ação civil pública: limites no controle da atividade bancária; distinção entre operações e serviços de bancos; só os serviços se enquadram nas relações de consumo, sujeitos à fiscalização do MP, *Aspectos polêmicos da ação civil pública*, São Paulo, 2003; GISELE SANTOS FERNANDES GÓES, *Direito processual civil*: processo de conhecimento, São Paulo, Ed. RT, 2006; HELIO CASTELLO BRANCO, Aspecto da intervenção do Ministério Público nas causas em que há interesse público evidenciado pela natureza da lide ou pela qualidade da parte, *RBDP* 27/97; HÉLIO TORNAGHI, *Comentários ao Código de Processo Civil*, 2. ed., São Paulo, Ed. RT, 1976, vol. 1; HUGO NIGRO MAZZILLI, *O acesso à Justiça e o Ministério Publico*, 5. ed., São Paulo, Saraiva, 2007; _____ A atuação do Ministério Público no processo civil brasileiro, *RT*, 910/223, ago. 2011; _____, O controle externo do Ministério Público, *Consulex* 218/36; _____, *Introdução ao Ministério Público*, 6. ed., São Paulo, Saraiva, 2007; _____, Ministério Público e cidadania, *RJ* 264/12; _____, O Ministério Público e a defesa do regime democrático, *RIL* 138/65; _____, O Ministério Público e a pessoa portadora de deficiência, *RT* 791/107; _____, *Regime jurídico do Ministério Público*, 6. ed., São Paulo, Saraiva, 2007; ILMAR GALVÃO, A ação civil pública e o Ministério Público, *RDBMA* 9/13; INES DO AMARAL BUSCHEL, Reflexões sobre a elaboração de parecer pelo órgão de primeira instância do Ministério Público, quando no exercício das funções de órgão interveniente: *custus legis* na jurisdição civil em prazo da interposição de apelação por qualquer das partes, *RT* 699/241; ISMAIR ROBERTO POLONI, Da obrigatória intervenção do Ministério Público nas ações com arguição de inconstitucionalidade, como via de defesa de interesse público ou privado, *RAMPR* 50/3; J. J. CALMON DE PASSOS, Intervenção do MP nas causas a que se refere o art. 82, III, do CPC, *RBDP* 18/97; JOÃO ESTEVAM DA SILVA, A independência funcional do MP, *RT* 707/434; JOAQUIM MARIA MACHADO, O Ministério Público na justiça civil (casos de intervenção obrigatória); o interesse público evidenciado, *Justitia* 131/352; JOSÉ CARLOS BAPTISTA PUOLI, O mandado de segurança e os atos praticados pelo Ministério Público em inquéritos civis, *Aspectos polêmicos e atuais do mandado de segurança*: 51 anos depois, São Paulo, RT, 2002; JOSÉ CARVALHO PACHECO, *Ministério Público no cível*, Curitiba, Juruá, 1981; JOSÉ EDUARDO CARREIRA ALVIM, *Elementos de teoria geral do processo*, 7. ed., Rio de Janeiro, Forense, 2001; JOSÉ IGNACIO BOTELHO DE MESQUITA, A garantia do devido processo legal: aplicação contra excesso do Ministério Público, *RF* 327/149; JOSÉ LAZARO ALFREDO GUIMARÃES, A intervenção do Ministério Público no processo civil, *Justitia* 108/09; JOSÉ RAIMUNDO GOMES DA CRUZ, O problema da vinculação do MP a uma das partes no processo civil, *RT* 646/232; JOSÉ REINALDO GUIMARÃES CARNEIRO, *O Ministério Público e suas investigações independentes:* reflexões sobre a inexistência de monopólio na busca da verdade real, São Paulo, Malheiros, 2007;JOSÉ ROBERTO DOS SANTOS BEDAQUE, O MP no processo civil: algumas questões polêmicas, *RePro* 61/36; _____, Nulidade processual e instrumentalidade do processo: a não intervenção do Ministério Público e a nulidade do processo, *Justitia* 150/54, *RePro* 60/31; JOSÉ RUBENS COSTA, *Manual de processo civil*, São Paulo, Saraiva, 1994, vol. 1; LUCIANO DE CAMARGO PENTEADO, Tutela coletiva de direitos individuais pelo Ministério Público: breve estudo de sua legitimidade à luz de conceitos de teoria geral do direito, *RDP* 19/130; LUIS ALBERTO THOMPSON FLORES LENZ, Considerações sobre a arguição da prescrição pelo Ministério Público quando atua na condição de custos legais, *RT* 667/51; MARCELO ABELHA RODRIGUES, *Elementos de direito processual civil*, 3. ed., São Paulo, Ed. RT, 2003, vol. 1; MARCELO ZENKNER, *Ministério Público e efetividade do processo civil*, São Paulo, Ed. RT, 2006; MARCUS ORIONE GONÇALVES CORREIA, Magistratura e Ministério Público: atuação no processo e edificação do estado democrático de direito, *RT* 833/26; MARCUS VINICIUS RIOS GONÇALVES, O Ministério Público e a defesa do consumidor, *RDC* 7/59; MARIO MORAES MARQUES JÚNIOR, O Ministério Público na nova Lei de Falências, *RT* 837/43; MÍLTON SANSEVERINO, A iniciativa recursal do Ministério Público nas ações acidentárias, *RePro* 93/79; _____, MP e o interesse público no processo civil, *RF* 254/197; OSVALDO HAMILTON TAVARES, Da intervenção do Ministério Público no recurso especial, *RT* 693/280; OVÍDIO A. BAPTISTA DA SILVA, *Comentários ao Código de Processo Civil*, São Paulo, Ed. RT, 2000, vol. 1; PATRÍCIA PIMENTEL DE OLIVEIRA, A efetividade da tutela jurídica do consumidor através da atuação do Ministério Público, *RT* 779/140; PAULO VALÉRIO DAL PAI MORAES, O Ministério Público e o controle prévio e abstrato dos contratos de massa, *RDC* 26/166; PEDRO DA SILVA DINAMARCO, *Ação civil pública*, São Paulo, Saraiva, 2001; RAIMUNDO GOMES DE BARROS, Ministério Público: sua legitimação frente ao Código do Consumidor, *RDC* 8/157; RAPHAEL AUGUSTO SOFIATI DE QUEIROZ, Ação Civil Pública e separação de poderes: da interferência do Ministério Público no exercício da discricionariedade político-administrativa do Estado: um estudo de caso, *Processo civil coletivo*, São Paulo, Quartier Latin, 2005; RENATO FRANCO DE ALMEIDA, O Ministério Público, o Código de Defesa do Consumidor e a inversão do ônus da prova, *DC* 48/275; _____, *O parquet na defesa dos direitos individuais homogêneos*, *RT* 790/114; RENATO SILVIANO TCHAKERIAN, Sobre os supostos e os reais limites à legitimidade do Ministério Público para a tutela dos direitos individuais homogêneos, *RePro* 185/63, jul. 2010; RICARDO RIBEIRO CAMPOS, Legitimidade do Ministério Público para defesa de interesses individuais homogêneos: sua compreensão a partir da teoria dos poderes implícitos e da interpretação sistemática da constituição, *DC* 46/252; ROBERTO EURICO SCHMIDT JUNIOR, A tutela antecipada e o Ministério Público enquanto *custos legis*, *Aspectos polêmicos da antecipação de tutela*, São Paulo, Ed. RT, 1997; ROBSON RENAULT GODINHO, Ministério Público e assistência: o interesse institucional como expressão do interesse jurídico, *Aspectos polêmicos e atuais sobre os terceiros no processo civil e assuntos afins*, São Paulo, Ed. RT, 2004; _____, *O Ministério Público como substituto processual no processo civil*, Rio de Janeiro, Lumen Juris, 2007; _____, O Ministério Público e a tutela jurisdicional coletiva dos direitos dos idosos, *Processo civil coletivo*, São Paulo: Quartier Latin, 2005; _____, O Ministério Público e o Estatuto do Idoso: aspectos processuais. *RePro* 143/136; RODOLFO DE CAMARGO MANCUSO, Contribuição esperada do ministério público e da defensoria pública na prevenção da atomização judicial dos mega-conflitos, *RePro* 164/152; ROSANA GRINBERG, O Judiciário e os direitos individuais e coletivos, *RDC* 27/49; _____, O Ministério Público e a defesa do consumidor individualmente considerado, *RDC* 22/167; _____, O Ministério Público. A Lei Orgânica Nacional do Ministério Público – 8.625, de 12.2.93, e os interesses difusos, *RDC* 8/171; ROSSINI LOPES JOTA, Ação civil pública – Programação de TV a cabo – Legitimidade do Ministério Público, *RePro* 102/256; TERESA ARRUDA ALVIM WAMBIER, Considerações acerca de modificações convenientes no CPC brasileiro: processo de conhecimento, *RePro* 61/96; TYCHO B. FERNANDES e ÂNGELA S. GUIMARÃES, A legitimação do Ministério Público na tutela dos interesses ou direitos individuais homogêneos, *GenesisProc* 3/696; WASHINGTON EPAMINONDAS MEDEIROS BARRA, Alimentos entre cônjuges e ex-cônjuges. A intervenção do Ministério Público, *RT* 795/111.

CAPÍTULO 23

ADVOCACIA

Sumário: 23.1. A essencialidade do advogado para a jurisdição – 23.2. Poder de postulação – 23.3. Mandato (procuração) – 23.4. O órgão de classe: Ordem dos Advogados do Brasil (OAB) – 23.5. Os direitos, deveres e a responsabilidade do advogado; 23.5.1. Direitos; 23.5.2. Deveres; 23.5.3. Responsabilidace – 23.6. O regime único da advocacia privada e pública – 23.7. Advocacia pública; 23.7.1. Representação judicial das pessoas jurídicas de direito público; 23.7.2. Intimação pessoal dos advogados públicos; 23.7.3. Prazos em dobro para a Fazenda Pública; 23.7.4. Responsabilidade civil dos advogados públicos; 23.7.5. A responsabilização por violação dos deveres processuais; 23.7.6. Honorários advocatícios.

23.1. A essencialidade do advogado para a jurisdição

A atuação do advogado é essencial ao adequado desenvolvimento da Jurisdição (CF, art. 133). Mas a essencialidade da atuação advocatícia não é um valor em si mesmo. A intervenção de profissional com formação técnica especializada é aspecto imprescindível para assegurar ao jurisdicionado efetivo acesso à Justiça, adequado exercício do contraditório e da ampla defesa, obtenção de proteção jurisdicional plena e adequada – e assim por diante.

Essa constatação, longe de implicar menoscabo à advocacia, evidencia sua importância. Não se trata de idiossincrasia do texto constitucional nem de concessão a reclamos corporativos. É uma imposição da própria complexidade do ordenamento jurídico e dos mecanismos processuais de composição dos conflitos – que está longe de ser um fenômeno recente, mas se intensificou a partir da idade moderna.

O advogado atua no processo imbuído da função que um grande jurista italiano, Calamandrei, chamou de "parcialidade institucional". O advogado é um dos sujeitos do processo. Ele representa tecnicamente a parte. O papel do advogado é identificar, na disputa, todo possível aspecto favorável ao seu representado – dando destaque a tais pontos, apresentando-os de modo compreensível e convincente ao juiz, e procurando extrair deles todas as consequências cabíveis. Assim, cabe ao advogado: defender o direito que ele reputa que seu representado tenha; ou cuidar para que um possível direito da parte adversária não seja superdimensionado ou exercido abusivamente; zelar para que se respeite o devido processo legal – e assim por diante. O mesmo jurista italiano ponderava que essa "parcialidade institucional" do advogado, especialmente quando confrontada com a mesma "parcialidade institucional" do advogado da parte contrária, constitui fundamental instrumento de asseguração da imparcialidade do juiz.

Nesse sentido, a "indispensabilidade" do advogado é apenas reconhecida, declarada, pela Constituição, e não propriamente por ela criada. Existiria – e existe – independentemente do texto constitucional. Isso é confirmado pelo fato de que, na generalidade dos ordenamentos dos contemporâneos Estados de Direito, põe-se essa relevância fundamental do advogado. Quando ela não é consagrada no próprio direito positivo – tal como se dá entre nós –, é constatada como dado concreto da experiência jurídica.[1]

À relevância da atividade advocatícia para o exercício da Jurisdição corresponde um especial regime de regulação profissional, com um plexo de deveres e direitos.

23.2. Poder de postulação

Como indicado (cap. 15 e 16), a capacidade postulatória consiste na aptidão de praticar atos técnicos dentro do processo judicial (formular a peça inicial, contestação, recursos, petições em geral etc.).

No Brasil, a função postulatória é detida primordialmente pelos advogados regularmente inscritos na Ordem dos Advogados do Brasil – (CPC/2015, art. 103; Lei 8.906/1994, art. 1.º). Apenas excepcionalmente, a lei atribui a capacidade postulatória à própria parte, independentemente de ela ser advogado (ex.: processos nos Juizados Especiais Cíveis, nas causas de até determinado valor – Lei 9.099/1995, art. 9.º; *habeas corpus* – Lei 8.906, art. 1.º, § 1.º).

---

1. Quanto ao exposto nesse tópico, v. EDUARDO TALAMINI, "Os fundamentos constitucionais dos honorários de sucumbência", em *A&C – Revista de Direito Administrativo & Constitucional*, vol. 62, 2015.

23.3. Mandato (procuração)

Se a própria parte é advogado, ela pode atuar em causa própria (art. 103, parágrafo único, do CPC/2015). Não sendo assim – e não se estando diante de um daqueles casos em que se dispensa advogado – a parte precisa constituir como seu procurador no processo um advogado. O advogado não poderá atuar no processo, em nome da parte, se não estiver munido de uma procuração.

Apenas excepcionalmente será admitida sua atuação judicial sem mandato, em situações urgentes, a fim de evitar a ocorrência de danos graves e impedir a perda de direitos por decurso de prazo etc. (art. 104, *caput*). Nesses casos, o advogado deverá apresentar a procuração em quinze dias prorrogáveis por igual prazo (art. 104, § 1.º). Esse prazo será contado a partir do momento em que o juiz detectar o defeito e intimar o advogado para corrigi-lo.

Se os atos praticados sem procuração pelo advogado não vierem a ser ratificados pela parte, eles serão considerados ineficazes em face dela. Ou seja, tais atos não poderão vincular negativamente a parte. Além disso, nesse caso, o advogado responderá por perdas e danos que vier a gerar (art. 104, § 2.º), seja para a outra parte, seja para o próprio Estado-Jurisdição, seja ainda para terceiros.

Quanto aos advogados públicos, veja-se o n. 23.7.1, adiante.

23.4. O órgão de classe: Ordem dos Advogados do Brasil (OAB)

A OAB é o órgão incumbido da representação, regulação e controle da categoria dos advogados. Ela é dotada de personalidade jurídica própria e desempenha atividade legalmente qualificada como "serviço público", mas não se vincula funcional nem hierarquicamente ao Poder Público. É independente e autônoma. Atua sob forma federativa, ou seja, há um Conselho Federal, sediado em Brasília, que congrega as Seções estaduais e do Distrito Federal, que, por sua vez, reúnem subseções, formadas por um ou vários municípios (Lei 8.906/1994, art. 44). Seu regime está infraconstitucionalmente regulamentado pela Lei 8.906 (Estatuto da Advocacia). Mas a OAB é uma instituição com base constitucional: a Constituição menciona-a diversas vezes, atribuindo-lhe relevantes papéis.

Por um lado, a OAB tem por função institucional defender a Constituição, o Estado de Direito, notadamente os direitos fundamentais e a justiça social, bem como buscar o adequado desempenho da função jurisdicional e o aperfeiçoamento das demais instituições jurídicas (Lei 8.906, art. 44, I). É em vista dessas atribuições que a Constituição confere à OAB: legitimidade ativa para ações de controle direto de constitucionalidade (art. 103, VII); participação nos concursos para ingresso na carreira de juiz, membro do Ministério Público ou advogado público (arts. 93, I, 129, § 3.º, e 132); poder de indicação de membros do Conselho Nacional de Justiça – CNJ e do Conselho Nacional do Ministério Público – CNMP (arts. 103-B, XII, e 130-A, V); legitimidade do presidente do seu Conselho Federal para oficiar junto ao CNJ e ao CNMP (arts. 103-B, § 6.º, e 130-A, § 4.º) etc.

Por outro lado, incumbe à OAB promover, com exclusividade, a representação, a defesa, a seleção e a disciplina dos advogados em toda a federação (Lei 8.906, art. 44, II). Inclusive se houver violação de deveres do advogado no curso do processo, caberá ao juiz oficiar à OAB, para que ela promova o processo disciplinar e, se for o caso, aplique as sanções disciplinares cabíveis (CPC/2015, art. 77, § 6.º).

23.5. Os direitos, deveres e a responsabilidade do advogado

23.5.1. Direitos

O Estatuto da Advocacia prevê o rol de direitos do advogado (Lei 8.906, art. 7.º). Basicamente são garantias destinadas a permitir que o advogado desempenhe suas funções, dentro e fora do processo, com liberdade e eficiência.

Tanto o Estatuto da Advocacia (art. 23) quanto o CPC/2015 (art. 85, § 14) atribuem ao advogado a titularidade do direito aos honorários de sucumbência. O Código de Processo Civil explicita a natureza alimentar do crédito de honorários, que de há muito é reconhecida pelo STJ e o STF. O Código traz ainda um conjunto detalhado de regras sobre o modo de fixação dos honorários, nos mais diferentes casos – de modo a assegurar a remuneração justa e proporcional às peculiaridades da causa.

O Código de Processo Civil também reitera e detalha o direito do advogado de ter acesso e vista dos autos do processo (art. 107).

23.5.2. Deveres

Por outro lado, o Estatuto (art. 33) determina a estrita observância do Código de Ética e Responsabilidade do Advogado, que disciplina de modo detalhado os deveres do advogado na relação com os clientes, no respeito ao sigilo profissional, na pactuação e cobrança de honorários, na realização de publicidade etc.

O Estatuto da Advocacia também prevê que o advogado deve proceder de forma que o torne merecedor de respeito e que contribua para o prestígio da classe e da advocacia (art. 31). O advogado deve sempre manter-se independente e não pode ter receio de desagradar o juiz ou qualquer outra autoridade nem de tornar-se impopular perante a opinião pública (art. 31, §§ 1.º e 2.º).

O advogado tem ainda de observar os deveres de litigância de boa-fé impostos não só às partes, mas "a todos aqueles que de qualquer forma participem do processo" (CPC/2015, art. 77). Apenas, como já dito, o juiz não poderá aplicar as sanções processuais ao advogado: deverá oficiar à OAB para que ela promova o processo disciplinar (CPC/2015, art. 77, § 6.º).

23.5.3. Responsabilidade

O advogado responde pelos atos que, no exercício da profissão, vier a praticar com dolo ou culpa (Lei 8.906, art. 32, *caput*). Se atuar em conluio com seu cliente, de modo doloso ou fraudulento no processo, responderá solidariamente com ele pelos danos gerados, a serem provados e apurados em ação própria (art. 32, parágrafo único).

23.6. O regime único da advocacia privada e pública

Tudo o que se disse até aqui aplica-se tanto à advocacia privada quanto à advocacia pública. Nesse sentido, há um regime jurídico único para ambas as vertentes da atuação advocatícia.

Mas o advogado público, como o nome o diz, além de advogado, é agente público, integrante de uma carreira especial na estrutura administrativa estatal. Por isso, há para a advocacia pública um conjunto de regras especiais, a seguir examinadas.

23.7. Advocacia pública[2]

A Constituição conferiu relevo especial à advocacia pública: tratou expressamente da Advocacia da União e da Procuradoria dos Estados e do Distrito Federal, como instituições incumbidas da representação judicial e extrajudicial dessas pessoas de direito público (arts. 131 e 132).

O art. 182 do CPC/2015 adota fórmula mais ampla, que abrange também os Procuradores Municipais. Mais ainda, o Código consagra a advocacia pública como responsável também pela defesa das pessoas de direito público da Administração indireta (ou seja, as autarquias e fundações públicas).

Assim, inserem-se na categoria dos advogados públicos: no âmbito federal, os Advogados da União e os Procuradores da Fazenda Nacional, para a representação da Administração direta (União Federal), e os Procuradores Federais, para a representação da administração indireta; no âmbito estadual, os Procuradores do Estado; e, no âmbito municipal, os procuradores e advogados contratados na forma da lei.

23.7.1. *Representação judicial das pessoas jurídicas de direito público*

A representação judicial dos entes políticos e das autarquias e fundações de direito público está também prevista no art. 75, I a IV, do CPC/2015: a

---

2. Sobre o tema, ver EDUARDO TALAMINI e DANIELE TALAMINI, "Advocacia pública", em *Breves comentários ao novo CPC*" (org. T. Wambier, F. Didier Jr., E. Talamini e B. Dantas), São Paulo, RT, 2015, p. 561-565 – de onde se extraiu parte das considerações aqui formuladas.

União será representada em juízo ativa e passivamente pela Advocacia-Geral da União, diretamente ou por órgão vinculado; o Estado e o Distrito Federal serão representados por seus procuradores; os municípios, pelo seu prefeito ou procurador e as autarquias e fundações de direito público, por quem a lei do ente federado designar.

A representação judicial em caso de investidura em cargo público de Advogado ou Procurador, dar-se-á *ex lege*, sem necessidade de procuração nos autos, bastando, se requisitado pelo juiz, a comprovação de investidura no cargo (art. 9.º da Lei nº 9.469/97).

23.7.2. Intimação pessoal dos advogados públicos

As intimações de todos os atos do processo, para o representante judicial da Fazenda Pública, devem ser pessoais (art. 183, § 1.º, do CPC/2015; art. 6.º, Lei 9.028/1995).

A intimação pessoal pode tomar mais de uma forma. No caso do processo físico, a intimação pode ser feita por carga dos autos ou remessa para a Procuradoria. No caso do processo eletrônico, a intimação do ato pode ser feita diretamente feita à caixa do Advogado ou Procurador vinculado ao processo, mas também ao *login* da Procuradoria do ente público que é parte no processo.

23.7.3. Prazos em dobro para a Fazenda Pública

Todos os prazos para a Fazenda Pública (União, Estados, DF, Municípios e respectivas autarquias) são computados em dobro (art. 183). Contudo, essa não é uma prerrogativa do advogado público em si, mas do ente que ele representa. Tanto é assim que, se um advogado privado for contratado para representar judicialmente um ente da Fazenda Pública, também incidirá o prazo em dobro. Quanto ao tema, v. cap. 30.

23.7.4. Responsabilidade civil dos advogados públicos

Pela letra do CPC/2015, os advogados públicos respondem pelos atos praticados no exercício da função em caso de dolo ou fraude. Além disso, a previsão é de responsabilidade regressiva, o que supostamente afastaria a responsabilidade direta do agente público perante o sujeito que sofreu o dano (art. 184).

No entanto, há duas premissas fundamentais que não podem ser desconsideradas:

(1ª) a CF (art. 37, §§ 5.º e 6.º) estabelece regime de responsabilidade civil dos servidores públicos em termos mais amplos do que os previstos no art. 184 do CPC/2015, não excluindo a responsabilidade por culpa e admitindo em certas hipóteses a responsabilização direta em face dos lesados (STF, RE 327.904, a *contrario sensu*);

(2ª) o CPC regula exclusivamente a atuação do advogado público como procurador judicial da Fazenda – vale dizer, cinge-se a disciplinar, inclusive no que tange à responsabilização, a atuação processual do advogado público.

A partir delas, deve-se identificar interpretação do art. 184 em conformidade com a Constituição. Daí se extraem duas diretrizes:

(1ª) o advogado público não pode ser diretamente responsabilizado, nem pela parte adversária da Fazenda no processo nem por quaisquer terceiros, por condutas que ele adotou no processo na condição de procurador judicial da Fazenda (i.e., no "exercício de suas funções"). Essas condutas são imputadas à Fazenda, que por elas responde. Se ela tiver de indenizar a parte adversária ou o terceiro, a Fazenda apenas poderá ressarcir-se junto ao advogado público se esse tiver agido dolosa ou fraudulentamente. Mas se a conduta do advogado público dentro do processo extrapola aquilo que razoavelmente poderia ser considerado representação judicial da Fazenda, ele pode responder diretamente por essa sua conduta, dolosa ou culposa, perante a parte adversária ou quaisquer terceiros. Ou seja, o abuso de poder ou a conduta incompatível com as atribuições regulares de representante judicial da Fazenda ensejam a responsabilização direta do agente;

(2ª) por outro lado, no que tange a todos os danos que gerar diretamente à Fazenda, o advogado público responde nos termos do art. 37, § 5.º (i.e., por culpa ou dolo).

23.7.5. *A responsabilização por violação dos deveres processuais*

A responsabilização do advogado público por conduta atentatória à dignidade da justiça, tal como a do advogado privado, é de competência da OAB (art. 77, § 6.º – v. n. 23.5, acima).

23.7.6. *Honorários advocatícios*

O art. 85, § 19, do CPC/2015 reconhece o direito do advogado público aos honorários de sucumbência, nos termos de lei específica. No âmbito federal, essa regulamentação está contida na Lei 13.327/2016.

QUADRO SINÓTICO

A essencialidade do advogado para a jurisdição – Art. 133 da CF	
Poder de Postulação	Advogados – art. 103, CPC/2015 e Lei 8.906/1994, art. 1º
	Própria parte (*e.g.* Lei 9.099/1995, art. 9.º e *Habeas corpus* – Lei 8.906, art. 1.º, § 1.º)

Mandato (procuração)	Requisito essencial – art. 104	
	Exceções	Para evitar preclusão, decadência ou prescrição
		Prática de atos urgentes
		Advogado que postula em causa própria

Ordem dos Advogados do Brasil (OAB) – CF e Lei 8.906/1994 (Estatuto da Advocacia)

Direitos, deveres e responsabilidade do advogado

Advocacia Pública	Previsão: Arts. 131 e 132, CF e arts. 75, I a IV e 182, do CPC/2015
	Desnecessidade de procuração – art. 9.º da Lei 9.469/1997
	Intimação pessoal – art. 183, § 1.º, do CPC/2015 e art. 6.º da Lei 9.028/1995
	Prazos em dobro para a Fazenda Pública – art. 183
	Responsabilidade civil dos advogados públicos – art. 37, §§ 5.º e 6.º, da CF e art. 184 do CPC/2015
	Responsabilização por violação dos deveres processuais: Competência da OAB – art. 77, § 6.º
	Honorários advocatícios – Art. 85, § 19

Doutrina Complementar

Advocacia em geral

- **LUIZ GUILHERME MARINONI, SÉRGIO CRUZ ARENHART E DANIEL MITIDIERO** (*Novo Código...*, p. 185) afirmam que "o advogado legalmente habilitado representa a parte em juízo, outorgando-lhe capacidade postulatória, sendo indispensável à administração da justiça (art. 133, CF), cumprindo-lhe traduzir em linguagem técnica e adequada as alegações de seu constituinte e comunicar à parte tudo que se passa no processo. É a interface da parte com o órgão jurisdicional e do órgão jurisdicional com a parte".

- **NELSON NERY JR. E ROSA MARIA DE ANDRADE NERY** (*Comentários...*, p. 685) indicam que "a mera existência da advocacia pública indica a necessidade de o Executivo se reportar ao Judiciário quando necessário, bem como de se reportar às suas decisões, o que reforça a separação e independência dos poderes da República". Destacam que "os advogados públicos detêm todas as prerrogativas dos advogados privados, bem como também se submetem às sanções do EOAB. Suas funções também são semelhantes às dos advogados privados, com o diferencial de que se trata de uma atividade voltada para um órgão público. Nesse sentido, não se pode atribuir ao advogado público funções de gestão, próprias do administrador público. Pela mesma razão, os advogados públicos não podem ter sua conduta submetida aos Tribunais de Contas".

- **MARCUS VINICIUS FURTADO COELHO** (*Breves...*, p. 382) destaca que "o novo Código de Processo Civil traz expressamente a inscrição na Ordem dos Advogados do Brasil como condição *sine qua non* para o exercício do *jus postulandi*, o qual consiste na capacidade de postular perante os órgãos judiciais para pleitear direitos. O diploma previa, anteriormente, a possibilidade de advocacia em causa própria na ausência de habilitação legal em três hipóteses: i) nos casos de ausência de advogado no local do cumprimento do ato processual, ii) no caso de recusa dos advogados presentes, e iii) no caso de estes encontrarem-se impedidos. O atual Código Processual Civil exclui tais hipóteses de advocacia sem habilitação legal. Permite, como outrora, tão somente a possibilidade de advocacia em causa própria quando a parte estiver regularmente inscrita na Ordem dos Advogados do Brasil". Na opinião desse autor, "a nova disposição da matéria, ao restringir as hipóteses de postulação em causa própria aos advogados legalmente habilitados, visa melhor resguardar a tutela dos direitos do cidadão defendidos pelo causídico, prezando por uma defesa realizada por profissional qualificado, aprovado em Exame de Ordem, moralmente idôneo e que perfaça todos os demais requisitos acima elencados". Para FURTADO COELHO, "essa garantia, mais que reforçar a capacidade postulatória do advogado, tem como fim assegurar os direitos do cidadão, cuja defesa deve ser efetuada por profissional que detenha profundo conhecimento do sistema de justiça, das normas e seu funcionamento".

Advocacia Pública

- **HUMBERTO THEODORO JÚNIOR** (*Curso...*, vol. 1, 56. ed., p. 459) afirma que a "Advocacia Pública é a instituição que, na forma da lei, defende e promove os interesses públicos da União, dos Estados, do Distrito Federal e dos Municípios. Cada ente federativo constituirá sua Advocacia-Geral, que será a responsável pela representação judicial, em todos os âmbitos federativos, das pessoas jurídicas de direito público que integram a administração direta e indireta (NCPC, art. 182). No caso da União, exerce essa função a Advocacia-Geral da União (art. 131 da Constituição Federal)".

- **NELSON NERY JR. E ROSA MARIA DE ANDRADE NERY** (*Comentários...*, p. 486) asseveram que "o contrato celebrado com advogado para a prestação de serviços de advocacia e outorga de mandato tem natureza de obrigação de meio. Por isso a exigência é no sentido de que o profissional tenha cumprido o seu *mister* honesta e diligentemente, mas sua remuneração independe do êxito ou do malogro do resultado visado, salvo se houver cláusula específica celebrando essa possibilidade. O contrato de prestação de serviços de advocacia é título executivo extrajudicial (CPC 585 VIII e EOAB 24)".

- **TERESA ARRUDA ALVIM WAMBIER, MARIA LÚCIA LINS CONCEIÇÃO, LEONARDO FERRES DA SILVA RIBEIRO E ROGERIO LICASTRO TORRES**

DE MELLO (*Primeiros...*, p. 334) destacam ser prerrogativa do advogado público a *independência funcional*, pois "ao atuar o fará de acordo com o seu livre convencimento acerca das teses jurídicas aplicáveis ao caso concreto e submetido ao seu exame". Para esses autores, a atuação do advogado público "sempre estará fundamentada nos princípios da legalidade, da probidade, da eficiência, da moralidade, impessoalidade, publicidade e economicidade. Em outras palavras: em prol do interesse público, que não se confunde com o do próprio governo".

Enunciados do FPPC

N.º 83. (*Art. 932, parágrafo único; art. 76, § 2.º; art. 104, § 2.º; art. 1.029, § 3.º, CPC/2015*) Fica superado o enunciado 115 da súmula do STJ após a entrada em vigor do CPC ("Na instância especial é inexistente recurso interposto por advogado sem procuração nos autos").

N.º 240. (*Arts. 85, § 3.º, e 910, CPC/2015*) São devidos honorários nas execuções fundadas em título executivo extrajudicial contra a Fazenda Pública, a serem arbitrados na forma do § 3º do art. 85.

N.º 241. (*Art. 85, caput e § 11, CPC/2015*). Os honorários de sucumbência recursal serão somados aos honorários pela sucumbência em primeiro grau, observados os limites legais.

N.º 242. (*Art. 85, § 11, CPC/2015*). Os honorários de sucumbência recursal são devidos em decisão unipessoal ou colegiada.

N.º 243. (*Art. 85, § 11, CPC/2015*). No caso de provimento do recurso de apelação, o tribunal redistribuirá os honorários fixados em primeiro grau e arbitrará os honorários de sucumbência recursal.

N.º 244. (*Art. 85, § 14, CPC/2015*) Ficam superados o enunciado 306 da súmula do STJ ("Os honorários advocatícios devem ser compensados quando houver sucumbência recíproca, assegurado o direito autônomo do advogado à execução do saldo sem excluir a legitimidade da própria parte") e a tese firmada no REsp Repetitivo n. 963.528/PR, após a entrada em vigor do CPC, pela expressa impossibilidade de compensação.

N.º 264. (*Art. 194, CPC/2015*) Salvo hipóteses de segredo de justiça, nos processos em que se realizam intimações exclusivamente por portal eletrônico, deve ser garantida ampla publicidade aos autos eletrônicos, assegurado o acesso a qualquer um.

N.º 368. (*Art. 1.071, CPC/2015*) A impugnação ao reconhecimento extrajudicial da usucapião necessita ser feita mediante representação por advogado.

N.º 384. (*Art. 85, § 19, CPC/2015*) A lei regulamentadora não poderá suprimir a titularidade e o direito à percepção dos honorários de sucumbência dos advogados públicos.

Bibliografia

Fundamental

HUMBERTO THEODORO JÚNIOR, *Curso de direito processual civil*, 56. ed., Rio de Janeiro, Forense, 2015, vol. 1; LUIZ GUILHERME MARINONI, SÉRGIO CRUZ ARENHART E DANIEL MITIDIERO, *Novo Código de Processo Civil comentado*, São Paulo, Ed. RT, 2015; NELSON NERY JR. e ROSA MARIA DE ANDRADE NERY, *Comentários ao código de processo civil*, São Paulo, Ed, RT, 2015; PIERO CALAMANDREI, *Eles, Os Juízes, Vistos Por Um Advogado (Elogio dei Giudici)*, tradução de Eduardo Brandão, Ed. Martins Fontes, São Paulo, 1. ed., 5ª tiragem, 2000; TERESA ARRUDA ALVIM WAMBIER, FREDIE DIDIER JR., EDUARDO TALAMINI e BRUNO DANTAS (COORD.), *Breves comentários ao Novo Código de Processo Civil*, São Paulo, Ed. RT, 2015; _____, MARIA LÚCIA LINS CONCEIÇÃO, LEONARDO FERRES DA SILVA RIBEIRO e ROGERIO LICASTRO TORRES DE MELLO, *Primeiros comentários ao novo código de processo civil: artigo por artigo*, São Paulo, Ed. RT, 2015.

Complementar

ALBERTO ZACHARIAS TORON, Comentário o sigilo profissional do advogado e a proteção à cidadania, *Revista dos Tribunais* 937/221; CAIO CASTELLIANO DE VASCONCELOS, Qual o impacto do advogado sobre o resultado da decisão judicial? Evidências empíricas e o fator experiência, *Revista de Direito Bancário e do Mercado de Capitais* 67/199; CARLOS ARI SUNDFELD e JACINTHO ARRUDA CÂMARA, Limitações legais à associação entre escritórios de advocacia brasileiros e estrangeiros, *Revista dos Tribunais* 925/57; EDILSON PEREIRA NOBRE JÚNIOR, Advocacia pública e políticas públicas, *Revista dos Tribunais Nordeste* 3/65; ELIAS FARAH, Inviolabilidade do escritório do advogado, *Revista do Instituto dos Advogados de São Paulo* 5/254; _____, O advogado e a litigância de má-fé, *Revista do Instituto dos Advogados de São Paulo*, 9/216; _____, O advogado e o dever de veracidade no processo, *Revista do Instituto dos Advogados de São Paulo* 7/39; _____, Sociedade de advogados. Reflexões sobre a responsabilidade do sócio, *Revista do Instituto dos Advogados de São Paulo* 6/145; _____, Valorização da advocacia: direitos e prerrogativas do advogado, *Revista do Instituto dos Advogados de São Paulo* 21/94; ERNESTO LIPPMANN, A responsabilidade civil do advogado vista pelos tribunais, *Revista dos Tribunais* 787/140, mai. 2001, *Doutrinas Essenciais de Responsabilidade Civil* vol. 4, p. 1171, out. 2011; FÁTIMA NANCY ANDRIGHI, Atendimento dos advogados via Skype, *Revista do Instituto dos Advogados de São Paulo* 32/447; GEORGENOR DE SOUSA FRANCO FILHO, Férias (de advogado) e recesso forense, *Revista dos Tribunais* 955/57; HÉLIO RUBENS BATISTA RIBEIRO DA COSTA e JOEL DE ANDRADE JUNIOR, Sobre a função social do advogado brasileiro no século XXI: realidades, perspectivas e sugestões, *Revista do Instituto dos Advogados de São Paulo* 11/45; JOSÉ MANOEL DE ARRUDA ALVIM NETTO, Deveres das partes e dos procuradores, no direito processual civil brasileiro (a lealdade no processo) 1-2, *Revista de Processo* 69/7, jan. 1993, *Doutrinas Essenciais de Processo Civil* vol. 3, p. 1243, out. 2011; JOSÉ ROBERTO REALE e ALEXANDRE STURION DE PAULA, A função social do advogado: o profissional no exercício da cidadania, *Revista do Instituto dos Advogados de São Paulo* 11/211; LUIZ OTAVIO DE OLIVEIRA AMARAL, A trajetória dos advogados do brasil, *Revista do Instituto dos Advogados de São Paulo* 9/67; MARCELO FERRAZ PINHEIRO, O papel do advogado na solução de conflitos: mediação, conciliação e arbitragem, *Revista de Direito Empresarial* 8/289; MIGUEL REALE, A ética do advogado sob o enfoque filosófico, *Revista do Instituto dos Advogados de São Paulo* 28/451; MODESTO

CARVALHOSA, Ética profissional do advogado, *Revista do Instituto dos Advogados de São Paulo* 29/331; RAFAEL DOMINGOS FAIARDO VANZELLA, Boa-fé e comportamento concludente nos serviços advocatícios, *Revista de Direito Privado* 54/317; RODRIGO OCTÁVIO DE GODOY BUENO CALDAS MESQUITA, Do sigilo profissional do advogado: natureza jurídica, extensão, limites e restrições, *Revista dos Tribunais* 869/66; RUI STOCO, Responsabilidade civil do advogado à luz das recentes alterações legislativas, *Revista dos Tribunais* 797/60, mar. 2002, *Doutrinas Essenciais de Responsabilidade Civil* vol. 4, p. 1.141, out. 2011; VALENTINA JUNGMANN CINTRA ALLA, A independência do advogado, *Revista de Processo* 103/223.

Capítulo 24

DEFENSORIA PÚBLICA

> Sumário: 24.1. Noções gerais – 24.2. Atribuições – 24.3. Responsabilidade – 24.4. Prazos – 24.5. Intimação.

24.1. Noções gerais

Como visto no cap. 3, para a plena realização da garantia constitucional do acesso à justiça (CF, art. 5.º, XXXV), não basta a disponibilização formal de meios processuais no ordenamento jurídico. É também indispensável a oferta de meios materiais – econômicos e socioculturais – destinados a permitir que todos possam defender seus direitos. Trata-se da garantia da assistência jurídica integral e gratuita (CF, art. 5.º, LXXIV). Isso é tanto mais relevante numa sociedade como a brasileira, em que significativa parcela sua tem carências enormes, nos mais diferentes planos da vida. Não se trata apenas de dificuldade financeira: há falta de informação; há mesmo quem viva às margens dos benefícios da civilização.

A Defensoria Pública foi criada exata e precisamente com a missão de prestar orientação jurídica e defesa de interesses dos necessitados (CF, art. 134). Sua concepção tem como pressuposto a ideia de que a todos deve ser garantido o acesso à justiça, o que, em última análise, significa tanto o direito à orientação e ao esclarecimento relativamente às situações jurídicas, quanto a defesa destas, em juízo.

Questão que se põe é a de se saber quem são os necessitados a que tanto a Constituição Federal quanto o Código de Processo Civil (art. 185), mediante conceitos indeterminados, fazem expressa referência.

A primeira hipótese que se põe, por ser a mais evidentemente extraível da expressão "insuficiência de recursos" (CF, art. 5.º, LXXIV) é definida pelo ponto de vista econômico. Têm direito aos serviços da Defensoria Pública aqueles que, em razão da carência de recursos patrimoniais, não têm condições de contratar advogado privado que promova sua representação e a defesa de seus interesses em juízo. Portanto, a hipossuficiência relevante, em um primeiro momento, é a econômica.

Mas a garantia não se cinge a isso. A Lei Complementar 80/1994, que trata da Defensoria Pública da União, do Distrito Federal e dos Territórios e que estabelece normas gerais para o tratamento do tema no plano dos Estados, vai além. Prevê, no art. 4.º, XI, como atribuição institucional da Defensoria Pública, a defesa de interesses individuais e coletivos *"da criança e do adolescente, do idoso, da pessoa portadora de necessidades especiais, da mulher vítima de violência doméstica e familiar e de outros grupos sociais vulneráveis que mereçam proteção especial do Estado"*. Da interpretação dessa norma em conformidade com a Constituição, extrai-se que caberá a atuação da Defensoria Pública toda vez que um integrante de algum desses grupos estiver em efetiva situação de vulnerabilidade, não apenas econômica, mas também cultural ou social.

24.2. Atribuições

Nos termos do que dispõe o art. 185 do CPC/2015, cabe à Defensoria Pública fornecer a necessária orientação jurídica aos necessitados, assim como promover a defesa de seus direitos, tanto individual quanto coletivamente, além de promover a defesa dos direitos humanos. Trata-se, a rigor, de organismo público a que a Constituição Federal dá a nota da essencialidade para o exercício da função jurisdicional do Estado. Suas funções institucionais podem ser exercidas na defesa do interesse individual de determinada pessoa, como seu representante em juízo (assim como o advogado o faz, por exemplo, sob outro modelo de prestação de serviços) e também mediante presença em juízo em nome da própria Defensoria Pública.

A Defensoria Pública exerce funções que vão muito além da assistência judiciária, assim entendida a defesa dos interesses dos necessitados em juízo, mediante o desempenho de atividades técnicas voltadas à obtenção de provimentos jurisdicionais. Esta é uma das espécies do gênero assistência jurídica. A redação do art. 134 da Constituição Federal é clara ao afirmar que cabe à Defensoria Pública prestar orientação jurídica, assim como defender os direitos individuais e coletivos dos necessitados inclusive extrajudicialmente.

O Código de Processo Civil reconhece legitimidade da Defensoria Pública para a propositura de incidente de resolução de demandas repetitivas (art. 977, III), hipótese em que agirá em nome próprio, e não na condição de representante judicial do necessitado.

Além disso, caberá à Defensoria Pública, nos termos de legislação específica, desempenhar o papel de curador especial, quando: (i) a parte incapaz não tiver representante e os interesses desse conflitarem, no caso litigioso, com os daquele; ou (ii) o réu for revel e estiver, por qualquer razão, preso ou tiver sido citado por edital ou hora certa (sobre tais modalidades de citação, ver cap. 29) – conforme prevê o art. 72.

É de se observar que o Defensor Público não está sujeito, ao exercer o direito de defesa do necessitado, a impugnar especificadamente os fatos alegados pelo autor da ação, nos termos do que dispõe o § único do art. 341 do CPC/2015.

24.3. Responsabilidade

De acordo, com o art. 187, o exercício das atividades inerentes à Defensoria Pública sujeita os integrantes de seus quadros a responder civilmente, de modo regressivo, sempre que seu agir for doloso ou sua conduta incorrer em fraude. Assim, pela letra da lei, ocorrendo uma dessas circunstâncias, o prejudicado poderá obter a adequada reparação do Estado que, a seu turno, promoverá ação regressiva contra o Defensor Público faltoso.

Mas, como já apontado em outras passagens deste *Curso*, é discutível a limitação da responsabilização à modalidade regressiva. Há casos em que o particular tem o direito de demandar diretamente o agente público, conforme já decidiu o STF, interpretando e aplicando a Constituição. Valem aqui as razões postas nos nn. 20.4.3 e 23.7.4. Basta um exemplo para evidenciar o despropósito da responsabilidade meramente regressiva. O defensor público dolosamente lesa a pessoa necessitada que ele vinha defendendo judicialmente, locupletando-se do patrimônio dela. Não é possível afirmar que essa pessoa possa apenas demandar o Poder Público (a que o defensor está vinculado) para obter o ressarcimento. A sentença condenatória ao pagamento de quantia contra o Poder Público submete-se a um modelo executivo muito ineficiente na atualidade (v. vol. 3, cap. 19). A vítima tem o direito de demandar diretamente a pessoa do defensor que dolosamente lhe causou danos (pode preferir fazê-lo especialmente quando esse tiver um patrimônio robusto).

Além disso, e como também destacado nos itens ora indicados, a Constituição tampouco exclui a responsabilização dos agentes públicos por atos culposos.

24.4. Prazos

Salvo nas hipóteses em que a lei estabeleça prazo especialmente destinado à prática de atos que lhe sejam atribuídos, a Defensoria Pública conta com o benefício do prazo em dobro para todas as suas manifestações no processo, segundo dispõe o art. 186 do CPC/2015.

Essa mesma disposição se aplica "*aos escritórios de prática jurídica das faculdades de Direito reconhecidas na forma da lei e às entidades que prestam assistência judiciária gratuita em razão de convênios firmados com a Defensoria Pública*" (§ 3.º do art. 186). Trata-se, a rigor, de forma suplementar de defesa dos interesses dos necessitados, a que o CPC/2015 também defere o benefício do prazo em dobro.

24.5. Intimação

O Defensor Público é intimado pessoalmente, por qualquer dos meios previstos para tanto, isto é, mediante carga dos autos físicos, remessa dos autos para a Defensoria ou por meio eletrônico, conforme dispõe o § 1.º do art. 186, combinado com o art. 183, § 1.º do CPC/2015. Quando a intimação se der pela carga dos autos físicos, o início do prazo ocorrerá com o recebimento dos autos no órgão público, conforme entendimento do STF. Quanto aos autos eletrônicos, a Defensoria Pública também está sujeita ao que determinam os arts. 270, parágrafo único, e 246, § 1.º, do CPC/2015, que dizem respeito à necessidade manutenção de "*cadastro nos sistemas de processo eletrônico, para efeito de recebimento de citações e intimações...*".

Quando for necessária providência ou informação que apenas a própria parte representada pelo Defensor possa providenciar ou prestar, esse poderá requerer ao juiz que determine a intimação pessoal dela. Trata-se de previsão absolutamente justificável. Se em relação ao advogado privado já não é em regra razoável intimá-lo para providências que são pessoais de seu representado, no caso do Defensor isso seria ainda mais grave. A defesa dos interesses da parte, pela Defensoria Pública, se dá de modo absolutamente distinto daquilo que ocorre entre parte e seu advogado privado. Nesse segundo caso, há relação pessoal, de confiança, resultante da absoluta liberdade de escolha e de contratação que a parte dispõe. Já no caso da Defensoria Pública, não há esse vínculo personalíssimo, pois as regras da impessoalidade do Defensor e da indeclinabilidade da defesa, pela Defensoria, é que prevalecem, dada a natureza pública de sua atividade.

Quadro Sinótico

Atribuições	Orientação e defesa dos interesses dos necessitados (art. 134 da CF)	Carência econômica
		Crianças e adolescentes
		Idosos
		Pessoa portadora de necessidades especiais
		Vítima de violência doméstica e familiar
		Grupos sociais vulneráveis
	Direitos individuais e coletivos	

Art. 977, III, do CPC/2015	Incidente de resolução de demandas repetitivas – legitimidade
Art. 341, parágrafo único, do CPC/2015	Desnecessidade de impugnação específica
Responsabilidade regressiva	Dolo
	Fraude
Prazo em dobro	Exceção: quando a lei expressamente estabelecer prazo próprio
Intimação pessoal	Carga
	Remessa
	Meio eletrônico

Doutrina Complementar

- **FÁBIO VICTOR DA FONTE MONNERAT** (*Introdução...*, p. 211) ressalta que "cabe à Defensoria Pública, no processo civil: a) atuar na defesa dos hipossuficientes nos processos em que estes sejam parte; e b) promover ou, mais amplamente, atuar em processos de jurisdição coletiva quando o grupo, classe ou categoria de pessoas seja integrado total ou parcialmente por pessoas hipossuficientes".

- **HUMBERTO THEODORO JÚNIOR** (*Curso...*, vol. 1, 56. ed., p. 460) explica que "a Defensoria Pública é instituição essencial à função jurisdicional do Estado, a quem a Constituição Federal incumbiu a orientação jurídica e a defesa, em todos os graus, dos necessitados (CF, art. 134). O Código atual atribuiu um título próprio à Defensoria Pública, tratando de suas funções, prerrogativas e responsabilidade nos arts. 185 a 187 do NCPC". Afirma que "a Defensoria Pública exercerá a orientação jurídica, a promoção dos direitos humanos e a defesa dos direitos individuais e coletivos dos necessitados, em todos os graus, de forma integral e gratuita (art. 185)".

- **NELSON NERY JR. E ROSA MARIA DE ANDRADE NERY** (*Comentários...*, p. 691) afirmam ser a Defensoria Pública "quem assegura o ideal de justiça plena. E sua inexistência ou ineficácia pode alterar o próprio papel do Judiciário, transformando-o em propagador de uma insuportável desigualdade entre as pessoas, em termos de jurisdição". Além disso, destacam que "a função de defensor público somente pode ser exercida por integrante da carreira, vedada a nomeação de advogado ad hoc para a prática de ato de atribuição do defensor público".

- **TERESA ARRUDA ALVIM WAMBIER, MARIA LÚCIA LINS CONCEIÇÃO, LEONARDO FERRES DA SILVA RIBEIRO E ROGERIO LICASTRO TORRES DE MELLO** (*Primeiros...*, p. 342), sobre o prazo em dobro, explicam que "essa regra, portanto, não desrespeita o princípio da isonomia. Como na Advocacia Pública, o Defensor Público, além de cuidar de quantidade maior de processos, muito comumente não tem a mesma estrutura que os advogados particulares. A grande inovação veio com o § 3º, ao disciplinar prática que já vinha sendo, timidamente, adotada pela Jurisprudência. Com o NCPC, os escritórios de prática jurídica das faculdades de Direito, reconhecidas na forma da lei e as entidades que prestam assistência jurídica gratuita, em razão de convênios firmados com a Ordem dos Advogados do Brasil ou com a Defensoria Pública, gozarão do prazo em dobro para se manifestar nos autos. Porém, enquanto a Jurisprudência estendia o benefício somente às instituições públicas, a nova regra não faz distinção entre os núcleos de prática jurídica das faculdades de direito privadas e públicas. O benefício do prazo em dobro, no entanto, não incidirá quando a Lei estabelecer prazo específico para o defensor público (§ 4.º)".

- **ZULMAR DUARTE** (*Teoria...*, p. 594) sustenta que "a Defensoria Pública, desde o texto primevo da Constituição, apresentou-se como instituição de primeira grandeza, essencial à função jurisdicional do Estado, predestinada à orientação e à defesa dos necessitados. A instituição visava dar cabo ao direito e garantia individual de os necessitados receberem do Estado a assistência jurídica integral e gratuita (artigo 5.º, inciso LXXIV). As funções exercidas pela Defensoria Pública restaram ainda vitalizadas pela Emenda Constitucional n.º 80/2014, que emprestou nova redação ao artigo 134 da Constituição, para vincar sua atuação na promoção dos direitos humanos e a defesa individual ou coletiva dos necessitados". No sentir desse autor, "seria sumamente injusto que o Estado, arvorando o monopólio da prestação da tutela jurisdicional, não estabelecesse formas de remediar a impossibilidade financeira das partes necessitadas para implementar aquela prestação. (...) Digno de registro que a atuação desassombrada da Defensoria Pública tem permitido avanços inegáveis na tutela dos necessitados. Ademais, pelo reconhecimento de sua autonomia funcional e administrativa, bem como da garantia da inamovibilidade (artigo 134, §§ 1.º e 2.º, da Constituição), os Defensores Públicos têm atuado sem peias contra o Poder Público, inclusive em benefício deste próprio, no que qualificam seu exercício. Não cabe à Defensoria Pública, como uma leitura apressada poderia fazer crer, a defesa do Poder Público. Tal papel compete privativamente à Advocacia Pública (artigo 182)".

Bibliografia

Fundamental

FÁBIO VICTOR DA FONTE MONNERAT, *Introdução ao estudo do direito processual civil*, São Paulo, Saraiva, 2015; FERNANDO DA FONSECA GAJARDONI, LUIZ DELLORE, ANDRE VASCONSELOS ROQUE e ZULMAR DUARTE DE OLIVEIRA JR., *Teoria geral do processo: comentários ao CPC de 2015: parte geral*, São Paulo, Forense, 2015; HUMBERTO THEODORO JÚNIOR, *Curso de direito processual civil*, 56. ed., Rio de Janeiro, Forense, 2015, vol. 1; NELSON NERY JR. e ROSA MARIA DE ANDRADE NERY, *Comentários ao código de processo civil*, São Paulo, Ed, RT, 2015; TERESA ARRUDA ALVIM WAMBIER, MARIA LÚCIA LINS CONCEIÇÃO, LEONARDO FERRES DA SILVA RIBEIRO e ROGE-

RIO LICASTRO TORRES DE MELLO, *Primeiros comentários ao novo código de processo civil: artigo por artigo*, São Paulo, Ed. RT, 2015.

Complementar

ALUÍSIO IUNES MONTI RUGGERI RÉ, A defensoria pública como instrumento de acesso à justiça coletiva: legitimidade ativa e pertinência temática, *RePro* 167/231; CARLOS JOSÉ CORDEIRO e JOSIANE ARAÚJO GOMES, Da legitimidade da Defensoria Pública para propor ação civil pública, *Revista dos Tribunais* 920/239; GUSTAVO OCTAVIANO DINIZ JUNQUEIRA e GUSTAVO AUGUSTO SOARES DOS REIS, O novo desenho constitucional da defensoria pública: autonomia, *Revista dos Tribunais* 920/449; JOSÉ LUIZ RAGAZZI e RENATO TAVARES DA SILVA, A Defensoria Pública como instrumento de promoção dos direitos humanos. Uma leitura inicial da EC 80/2014, *Revista de Direito Constitucional e Internacional* 88/197; LEANDRO COELHO DE CARVALHO, As atribuições da Defensoria Pública sob a ótica do acesso à ordem jurídica justa, *RePro* 156/204; MARCO PAULO DENUCCI DI SPIRITO, A relação entre a Defensoria Pública e a OAB pelo ângulo dos limites constitucionais à atuação das entidades de fiscalização profissional um enfoque a partir do art. 5.º, XIII, da CF/1988, *Revista dos Tribunais* 912/249; PEDRO ARMANDO EGYDIO DE CARVALHO, A Defensoria Pública: um novo conceito de assistência judiciária, *Revista dos Tribunais* 689/302.

Capítulo 25

FORMAÇÃO, SUSPENSÃO E EXTINÇÃO DO PROCESSO[1]

> Sumário: 25.1. Formação do processo – 25.2. Suspensão do processo; 25.2.1. Noções gerais. Distinção de outras figuras.; 25.2.2. Regime jurídico do processo durante a suspensão; 25.2.3. Hipóteses de suspensão previstas no art. 313; 25.2.3.1. Morte da parte; 25.2.3.2. Perda da capacidade processual da parte; 25.2.3.3. Extinção de pessoa jurídica: suspensão apenas em hipóteses específicas; 25.2.3.4. Morte ou perda da capacidade do representante ou do procurador de qualquer das partes; 25.2.3.5. Convenção das partes; 25.2.3.6. Arguição de impedimento e suspeição do juiz; 25.2.3.7. Admissão de incidente de resolução de demandas repetitivas (IRDR) ou de julgamento de recursos especiais ou extraordinários repetitivos; 25.2.3.8. Questão prejudicial objeto de outro processo civil (prejudicialidade externa); 25.2.3.9. Fatos ou provas; 25.2.3.10. Motivo de força maior; 25.2.3.11. Discussão decorrente de acidentes e fatos da navegação de competência do Tribunal Marítimo; 25.2.3.12. Fato delituoso (prejudicialidade externa penal); 25.2.3.13. Parto ou adoção; 25.2.3.14. Outros casos de suspensão – 25.3. Extinção do processo.

25.1. Formação do processo

O processo é relação jurídica complexa e dinâmica, que se desenvolve sob forma procedimental (cap. 13, acima). Isso reflete-se já em sua formação. Não

---

1. Sobre o tema, especialmente para um exame das referências jurisprudenciais citadas nesse capítulo, veja-se EDUARDO TALAMINI, comentários aos arts. 313 a 317 em *Novo Código de Processo Civil Comentado* (orgs. G. Salomão, Araken de Assis, Eduardo A. Alvim e Angélica Alvim), 2ª ed., São Paulo: Saraiva, 2017.

há momento único para tanto. O autor inicia a formação da relação (princípio dispositivo) e nela já ingressa ao propor a demanda (art. 312). O juiz começa a participar ao despachar a inicial; o réu, quando citado (arts. 240 e 312).

A definição do início do processo – ou do ingresso da parte na relação processual – é relevante para vários institutos: interrupção de prescrição, impedimento de decadência, prevenção de juízo, litispendência, atribuição de caráter litigioso ao bem disputado, constituição de mora etc. Não há um momento único para todos esses fenômenos.

Por isso, além do art. 312, que trata expressamente da formação do processo, cabe também considerar os arts. 59 (pelo qual a prevenção dá-se com o registro ou distribuição da demanda), 240, *caput* (conforme o qual, para o réu, a constituição em mora e a indução de litigiosidade da coisa dependem da citação) e §§ 1.º e 2.º (segundo o qual a interrupção da prescrição dá-se com o despacho que ordena a citação, retroagindo à propositura da demanda, mas condicionada à citação do réu – regra reiterada, quanto à execução, no art. 802), 329, I (que prevê que a alteração da demanda após citação depende de concordância do réu) e 485, § 4.º (pelo qual a desistência após contestação depende de concordância do réu).

De todo modo, no que tange ao autor, basta a formalização da entrega da petição inicial perante o órgão judiciário para configurar-se o início do processo. Para ele, a coisa torna-se litigiosa, inclusive para os fins dos arts. 109 e 792, desde o protocolo da inicial. Também a litispendência está configurada para o autor desde esse momento. A citação é relevante apenas para a incidência dos efeitos sobre o réu (art. 240).

25.2. Suspensão do processo

25.2.1. *Noções gerais. Distinção de outras figuras.*

Em regra, a jurisdição não começa a atuar de ofício, mas, provocada, leva o processo adiante até sua resposta final (art. 2.º). As hipóteses de suspensão do processo constituem exceção a tal marcha contínua. O processo pode ser temporariamente suspenso por vontade das partes ou por força de situações de fato ou de direito que exigem atenção exclusiva ou mesmo que impedem o curso normal dos atos processuais. Em síntese, a suspensão do processo pressupõe a ocorrência de evento excepcional, que impede que o processo tenha prosseguimento por um determinado prazo ou até que determinada questão derivada seja solucionada.

A suspensão do processo não se confunde com a simples suspensão ou interrupção de prazo processual. Na interrupção, não é atingido o processo como um todo, mas o curso do prazo interrompido (ex.: art. 1.026). Por outro lado, há casos em que apenas determinado prazo é suspenso (art. 221, primeira parte), sem que o processo o seja. Mas como se vê no item 25.2.2, a suspensão do processo implica a suspensão dos prazos processuais. Em suma, nem toda suspensão de prazo deriva da suspensão do processo, mas toda suspensão do processo implica a suspensão dos prazos.

A suspensão do processo também não se confunde com o efeito suspensivo atribuído a determinados recursos. O efeito suspensivo recursal apenas susta a eficácia da decisão recorrida, obstando sua execução na pendência do recurso. Mas o processo, nessa hipótese, permanece em seu pleno curso.

Igualmente não há suspensão nos casos de negligência ou abandono do processo. A suspensão do processo depende de decisão judicial devidamente fundamentada, cujos efeitos retroagem ao momento em que surge a necessidade da suspensão processual. Já o abandono do processo deriva da simples inatividade do autor ou de ambas as partes, e pode conduzir à extinção processual (CPC/2015, art. 485, II e III e § 1.º).

25.2.2. Regime jurídico do processo durante a suspensão

No período da suspensão, a relação processual e a litigiosidade do bem continuam a existir. A litispendência, em si mesma, não é suspensa. O que se suspende é o procedimento, no todo ou em parte.

Nesse sentido, a suspensão pode ser própria ou imprópria, isso é, total ou parcial, respectivamente.

Será própria quando nenhum ato processual (com exceção dos urgentes – art. 314 do CPC/2015) puder ser realizado. Exemplo disso é a suspensão por convenção entre as partes.

Já a suspensão imprópria ocorre quando, apesar da suspensão, determinado incidente ou conjunto de incidentes (além dos atos urgentes) permanecem sendo praticados. Exemplo de suspensão imprópria é aquela causada pela arguição de impedimento ou de suspeição, em que o resto do procedimento fica estancado, prosseguindo apenas o incidente relativo à arguição.

Em regra, são nulos os atos praticados no período em que o processo deveria estar suspenso, ressalvada a ausência de prejuízo – hipótese em que se mantém o ato (v. cap. 28, adiante).

A suspensão do processo implica inclusive suspensão dos prazos processuais. Esse entendimento deve ser aplicado a *todos os casos* de suspensão do processo. O teor do art. 221 é muito claro a esse respeito: "suspende-se o curso do prazo (...) ocorrendo qualquer das hipóteses do art. 313". Ou seja, tal dispositivo não repete a discutível fórmula do art. 180 do CPC/1973, que levava muitos a afirmar que, em determinados casos (p. ex., na suspensão convencionada pelas partes), não haveria suspensão dos prazos em curso. Esse entendimento não se aplica ao ordenamento atual.

Como dito, mesmo na hipótese de suspensão total do processo, fica ressalvada a possibilidade da prática de atos urgentes (art. 314). Providências destinadas a evitar dano irreparável ou de difícil reparação, inclusive tutelas de urgência (art. 300 e ss.), podem ser determinadas e efetivadas mesmo quando o processo está suspenso (regra reiterada no art. 982, § 2.º). A parte final do art. 314 parece estabelecer uma exceção a tal possibilidade, nos casos de suspensão por força de arguição de impedimento ou suspeição do juiz. Mas não é isso. Mesmo nesses casos, a providência urgente pode ser adotada ou executada durante a suspensão: apenas será praticada pelo substituto legal do juiz arguido (art. 146, § 3.º).

A possibilidade de medidas urgentes durante a suspensão do processo é expressão da garantia constitucional da efetividade da tutela jurisdicional (art. 5.º, XXXV – v. n. 3.4 e 3.5, acima).

O parágrafo único do art. 296 tem a mesma inspiração. Salvo expressa e fundamentada decisão no sentido oposto, a tutela provisória (fundada na urgência ou na evidência) anteriormente concedida mantém seu efeitos no período em que o processo está suspenso.

25.2.3. Hipóteses de suspensão previstas no art. 313

25.2.3.1. Morte da parte

A morte ou perda da capacidade processual da parte implica a suspensão do processo desde sua ocorrência. A decisão do juiz a respeito apenas declarará a suspensão – com seus efeitos retroagindo à data do evento então reconhecido.

Assim o é porque, ocorrendo a morte de qualquer das partes e sendo transmissível o direito objeto da ação, deve ocorrer a sucessão processual, iniciar-se o processo de habilitação para tanto (v. n. 17.5, acima, e vol. 4, cap. 9). Então, o escopo do art. 313, I, é garantir a igualdade processual para as partes e para os que vierem a sucedê-las, assegurando o devido processo legal e o contraditório (art. 5.º, LIV e LV, CF).

Trata-se a habilitação de medida necessária para que o processo possa ter seu desenvolvimento, pois o falecimento de uma das partes acarreta a falta de um dos sujeitos processuais. A habilitação serve, portanto, para viabilizar a continuidade do processo, trazendo a ele os sucessores da parte falecida. Embora a habilitação seja ação autônoma, o pedido deve ser processado nos autos da causa principal, em qualquer grau de jurisdição, ficando suspenso o processo (arts. 313, § 1.º, e 689, do CPC/2015).

Se não houver litígio ou controvérsia a respeito e a ação de habilitação não for ajuizada, o magistrado atuará de ofício. Falecido o réu, o juiz determinará ao autor que promova a citação do espólio, do sucessor ou dos herdeiros, conforme o caso, designando prazo que não poderá ser inferior a dois meses nem superior a seis meses (art. 313, § 2.º, I). Se falecido o autor e sendo transmissível o direito objeto da ação, o juiz determinará a intimação do espólio, do sucessor ou dos herdeiros para que manifestem interesse na sucessão processual e promovam a respectiva ação de habilitação no prazo que designar, sob pena de extinção do processo sem resolução do mérito (arts. 313, § 2.º, II, e 485, IV).

Quando se tratar de ação intransmissível, a habilitação não poderá ser ajuizada. Nesse caso, o processo deverá ser extinto sem resolução do mérito (art. 485, IX).

Como dito, a suspensão, embora declarada somente após a juntada aos autos do atestado de óbito, tem efeitos que retroagem à data do falecimento da parte. Em princípio, são ineficazes os atos processuais posteriores a tal evento. Costuma-se falar em "nulidade" nesses casos, mas relativamente aos sucessores da parte morta (ainda não trazidos ao processo) as decisões desfavoráveis proferidas depois da morte são absolutamente ineficazes (ditas "juridicamente inexistentes"), na medida em que eles não tiveram a oportunidade de integrar a relação jurídica processual. Seja como for, os atos praticados após o falecimento da parte e que não tenham gerado prejuízo a seus sucessores devem ser preservados.

25.2.3.2. Perda da capacidade processual da parte

A perda da capacidade da parte também ocasiona a suspensão do processo, pois falta pressuposto de validade da relação processual.

A suspensão não ocorre automaticamente, devendo ser determinada pelo juiz após o conhecimento do fato. Mas, como na morte, os efeitos da decisão retroagem ao momento da perda da capacidade.

A suspensão destina-se a permitir a designação de curador para a parte (C. Civ., art. 1.767 e ss.). Para representar a parte no processo, o curador deve nele se habilitar (CPC/2015, art. 71). Na sua falta (ou no caso de conflito de interesses entre a parte incapaz e o seu curador), deverá o juiz nomear curador especial (CPC/2015, art. 72).

25.2.3.3. Extinção de pessoa jurídica: suspensão apenas em hipóteses específicas

A lei processual não se refere expressamente ao caso de extinção da pessoa jurídica (por fusão, incorporação, dissolução).

A hipótese é similar, mas não idêntica a da morte da parte. Não é identificável com o falecimento de pessoa natural, pois (1º) a morte é fato jurídico; a extinção da pessoa jurídica dá-se por negócio ou ato jurídico (*stricto sensu*) – que no mais das vezes já traz em si as consequências sucessórias; (2º) a sucessão *causa mortis*, embora juridicamente ocorra desde o falecimento, depende de procedimento estatal próprio para sua especificação e formalização; a transferência de patrimônio na extinção da pessoa jurídica independe de procedimento similar, aperfeiçoando-se, por si só, tão logo eficaz o ato extintivo. Enfim, como já se reconheceu na jurisprudência (inclusive do STJ), a sucessão é "automática" na extinção da pessoa jurídica. Isso significa que é ônus do sucessor ou de quem conduz o processo extintivo da pessoa jurídica promover a sucessão no processo, tão logo ocorra a extinção.[2]

Assim, em regra, a extinção da pessoa jurídica não implica suspensão do processo. A suspensão processual por tal fundamento dependerá de regra expressa (ex., Lei 6.024/1974, art. 18).

25.2.3.4. Morte ou perda da capacidade do representante ou do procurador de qualquer das partes

A morte ou perda da capacidade do representante legal de qualquer das partes também é causa de suspensão do processo. O art. 76 do CPC/2015 trata detalhadamente das hipóteses de incapacidade processual da parte e de representação irregular. Segundo o dispositivo, em caso de morte ou perda da capacidade do representante legal da parte (*i.e.*, irregularidade da representação da parte), o juiz deverá suspender o processo e designar prazo para que a situação seja regularizada.

Se se tratar de representante do autor e este não sanar o vício no prazo designado, o processo será extinto sem resolução do mérito (arts. 76, § 1.º, I, e 485, IV).[3] Se a providência couber ao réu e este descumprir a determinação judicial, será considerado revel (arts. 76, § 1.º, II, e 485, IV). Em relação ao terceiro, será aplicada a consequência pertinente ao polo em que se encontre (art. 76, § 1.º, III). Em sede recursal, se a providencia couber ao recorrente, o recurso não será conhecido. Se couber ao recorrido, suas contrarrazões serão desentranhadas do processo (art. 76, § 2.º).

Hipótese que merece destaque, por possuir característica peculiar, é a da morte ou perda de capacidade processual do representante (a rigor, "presentante") da pessoa jurídica. Sua morte ou perda de capacidade não acarreta a suspensão processual. Isso porque a estrutura da pessoa jurídica, como um todo, permanece funcionando – e nela atuam outras pessoas naturais inves-

---

2. Sobre o tema, v. EDUARDO TALAMINI, *Direito processual concretizado*, Belo Horizonte: Fórum, 2010, cap. 5, n. XI, p. 182-184.
3. Ressalvada a hipótese de litisconsórcio – caso em que, se o litisconsorte não corrigir o defeito, ele será excluído do processo. Está pressupondo-se aqui tratar-se de litisconsórcio ativo facultativo, dada a absoluta excepcionalidade, como visto no cap. 18, de litisconsórcio ativo necessário.

tidas de plena capacidade, às quais incumbe promover a designação de novo presentante. Por exemplo, se vier a falecer o promotor de justiça, o processo não será suspenso. Ocorrerá a substituição por outro membro do Ministério Público, que passará a atuar no processo. A mesma solução aplica-se às pessoas jurídicas de direito privado.

Ocorrendo a morte ou a perda da capacidade do advogado, mesmo que já iniciada a audiência de instrução e julgamento – e desde que seja o falecido o único advogado que a parte tinha como seu procurador no processo –, o juiz suspenderá o processo e determinará que a parte constitua novo procurador no prazo de quinze dias, ao final do qual cessará a suspensão. Caso a determinação seja descumprida pelo autor, o processo é extinto sem resolução do mérito (art. 313, § 3.º). Se pelo réu, o juiz determinará que o processo prossiga à sua revelia (art. 313, § 3.º). Se morrer o advogado do terceiro interveniente, incide a consequência aplicável ao polo em que ele se encontre (inclusive com a ressalva atinente ao litisconsórcio ativo). Se falecer o advogado do recorrente não se conhece do recurso. Se a morte for do advogado do recorrido, desentranham-se suas contrarrazões. Essas consequências derivam da conjugação do art. 111, parágrafo único, com o art. 76.

25.2.3.5. Convenção das partes

De acordo com o art. 313, II, as partes podem convencionar a suspensão do processo, formulando pedido de decretação que será direcionado ao juiz da causa. Esse requerimento vincula o juiz, que não pode deixar de decretar a suspensão. Trata-se de negócio processual típico (v. cap. 27, adiante), com efeitos legalmente limitados: a suspensão tem prazo máximo de seis meses (art. 313, § 4.º, parte final).

Escoado o prazo, o juiz dará prosseguimento ao processo, independentemente de requerimento da parte, prestigiando-se, desse modo, os princípios da duração razoável do processo e do impulso oficial. Mas esse limite temporal não se aplica no caso do art. 922, que trata da hipótese de suspensão do processo de execução, por acordo entre as partes, para que o executado cumpra a obrigação.

O motivo pelo qual as partes requerem a suspensão não precisa ser trazido a juízo. Daí se poderia deduzir que as partes estão livres para pactuar a suspensão do processo por quantas vezes julgarem necessário, desde que cada suspensão não extrapole o prazo máximo de seis meses. Mas não se deve tolerar o abuso de direito nem o desvio de finalidade. Há a liberdade das partes, mas se houver indícios de que sucessivas suspensões convencionais do processo, intercaladas apenas por pequenos períodos de andamento processual, estão se prestando a propósitos abusivos, o juiz poderá determinar que as partes justifiquem sua conduta.

Apesar de, na vigência do CPC/1973, não haver disposição expressa na lei, havia quem entendesse que a suspensão por convenção das partes não poderia ser decretada nos casos em que alcançasse prazos peremptórios, como é o caso, por exemplo, dos prazos para contestar e para recorrer. Essa concepção é insustentável no CPC/2015. Como já dito, o art. 221 afirma que os prazos se suspendem em "qualquer das hipóteses do art. 313". Vale dizer, no prazo em que admissível, a suspensão por força de ajuste entre as partes tem efeitos idênticos às demais hipóteses.

25.2.3.6. Arguição de impedimento e suspeição do juiz

Como visto no cap. 20, o impedimento do juiz decorre de fatos objetivamente verificáveis, enquanto a suspeição advém de fatos cuja aferição envolve análise mais complexa. Em ambas as situações, o que está em causa é a imparcialidade do juiz. Como já visto no cap. 15, apenas a ausência de impedimento é pressuposto processual.

Se qualquer das partes questionar a parcialidade do magistrado, arguindo impedimento ou suspeição, o processo será suspenso, em qualquer grau de jurisdição, prosseguindo o incidente nos termos do art. 146 (art. 313, III). A arguição de impedimento ou suspeição deve ser feita no prazo de 15 (quinze) dias contados do conhecimento do fato. A parte deve formular tal arguição em petição específica dirigida ao próprio juiz cuja imparcialidade está sendo questionada. Na petição deve-se indicar o fundamento da recusa do juiz. Na mesma oportunidade, a parte tem o ônus de juntar documentos em que se fundar a alegação, bem como apresentar rol de testemunhas (art. 146).

Caso o juiz não concorde com a arguição, determinará a autuação da petição em apartado e remeterá os autos ao tribunal (art. 146, §1.º). Se o relator receber o incidente sem efeito suspensivo, o processo terá prosseguimento. Já, se receber com efeito suspensivo, o processo fica suspenso até a solução do incidente (art. 146, § 2.º).

De todo modo, enquanto não declarado o efeito em que o incidente é recebido ou se for recebido com efeito suspensivo, o juiz contra quem a arguição é dirigida não pode exercer a função jurisdicional no processo.

Como já dito, durante o período da suspensão não é possível praticar atos processuais, exceto aqueles urgentes que, no caso específico do impedimento ou da suspeição, serão praticados pelo substituto legal do juiz cuja imparcialidade foi questionada (arts. 146, § 3.º, e 314).

Se o tribunal concluir que a alegação de impedimento ou de suspeição é improcedente, deverá rejeitá-la – retomando-se o processo, caso estivesse suspenso, com o próprio juiz arguido. Caso o tribunal acolha a arguição, reconhecendo o impedimento ou a suspeição, ele remeterá o processo ao juiz que legalmente substitui o juiz declarado impedido ou suspeito e fixará o momento a partir do qual esse juiz não poderia ter atuado (a fim de se anularem os atos praticados desde tal momento, que tenham efetivamente gerado prejuízo à parte e aos interesses da jurisdição). Se o tribunal havia recebido o incidente com efeito suspensivo, o processo retomará seu curso ao ser encaminhado ao juiz substituto. Além disso, no caso de impedimento ou de "manifesta" suspeição, o tribunal também deverá condenar o juiz ao pagamento de custas – hipótese em que o juiz condenado poderá inclusive recorrer dessa decisão (art. 146, §§ 4.º a 6.º).

A arguição de impedimento e suspeição também pode ser dirigida a auxiliares da justiça, membros do Ministério Público ou outros sujeitos imparciais do processo (art. 148). Todavia, a arguição nessas situações não acarreta a suspensão do processo (§ 2.º).

25.2.3.7. Admissão de incidente de resolução de demandas repetitivas (IRDR) ou de julgamento de recursos especiais ou extraordinários repetitivos

O excessivo número de causas repetitivas levou o legislador a criar mecanismos de julgamento por amostragem. O escopo dessa técnica é não só a celeridade e a economia processuais, como também garantir respostas iguais a causas de pedir e pedidos iguais.

O incidente de resolução de demandas repetitivas (IRDR) permite aos Tribunais de Justiça e aos Tribunais Regionais Federais julgar por amostragem demandas seriadas (individuais ou coletivas), que tenham por objeto controvertido uma mesma questão de direito, sempre que houver "risco de ofensa à isonomia e à segurança jurídica" (v. vol. 2, cap. 35).

Nos termos do que dispõe o art. 982, I, do CPC/2015, o relator, ao admitir o incidente, determina a suspensão de todos os processos judiciais em trâmite no Estado ou na região em que o Tribunal exerce a função jurisdicional, sejam eles individuais ou coletivos. Ainda que essa disposição legal pareça sugerir o contrário, a suspensão é efeito automático da admissão do incidente. Mas a suspensão não impede a concessão da tutela de urgência, cujo pedido deverá ser direcionado ao juízo onde tramita a causa (§ 2.º).

Se o julgamento não ocorrer em um ano, os processos têm seu curso retomado, a não ser que o relator do IRDR decida, fundamentadamente, manter a suspensão (art. 980, parágrafo único).

Decidido o incidente de resolução de demandas repetitivas cessa a suspensão – desde que contra essa decisão não seja interposto recurso especial ou extraordinário (art. 982, § 5.º).

Se a questão decidida no IRDR for constitucional ou de lei federal, caberá recurso extraordinário ou especial com efeito suspensivo (art. 987, § 1.º) – o que manterá a suspensão dos processos acaso vigente. Mesmo antes do julgamento do IRDR, diante da perspectiva de futuro recurso especial ou extraordinário, qualquer uma das partes (de processo em que se discuta a mesma questão), a Defensoria Pública ou Ministério Público pode pedir ao STJ ou STF, conforme o caso, a suspensão preventiva dos processos que versem sobre questão idêntica, em todo território nacional (art. 982, § 3.º).

A regra da suspensão também se aplica aos recursos especiais e extraordinários repetitivos (art. 1.037, II), autonomamente (i.e., independentemente da prévia existência de um IRDR nos tribunais locais). Tal suspensão, dado o caráter nacional da questão de lei federal ou constitucional, alcança sempre todos os processos judiciais em trâmite no território brasileiro (v. vol. 2, cap. 29 e 30).

25.2.3.8. Questão prejudicial objeto de outro processo civil (prejudicialidade externa)

Quando a decisão de mérito depender do resultado do julgamento de matéria objeto de outro processo em andamento, pode haver a suspensão processual pelo prazo máximo de um ano (art. 313, V, *a*, e § 4.º).

A regra em exame concerne à chamada "questão prejudicial". Trata-se de uma questão relevante para a solução do mérito da causa, mas que não se confunde com a questão principal concernente ao próprio mérito. A questão prejudicial é aquela, que por uma imposição lógica, precisa ser resolvida antes da questão principal do mérito. Se a questão prejudicial for decidida num dado sentido, nem mais caberá examinar qualquer outro aspecto do mérito (ou seja, fica "prejudicada" a questão de mérito). Se decidida a questão prejudicial no sentido oposto, ainda haverá o que se resolver quanto ao mérito. Tome-se este exemplo: o autor formula como pedido a imposição ao réu de lhe pagar alimentos, invocando como fundamento para tanto a circunstância de ser filho do réu. A questão principal (o "mérito" da causa) é o direito ao recebimento de alimentos. A questão prejudicial é a relação de filiação. Se a questão prejudicial for decidida no sentido de que o autor não é filho do réu, nada mais cabe decidir acerca do direito a alimentos (pois não havendo o parentesco, não cabem alimentos): o pedido deve ser julgado improcedente. Já se a questão prejudicial for resolvida no sentido oposto, reconhecendo-se haver a relação de filiação, cumpre ainda ao juiz examinar outras questões relevantes para o direito de alimentos (definir se o réu tem possibilidade de pagar alimentos e se o autor tem a necessidade de recebê-los), para saber se o pedido deve ser julgado procedente.

As questões prejudiciais podem ser internas ou externas. A questão prejudicial interna é aquela que surge apenas na esfera do próprio processo e que não acarreta a sua suspensão: cabe ao juiz promover a sua instrução e decidi-la juntamente com a questão principal. Já a questão prejudicial externa é aquela que já está sendo apreciada em outro processo. A regra do art. 313, V, *a*, refere-se apenas à prejudicial externa: para evitar que sejam proferidas decisões contraditórias, justifica-se a suspensão do processo até que a questão prejudicial seja resolvida no outro processo.

Não é discricionária a atividade do juiz, quanto a suspender ou não o processo nesse caso. Mas a suspensão tampouco é automática. Segundo a orientação jurisprudencial, cumpre ao magistrado verificar concretamente a efetiva utilidade da suspensão à luz das circunstâncias do caso concreto. É que o juiz não está proibido de decidir ele mesmo a questão prejudicial – a despeito de ela ser a questão principal de outro processo em curso. A suspensão visa a evitar decisões idealmente contraditórias (por exemplo, uma decisão afirmando que fulano não é filho de sicrano e outra mandando sicrano pagar alimentos a fulano sob a premissa de que há relação de filiação). Mas existem outros princípios relevantes a serem considerados pelo juiz, no momento de decidir se suspende ou não o processo (celeridade processual, efetividade da tutela, boa-fé etc.).

Nesse contexto, inclusive se discute na jurisprudência se a supensão é aplicável mesmo quando a ação que versa sobre a questão prejudicial foi ajuizada apenas depois da ação que se quer suspender (há quem afirme que isso poderia ser usado como estratagema por uma parte para suspender o processo iniciado pela outra). Mas também isso deve ser aferido concretamente.

O prazo máximo de suspensão é de um ano (art. 313, § 4.º). Mas tal limitação não é absoluta, cabendo, também nesse ponto, a consideração das circunstâncias concretas pelo juiz.

A suspensão pelo fundamento ora examinado pode ser meramente parcial. Isso porque é possível que a causa objeto da outra ação seja relevante apenas para a solução de uma parte do mérito. Nesse caso, o processo pode ainda prosseguir para a instrução e mesmo solução (art. 356) da parcela do mérito que independe da solução da outra causa.

Não há contradição entre a norma de suspensão por força da questão prejudicial, aqui examinada, e aquela outra que prevê a reunião de processos, para julgamento conjunto, quando houver conexão por força de questão prejudicial (art. 55, § 1.º). Há uma ordem de preferência entre as duas normas. Sempre que possível, reúnem-se os processos. A suspensão apenas ocorrerá quando não for possível a reunião dos processos. Isso acontece, por exemplo, quando a questão prejudicial é objeto de recurso, enquanto o processo prejudicado ainda tramita em primeiro grau. É também o que se dá quando os dois processos tramitam perante juízos com diferentes competências absolutas (p. ex., um é de competência da Justiça Federal e outro, da Estadual).

Por fim, note-se que o aqui exposto a respeito da questão prejudicial externa não se aplica às hipóteses em que a decisão de mérito depende de apuração de fato delituoso na esfera criminal – caso em que se aplica a regra do art. 315 do CPC/2015, como veremos adiante.

25.2.3.9. Fatos ou provas

Se a prova é produzida mediante carta (arts. 36 e 260-268) ou auxílio direto (arts. 28-34) ou se o tribunal determina a produção da prova na instância inferior (ex., art. 972), pode ocorrer a suspensão do processo por até um ano (art. 313, § 4.º).

A pendência da produção probatória no outro juízo não impede a prática de outros atos instrutórios nem a solução da parcela do mérito que independa da prova (art. 356). A suspensão apenas impedirá a prolação da sentença que dependa da prova.

Se a diligência probatória der-se por carta precatória ou rogatória ou auxílio direto, a suspensão apenas incide automaticamente se a prova, além de imprescindível, tiver sido requerida antes do saneamento do processo (art. 377). Mas o juiz pode atribuir o efeito suspensivo mesmo na hipótese em que a diligência foi requerida depois do saneamento – assim como pode manter a suspensão por mais de um ano, em qualquer caso – mediante ponderação das circunstâncias concretas.

25.2.3.10. Motivo de força maior

A suspensão do processo também pode ocorrer por motivo de força maior. São inúmeros os eventos alheios à vontade das partes que podem ocorrer e que inviabilizam a continuidade do processo. Por exemplo: enchente no prédio do fórum, calamidade pública, greve de servidores do Poder Judiciário, pane de informática que afete os processos eletrônicos etc.

Por essa razão, o legislador optou por empregar o conceito jurídico indeterminado "motivo de força maior". Ele não teria condições de listar todas as hipóteses possíveis.

Da mesma forma, não fixou prazo para a suspensão nesses casos, pois o curso do processo deverá permanecer suspenso enquanto perdurar a causa impeditiva.

25.2.3.11. Discussão decorrente de acidentes e fatos da navegação de competência do Tribunal Marítimo

Pode ocorrer que no processo esteja em discussão questão relativa a acidentes e fatos da navegação que deva ser apreciada pelo Tribunal Marítimo. Nesse caso, o processo judicial pode ser suspenso para aguardar a decisão daquele Tribunal (art. 313, VII).

Essa disposição exige interpretação conforme a Constituição. O Tribunal Marítimo não tem natureza jurisdicional: é mero órgão administrativo (Lei 2.180/1945, art. 1.º). Até por isso vetou-se o art. 515, X, do CPC/2015, que qualificava como título executivo judicial suas decisões. A Constituição assegura o acesso à justiça, independentemente do exaurimento de instâncias administrativas (art. 5.º, XXXV). Logo, não se pode impor à parte a prévia submissão ao Tribunal Marítimo, impedindo-a de ir desde logo ao Judiciário. Assim, a suspensão em comento só incide quando as partes concordam em aguardar a solução daquele órgão. Basta que uma das partes prefira ir desde logo ao Judiciário, renunciando assim à esfera administrativa (o que o STF reputa viável), para que a regra não se aplique.

Quando aplicável, o propósito da norma é garantir maior eficiência na prestação jurisdicional, prestigiando-se a apreciação probatória por aquele órgão especializado. Mas ela só é legítima nos limites aqui explicitados.

25.2.3.12. Fato delituoso (prejudicialidade externa penal)

O art. 315 do CPC explicita regra no sentido de que, se a decisão de mérito depender de apuração de fato delituoso na esfera penal, deve o processo ser suspenso. Trata, portanto, de prejudicialidade externa de natureza penal. Exemplos comuns são os da ação civil *ex delicto* (art. 63 e ss., do CPP, e art. 91, do CP) e o da falsificação documental, quando se alega a falsidade em processo civil e se pretende apurar o fato na esfera criminal.

Determinada a suspensão, a ação penal deverá ser promovida dentro do prazo de três meses, ao final do qual, se não ajuizada a ação, o processo retoma seu curso, devendo o juízo cível apreciar a questão prévia incidentalmente (art. 315, § 1.º) Já se a ação penal for promovida dentro desse prazo, o processo fica suspenso pelo prazo de até um ano (art. 315, § 2.º). Escoado esse prazo sem que haja um pronunciamento da justiça criminal, o juízo cível, em princípio, dará prosseguimento ao processo e apreciará incidentalmente a questão prévia.

O art. 315 constitui norma especial em face daquela geral do art. 313, V, *a* (ainda que com escopo idêntico: evitar decisões idealmente contraditórias): aquela se refere a todas as demais questões prejudiciais, que não concirnam à existência de fato delituoso. Diferentemente daquela, a regra em comento, como indicado, permite a suspensão mesmo quando não houver outro processo em curso: o juiz pode suspender o processo e aguardar por até três meses a própria propositura da ação penal (art. 315, § 1.º).

Aqui, ainda mais do que no art. 313, V, *a*, evidencia-se que a suspensão não se dá de pleno direito. Cabe ao juiz avaliar, à luz das circunstâncias concretas, se suspenderá o processo civil, aguardando a solução da questão no juízo penal, ou se irá adiante ele mesmo no julgamento incidental da questão. A decisão tem de ser fundamentada.

A suspensão deve durar três meses, aguardando-se o ajuizamento da ação penal (§ 1.º), ou (e mais) um ano, aguardando-se o desfecho do processo penal (§ 2.º). Mas, como no art. 313, V, *a*, deve-se reconhecer o poder de o juiz estender esse prazo, fundamentadamente, à luz do caso concreto

Se o juiz civil optar por não suspender o processo para aguardar a solução no juízo penal, ou se, tendo-o suspendido, decorrer o prazo do § 1.º ou o do § 2.º do art. 315 sem decisão do juízo penal, cumpre-lhe resolver ele mesmo a questão atinente à existência do fato delituoso. Não existe no processo civil brasileiro "prejudicialidade externa obrigatória". Ou seja, as questões prejudiciais relativamente às quais o juiz civil não tem competência absoluta para decidir como questões principais podem mesmo assim ser por ele resolvidas incidentemente, sem força de coisa julgada (art. 503, § 1.º, III – *a contrario sensu*). A exceção antes vigente entre nós, relativa ao processo arbitral, foi revogada (art. 4.º da Lei 13.129/2015, que revogou o art. 25 da Lei 9.307/1996).

25.2.3.13. *Parto ou adoção*

A advogada que atuar como única representante da parte tem direito à suspensão do processo por trinta dias, contados do parto ou adoção (CPC/2015, art. 313, IX e § 6.º – acrescidos pela Lei 13.363/2016).

Para tanto, terá de ser apresentada a prova do fato. Tal comprovação não precisa ser feita na própria data do evento. Pode dar-se posteriormente – tão logo quanto possível –, retroagindo a suspensão à data do parto ou adoção (CPC/2015, art. 313, § 6.º).

A regra também exige que a advogada comunique o evento (e a consequência processual, consistente na suspensão) ao seu cliente. Trata-se de simples comunicação, que independe de concordância da parte. Deve ser feita na primeira oportunidade possível – ao menos contemporaneamente à comprovação do parto ou adoção em juízo. Pode ser feita ainda antes do nascimento ou adoção, às suas vésperas. Tal notificação não se reveste de nenhuma especial formalidade. Pode ser feita por carta com aviso de recebimento, e-mail com confirmação de leitura ou qualquer outra forma que cumpra adequadamente a finalidade de dar ciência escrita à parte.

A comprovação em juízo da ocorrência de tal notificação não é requisito para que se reconheça a ocorrência da suspensão. A norma exige apenas a comprovação do próprio evento – e não dessa comunicação, que é relevante apenas no âmbito da relação entre parte e advogada. A advogada exonera-se de plano de qualquer responsabilidade pela suspensão do processo, na medida em que tenha feito a cientificação de seu cliente.

O advogado que for pai também tem o direito à suspensão do processo em que ele seja o único representante da parte (CPC/2015, art. 313, § 7.º, acrescido pela Lei 13.363/2016). No entanto, o prazo é menor: oito dias (úteis, conforme o art. 219), contados do nascimento ou da adoção (CPC/2015, art. 313, § 7.º, acrescido pela Lei 13.363/2016). No mais, aplicam-se regras idênticas às postas para a advogada mãe: necessidade de apresentação em juízo da comprovação do evento; retroação da suspensão à data do evento; necessidade de comunicação ao cliente, mas sem que isso constitua requisito processual para a suspensão.

25.2.3.14. Outros casos de suspensão

O inciso VIII do art. 313 dispõe que a suspensão ocorrerá nos demais casos previstos no CPC. Dentre as hipóteses previstas no código, destacam-se: *a*) o incidente de desconsideração da personalidade jurídica, exceto quando a desconsideração for requerida na petição inicial (art. 134, § 3.º); *b*) a oposição (art. 685, parágrafo único); *c*) na execução: quando a parte opuser embargos e lhes for atribuído efeito suspensivo (art. 921, II), ou se ausentes bens penhoráveis (art. 921, III) ou quando as partes convencionarem prazo para o devedor cumprir espontaneamente a obrigação (art. 922).

Há, também, a previsão de suspensão do processo em lei extravagante. É o caso, por exemplo, da suspensão da execução fiscal se não for localizado o devedor ou não forem encontrados bens penhoráveis, prevista no art. 40 da Lei 6.830/1980. Outro exemplo é o do art. 21 da Lei 9.868/1999, que dispõe que o STF pode deferir tutela urgente em ação declaratória de constitucionalidade, para determinar que juízes e Tribunais procedam à suspensão dos processos em que se aplicará a lei ou o ato normativo *sub judice* ou, ainda, quando for concedida medida de urgência em arguição de descumprimento de preceito fundamental (ADPF – Lei 9.882/1999, art. 5.º, § 3.º). Outros exemplos: Leis 5.764/1971, art. 76; 6.024/1974, art. 18; 11.101/2005, arts. 52, III, e 99, V etc. Um terceiro exemplo é extraível do art. 16 da Lei 13.140/2015, que permite às partes que se submeterem a uma mediação extrajudicial, no curso de um processo judicial, requerer a suspensão deste, pelo período que durar a mediação.

25.3. Extinção do processo

A teor do que dispõe o art. 316 do CPC/2015, "a extinção do processo dar-se-á por sentença". Há aqui uma imprecisão terminológica. Se algum pronunciamento é apto a extinguir o processo, com efeito, ele é uma sentença. Mas não se pode dizer que a sentença extinga sempre o processo. Se a parte contra ela interpuser recurso, o pronunciamento que o decidir por último receberá a denominação de acórdão e não de sentença (ainda que ele tenha o "valor" de sentença). Além disso, há a fase de cumprimento do art. 513 e seguintes, em que a sentença é executada no bojo do próprio processo em que foi proferida, o que significa que ela não terá posto fim ao processo. Nesse ponto, remete-se ao quanto exposto no cap. 14, acima (sem prejuízo do muito que ainda se dirá sobre o tema nos volumes seguintes deste *Curso*).

Por outro lado, nem toda sentença veicula resolução de mérito. A sentença que encerra a fase de conhecimento pode declarar a impossibilidade de resolução do mérito (sentença terminativa) ou conter tal resolução (sentença definitiva), nos termos, respectivamente, dos arts. 485 e 487. A sentença que põe fim à execução (art. 925) não contém julgamento de mérito: apenas declara a ocorrência de uma das hipóteses do art. 924. Além disso, nem todo pronunciamento que julga o mérito é sentença: pode haver resolução parcial do mérito no saneamento do processo – remetendo-se a outra parcela da lide à instrução probatória. Nesse caso, tem-se decisão interlocutória (art. 356).

No âmbito do procedimento comum, a sentença, nos termos do § 1.º do art. 203, é o pronunciamento do juiz que põe fim à fase cognitiva, com ou sem resolução do mérito. Essa última hipótese ocorre quando o ato decisório do juiz reconhecer a existência de um defeito que impede, em termos absolutos, a solução do mérito (art. 485), interrompendo prematuramente a marcha procedimental.

Porém, antes de proferir decisão nesses termos, deve o juiz conceder à parte oportunidade para corrigir o vício (art. 317), dando-se ao processo o máximo aproveitamento possível. Para a efetividade do sistema e eficácia das decisões judiciais, a decisão sem resolução de mérito é verdadeiramente o resultado indesejado. É o fracasso do sistema processual. Não por outra razão, a doutrina denomina a decisão que afirma a impossibilidade de julgamento do mérito ou de concessão da tutela executiva de sentença de extinção "anormal" do processo. O que se espera é que, submetido o conflito de interesses à apreciação do Poder Judiciário, da movimentação da máquina judiciária resulte, no processo de conhecimento, uma decisão de mérito (de procedência ou de improcedência) que efetivamente a solucione.[4] Na execução, espera-se a satisfação do credor. Todo o resto é "anormal".

Essa diretriz é reforçada pela explícita consagração do princípio da cooperação (art. 6.º), que também já se extrairia do contraditório e da boa-fé (v. cap. 3, acima). Para o juiz, a cooperação impõe, entre outros deveres, *prevenir* as partes sobre os riscos e deficiências das manifestações e estratégias por elas adotadas, conclamando-as a corrigir os defeitos sempre que possível, e *dialogar* com elas, não as surpreendendo com decisões sobre questões de ofício não submetidas antes ao debate com as partes (art. 10).

Mas há limites. A norma impositiva de correção (para evitar-se a extinção anormal do processo) aplica-se aos vícios que possam ser corrigidos sem violação da estabilidade da demanda (art. 329). Por exemplo, a falta de uma procuração pode ser suprida; mas não há como corrigir-se a violação à coisa julgada ou a litispendência, sem alterar-se algum dos elementos da ação (pedido, partes ou causa de pedir). Do mesmo modo, não é possível corrigir-se uma ilegitimidade passiva, depois de perdida a oportunidade dos arts. 338 e 339.

---

4. A respeito, ver LUIZ RODRIGUES WAMBIER, *Liquidação da sentença civil individual e coletiva*, 5. ed., p. 36.

Mas mesmo nesses casos, se o juiz estiver considerando o defeito de ofício, sem que ele tenha sido antes ventilado no processo, impõe-se submetê-lo ao contraditório: ainda que ele não possa ser corrigido, o autor pode demonstrar sua inocorrência.

O tema será retomado no capítulo de sentença.

Quadro Sinótico

Formação do processo

Momento da formação da relação processual	Autor: protocolo da inicial
	Juiz: despacho inicial
	Réu: citação válida

Suspensão do processo

Noções gerais – distinção de outras figuras	

Regime jurídico	Própria (total)
	Imprópria (parcial)

Hipóteses do art. 313	Morte da parte
	Perda da capacidade processual da parte
	Extinção de pessoa jurídica (hipóteses específicas)
	Morte ou perda da capacidade do representante ou do procurador de qualquer das partes
	Convenção das partes
	Arguição de impedimento e suspeição do juiz
	Admissão de incidente de resolução de demandas repetitivas (IRDR) ou de julgamento de recursos especiais ou extraordinários repetitivos
	Prejudicialidade externa
	Fatos ou provas (carta, auxílio direto ou produção da prova em instância inferior)
	Motivo de força maior
	Acidentes e fatos da navegação de competência do Tribunal Marítimo
	Fato delituoso (prejudicialidade externa penal)
	Outros casos de suspensão

Extinção do processo

Art. 316	Imprecisão terminológica	
Sentença	Com resolução de mérito	
	Sem resolução de mérito	Correção do vício – art. 317
		Exceção

DOUTRINA COMPLEMENTAR

Formação

- **FREDIE DIDIER JR.** (*Curso...*, vol. 1, 17. ed., p. 547) descreve que "o processo nasce com a propositura da demanda. A data do protocolo da petição inicial é a data de início do processo. A partir daí, o processo, já existente, se *desenvolve*, com a prática de novos atos (despacho da petição inicial, citação, resposta do réu, saneamento do processo, produção de provas, decisão, recursos etc.) e com o surgimento de relações jurídicas processuais. É esse desenvolvimento do processo que o transforma em uma série de atos e em um feixe de relações jurídicas".

- **HUMBERTO THEODORO JÚNIOR** (*Curso...*, vol. 1, 56. ed., p. 706) denota que "a relação angular que se contém no processo, e que vincula o autor, o juiz e o réu, não se estabelece num só ato. Inicialmente, ao receber a petição do autor, o Estado vincula-se em relação apenas linear, por força do direito de ação. Forma-se um dos lados da relação processual, o lado *ativo*: a ligação autor-juiz e juiz-autor. Numa segunda fase, com a citação do réu, a relação processual se completa com o seu lado passivo: *i. e.*, com a vinculação réu-juiz e juiz-réu. Aí, sim, o processo estará perfeito em sua forma angular de *actus trium personarum*".

- **TERESA ARRUDA ALVIM WAMBIER, MARIA LÚCIA LINS CONCEIÇÃO, LEONARDO FERRES DA SILVA RIBEIRO E ROGERIO LICASTRO TORRES DE MELLO** (*Primeiros...*, p. 529), entendem que "o protocolo da petição inicial é suficiente para que considere proposta a ação. A propositura da ação é necessária para que a atividade jurisdicional tenha início em relação àquele caso concreto. Salvo exceções legais, o processo só começa se houver iniciativa do autor. Com o protocolo da petição inicial, em que o autor faz um pedido perante o Poder Judiciário, considera-se iniciado o processo de formação da relação jurídica processual, que se estabelece, neste momento, entre autor e juiz. Por isso é que se deve considerar que, ainda não há propriamente, processo. Só com a triangularização desta relação é que se pode dar, ao fenômeno que se enxerga no mundo dos fatos, a qualificação jurídica de processo".

Suspensão

- **FREDIE DIDIER JR.** (*Curso...*, vol. 1, 17. ed., p. 737) entende que "a suspensão do processo não significa a suspensão dos *efeitos jurídicos* do processo (efeitos da litispendência); não há suspensão do conteúdo eficacial da relação jurídica processual. Não obstante suspenso o processo, a coisa ou direito ainda é litigioso, permitindo a incidência do art. 109 do CPC". Em relação ao prazo de suspensão do processo, afirma esse autor (p. 741) que "o princípio da eficiência exerce uma função interpretativa. Os enunciados normativos da legislação processual devem ser interpretados de modo a observar a eficiência. Dispositivos relacionados à suspensão do processo, por exemplo, que impõe um limite temporal máximo para a suspensão (art. 313, § 4.º, CPC), devem ser interpretados com temperamento: em certas situações, o prosseguimento do processo, após o vencimento do prazo máximo de suspensão, é medida que pode revelar-se extremamente ineficiente, sob o ponto de vista da administração do processo".

- **HUMBERTO THEODORO JÚNIOR** (*Curso...*, vol. 1, 56. ed., p. 709) entende que "ocorre a suspensão do processo quando um acontecimento voluntário, ou não, provoca, temporariamente, a paralisação da marcha dos atos processuais. Ao contrário dos fatos extintivos, no caso de simples suspensão, tão logo cesse o efeito do evento extraordinário que a causou, a movimentação do processo se restabelece normalmente. Na verdade, a suspensão inibe o andamento do feito, mas não elimina o vínculo jurídico emanado da relação processual, que, mesmo inerte, continua a subsistir com toda sua eficácia. Assim, nenhum prejuízo sofrem os atos processuais anteriormente praticados que permanecem íntegros e válidos à espera da superação da crise. Até mesmo os prazos iniciados antes da suspensão não ficam prejudicados na parte já transcorrida. Sua fluência restabelece-se, após cessada a paralisação do feito, apenas pelo restante necessário a completar o lapso legal (NCPC, art. 221)".

- **LUIZ DELLORE** (*Teoria...*, p. 933-934) sustenta que "dúvida não há de que a lide debatida no processo deve ser solucionada com a maior brevidade possível (inclusive por força do princípio da razoável duração do processo – CF, artigo 5.º, LXXVIII e CPC/2015, art. 4º). Assim, a rigor, não é esperado que o trâmite do processo seja suspenso, por qualquer que seja o motivo ou por qualquer período. Contudo, por vezes é mais conveniente uma momentânea suspensão do processo – pois isso pode ser mais benéfico para a solução do conflito ou porque a alternativa, caso não haja a suspensão, é a pronta extinção do processo".

- **LUIZ GUILHERME MARINONI, SÉRGIO CRUZ ARENHART E DANIEL MITIDIERO** (*Novo Código...*, p. 327). Os autores descrevem que "dá-se a suspensão do processo quando se o coloca em estado de espera, quando por determinado período de tempo cessa a fluência que lhe é inerente. No direito brasileiro não existem casos de interrupção do processo, apenas de suspensão. A suspensão pode ser própria ou imprópria: essa ocorre quando apenas parcela do processo resta suspensa (o que ocorre, por exemplo, quando é arguido o impedimento ou a suspeição do juiz), enquanto aquela requer para sua configuração a suspensão de todo o processo".

- **NELSON NERY JR. E ROSA MARIA DE ANDRADE NERY** (*Comentários...*, p. 875) afirmam que "durante a suspensão do processo não podem ser praticados atos processuais e não corre nenhum prazo. Os prazos processuais que já haviam se iniciado ficam suspensos e, cessada a suspensão do processo, recomeçam pelo tempo que restar. Caso seja praticado algum ato processual durante a suspensão, esse ato será nulo, salvo se não tiver trazido nenhum prejuízo a qualquer das partes".

- **TERESA ARRUDA ALVIM WAMBIER, MARIA LÚCIA LINS CONCEIÇÃO, LEONARDO FERRES DA SILVA RIBEIRO E ROGERIO LICASTRO TORRES DE MELLO** (*Primeiros...*, p. 534), em comentário ao art. 313, ressaltam que "a suspensão do processo é, a rigor e como regra, uma situação absolutamente indesejada. O que o autor quer, quando propõe a ação, é que o curso do processo, pelo procedimento que ao tipo de questão seja destinado pela lei, não sofra interrupções ou crises, mas que caminhe em direção ao alcance de sua finalidade, que é a sentença de mérito. Ainda que se trate de situação temporária, como efetivamente o é, na qual atos processuais ordinários não são praticados, é algo que, em regra, foge aos padrões de normalidade convenientes para o processo". Asseveram que "apenas atos ordinários não são praticados porque, excepcionalmente, poderá ocorrer a prática de atos processuais tidos por urgentes, nos termos do que dispõe o art. 314".

Extinção

- **FREDIE DIDIER JR.** (*Curso...*, vol. 1, 17. ed., p. 706) entende haver "decisões totais, que dizem respeito à totalidade do processo, em seu aspecto subjetivo (todas as partes) e objetivo (todos os pedidos)", e "decisões parciais, que dizem respeito ou a alguma das partes (um litisconsorte, por exemplo) ou a algum dos pedidos. É por isso que se deve ter muito cuidado com a terminologia. Os arts. 485 e 487 não preveem hipóteses em que necessariamente o processo será extinto nem estabelecem matérias que sejam exclusivas de sentença".

- **HUMBERTO THEODORO JÚNIOR** (*Curso...*, vol. 1, 56. ed., p. 720) afirma que "o processo sempre se extinguirá por sentença, visto que se trata de uma relação jurídica complexa e dinâmica sob direção do juiz. Só ele admite a formação de tal relação e apenas ele pode pôr-lhe fim. Uma vez que, para encerrar o processo, o juiz tanto pode fazê-lo por motivos de defeitos instrumentais como por razões suficientes para decretar a solução definitiva do litígio, as sentenças costumam ser classificadas em terminativas e definitivas. Por meio das primeiras, o processo se encerra sem resolução do mérito (NCPC, art. 485)".

- **LUIZ DELLORE** (*Teoria...*, p. 949) entende que "o processo, em determinado momento, terá de chegar a seu final, visto não se tratar de instituto criado para durar indefinidamente (muito ao contrário, espera-se que o processo seja julgado com a maior brevidade possível). Toda vez que o processo for extinto, haverá uma sentença. É isso que esse dispositivo preceitua". DELLORE afirma que "o inverso não é verdadeiro: nem toda sentença acarreta a extinção do processo. O CPC/2015 divide as sentenças entre as sem mérito e com mérito (artigos 485 e 487, respectivamente). As sentenças com mérito não acarretam a extinção do processo, pois na sequência, em regra, haverá o cumprimento de sentença (artigo 513 e seguintes)". Assevera que "na sentença sem mérito o processo é extinto por força de alguma falha burocrática ou processual. Ou seja, o pedido formulado pelo autor nem sequer é apreciado pelo juiz, e assim a lide permanece incomposta e o mérito, não decidido. É a denominada extinção anômala, já que, quando alguém busca o Judiciário, o esperado é que se decida o mérito. (...) Pelo outro lado, caso não apresente qualquer falha formal-burocrática, o pedido é apreciado – o que, por certo, é o que usualmente se espera que ocorra quando se aciona a jurisdição. Nessas hipóteses, a lide é composta, o mérito é decidido. São as situações em que há 'resolução do mérito'".

- **LUIZ MANOEL GOMES JUNIOR** (*Breves...*, p. 808), em comentário ao art. 317, enfatiza que "como regra geral, a sentença não é o último ato do processo, havendo os recursos e acórdãos, sendo certo que esses substituem aquela, inclusive como decisão final. Esta é a regra. Deste modo, o processo é sim extinto pela sua última decisão sem a interposição de recurso e não necessariamente por uma sentença".

- **NELSON NERY JR. E ROSA MARIA DE ANDRADE NERY** (*Comentários...*, p. 881), em comentário ao art. 317, questionam "se esta disposição se aplica a todos os casos de extinção do processo sem resolução do mérito". Trazem como exemplo a hipótese do CPC 313 § 3.º. NELSON e ROSA NERY explicam que "esse dispositivo prevê que, transcorrido o prazo limite para que o autor indique novo advogado em substituição ao mandatário falecido, deverá ser o processo extinto sem resolução do mérito". Para os autores, "seria contraproducente a concessão de novo prazo para o autor corrija o defeito de representação nesse caso, pois o prazo transcorrido já se destinava a isso".

- **TERESA ARRUDA ALVIM WAMBIER, MARIA LÚCIA LINS CONCEIÇÃO, LEONARDO FERRES DA SILVA RIBEIRO E ROGERIO LICASTRO TORRES DE MELLO** (*Primeiros...*, p. 541), em comentário ao art. 316, afirmam que "de rigor, a sentença, segundo o próprio Código (art. 203, § 1.º) é o ato do juiz que põe fim à fase cognitiva do procedimento comum. Só na linguagem comum, e perfeitamente compreensível, é que se pode dizer, tanto à luz da última versão do CPC/73, quanto no contexto do NCPC, que a sentença é a decisão do juiz que põe fim ao processo. Fala-se em fase de cumprimento da sentença, em que não há nova citação do réu/devedor/executado. É a mesma relação processual, ainda viva, em que serão praticados atos de natureza executória, caso não haja o cumprimento 'espontâneo' (provocado pela perspectiva de ficar responsável por uma multa). Pode também pôr fim à fase de conhecimento a interlocutória de mérito. Quando houver mais de um pedido, e o juiz decidir um deles prematuramente, terá posto fim à fase de cognição em relação àquele pedido. E não se tratará de uma sentença, na terminologia proposta pelo Código".

Enunciados do FPPC

N.º 92. (*Arts. 982, I, 313, IV, CPC/2015*) A suspensão de processos prevista neste dispositivo é consequência da admissão do incidente de resolução de demandas repetitivas e não depende da demonstração dos requisitos para a tutela de urgência.

N.º 95. (*Art. 982, §§ 3.º, 4.º e 5.º, CPC/2015*) A suspensão de processos na forma deste dispositivo depende apenas da demonstração da existência de múltiplos processos versando sobre a mesma questão de direito em tramitação em mais de um estado ou região.

N.º 153. (*Art. 485, VII, CPC/2015*) A superveniente instauração de procedimento arbitral, se ainda não decidida a alegação de convenção de arbitragem, também implicará a suspensão do processo, à espera da decisão do juízo arbitral sobre a sua própria competência.

N.º 195. (*Art. 921, § 4.º, CPC/2015*; enunciado 314 da súmula do STJ). O prazo de prescrição intercorrente previsto no art. 921, § 4.º, tem início automaticamente um ano após a intimação da decisão de suspensão de que trata o seu § 1.º.

N.º 205. (*Art. 982, caput, I e § 3.º, CPC/2015*) Havendo cumulação de pedidos simples, a aplicação do art. 982, I e §3.º, poderá provocar apenas a suspensão parcial do processo, não impedindo o prosseguimento em relação ao pedido não abrangido pela tese a ser firmada no incidente de resolução de demandas repetitivas.

N.º 348. (*Arts. 987, 1.037, II, §§ 5.º, 6.º, 8.º e ss., CPC/2015*) Os interessados serão intimados da suspensão de seus processos individuais, podendo requerer o prosseguimento ao juiz ou tribunal onde tramitarem, demonstrando a distinção entre a questão a ser decidida e aquela a ser julgada no incidente de resolução de demandas repetitivas, ou nos recursos repetitivos.

N.º 387. (*Art. 113, § 1.º; art. 4.º, CPC/2015*) A limitação do litisconsórcio multitudinário não é causa de extinção do processo.

N.º 434. (*Art. 485, VII, CPC/2015*) O reconhecimento da competência pelo juízo arbitral é causa para a extinção do processo judicial sem resolução de mérito.

N.º 452. (*Arts. 921, § 1.º a 5.º, 980 e 982, CPC/2015*) Durante a suspensão do processo prevista no art. 982 não corre o prazo de prescrição intercorrente.

N.º 470. (*Art. 982, I, CPC/2015*) Aplica-se no âmbito dos juizados especiais a suspensão prevista no art. 982, I.

N.º 471. (*Art. 982, § 3.º, CPC/2015*) Aplica-se no âmbito dos juizados especiais a suspensão prevista no art. 982, § 3.º.

N.º 480. (*Arts. 1.037, II, 928 e 985, I, CPC/2015*) Aplica-se no âmbito dos juizados especiais a suspensão dos processos em trâmite no território nacional, que versem sobre a questão submetida ao regime de julgamento de recursos especiais e extraordinários repetitivos, determinada com base no art. 1.037, II.

BIBLIOGRAFIA

Fundamental

FERNANDO DA FONSECA GAJARDONI, LUIZ DELLORE, ANDRE VASCONSELOS ROQUE e ZULMAR DUARTE DE OLIVEIRA Jr., *Teoria geral do processo: comentários ao CPC de 2015: parte geral*, São Paulo, Forense, 2015; FREDIE DIDIER JR., *Curso de Processo Civil: introdução ao direito processual civil, parte geral e processo de conhecimento*, 17. ed., Salvador, JusPodivm, 2015, v. 1; HUMBERTO THEODORO JÚNIOR, *Curso de direito processual civil*, 56. ed., Rio de Janeiro, Forense, 2015, vol. 1; LUIZ GUILHERME MARINONI, SÉRGIO CRUZ ARENHART e DANIEL MITIDIERO, *Novo código de processo civil comentado*, São Paulo, Ed. RT, 2015; TERESA ARRUDA ALVIM WAMBIER, FREDIE DIDIER JR., EDUARDO TALAMINI e BRUNO DANTAS (coord.), *Breves comentários ao Novo Código de Processo Civil*, São Paulo, Ed. RT, 2015; _____, MARIA LÚCIA LINS CONCEIÇÃO, LEONARDO FERRES DA SILVA RIBEIRO e ROGERIO LICASTRO TORRES DE MELLO, *Primeiros comentários ao novo Código de Processo Civil: artigo por artigo*, São Paulo, Ed. RT, 2015.

Complementar

ADROALDO FURTADO FABRÍCIO, Extinção do processo e mérito da causa, *RePro* 58/7, *Doutrinas Essenciais de Processo Civil* vol. 6, p. 351, out. 2011; ANDREA GIUSSANI, Intorno alla durata della sospensione necessária, *RePro* 227/239; ANTONIO CARLOS MARCATO, Da extinção anormal do processo, *RePro* 18/75; EDSON RIBAS MALACHINI, Cessação da eficácia da medida cautelar e extinção do processo, *RePro* 89/11, jan. 1998, *Doutrinas Essenciais de Processo Civil* vol. 5, p. 1131, out. 2011; GIOVANNI CRIBARI, A exceção de incompetência relativa e a suspensão do processo, *RePro* 9/71; JOSÉ CARLOS BARBOSA MOREIRA, Aspectos da "extinção do processo" conforme o art. 329 do CPC, *RePro* 57/198, jan. 1990, *Doutrinas Essenciais de Processo Civil* vol. 6, p. 339, out. 2011; LEONARDO GRECO, Suspensão do processo, *RePro* 80/90, out. 1995, *Doutrinas Essenciais de Processo Civil* vol. 2, p. 853, out. 2011; LIA CAROLINA BATISTA, Pressupostos processuais e efetividade do processo civil – uma tentativa de sistematização, *RePro* 214/79; OSMAR MENDES PAIXÃO CÔRTES, Comentários sobre as hipóteses de extinção do processo sem resolução do mérito, *RePro* 209/35; SANDRA REGINA MANCUSO, Processo como relação jurídica, *RT* 682/56.

Parte V

ATOS PROCESSUAIS

Capítulo 26

ATOS PROCESSUAIS

> Sumário: 26.1. Conceito e espécies; 26.1.1. Panorama dos fatos e atos jurídicos em geral; 26.1.2. O enquadramento dos atos processuais; 26.1.3. Conceito de ato processual em sentido estrito – 26.2. Forma – O princípio da instrumentalidade – 26.3. O emprego da língua portuguesa – 26.4. Atos processuais por meio eletrônico; 26.4.1. O atual panorama; 26.4.2. O alcance da Lei 11.419/2006; 26.4.3. Regras aplicáveis aos processos que atualmente tramitam por meio físico; 26.4.4. Regras aplicáveis aos processos eletrônicos – 26.5. Publ cidade – 26.6. Classificação dos atos dos sujeitos processuais – 26.7. Atos das partes – 26.8. Atos do juiz; 26.8.1. Sentença; 26.8.2. Decisão interlocutória; 26.8.3. Despachos – 26.9. Atos do escrivão ou chefe de secretaria; 26.9.1. Atos materiais; 26.9.2. Atos ordinatórios – 26.10. Atos de terceiros.

26.1. Conceito e espécies

O processo, visto sob o aspecto estrutural (isto é, processo + procedimento), é um conjunto sequencial de atos tendentes à efetiva tutela jurisdicional. Diz-se sequencial porque o processo não é apenas um conjunto de atos. Esses seguem uma ordem, são encadeados logicamente, tendo começo, meio e fim. O resultado da prática de um ato funciona como base, pressuposto, para a realização de um ato seguinte, até o ato final de outorga da tutela definitiva.

Sendo o processo um conjunto ordenado de atos, cada um deles pode ser estudado em si mesmo, sob a ótica de sua função como elemento integrante do processo. Em verdade, o ato processual é modalidade de ato jurídico, mas que é praticado e (ou) tende a gerar efeitos dentro do processo. O ato processual não é apenas aquele realizado dentro do processo, no bojo da relação jurídica processual. Há atos jurídicos praticados fora do processo, mas que vêm a adquirir relevância e gerar efeitos quando trazidos para dentro do processo.

Por isso, para compreender melhor o ato jurídico processual, é conveniente uma recapitulação dos atos jurídicos em geral.

26.1.1. Panorama dos fatos e atos jurídicos em geral

Em sentido amplo, *fato jurídico* é todo evento fático que gera efeitos jurídicos.

Os fatos e atos jurídicos são classificados conforme a presença e a relevância da vontade humana na sua ocorrência e na determinação de seus efeitos.

O *fato jurídico em sentido estrito* caracteriza-se pela ausência de ato humano voluntário. Trata-se do evento fático que, sem o concurso da vontade humana, produz consequências jurídicas (por exemplo, a ocorrência de um tornado que destrói a coisa que o devedor teria de entregar ao credor constitui evento de força maior, que pode exonerar aquele da obrigação).

Já o *ato-fato jurídico* consiste em ato humano, mas não derivado da vontade de se atingir um específico efeito jurídico. Por exemplo, se uma pessoa mata outra, essa conduta ensejará, entre outras consequências jurídicas, a punição criminal. A conduta humana foi voluntária (homicídio), mas a vontade não se voltava necessariamente à produção do efeito jurídico (punição). Tal efeito jurídico ocorrerá independentemente da vontade do homicida (aliás, normalmente, quem pratica um crime não o pratica tendo por escopo ser punido – e mesmo que o tenha, isso é irrelevante para a incidência da punição).

O *ato jurídico propriamente dito*, por sua vez, consiste na manifestação de vontade humana preordenada à produção de efeito previsto no ordenamento jurídico. E nesse ponto é possível mais uma *subdivisão*.

Por um lado, há o *ato jurídico em sentido estrito*, que é a manifestação de vontade especificamente dirigida à produção de uma consequência jurídica que já está, ela mesma, previamente delineada no ordenamento (por exemplo, quando o contribuinte vai fazer sua declaração de imposto de renda e opta pelo modelo de declaração simplificado ou pelo modelo completo, há uma escolha dele – um ato de vontade, portanto. Mas a vontade restringe-se a isso: optar por um ou outro modelo. Não é dado ao contribuinte formatar um modelo próprio de declaração).

Por outro lado, há o *ato negocial* (ou *negócio jurídico*), que é a manifestação de vontade que inclusive delineia o conteúdo do ato, definindo seus específicos efeitos. A vontade é relevante não apenas para a consecução das consequências jurídicas previstas na norma como também para a própria estruturação interna de significativa parcela dessas consequências (ex.: contratos em geral, testamento, promessas unilaterais etc.).

26.1.2. O enquadramento dos atos processuais

Como dito, o ato processual não mais é do que modalidade de ato jurídico. Logo, as categorias acima expostas são perfeitamente aplicáveis aos atos processuais. A peculiaridade dos fatos e atos processuais reside em que os efeitos jurídicos que eles produzem incidem sobre um processo jurisdicional. Assim, temos:

(a) o *fato jurídico processual*: evento alheio à vontade humana que gera efeitos processuais (ex.: enchente na cidade, atingindo o fórum – implicando o seu fechamento e a consequente suspensão dos processos; morte da parte ou do seu advogado, que acarretam suspensão processual etc.);

(b) o *ato-fato processual*: ato humano, que conquanto voluntário, não tem em mira a produção do efeito processual que desencadeia. Pense-se na parte que cria obstáculos para o cumprimento de uma decisão: em princípio, não se pode dizer que a vontade dela, nesse caso, seja preordenada a gerar o sancionamento por litigância de má-fé, mas essa será uma consequência jurídica de sua conduta;

(c) o *ato jurídico processual em sentido estrito*: ato voluntário preordenado à produção de um efeito jurídico processual, sobre o qual, contudo, a vontade do sujeito não tem como interferir. Por exemplo, recorrer implica evitar o trânsito em julgado, transferindo a competência para outro órgão. Mas essas consequências advêm da lei, não sendo moldadas pela parte. O mesmo se diga quanto a propor a petição inicial, contestar, requerer provas etc. Os atos do juiz normalmente também se enquadram nessa hipótese: as consequências *processuais* do indeferimento de uma prova, da prolação da sentença, da concessão de uma medida urgente são em regra delineadas pelo ordenamento;

(d) o *negócio jurídico processual*: manifestação de vontade que inclusive delineia as consequências jurídico-processuais do ato, definindo seus específicos efeitos (ex.: cláusula de eleição de foro; cláusula de inversão do ônus da prova; convenção arbitral etc.). Por sua importância no Código de Processo Civil, os negócios processuais são objeto de um capítulo próprio (cap. 27, a seguir).

26.1.3. Conceito de ato processual em sentido estrito

Interessa aqui o estudo dos atos voluntários tendentes à produção de efeitos no processo (atos jurídicos processuais propriamente ditos) – reiterando-se que, entre esses, os atos negociais serão estudados no próximo capítulo.

Assim, ato processual é conceituado como toda manifestação da vontade humana que tem por fim criar, modificar, conservar ou extinguir posições jurídicas (direitos, deveres, ônus, poderes etc.) integrantes de uma relação jurídica processual presente ou futura. Desta forma, podem ser incluídas na categoria de ato processual as manifestações de qualquer dos sujeitos processuais principais ou secundários, e não apenas das partes ou do juiz, pois todas visam ao mesmo objetivo. Uma testemunha também pode praticar atos processuais; um agente público que recebe do juiz a requisição de envio de documentos para um processo igualmente pode fazê-lo – e assim por diante. Enfim, não apenas todos os integrantes da relação jurídica processual agem produzindo efeitos jurídicos processuais, como também terceiros que apenas ocasional e pontualmente participam do processo.

Há controvérsia doutrinária a respeito de qual é o elemento nuclear para que um ato jurídico seja qualificado como processual.

Para parte da doutrina, ato processual seria apenas aquele que, além de gerar efeitos no processo, fosse praticado dentro do processo, como ato integrante do procedimento. Não por acaso, normalmente quem adotava essa concepção negava a existência da categoria do negócio processual (que, no mais das vezes, é celebrado antes de haver um processo – p. ex., convenção de arbitragem, cláusula contratual de eleição de foro, cláusula contratual de inversão do ônus da prova etc.).

Outra concepção, mais larga, reputa que é processual todo ato apto a produzir efeitos sobre posições jurídicas processuais – ocorra ele dentro ou fora de um específico processo. Essa segunda concepção, que sempre nos pareceu a mais adequada, é a adotada pelo Código de Processo Civil, que expressamente consagra a categoria dos negócios jurídicos processuais, tratando-o como modalidade de ato processual, e pressupondo que ele possa ser praticado no processo *ou fora dele*.

O Código de Processo Civil trata dos atos processuais no Livro IV da Parte Geral, normatizando, entretanto, apenas linhas gerais sobre a forma, o tempo e o lugar de sua realização, os prazos, as comunicações dos atos e as nulidades. O tratamento não é restritivo, nem poderia ser. Como toda e qualquer manifestação de vontade dos sujeitos processuais (e dos terceiros que de algum modo participam do processo) se faz por meio de atos processuais, seja qual for o procedimento, todo o Código, a rigor, trata de atos processuais.

26.2. Forma – O princípio da instrumentalidade

Denomina-se *forma* não apenas o aspecto exterior do ato, mas todo o conjunto de solenidades necessárias para a validade do ato processual, ou seja, aquilo que deve conter o ato para que surta os efeitos desejados. Assim, o modo, o lugar e o tempo dizem respeito à forma dos atos processuais. Também se pode dizer que os próprios requisitos integram a forma, porque são elementos formadores do ato.

Houve época em que a forma era mais importante que o ato, pois a rigidez das regras traçadas pelos sacerdotes impunha uma verdadeira teatralização, obrigando os envolvidos a repetir fórmulas e modelos precisos, sob o risco de inobservada a forma, perder a demanda. Tome-se como exemplo o relato, extraído do direito romano arcaico, do caso em que um litigante que usou a expressão *vitis* (videira), quando a lei prescrevia o emprego da palavra *arbor* (árvore), só por isso, foi derrotado.

Tal absurdo nos dias de hoje é inconcebível. O processo não existe para cultuar a forma, mas para dar razão a quem efetivamente a tem.

As formas, pois, têm por objetivo gerar segurança e previsibilidade e só nesta medida devem ser preservadas. Ou seja, há alguma carga de formalismo que é salutar. A liberdade absoluta das formas impossibilitaria a sequência natural do processo. Sem regras estabelecidas para o tempo, o lugar e o modo de sua prática, o processo jamais chegaria ao fim. A garantia da correta outorga da tutela jurisdicional está, precisamente, no conhecimento prévio do caminho a ser percorrido por aquele que busca a solução para uma situação conflituosa. Mas não se pode supervalorizar a forma.

A solução intermediária entre o rigor absoluto e a liberdade total denomina-se *princípio da instrumentalidade das formas*, expressado, por exemplo, nos arts. 188 e 283 do CPC/2015. Em regra, não existe forma para os atos processuais, exceto quando expressamente prevista pela norma, e ainda assim, ou seja, mesmo quando há expressa exigência de forma, serão tidos como válidos os atos praticados de outro modo, se sua finalidade essencial for alcançada.

Com isso, prestigia-se o conteúdo, e não a forma, somente se lhe exigindo quando sua ausência implicar a inviabilidade de o ato atingir sua finalidade. Mas, para que o princípio da instrumentalidade seja aplicado, é necessário verificar se, na hipótese de inobservância da forma prescrita, o escopo do ato processual foi alcançado, não tendo sido causado nenhum prejuízo quer às partes, quer ao processo. O que se busca é afastar o culto exacerbado da forma, sem cair no extremo oposto: liberdade total aos sujeitos processuais, que desbordaria no arbítrio e no caos.

26.3. O emprego da língua portuguesa

Há um princípio ligado à forma, no entanto, que é inafastável: seja qual for o ato processual, há que ser utilizado o vernáculo, não se admitindo o uso de idioma estrangeiro no processo jurisdicional estatal (art. 192 do CPC/2015). Se for necessário juntar aos autos documento redigido em outro idioma, este só será admitido se acompanhado de tradução tramitada por via diplomática ou pela autoridade central ou feita por tradutor juramentado (art. 192, parágrafo único, do CPC/2015). Essa regra não é mais do que reflexo de uma normal geral, aplicável inclusive fora do processo (art. 224 do CC). Mas também nesse ponto aplica-se a diretriz de instrumentalidade: os tribunais já decidiram que se o documento, embora estando em idioma estrangeiro, foi perfeitamente compreendido pelo juiz e pelas partes, ele deve ser mantido e utilizado.

Ademais, não sendo esse o caso, cabe ao juiz, em vez de simplesmente excluir o documento em língua estrangeira do processo, dar à parte a oportunidade para que promova sua tradução e o reapresente.

As expressões latinas, tão comuns na linguagem jurídica, são admitidas porque, em verdade, não se cuida de prática de ato em outro idioma, mas do uso de termos já incorporados ao nosso vocabulário. Mas – e aqui se trata antes de recomendação de ordem prática do que de ensinamento teórico – convém restringir o uso apenas àquelas amplamente consagradas e que servem para designar de modo mais sintético algo que, em português, seria mais extenso para ser dito. O mesmo pode ser dito a respeito de expressões em outros idiomas.

No processo arbitral (não estatal, portanto), mesmo quando ele tramitar no Brasil, as partes em princípio têm liberdade para definir o idioma que será empregado. Nesses casos, por vezes, escolhe-se um idioma estrangeiro ou mesmo um modelo multilíngue, por ser isso mais conveniente em razão de circunstâncias concretas (partes de diferentes países etc.). Mas tal liberdade encontra um limite em determinados casos de arbitragem que envolvam entes da Administração Pública – hipótese em que a arbitragem deverá ser em português (art. 11, III, da Lei 11.079/2004; art. 23-A da Lei 8.987/1995 etc.).

26.4. Atos processuais por meio eletrônico

As leis processuais têm progressivamente ampliado a admissibilidade da prática de atos por meio eletrônico. Não é exagero dizer que se passou de uma "tolerância" ao uso pontual de novos recursos tecnológicos para uma postura de claro incentivo à informatização generalizada do processo.

26.4.1. *O atual panorama*

Esse movimento iniciou-se com a Lei 9.800/1999, que veio expressamente permitir que as partes utilizassem sistema de transmissão de dados e imagens tipo fac-símile ou outro similar (ex.: correio eletrônico), para a prática de atos processuais que dependam de petição escrita. Foi adiante com leis que alteraram o anterior CPC, para pontualmente admitir a prática de atos sob a forma eletrônica e a utilização de dados disponíveis na internet (Lei 11.280/2006; Lei 11.341/2006 etc.).

A Lei 11.419/2006 instituiu aquilo que hoje é denominado "processo eletrônico", isto é, estabeleceu a possibilidade do uso de meio eletrônico na tramitação de processos judiciais, comunicação de atos e transmissão de peças processuais.

O Código de Processo Civil também veicula regras que complementam e reafirmam algumas das diretrizes da Lei 11.419/2006. Conforme o art. 194, "os sistemas de automação processual respeitarão a publicidade dos atos, o acesso e a participação das partes e de seus procuradores, inclusive nas audiências e sessões de julgamento, observadas as garantias da disponibilidade, independência da plataforma computacional, acessibilidade e interoperabilidade dos sistemas, serviços, dados e informações que o Poder Judiciário administre no exercício de suas funções". Para disponibilização virtual das informações dos processos, o art. 197 do CPC/2015 estabelece que os tribunais devem manter, em página própria na rede mundial de computadores, as informações eletrônicas constantes do seu sistema de automação, as quais gozarão de presunção de veracidade e confiabilidade, de modo que eventuais problemas técnicos, bem como erros ou omissões por parte do auxiliar da justiça responsável pelo registro das informações, constituirão justa causa.

A completa informatização dos processos judiciais está deixando de ser um plano para o futuro e vem se tornando realidade no cotidiano dos profissionais do direito. Por exemplo, já no início de 2010, por exemplo, ocorreu a completa informatização do Tribunal Regional Federal da 4.ª Região (sistema e-Proc). No STF e no STJ a informatização dos processos iniciou-se em 2007, e hoje a forma eletrônica está inteiramente implantada naquelas cortes. O sistema de processo eletrônico mantido e recomendado pelo Conselho Nacional de Justiça (CNJ) é denominado Projudi ("Processo Judicial Digital"), e hoje já é utilizado pela ampla maioria das unidades da Federação.

26.4.2. O alcance da Lei 11.419/2006

A Lei 11.419/2006 aplica-se indistintamente aos processos civil, penal e trabalhista, bem como aos juizados especiais, em qualquer grau de jurisdição (art. 1.º).

A lei possui dois objetivos distintos. Por um lado, permitir e incentivar a prática de atos (inclusive envio de recursos e petições em geral) e a realização de intimações, citações, notificações etc., por via eletrônica (art. 4.º e ss. da Lei 11.419/2006). Por outro, viabilizar a realização integral de processos mediante o emprego de meios eletrônicos ("sistemas eletrônicos de processamento de ações", com "autos total ou parcialmente digitais" – art. 8.º e ss. da Lei 11.419/2006).

Independentemente do sistema adotado pelo órgão jurisdicional, submetem-se todos à Lei 11.419/2006. Para todos os procedimentos nela previstos (protocolo de atos, diário da justiça eletrônico, processo eletrônico), está prevista assinatura digital com base em certificado emitido por Autoridade Certificadora credenciada (arts. 2.º; 4.º, § 1.º; 5.º; 8.º, parágrafo único etc., da Lei 11.419/2006).

Considera-se, para os fins da lei, assinatura eletrônica a identificação inequívoca do usuário, mediante: (i) "assinatura digital baseada em certificado digital emitido por Autoridade Certificadora credenciada, na forma de lei específica"; ou (ii) "cadastro de usuário no Poder Judiciário, conforme disciplinado pelos órgãos respectivos" (art. 1.º, § 2.º, III).

Na certificação digital não consta a identidade profissional, mas sim a identidade civil. Ou seja, isso significa que o que fica registrado é o número do CPF do usuário advogado e não o seu número de inscrição na OAB.

26.4.3. Regras aplicáveis aos processos que atualmente tramitam por meio físico

No que tange ao primeiro objeto de que se ocupa a Lei 11.419/2006 (disciplinar a prática e comunicação de atos processuais por via eletrônica, inclusive nos processos que atualmente tramitam com autos documentais escritos), eis as principais regras (algumas delas reiteradas no CPC):

(a) para envio de petições, recursos e prática de atos processuais por meio eletrônico a lei exige um prévio cadastramento no Poder Judiciário (art. 2.º da Lei 11.419/2006);

(b) nesse caso, o próprio protocolo das petições será eletrônico (i.e., mediante envio por meio eletrônico). Para aferição da tempestividade, será considerada a data e hora do *envio* eletrônico do ato ao sistema do Poder Judiciário (art. 3.º, *caput*, da Lei 11.419/2006; art. 213 do CPC/2015). E será tempestiva a petição eletrônica enviada até as 24h do último dia do respectivo prazo (art. 3.º, parágrafo único, da Lei 11.419/2006) – sendo, portanto, irrelevante o horário de funcionamento do foro e não se aplicando a regra geral do art. 212 do CPC/2015. Pode ocorrer que os fuso-horários sejam distintos, no lugar de onde a petição é eletronicamente enviada e na sede do juízo. Nessa hipótese, vale, para atendimento do prazo, a hora vigente no juízo (art. 213, parágrafo único, do CPC/2015);

(c) a publicação de atos judiciais e administrativos próprios e dos órgãos a eles subordinados, bem como comunicações em geral são efetuados por meio de Diário da Justiça eletrônico (art. 4.º da Lei 11.419/2006; art. 205, § 3.º, do CPC/2015). Esse Diário eletrônico é disponibilizado em *site* na internet (aquilo que a lei chamou de "sítio da rede mundial de computadores"). A publicação eletrônica substitui, para todos os efeitos legais, qualquer outra publicação oficial – exceção feita aos atos para os quais a lei exija intimação ou vista pessoal (art. 4.º, § 2.º, da Lei 11.419/2006);

(d) considera-se como data da publicação no Diário da Justiça eletrônico o primeiro dia útil seguinte ao da disponibilização da informação no respectivo *site* da internet (art. 4.º, § 3.º, da Lei 11.419/2006; art. 224, § 2.º, do CPC/2015), e o prazo processual que decorre de tal publicação iniciar-se-á no primeiro dia útil seguinte ao dia considerado como data da publicação (art. 4.º, § 4.º, da Lei 11.419/2006; art. 224, § 3.º, do CPC/2015). Ao se considerar como data da publicação o primeiro dia útil seguinte ao da disponibilização no *site*, evita-se que a parte perca praticamente um dia do prazo quando a informação for lá lançada apenas no fim do dia. Exemplificando a aplicação das duas regras: a informação foi inserida no *site* em uma sexta-feira, dia 1.º; trata-se de uma intimação para falar em cinco dias sobre uma proposta de honorários periciais; considera-se como data da publicação o primeiro dia útil seguinte, i.e., a segunda-feira, dia 4; o prazo começa a correr na terça-feira, dia 5, e se encerra na segunda, dia 11, quinto dia útil seguinte (art. 219, *caput*, do CPC/2015);

(e) além da informatização do Diário da Justiça (que independe de adesão dos jurisdicionados, mas de simples deliberação dos tribunais), as partes (ou melhor, seus procuradores, como se vê a seguir) podem aderir a um sistema de intimações eletrônicas, as quais servem para dispensar a intimação por publicação no Diário da Justiça, inclusive eletrônico (art. 5.º da Lei 11.419/2006). Ou seja, quem estiver cadastrado nesse sistema receberá a intimação eletrônica, sendo-lhe irrelevante a publicação no Diário da Justiça (não poderá ser prejudicado por uma eventual publicação que lá ocorra antes da sua intimação eletrônica; mas também não se poderá beneficiar de publicação no Diário que ocorra depois de ele já ter recebido a intimação eletrônica). O Código de Processo Civil torna a adesão ao sistema de comunicações eletrônicas obrigatória para a União, Estados, Distrito Federal, Municípios, entidades da Administração Pública indireta e para as pessoas jurídicas de direito privado que não sejam microempresas nem empresas de pequeno porte (art. 246, § 1.º, do CPC/2015);

(f) o cadastramento para intimação eletrônica é o mesmo estabelecido para se poderem enviar petições e praticar atos por via eletrônica (art. 2.º da Lei 11.419/2006). Isso significa que quem quiser protocolar petições por meio eletrônico terá de submeter-se às intimações por essa mesma via;

(g) a intimação eletrônica far-se-á pela disponibilização da informação em um portal específico para tal fim. Considerar-se-á realizada a intimação no dia em que o intimando efetivar a consulta eletrônica ao teor da intimação, certificando-se nos autos a sua realização. Se a consulta ocorrer em dia não útil, considerar-se-á a intimação como realizada no primeiro dia útil seguinte. Tal consulta deverá ser feita em até 10 (dez) dias *corridos* contados da data do envio da intimação para o portal (i.e., inserção da intimação no portal), sob pena de considerar-se a intimação automaticamente realizada na data do término desse prazo (art. 5.º, § 3.º, da Lei 11.419/2006). Exemplificando: a intimação (para manifestação sobre um laudo, em cinco dias) é posta no portal em uma quarta-feira, dia 1.º. A parte acessa a intimação e consulta o seu teor no sábado, dia 4. Considera-se como data da intimação o primeiro dia útil seguinte, segunda-feira, dia 6. O prazo começa a correr na terça-feira, dia 7 (art. 224, *caput*, do CPC/2015) e termina no quinto dia útil seguinte, segunda-feira dia 13. Mas imagine-se a hipótese em que a parte não acessou o teor da intimação no portal no prazo de dez dias contados da inserção. Nessa hipótese, considera-se a intimação feita na data do término desse prazo de dez dias. Então, se o envio da intimação ocorreu no dia 1.º, o prazo de dez dias termina dia 11. Como é um sábado, prorroga-se para a segunda-feira, dia 13. Essa será considerada a data da intimação, a partir da qual a parte terá cinco dias para falar sobre o laudo – prazo esse que começará a correr na terça-feira, dia 14, encerrando-se na segunda-feira, dia 20;

(h) como se vê, de acordo com essa sistemática, a intimação pode demorar para aperfeiçoar-se (embora, no geral, tenda a ser mais rápida do que pelas modalidades tradicionais). Diante disso, a lei prevê que, nos casos urgentes, adote-se outra forma de intimação. O mesmo se fará quando houver evidência de tentativa de burla ao sistema (art. 5.º, § 5.º, da Lei 11.419/2006);

(i) a intimação eletrônica aplica-se inclusive à Fazenda Pública, e ela tem valor de intimação pessoal (e não de mera intimação pelo Diário da Justiça). Isso significa que, mesmo quando a lei exige intimação pessoal, pode-se empregar a modalidade em exame. A questão é que a lei normalmente exige intimação pessoal *da parte*, e não do advogado da parte. Se a parte for ente da Administração Pública direta ou indireta ou pessoa jurídica de direito privado (exceto pequena ou microempresa), ela terá o dever de estar cadastrada, como visto. Mas quando quem estiver cadastrado for apenas o advogado (de uma parte pessoa natural ou pequena ou microempresa), e não a própria parte, a intimação eletrônica não valerá como intimação pessoal *da parte*;

(j) o art. 6.º da Lei 11.419/2006 prevê que as citações, inclusive da Fazenda Pública, excetuadas as relativas a processos criminais e infracionais, poderão ser feitas por meio eletrônico, desde que a íntegra dos autos seja acessível ao citando. Vale aqui a mesma ressalva posta na letra *i*, acima: em regra, a citação não pode ser feita junto ao advogado da parte, mas perante a própria parte – de modo que a citação eletrônica depende de a parte estar cadastrada no sistema (o que – reitere-se – é obrigatória para as pessoas jurídicas públicas e privadas que não sejam pequena ou microempresa);

(k) o art. 7.º da Lei 11.419/2006 prevê que "as cartas precatórias, rogatórias, de ordem e, de um modo geral, todas as comunicações oficiais que transitem entre órgãos do Poder Judiciário, bem como entre os deste e os dos demais Poderes, serão feitas preferentemente por meio eletrônico" (regra reiterada no art. 263 do CPC/2015).

26.4.4. *Regras aplicáveis aos processos eletrônicos*

O segundo objeto de que se ocupa a lei é a implantação de processo eletrônico, aplicável, sem ressalvas, a qualquer tipo processual. Trata-se de "sistemas eletrônicos de processamento de ações judiciais por meio de autos total ou parcialmente digitais, utilizando, preferencialmente, a rede mundial de computadores e acesso por meio de redes internas e externas" (art. 8.º da Lei 11.419/2006). Eis as principais diretrizes da Lei 11.419/2006:

(a) todo o processamento, incluindo protocolo de petições e recursos, decisões, citação e intimações, juntada de documentos (digitalizados) etc., será feito, em regra, por meio eletrônico (art. 8.º e ss.) – valendo, para tanto, as regras acima mencionadas (dos arts. 1.º a 7.º). A própria procuração para o advogado pode ser assinada digitalmente (art. 105, § 1.º, do CPC/2015);

(b) "quando, por motivo técnico, for inviável o uso do meio eletrônico para a realização de citação, intimação ou notificação, esses atos processuais poderão ser praticados segundo as regras ordinárias, digitalizando-se o documento físico, que deverá ser posteriormente destruído" (art. 9.º, § 2.º);

(c) o art. 10 prevê que "a distribuição da petição inicial e a juntada da contestação, dos recursos e das petições em geral, todos em formato digital, nos autos de processo eletrônico, podem ser feitas diretamente pelos advogados públicos e privados, sem necessidade da intervenção do cartório ou secretaria judicial, situação em que a autuação deverá se dar de forma automática, fornecendo-se recibo eletrônico de protocolo". Vale, aqui, a regra da possibilidade de prática do ato, para fins de tempestividade, até as 24h do último dia do prazo (art. 10, § 1.º – v. observações feitas acima sobre o art. 3.º, parágrafo único);

(d) se o sistema eletrônico do Poder Judiciário ficar indisponível por motivo técnico, o prazo fica automaticamente prorrogado para o primeiro dia útil seguinte à resolução do problema (art. 10, § 2.º);

(e) obviamente, nem todos os litigantes (ou seus procuradores) disporão de equipamentos e programas de informática aptos a participar do processo eletrônico. Em vista disso, a lei estabelece aos órgãos do Poder Judiciário o dever de manter equipamentos de digitalização de documentos e de acesso à internet à disposição dos interessados em ajuizar manifestações processuais (art. 10, § 3.º). O art. 198 do CPC/2015 reitera esse dever das unidades do Poder Judiciário de manter gratuitamente tais equipamentos. Ainda, o art. 199 do CPC/2015 estabelece que "as unidades do Poder Judiciário assegurarão às pessoas com deficiência acessibilidade aos seus sítios na rede mundial de computadores, ao meio eletrônico de prática de atos judiciais, à comunicação eletrônica dos atos processuais e à assinatura eletrônica";

(f) os documentos que não tenham desde a origem forma eletrônica serão digitalizados. Somente quando não for possível tecnicamente a digitalização do documento, por conta de seu volume muito grande, é que os originais poderão ser protocolados em cartório (art. 11, § 5.º). "Os documentos produzidos eletronicamente e juntados aos processos eletrônicos com garantia da origem e de seu signatário" valerão como originais (art. 11, *caput*). Do mesmo modo, os extratos digitais e os documentos digitalizados, juntados pelas autoridades e servidores públicos que participam do processo, ou pelos advogados públicos ou privados, têm o mesmo valor do original – cabendo ao interessado alegar fundamentadamente ter havido adulteração do documento antes de ele ser ou quando ele era digitalizado (art. 11, § 1.º). Eventual "arguição de falsidade do documento original será processada eletronicamente na forma da lei processual em vigor" (art. 11, § 2.º);

(g) o art. 12 estabelece regras sobre a conservação de autos total ou parcialmente eletrônicos, o modo como proceder em caso de surgir a necessidade de remeter os autos digitais para um órgão judicial que não atua com processo eletrônico, cautelas a serem seguidas na digitalização de autos documentais escritos etc.

A Lei 11.419/2006 ainda veicula algumas regras gerais, de compatibilização do sistema. Por exemplo:

(a) ela pretensamente "convalida" os processos eletrônicos desenvolvidos antes do início de sua vigência, que tenham atingido sua finalidade e não tenham gerado prejuízo às partes (art. 19). Na verdade, por conta da instrumentalidade das formas, tais atos já não padeciam de nenhuma invalidade. Ou seja, já eram válidos por si sós, de modo que essa disposição é inócua, tendo quando muito, caráter didático ou retórico de incentivo ao emprego dos meios eletrônicos;

(b) prevê-se que os próprios órgãos do Poder Judiciário regulamentarão a Lei, "no que couber, no âmbito de suas respectivas competências" (art. 18).

26.5. Publicidade

Em regra, os atos processuais são públicos, pois o ordenamento jurídico não admite julgamentos secretos (arts. 5.º, LX, e 93, IX, da CF/1988; arts. 11 e 189 do CPC/2015 – v. n. 3.12, acima). Com isso não se quer dizer que se deva obrigatoriamente dar publicidade a todos os atos processuais, no sentido de que todos fiquem efetivamente sabendo o que se passa. O princípio da publicidade existe para vedar o obstáculo ao conhecimento. Todos têm o direito de acesso aos atos do processo, exatamente como meio de se dar transparência à atividade jurisdicional.

Há atos, todavia, que só são válidos se se realizarem com a máxima publicidade, como ocorre com a alienação judicial de bens penhorados, para a qual é necessária a publicação de editais, em jornal de ampla circulação. Dependendo das condições locais, pode até o juiz determinar que sejam noticiados avisos em emissora de rádio, pois, nesse caso, o escopo da norma é, justamente, tornar o ato o mais conhecido possível.

A exceção são os casos de "segredo de justiça" (art. 189, I a IV, do CPC/2015). A expressão é infeliz. Não se trata de segredo, porque o julgamento não ocorre a portas fechadas. Cuida-se, sim, de se resguardar a intimidade dos litigantes (art. 189, II e III, do CPC/2015), de evitar que a publicidade possa ocasionar grande transtorno ou comoção social (art. 189, I, do CPC/2015) ou de preservar a confidencialidade que foi pactuada pelas partes em arbitragem que de algum modo vem a necessitar de cooperação judiciária (art. 189, IV, do CPC/2015). A pactuação de confidencialidade é frequente na arbitragem, mas a relação jurídico-material que vem a ser objeto de processo judiciário também pode ser acobertada por uma convenção de confidencialidade – o que, tal como na hipótese do art. 189, IV, justificará a restrição de publicidade dos atos do processo. Nesses casos de confidencialidade estabelecida por via contratual também se põem razões de intimidade: se as partes optaram por manter reservado um conjunto de fatos não é dado ao Poder Público ou a quem quer que seja interferir nessa escolha, desde que os fatos em questão não se revistam de interesse geral.

Mas em todas essas hipóteses as partes e seus procuradores terão, obviamente, acesso aos autos, inclusive obtendo certidões. A Constituição usou expressão mais apropriada: *publicidade restrita* (art. 5.º, LX).

O elenco dos incisos do art. 189 do CPC/2015 deve ser interpretado à luz do art. 5º, LX, da Constituição. Deve ser rejeitada qualquer interpretação que amplie a restrição de publicidade por razões alheias à intimidade ou ao interesse da coletividade.

26.6. Classificação dos atos dos sujeitos processuais

Embora não seja desconhecida a classificação objetiva, que visa à análise sob a ótica do ato em si, parece melhor distinguir os atos processuais subjetivamente, tendo em vista o sujeito que o pratica. Assim, os atos processuais estão divididos, no Código de Processo Civil, em: atos das partes, aqui entendida a expressão de forma ampla, abrangendo também os terceiros intervenientes, que nem sempre são partes (arts. 200 a 202 do CPC/2015), os atos dos agentes da jurisdição, estes subdivididos em atos do juiz (arts. 203 a 205 do CPC/2015), atos do escrivão ou do chefe de secretaria (arts. 206 a 211 do CPC/2015) e atos de terceiros.

Essa divisão, no Código, não é exaustiva, pois por agentes da jurisdição devem-se entender também os auxiliares da justiça que, evidentemente, praticam atos processuais. Podem-se citar: o oficial de justiça, o contador, o distribuidor, o perito, entre outros.

Já se disse que melhor seria classificar os atos processuais apenas em atos das partes e atos do juiz, pois todos os demais atos são praticados por ordem deste. Mas isso não é exatamente correto, pois os servidores podem praticar atos por iniciativa própria (art. 203, § 4.º, do CPC/2015), ficando, todavia, o ato sujeito à revisão pelo juiz. O inc. XIV do art. 93 da CF confirma essa possibilidade. Ademais, terceiros, que não integram a relação processual e participam do processo apenas pontualmente, também podem praticar atos processuais.

26.7. Atos das partes

Partes, na expressão contida no art. 200, *caput*, são não só o autor e o réu, como também os terceiros intervenientes, de que tratam os arts. 119 e ss. do CPC/2015, e o Ministério Público, pois todos praticam atos de declaração de vontade que produzem a constituição, a modificação ou a extinção de direitos processuais.

O processo é um diálogo, envolvendo os sujeitos processuais. Justamente em razão disso, não é possível efetivar-se a tutela jurisdicional sem os atos desses sujeitos, que poderiam ser, basicamente, chamados de partes e juiz.

Em relação às partes, o princípio dispositivo prevê que a propositura da demanda depende de iniciativa do interessado, não podendo a jurisdição, nesse caso, agir de ofício. Por outro lado, o impulso processual é oficial, no sentido de que, iniciado o processo, cumpre ao juiz impulsioná-lo (v. cap. 3). Todavia, apesar do princípio do impulso oficial, o desenvolvimento do processo só é concretamente possível através de atos das partes, que, nesse quadrante, correspondem a um ônus processual.

Ônus representa um comportamento que se espera do litigante e que, se não praticado o ato, não gera à parte adversa o direito de exigir a prática que não houve, mas tende a acarretar uma consequência jurídica contrária ou menos favorável ao interesse daquele que deveria ter agido (v. n. 2.3.2, acima). Cabe à parte escolher entre a prática do ato ou a submissão à consequência correspondente. Todo ônus processual traz em si, também, uma oportunidade de agir, pois, caso o ato não seja praticado no momento adequado, em regra não haverá outra oportunidade para sua prática, pelo advento da preclusão (v. cap. 31, adiante).

Mas a prática dos atos pelas partes, ainda que para desincumbir-se de ônus, constitui também o exercício de direitos fundamentais (ação, defesa, contraditório... – v. n. 2.6, acima).

Por outro lado, há atos que as partes praticam em cumprimento a deveres que lhes são impostos no processo (v. n. 2.3.2, acima).

Assim, são atos processuais das partes aqueles praticados por autor, réu (incluindo todos os litisconsortes ativos e passivos), Ministério Público e terceiros intervenientes no processo, seja no exercício de um direito processual (eventualmente desincumbindo-se de um ônus), seja no cumprimento de um dever processual.

Os atos das partes podem ser classificados em:

a) de obtenção: são aqueles em que se visa a obter a satisfação de um pedido. Pratica o ato aquele que objetiva alcançar um resultado favorável com a atividade jurisdicional, seja sob o aspecto processual (o deferimento de um meio de prova, por exemplo, ou o indeferimento da ouvida de uma testemunha que reputa suspeita) ou mesmo de cunho material (a procedência do pedido).

Subdividem-se em:

a.1) postulatórios: quando existe um conteúdo explícito, de uma manifestação da vontade, dirigida ao juiz, tendente a alcançar alguma consequência que aproveita a parte que o pratica (petição inicial, contestação, exceções etc.). São chamados postulatórios porque, neles, se requer, ao magistrado, uma providência certa;

a.2) de evento físico: quando não há pedido expresso, mas o próprio ato tende a obter a satisfação da pretensão (recolhimento de custas, prestação de caução, o depósito prévio para a propositura da ação rescisória etc.). Não é da essência do ato um requerimento, mas a sua prática supõe o desejo de obtenção de um resultado;

a.3) instrutórios: quando não representam nem requerimento nem suposição de resultado, mas visam ao fornecimento de subsídios aptos a instruir a formação do convencimento do juiz. Podem ser: (a.3.1) atos instrutórios probatórios, ou seja, de comprovação dos fatos alegados; (a.3.2) atos instrutórios jurídicos, vale dizer, de apresentação de elementos úteis para a solução das questões de direito (argumentos jurídicos, citações doutrinárias e jurisprudenciais, pareceres de jurista etc.);

b) dispositivos: são aqueles atos pelos quais as partes (em sentido amplo) visam a dispor de um direito processual que possuem. Obviamente, podem apenas ser praticados em relação a direitos processuais disponíveis. Conquanto dependam de um provimento jurisdicional homologatório, em verdade, são negócios jurídicos praticados dentro do processo: a produção de efeitos decorre da manifestação da vontade das partes, e não de um ato decisório do juiz. Em regra, os efeitos que as partes buscam obter com o processo decorrem de um pedido (ato postulatório) e de um julgamento pelo juiz. Quando as partes praticam atos dispositivos no processo, diferentemente, não objetivam apresentar ao magistrado uma questão controvertida pendente de decisão, mas sim expressar uma manifestação de vontade, pela qual objetivam a obtenção de efeitos, e que depende apenas de homologação.

São estes atos que o Código de Processo Civil denomina (art. 200) de declarações unilaterais ou bilaterais de vontade. A manifestação da vontade atua da mesma forma como ocorre no direito privado, onde tem o condão de criar, alterar ou extinguir direitos. Aqui, direitos processuais. São atos negociais.

Por vezes, a eficácia de alguns desses atos fica subordinada à homologação judicial (ex., art. 200, parágrafo único, do CPC/2015), mas esta, na verdade, é apenas a chancela jurisdicional sobre a vontade das partes, pois os atos dispositivos vinculam a atuação do juiz à análise apenas de sua regularidade, mas não do conteúdo em si. Em outros casos, nem se exige homologação, havendo apenas, se for o caso, controle posterior de validade (art. 190).

Também comportam subdivisão:

b.1) atos submissivos: independentemente de manifestação judicial, ou mesmo da opinião que o juiz tenha, tais atos representam a submissão de uma parte àquilo que a outra postula (reconhecimento da procedência do pedido, por exemplo, ou a renúncia ao direito em que se funda a ação). Podem ser omissivos, como a ausência de interposição de apelação contra a sentença, com o que a parte suporta o trânsito em julgado da decisão que lhe é desfavorável, ou comissivos, quando a parte expressamente manifesta sua submissão;

b.2) de desistência: quando a parte deixa de cumprir com um ônus processual, seja de forma omissiva (deixa de arrolar testemunhas, por exemplo), seja de forma comissiva (declara que não deseja recorrer de uma decisão interlocutória, por exemplo), pratica um ato que não significa propriamente submissão, mas a simples aceitação de uma consequência processual decorrente do não cumprimento do ônus. São atos dispositivos porque seus efeitos decorrem da manifestação de vontade da parte, e não de uma decisão do juiz, mas que não chegam a representar sucumbência porque não alcançam a lide. Pode-se citar a confissão, a desistência da ação etc.;

b.3) contratos (convenções) processuais: são as manifestações bilaterais de vontade, portanto ato praticado em conjunto pelas partes, visando à constituição, modificação ou extinção de direitos, deveres ou ônus processuais (arts. 190 e 191 do CPC/2015).

Os negócios jurídicos processuais são objeto de exame mais detalhado no capítulo seguinte, dada a relevância que têm no ordenamento processual civil brasileiro;

c) de cumprimento de dever: como visto, as posições jurídico-subjetivas das partes não se cingem a direitos e ônus. Há também deveres: de litigar de boa-fé, de cooperação etc. Por vezes, o cumprimento de tais deveres implica condutas de abstenção (p. ex., não formular afirmações falsas). Mas há deveres que impõem condutas ativas. Tome-se como exemplo a apresentação do rol de bens sujeitos à penhora pelo executado (art. 774, V, do CPC/2015) ou a exibição de documento requerido pelo adversário (art. 400 do CPC/2015).

26.8. Atos do juiz

Sendo o representante do Estado e condutor do processo, cabe ao juiz a outorga da tutela jurisdicional. É, sem dúvida, quem mais pratica atos processuais, pois a ele compete a ordenação da marcha procedimental, a solução das questões que, passo a passo, vão se apresentando, a presidência na colheita da prova (tendo, inclusive, poderes instrutórios) e o pronunciamento definitivo sobre a lide posta. Por isso, seus atos assumem especial relevância.

Os pronunciamentos que podem ser emitidos pelo juiz estão enumerados e conceituados no art. 203 do CPC/2015, nos seguintes termos: (i) *sen-*

tença, ato pelo qual o juiz põe fim à fase de conhecimento do processo ou à execução (i.e., põe fim ao processo como um todo), julgando ou não o seu mérito (i.e., tendo o conteúdo dos arts. 485 e 487 do CPC/2015); (ii) *decisão interlocutória*, ato pelo qual o juiz, no curso do processo, resolve questão incidente; e (iii) *despachos*, todos os demais atos do juiz praticados no processo, de ofício ou a requerimento da parte, a cujo respeito à lei não estabelece outra forma – ou seja, por exclusão, esses são os pronunciamentos despidos de conteúdo decisório.

Nos tribunais, os pronunciamentos judiciais proferidos pelos órgãos colegiados recebem o nome de "acórdão" (art. 204 do CPC/2015). A rigor, o conteúdo e a eficácia do acórdão serão os de uma sentença (quando o tribunal, julgando ou não o mérito, põe fim à fase cognitiva do processo ou ao processo como um todo) ou de decisão interlocutória (quando o tribunal decide incidentalmente uma questão). Então, "acórdão" designa a forma que o ato assume, e não uma peculiaridade em seu conteúdo ou eficácia.

Ainda nos tribunais, o relator da causa (i.e., o magistrado que conduz o processo) ou outros integrantes da corte (p. ex., presidente, vice-presidente) têm, em certos casos, competência para emitir pronunciamentos sozinhos, sem uma deliberação no órgão colegiado (exs., arts. 932, 955, parágrafo único, 970, 989, 1.019, I, 1.032 etc., do CPC/2015). Esses atos, que recebem a denominação genérica de "decisão" ou "decisão monocrática" terão também sempre o conteúdo e a eficácia de algum dos pronunciamentos arrolados no art. 203 do CPC/2015.

Os pronunciamentos do juiz podem ser assinados eletronicamente (art. 205, § 2.º, do CPC/2015).

O elenco contido nos arts. 203 e 204 do CPC/2015 não exaure todos os possíveis atos do juiz. Como indicado no *caput* do dispositivo, ele enumera os *pronunciamentos* judiciais – vale dizer, atos que contém uma dicção prescritiva (uma manifestação de poder). Há inúmeros outros atos processuais praticados pelo juiz que, por não serem pronunciamentos, não estão incluídos nesse rol. Por exemplo: a audiência (que é um ato complexo, no qual o juiz tanto pode apenas realizar a colheita da prova, como proferir decisões e, mesmo, sentença), a inspeção judicial (que é ato instrutório, mas realizado pelo próprio juiz – art. 481 do CPC/2015) ou, ainda, quando o juiz presta informações no recurso de agravo (art. 1.018, § 1.º, do CPC/2015) ou no mandado de segurança (art. 7.º, I, da Lei 12.016/2009), quando esse é impetrado contra ato judicial. Nessas duas últimas hipóteses, o ato praticado pelo juiz é de mera comunicação. Há, ainda, os atos de documentação, como a assinatura de termos e expedição de ofícios, que também são atos processuais (tanto que servem de prova), mas que não integram o disposto no art. 203 do CPC/2015.

26.8.1. Sentença

Nos termos do art. 203, § 1.º, do CPC/2015 "sentença é o pronunciamento por meio do qual o juiz, com fundamento nos arts. 485 e 487, põe fim à fase cognitiva do procedimento comum, bem como extingue a execução". O mesmo dispositivo ressalva a possibilidade de que regras expressas qualifiquem também outros atos como sentença no âmbito dos procedimentos especiais.

É mais fácil compreender-se o sentido – e a boa qualidade – dessa disposição legal à luz das variações havidas no conceito legal de sentença nos últimos anos.

Na redação original do Código anterior, sentença era definida como "o ato pelo qual o juiz põe termo ao processo, decidindo ou não o mérito da causa" (art. 162, § 1.º, do CPC/1973). Este conceito, se comparado com o modelo vigente no CPC/1939, simplificava a identificação das sentenças, e, consequentemente, diminuía as incertezas quanto ao recurso a utilizar. Mas esse dispositivo era alvo de críticas. Por exemplo, ponderava-se não ser a sentença que encerra necessariamente o processo, pois, se houvesse recurso contra ela, o processo continuaria. Além disso, sempre houve casos em que a sentença é executada no próprio processo em que foi proferida (é o que se passa com as sentenças mandamentais e executivas). Então, se a sentença é executada naquele mesmo processo, isso significa que ela não teria posto fim ao processo. De todo modo, e especialmente para o fim de definição do recurso adequado, o efeito mencionado pelo § 1.º do art. 162 do CPC/1973 sempre serviu de norte para a identificação da sentença.

Mas, se na origem do CPC/1973 o princípio geral era o de que a sentença seria executada em um processo subsequente àquele em que ela fora proferida, sucessivas reformas legislativas alteraram essa diretriz. Assistiu-se à multiplicação dos casos em que a sentença era executada na própria relação processual em que proferida. Foi o que aconteceu com a sentença que impunha cumprimento de deveres de fazer e não fazer (1994), depois com as que determinavam entrega de coisa (2002) e, por fim, também com as que condenavam ao pagamento de quantia (2005). Diante desse panorama, reputou-se preferível alterar o conceito de sentença (Lei 11.232/2005). Sentença passou a ser definida como o ato do juiz que implicasse alguma das situações previstas no art. 267 ou no art. 269 do CPC/1973. O art. 267, equivalente ao art. 485 do atual CPC, tratava dos casos em que o juiz declara a impossibilidade de julgar o mérito da causa. O art. 269, correspondente ao art. 487 do atual diploma, previa as hipóteses de resolução do mérito. Então, a partir da Lei 11.232/2005, a sentença deixava de ser identificada exclusivamente por sua aptidão de pôr fim ao processo (com as ressalvas acima feitas). A lei passava a dar relevância ao conteúdo do ato. Se o ato decisório do juiz reconhecesse a existência de um defeito que impedisse, em termos absolutos, o julgamento do mérito ou se procedesse à resolução do mérito, seria sentença – ainda que não pondo fim ao processo. Mas tal conceito também se mostrou inadequado, por implicar a existência de sentenças parciais (i.e., pronunciamentos que julgavam – ou afirmavam a impossibilidade de julgar – apenas uma parte do mérito da causa, com o processo indo adiante para a instrução do restante do mérito) que, pela letra da lei, seriam apeláveis – o que, se aplicado à risca, geraria graves confusões procedimentais.

No Código de 2015, adotou-se um conceito que retoma o critério classificatório original do Código anterior, aperfeiçoando-o, e ainda agrega o critério de conteúdo que havia sido introduzido pela Lei 11.232/2005. Assim, em regra, sentença é o pronunciamento que encerra a fase cognitiva do processo ou a execução (com o que, em princípio, estará, daí sim, encerrando o processo como um todo) e que tem por conteúdo alguma das hipóteses dos arts. 485 ou 487 do CPC/2015.

Assim as sentenças classificam-se em:

a) processuais (ou terminativas): aquelas proferidas nos casos elencados pelo art. 485 do CPC/2015, em que o juiz não entra no mérito, mas interrompe prematuramente a marcha procedimental, sem alcançar a solução do mérito;

b) de mérito (ou definitivas): as que julgam o mérito, ou que endossam (homologando) manifestação de vontade das partes, resolvendo a lide. São prolatadas nas hipóteses enumeradas no art. 487 do CPC/2015, e representam o alcance do escopo da jurisdição.

O tema é retomado adiante, em capítulo dedicado exclusivamente à sentença (v. 2, cap. 21).

26.8.2. Decisão interlocutória

No curso do processo, o juiz pronuncia-se sobre inúmeras questões, de fato e de direito, sobre o que controvertem as partes, sem que isso, todavia, represente a solução do mérito, nem o reconhecimento da impossibilidade de resolver o mérito, nem o encerramento do processo ou do procedimento em primeiro grau de jurisdição. São dúvidas que surgem no desenvolvimento do processo, e que necessitam de um pronunciamento judicial que regule e encaminhe o processo ao seu término. São as chamadas "questões incidentes".

Além disso, é possível que, ainda no meio do processo, o juiz desde logo constate que uma parte do mérito não reúne os pressupostos para poder ser resolvida (i.e., ocorre alguma das hipóteses do art. 485 do CPC/2015), ao passo que a parcela restante, conquanto reúna tais pressupostos, ainda precisa ser objeto de instrução probatória. Nesse caso, é possível que o juiz desde logo declare a impossibilidade de julgamento de parte do mérito da causa – determinando que, quanto à outra parte, produzam-se provas (art. 354, parágrafo único, do CPC/2015). Tal pronunciamento não é sentença, pois não põe fim à fase cognitiva (que segue adiante relativamente à parcela do mérito que será objeto de provas).

Há ainda outra hipótese a destacar-se. É também possível que uma parte do mérito da causa já esteja em condições de ser resolvida (por algum dos fundamentos do art. 487 do CPC/2015) e a outra parcela ainda dependa da produção de provas para poder ser decidida. Nesse caso, é possível o julgamento parcial do mérito da causa (arts. 354, parágrafo único, e 356 do CPC/2015), com o juiz remetendo a outra parcela, ainda não resolvida, à instrução probatória. Também aqui não há, portanto, extinção da fase cognitiva.

Em todos esses casos, o pronunciamento do juiz consiste em decisão interlocutória. Nos termos do art. 203, § 2.º, do CPC/2015, decisão interlocutória é todo pronunciamento decisório proferido pelo juiz no curso do processo que não se enquadre no conceito de sentença (i.e., não ponha fim à fase cognitiva ou à execução).

Não é possível um elenco exaustivo das decisões interlocutórias, porque toda e qualquer questão surgida no desenvolvimento do processo acaba por gerar decisão judicial. São, pois, inúmeras as situações que acabam gerando decisões interlocutórias, variáveis de acordo com as peculiaridades do litígio, do procedimento e, mesmo, da fase procedimental. São exemplos, além daqueles já destacados acima: a concessão de tutela provisória, o deferimento ou não da produção de determinada prova, o julgamento de incidentes de impedimento ou suspeição, entre outras. Enfim, toda a vez que for decidida alguma questão, sem que se ponha fim à fase cognitiva ou à execução, trata-se de decisão interlocutória.

Exatamente por apresentarem cunho decisório, as decisões interlocutórias necessitam ser fundamentadas, ainda que de forma concisa, sob pena de nulidade (art. 93, IX, da CF/1988; art. 11 do CPC/2015).

26.8.3. Despachos

Os despachos, atos praticados pelo juiz, não envolvem o direito que se discute, nem posições jurídico-processuais das partes. Dizem respeito, apenas, ao andamento normal do processo. Pode-se exemplificar com o despacho pelo qual, em face da manifestação apresentada por uma parte, o juiz manda ouvir a outra. Mesmo não causando gravame à parte, os despachos são de competência exclusiva do juiz porque não se referem à atividade burocrática, mas sim ao perfeito enquadramento do desenvolvimento processual.

A lei define os despachos por exclusão, em face dos conceitos de sentença e decisão interlocutória: "São despachos todos os demais pronunciamentos do juiz praticados no processo, de ofício ou a requerimento da parte (art. 203, § 3.º, do CPC/2015). Ou seja, todos os pronunciamentos que não tenham conteúdo decisório.

Os despachos não têm forma prescrita, assim como as decisões interlocutórias, e por esse motivo algumas vezes pode surgir dúvida quanto à natureza jurídica do ato do juiz. A maneira mais objetiva de fazer essa distinção é promover uma verificação com dois momentos distintos: primeiro, se, ante o assunto apresentado, poderia ou não o juiz agir de uma ou outra forma. Se duas ou mais opções se apresentarem ao juiz, e ele opta por uma, é possível que o ato não seja de simples impulso processual; segundo, se a opção do juiz traz, em si, carga lesiva ao interesse (em sentido amplo) da parte. Caso positivo, e independentemente da forma que assuma, este ato será uma decisão interlocutória, pois, ao optar, o juiz proferiu um julgamento que poderia não causar prejuízo ao interesse se tivesse escolhido o outro caminho.

26.9. Atos do escrivão ou chefe de secretaria

Sob a expressão "escrivão ou chefe de secretaria" o Código se refere a todos os integrantes da escrivania, sob a chefia do servidor que recebe uma destas denominações (o primeiro termo é empregado na Justiça Estadual; o segundo, na Justiça Federal). É perfeitamente admissível que o escrivão tenha auxiliares juramentados, que podem praticar atos, assinando-os inclusive.

Para que os atos decisórios possam ocorrer, inúmeros outros necessitam ser praticados, de modo que o processo possa ter uma constituição física, a que se denomina "autos", dentro do qual os atos das partes e do juiz são praticados.

26.9.1. Atos materiais

O Código de Processo Civil de 2015, do art. 206 ao art. 211, traça as regras burocráticas que o escrivão ou chefe de secretaria deve seguir para a autuação (capeamento da petição e documentos apresentados pelo autor, quando da propositura da demanda), bem como para a sequência lógica dos atos procedimentais, como, por exemplo, a numeração e rubrica das folhas, a data e assinatura do escrivão nas certidões e termos de juntada, vista e conclusão etc. Além dessas normas, de caráter geral, outras, supletivas, podem ser elaboradas pelas leis locais, o que ocorre em todos os Estados da Federação.

Além desses atos (essencialmente burocráticos), há outros que incumbem ao escrivão ou chefe de secretaria, que podem ser classificados em:

a) atos de documentação: são aqueles através dos quais o escrivão transfere para um determinado suporte as declarações emitidas pelos sujeitos processuais. Podem ser a datilografia sobre papel, a digitação em computador e posterior impressão das palavras, a gravação em audiência de um depoimento, entre outros. Pouco importa qual o suporte a ser utilizado, bastando para sua validade a possibilidade de reprodução das ideias nele constantes.

b) atos de comunicação: para que o processo realmente signifique um diálogo, é *mister* que os sujeitos processuais tenham ciência dos atos praticados, para que a sequência procedimental ocorra. Sempre que, por exemplo, o juiz determinar a *intimação* da parte para se manifestar, torna-se necessário que essa forma de comunicação se materialize em um mandado, a ser cumprido pelo oficial de justiça, ou em uma publicação no órgão oficial, de modo que a notícia seja transmitida a seu destinatário.

c) atos de logística: além da atividade processual burocrática, compete, ao escrivão, a prática de outros atos, que importam uma verdadeira assessoria ao juiz, sempre visando a tutela jurisdicional. São eles: o recebimento e depósito de valores entregues pelas partes; a presença na audiência, lavrando os termos respectivos; a guarda de objetos que interessam ao processo, como, por exemplo, mídias (digitais, magnéticas), originais de títulos de crédito (mantendo cópias nos autos); e, ainda, o fornecimento de certidões dos atos processuais (ex.: certidões de decurso de prazo, de carga e remessa etc.). Também se inserem nessa categoria as certidões que o escrivão lança nos autos dos fatos ocorridos em sua presença. Assim, se a parte ou a testemunha não quiser se pronunciar, ou se recusar a assinar o termo que lhe for apresentado, caberá ao escrivão, que é dotado de fé pública, certificar o ocorrido.

De todos os auxiliares da justiça, o escrivão é o de maior relevo, por isso os atos por ele praticados, ainda que sob a supervisão do juiz, revestem-se de especial importância.

26.9.2. *Atos ordinatórios*

Nos termos do art. 203, § 4.º, do CPC/2015 os atos meramente ordinatórios do processo devem ser praticados por iniciativa do escrivão ou chefe de secretaria, independentemente de despacho do juiz. Tais atos, quando praticados pelo juiz, recebem o nome de despachos de mero expediente. Eles podem ser praticados pelo escrivão ou chefe de secretaria porque, além de não terem nenhum conteúdo decisório, sua prática cabe em situações em que não se põe nenhuma alternativa de escolha: trata-se do único encaminhamento possível naquele dado momento do processo.

A norma menciona "atos (...) *como a juntada e a vista obrigatória*". Trata-se de indicação exemplificativa. Outros atos também se inserem nessa categoria, como, por exemplo, a remessa dos autos ao Ministério Público, nos feitos em que tem participação obrigatória; a expedição de carta precatória, quando o juiz deferiu providência a ser realizada em outra comarca; a determinação do pregão das partes para a abertura da audiência; a vista à parte sobre um documento juntado; a intimação das testemunhas arroladas, quando o meio de prova foi deferido; a entrega dos autos ao perito, entre outros.

Trata-se de fenômeno análogo à delegação, porque não deixam de ser atos do juízo: ainda que praticados pelo servidor, são sempre passíveis de revisão pelo juiz. Com a atribuição de tais atos ao escrivão ou chefe de secretaria, busca-se agilizar o processo, retirando-se do magistrado parte de sua carga de trabalho, mas não de sua responsabilidade. Ainda que praticado pelo servidor, o ato processual continua sendo de responsabilidade do juiz, tanto que por ele deve ser revisto, sempre que necessário (parte final do § 4.º do art. 203 do CPC/2015).

A Constituição consagra expressamente a possibilidade dessa delegação: "Os servidores receberão delegação para a prática de atos de administração e atos de mero expediente sem caráter decisório" (art. 93, XIV). Mas mesmo antes dessa regra ser inserida no texto constitucional pela EC 45/2004, já se admitia essa transferência de tarefa do juiz ao escrivão.

26.10. Atos de terceiros

Terceiros também podem ter o dever de colaborar com a jurisdição e, para tanto, praticarão atos processuais (arts. 378, 380, II etc. do CPC/2015). É o caso de testemunhas, pessoas que detêm documentos relevantes para a causa etc. Tais atos normalmente terão caráter instrutório.

Quadro Sinótico

Conceito e espécies			
Enquadramento	Fato jurídico processual		
	Ato-fato processual		
	Ato jurídico processual em sentido estrito		
	Negócio jurídico processual		
Classificação	Atos das partes		
	Atos dos agentes da jurisdição	Do juiz	
		Do escrivão ou chefe de secretaria	
	Atos de terceiros		
Forma	O princípio da instrumentalidade		
	Emprego da língua portuguesa		
	Atos processuais por meio eletrônico (Lei 11.419/2006)		
	O princípio da publicidade dos atos		

Atos das partes	De obtenção	Postulação
		De evento físico
		Instrutórios
	Dispositivos	Submissivos
		De desistência
		Negócios jurídicos processuais
	Cumprimento de dever	

Atos do juiz	Sentenças	Processuais (terminativas)
		De mérito (definitivas)
	Decisões interlocutórias	
	Despachos	

Atos do escrivão ou chefe de secretaria	Materiais	• De documentação
		• De comunicação
		• De logística
	• Ordinatórios (art. 203, § 4.º, do CPC/2015)	

Atos de terceiros	Caráter instrutório

Doutrina Complementar

Atos processuais – Conceito

- **ARRUDA ALVIM** (*Manual...*, 16. ed., p. 465-466, vol. 1) leciona que "o ato processual é ato jurídico inserido na relação jurídica processual (processo). Sendo ato jurídico uma espécie, é, também, fato jurídico, que é o gênero". Em seu sentir, "o ato, para ser processual, tem que ser praticado no processo, ou sempre trazido a este. Todo e qualquer ato relativo ao processo, mas materialmente elaborado antes do início ou fora deste, somente adquirirá relevância jurídica e, então, produzirá efeitos, precisamente, quando for constituído o processo".

- **FREDIE DIDIER JR.** (*Curso ...*, vol. 1, 17. ed., p. 372) destaca que "o processo é um conjunto de atos teleologicamente organizados para a prática de um ato final, a decisão". Para esse autor, "normalmente, são esses atos que compõem o processo aqueles designados como *atos processuais*".

- **HUMBERTO THEODORO JÚNIOR** (*Curso...*, vol. 1, 56. ed., p. 461) afirma que é "ato processual toda ação humana que produza efeito jurídico em relação ao processo".

- **NELSON NERY JR. E ROSA MARIA DE ANDRADE NERY** (*Comentários...*, p. 712) explicam que "os atos processuais são fatos que procedem da vontade dos sujeitos processuais. Podem visar à provocação de efeitos contrários aos queridos pela ordem jurídica e, nesse caso, são chamados de atos ilícitos". Destacam que, "dentre os atos lícitos, também chamados atos jurídicos em sentido estrito, (...) estão todos aqueles praticados com o fito de se alcançar determinado fim jurídico e lícito dentro do processo. Nessa classificação estão os atos jurídicos simples e os negócios jurídicos".

Atos processuais – Forma

- **ARRUDA ALVIM** (Manual..., 16. ed., p. 473) explica que "forma, em Direito, é fruto da necessidade de a manifestação de vontade obedecer a certos moldes, quando o próprio sistema define o modelo a ser seguido. Sendo a forma necessária imposta por lei, a manifestação somente assim revestida, em princípio, produziria os efeitos jurídicos desejados. No entanto, como se verifica, este enunciado não é absoluto, sofrendo profundas atenuações, que tornam mais flexível a regra. O Direito não pode, todavia, de forma alguma, viver desvinculado de um certo formalismo".

- **HUMBERTO THEODORO JÚNIOR** (*Curso...*, vol. 1, 56. ed., p. 467) sustenta que "os atos processuais são solenes porque, via de regra, se subordinam à forma escrita, a termos adequados, a lugares e tempo expressamente previstos em lei". Em seu sentir, "os atos jurídicos em geral costumam ser classificados em solenes ou não solenes. Solenes são aqueles para os quais a lei prevê uma determinada forma como condição de validade. E não solenes, os atos de forma livre, i.e., que podem ser praticados independentemente de qualquer solenidade e que se provam por quaisquer meios de convencimento admitidos em direito".

- **NELSON NERY JR. E ROSA MARIA DE ANDRADE NERY** (*Comentários...*, p. 697) sustentam que "é válido o ato realizado no processo sem se revestir de forma especial, a menos que a lei prescreva como deva ser praticado. Ainda assim, se praticado de outro modo, vier a preencher-lhe a finalidade essencial, é válido o ato, desde que a lei comine sanção diferente de nulidade contra a preterição da forma exigida (art. 107 [do CC])".

- **TERESA ARRUDA ALVIM WAMBIER, MARIA LÚCIA LINS CONCEIÇÃO, LEONARDO FERRES DA SILVA RIBEIRO E ROGERIO LICASTRO TORRES DE MELLO** (*Primeiros...*, p. 348), em comentário ao art. 188 do CPC [2015], sustentam que "sempre haverá de se observar alguma forma na prática dos atos e termos processuais, preferencialmente a forma preconizada em lei, porém se darão por válidos e úteis os atos e termos processuais que, ainda que praticados de forma distinta daquela prevista, atinjam sua finalidade essencial". Na opinião desses autores, "a essência do princípio da instrumentalidade emanado do art. 188 do CPC [2015] admite a seguinte síntese: em regra não é relevante, para fins de validade do ato processual, se foi estritamente observada a forma específica estabelecida em lei; ainda que seja levado a cabo de outra forma (portanto, de alguma forma), o ato e o termo processual serão considerados válidos desde que atingida sua finalidade.

Os atos e termos processuais, portanto, independem de forma determinada, em regra, desde que se realizem de alguma forma e atinjam o fim que deles se espera".

Prática eletrônica dos atos processuais

- **HUMBERTO THEODORO JÚNIOR** (*Curso...*, vol. 1, 56. ed., p. 477) destaca que, no CPC/2015, "a intenção do legislador, e também do Conselho Nacional de Justiça, é uniformizar o processo digital, estabelecendo um sistema nacional, criado por aquele próprio órgão, a ser utilizado por todos os tribunais pátrios, ao contrário do que ocorre atualmente, com cada Estado adotando um sistema próprio, sem qualquer padronização". O autor ressalta que, "segundo o novo Código [CPC/2015], os sistemas de automação processual respeitarão a publicidade dos atos, o acesso e a participação das partes e de seus procuradores, inclusive nas audiências e sessões de julgamento, devendo-se observar as seguintes garantias: disponibilidade, independência da plataforma computacional, acessibilidade e interoperabilidade dos sistemas, serviços, dados e informações que o Poder Judiciário administre no exercício de suas funções (art. 194)".

- **NELSON NERY JR. E ROSA MARIA DE ANDRADE NERY** (*Comentários...*, p. 706) entendem que "a tendência moderna é que a atividade jurisdicional do Estado passe a ser, cada vez mais, desenvolvida com os recursos eletrônicos a serviço do Poder Estatal e das partes. Atos e termos processuais serão praticados por meio eletrônico, bem assim a tramitação e controle de tramitação dos processos, a comunicação dos atos e a transmissão de peças processuais, garantida essa atividade pela infraestrutura de chaves públicas posta à disposição pela Administração para regulamentar e autenticar o documento eletrônico e garantir a realização de transações eletrônicas seguras".

- **TERESA ARRUDA ALVIM WAMBIER, MARIA LÚCIA LINS CONCEIÇÃO, LEONARDO FERRES DA SILVA RIBEIRO E ROGERIO LICASTRO TORRES DE MELLO** (*Primeiros...*, p. 358) sustentam que o *caput* do art. 193 do CPC/2015 acrescenta "o reconhecimento de que os atos processuais podem ser total ou parcialmente digitais. Serão totalmente digitais aqueles que, desde o seu início, forem praticados de forma digital (ex. petições assinadas digitalmente e protocoladas no processo eletrônico, sem passar pelo processo de impressão no papel). Parcialmente digitais, à sua vez, são os processos que contêm documentos digitalizados". Em comentário ao art. 197 do CPC [2015] (p. 362), afirmam que "a finalidade da norma é a atenção à garantia de que as informações e os dados constantes nos portais eletrônicos sejam confiáveis". Asseveram que "a função das informações presentes nos sites dos Tribunais, incluindo os processos eletrônicos, é informar e agilizar e, não criar armadilhas para as partes que agem de boa-fé. Sendo incorretas tais informações, a parte induzida a erro, não pode ser punida por ter confiado nas informações emanadas pelo Órgão Público".

Publicidade

- **FERNANDO GAJARDONI** (*Teoria...*, p. 611), sobre segredo de justiça, destaca que "mesmo estando presentes as situações do art. 189 do CPC/2015, é possível que o segredo de justiça não seja decretado, ou seja, afastado por decisão judicial. A própria CF (art. 93, IX, da CF), após afirmar a necessidade de a lei preservar a intimidade do interessado por meio da estipulação dos casos de segredo de justiça, impõe um limitador: o segredo de justiça não pode prejudicar o interesse público à informação. Na verdade, a CF reconhece que, se da colisão do princípio da proteção à intimidade com o princípio do interesse público na informação sobressair o último (art. 489, § 2.º, do CPC/2015), o sigilo deve ceder em prol da publicidade".

- **HUMBERTO THEODORO JÚNIOR** (*Curso...*, vol. 1, 56. ed., p. 468) entende que "são públicos os atos processuais no sentido de que as audiências se realizam a portas abertas, com acesso franqueado ao público, e a todos é dado conhecer os atos e termos que no processo se contêm, obtendo traslados e certidões a respeito deles".
- **TERESA ARRUDA ALVIM WAMBIER, MARIA LÚCIA LINS CONCEIÇÃO, LEONARDO FERRES DA SILVA RIBEIRO E ROGERIO LICASTRO TORRES DE MELLO** (*Primeiros...*, p. 349) asseveram que "a publicidade é uma das características mais marcantes da democracia, dado funcionar como controle automático da legalidade e como coibidor de abusos e arbitrariedades. As atividades desenvolvidas com a participação do Poder Público, e as relações processuais o são, devem pautar-se pela estrita observância ao princípio da publicidade. Trata-se, na verdade, de prestar contas. O Estado Democrático é o Estado que presta constas: *Rechtfertigungstaat*".

Atos das partes

- **ARRUDA ALVIM** (*Manual...*, 16. ed., p. 467-468) entende ser importante "o critério subjetivo que distingue os atos do juiz dos das partes, pois, efetivamente, não se confundem". Analisando os atos das partes, sob a perspectiva do autor, assevera que "o ato fundamental é a petição inicial, onde deduz o pedido e sua ação (art. 282 [do CPC/1973 – art. 319 do CPC/2015]), devendo observar os requisitos aí definidos, juntando os documentos a que se refere o art. 283 [do CPC/1973 – art. 320 do CPC/2015]. É ato que, se não praticado, ou se praticado inadequadamente, ou incompletamente, gera preclusão, para a hipótese de o autor pretender aditá-la, formulando pedido que omitira, ou consertando erros que cometera (salvo o art. 284 [do CPC/1973 – art. 321 do CPC/2015])".
- **HUMBERTO THEODORO JÚNIOR** (*Curso...*, vol. 1, 56. ed., p. 480) explica que "consideram-se atos da parte os praticados pelo autor ou réu, pelos terceiros intervenientes ou pelo Ministério Público, no exercício de direitos ou poderes processuais, ou para cumprimento de ônus, obrigações ou deveres decorrentes da relação processual".
- **LUANA PEDROSA DE FIGUEIREDO CRUZ** (*Breves...*, p. 616) assevera que "os atos das partes, praticados no processo, geram efeitos imediatos e, de uma forma geral, não dependem de homologação. Esses atos são sempre referentes à constituição, à modificação ou à extinção dos direitos. Alguns desses atos, como se sabe, podem ser unilaterais (indicação de um assistente técnico; desistência da ação, que, dependendo da fase em que se encontra o processo, pode ser realizada, inclu-

sive, sem manifestação da parte contrária; reconhecimento jurídico do pedido) ou bilaterais (acordo realizado entre as partes)".

- **LUIZ GUILHERME MARINONI, SÉRGIO CRUZ ARENHART E DANIEL MITIDIERO** (*Novo Código...*, p. 248) destacam que "os atos das partes produzem imediatamente a constituição, a modificação ou a extinção de direitos processuais. Uma vez praticado o ato, consome-se a possibilidade de fazê-lo, operando-se a preclusão consumativa".

Atos do juiz

- **HUMBERTO THEODORO JÚNIOR** (*Curso...*, vol. 1, 56. ed., p. 484) afirma que "no comando do processo, o juiz está dotado de duas espécies de poderes: o de dar solução à lide, e o de conduzir o feito segundo o procedimento legal, resolvendo todos os incidentes que surgirem até o momento adequado à prestação jurisdicional. Durante a marcha processual e no exercício de seus poderes de agente da jurisdição, o juiz pratica atos processuais de duas naturezas: (a) decisórios; e (b) não decisórios. Nos primeiros, há sempre um conteúdo de deliberação ou de comando. Nos últimos, predomina a função administrativa, ou de polícia judicial".

- **NELSON NERY JR. E ROSA MARIA DE ANDRADE NERY** (*Comentários...*, p. 715) asseveram que o elenco trazido pela norma do art. 203 [do CPC/2015] tem cunho meramente exemplificativo, "pois estão nomeados apenas os pronunciamentos do juiz: sentença, decisão interlocutória e despacho. (...) Além dos pronunciamentos, o juiz pratica outros atos no processo, como por exemplo: a) tomar o depoimento das testemunhas; b) interrogar as partes (art. 385 [do CPC/2015]); c) fazer inspeção judicial (art. 481 [do CPC/2015]). Não se poderia dizer que estes atos seriam 'despachos' do juiz, já que não são sentença nem decisão interlocutória, porque nada decidem. (...) Antes da L 11.232, de 22.12.2005 (*DOU* 23.12.2005), que alterou numerosos artigos do CPC/1973, a pedra de toque estabelecida pelo CPC para classificar os pronunciamentos do juiz de primeiro grau era somente a *finalidade do ato*, seu objetivo, seu sentido teleológico, sua consequência. Se a finalidade do ato fosse extinguir o processo, seria sentença; se seu objetivo fosse decidir, no curso do processo, sem extingui-lo, questão incidente, seria decisão interlocutória; se sua finalidade fosse a de apenas dar andamento ao processo, sem nada decidir, seria despacho. Nenhum outro parâmetro anterior ao da lei, por mais importante e científico que seja, poderia ser utilizado para estabelecer a natureza e a espécie do pronunciamento judicial. O critério, fixado *ex lege*, tinha apenas a finalidade como parâmetro classificatório. Toda e qualquer outra tentativa de classificação do pronunciamento do juiz que não se utilizasse do elemento teleológico deveria ser interpretada como sendo de *lege ferenda*".

Atos do escrivão

- **ARRUDA ALVIM** (*Manual...*, 16. ed., p. 467) afirma que "o escrivão ou chefe de secretaria praticam atos de documentação (art. 166 [do CPC/1973 – art. 206 do CPC/2015]) ao longo de todo o procedimento (art. 167 [do CPC/1973 – art. 207 do CPC/2015]). O andamento do processo, do ponto de vista material, repousa no escrivão (art. 168 [do CPC/1973 – art. 208 do CPC/2015]), descrevendo a lei o *modus faciendi* de tais atos, cuja prática lhe incumbe". Adverte também Arruda Alvim, que "a Lei 8.952, de 13.12.1994, acrescentou o § 4.º ao art. 162 do Código [CPC/1973 – art. 203, § 4.º, do CPC/2015], pelo qual é possível ao servidor, de ofício, a prática de atos meramente ordinatórios que independam de despacho, como a juntada de peças aos autos e a vista obrigatória. Dispõe o mesmo dispositivo que tais atos serão revistos pelo juiz quando necessário. Da reclamação feita ao juiz, e da decisão deste, é que terá cabimento o recurso de agravo, pois ter-se-á, então, caracterizado uma decisão, propriamente dita".

- **HUMBERTO THEODORO JÚNIOR** (*Curso...*, vol. 1, 56. ed., p. 496) explica ser o escrivão ou o chefe de secretaria quem "se encarrega especificamente dos atos de documentação, comunicação e movimentação do processo e cujas tarefas estão bem delineadas no art. 152 do CPC/2015".

- **LUANA PEDROSA DE FIGUEIREDO CRUZ** (*Breves...*, p. 631) afirma que "os serventuários denominados escrivão (primeira instância e justiça federal) ou o chefe de secretaria (tribunais) são os responsáveis, portanto, por documentar, transpor para suporte físico, os atos praticados no processo, dando também fiel apoio aos atos de impulso oficial".

ENUNCIADOS DO FPPC

N.º 84. (*Art. 935, CPC/2015*) A ausência de publicação da pauta gera nulidade do acórdão que decidiu o recurso, ainda que não haja previsão de sustentação oral, ressalvada, apenas, a hipótese do § 1.º do art. 1.024, na qual a publicação da pauta é dispensável.

N.º 198. (*Art. 935, CPC/2015*) Identificada a ausência ou a irregularidade de publicação da pauta, antes de encerrado o julgamento, incumbe ao órgão julgador determinar sua correção, procedendo a nova publicação.

N.º 251. (*Art. 139, VI, CPC/2015*) O inc. VI do art. 139 do CPC aplica-se ao processo de improbidade administrativa.

N.º 263. (*Art. 194, CPC/2015*) A mera juntada de decisão aos autos eletrônicos não necessariamente lhe confere publicidade em relação a terceiros.

N.º 264. (*Art. 194, CPC/2015*) Salvo hipóteses de segredo de justiça, nos processos em que se realizam intimações exclusivamente por portal eletrônico, deve ser garantida ampla publicidade aos autos eletrônicos, assegurado o acesso a qualquer um.

N.º 277. (*Art. 281; art. 282, CPC/2015*) Para fins de invalidação, o reconhecimento de que um ato subsequente é dependente de um ato defeituoso deve ser objeto de fundamentação específica à luz de circunstâncias concretas.

N.º 567. (*Art. 1.046, § 1.º; art. 1.047, CPC/2015*) Invalidado o ato processual praticado à luz do CPC de 1973, a sua repetição observará o regramento do CPC/2015, salvo nos casos de incidência do art. 1.047 do CPC/2015 e no que refere às disposições revogadas relativas ao procedimento sumário, aos procedimentos especiais e às cautelares.

Bibliografia

Fundamental

ARRUDA ALVIM, *Manual de direito processual civil*, 16. ed., São Paulo, Ed. RT, 2013; EDUARDO TALAMINI, Notas sobre a teoria das nulidades no processo civil, *Revista Dialética de Direito Processual*, n. 29, 2005; FERNANDO DA FONSECA GAJARDONI, LUIZ DELLORE, ANDRE VASCONSELOS ROQUE e ZULMAR DUARTE DE OLIVEIRA JR., *Teoria geral do processo: comentários ao CPC de 2015: parte geral*, São Paulo, Forense, 2015; FREDIE DIDIER JR., *Curso de Processo Civil: introdução ao direito processual civil, parte geral e processo de conhecimento*, 17. ed., Salvador, JusPodivm, 2015, vol. 1; HUMBERTO THEODORO JÚNIOR, *Curso de direito processual civil*, 56. ed., Rio de Janeiro, Forense, 2015, vol. 1; LUIZ GUILHERME MARINONI, SÉRGIO CRUZ ARENHART e DANIEL MITIDIERO, *Novo código de processo civil comentado*, São Paulo, Ed. RT, 2015; NELSON NERY JR. e ROSA MARIA DE ANDRADE NERY, *Comentários ao código de processo civil*, São Paulo, Ed, RT, 2015; TERESA ARRUDA ALVIM WAMBIER, *Nulidades do processo e da sentença*, 7. ed., São Paulo, Ed. RT, 2014; _____, *Os agravos no CPC brasileiro*, 4. ed., São Paulo, Ed. RT, 2006; _____, FREDIE DIDIER JR., EDUARDO TALAMINI E BRUNO DANTAS (COORD.), *Breves comentários ao Novo Código de Processo Civil*, São Paulo, Ed. RT, 2015; _____, MARIA LÚCIA LINS CONCEIÇÃO, LEONARDO FERRES DA SILVA RIBEIRO E ROGERIO LICASTRO TORRES DE MELLO, *Primeiros comentários ao novo código de processo civil: artigo por artigo*, São Paulo, Ed. RT, 2015.

Complementar

ADA PELLEGRINI GRINOVER, A eficácia dos atos processuais à luz da Constituição Federal, *RPGESP* 37/33; _____, A constituição e a invalidade dos atos processuais, *RDCI*, 1/227, out. 1992, *Doutrinas Essenciais de Processo Civil*, vol. 3, p. 267, out. 2011; _____, O sistema de nulidades processuais e a Constituição, *O processo em evolução*, Rio de Janeiro, Forense Universitária, 1995; ADRIANO PERÁCIO PAULA, Dos atos processuais pela via eletrônica, *RePro* 101/169; ALEXANDRE FREITAS CÂMARA, *Lições de direito processual civil*, 16. ed., Rio de Janeiro, Lumen Juris, 2007, vol. 1; ALFREDO DE ARAÚJO LOPES DA COSTA, *Manual elementar de direito processual civil*, 3. ed., Atual. Sálvio de Figueiredo Teixeira, Rio de Janeiro, Forense, 1982; ANTONIO JANYR DALL'AGNOL, *Dos atos e nulidades processuais: arts. 154-261*, São Paulo, Letras Jurídicas, 1985; _____, *Comentários ao Código de Processo Civil*, São Paulo, Ed. RT, 2000, vol. 2; _____, *Invalidades processuais*, Porto Alegre, S. A. Fabris, 1989; _____, Para um conceito de irregularidade processual, *Saneamento do processo* – Estudos em homenagem ao Prof. Galeno Lacerda, Porto Alegre, S. A. Fabris, 1989; ARRUDA ALVIM, *Tratado de direito processual civil*, 2. ed., São Paulo, Ed. RT, 1996, vol. 2; BERENICE S. NOGUEIRA MAGRI, *Ação anulatória*: art. 486 do CPC, 2. ed., São Paulo, Ed. RT, 2004; BRUNO SILVEIRA DE OLIVEIRA, os princípios constitucionais, a instrumentalidade do processo e a técnica processual, *RePro* 146/321; CÂNDIDO RANGEL DINAMARCO, *A instrumentalidade do processo*, 12. ed., São Paulo, Malheiros, 2005; _____, *Instituições de direito processual civil*, 5. ed., São Paulo, Malheiros, 2005, vol. 2; CARLOS ALBERTO ALVARO DE OLIVEIRA, Da sentença: Lei 11.277/06 e a nova redação dada aos arts. 162, 267, 269 e 463 e introdução dos arts. 466-a, 466-b e 466-c pela Lei 11.232/05, as recentes reformas processuais – *Caderno do Centro de Estudos*, Tribunal de Justiça RS, vol. 1/11; _____, *do formalismo no processo civil*, 2. ed., São Paulo, Saraiva, 2003; _____, Notas sobre o conceito e a função normativa da nulidade, *Saneamento do processo* – Estudos em homenagem ao Prof. Galeno Lacerda, Porto Alegre, S. A. Fabris, 1989; CELSO NEVES, *Estrutura fundamental do processo civil*, 2. ed., Rio de Janeiro, Forense, 1997; DANIEL FRANCISCO MITIDIERO, O problema da invalidade dos atos processuais no direito processual civil brasileiro contemporâneo. *Genesis RDPC* 35/46; DENIS DONOSO, algumas palavras sobre a intimação e as perspectivas para o novo Código de Processo Civil, *RePro* 196/493; EDUARDO ARRUDA ALVIM, *Curso de direito processual civil*, São Paulo, Ed. RT, 1999, vol. 1; EGAS DIRCEU MONIZ DE ARAGÃO, *Comentários ao Código de Processo Civil*, 9. ed., Rio de Janeiro, Forense, 1998, vol. 2; EDUARDO MELO DE MESQUITA, Agravo e o mandado de segurança contra atos do juiz em face das novas alterações do sistema processual, in Paulo Hoffman e Leonardo Ferres da Silva Ribeiro (coords.), *O novo regime do agravo de instrumento e do agravo retido*: modificações da Lei 11.187/05, São Paulo, Quartier Latin, 2006; EDUARDO TALAMINI, Notas sobre a teoria das nulidades no processo civil, *RDDP* 29/38; ENRICO TULLIO LIEBMAN, *Manual de direito processual civil*, 2. ed., Rio de Janeiro, Forense, 1985, vol. 1; ERNANE FIDÉLIS DOS SANTOS, *Manual de direito processual civil*, 12. ed., São Paulo, Saraiva, 2007, vol. 1; _____, Nulidades dos atos processuais, *RBDP* 41/107; EVARISTO ARAGÃO SANTOS, A EC n. 45 e o tempo dos atos processuais, in Teresa Arruda Alvim Wambier et al. (coords.), *Reforma do judiciário*: primeiros ensaios críticos sobre EC n. 45/2004, São Paulo, Ed. RT, 2005; FABIANO CARIBÉ PINHEIRO, Os Oficiais de Justiça no exercício de suas atribuições. O modus procedendi em ações que tramitam sob segredo de justiça. Análise detalhada, *RePro* 193/421; FERNANDO SACCO NETO, Análise das novas redações dos incisos IX e X do art. 93 da Constituição Federal de acordo com a EC n. 45, in Teresa Arruda Alvim Wambier et al. (coords.), *Reforma do judiciário*: primeiros ensaios críticos sobre EC n. 45/2004, São Paulo, Ed. RT, 2005; FLÁVIO BUONADUCE BORGES, Meios de impugnação dos atos judiciais no direito processual brasileiro: o recurso de agravo na sistemática processual brasileira, in Nelson Nery e Teresa Arruda Alvim Wambier (coords.), *Aspectos polêmicos e atuais dos recursos cíveis e assuntos afins*, São Paulo, Ed. RT, 2006, vol. 9; FRANCIELY DE VARGAS e RODRIGO STROBEL PINTO, Aspectos constitucionais destacados dos atos processuais eletrônicos, *RePro* 141/128; FRANCISCO C. PONTES DE MIRANDA, *Comentários ao Código de Processo Civil*, 3. ed., Rio de Janeiro, Forense, 1996, t. III; GALENO LACERDA, O Código e o formalismo processual, *Ajuris* 28/7; GELSON AMARO DE SOUZA, Princípio da identidade física do juiz e a nova redação do art. 132 do CPC, *GenesisProc* 1/18; HEITOR VITOR MENDONÇA SICA, Problemas atuais do processo civil eletrônico e o projeto de novo CPC, *RTSP*, 1/69, jul. 2013; HÉLIO TORNAGHI, *Comentários ao Código de Processo Civil*, 2. ed., São Paulo, Ed. RT, 1978, vol. 2; HUMBERTO THEODORO JUNIOR, as nulidades no Código de Processo Civil, *GenesisProc* 5/364; _____, *Perpetuatio iurisdictionis*. Alterações da competência absoluta e funcional. Critério de estabelecimento da competência interna dos Órgãos do Tribunal. Prevenção regimental. Momento de eficácia do ato processual. Papel do escrivão, *RDDP* 30/111; J. J. CALMON DE PASSOS, Esboço de uma teoria das nulidades aplicada às nulidades processuais, Rio de Janeiro, Forense, 2002; _____, Instrumentalidade do processo e devido processo legal, *RePro* 102/55; JOÃO BATISTA MONTEIRO, O conceito de decisão, *RePro* 23/61; JORGE ARAKEN FARIA DA SILVA, Do princípio da publicidade dos atos processuais, *RF* 334/121; JOSÉ CARLOS BARBOSA MOREIRA, A função social do processo civil moderno e o papel do juiz e das partes na direção e na instrução do processo, *Temas de direito processual* – Terceira série, São Paulo, Saraiva,

1984; _____, O problema da "divisão do trabalho" entre juiz e partes: aspectos terminológicos, *Temas de direito processual* – Quarta série, São Paulo, Saraiva, 1989; _____, Os poderes do juiz na direção e na instrução do processo, *Temas de direito processual* – Quarta série, São Paulo, Saraiva, 1989; _____, Sobre a "participação" do juiz no processo civil, *Temas de direito processual* – Quarta série, São Paulo, Saraiva, 1989; JOSÉ EDUARDO CARREIRA ALVIM, *Elementos de teoria geral do processo*, 7. ed., Rio de Janeiro, Forense, 2001; JOSÉ FREDERICO MARQUES, *Manual de direito processual civil*, 9. ed., Campinas, Millennium, 2003, vol. 1; JOSÉ MARIA TESHEINER, Pressupostos processuais e nulidades no processo civil, São Paulo, Saraiva, 2000; JOSÉ RAIMUNDO GOMES DA CRUZ, Segredo de justiça, *RF* 284/57; JOSÉ ROGÉRIO CRUZ E TUCCI, Garantias constitucionais da publicidade dos atos processuais e da motivação das decisões no projeto do CPC – Análise e proposta, *RePro* 190/257; JULIO MACHADO TEIXEIRA COSTA, A transmissão de atos processuais por fac-símile ou meios semelhantes: Lei 9.800/99, *RePro* 96/9; LUIS ALBERTO REICHELT, A exigência de publicidade dos atos processuais na perspectiva do direito ao processo justo, *RePro* 234/77; LUIZ FERNANDO BELLINETTI, O conceito de sentença no CPC, *RePro* 35/218; LUIZ FUX, *Curso de direito processual civil*, 3. ed., Rio de Janeiro, Forense, 2005; LUIZ GUILHERME DA COSTA WAGNER JUNIOR, *Processo civil*: curso completo, Belo Horizonte, Del Rey, 2007; LUIZ GUILHERME MARINONI e SÉRGIO CRUZ ARENHART, *Processo de conhecimento*, 6. ed., São Paulo, Ed. RT, 2007, vol. 2; LUIZ MACHADO GUIMARÃES, Ato processual, *Estudos de direito processual civil*, Rio de Janeiro, Jurídica e Universitária, 1969; MARCELO ABELHA RODRIGUES, *Elementos de direito processual civil*, 2. ed., São Paulo, Ed. RT, 2003, vol. 2; MARCO AURÉLIO SERAU JUNIOR, 5 apontamentos sobre a delegação da prática de atos processuais sem conteúdo decisório de de administração aos servidores da justiça, *RePro* 198/147, ago. 2011; MARCOS AFONSO BORGES, os poderes, os deveres e as faculdades do juiz no processo, *RePro* 95/171; MARIA LÚCIA L. C. DE MEDEIROS, *A revelia sob o aspecto da instrumentalidade*, São Paulo, Ed. RT, 2003; _____, O inciso XIV do art. 93 da CF, *Reforma do Judiciário* – Primeiras reflexões sobre a Emenda Constitucional n. 45/2004. São Paulo, Ed. RT, 2005; MARIÂNGELA GUERREIRO MILHORANZA, O tempo dos atos processuais: uma análise da categoria tempo no fenômeno processo, *RePro* 161/349; NEMIAS NUNES CARVALHO, *os juízes, os escrivães e os oficiais de justiça em ação*, Rio de Janeiro, Forense, 1997; OVÍDIO A. BAPTISTA DA SILVA, *Curso de processo civil*, 6. ed., São Paulo, Ed. RT, 2002, vol. 1; _____, Decisões interlocutórias e sentenças liminares, *Ajuris* 51/126; PAULO ROBERTO DE GOUVÊA MEDINA, O preparo dos recursos da instrumentalidade do processo, in Teresa Arruda Alvim Wambier e Nelson Nery Jr. (coords.), *Aspectos polêmicos e atuais dos recursos e de outras formas de impugnação às decisões judiciais*, São Paulo, Ed. RT, 2001, vol. 4; PEDRO DA SILVA DINAMARCO, O sigilo de informações e a limitação à publicidade dos atos processuais, in Luiz Guilherme Marinoni (coord.), *Estudos de direito processual civil*: homenagem ao Professor Egas Dirceu Moniz de Aragão, São Paulo, Ed. RT, 2005; RAFAEL MOTTA E CORREA, Poderes instrutórios do juiz e as novas diretrizes da norma processual, *RePro* 194/322; RENATO LUÍS BENUCI, A produção e a comunicação de atos processuais em meio eletrônico: o novo parágrafo único do art. 154 do CPC, *RDDP* 44/95; RENATO DE MAGALHÃES DANTAS NETO, Autos virtuais: o novo layout do processo judicial brasileiro, *RePro* 194/173, abr. 2011; _____, Sobre processo eletrônico e mudança no paradigma processual: ou não existe ou tudo é paradigma, *RePro* 240/373; RITA DE CÁSSIA CORRÊA DE VASCONCELOS, *Princípio da fungibilidade*: hipóteses de incidência no processo civil brasileiro contemporâneo, São Paulo, Ed. RT, 2007; ROQUE KOMATSU, *Da invalidade no processo civil*, São Paulo, Ed. RT, 1991; SER-

GIO RICARDO DE ARRUDA FERNANDES, Os atos de comunicação processual do devedor na disciplina da Lei 11.232, in Ernane Fidélis dos Santos et al. (coords.), *Execução civil:* estudos em homenagem ao Professor Humberto Theodoro Júnior, São Paulo, Ed. RT, 2007; WALTER VECHIATO JR., *Atos processuais*: direito processual civil, São Paulo, J. Oliveira, 2004.

Capítulo 27

NEGÓCIOS PROCESSUAIS

> Sumário: 27.1. Conceito – 27.2. A possibilidade de negócios processuais atípicos – 27.3. Pressupostos dos negócios processuais; 27.3.1. Pressupostos subjetivos; 27.3.2. Pressuposto objetivo geral; 27.3.3. Pressupostos objetivos específicos – 27.4. Vedação ao abuso – 27.5. O controle pelo juiz; 27.5.1. Objeto do controle; 27.5.2. Recorribilidade – 27.6. Modalidades de negócios processuais e seus requisitos específicos; 27.6.1. Pactos meramente procedimentais; 27.6.1.1. Um primeiro exemplo: convenção de calendário processual; 27.6.1.2. Segundo exemplo: cláusula de eleição de foro; 27.6.1.3. Negócios procedimentais atípicos; 27.6.2. Negócios jurídicos com objeto processual em sentido estrito; 27.6.3. Convenções sobre o objeto da cognição judicial e o meio de prova; 27.6.3.1. A delimitação consensual como ato de verdade; 27.6.3.2. A delimitação consensual como ato de vontade; 27.6.3.3. Os pactos sobre meio de prova; 27.6.3.4. A coexistência das duas modalidades da definição consensual; 27.6.3.5. Diferentes graus de vinculação da jurisdição, num caso e em outro.

27.1. Conceito

Como[1] visto no capítulo anterior, o negócio jurídico consiste em modalidade de ato jurídico (em sentido amplo) cujo conteúdo e específicos efeitos são delineados pela manifestação de vontade do sujeito que o celebra. A voluntariedade é relevante não apenas na prática do ato em si, mas na obtenção e definição das suas consequências. Ou seja, o conteúdo e consequentemente os efeitos

---

1. O presente capítulo toma por base o artigo "Um processo pra chamar de seu: nota sobre os negócios processuais", de EDUARDO TALAMINI (*Informativo Justen*, n. 104, 2015, www.justen.com.br).

do ato não são todos preestabelecidos em lei, mas delineados, quando menos em substancial parcela, pela vontade do(s) sujeito(s) que pratica(m) o ato.

Como também já indicado, por muito tempo controverteu-se acerca da própria existência de negócios jurídicos *processuais*. Para a corrente contrária à existência dessa categoria, haveria apenas negócios jurídicos materiais com consequências processuais: a vontade do sujeito seria relevante para a definição de conteúdo e efeitos materiais; o efeito processual seria prefixado em lei. Seria o que ocorreria, por exemplo, na transação. O mesmo aconteceria na convenção arbitral (negócio pelo qual as partes optam pela arbitragem, em vez do Judiciário, para resolver um conflito seu): a definição de um juiz e um processo privado seria alheia ao direito processual; o efeito jurídico processual (impossibilidade de julgamento do mérito pelo juiz estatal) não seria delineado pelas partes na convenção, mas decorreria de um mero ato processual, a arguição da existência da convenção como defesa no processo judicial. Em suma, existiriam apenas atos jurídicos processuais em sentido estrito: condutas voluntárias e preordenadas a um fim, mas que não teriam como interferir sobre seu conteúdo, delineá-lo, no exercício da autonomia da vontade.

Mas essa concepção, que já foi a dominante, foi progressivamente superada pelo entendimento oposto, que admite negócios processuais. Trata-se de manifestações de vontade que têm por escopo a produção de específicos efeitos processuais, delineados por tais manifestações. O negócio jurídico, em si, pode ser feito dentro ou fora do processo. Importa é que ele produza efeitos processuais. Ele é fruto da vontade do(s) sujeito(s) que o celebra(m), e é por tal vontade modulado, quanto a conteúdo e efeitos.

A rigor, os negócios jurídicos processuais podem ser atos bilaterais ou unilaterais. O negócio processual unilateral é expressão de vontade de um único sujeito (ou polo de sujeitos), que unilateralmente dispõe de alguma posição jurídica processual de que era titular. O negócio processual bilateral é fruto do ajuste de vontade de dois ou mais sujeitos (ou polos de sujeitos), que coordenadamente dispõem sobre suas respectivas posições processuais. Os negócios jurídicos bilaterais são também chamados de *convenções processuais*. Essa é a hipótese mais relevante em termos práticos – e é dela que se tratará fundamentalmente nos tópicos seguintes. Na linguagem corrente, aliás, muitos autores têm aludido genericamente a negócios processuais tendo em vista, precisamente, os negócios bilaterais (convenções) processuais.

27.2. A possibilidade de negócios processuais atípicos

Se alguma dúvida ainda havia quanto à existência de negócios jurídicos processuais, ela foi totalmente sepultada pelo art. 190 do CPC/2015, que autoriza amplamente a celebração de convenções entre as partes a respeito do procedimento judicial ou das próprias posições jurídicas processuais (direitos, ônus, deveres processuais...). O art. 190 está inserido no livro do Código dedicado aos "atos processuais" – e nele se prevê que a convenção de natureza processual pode celebrar-se "antes ou durante o processo". Assim, há clara tomada de posição do Código de Processo Civil no sentido de afirmar a natureza processual dessas convenções, independentemente de serem celebradas dentro do processo.

Sempre existiram negócios processuais em nosso ordenamento. Mas antes eles eram típicos. Ou seja, constituíam hipóteses taxativas, sempre a depender de uma específica previsão legal (o que se costuma chamar de *numerus clausus*).

São exemplos de negócios processuais típicos: a cláusula de eleição de foro (art. 63, CPC/2015), a cláusula de inversão do ônus da prova (art. 373, § 3.º, CPC/2015), a desistência da ação (art. 485, § 4.º, CPC/2015: antes da contestação, é um negócio unilateral; após, é bilateral), a retirada dos autos de documento objeto de arguição de falsidade (art. 432, parágrafo único, CPC/2015), a convenção arbitral (Lei 9.307/96, art. 3.º e ss.).

Mas o art. 190, CPC/2015 veicula uma cláusula geral autorizativa dos negócios processuais. Permitem-se negócios processuais *atípicos*. O ajuste de vontade das partes poderá modular o procedimento ou posições jurídicas processuais em outras hipóteses, que não apenas aquelas taxativamente previstas em lei. Assim, atribui-se ampla liberdade às partes para, em comum acordo, modularem o processo judicial, ajustando-o às suas necessidades e expectativas concretas.

A arbitragem foi a fonte de inspiração – ou fator de incentivo – para o legislador instituir essa possibilidade de ampla formatação voluntária do processo judicial. O raciocínio subjacente à cláusula geral de negócios jurídicos processuais estabelecida no art. 190 é o seguinte: se as partes podem até mesmo retirar do Judiciário a solução de um conflito, atribuindo-a a um juiz privado em um processo delineado pela vontade delas, não há porque impedi-las de optar por manter a solução do conflito perante o juiz estatal, mas em um procedimento e (ou) processo também por elas redesenhado.

27.3. Pressupostos dos negócios processuais

Mas o exercício dessa liberdade negocial subordina-se a determinados pressupostos. Há pressupostos subjetivos e objetivos. E entre esses últimos, há um parâmetro geral e outros mais específicos.

27.3.1. *Pressupostos subjetivos*

Para a celebração de negócios jurídicos em geral, é preciso que o sujeito tenha personalidade jurídica e capacidade para o exercício de direitos (C. Civil, arts. 1.º, 3.º, 4.º, 166, I, e 171, I).

Para os negócios processuais, põem-se como pressupostos subjetivos esses mesmos parâmetros, em sua projeção processual: é preciso que o sujeito detenha capacidade de ser parte e de estar em juízo (arts. 70 a 76 do CPC/2015 – v. n. 16.2, acima). Por exemplo, um condomínio poderá celebrar negócio jurídico, desde que representado por seu administrador ou síndico (art. 75, XI); o incapaz, por seus pais, tutor ou curador (art. 71).

27.3.2. Pressuposto objetivo geral

O pressuposto objetivo genérico para celebração de convenções processuais é a aptidão de o "direito" submeter-se à "autocomposição" (art. 190, *caput*, do CPC/2015).

Mas o termo aqui deve ser corretamente compreendido. Causa que comporta autocomposição não é apenas e exclusivamente aquela que envolva direito material disponível. Certamente, causas que envolvem direitos materiais disponíveis comportam autocomposição. Mas não somente elas.

O tema já foi examinado no item 4.5.2, acima. Nem sempre a autocomposição é atingida por meio de um ato de renúncia a pretensões e direitos (o que pressupõe disponibilidade do direito material). Por vezes, a autocomposição é reflexo da constatação, pelo sujeito envolvido no litígio, de que ele não tem razão, total ou parcialmente, naquilo em que vinha pretendendo. Toda vez que alguém constata que sua posição é insubsistente no conflito, em princípio, é possível (e desejável pelo ordenamento) que chegue a uma composição com o adversário. Apenas muito excepcionalmente o ordenamento veda que alguém que constata não ter razão chegue, ela mesma, a uma composição com o adversário. Nesses casos excepcionais, há indisponibilidade não do direito material, mas da pretensão de tutela judicial: é obrigatório submeter a causa ao Judiciário (exemplos: defesa em face da acusação penal, falência, suspensão de direitos por improbidade administrativa...).[2]

Em suma, autocomposição abrange qualquer modalidade de solução extrajudicial do litígio.

Assim, causas objeto de ações coletivas, em regra, comportam autocomposição (mediante termo de ajuste de conduta). Causas que envolvem a Administração Pública também a admitem (mediante regular processo administrativo), inclusive as fiscais (processo administrativo fiscal). Em todos esses exemplos, cumpre-se o requisito geral objetivo para a celebração de negócios jurídicos processuais.

Como se verá adiante, o requisito do cabimento de autocomposição, por vezes, será insuficiente, e, por vezes, impertinente, para a definição da admissibilidade do negócio processual (v. n. 27.6, adiante).

---

2. Ver a respeito: EDUARDO TALAMINI, "A (in)disponibilidade do interesse público: decorrências processuais", em *Revista de Processo*, 128, 2005.

27.3.3. Pressupostos objetivos específicos

Além do pressuposto objetivo genericamente estabelecido no art. 190 do CPC/2015, outros podem pôr-se para a celebração de específicos negócios processuais.

Por exemplo, nas causas que admitam autocomposição, em regra as partes podem celebrar negócio jurídico prevendo julgamento em um único grau de jurisdição – suprimindo, portanto, o cabimento de apelação. Mas essa modalidade de negócio processual submete-se a um requisito específico: ela não será admissível em causas que se submetem ao duplo grau obrigatório (remessa ou reexame necessário – art. 496 do CPC/2015).

Já a convenção de modificação de competência tem por pressuposto objetivo a relatividade dessa (art. 63 do CPC/2015) – não se submetendo, por outro lado, ao requisito geral da admissibilidade de autocomposição (v. adiante).

Assim, caberá, diante de cada possível negócio processual, considerar não só o preenchimento de seus pressupostos gerais, como também investigar se não há adicionais pressupostos específicos.

27.4. Vedação ao abuso

Além de subordinar-se a pressupostos, o negócio processual encontra um limite de eficácia na vedação ao abuso.

O juiz não aplicará o negócio processual se ele estiver inserido abusivamente em um contrato de adesão (art. 190, parágrafo único, do CPC/2015). Contrato de adesão é aquele que uma parte impõe em bloco à outra, cabendo a essa apenas aceitá-lo ou recusá-lo como um todo, sem margem para a discussão individualizada de suas cláusulas. Mas isso não significa que não possa jamais estabelecer-se um negócio processual no bojo de um contrato de adesão. Ele será válido e eficaz, desde que não configure uma situação abusiva, de enfraquecimento processual da parte que adere ao contrato. Por exemplo, uma instituição financeira pode inserir em contrato de adesão que celebra com seus clientes a previsão de que as citações do banco deverão fazer-se por via eletrônica. Esse confere segurança à instituição financeira sem implicar nenhum sacrifício para o cliente, pois a citação eletrônica é simples, rápida e sem custos.

Mesmo quando não se tratar de contrato de adesão, o juiz deverá aferir se uma das partes não se prevaleceu de "manifesta situação de vulnerabilidade" da outra parte, para assim inserir disposições processuais abusivas (art. 190, parágrafo único – v. também arts. 63, § 3.º e 373, § 3.º, II, todos do CPC/2015, acerca de negócios típicos). Embora formulado mediante conceitos indeterminados, trata-se de um parâmetro restrito para a negativa de eficácia ao negócio processual – expresso na exigência de que a situação de vulnerabilidade seja "manifesta".

27.5. O controle pelo juiz

Em regra, a eficácia do negócio jurídico processual independe de prévia homologação ou chancela judicial. Ele produz seus efeitos desde logo (art. 200 do CPC/2015).

Há exceções. O parágrafo único do próprio art. 200 estabelece uma: a desistência da ação. Em outros casos, o ajuste almejado pelas partes interferirá em termos práticos de modo muito direto sobre a esfera de atuação do juiz – sendo, então, imprescindível que ele intervenha na própria celebração do ato, confirmando sua viabilidade prática. Ou seja, são casos que envolvem uma programação de condutas para o próprio juiz – e que só terão como vinculá-lo se ele for previamente consultado e aferir a factibilidade daquilo que se pretende. É o que se passa na convenção sobre calendário processual (art. 191 do CPC/2015 – v. adiante).

De todo modo, a regra geral é a dispensa de homologação prévia pelo juiz.

27.5.1. Objeto do controle

No entanto, no curso do processo, cabe ao juiz controlar, de ofício ou ao requerimento do interessado, a validade e eficácia dos negócios processuais (art. 190, parágrafo único, do CPC/2015).

Nesse caso, cumpre-lhe verificar a presença dos pressupostos gerais objetivos e subjetivos, acima destacados. Incumbe-lhe também aferir se o negócio processual foi inserido abusivamente em um contrato de adesão ou se uma das partes prevaleceu-se de "manifesta situação de vulnerabilidade" da outra, inserindo disposições processuais abusivas (art. 190, parágrafo único, do CPC/2015).

27.5.2. Recorribilidade

Em regra, não se previu recurso contra a decisão interlocutória que nega validade ou eficácia ao negócio jurídico processual. A exceção concerne à decisão que se recusa a aplicar convenção arbitral, que é passível de agravo de instrumento (art. 1.015, III, do CPC/2015). Nos demais caso, caberá à parte interessada rediscutir a questão como preliminar de eventual apelação contra à sentença (art. 1.009, §§ 1.º e 2.º, do CPC/2015). Havendo situação grave e urgente, que não possa aguardar eventual e futura apelação, o remédio será o emprego do mandado de segurança (art. 5.º, LXIX, da CF/1988 e art. 5.º, II, da Lei 12.016/09, *a contrario sensu*).

Se o pronunciamento negando validade ou eficácia à convenção processual constituir um capítulo da própria sentença, deverá também ser diretamente atacado mediante apelação – mesmo quando o negócio em questão for a convenção arbitral (art. 1.009, § 3.º).

27.6. Modalidades de negócios processuais e seus requisitos específicos

Na categoria geral dos negócios processuais, inserem-se diferentes modalidades, significativamente distintas entre si – ainda que tendo todas como elemento comum, a produção de efeitos jurídico-processuais.

Essa diversidade de espécies implica igualmente variação quanto aos pressupostos objetivos. Diante disso, em certa medida, a fórmula geral utilizada para a definição do pressuposto objetivo dos negócios processuais, *admissibilidade de autocomposição*, ora diz menos, ora diz mais do que deveria dizer.

Procura-se a seguir apresentar uma classificação geral das hipóteses de convenção processual, a fim de identificar de modo mais preciso o pressuposto objetivo de cada uma delas.

27.6.1. Pactos meramente procedimentais

Há um conjunto de avenças que podem ser qualificadas como de alcance meramente procedimental. São negócios jurídicos que não interferem propriamente sobre direitos, deveres, poderes ou ônus processuais. Versam sobre aspectos puramente formais, de rito.

Não há dúvidas de que é difícil o estabelecimento de uma fronteira precisa entre o que é puramente procedimental e o que assume carga processual, por interferir sobre as posições jurídicas dos sujeitos do processo. Mas a distinção existente foi assumida pela própria Constituição, ao diferenciar a competência legislativa (privativa da União) para legislar sobre processo (art. 22, I, da CF/1988) da competência legislativa (concorrente entre União, Estados e DF) para legislar sobre procedimento em matéria processual (art. 24, XI, da CF/1988). Veja-se a respeito o cap. 14, acima.

E essa diferenciação foi também explicitada na própria regra que consagra a possibilidade de negócios jurídicos processuais atípicos. O art. 190 do CPC/2015 estabeleceu claramente duas modalidades negociais processuais bilaterais: (i) convenções para "estipular mudanças no procedimento para ajustá-lo às especificidades da causa"; ou (ii) convenções "sobre os seus ônus, poderes, faculdades e deveres processuais". A primeira hipótese concerne aos negócios jurídicos processuais meramente procedimentais.

Tais convenções não implicam nenhum significativo afastamento do modelo processual judiciário. Por isso, são admissíveis mesmo em casos que não comportam autocomposição (no sentido amplo antes destacado).

27.6.1.1. Um primeiro exemplo: convenção de calendário processual

Tome-se como exemplo o ajuste de calendário processual, previsto no art. 191 do CPC/2015. De comum acordo, as partes, em conjunto com o juiz, podem fixar um calendário próprio para a prática dos atos processuais. Esse calendário vinculará tanto as partes como o juiz (e não apenas a pessoa física do juiz que participou da avença, mas todo e qualquer outra agente jurisdicional que atue no processo) – só se podendo modificar os prazos ali previstos em casos excepcionais, devidamente justificados. Além disso, ficará dispensada a intimação das partes para o cumprimento de (ou participação em) qualquer dos atos fixados no calendário: como as datas e termos já estão todos predefinidos, cabe a cada parte oportunamente observá-los.

A princípio, tem-se nesse caso simples ajuste de agendas. Não há interferência sobre poderes, direitos ou ônus processuais. Bem por isso, o calendário processual pode ser avençado inclusive em causas que não comportam autocomposição, mesmo no sentido amplo acima destacado.

O limite de validade e eficácia do calendário é dado por outras regras específicas, atinentes ao tempo e ordem dos prazos processuais. Por exemplo, não poderá ser avençada a realização de uma audiência em um domingo (art. 212 do CPC/2015). Pode-se discutir também se é possível fixar uma data para o proferimento da sentença que implique desobediência à ordem cronológica de conclusão dos processos (art. 12 do CPC/2015). A regra sobre a ordem cronológica não é absoluta. Comporta exceções, legalmente previstas, e pode também ser excepcionalmente alterada, por fundados motivos, devidamente apresentados. Por isso, ela é uma ordem preferencial. Seja como for, se, ao se pactuar o calendário, já se convencionar também que a sentença será dada em audiência, estar-se-á diante de hipótese em que a lei exclui a aplicação da ordem cronológica de conclusão (art. 12, § 2.º, I, do CPC/2015).

27.6.1.2. Segundo exemplo: cláusula de eleição de foro

A cláusula de eleição de foro também é exemplo de negócio jurídico meramente procedimental. A competência territorial, em regra, não constitui sequer pressuposto processual de validade: o ajuizamento da ação no foro incompetente torna-se irrelevante, se não houver arguição oportuna de incompetência pelo réu (art. 65 do CPC/2015 – a exceção está nos §§ 1.º e 2.º do art. 47 do CPC/2015). Não interfere sobre o poder jurisdicional. É estabelecida no interesse das partes, que dela podem dispor.

Também nesse caso, trata-se de convenção admitida mesmo em casos que não comportam autocomposição. O pressuposto objetivo que se põe é o da relatividade da competência objeto da convenção. Além disso, a vedação à abusividade constitui limite à eficácia da eleição de foro (art. 63, § 3.º, do CPC/2015).

27.6.1.3. Negócios procedimentais atípicos

Os dois exemplos ora dados concernem a negócios típicos, expressamente previstos em lei. Mas o art. 190 do CPC/2015 autoriza também a celebração de negócios procedimentais atípicos (p. ex., as partes podem pactuar que a ouvida de testemunhas será feita em audiência específica para tal fim, antes da produção da prova pericial).

27.6.2. Negócios jurídicos com objeto processual em sentido estrito

Como já ficou claro, o art. 190 do CPC/2015 autoriza também a celebração de negócios atípicos propriamente processuais – isto é, que não concernem meramente ao procedimento, mas versam sobre "ônus, poderes, faculdades e deveres processuais".

Tomem-se como exemplo de negócios atípicos propriamente processuais: (a) o que limita o processo a grau de jurisdição único (não cabimento de apelação); (b) o que retira das partes o poder de provocar a intervenção de terceiros; (c) o que institui litisconsórcio necessário convencional; (d) o que estabelece substituição processual convencional etc.

Entre os negócios típicos que têm caráter processual em sentido estrito, podem ser citadas a inversão convencional do ônus da prova (art. 373, § 3.º, do CPC/2015) e a designação consensual de perito (art. 471 do CPC/2015).

É para essa modalidade de negócios processuais, sejam eles típicos ou atípicos, que se põe, propriamente, o pressuposto da admissibilidade de autocomposição. Como há a direta interferência sobre posições jurídicas previstas no modelo processual judiciário, tal espécie de convenção apenas é admissível nos casos que poderiam ser resolvidos até mesmo sem a intervenção judiciária.

27.6.3. Convenções sobre o objeto da cognição judicial e o meio de prova

Por fim, sob a roupagem de negócio processual, apresentam-se ainda convenções que versam sobre a própria delimitação da matéria a ser conhecida e decidida pelo juiz (definição de questões de fato e de direito) ou sobre o modo como ele irá conhecê-la (delimitação de meios de prova).

Por ocasião do saneamento do processo, o juiz deverá delimitar as questões de fato sobre as quais recairá a atividade probatória, especificando os meios de prova admitidos, bem como as questões de direito relevantes para a decisão do mérito (art. 357, II e IV, do CPC/2015). Todavia, a lei também prevê que as partes podem apresentar delimitação consensual dessas questões de fato e de direito – de modo que, se houver homologação pelo juiz, tal definição vincula-o, tanto quanto às partes (art. 357, § 2.º, do CPC/2015).

Qual a exata natureza dessa definição consensual? Ela constitui um negócio jurídico? Que pressupostos deve observar o juiz, para poder homologá-la? Qual o grau de vinculação que dela advém, uma vez homologada, especialmente para os órgãos jurisdicionais (não apenas o juiz que a homologa, mas também os graus superiores)?

As respostas dependem da consideração de duas possíveis acepções que podem ser atribuídas à delimitação consensual em questão. Em um caso e em outro, tal ato assume caráter essencialmente diverso.

27.6.3.1. A delimitação consensual como ato de verdade

A definição consensual pode decorrer de uma consideração comum das partes no sentido de que, efetivamente, aquelas são as precisas questões de fato e de direito que permanecem controvertidas no processo. Cada parte examina todo o conjunto de pontos afirmados e contestados e se convence de quais são os que permanecem necessitando de instrução e definição. Na medida em que as conclusões de ambas as partes coincidam, há consenso quanto ao que ainda está controvertido. A definição consensual nessa hipótese constitui um *ato de verdade*. Ou seja, expressa a firme convicção de cada uma das partes acerca da realidade. Elas identificaram aquelas questões porque estão convictas de que são as ainda controversas – e não, simplesmente, porque *queiram* limitar o debate apenas a isso. Não há nenhum ato de disposição: ninguém negociou nem abriu mão de nada. Há um ato de convicção que é comum a ambas as partes.

Diante disso, cabe ao juiz examinar as questões identificadas consensualmente pelas partes e verificar se são mesmo as que permanecem controvertidas. Ou seja, o pressuposto para a homologação será a própria *correção*, no entender do juiz, da definição feita pelas partes. Caso ele a repute incorreta, procederá ele mesmo à delimitação das questões controvertidas. Caso ele repute *correta* a seleção feita pelas partes ele irá endossá-la, assumi-la como sua. A homologação judicial da definição feita pelas partes, nessa hipótese, identifica-se plenamente com a decisão que ele mesmo poderia ter tomado estabelecendo as questões controvertidas.

A força vinculante advinda da homologação, nessa hipótese, não é diferente da estabilidade que recairia sobre qualquer decisão de saneamento do processo. Nos termos do § 1.º do art. 357, do CPC/2015, "realizado o saneamento, as partes têm o direito de pedir esclarecimentos ou solicitar ajustes, no prazo comum de 5 (cinco) dias, findo o qual a decisão se torna estável".

Portanto, nesse caso, a definição consensual das questões a serem ainda resolvidas não terá natureza de um negócio jurídico processual. O juiz homologará essa seleção não porque isso estaria na esfera de disponibilidade das partes ou coisa que o valha. Ele homologará precisamente porque considera acertada a definição de questões controvertidas apresentada pelas partes. Enfim, repita-se: será um "ato de verdade", e não "de vontade"; não um ato de disposição, mas um ato de postulação praticado conjuntamente pelas partes.

27.6.3.2. A delimitação consensual como ato de vontade

Mas é também concebível que a definição consensual constitua verdadeiro *ato de vontade* das partes: elas predefinem determinadas questões para serem ainda instruídas e resolvidas não porque reputem que sejam as únicas que permanecem controversas, mas porque *não querem discutir as demais*: preferem deixá-las de lado, assumindo as consequências jurídicas da ausência de consideração dessas outras questões.

Por exemplo, em processo em que se cobra o cumprimento de uma obrigação contratual, o réu na contestação (i) negou que a obrigação já fosse exigível e (ii) por eventualidade, afirmou a existência de força maior, que o exoneraria das consequências do hipotético inadimplemento. O autor impugnou essa alegação e ainda não há provas relativamente a tal fato. A rigor, é questão que permanece controvertida – e as partes sabem disso. Todavia, elas ajustam que não levarão adiante a investigação relativa à ocorrência de força maior. Optam por excluir tal questão da delimitação consensual que apresentam ao juiz, definindo como questão fática controvertida apenas a (in)exigibilidade da obrigação. Um ato de *vontade*, enfim.

Nessa hipótese, o juiz poderia homologar a delimitação consensual das partes? Caso possa, ele estará mesmo homologando um negócio jurídico celebrado pelas partes – sem proceder a qualquer exame relativo à correção da seleção de questões controvertidas por elas feitas. O juiz homologará não porque considera correta a definição de questões a ele apresentada, mas sim porque reconhece a autonomia das partes para dispor sobre aquele objeto.

E a resposta, no exemplo dado, é positiva. Mas deve-se atentar para qual é o verdadeiro pressuposto autorizador de tal negócio jurídico. O requisito de disponibilidade exigido nessa hipótese não concerne à simples possibilidade de autocomposição entre as partes (no sentido de disponibilidade da pretensão de tutela judicial). O que se exige, nesse caso, é a própria *disponibilidade do direito material*.

Ao eliminar a possibilidade de consideração pelo juiz da ocorrência de força maior, o réu pode estar abrindo mão de uma vantagem que lhe teria sido atribuída pelo direito material. Em princípio, o direito material impõe ao credor o custo econômico da impossibilidade da obrigação gerada pela força maior. O réu, devedor na relação jurídico-material, ao concordar em afastar a investigação da força maior, abre mão dessa vantagem que lhe foi atribuída pelo direito material. Ou seja, ele dispõe de um direito material – o que, na hipótese, é possível (art. 393 do CC/2002: "O devedor não responde pelos prejuízos resultantes de caso fortuito ou força maior, se expressamente não se houver por eles responsabilizado").

Em suma, trata-se de um negócio jurídico de direito material, ainda que celebrado no bojo de um processo. Há a alteração do próprio resultado jurídico substancial – e não do mero modo de solução do conflito. Por isso, o próprio direito material precisa ser disponível.

27.6.3.3. Os pactos sobre meio de prova

Tudo o que se disse até aqui a respeito da definição consensual das questões controvertidas é igualmente aplicável aos pactos sobre meio de prova.

Um ajuste a esse respeito pode ter a natureza de *ato de verdade*. As partes indicam que apenas se produzirá prova oral porque reputam que isso basta para a reconstituição histórica dos fatos. Se o juiz concorda com essa apreciação das partes, defere apenas tal prova. Ou seja, ele toma para si essa deliberação. Nesse caso, o pressuposto para que ele defira a definição consensual das partes é a *correção* dos meios de prova por elas predefinidos.

Mas um ajuste probatório pode retratar também um *ato de vontade das partes*. Elas restringem a instrução à prova documental, por exemplo, não porque achem isso suficiente, mas porque assim o querem (porque desejam um procedimento célere e simplificado etc.). Nessa hipótese, a mera consideração de documentos pode não ser suficiente para reconstituir o passado – e pode, consequentemente, interferir o resultado final do processo (por via documental pode ser impossível provar um fato que efetivamente ocorreu e que ensejaria a incidência de outras normas, cuja não consideração conduz a solução jurídica diversa da que se teria com a plenitude probatória). Portanto, o pacto probatório como ato de vontade apenas pode ser admitido quando se estiver diante de direitos materiais disponíveis – hipótese em que, declarada e conscientemente, a parte opta por uma solução mais simples, mas que pode, todavia suprimir-lhe direito material.

27.6.3.4. A coexistência das duas modalidades da definição consensual

As duas modalidades de ajuste (ato de verdade e ato de vontade) não são excludentes no ordenamento. É perfeitamente possível que, num dado caso concreto, a delimitação consensual assuma determinada natureza e, em outra situação, ela tenha essência distinta. Tanto uma como outra são admissíveis, mas com diferentes requisitos. E será indispensável o juiz indicar, na decisão fundamentada de homologação, de qual das duas hipóteses se trata.

27.6.3.5. Diferentes graus de vinculação da jurisdição, num caso e em outro

A definição consensual de questões controvertidas ou de meios de prova como *ato de verdade* vincula só o grau de jurisdição que a chancelou. Não vincula os graus de jurisdição superiores que venham a atuar no processo nas fases recursais, que podem rever a decisão do juízo *a quo* (nos limites em que poderiam rever a decisão diretamente tomada por ele mesmo).

Já quando a definição consensual é *ato de vontade*, também os graus de jurisdição superiores ficam vinculados à homologação dada em juízo inferior – ressalvada a hipótese de se identificar nulidade na homologação por falta do requisito da disponibilidade ou outro defeito, e sempre nos limites do efeito devolutivo do recurso.

QUADRO SINÓTICO

Conceito		
Classificação	Típicos	
	Atípicos	
Pressupostos	Subjetivos – capacidade de ser parte e de estar em juízo	
	Objetivo geral – direitos que admitam autocomposição	
	Objetivos específicos	
Art. 190, parágrafo único, do CPC/2015	Vedação ao abuso	
Controle pelo juiz	Regra geral: dispensa de homologação prévia	
	Objeto do controle	Validade e eficácia – art. 190, parágrafo único, do CPC/2015
	Recorribilidade	Agravo de instrumento – art. 1.015, III, do CPC/2015
		Preliminar de recurso de apelação
		Mandado de segurança
Modalidades	Pactos meramente procedimentais	
	Negócios jurídicos com objeto processual em sentido estrito	
	Convenções sobre o objeto da cognição judicial e o meio de prova	Ato de verdade
		Ato de vontade

DOUTRINA COMPLEMENTAR

- **FERNANDO GAJARDONI** (*Teoria...*, p. 614) assevera que "o impacto no publicismo processual é evidente, uma vez que, em substituição à lei, as partes passam a ter poder e autonomia para definir o modo de ser do processo civil. Se não é posto literalmente em xeque o ideário de um processo civil público e com regras cogentes e inderrogáveis pela vontade das partes, ao menos se mitiga o rigor do publicismo processual (ou do hiperpublicismo), inaugurando-se no direito processual brasileiro uma fase de *neoliberalismo processual*, que, embora incapaz de tornar o processo 'coisa das partes', como no período da *litiscontestatio* romana (*ordo judiciorum privatorum*), abala a estrutura de um sem-número de institutos processuais, doravante com regramento manipulável pelos litigantes".

- **FREDIE DIDIER JR.** (*Curso...*, v. 1, 17. ed., p. 378) ressalta a existência de negócios "*plurilaterais*, formados pela vontade de mais de dois sujeitos, como a sucessão processual voluntária (...). É o que acontece, também, com os negócios processuais celebrados com a participação do juiz. Os negócios *plurilaterais* podem ser *típicos*, como o calendário processual (...) e a organização compartilhada do processo (art. 357, § 3.º, CPC/2015), ou *atípicos*, como o acordo para realização de sustentação oral, o acordo para ampliação do tempo de sustentação oral, o julgamento antecipado do mérito convencional, as convenções sobre prova ou a redução convencional de prazos processuais".

- **HUMBERTO THEODORO JÚNIOR** (*Curso...*, v. 1, 56. ed., p. 470/471) entende que "é evidente que a possibilidade de as partes convencionarem sobre ônus, deveres e faculdades deve limitar-se aos seus poderes processuais, sobre os quais têm disponibilidade, jamais podendo atingir aqueles conferidos ao juiz. Assim, não é dado às partes, por exemplo, vetar a iniciativa de prova do juiz, ou o controle dos pressupostos processuais e das condições da ação, e nem qualquer outra atribuição que envolva matéria de ordem pública inerente à função judicante. Tampouco é de admitir-se que se afastem negocialmente os deveres cuja inobservância represente litigância de má-fé. Entre as hipóteses de útil aplicação do negócio jurídico processual, arrola-se o caso das intervenções atípicas de terceiro, como, por exemplo, a ampliação das hipóteses de assistência e da permissão para denunciação da lide, sucessiva e *per saltum*, que, embora não autorizadas pelo Código, podem ser negociadas entre as partes, maiores e capazes, quando litiguem sobre direitos disponíveis. Afinal, as restrições que nessa matéria existem decorrem da preocupação de não embaraçar o encaminhamento do processo para atingir a solução da demanda formulada pelo autor. Se este, no entanto, negocia livremente com o réu, permitindo que outros sujeitos venham a participar do debate e dos efeitos da prestação jurisdicional, não há razão para impedir essa ampliação subjetiva e objetiva do processo".

- **LUIZ GUILHERME MARINONI, SÉRGIO CRUZ ARENHART E DANIEL MITIDIERO** (*Novo Código...*, p. 244). Para esses autores, "é possível também que as partes – dentro do espaço de liberdade constitucionalmente reconhecido – estipulem mudanças no procedimento. Esses acordos processuais, que representam uma tendência de gestão procedimental oriunda principalmente do direito francês, podem ser realizados em processos que admitam autocomposição. Podem ser acordos pré-processuais, convencionados antes da propositura da ação, ou processuais, convencionados ao longo do processo. Os acordos processuais convencionados durante o processo podem ser celebrados em juízo ou em qualquer outro lugar (escritório de advocacia de uma das partes, por exemplo). O acordo processual praticado fora da sede do juízo deve ser dado ao conhecimento do juiz imediatamente, inclusive para efeitos de controle de validade (art. 190, parágrafo único, CPC/2015)".

- **NELSON NERY JR. E ROSA MARIA DE ANDRADE NERY** (*Comentários...*, p. 702), a respeito do calendário processual previsto no art. 191 do CPC/2015, afirmam que "o calendário específico, criado pelas partes, e o acordo de procedimento devem valer apenas para determinada demanda, mesmo que haja outros feitos envolvendo as mesmas partes – a menos que o acordo indique expressamente que o calendário valerá para mais de um feito entre essas mesmas partes. De forma a evitar colusão entre as partes, o juiz também deverá participar do acordo. Muito embora o *caput* preveja que a negociação possa acontecer antes ou durante o processo, é importante ressaltar que, de modo a assegurar a adequada condução do processo, o ideal seria que, na ausência de manifestação das partes a respeito na fase de estabilização da lide, o juiz inquirisse as partes a respeito do interesse na negociação do calendário e do procedimento. Com isso, o risco de uso inadequado do processo, pelas partes, por meio da negociação dos prazos quando bem lhes convier, fica reduzido".

- **PEDRO HENRIQUE NOGUEIRA** (*Breves...*, p. 591) ressalta que "os negócios processuais pressupõem: a) manifestação de vontade, sem a qual não se tem a configuração de qualquer ato jurídico; b) o autorregramento de vontade, significando o espaço de autonomia deixado pelo ordenamento jurídico para que os sujeitos possam escolher, dentro de amplitude variada, os tipos de atos (sentido amplo) a serem praticados e, em alguns casos, até a configuração da respectiva eficácia, representando a diferença específica dos negócios jurídicos em relação aos atos jurídicos em sentido estrito; c) a referibilidade a um procedimento, sem a qual pode até haver negócio jurídico (como sucede na eleição contratual do foro), mas ele não merecerá a adjetivação de 'processual'".

- **TERESA ARRUDA ALVIM WAMBIER, MARIA LÚCIA LINS CONCEIÇÃO, LEONARDO FERRES DA SILVA RIBEIRO E ROGERIO LICASTRO TORRES DE MELLO** (*Primeiros...*, p. 352) destacam que "a teoria dos negócios jurídicos foi fundamentalmente desenvolvida tendo por objeto relações jurídicas de direito privado. E essencialmente é nesta seara que se manifesta a gigantesca maioria dos negócios jurídicos: guiados pela autonomia privada, os participantes do negócio jurídico criam, modificam ou extinguem relações de direitos. Conquanto se manifeste com muito maior amplitude do âmbito do direito privado, que tem como uma de suas fundamentais características a autonomia das vontades, o negócio jurídico pode dar-se também no âmbito das relações jurídicas processuais. Trata-se de categoria mais rarefeita dos negócios jurídicos: os negócios jurídicos processuais, por intermédio dos quais podem ser criadas, extintas ou modificadas relações de direitos no âmbito do processo".

Enunciados do FPPC

N.º 6. (*Arts. 5.º, 6.º e 190, CPC/2015*) O negócio jurídico processual não pode afastar os deveres inerentes à boa-fé e à cooperação.

N.º 16. (*Art. 190, parágrafo único, CPC/2015*) O controle dos requisitos objetivos e subjetivos de validade da convenção de procedimento deve ser conjugado com a regra segundo a qual não há invalidade do ato sem prejuízo.

N.º 17. (*Art. 190, CPC/2015*) As partes podem, no negócio processual, estabelecer outros deveres e sanções para o caso do descumprimento da convenção.

N.º 18. (*Art. 190, parágrafo único, CPC/2015*) Há indício de vulnerabilidade quando a parte celebra acordo de procedimento sem assistência técnico-jurídica.

N.º 19. (*Art. 190, CPC/2015*) São admissíveis os seguintes negócios processuais, dentre outros: pacto de impenhorabilidade, acordo de ampliação de prazos das partes de qualquer natureza, acordo de rateio de despesas processuais, dispensa consensual de assistente técnico, acordo para retirar o efeito suspensivo de recurso, acordo para não promover execução provisória; pacto de mediação ou conciliação extrajudicial prévia obrigatória, inclusive com a correlata previsão de exclusão da audiência de conciliação ou de mediação prevista no art. 334; pacto de exclusão contratual da audiência de conciliação ou de mediação prevista no art. 334; pacto de disponibilização prévia de documentação (pacto de *disclosure*), inclusive com estipulação de sanção negocial, sem prejuízo de medidas coercitivas, mandamentais, sub-rogatórias ou indutivas; previsão de meios alternativos de comunicação das partes entre si; acordo de produção antecipada de prova; a escolha consensual de depositário-administrador no caso do art. 866; convenção que permita a presença da parte contrária no decorrer da colheita de depoimento pessoal.

N.º 20. (*Art. 190, CPC/2015*) Não são admissíveis os seguintes negócios bilaterais, dentre outros: acordo para modificação da competência absoluta, acordo para supressão da primeira instância, acordo para afastar motivos de impedimento do juiz, acordo para criação de novas espécies recursais, acordo para ampliação das hipóteses de cabimento de recursos.

N.º 21. (*Art. 190, CPC/2015*) São admissíveis os seguintes negócios, dentre outros: acordo para realização de sustentação oral, acordo para ampliação do tempo de sustentação oral, julgamento antecipado do mérito convencional, convenção sobre prova, redução de prazos processuais.

N.º 107. (*Arts. 7.º, 139, I, 218, 437, § 2.º, CPC/2015*) O juiz pode, de ofício, dilatar o prazo para a parte se manifestar sobre a prova documental produzida.

N.º 115. (*Arts. 190, 109 e 110, CPC/2015*) O negócio jurídico celebrado nos termos do art. 190 obriga herdeiros e sucessores.

N.º 116. (*Arts. 113, § 1.º, e 139, VI, CPC/2015*) Quando a formação do litisconsórcio multitudinário for prejudicial à defesa, o juiz poderá substituir a sua limitação pela ampliação de prazos, sem prejuízo da possibilidade de desmembramento na fase de cumprimento de sentença.

N.º 129. (*Art. 139, VI, e parágrafo único, CPC/2015*) A autorização legal para ampliação de prazos pelo juiz não se presta a afastar preclusão temporal já consumada.

N.º 132. (*Art. 190, CPC/2015*) Além dos defeitos processuais, os vícios da vontade e os vícios sociais podem dar ensejo à invalidação dos negócios jurídicos atípicos do art. 190.

N.º 133. (*Art. 190; art. 200, parágrafo único, CPC/2015*) Salvo nos casos expressamente previstos em lei, os negócios processuais do art. 190 não dependem de homologação judicial.

N.º 134. (*Art. 190, parágrafo único, CPC/2015*) Negócio jurídico processual pode ser invalidado parcialmente.

N.º 135. (*Art. 190, CPC/2015*) A indisponibilidade do direito material não impede, por si só, a celebração de negócio jurídico processual.

N.º 252. (*Art. 190, CPC/2015*) O descumprimento de uma convenção processual válida é matéria cujo conhecimento depende de requerimento.

N.º 253. (*Art. 190, CPC/2015; Resolução n. 118/CNMP*) O Ministério Público pode celebrar negócio processual quando atua como parte.

N.º 254. (*Art. 190, CPC/2015*) É inválida a convenção para excluir a intervenção do Ministério Público como fiscal da ordem jurídica.

N.º 255. (*Art. 190, CPC/2015*) É admissível a celebração de convenção processual coletiva.

N.º 256. (*Art. 190, CPC/2015*) A Fazenda Pública pode celebrar negócio jurídico processual.

N.º 257. (*Art. 190, CPC/2015*) O art. 190 autoriza que as partes tanto estipulem mudanças do procedimento quanto convencionem sobre os seus ônus, poderes, faculdades e deveres processuais.

N.º 258. (*Art. 190, CPC/2015*) As partes podem convencionar sobre seus ônus, poderes, faculdades e deveres processuais, ainda que essa convenção não importe ajustes às especificidades da causa.

N.º 259. (*Arts. 190 e 10, CPC/2015*). A decisão referida no parágrafo único do art. 190 depende de contraditório prévio.

N.º 260. (*Arts. 190 e 200, CPC/2015*) A homologação, pelo juiz, da convenção processual, quando prevista em lei, corresponde a uma condição de eficácia do negócio.

N.º 261. (*Arts. 190 e 200, CPC/2015*) O art. 200 aplica-se tanto aos negócios unilaterais quanto aos bilaterais, incluindo as convenções processuais do art. 190.

N.º 262. (*Arts. 190, 520, IV, 521, CPC/2015*). É admissível negócio processual para dispensar caução no cumprimento provisório de sentença.

N.º 383. (*Art. 75, § 4.º, CPC/2015*) As autarquias e fundações de direito público estaduais e distritais também poderão ajustar compromisso recíproco para prática de ato processual por seus procuradores em favor de outro ente federado, mediante convênio firmado pelas respectivas procuradorias.

N.º 402. (*Art. 190, CPC/2015*) A eficácia dos negócios processuais para quem deles não fez parte depende de sua anuência, quando lhe puder causar prejuízo.

N.º 403. (*Art. 190, CPC/2015; art. 104, Código Civil*) A validade do negócio jurídico processual, requer agente capaz, objeto lícito, possível, determinado ou determinável e forma prescrita ou não defesa em lei.

N.º 404. (*Art. 190, CPC/2015; art. 112, Código Civil*) Nos negócios processuais, atender-se-á mais à intenção consubstanciada na manifestação de vontade do que ao sentido literal da linguagem.

N.º 405. (*Art. 190, CPC/2015; art. 113, Código Civil*) Os negócios jurídicos processuais devem ser interpretados conforme a boa-fé e os usos do lugar de sua celebração.

N.º 406. (*Art. 190, CPC/2015; art. 114, Código Civil*) Os negócios jurídicos processuais benéficos e a renúncia a direitos processuais interpretam-se estritamente.

N.º 407. (*Arts. 190 e 5.º, CPC/2015; Art. 422, Código Civil*) Nos negócios processuais, as partes e o juiz são obrigados a guardar nas tratativas, na conclusão e na execução do negócio o princípio da boa-fé.

N.º 408. (*Art. 190, CPC/2015; Art. 423, Código Civil*) Quando houver no contrato de adesão negócio jurídico processual com previsões ambíguas ou contraditórias, dever-se-á adotar a interpretação mais favorável ao aderente.

N.º 409. (*Art. 190, CPC/2015; Art. 8.º, caput, Lei 9.307/1996*) A convenção processual é autônoma em relação ao negócio em que estiver inserta, de tal sorte que a invalidade deste não implica necessariamente a invalidade da convenção processual.

N.º 410. (*Art. 190 e 142, CPC/2015*) Aplica-se o Art. 142 do CPC ao controle de validade dos negócios jurídicos processuais.

N.º 411. (*Art. 190, CPC/2015*) O negócio processual pode ser distratado.

N.º 412. (*Art. 190, CPC/2015*) A aplicação de negócio processual em determinado processo judicial não impede, necessariamente, que da decisão do caso possa vir a ser formado precedente.

N.º 413. (*Arts. 190 e 191, CPC/2015; Leis 9.099/1995, 10.259/2001 e 12.153/2009*). O negócio jurídico processual pode ser celebrado no sistema dos juizados especiais, desde que observado o conjunto dos princípios que o orienta, ficando sujeito a controle judicial na forma do parágrafo único do art. 190 do CPC.

N.º 414. (*Art. 191, § 1.º, CPC/2015*) O disposto no § 1.º do art. 191 refere-se ao juízo.

N.º 427. (*Art. 357, § 2.º, CPC/2015*) A proposta de saneamento consensual feita pelas partes pode agregar questões de fato até então não deduzidas.

N.º 489. (*Art. 144; art. 145, CPC/2015; arts. 13 e 14 da Lei 9.307/1996*) Observado o dever de revelação, as partes celebrantes de convenção de arbitragem podem afastar, de comum acordo, de forma expressa e por escrito, hipótese de impedimento ou suspeição do árbitro.

N.º 490. (*Art. 190; art. 81, § 3.º, art. 297, parágrafo único; art. 329, II; art. 520, I; art. 848, II, CPC/2015*) São admissíveis os seguintes negócios processuais, entre outros: pacto de inexecução parcial ou total de multa coercitiva; pacto de alteração da ordem de penhora; pré-indicação de bem penhorável preferencial (art. 848, II); pré-fixação de indenização por dano processual prevista nos arts. 81, § 3.º, 520, I, 297, parágrafo único (cláusula penal processual); negócio de anuência prévia para aditamento ou alteração do pedido ou da causa de pedir até o saneamento (art. 329, II).

N.º 491. *(Art. 190, CPC/2015)* É possível negócio jurídico processual que estipule mudanças no procedimento das intervenções de terceiros, observada a necessidade de anuência do terceiro quando lhe puder causar prejuízo.

N.º 492. *(Art. 190, CPC/2015)* O pacto antenupcial e o contrato de convivência podem conter negócios processuais.

N.º 493. *(Art. 190, CPC/2015)* O negócio processual celebrado ao tempo do CPC/1973 é aplicável após o início da vigência do CPC/2015.

N.º 494 *(Art. 191, CPC/2015)* A admissibilidade de autocomposição não é requisito para o calendário processual.

N.º 495. *(Art. 200, CPC/2015)* O distrato do negócio processual homologado por exigência legal depende de homologação.

N.º 569. *(Art. 1.047; art. 190, CPC/2015)* O art. 1.047 não impede convenções processuais em matéria probatória, ainda que relativas a provas requeridas ou determinadas sob vigência do CPC/1973.

Bibliografia

Fundamental

FERNANDO DA FONSECA GAJARDONI, LUIZ DELLORE, ANDRE VASCONSELOS ROQUE e ZULMAR DUARTE DE OLIVEIRA JR., *Teoria geral do processo. comentários ao CPC de 2015: parte geral*, São Paulo, Forense, 2015; FREDIE DIDIER JR., *Curso de Processo Civil: introdução ao direito processual civil, parte geral e processo de conhecimento*, 17. ed., Salvador, JusPodivm, 2015, v. 1; HUMBERTO THEODORO JÚNIOR, *Curso de direito processual civil*, 56. ed., Rio de Janeiro, Forense, 2015, vol. 1; LUIZ GUILHERME MARINONI, SÉRGIO CRUZ ARENHART E DANIEL MITIDIERO, *Novo código de processo civil comentado*, São Paulo, Ed. RT, 2015; NELSON NERY JR. e ROSA MARIA DE ANDRADE NERY, *Comentários ao código de processo civil*, São Paulo, Ed, RT, 2015; TERESA ARRUDA ALVIM WAMBIER, FREDIE DIDIER JR., EDUARDO TALAMINI e BRUNO DANTAS (COORD.), *Breves comentários ao Novo Código de Processo Civil*, São Paulo, Ed. RT, 2015; _____, MARIA LÚCIA LINS CONCEIÇÃO, LEONARDO FERRES DA SILVA RIBEIRO e ROGERIO LICASTRO TORRES DE MELLO, *Primeiros comentários ao novo código de processo civil: artigo por artigo*, São Paulo, Ed. RT, 2015.

Complementar

ANTONIO AURÉLIO ABI RAMIA DUARTE, *Negócios processuais e seus novos desafios*, Revista dos Tribunais 955/211; ANTONIO DO PASSO CABRAL, PEDRO HENRIQUE NOGUEIRA (coord.), *Negócios processuais*, Salvador, JusPodivm, 2015, v. 1. :il. – (*Grandes temas do novo CPC*, coord. geral FREDIE DIDIER JR.); BRUNO GARCIA REDONDO, Estabilização, modificação e negociação da tutela de urgência antecipada antecedente: principais controvérsias, *RePro* 244/167; FERNANDO DA FONSECA GAJARDONI, Pontos e contrapontos sobre o projeto do novo CPC, *Revista dos Tribunais* 950/17; JALDEMIRO RODRIGUES DE ATAÍDE JÚNIOR, Negócios jurídicos materiais e processuais – existência, validade e eficácia – campo-invariável e campos-dependentes: sobre os limites dos negócios jurídicos processuais, *RePro* 244/393; LEONARDO CARNEIRO DA CUNHA, A previsão do princípio da eficiência no projeto do novo Código de Processo Civil brasileiro, *RePro* 233/65; LEONARDO OLIVEIRA SOARES, Calendário processual, sucumbência recursal e o projeto de novo CPC para o Brasil, *RePro* 227/197; LUCAS BURIL DE MACÊDO e RAVI DE MEDEIROS PEIXOTO, Negócio processual acerca da distribuição do ônus da prova, *RePro* 241/463; MARINA FRANÇA SANTOS, Intervenção de terceiro negociada: possibilidade aberta pelo novo Código de Processo Civil, *RePro* 241/95; RINALDO MOUZALAS e JALDEMIRO RODRIGUES DE ATAÍDE JÚNIOR, Distribuição do ônus da prova por convenção processual, *RePro* 240/399; ROBSON RENAULT GODINHO, *Negócio processual sobre o ônus da prova no novo Código de Processo Civil*, SÃO PAULO, RT, 2015 (*Coleção Liebman*); RODRIGO MAZZEI, Breve diálogo entre os negócios jurídicos processuais e a arbitragem, *RePro* 237/223; TRÍCIA NAVARRO XAVIER CABRAL, Convenções em matéria processual, *RePro* 241/489.

CAPÍTULO 28

A INVALIDADE DOS ATOS PROCESSUAIS

SUMÁRIO: 28.1. Planos da existência jurídica, da validade e da eficácia – 28.2. O critério para a classificação das invalidades processuais; 28.2.1. O objetivo da teoria das invalidades processuais; 28.2.2. A sanabilidade dos atos processuais; 28.2.3. As modalidades de saneamento do ato processual: convalidação, irrelevância e suprimento; 28.2.4. O critério de classificação das nulidades à luz das modalidades de saneamento – 28.3. Espécies; 28.3.1. Mera irregularidade; 28.3.2. Nulidade relativa; 28.3.3. Nulidade absoluta; 28.3.4. Inexistência jurídica; 28.3.5. Ressalvas terminológicas – 28.4. Diretrizes a respeito da invalidade dos atos processuais.

Há profundas discordâncias na doutrina a respeito da classificação dos vícios do processo.[1] Variam a terminologia e as concepções a respeito do que seja a invalidade e quais suas espécies.

28.1. Planos da existência jurídica, da validade e da eficácia

Em termos muito gerais, pode-se afirmar que a invalidade é um defeito de que padece o ato que não se enquadra perfeitamente na moldura que lhe é estabelecida pelo ordenamento e que o torna vulnerável quanto à sua eficácia.

---

1. Sobre o tema da invalidade dos atos processuais (em uma perspectiva mais detalhada do que a aqui exposta), v. EDUARDO TALAMINI, Notas sobre a teoria das nulidades no processo civil, *Revista Dialética de Direito Processual*, n. 29.

Com isso, quer-se dizer que o ato inválido é aquele que pode vir a perder seus efeitos, quando lhe for reconhecido o defeito.

Mas nem toda ineficácia é fruto de invalidade: há, por exemplo, atos hígidos (que não padecem de invalidade) mas sujeitos a condição ou termo (CC/2002, arts. 121 e 131) e, portanto, ainda ineficazes ou já não mais eficazes. Por vezes, também, o ato é eficaz perante determinados sujeitos e ineficaz perante outros (por exemplo, em regra um contrato é desde logo válido e eficaz perante as partes que o celebraram mediante instrumento particular, mas sua eficácia perante terceiros depende de sua inscrição no registro público – CC/2002, art. 221).

Há ainda outra distinção a ser feita. Quando o ato se reveste de um mínimo de elementos que permitem enquadrá-lo na sua descrição abstrata prevista no ordenamento, mas está privado de (ou lhe são defeituosos) determinados requisitos, ele é *inválido*. Já quando o que se tem é apenas a "aparência vazia" do ato, sem que sequer estejam de fato presentes os elementos nucleares para a sua configuração, se está diante da *inexistência jurídica*. Essa constatação impõe que consideremos também como níveis distintos o plano da existência e o plano da validade. Se ao distinguir eficácia de invalidade demos exemplos trazidos do direito civil, agora podemos exemplificar com o direito constitucional. Uma lei aprovada pelo Congresso Nacional e sancionada pelo Presidente da República que viola uma norma constitucional (p. ex., uma lei tributária que ofende à garantia constitucional da vedação de confisco) é inválida, mas, em princípio, juridicamente ela existe, pois enquadra-se na moldura mínima daquilo que o ordenamento estabelece para a configuração de uma lei (provém do Poder Legislativo, contém prescrições gerais e abstratas etc.). Agora, imagine-se que um conjunto de moradores do Boqueirão, em Curitiba, resolve declarar a autonomia daquele bairro, para torná-lo uma região autônoma dentro do Brasil. Suponha-se que tal grupo de cidadãos elege alguns de seus pares para integrar um parlamento, que se põe a editar "leis". Essas "leis", em face da ordem jurídica brasileira, serão juridicamente inexistentes. Ainda que editadas em um "diário oficial" do Boqueirão, impressas em papel com o brasão da República e o selo do bairro, serão, quando muito, simulacros de lei. Falta-lhes o mínimo essencial para serem reconhecidas como tal.

Essas afirmações aplicam-se aos diversos ramos do direito e demonstram que se deve estabelecer diferença entre três planos: o da *existência* jurídica dos atos, o dos seus vícios (*validade*) e o de sua *eficácia*. Devem ser tratados separadamente, embora o ato inválido tenda a ser ineficaz.

A consideração desses três planos – da existência, da validade e da eficácia – é cabível tanto no direito material quanto no direito processual. Mas aqui importa examinar a invalidade (cotejando-a com a inexistência e a ineficácia) dos atos processuais.

28.2. O critério para a classificação das invalidades processuais

É impossível simplesmente transportar a teoria das invalidades dos atos disciplinados pelo direito privado, para os atos processuais – os quais, afinal, são praticados dentro de uma relação *pública* submetida a princípios em larga medida distintos daqueles vigentes no direito privado.

Por outro lado, não há como supor que as nulidades no direito processual recebam um tratamento integralmente distinto daquele que vigora nos demais ramos do direito. Em grande medida, o tema concerne à teoria geral do direito – que é aplicável tanto ao direito público quanto ao privado, tanto ao direito material quanto ao direito processual.

28.2.1. O objetivo da teoria das invalidades processuais

A adequada compreensão do sistema de invalidades processuais, por um lado, tem a finalidade de evitar que o ato inválido produza efeitos e (ou) extirpar do mundo jurídico os efeitos que já tenham sido produzidos. Mas, por outro lado, a teoria das invalidades processuais presta-se também a identificar balizas para, dentro do possível, evitar a desnecessária invalidação de atos processuais.

A decretação da invalidade nem sempre necessária. Cabe distinguir dois passos logicamente subsequentes e distintos um do outro: o primeiro deles é a identificação do vício e o segundo é a sua decretação – o que deve ocorrer somente quando o ato defeituoso não puder ser aproveitado e estiver gerando concreto prejuízo para algumas das partes ou para o próprio desempenho da função jurisdicional. Só nessa hipótese é que a invalidação será a solução. A incidência de uma série de princípios cujo objetivo é o de "salvar" o processo e seus atos (e, portanto, decretar os vícios apenas quando, de fato, eles não tenham como ser considerados irrelevantes ou já superados) é uma característica marcante do sistema processual civil brasileiro.

Nesse passo, a expressão invalidade tem pelo menos dois significados: (a) num primeiro sentido, concerne à própria falta de correspondência entre o ato concreto e a moldura estabelecida na norma jurídica; (b) numa segunda acepção, identifica-se com a decretação da existência do vício (isto é, a invalidação do ato). Neste último sentido é que parte da doutrina diz que, independentemente de ser decretada *ex officio* ou por provocação, a invalidade tem o caráter de sanção: enquanto não houver a decretação da invalidade, o ato processual normalmente continua a produzir efeitos.

28.2.2. A sanabilidade dos atos processuais

Contudo, como se disse, a invalidade somente deverá ser decretada, em qualquer caso, quando houver, concomitantemente, defeito no ato processual e prejuízo, entendido este último como a capacidade de o defeito impedir que a finalidade do ato seja atingida. É aquilo que tradicionalmente é denominado pela doutrina do princípio do *"pas de nullité sans grief"*, ou de que "não há nulidade sem prejuízo". Trata-se do princípio da instrumentalidade das formas, extraível, dentre outras disposições, do § 1.º do art. 282 e do art. 283 do CPC/2015. Desses dispositivos também é possível inferir os princípios do aproveitamento dos atos processuais defeituosos e da fungibilidade de meios processuais de que possam as partes lançar mão, para atingir o mesmo objetivo (v. n. 3.22, acima).

Na análise da existência da conjugação entre vício processual e prejuízo, a fim de decretar-se um ato como inválido ou não, é imprescindível que o julgador tenha como orientação os princípios da proporcionalidade, da razoabilidade, da economia processual e da cooperação. Isso significa verificar a relação de adequação, necessidade e razoabilidade entre o vício do ato e a sanção de invalidade dele decorrente, buscando extrair do ato a sua máxima eficácia, bem como permitindo às partes que o corrijam, indicando a maneira como isso deve ser feito. Esse diálogo do juiz com as partes, advertindo-as dos riscos de defeitos processuais e ofertando caminhos para evitá-los ou corrigi--los, constitui o cerne do dever judicial de *prevenção*, que é uma das facetas do dever de cooperação (art. 6.º).

Diante disso, a maior parte dos defeitos, no plano do direito processual, deverá, em tese, ser sanada, seja pela sua repetição ou sua simples correção, pela preclusão consumativa ou lógica. Essa orientação está presente com muita força e insistência na sistemática do CPC, impondo ao juiz o dever de determinar, até mesmo, o suprimento dos pressupostos processuais e o saneamento dos defeitos ao longo de todo o curso do procedimento (art. 139, IX).

28.2.3. *As modalidades de saneamento do ato processual: convalidação, irrelevância e suprimento*

Sob o nome de "saneamento" do ato processual, todavia, incluem-se diferentes fenômenos. Em comum, todos implicam a impossibilidade de invalidação do ato.

Em termos sintéticos, podem ser distinguidas as seguintes hipóteses (os exemplos serão dados adiante):

(a) o ato inválido deixa de ser impugnado no prazo e na forma cabíveis, pela parte que está legitimada para isso. Pode-se dizer que, nesse caso, há a *convalidação* do ato;

(b) o ato, embora inválido, acaba por não gerar prejuízo à parte nem à própria atuação da jurisdição. Nesse caso, a invalidade é *irrelevante*;

(c) a invalidade é corrigida. Outro ato é praticado no lugar do ato inválido. Isso pode se dar de dois modos distintos: repete-se a prática do mesmo tipo de ato que havia sido inválido ou outro ato, de outro tipo, cumpre a mesma função do ato defeituoso. Mas esses dois modos constituem um mesmo fenômeno: o *suprimento* do ato inválido.

28.2.4. O critério de classificação das nulidades à luz das modalidades de saneamento

O passo seguinte consiste em investigar se as diferentes modalidades de saneamento poderiam servir de baliza para alguma classificação das invalidades processuais. Em outras palavras, trata-se de saber se todas as invalidades processuais podem, ao menos em tese, ser sanadas por qualquer das modalidades de saneamento acima indicadas ou se há hipóteses de invalidade que não comportam determinados tipos de saneamento. Se essa segunda hipótese for a correta, tem-se aí um motivo prático e um critério para distinguir as nulidades.

Em termos gerais, qualquer invalidade processual, em tese, pode ser saneada. Mas cabe tomar em conta cada uma das três hipóteses de saneamento.

Quanto ao *suprimento*, é indiferente a espécie de invalidade, pois, a princípio, o ato inválido pode ser sempre repetido, quando não até substituído por outro que lhe cumpra a mesma função. Segundo dispõe o art. 139, IX, é dever do juiz determinar "o suprimento de pressupostos processuais e o saneamento de outros vícios". Já o art. 938, § 1.º, impõe ao relator o dever de determinar, sempre que possível, o saneamento de vício, "inclusive aquele que possa ser reconhecido de ofício". Com isso, o Código deixa claro que quaisquer invalidades, mesmo as que firam normas de ordem pública (e que por isso podem ser conhecidas de ofício), são passíveis de suprimento.

Por exemplo, apesar da falta ou da invalidade da citação, o réu toma conhecimento da existência da ação, comparece e apresenta contestação (art. 239, § 1.º). A falta ou nulidade da citação – defeito gravíssimo que, como visto, pode implicar até a falta de um pressuposto de existência do processo – é suprida porque a finalidade da citação, que é a de dar ciência ao réu da existência da ação contra ele ajuizada e oportunizar-lhe a defesa, foi atingida com o comparecimento espontâneo. Perceba-se que o comparecimento espontâneo não convalida a citação antes feita de modo nulo (ou talvez até nem mesmo feita antes). O comparecimento espontâneo *substitui*, toma o lugar, *supre* a própria citação – tanto que o prazo para o réu contestar será computado a partir do comparecimento espontâneo (art. 239, § 1.º, parte final).

Qualquer hipótese de invalidade, mesmo a mais grave, no contexto do processo, também pode vir a ser *irrelevante*.

Exemplo disso tem-se no § 2.º do art. 279 do CPC/2015. Conforme esse dispositivo, se o Ministério Público não for intimado em caso em que deva intervir, o processo será nulo em todo o período em que tal órgão não participou. Também aqui, a presença do Ministério Público é ditada por fundamentos cogentes, ditos "de ordem pública". Todavia, a nulidade somente será decretada se o Ministério Público, uma vez provocado a se manifestar (ou comparecendo espontaneamente), demonstrar a real existência de prejuízo.

Já a *convalidação* não é aplicável a todas as invalidades processuais. O sistema processual distingue claramente casos em que a invalidade precisa ser arguida pela parte interessada no momento cabível, não podendo ser conhecida de ofício pelo juiz, dos casos em que, independentemente de qualquer alegação, o juiz terá de decretar a invalidação do ato de ofício. Há, assim, duas modalidades de invalidades: aquelas que devem ser alegadas pela parte, sob pena de preclusão, e aquelas que devem ser conhecidas de ofício pelo magistrado e podem ser arguidas a qualquer tempo no curso do processo.

Esse é o critério classificatório relevante.

28.3. Espécies

Diante disso, é possível apresentar a seguinte classificação dos defeitos processuais, assumindo quatro categorias, embora haja muita divergência, principalmente terminológica (v. n. 28.3.5, abaixo), entre os autores a respeito.

28.3.1. Mera irregularidade

É o defeito sem a mínima relevância, que nem mesmo em tese pode gerar prejuízo às partes ou terceiros nem à jurisdição (exemplo: o advogado realiza sustentação oral sem utilizar as vestes talares, regimentalmente exigidas; o escrivão certifica haver procedido à juntada de uma "sentença", referindo-se, em verdade, a uma decisão interlocutória etc.).

28.3.2. Nulidade relativa

Deriva da ofensa a uma norma dispositiva – vale dizer, uma norma que tutela um interesse disponível da parte. Não pode ser declarada de ofício. Depende de arguição da parte interessada, no prazo legalmente previsto (quando não houver regra específica, no prazo geral de cinco dias – art. 218, § 3.º, do CPC/2015). Além disso, a lei pode estabelecer forma específica para sua arguição (exemplo: a arguição de suspeição deve ser feita em petição específica dirigida ao juiz do processo, sob pena de não mais poder ser formulada depois – art. 146 do CPC/2015). Além da suspeição, podem ser citados como exemplos de nulidade relativa a incompetência territorial (art. 145) e a desconsideração de convenção de arbitragem (art. 337, § 5.º, do CPC/2015).

Não havendo a arguição pelo legitimado no prazo e forma previstos, o ato eivado de defeito é convalidado. Ou seja, a lei atribui-lhe retroativamente valor integral. É a essa classe de invalidade que se aplica a regra do art. 278, *caput*, do CPC/2015 ("a nulidade dos atos deve ser alegada na primeira oportunidade em que couber à parte falar nos autos, sob pena de preclusão").

28.3.3. Nulidade absoluta

Decorre da violação de norma cogente, que tutela interesse indisponível da parte ou do próprio Estado-jurisdição. Pode e deve ser declarada de ofício e a todo tempo. Bem por isso, no curso do processo, essa nulidade não é passível de pura e simples convalidação. Para elas, vale a regra do parágrafo único do art. 278 do CPC/2015 (segundo o qual não se aplica o *caput* do art. 278 – citado acima – "às nulidades que o juiz deva decretar de ofício").

Note-se que a nulidade absoluta poderá recair tanto sobre atos que podem ser repetidos ou supridos quanto sobre atos cuja repetição ou suprimento não são permitidos no curso do processo. Exemplos da primeira hipótese: nulidade absoluta da citação (que pode ser suprida por nova citação ou até pelo comparecimento espontâneo do réu), nulidade absoluta da sentença (cassa-se a existente e profere-se outra) etc. Exemplos da segunda hipótese: ofensa à coisa julgada etc. Mas, mesmo nos casos em que for possível o suprimento, não caberá falar em *convalidação*. Se o ato tem de ser repetido (ou substituído por outro), significa que a nulidade absoluta não tem como ser consertada, tanto que *outro ato tem de ser praticado*. Nessa acepção, de *convalidação*, as nulidades absolutas são sempre insanáveis no curso do processo.

Mas com o trânsito em julgado da sentença e o advento da coisa julgada, mesmo a nulidade absoluta deixa de ser arguível no processo que então se extingue. Havendo coisa julgada material, apenas a ação rescisória, em certos casos, permitirá o combate ao defeito. É a ideia de coisa julgada como "sanatória geral". É apenas nessa perspectiva que cabe falar em "convalidação" das nulidades absolutas, advinda da coisa julgada e, especialmente, do esgotamento da possibilidade de emprego da ação rescisória. Daí a especial relevância, no direito processual, de distinguir a nulidade absoluta da inexistência jurídica, que jamais se convalida, nem mesmo com o trânsito em julgado.

28.3.4. Inexistência jurídica

Ocorre quando se tem a mera "aparência vazia" do ato, não estando presentes sequer os elementos nucleares para a sua configuração (exemplo, sentença dada por quem não é juiz, sentença que não tem decisório etc.).

Como dito, a inexistência jurídica da sentença jamais se convalida, nem mesmo com o "trânsito em julgado". Afinal, se a sentença não existe, juridicamente ela não tem aptidão para transitar em julgado. Em outras palavras, se a sentença é juridicamente um nada, uma inexistência, não há como a coisa julgada incidir sobre ela.

No curso do processo, tanto a nulidade absoluta quanto a inexistência jurídica recebem um mesmo tratamento: são conhecíveis de ofício e inconvalidáveis (embora eventualmente supríveis ou irrelevantes). Mas mesmo a mais grave invalidade fica acobertada pela coisa julgada e se torna irrelevante, sobretudo depois de decorrido o prazo em que ainda caberia ação rescisória. Já a sentença juridicamente inexistente, na condição de "não ato", não comporta convalidação. Não é apta à formação da coisa julgada e, portanto, não fica acobertada por tal autoridade, podendo ser combatida independentemente da ação rescisória.

Internamente ao processo não há maior importância em diferenciar a nulidade absoluta da inexistência porque ambas se submetem ao mesmo regime de verificação de ofício e de não convalidação no curso processual. É em relação ao pronunciamento final que a questão assume relevo, depois do trânsito em julgado (que só ocorrerá no caso de nulidade – jamais no de inexistência da sentença).

Some-se a isso outro fator: a inexistência dos atos internos ao processo não implica necessariamente a inexistência do ato final (ex.: a *inexistência* de intervenção do Ministério Público nas causas em que sua presença era obrigatória gera apenas *nulidade*, como visto acima; a *inexistência* da contestação firmada por advogado sem procuração, se não corrigida, implica apenas a revelia – cf. n. 15.8.3, acima). Por outro lado, há casos em que uma *nulidade* interna ao processo, somada a outros fatores, implica a *inexistência jurídica* da sentença (ex. citação *nula*, quando houver revelia do réu e a sentença final lhe for desfavorável – nn. 15.2.3 e 15.6, acima).

Quando, a despeito da inexistência (jurídica ou material) de ato interno ao processo, a sentença juridicamente existir, *não* terá incidência o regime que permite a alegação da matéria mesmo depois do trânsito em julgado e do decurso de prazo da ação rescisória. Portanto, a inexistência jurídica ou material de atos internos ao processo, para os fins da presente investigação, só é relevante quando acarretar a própria inexistência do pronunciamento final.[2]

28.3.5. *Ressalvas terminológicas*

Cabem aqui três ressalvas quanto às palavras empregadas na classificação que se acaba de fazer.

A rigor, as hipóteses indicadas nos nn. 28.3.2 e 28.3.3 é que são de invalidade. No n. 28.3.1, tem-se algo que nem chega a constituir invalidade. No n. 28.3.4, há algo que é mais do que uma invalidade: está no plano da existência.

Mas há quem pretenda incluir aquilo que aqui denominamos de "inexistência jurídica" no plano da validade. Tais doutrinadores falam, então, em uma forma especial de "ineficácia", "nulidade" ou "vício transrescisório", para designar um defeito que não se convalida nem com a coisa julgada. O que im-

---

2. Sobre o contido nesse tópico, veja-se especialmente EDUARDO TALAMINI, "Nota sobre a teoria das nulidades no processo civil", cit. na nota 1 deste capítulo, e *Coisa julgada e sua revisão*, São Paulo, Ed. RT, 2005, cap. 5, p. 279 e ss.

porta é esse atributo (não convalidação com a coisa julgada) – sendo secundária a disputa a respeito do nome da categoria.

Por outro lado, nada impede de designar de "anulabilidade" a aqui chamada "nulidade relativa" (n. 28.3.2, acima), reservando-se o termo "nulidade" para a outra classe, aqui denominada "nulidade absoluta" (n. 28.3.3, acima). É o que faz parte da doutrina.

28.4. Diretrizes a respeito da invalidade dos atos processuais

No regime jurídico das invalidades processuais civis, cabe considerar especialmente as seguintes diretrizes:

(a) Tipicidade relativa (ou mitigada) dos atos processuais:

Há diversas disposições sobre a forma de específicos atos processuais (v.g., CPC/2015, arts. 250, 257, 275, § 1.º, 319, 489...). Mas não chega a haver uma tipicidade fechada: em todos esses casos dados como exemplos, não há na lei a tipificação minuciosa da integralidade dos elementos do ato, mas apenas de aspectos fundamentais que tomam em conta a finalidade do ato.

Além disso, há norma geral consagrando a liberdade de forma, desde que observada a finalidade essencial do ato – conforme acima visto (n. 26.2).

(b) Comunicabilidade dos atos processuais (e de seus vícios):

Como visto, o processo desenvolve-se mediante um procedimento. Tem-se o encadeamento de atos de modo tal que o resultado do cumprimento do ato antecedente funciona como pressuposto, como elemento autorizador, da prática do ato seguinte – e assim, sucessivamente, até o resultado final.

Isso repercute no regime jurídico das invalidades processuais. O defeito contido em um ato poderá refletir nos atos seguintes, que tinham por pressuposto o ato viciado. Assim, um ato que em si mesmo preenche todos os seus específicos requisitos pode ser inválido por derivação, porque o ato que lhe era antecedente necessário é inválido. Há, nesses casos, uma relação de *causalidade*.

Mas essa contaminação restringe-se aos atos que se encontram nessa estrita relação de dependência (art. 281, primeira parte). Outros atos do procedimento, ainda que cronologicamente posteriores ao inválido, mas sem essa vinculação, não serão afetados pela invalidade do ato anterior.

Por outro lado, a invalidade de uma parte do ato não prejudica suas demais partes, desde que daquela sejam independentes. Isso, aliás, aplica-se inclusive às nulidades absolutas (pensa-se, por exemplo, na sentença sem motivação relativamente a um dos pedidos, mas fundamentada em relação aos demais pleitos formulados em cumulação simples).

Nesse sentido, prevê o art. 281: "Anulado o ato, consideram-se de nenhum efeito todos os subsequentes que dele dependam, todavia, a nulidade de uma parte do ato não prejudicará as outras, que dela sejam independentes".

(c) Instrumentalidade das formas:

O tema já foi examinado no n. 28.2.2, acima.

(d) Boa-fé:

A imposição de boa-fé, prevista no art. 5.º do CPC/2015, é norma aplicável ao processo em todos os seus momentos, fases e incidentes. Não se limita aos atos e comportamentos enumerados nos arts. 77 e 80 (*a contrario sensu*) do CPC. Incide durante toda a relação processual – cabendo aos sujeitos do processo sempre se pautar com lisura.

Entre as principais decorrências do princípio da boa-fé está a vedação ao *venire contra factum proprium*. Não é dado aos sujeitos pura e simplesmente se voltar contra suas condutas anteriores.

A regra do art. 276 retrata, precisamente, a repulsa ao *venire contra factum proprium*: "Quando a lei prescrever determinada forma sob pena de nulidade, a decretação desta não pode ser requerida pela parte que lhe deu causa".

Porém, essa regra aplica-se apenas à nulidade relativa. Quanto à nulidade absoluta, se ela deve inclusive ser conhecida de ofício pelo juiz e não é convalidável, nada impede que a própria parte que lhe deu causa provoque a manifestação judicial. Por exemplo, o próprio autor que ajuizou a ação perante juízo absolutamente incompetente pode, depois, apontar esse defeito. Se for procedente sua alegação, o juiz deverá acolhê-la e remeter o processo para o juízo competente. Afinal, até mesmo de ofício o juiz deveria reconhecer a incompetência absoluta. A eventual má-fé da parte que deu causa à nulidade absoluta para depois vir argui-la deverá ser censurada com as penas pecuniárias previstas em lei – jamais com o impedimento de arguir a nulidade.

Quadro Sinótico

Invalidade dos atos processuais	• espécies: irregularidade, nulidade relativa (ou anulabilidade), nulidade absoluta (ou nulidade) e inexistência
	• diretrizes aplicáveis: tipicidade, comunicabilidade dos atos, instrumentalidade das formas e boa-fé

Doutrina Complementar

- **CÂNDIDO RANGEL DINAMARCO** (*Instituições...*, 6. ed., vol. 2, p. 596) leciona que "a consciência de que os atos processuais têm escopos a realizar conduz à necessidade de examinar cada um deles segundo a capacidade que efetivamente tenha, em situações concretas, de dar efetividade ao escopo predeterminado. Chama-se *eficácia*, em um sentido muito amplo, a capacidade de produzir efeitos. Em uma ordem processual regida pela garantia do devido processo legal, em que todo processo deve ser celebrado segundo regras preestabelecidas – porque esse é o modo mais seguro para evitar o arbítrio e permitir a efetividade da defesa dos interesses das partes em conflito – é natural que se questione a eficácia de atos processuais destoantes dos modelos e exigências legais. A uma primeira aproximação, só os atos processuais *perfeitos* teriam aptidão a realizar o escopo programado, não tendo os *imperfeitos* – ou seja, aqueles a que faltem requisitos. Há um eixo central no sistema dos atos processuais, interligando os elementos do binômio *perfeição-eficácia*".

- **FREDIE DIDIER JR.** (*Curso...*, vol. 1, 17. ed., p. 404) afirma que "a invalidade processual é sanção que somente pode ser aplicada se houver a conjugação do defeito do ato processual (pouco importa a gravidade do defeito) com a existência de prejuízo. *Não há nulidade processual sem prejuízo* (*pas de nullité sans grief*). A invalidade processual é sanção que decorre da incidência de regra jurídica sobre um suporte fático composto: defeito + prejuízo. Sempre – mesmo quando se trate de nulidade cominada em lei, ou as chamadas *nulidades absolutas*". No sentir desse autor, "há *prejuízo* sempre que o defeito impedir que o ato atinja a sua finalidade. Mas não basta afirmar a violação de uma norma constitucional para que o prejuízo se presuma. O prejuízo, decorrente do desrespeito a uma norma, deverá ser demonstrado caso a caso".

- **HUMBERTO THEODORO JR.** (*Curso...*, vol. 1, 56. ed., p. 572). No sentir desse autor, "ato inexistente é o que não reúne os mínimos requisitos de fato para sua existência como ato jurídico, do qual não apresenta nem mesmo a aparência exterior. O problema da inexistência, dessa forma, não se situa no plano da eficácia, mas sim no plano anterior do ser ou não ser, isto é, da própria vida do ato. Com relação ao ato juridicamente inexistente, não se pode sequer falar de ato jurídico viciado, pois o que há é um simples fato, de todo irrelevante para a ordem jurídica. Falta-lhe um elemento material necessário à sua configuração jurídica. Assim, por exemplo, é inexistente o ato falsamente assinado em nome de outrem. O dado fático – declaração de vontade do signatário – nunca existiu, nem mesmo defeituosamente. Por isso, o ato inexistente jamais se poderá convalidar e tampouco precisa ser invalidado".

- **LUIZ GUILHERME MARINONI, SÉRGIO CRUZ ARENHART E DANIEL MITIDIERO** (*Novo Curso...*, vol. 2, p.115) asseveram que "as infrações relevantes à forma dos atos processuais resultam em *invalidades processuais* – ou *nulidades*, na linguagem tradicional empregada pelo legislador (arts. 276 e ss). A principal tarefa de um Código de Processo civil preocupado com a viabilização de uma efetiva e tempestiva tutela aos direitos no terreno das invalidades processuais certamente está em *evitar que invalidades* sejam decretadas. Com isso, evita-se o *custo temporal* que a repetição dos atos inevitavelmente implica, promovendo-se nessa perspectiva um processo com duração razoável (arts. 5.º, LXXVIII, da CF, e 4.º, CPC). Daí a *salutar insistência* no Código na viabilização de prévia sanação dos atos viciados (art. 352) e na necessidade de aproveitamento tanto quanto possível dos atos processuais (arts. 282 e 283)".

- **NELSON NERY JR. E ROSA MARIA DE ANDRADE NERY** (*Comentários...*, p. 826), em comentário ao art. 283 do CPC/2015, sustentam que "o Código adotou o princípio da instrumentalidade das formas, segundo o qual o que importa é a finalidade do ato e não ele em si mesmo considerado. Se puder atingir sua finalidade, ainda que desatendida sua forma, não se deve anulá-lo. Em comparação com seu correspondente no CPC/1973, este CPC 283 indica que o aproveitamento dos atos deve se dar desde que não haja prejuízo à defesa de qualquer parte. Foi uma maneira de esclarecer o que já era implícito: não importa a posição da parte no feito; seja ela autora ou ré, deve se beneficiar do aproveitamento dos atos praticados".

- **OVÍDIO A. BAPTISTA DA SILVA** (*Curso*, 8. ed., vol. 1, p. 158) afirma que "os atos processuais, como todos os atos jurídicos, podem apresentar certos vícios que os tornem inválidos e ineficazes. No campo do processo civil, estes vícios, em geral, decorrem da inobservância de forma por meio da qual um ato determinado deveria realizar-se. Observe-se que o conceito de forma, aqui, deve corresponder ao modo pelo qual a *substância* se exprime e adquire existência (J. FREDERICO MARQUES, *Instituições*, vol. 2, n. 432), compreendendo, além de seus requisitos externos, também as circunstâncias de tempo e lugar, que não deixam de ser igualmente *modus* por meio dos quais os atos ganham existência no mundo jurídico".

- **TERESA ARRUDA ALVIM WAMBIER** (*Breves...*, p. 734) destaca que "a relevância das formas no processo se limita a que garantam que certos objetivos sejam cumpridos. Formas são "garantias", sob certo aspecto. Cumprida a finalidade do ato, passa a ser irrelevante ter ou não ter sido observada a forma prescrita em lei. Esta ideia é a mesma subjacente ao princípio da instrumentalidade das formas". Assevera que "outra das facetas do princípio da sanabilidade dos vícios do processo, não disciplinada pelo art. 277 do CPC, é a que prevê o dever do juiz corrigir ou determinar que sejam corrigidos vícios ligados aos requisitos de admissibilidade da apreciação do mérito, sempre que isto for possível, com o objetivo de dar à parte autora o que esta pediu: a apreciação da lide (art. 317). Em boa hora, deixa claro o art. 938, § 1.º, que diz dever o relator determinar a realização ou a renovação do ato processual se houver vício sanável, mesmo se se tratar de vício que deva ser conhecido de ofício, e, sempre que possível, prosseguirá no julgamento do recurso. Este dispositivo deixa inequívoco que vícios cognoscíveis de ofício são sanáveis; e que o NCPC segue a diretriz geral no sentido de que o processo nasce para realizar sua vocação, que é a de gerar sentença de mérito". No entender dessa autora, "decisões de inadmissibilidade, de ações e de recursos, devem ser, realmente, exceções. Quer-se, com isso, dar mais efetividade ao processo, fazendo com que este cumpra sua verdadeira e única função".

Enunciados do FPPC

N.º 16. (*Art. 190, CPC/2015*) O controle dos requisitos objetivos e subjetivos de validade da convenção de procedimento deve ser conjugado com a regra segundo a qual não há invalidade do ato sem prejuízo.

N.º 18. (*Art. 190, parágrafo único, CPC/2015*) Há indício de vulnerabilidade quando a parte celebra acordo de procedimento sem assistência técnico-jurídica.

N.º 82. (*Art. 932, parágrafo único; art. 938, § 1.º, CPC/2015*) É dever do relator, e não faculdade, conceder o prazo ao recorrente para sanar o vício ou complementar a documentação exigível, antes de inadmitir qualquer recurso, inclusive os excepcionais.

N.º 83. (*Art. 932, parágrafo único; art. 76, § 2.º; art. 104, § 2.º; art. 1.029, § 3.º, CPC/2015*) Fica superado o enunciado 115 da súmula do STJ após a entrada em vigor do CPC ("Na instância especial é inexistente recurso interposto por advogado sem procuração nos autos").

N.º 84. (*Art. 935, CPC/2015*) A ausência de publicação da pauta gera nulidade do acórdão que decidiu o recurso, ainda que não haja previsão de sustentação oral, ressalvada, apenas, a hipótese da primeira parte do § 1.º do art. 1.024, na qual a publicação da pauta é dispensável.

N.º 109. (*Arts. 10 e 15, CPC/2015*) No processo do trabalho, quando juntadas novas provas ou alegado fato novo, deve o juiz conceder prazo, para a parte interessada se manifestar a respeito, sob pena de nulidade.

N.º 132. (*Art. 190, CPC/2015*) Além dos defeitos processuais, os vícios da vontade e os vícios sociais podem dar ensejo à invalidação dos negócios jurídicos atípicos do art. 190.

N.º 134. (*Art. 190, parágrafo único, CPC/2015*) Negócio jurídico processual pode ser invalidado parcialmente.

N.º 197. (*Art. 932, parágrafo único, CPC/2015*) Aplica-se o disposto no parágrafo único do art. 932 aos vícios sanáveis de todos os recursos, inclusive dos recursos excepcionais.

N.º 198. (*Art. 935, CPC/2015*) Identificada a ausência ou a irregularidade de publicação da pauta, antes de encerrado o julgamento, incumbe ao órgão julgador determinar sua correção, procedendo a nova publicação.

N.º 199. (*Art. 938, §§ 1.º e 2.º, CPC/2015*) No processo do trabalho, constatada a ocorrência de vício sanável, inclusive aquele que possa ser conhecido de ofício pelo órgão jurisdicional, o relator determinará a realização ou a renovação do ato processual, no próprio tribunal ou em primeiro grau, intimadas as partes; cumprida a diligência, sempre que possível, prosseguirá no julgamento do recurso.

N.º 207. (*Art. 988, I; art. 1.010, § 3.º; art. 1.027, II, b, CPC/2015*) Cabe reclamação, por usurpação da competência do Tribunal de Justiça ou Tribunal Regional Federal, contra a decisão de juiz de 1.º grau que inadmitir recurso de apelação.

N.º 219. (*Art. 1.029, § 3.º, CPC/2015*) O relator ou o órgão colegiado poderá desconsiderar o vício formal de recurso tempestivo ou determinar sua correção, desde que não o repute grave.

N.º 220. (*Art. 1.029, § 3.º, CPC/2015*) O Supremo Tribunal Federal ou o Superior Tribunal de Justiça inadmitirá o recurso extraordinário ou o recurso especial quando o recorrente não sanar o vício formal do qual foi intimado para corrigi-lo.

N.º 238. (*Art. 64, caput e § 4.º, CPC/2015*) O aproveitamento dos efeitos de decisão proferida por juízo incompetente aplica-se tanto à competência absoluta quanto à relativa.

N.º 252. (*Art. 190, CPC/2015*) O descumprimento de uma convenção processual válida é matéria cujo conhecimento depende de requerimento.

N.º 254. (*Art. 190, CPC/2015*) É inválida a convenção para excluir a intervenção do Ministério Público como fiscal da ordem jurídica.

N.º 259. (*Art. 10; art. 190, CPC/2015*) A decisão referida no parágrafo único do art. 190 depende de contraditório prévio.

N.º 276. (*Arts. 281; art. 282, CPC/2015*) Os atos anteriores ao ato defeituoso não são atingidos pela pronúncia de invalidade.

N.º 277. (*Arts. 281; art. 282, CPC/2015*) Para fins de invalidação, o reconhecimento de que um ato subsequente é dependente de um ato defeituoso deve ser objeto de fundamentação específica à luz de circunstâncias concretas.

N.º 278. (*Art. 4º; Art. 282, § 2.º, CPC/2015*) O CPC adota como princípio a sanabilidade dos atos processuais defeituosos.

N.º 279. (*Arts. 282; art. 283, CPC/2015*) Para os fins de alegar e demonstrar prejuízo, não basta a afirmação de tratar-se de violação a norma constitucional.

N.º 304. (*Art. 15; art. 489, CPC/2015*) As decisões judiciais trabalhistas, sejam elas interlocutórias, sentenças ou acórdãos, devem observar integralmente o disposto no art. 489, sobretudo o seu § 1.º, sob pena de se reputarem não fundamentadas e, por conseguinte, nulas.

N.º 307. (*Art. 489, § 1.º; art. 1.013, § 3.º, IV, CPC/2015*) Reconhecida a insuficiência da sua fundamentação, o tribunal decretará a nulidade da sentença e, preenchidos os pressupostos do § 3.º do art. 1.013, decidirá desde logo o mérito da causa.

N.º 332. (*Art. 15; art. 938, § 1.º, CPC/2015*) Considera-se vício sanável, tipificado no art. 938, § 1.º, a apresentação da procuração e da guia de custas ou depósito recursal em cópia, cumprindo ao relator assinalar prazo para a parte renovar o ato processual com a juntada dos originais.

N.º 333. (*Art. 15; art. 938, § 1.º, CPC/2015*) Em se tratando de guia de custas e depósito recursal inseridos no sistema eletrônico, estando o arquivo corrompido, impedido de ser executado ou de ser lido, deverá o relator assegurar a possibilidade de sanar o vício, nos termos do art. 938, § 1.º.

N.º 353. (*Art. 15; art. 1.007, § 7.º, CPC/2015*) No processo do trabalho, o equívoco no preenchimento da guia de custas ou de depósito recursal não implicará a aplicação da pena de deserção, cabendo ao relator, na hipótese de dúvida quanto ao recolhimento, intimar o recorrente para sanar o vício no prazo de cinco dias.

N.º 372. (*Art. 4.º, CPC/2015*) O art. 4º tem aplicação em todas as fases e em todos os tipos de procedimento, inclusive em incidentes processuais e na instância recursal, impondo ao órgão jurisdicional viabilizar o saneamento de vícios para examinar o mérito, sempre que seja possível a sua correção.

Bibliografia

Fundamental

ARRUDA ALVIM, *Manual de direito processual civil*, 16. ed., São Paulo, Ed. RT, 2013; EDUARDO TALAMINI, Notas sobre a teoria das nulidades no processo civil, *Revista Dialética de Direito Processual*, n. 29, 2005; EDUARDO TALAMINI, *Coisa julgada e sua revisão*, São Paulo, RT, 2005; FREDIE DIDIER JR., *Curso de Processo Civil: introdução ao direito processual civil, parte geral e processo de conhecimento*, 17. ed., Salvador, JusPodivm, 2015, vol. 1; HUMBERTO THEODORO JÚNIOR, *Curso de direito processual civil*, 56. ed., Rio de Janeiro, Forense, 2015, vol. 1; LUIZ GUILHERME MARINONI, SÉRGIO CRUZ ARENHART e DANIEL MITIDIERO, *Novo curso de processo civil: tutela dos direitos mediante procedimento comum*, São Paulo, Ed. RT, 2015, vol. 2; NELSON NERY JR. e ROSA MARIA DE ANDRADE NERY, *Comentários ao código de processo civil*, São Paulo, Ed. RT, 2015; TERESA ARRUDA ALVIM WAMBIER, *Nulidades do processo e da sentença*, 7. ed., São Paulo, Ed. RT, 2014; _____, FREDIE DIDIER JR., EDUARDO TALAMINI E BRUNO DANTAS (COORD.), *Breves comentários ao Novo Código de Processo Civil*, São Paulo, Ed. RT, 2015.

Complementar

ADA PELLEGRINI GRINOVER, A eficácia dos atos processuais à luz da Constituição Federal, *RPGESP* 37/33; _____, O sistema de nulidades processuais e a Constituição, *O processo em evolução*, Rio de Janeiro, Forense Universitária, 1995; ADRIANO PERÁCIO PAULA, Dos atos processuais pela via eletrônica, *RePro* 101/169; ALEXANDRE FREITAS CÂMARA, *Lições de direito processual civil*, 16. ed., Rio de Janeiro, Lumen Juris, 2007, vol. 1; ALFREDO DE ARAÚJO LOPES DA COSTA, *Manual elementar de direito processual civil*, 3. ed., atual. Sálvio de Figueiredo Teixeira, Rio de Janeiro, Forense, 1982; ANTONIO JANYR DALL'AGNOL, *Dos atos e nulidades processuais: arts. 154-261*, São Paulo, Letras Jurídicas, 1985; _____, *Comentários ao Código de Processo Civil*, São Paulo, Ed. RT, 2000, vol. 2; _____, *Invalidades processuais*, Porto Alegre, S. A. Fabris, 1989; _____, Para um conceito de irregularidade processual, *Saneamento do processo* – Estudos em homenagem ao Prof. Galeno Lacerda, Porto Alegre, S. A. Fabris, 1989; ARRUDA ALVIM, *Tratado de direito processual civil*, 2. ed., São Paulo, Ed. RT, 1996, vol. 2; BERENICE S. NOGUEIRA MAGRI, *Ação anulatória*: art. 486 do CPC, 2. ed., São Paulo, Ed. RT, 2004; BIANCA MENDES PEREIRA RICHTER, Nulidade processual pela falta de intervenção do ministério público, *RT*, 930/239, abr. 2013; BRUNO SILVEIRA DE OLIVEIRA, Os princípios constitucionais, a instrumentalidade do processo e a técnica processual, *RePro* 146/321; CÂNDIDO RANGEL DINAMARCO, *A instrumentalidade do processo*, 12. ed., São Paulo, Malheiros, 2005; _____, *Instituições de direito processual civil*, 6. ed., São Paulo, Malheiros, 2009, vol. 2; CARLOS ALBERTO ALVARO DE OLIVEIRA, Da sentença: Lei 11.277/06 e a nova redação dada aos arts. 162, 267, 269 e 463 e introdução dos arts. 466-a, 466-b e 466-c pela Lei 11.232/05, as recentes reformas processuais – *Caderno do Centro de Estudos*, Tribunal de Justiça RS, vol. 1/11; _____, *Do formalismo no processo civil*, 2. ed., São Paulo, Saraiva, 2003; _____, Notas sobre o conceito e a função normativa da nulidade, *Saneamento do processo* – Estudos em homenagem ao Prof. Galeno Lacerda, Porto Alegre, S. A. Fabris, 1989; CELSO NEVES, *Estrutura fundamental do processo civil*, 2. ed., Rio de Janeiro, Forense, 1997; DANIEL FRANCISCO MITIDIERO, O problema da invalidade dos atos processuais no direito processual civil brasileiro contemporâneo, *Genesis RDPC* 35/46; EDUARDO ARRUDA ALVIM, *Curso de direito processual civil*, São Paulo, Ed. RT, 1999, vol. 1; EDUARDO JOSÉ DA FONSECA COSTA, Réu revel, vício de citação e *querela nulli-*

tatis insanabilis, RePro 164/84; EDUARDO MELO DE MESQUITA, Agravo e o mandado de segurança contra atos do juiz em face das novas alterações do sistema processual, Coord. PAULO HOFFMAN e LEONARDO FERRES DA SILVA RIBEIRO, *O novo regime do agravo de instrumento e do agravo retido*: modificações da Lei 11.187/05, São Paulo, Quartier Latin, 2006; EDUARDO TALAMINI, Notas sobre a teoria das nulidades no processo civil, *RDDP* 29/38; EGAS DIRCEU MONIZ DE ARAGÃO, *Comentários ao Código de Processo Civil*, 9. ed., Rio de Janeiro, Forense, 1998, vol. 2; ENRICO TULLIO LIEBMAN, *Manual de direito processual civil*, 2. ed., Rio de Janeiro, Forense, 1985, vol. 1; ERNANE FIDÉLIS DOS SANTOS, *Manual de direito processual civil*, 12. ed., São Paulo, Saraiva, 2007, vol. 1; _____, Nulidades dos atos processuais, *RBDP* 41/107; EVARISTO ARAGÃO SANTOS, A EC n. 45 e o tempo dos atos processuais, Coord. TERESA ARRUDA ALVIM WAMBIER et al., *Reforma do judiciário*: primeiros ensaios críticos sobre EC n. 45/2004, São Paulo, Ed. RT, 2005; FERNANDO SACCO NETO, Análise das novas redações dos incisos IX e X do art. 93 da Constituição Federal de acordo com a EC n. 45, Coord. TERESA ARRUDA ALVIM WAMBIER et al., *Reforma do judiciário*: primeiros ensaios críticos sobre EC n. 45/2004, São Paulo, Ed. RT, 2005; FLÁVIO BUONADUCE BORGES, Meios de impugnação dos atos judiciais no direito processual brasileiro: o recurso de agravo na sistemática processual brasileira, Coord. NELSON NERY e TERESA ARRUDA ALVIM WAMBIER, *Aspectos polêmicos e atuais dos recursos cíveis e assuntos afins*, São Paulo, Ed. RT, 2006, vol. 9; FRANCIELY DE VARGAS e RODRIGO STROBEL PINTO, Aspectos constitucionais destacados dos atos processuais eletrônicos, *RePro* 141/128; FRANCISCO C. PONTES DE MIRANDA, *Comentários ao Código de Processo Civil*, 3. ed., Rio de Janeiro, Forense, 1996, t. III; FREDIE DIDIER JR., *Curso de direito processual civil*, 11. ed., Salvador, Jus Podivm, 2009, vol. 1; GALENO LACERDA, O Código e o formalismo processual, *Ajuris* 28/7; GELSON AMARO DE SOUZA, Princípio da identidade física do juiz e a nova redação do art. 132 do CPC, *GenesisProc* 1/18; GLEYDSON KLEBER LOPES DE OLIVEIRA, Correção de nulidade processual e produção de prova em sede de apelação, *RePro* 145/173, mar. 2007, *Doutrinas Essenciais de Processo Civil*, vol. 4, p. 1175, out. 2011; HÉLIO TORNAGHI, *Comentários ao Código de Processo Civil*, 2. ed., São Paulo, Ed. RT, 1978, vol. 2; HUMBERTO THEODORO JUNIOR, *Perpetuatio iurisdictionis*. Alterações da competência absoluta e funcional. Critério de estabelecimento da competência interna dos Órgãos do Tribunal. Prevenção regimental. Momento de eficácia do ato processual. Papel do escrivão, *RDDP* 30/111; _____, As nulidades no Código de Processo Civil, *GenesisProc* 5/364; J. J. CALMON DE PASSOS, *Esboço de uma teoria das nulidades aplicada às nulidades processuais*, Rio de Janeiro, Forense, 2002; _____, Instrumentalidade do processo e devido processo legal, *RePro* 102/55; JOÃO BATISTA MONTEIRO, O conceito de decisão, *RePro* 23/61; JORGE ARAKEN FARIA DA SILVA, Do princípio da publicidade dos atos processuais, *RF* 334/121; JOSÉ CARLOS BARBOSA MOREIRA, A função social do processo civil moderno e o papel do juiz e das partes na direção e na instrução do processo, *Temas de direito processual* – Terceira série, São Paulo, Saraiva, 1984; _____, O problema da "divisão do trabalho" entre juiz e partes: aspectos terminológicos, *Temas de direito processual* – Quarta série, São Paulo, Saraiva, 1989; _____, Os poderes do juiz na direção e na instrução do processo, *Temas de direito processual* – Quarta série, São Paulo, Saraiva, 1989; _____, Sobre a "participação" do juiz no processo civil, *Temas de direito processual* – Quarta série, São Paulo, Saraiva, 1989; JOSÉ EDUARDO CARREIRA ALVIM, *Elementos de teoria geral do processo*, 7. ed., Rio de Janeiro, Forense, 2001; JOSÉ FREDERICO MARQUES, *Manual de direito processual civil*, 9. ed., Campinas, Millennium, 2003, vol. 1; JOSÉ MARIA TESHEINER, *Pressupostos processuais e nulidades no processo civil*, São Paulo, Saraiva, 2000; JOSÉ RAIMUNDO GOMES DA CRUZ, Segredo de justiça, *RF* 284/57; JOSÉ ROBERTO DOS SANTOS BEDAQUE, Nulidade processual e instrumentalidade do processo, *RePro* 60/31, out. 1990, *Doutrinas*

Essenciais de Processo Civil, vol. 3, p. 985, out. 2011; JULIO MACHADO TEIXEIRA COSTA, A transmissão de atos processuais por fac-símile ou meios semelhantes: Lei 9.800/1999, *RePro* 96/9; LUIZ FERNANDO BELLINETTI, O conceito de sentença no CPC, *RePro* 35/218; LUIZ FUX, *Curso de direito processual civil,* 3. ed., Rio de Janeiro, Forense, 2005; LUIZ GUILHERME AIDAR BONDIOLI, Nulidades processuais e mecanismos de controle, *Repro* 145/24; LUIZ GUILHERME DA COSTA WAGNER JUNIOR, *Processo civil:* curso completo, Belo Horizonte, Del Rey, 2007; LUIZ GUILHERME MARINONI e SÉRGIO CRUZ ARENHART, *Processo de conhecimento,* 6. ed., São Paulo, Ed. RT, 2007, vol. 2; LUIZ MACHADO GUIMARÃES, Ato processual, *Estudos de direito processual civil,* Rio de Janeiro, Jurídica e Universitária, 1969; MARCELO ABELHA RODRIGUES, *Elementos de direito processual civil,* 2. ed., São Paulo, Ed. RT, 2003, vol. 2; MARCOS AFONSO BORGES, Os poderes, os deveres e as faculdades do juiz no processo, *RePro* 95/171; MARIA LÚCIA L. C. DE MEDEIROS, *A revelia sob o aspecto da instrumentalidade,* São Paulo, Ed. RT, 2003; _____, O inciso XIV do art. 93 da CF, *Reforma do Judiciário* – Primeiras reflexões sobre a Emenda Constitucional n. 45/2004. São Paulo, Ed. RT, 2005; OVÍDIO A. BAPTISTA DA SILVA, *Curso de processo civil,* 8. ed., São Paulo, Ed. RT, 2008, vol. 1, t. I; _____, Decisões interlocutórias e sentenças liminares, *Ajuris* 51/126; PAULO ROBERTO DE GOUVÊA MEDINA, O preparo dos recursos da instrumentalidade do processo, Coord. TERESA ARRUDA ALVIM WAMBIER e NELSON NERY JR., *Aspectos polêmicos e atuais dos recursos e de outras formas de impugnação às decisões judiciais,* São Paulo, Ed. RT, 2001, vol. 4; PEDRO DA SILVA DINAMARCO, O sigilo de informações e a limitação à publicidade dos atos processuais, Coord. LUIZ GUILHERME MARINONI, *Estudos de direito processual civil:* homenagem ao Professor Egas Dirceu Moniz de Aragão, São Paulo, Ed. RT, 2005; RAVI PEIXOTO, O princípio da cooperação e a construção de um sistema comunicativo das nulidades sob a ótica da teoria do fato jurídico processual, *Revista de Direito Privado* 60/99; RENATO LUÍS BENUCI, A produção e a comunicação de atos processuais em meio eletrônico: o novo parágrafo único do art. 154 do CPC, *RDDP* 44/95; RENZO CAVANI, Contra as "nulidades-surpresa": o direito fundamental ao contraditório diante da nulidade processual, *RePro* 218/65, abr. 2013; RITA DE CÁSSIA CORRÊA DE VASCONCELOS, *Princípio da fungibilidade:* hipóteses de incidência no processo civil brasileiro contemporâneo, São Paulo, Ed. RT, 2007; ROQUE KOMATSU, *Da invalidade no processo civil,* São Paulo, Ed. RT, 1991; SERGIO RICARDO DE ARRUDA FERNANDES, Os atos de comunicação processual do devedor na disciplina da Lei 11.232, Coord. ERNANE FIDÉLIS DOS SANTOS et al., *Execução civil:* estudos em homenagem ao Professor Humberto Theodoro Júnior, São Paulo, Ed. RT, 2007; TERESA ARRUDA ALVIM WAMBIER, Nulidades processuais – no direito em vigor, no direito projetado e na obra de Galeno Lacerda, *RePro* 226/183.

Capítulo 29

COMUNICAÇÃO DOS ATOS PROCESSUAIS

> Sumário: 29.1. Citação; 29.1.1. Conceito; 29.1.2. Efeitos da citação; 29.1.3. A interrupção do prazo da prescrição.; 29.1.4. O comparecimento espontâneo do réu; 29.1.5. Hipótese especial de comunicação do processo ao réu: 29.1.6. A pessoalidade; 29.1.7. Local onde se realiza a citação; 29.1.8. Circunstâncias em que a citação não se realiza; 29.1.9. Classificação; 29.1.10. Nulidades – 29.2. Intimação; 29.2.1. Conceito; 29.2.2. Destinatário da intimação; 29.2.3. Modo – 29.3. Nulidades.

29.1. Citação

29.1.1. Conceito

A relação jurídica processual começa a se formar com o ato de propositura da demanda mediante ajuizamento da petição inicial. Em seguida, o juiz atua pela primeira vez no processo, ao despachar a petição inicial. Até esse momento, todavia, a relação jurídica processual tem configuração ainda linear, ligando apenas autor e juiz. Já produz alguns efeitos, é certo, mas ainda não se encontra completa, pela ausência do réu, que ainda não teve ciência da demanda contra si proposta. Somente com a citação do réu é que a relação jurídica processual assume a configuração triangular.

O art. 238 do CPC/2015 define citação como "o ato pelo qual são convocados o réu, o executado ou o interessado para integrar a relação processual". É ato de cientificação, de comunicação, da existência da demanda e do processo e de consequente concessão de oportunidade para exercício do direito de defesa, que é constitucionalmente assegurado (CF, art. 5.º, LV).

Quando a jurisdição atua em sua destinação própria e específica, que é a de resolver aquela parcela dos conflitos de interesses a ela submetida, por iniciativa do autor, no exercício do direito de ação, não se pode falar na existência jurídica de uma relação processual plena e completa sem que tenha ocorrido a citação do réu. Trata-se do princípio do contraditório, ou seja, a impossibilidade de atuação jurisdicional sem que se assegure ao réu ou ao executado a oportunidade de se fazer ouvir. Por isso, dispõe o art. 239 que "para a validade do processo é indispensável a citação do réu ou do executado, ressalvadas as hipóteses de indeferimento da petição inicial ou de improcedência liminar do pedido". A citação é necessária, portanto, tanto no processo de conhecimento, quanto no processo de execução. A rigor, nesses dois tipos de processo, não se pode falar em existência de atividade processual válida e eficaz em face do réu ou do executado sem que se atenda ao pressuposto da citação.

29.1.2. Efeitos da citação

A citação validamente efetuada produz os seguintes efeitos (art. 240):

29.1.2.1. Induz litispendência

Conquanto o art. 337, § 3.º, mencione que "há litispendência quando se repete ação que está em curso", litispendência, no sentido em que a expressão é usada no art. 240, significa processo instaurado ("lide pendente") entre específicas partes a respeito de um determinado objeto.

Só se considera haver processo em curso em face do réu após a citação. Daí resultar que é a citação, e não a propositura da ação, que faz com que haja "lide pendente".

29.1.2.2. Torna litigiosa a coisa

A expressão "coisa" deve ser entendida como o bem jurídico sobre o qual controvertem as partes. Ocorrendo a citação válida, fica o bem ou o direito vinculado ao processo, devendo ser submetido ao seu resultado. Na hipótese de alienação, a título particular, não ocorre sucessão das partes (exceto com a anuência da parte contrária), podendo o adquirente ou cessionário, todavia, intervir como assistente litisconsorcial do alienante ou cedente. A litigiosidade, decorrente da citação válida, faz manter o bem jurídico atrelado ao deslinde da causa, e apenas excepcionalmente estende os efeitos subjetivos da coisa julgada, alcançando o adquirente ou cessionário (art. 109, *caput* e seus parágrafos). Sobre o tema, veja-se o n. 17.4, acima.

Além disso, a litigiosidade obriga as partes a manter, a partir de então, o bem no estado em que se encontrava no momento da citação. Qualquer alteração ilegal no estado de fato é considerada atentado à dignidade da justiça (art. 77, VI), podendo a parte que o praticar: (a) ser condenada a ressarcir perdas e danos ocasionados pela alteração (art. 79); (b) receber ordem de restabelecimento da situação anterior ao atentado, podendo ser proibida de falar nos autos até que cumpra tal determinação (art. 77, § 7.º); (c) ser condenada ao pagamento de multa de até 20% do valor da causa (art. 77, § 2.º), sem prejuízo de outras sanções, inclusive criminais, desde que presentes seus pressupostos de configuração (p. ex., CP, arts. 330 e 346).

29.1.2.3. Constitui em mora

A teor do que dispõe o *caput* do art. 240, a constituição em mora ocorrerá ainda que a citação válida tenha sido determinada por juiz incompetente.

Quando se tratar de obrigação com vencimento certo, o inadimplemento no termo constitui em mora o devedor – independentemente da posterior citação. Todavia, se não há prazo assinado, a citação válida equivale à interpelação (art. 397, parágrafo único, do CC), surtindo um efeito jurídico material, e não processual, qual seja a constituição em mora.

Se a obrigação decorrer de ato ilícito, a mora se constitui com a prática de tal ato (art. 398 do CC/2002), também independentemente da posterior citação.

Em suma, a citação é relevante, como elemento constitutivo da mora do devedor, nas obrigações não decorrentes de ato ilícito e sem data certa para o vencimento.

29.1.3. A interrupção do prazo da prescrição.

É o despacho que ordena a citação que ocasiona a interrupção do curso do prazo da prescrição (ainda quando determinada por juiz incompetente, conforme dispõe § 1.º do art. 240). A interrupção retroage à data da propositura da ação, desde que a citação ocorra no prazo previsto no § 2.º do art. 240 (dez dias subsequentes ao despacho que ordenar a citação). Ocorrendo a citação fora desse prazo, *por fato imputável à parte*, a interrupção ainda pode ocorrer (se a prescrição ainda não se consumou), mas não retroagirá à data da propositura da ação. Se a citação se der depois do prazo previsto no parágrafo ora referido, mas *por circunstâncias alheias ao autor da ação*, também haverá a retroação da interrupção à data de propositura da demanda (art. 240, § 3.º).

O princípio fundamental – diretamente ligado à inafastabilidade da tutela jurisdicional, entre outros valores – é o seguinte: o jurisdicionado não pode ser prejudicado por eventuais dificuldades ou lapsos da máquina judiciária. Cabe-lhe propor a ação antes do fim do prazo prescricional e tomar as medidas para que a citação possa ocorrer (ou seja: identificar adequadamente o réu; indicar o endereço ou apontar a circunstância de que ele está em lugar incerto e não sabido; se for o caso, arcar com as custas e despesas da citação, uma vez regularmente intimado para tanto). Tendo o autor cumprido a sua parte, o atraso na citação não pode prejudicá-lo.

Tal efeito interruptivo da citação é também aplicável ao prazo decadencial e outros extintivos legalmente previstos (art. 240, § 4.º).

29.1.4. O comparecimento espontâneo do réu

A citação válida, como modo normal de integração do réu na relação processual, tende a ser ato indispensável para a existência e validade do processo (v. n. 15.2.3). Sua importância é tanta que, não havendo citação ou sendo ela nula, em princípio a sentença eventualmente proferida não produzirá nenhum efeito contra o réu. Nessa hipótese, ele poderá arguir a falta ou nulidade de citação a qualquer tempo, até mesmo em impugnação ao cumprimento de sentença (arts. 525, § 1.º, I, e 535, I), independentemente de ação rescisória.

Todavia, o § 1.º do art. 239 prevê que "o comparecimento espontâneo do réu ou do executado supre a falta ou a nulidade da citação, fluindo a partir desta data o prazo para apresentação de contestação ou de embargos à execução".

Embora a citação seja ato processual que apresenta requisitos específicos, sua finalidade essencial é de dar ciência ao réu que a demanda foi proposta. Se por outro modo a ciência chegou ao destinatário, e por isso houve o comparecimento espontâneo, não há necessidade de se realizar a citação: a falta estará suprida.

Nessa hipótese, o prazo para a apresentação da contestação ou dos embargos à execução começa a correr a partir da data do comparecimento espontâneo (art. 239, § 1.º).

29.1.5. Hipótese especial de comunicação do processo ao réu

Há casos em que o juiz pode, antes mesmo de citar o réu (i.e., "liminarmente"), julgar improcedente o pedido do autor. Trata-se de situações em que, de plano, sem a necessidade da produção de qualquer prova, o juiz constata que o autor não tem razão naquilo que pede. O elenco de hipóteses está previsto no art. 332 (v. vol. 2, cap. 6).

Como nesses casos o réu não terá tido ciência da propositura da ação, uma vez "transitada em julgado" a sentença de indeferimento, deverá o escrivão ou o chefe de secretaria dar ciência ao réu do resultado do julgamento (art. 332, § 2.º, c/c art. 241). Não se trata, propriamente de uma citação, pois o réu recebe a notícia de um processo já findo; ele não integrará a relação processual (que se extinguiu antes de se tornar trilateral); ele não é chamado para defender-se...

Tal comunicação é importante para que o réu, sabendo da existência dessa sentença em seu favor (que faz inclusive coisa julgada material), possa depois invocá-la, se o autor, indevidamente, tornar a propor a mesma ação.

Mas há um caso especial em que essa comunicação, além da finalidade ora apontada, tem ainda outra – que lhe confere, eventualmente, o caráter de citação.

Trata-se da hipótese de julgamento liminar de improcedência fundado na prescrição (art. 332, § 1.º). Qualquer caso de prescrição pode ser conhecido de ofício pelo juiz. Assim, pode ocorrer de o juiz, antes mesmo de mandar citar o réu, reconhecer que a prescrição já ocorreu, desde logo rejeitando, no mérito, o pedido do autor.

Como nos demais casos de rejeição liminar do pedido, cabe, após o transito em julgado, comunicar ao réu a existência do processo e o seu resultado.

Mas, nesse caso, a cientificação do réu tem ainda outra finalidade além daquela, acima destacada, de lhe permitir futuramente invocar a sentença proferida em seu favor. A prescrição, como dito, pode ser conhecida de ofício pelo juiz. Contudo, o réu pode querer renunciar à prescrição (CC/2002, art. 191), se o objeto da pretensão for disponível. Então, se já no curso do processo o juiz constata haver prescrição, ele deve antes intimar o réu para verificar se esse pretende renunciar a ela (além de também ter de intimar o autor, em atendimento ao art. 10 – v. n. 3.8, acima, e, no vol. 2, o cap. 6). Mas se o juiz verifica a prescrição antes ainda de citar o réu e julga desde logo improcedente o pedido (como expressamente autoriza o art. 332, § 1.º), o réu não terá sido ouvido previamente para indicar se pretende ou não renunciar à prescrição. Assim, ao ser cientificado na forma do art. 241, o réu, querendo, poderá interpor uma apelação exclusivamente para que seja considerada a sua renúncia à prescrição. Nesse caso, o juiz, ao receber a apelação, deverá exercer juízo de retratação (art. 332, § 3.º), revogando a sentença antes proferida e dando continuidade ao processo.

Essa é a construção interpretativa que compatibiliza a expressa previsão de rejeição liminar fundada na prescrição com a norma, que provém do direito material e não pode ser ignorada, de renunciabilidade da prescrição. Assim, nessa hipótese, deve-se compreender a comunicação ao réu como verdadeira citação, pois lhe abre a oportunidade de exercício de uma faculdade dentro do processo (e também, por consequência, deve-se compreender adequadamente a menção a "trânsito em julgado": quer significar apenas ausência ou exaurimento de recurso por parte do autor, pois, para o réu, não há ainda trânsito em julgado nesse momento, pois ele pode reabrir a questão, ao pedir que se considere a sua renúncia à prescrição).

29.1.6. A pessoalidade

A citação deve ser feita pessoalmente ao réu (art. 242). Isso se aplica inclusive no processo de execução (em que o réu é também chamado de "executado") e nos procedimentos de jurisdição voluntária (em que se o denomina "interessado").[1] Todavia, quando o citando for menor impúbere, a citação será feita ao seu representante legal; quando se tratar de menor púbere, tanto o citando quanto o representante legal deverão ser pessoalmente citados. Também é válida a citação feita ao procurador com poderes específicos para receber citação.

Como exceção, admite-se a citação na pessoa do mandatário, administrador, preposto ou gerente do citando, mas apenas para a hipótese de a ação versar sobre atos por estes praticados, e desde que o citando esteja ausente (art. 242, § 1.º). Ainda, excepcionalmente se aceita a citação feita na pessoa daquele que estiver recebendo os aluguéis, quando o locador estiver ausente do país sem deixar procurador conhecido (art. 242, § 2.º).

Nessas hipóteses, a citação assim realizada é considerada válida e, na eventualidade de inexistir contestação, não é dado curador ao revel. Ou seja, não há nesses casos citação ficta (ver abaixo, n. 29.1.9.2), mas efetiva.

Em relação à União, aos Estados, ao Distrito Federal, aos Municípios e suas respectivas autarquias e fundações de direito público, a citação deve ser feita perante sua representação judicial (art. 242, § 3.º), função essa normalmente desempenhada pela Advocacia Pública (art. 182).

A norma da pessoalidade da citação é ainda excetuada em determinados processos que têm caráter incidental em relação a outro processo em curso. Vale dizer: dão origem a outra relação processual, desenvolvida em outro procedimento, mas surgem a partir de atos realizados em um processo já em andamento, de que as partes já estão participando (ou ao menos aquela que será ré no novo processo já está). É o que acontece com o processo dos embargos à execução, que, conquanto autônomo, é incidental ao processo de execução. É também o que se passa com o processo dos embargos de terceiro, que se constituirá incidentalmente a outro processo, no qual foi atingido o bem cuja posse o terceiro embargante busca defender. Nesses processos, se o réu já tiver advogado constituído no processo principal, a citação far-se-á na pessoa desse (art.

---

1. Adiante, aludiremos apenas a citação do "réu" – mas ficando desde já indicado que o exposto também se aplica ao "executado" e ao "interessado".

677, §§ 3.º, é expresso a esse respeito, em relação, aos embargos de terceiro, mas a mesma solução é aplicável aos embargos de executado, tendo em vista os termos do art. 920, I).

29.1.7. Local onde se realiza a citação

Embora cumpra ao autor fornecer o endereço do réu para a realização da citação, esta pode ocorrer em qualquer lugar onde ele seja encontrado (art. 243, *caput*). Se, por exemplo, o oficial de justiça (auxiliar do juízo a quem incumbe a citação por mandado – v. adiante) tiver conhecimento de outro local onde encontrar o citando, que não a residência ou domicílio deste, e aí citá-lo, isto não anula a citação realizada.

O parágrafo único do art. 243 autoriza inclusive a citação do militar ativo na unidade onde está servindo, desde que desconhecida sua residência ou, mesmo que conhecida, nela não for encontrado.

Nesses casos, cabe ao oficial de justiça realizar o ato com discrição, adotando as providências estritamente necessárias para que sua diligência atinja a finalidade de citar o réu. Devem ser evitadas condutas desproporcionais, desarrazoadas, que gerem constrangimento desnecessário ao citando.

29.1.8. Circunstâncias em que a citação não se realiza

O Código aponta dois conjuntos de situações em que a citação não se deve realizar:

(1º) por respeito à dignidade humana (art. 244).

Não se realizará a citação, exceto para evitar o perecimento do direito: daquele que estiver presenciando ato ou culto religioso; do cônjuge, companheiro ou parente de pessoa falecida, no dia do falecimento e nos sete dias seguintes; dos noivos, no dia do casamento e nos três dias seguintes; e dos doentes, enquanto for grave o seu estado.

Trata-se de proibição momentânea, pois, vencido o óbice, a citação deve ser promovida;

(2º) por impossibilidade física ou mental do citando.

Não se fará a citação do mentalmente incapaz nem de quem estiver impossibilitado (art. 245). Nessas hipóteses, fica vedada a citação na pessoa do citando. Se, inadvertidamente, a citação havia sido determinada por correio, o carteiro deverá devolver a correspondência com a indicação de que o destinatário não pode recebê-la pessoalmente. Se estiver sendo feita por oficial de justiça, esse, ao constatar que o citando não apresenta condições mentais para entender o ato, deverá diligenciar para verificar se o citando já foi interditado. Caso positivo, a citação se dará na pessoa do curador; caso contrário, o oficial de justiça deverá certificar a ocorrência e devolver o mandado. Em seguida, nomeará o juiz um médico para proceder ao exame do citando, devendo apresentar laudo em cinco dias. Esse exame pode ser substituído pela declaração do médico do citando atestando a incapacidade (art. 245, § 3.º). Se o juiz reconhecer a impossibilidade, nomeará curador, específico para a causa, e este receberá a citação, incumbindo-lhe promover a defesa.

Comprovada a incapacidade, torna-se obrigatória a intervenção do Ministério Público (art. 178, II).

29.1.9. Classificação

São as seguintes as modalidades de citação:

29.1.9.1. Citação real

É assim denominada porque, nessa, existe a certeza de que o citando foi cientificado da existência do processo. Essa categoria é composta de diversas modalidades, a seguir examinadas.

29.1.9.1.1. Citação pelo correio

A citação pelo correio é a regra, somente não sendo admissível: nas ações que versem questão de estado; quando o citando for incapaz ou pessoa jurídica de direito público; quando o seu endereço não for atendido pela entrega domiciliar de correspondência; quando se tratar de pessoa cadastrada para receber citação eletrônica e essa estiver disponível; ou ainda quando o autor, de forma justificada, requerer a citação por outro meio (arts. 246, § 1.º, e 247).

Na citação pelo correio, o escrivão ou chefe da secretaria remeterá ao citando uma carta de citação, contendo obrigatoriamente cópia da petição inicial e do despacho do juiz, além da advertência de que a ausência de contestação resulta em revelia e dos demais requisitos do mandado de citação, descritos no art. 250, como se verá adiante. Também é obrigatória a menção ao prazo para a resposta, e o endereço do juízo e cartório. A falta de qualquer desses requisitos torna nula a citação.

A carta será registrada, com aviso de recebimento (Súmula 429 STJ), sendo que, ao ser citado, deverá o réu assinar o respectivo recibo que, ao ser devolvido, será juntado aos autos como comprovante da entrega da carta. Sendo pessoa jurídica o integrante do polo passivo da relação jurídica processual, considera-se realizada a citação com a entrega da carta a pessoa com poderes de gerência ou administração ou o funcionário responsável pelo recebimento da correspondência (art. 248, § 2.º). Nos edifícios ou nos loteamentos com controle de acesso, considera-se realizada a citação com a entrega da carta ao funcionário da portaria responsável pelo recebimento da correspondência, que poderá se recusar a recebê-la declarando, por escrito e sob as penas da lei, que o citando está ausente (art. 248, § 4.º). Fora dessas hipóteses, a carta deve ser entregue ao próprio réu, sob pena de nulidade ou mesmo inexistência da citação.

29.1.9.1.2. Citação por oficial de justiça

Somente nos casos em que for inadequada a citação pelo correio, ou quando frustrada esta, bem como nos casos previstos em lei, a citação se dará por oficial de justiça, em cumprimento a mandado para tanto expedido (art. 249). Por isso, essa modalidade é também conhecida como citação "por mandado" (o que não deixa de ser uma impropriedade, pois nas demais hipóteses, a rigor, também existe um mandado citatório).

Nesse caso, são elementos do mandado: os nomes e endereços das partes (autor e citando); a finalidade da citação, com um resumo da petição inicial, exceto se o autor fornecer cópias desta, tantas quantos forem aqueles a serem citados; o prazo para contestar, com a advertência quanto à revelia, ou o prazo para apresentar embargos à execução; a cópia da petição inicial e do despacho que determinou a citação; e a assinatura do escrivão ou do chefe da secretaria e a observação de que faz por ordem do juiz.

Ainda pode ser necessário constar do mandado: a expressa menção à aplicação de sanção para o caso de descumprimento de ordem judicial, se houver alguma ordem nesse momento expedida (p. ex., o juiz deferiu liminarmente tutela provisória); a cópia da decisão que eventualmente tenha deferido tutela provisória; a intimação para comparecimento à audiência de conciliação ou mediação, acompanhado de procurador, com a informação sobre o dia, hora e lugar do comparecimento – se for haver tal audiência.

Todos esses elementos do mandado estão previstos no art. 250. O primeiro grupo concerne a informações e documentos que sempre deverão estar presentes. O segundo grupo diz respeito a aspectos ocasionais.

De posse do mandado, cumpre ao oficial de justiça efetuar as diligências necessárias para a citação, quais sejam: procurar o citando, seja no endereço constante do mandado ou onde o encontrar, e efetuar a citação mediante a leitura do mandado e a entrega da contrafé, a lavratura de certidão, portando por fé que a efetuou e tomando a nota de ciente do réu, ou certificando a recusa deste em fornecê-la (art. 251). Eventualmente, haverá a necessidade de o oficial de justiça adotar providências adicionais, como aqueles mencionadas no n. 29.1.8, acima.

29.1.9.1.3. Citação pelo escrivão ou chefe da secretaria

O inciso III do art. 246 prevê que, quando o citando comparecer em cartório, a citação pode ser realizada pelo escrivão ou pelo chefe de secretaria. A norma regula tanto a hipótese em que o citando comparece espontaneamente em cartório com o intuito de receber a citação, quanto a hipótese em que, sem intenção de ser citado, comparece apenas para ter acesso aos autos.

29.1.9.1.4. Citação por meio eletrônico

O art. 6.º da Lei 11.419/2006 expressamente prevê que as citações, inclusive da Fazenda Pública, poderão ser feitas por meio eletrônico, desde que a íntegra dos autos seja acessível ao citando. Essa regra aplica-se inclusive aos processos que não tramitam sob a forma eletrônica.

Ao tratar especificamente do processo eletrônico, o art. 9.º, *caput*, da mesma Lei 11.419, prevê que, "no processo eletrônico, todas as citações, intimações e notificações, inclusive da Fazenda Pública, serão feitas por meio eletrônico". O § 1.º do mesmo artigo estabelece que "as citações, intimações, notificações e remessas que viabilizem o acesso à íntegra do processo correspondente serão consideradas vista pessoal do interessado para todos os efeitos legais". Já o § 2.º ressalva que, se "por motivo técnico, for inviável o uso do meio eletrônico para a realização de citação, intimação ou notificação, esses atos processuais poderão ser praticados segundo as regras ordinárias, digitalizando-se o documento físico, que deverá ser posteriormente destruído".

Ocorre que o art. 6.º da Lei 11.419/2006 exige que as citações, para que possam ser feitas por meios eletrônicos, observem "as formas e as cautelas" do art. 5.º da mesma lei. Entre as exigências do art. 5.º, está o credenciamento prévio no órgão do Poder Judiciário ordenador da citação (art. 5.º, *caput*, c/c art. 2.º, *caput*).

O § 1.º do art. 246 do CPC/2015 impõe às empresas públicas e privadas (exceto as microempresas e as empresas de pequeno porte) o dever de manter cadastro no sistema de processo em autos eletrônicos, de modo que as citações das mencionadas pessoas jurídicas devem ser realizadas preferencialmente por meio eletrônico. O prazo para a realização desse cadastramento é de trinta dias, contado da data de inscrição do ato constitutivo da pessoa jurídica (art. 1.051). A União, os Estados, o Distrito Federal, os Municípios e as entidades da administração indireta também são citados preferencialmente por esse meio (art. 246, § 2.º), devendo estar cadastrados no prazo de até trinta dias após a entrada em vigor do CPC/2015 (art. 1.050).

29.1.9.2. Citação ficta

Nas modalidades de citação ficta, não existe uma comprovação concreta, mas a suposição, imposta por lei, de que a notícia da propositura da ação chegou até o citando. Somente é admissível na hipótese de frustração da citação real.

Elas aplicam-se a casos em que não é possível identificar ou encontrar o réu ou ele está em lugar inacessível. Por um lado, a efetiva ciência da ação contra si formulada é um elemento relevantíssimo para o exercício do contraditório e da ampla defesa pelo réu. Mas, por outro, estaria sendo negado ao autor o direito de acesso à justiça, se sua ação não pudesse ser processada porque não se localizou ou não se pode chegar até o réu para citá-lo. Então, o ordenamento concebe modalidades de citação que não se revestem da garantia de que a comunicação tenha efetivamente chegado ao réu – e, em contrapartida, adota providências de proteção ao réu na hipótese de, nesses casos, ele não comparecer ao processo (i.e., ser revel).

Há duas formas de citação ficta, a seguir examinadas.

29.1.9.2.1. Citação por edital

Somente se admite a citação por edital se estiver de fato descartada a possibilidade de citação real, que é sempre preferível.

O Código exige, para o deferimento da citação por edital, que o autor afirme, ou o oficial de justiça o certifique, ser o citando desconhecido ou incerto, ou, ainda que conhecido, que se encontra em local ignorado, incerto ou inacessível (arts. 256 e 257, I). Caso se verifique, posteriormente, que o autor fez tais afirmações dolosamente, ou seja, com o intuito de frustrar a citação real, incorrerá em multa, em favor do citando, de cinco vezes o salário-mínimo vigente (art. 258).

Em relação ao local inacessível, além da publicação do edital, a notícia será divulgada pelo rádio, se houver na comarca (art. 256, § 2.º). Também se considera local inacessível o país que recusar o cumprimento de carta rogatória (art. 256, § 1.º).

Considera-se ignorado ou incerto o local em que se encontre o citando quando restarem infrutíferas as tentativas de localizar seu endereço, mesmo após a requisição de informações junto a cadastros de órgãos públicos e a concessionárias de serviços públicos (art. 256, § 3.º).

Deferida essa modalidade de citação, será expedido o edital, que tem os seguintes requisitos, conforme disposto no art. 257: a) a publicação na rede mundial de computadores, no site da Internet do Tribunal e na plataforma de editais do Conselho Nacional de Justiça; b) a assinação, pelo juiz, do prazo do edital (entre vinte e sessenta dias); c) a menção à nomeação de curador especial, em caso de revelia.

Em razão das peculiaridades da comarca, da seção ou da subseção judiciária, pode o magistrado determinar que o edital também seja publicado em jornal de ampla circulação e por outros meios (art. 257, parágrafo único).

O prazo do edital é necessário para a determinação do momento em que se considera realizada a citação. Assim, fixado o prazo pelo juiz, conta-se a partir da publicação única ou da primeira, quando houver mais de uma. Vencido o prazo, considera-se realizada a citação, passando então a fluir o prazo para a resposta.

Citado o réu por edital, se ele não comparecer ao processo, ser-lhe-á nomeado curador (art. 72, II).

Há ainda a expressa previsão de publicação de editais para que eventuais interessados tenham ciência acerca da propositura da ação de usucapião de imóvel ou da ação de recuperação ou substituição de título ao portador (art. 259, I e II). Obviamente, tal regra não dispensa o autor de pedir a citação real de todos aqueles legitimados passivos cuja identidade, de antemão, ela já conheça. A publicação dos editais terá por alvo outros interessados, desconhecidos pelo autor. Também haverá publicação de editais quando, em quaisquer outras modalidades de ação, existir previsão legal impondo a necessidade de se dar ciência da pendência da ação a interessados incertos ou desconhecidos (art. 259, III).

29.1.9.2.2. *Citação com hora certa*

Trata-se de citação realizada por oficial de justiça, mas também sem a certeza jurídica de que o réu foi cientificado da propositura da ação.

Expedido o mandado, deve o oficial de justiça procurar o citando primeiramente na sua residência ou domicílio ou no local onde ele é habitualmente encontrado. Se, todavia, por duas vezes, o oficial de justiça não encontrar o réu, e suspeitando que ele está se ocultando, a citação se dará com hora certa, ou seja, o oficial de justiça intimará qualquer pessoa da família do citando, ou mesmo qualquer vizinho ou funcionário da portaria de edifício ou de loteamento com controle de acesso, de que retornará no dia útil imediato, em hora especificada, para realizar a citação (art. 252).

Na hora por ele mesmo designada, o oficial de justiça retornará ao endereço do citando. Se o encontrar, realizará a citação pessoal (art. 253). Caso contrário, após procurar informações acerca dos motivos da ausência, dará por feita a citação, lavrando a respectiva certidão e entregando a contrafé a pessoa da família do réu ou a qualquer vizinho, mencionando na certidão o nome da pessoa a quem entregou. Se a pessoa da família ou o vizinho se recusar a receber o mandado ou estiver ausente, considerar-se-á realizada a citação (§ 2.º).

Concluída a diligência, o oficial de justiça deve devolver o mandado assim cumprido. No prazo de dez dias, contado da data da juntada do mandado aos autos, o escrivão ou o chefe de secretaria, para validar a citação com hora certa, remeterá ao citando carta (ou telegrama, ou correspondência eletrônica, nos termos do art. 254) comunicando o ocorrido.

Assim como ocorre na citação por edital, também será nomeado curador ao réu citado com hora certa, se ele não comparecer ao processo (arts. 72, II, e 253, § 4.º).

29.1.10. Nulidades

Diz-se que a citação é inexistente quando o ato de comunicação ao réu, a respeito da propositura da ação, não é realizado. Por outro lado, considera-se inválida a citação quando realizada em dissonância com os preceitos legais que regulam o ato.

Para efeitos práticos, não há grande relevância na distinção entre a citação válida e a citação inexistente. Em geral, os efeitos da citação válida e da citação inexistente são os mesmos:

Se o réu ou o executado comparecer espontaneamente alegando falta ou nulidade da citação, o prazo para contestação ou embargos à execução começa a correr a partir dessa data (art. 239, § 1.º).

Se a alegação de nulidade ou inexistência for rejeitada, o réu será revel (no processo de conhecimento) ou a execução terá seguimento (no processo de execução). Embora não conste do art. 239, § 2.º, é claro que, na remota hipótese de o réu ou o executado comparecer antes de escoado o prazo original, alegando a nulidade da citação e apresentando sua contestação ou seus embargos, essa regra não será aplicada.

Se a citação for nula ou inexistente, o réu não comparecer espontaneamente e for proferida sentença de mérito, a coisa julgada não se formará em razão da ausência de pressuposto de existência do processo. É que, se o citando não tomou conhecimento da pendência da ação, a relação jurídica processual nunca se formou e a sentença, nesse caso, é inexistente. Trata-se, portanto, de vício que deve ser reconhecido de ofício pelo juiz (art. 337, I e § 5.º) e pode ser arguido a qualquer tempo, inclusive, após o trânsito em julgado, por meio da impugnação ao cumprimento de sentença (arts. 525, § 1.º, I, e 535, I), por ação de *querela nullitatis* (que, por ser precipuamente declaratória, não se sujeita à decadência e à prescrição) ou qualquer outra via processual idônea.

29.2. Intimação

29.2.1. Conceito

A comunicação dos atos processuais ocorre através da citação e da intimação. A citação, como já visto, objetiva dar ciência ao réu acerca da propositura da demanda e da consequente instauração do processo. Nesse sentido, é o convite para que o réu participe do processo.

Todos os demais atos do processo são comunicados mediante intimação. O *caput* do art. 269 conceitua a intimação como sendo "o ato pelo qual se dá ciência a alguém dos atos e dos termos do processo". Vê-se, pois, que o legislador optou pelo termo genérico "alguém", abrangendo não apenas as partes, como também terceiros e auxiliares da justiça.

29.2.2. Destinatário da intimação

A regra é de que a intimação para a prática de atos de natureza técnica no processo (recorrer, produzir provas, manifestar-se sobre documentos ou alegações do adversário etc.) seja feita na pessoa do advogado.

Já quando a intimação tem em vista a prática de um ato pessoal da parte, em princípio, há de fazer-se na pessoa da própria parte. Exemplo dessa situação é a do art. 485, § 1.º, que dispõe que, se o processo ficar parado durante mais de um ano por negligência das partes, ou se o autor abandonar a causa por mais de 30 (trinta) dias, antes de o magistrado proferir sentença sem resolução do mérito, deve a parte se intimada pessoalmente para suprir a falta no prazo de cinco dias. Outro exemplo é o do art. 528, que impõe a intimação pessoal do executado para, em três dias, efetuar o pagamento de prestação alimentícia fixada em sentença ou decisão interlocutória.

29.2.3. Modo

29.2.3.1. Intimação eletrônica

A intimação do advogado por meio eletrônico é a regra, somente sendo admissível que se lance mão de outras formas quando a intimação por este meio não for possível (art. 270 do CPC/2015). Esse meio de intimação, regulado pela Lei 11.419/2006, é realizado através de portal do próprio do Tribunal na *Internet* ("rede mundial de computadores").

Na intimação eletrônica (que não se confunde com a intimação mediante publicação no Diário da Justiça eletrônico), as partes (ou melhor, seus procuradores) aderem a um sistema de intimações eletrônicas, que dispensam a intimação por publicação no Diário da Justiça, inclusive eletrônico (art. 5.º da Lei 11.419/2006). Ou seja, quem estiver cadastrado nesse sistema receberá a intimação eletrônica, sendo-lhe irrelevante a publicação no Diário da Justiça (não poderá ser prejudicado por uma eventual publicação que lá ocorra antes da sua intimação eletrônica; mas também não se poderá beneficiar de publicação no Diário que ocorra depois de ele já ter recebido a intimação eletrônica).

Como já dito, a intimação eletrônica far-se-á pela disponibilização da informação em um portal específico para tal fim. Considerar-se-á realizada a intimação no dia em que o intimando efetivar a consulta eletrônica ao teor da intimação, certificando-se nos autos a sua realização. Se a consulta ocorrer em dia não útil, considerar-se-á a intimação como realizada no primeiro dia útil seguinte. Tal consulta deverá ser feita em até 10 (dez) dias "corridos" contados da data do envio da intimação para o portal (i.e., inserção da intimação no portal), sob pena de considerar-se a intimação automaticamente realizada na data do término desse prazo (art. 5.º, § 3.º, da Lei 11.419/2006).

O parágrafo único do art. 270 impõe ao Ministério Público, à Defensoria Pública e à Advocacia Pública o dever de manter cadastro nos sistemas de processo em autos eletrônicos para fins de receber intimações preferencialmente por esse meio. Para tanto, devem estar cadastrados no prazo de até trinta dias após a entrada em vigor do CPC/2015 (art. 1.050). Significa dizer que, sendo essas instituições públicas as partes ou, no caso da Defensoria Pública, estando ela a promover a defesa de direitos individuais ou coletivos de alguém, haverá o dever de cadastramento nos sistemas de processo em autos eletrônicos. Embora não haja, em relação aos advogados privados, previsão expressa como a do parágrafo único do art. 270, existe a regra no sentido de que, como já se afirmou, as intimações serão preferencialmente feitas por meio eletrônico (art. 270). Além disso, a teor do que dispõe o art. 2.º da Lei 11.419/2006, para que os advogados possam enviar petições, recursos e praticar atos processuais por meio eletrônico, deverão obrigatoriamente realizar o credenciamento prévio.

Mas não é só o advogado que pode vir a ser intimado eletronicamente.

As empresas públicas e privadas (exceto as microempresas e as empresas de pequeno porte), por força do art. 246, § 1.º, também serão intimadas preferencialmente por esse meio.

Em relação à União, aos Estados, ao Distrito Federal, aos Municípios e suas respectivas autarquias e fundações de direito público, em regra, a intimação deve ser feita perante a Advocacia Pública, também por meio eletrônico (arts. 269, § 3.º, e 270).

29.2.3.2. Intimação pela imprensa oficial

Quando não for possível a intimação do advogado por meio eletrônico, o Código prevê a sua realização pela publicação dos atos no Diário de Justiça Eletrônico (art. 272).

Para que se considere válida a intimação realizada dessa forma, a publicação deve conter os nomes das partes e de seus advogados, sem abreviações, e o número da inscrição na Ordem dos Advogados do Brasil. Nos casos em que o processo segue em segredo de justiça, os nomes das partes são substituídos por suas iniciais. Pode o procurador da parte requerer que as intimações sejam feitas exclusivamente na sociedade a que pertençam ou em nome de determinados procuradores (art. 272, §§ 1.º e 5.º). Deve constar também dessa publicação o resumo do pronunciamento judicial que tenha sido proferido.

Na publicação pelo Diário da Justiça eletrônico, considera-se como data da publicação o primeiro dia útil seguinte ao da disponibilização da informação no respectivo site da Internet (art. 4.º, § 3.º). O prazo processual que decorra de tal publicação iniciar-se-á no primeiro dia útil seguinte ao dia considerado como data da publicação (conforme o art. 4.º, § 4.º, da mesma lei, e em harmonia com o art. 224, *caput* e § 2.º, do CPC/2015). O Diário eletrônico é disponibilizado em site na internet (aquilo que a lei chamou de "sítio da rede mundial de computadores"). A publicação eletrônica substitui, para todos os efeitos legais, qualquer outra publicação oficial – exceção feita aos atos para os quais a lei exija intimação ou vista pessoal (art. 4.º, § 2.º, da Lei 11.419/2006).

29.2.3.3. Intimação mediante carga dos autos

Na hipótese de autos físicos, o § 6.º do art. 272 dispõe que a retirada dos autos *pelo advogado, por pessoa credenciada a pedido do advogado ou da sociedade de advogados, pela Advocacia Pública, pela Defensoria Pública ou pelo Ministério Público* acarretará a intimação de decisão proferida no processo, mesmo que ainda não tenha sido publicada. Para que terceiro possa fazer a carga dos autos, o advogado ou a sociedade de advogados devem requerer o credenciamento (§ 7.º).

29.2.3.4. Intimação em audiência

A intimação também poderá ocorrer em audiência, a exemplo do que ocorre em relação à contestação, cujo termo inicial será a audiência de conciliação ou de mediação, quando ocorrer e não resultar em autocomposição (art. 335, II).

29.2.3.5. Intimação por oficial de justiça

Quando não for possível a intimação por meio eletrônico e se tratar de localidade em que não há publicação em órgão oficial, a intimação pode ser realizada pessoalmente ao advogado da parte, se esse tiver domicílio na sede do juízo (art. 273, I).

29.2.3.6. Intimação pelo correio

Se além de impossível a intimação eletrônica e por publicação no órgão oficial, o advogado não tiver domicílio na sede do juízo, ele será intimado por carta registrada, com aviso de recebimento (art. 273, II).

O *caput* do art. 274 prevê que "não dispondo a lei de outro modo, as intimações serão feitas às partes, aos seus representantes legais, aos advogados e aos demais sujeitos do processo pelo correio ou, se presentes em cartório, diretamente pelo escrivão ou chefe de secretaria". Aqui, parece ter havido lapso do legislador ao reproduzir (quase em sua totalidade) a redação do art. 238 do CPC/1973. Há conflito entre esse dispositivo e as disposições dos arts. 270 a 273. Vejamos: a regra geral é a intimação por meio eletrônico (art. 270). Se não for possível dessa forma, a intimação do advogado será realizada através de publicação no Diário de Justiça Eletrônico (art. 272). Na remota hipótese de ser inviável a intimação também por esse modo, o escrivão ou o chefe de secretaria intimará o advogado da parte pessoalmente (quando domiciliado na sede do juízo) ou por carta registrada (quando não tiver domicílio na sede do juízo). Portanto, não dispondo a lei modo específico para a intimação, ela será realizada preferencialmente por meio eletrônico. Não sendo possível, seguirá as orientações dos arts. 272 e 273.

A preferência pela via postal parece dizer respeito, quando muito, à intimação das partes e seus representantes legais – embora o art. 274 refira-se expressamente também aos advogados. Muitas vezes, a parte não estará cadastrada para receber pessoalmente intimações eletrônicas (o cadastro não é obrigatório para pessoas naturais, microempresas e empresas de pequeno porte etc.) – e tampouco caberá intimá-la pelo órgão oficial de imprensa. Nesse sentido, a via postal teria preferência sobre a intimação mediante oficial de justiça – o que está reafirmado no art. 475, *caput*.

29.2.3.7. Intimação por hora certa ou edital

O § 2.º do art. 275 autoriza a intimação por hora certa e por edital. Quanto à intimação por hora certa, aplicam-se as mesmas regras dos arts. 252 a 254, acima tratadas. No caso da intimação por edital, aplica-se a regra do art. 256, que permite a comunicação do ato por edital quando seu destinatário for *desconhecido* ou *incerto*, quando *ignorado, incerto* ou *inacessível* o lugar em que se encontra, bem como nos casos expressamente previstos em lei.

29.2.3.8. Intimação pelo advogado da parte

Em regra, as intimações serão executadas por auxiliares do juízo. Mas o art. 269, § 1.º, prestigia a celeridade processual, permitindo que os próprios advogados realizem a intimação, por correio, do advogado da outra parte. A realização do ato deve ser comprovada através da juntada aos autos de cópia do ofício de intimação e do aviso de recebimento.

29.3. Nulidades

É nula a intimação quando feita em desrespeito aos preceitos legais que regulam esse ato (art. 280). Assim, ocorrerá a nulidade da intimação quando, por exemplo, faltar, no ofício de intimação, a cópia do despacho, da decisão ou da sentença (art. 269, § 2.º). Também ocorrerá a nulidade quando, na intimação pelo órgão oficial, faltar algum dos nomes das partes ou de seus advogados, ou quando a grafia estiver incorreta, incompleta ou abreviada (art. 272, § 2.º a § 4.º). Ainda, a intimação será reputada nula quando desatendido o requerimento expresso do procurador da parte para que as intimações sejam feitas exclusivamente na sociedade a que pertençam ou em nome de determinados procuradores (art. 272, § 5.º).

Não é inválida, por outro lado, a intimação que não é recebida por quem, em descumprimento à orientação do art. 77, V, do CPC/2015, não informou a mudança de endereço (seja definitiva ou temporária). Referido dispositivo impõe às partes, aos seus procuradores e a todos aqueles que de alguma forma participem no processo o dever de manter atualizado o endereço onde receberão intimações. Presume válida, em termos absolutos, a intimação postal dirigida ao endereço que a parte houver informado no processo como sendo o seu (art. 274, parágrafo único).

A nulidade da intimação deve ser arguida pela parte em capítulo preliminar do ato a ser praticado. Se o vício for reconhecido, o ato praticado será considerado tempestivo (art. 272, § 8.º). Se a parte não puder praticar o ato imediatamente em razão da necessidade de acesso aos autos, poderá apenas arguir a nulidade da intimação. Nesse caso, o prazo para a prática do ato começa a correr a partir da intimação da decisão que reconheça a existência do vício (§ 9.º).

Aplica-se a instrumentalidade das formas à intimação. Se a finalidade for alcançada, isso é, se o destinatário da intimação tiver ciência do ato, o vício ficará suprido ou será considerado irrelevante – contando-se o prazo cabível a partir da data da efetiva ciência. Do mesmo modo, pode o magistrado determinar a correção do vício, impondo a realização de nova intimação e aproveitando os atos que não tiverem causado prejuízo à parte.

Quadro Sinótico

citação

Conceito		
Efeitos da citação	Induz litispendência	
	Faz litigiosa a coisa	
	Constitui em mora	
Circunstâncias em que a citação não se realiza	Por respeito à dignidade humana	
	Ao mentalmente incapaz ou a quem estiver impossibilitado	
Classificação	Real	Pelo correio
		Por oficial de justiça
		Por meio eletrônico
	Ficta	Por edital
		Com hora certa

COMUNICAÇÃO DOS ATOS PROCESSUAIS

Nulidades	Citação nula e citação inexistente
	Comparecimento espontâneo
	Alegação de nulidade rejeitada
	Sentença inexistente

Intimação

Conceito	

Modo	Por meio eletrônico
	Pelo órgão oficial
	Por carga dos autos
	Pessoal
	Pelo correio
	Em cartório e em audiência
	Por oficial de justiça
	Com hora certa
	Por edital

Nulidades	

DOUTRINA COMPLEMENTAR

Citação

- **ANDRE ROQUE** (*Teoria...*, p. 732) ensina que "citação é um ato processual de comunicação. Na verdade, é o primeiro ato nesse sentido endereçado ao réu, ao executado ou ao interessado, pois os atos posteriores de comunicação serão considerados como intimação (artigos 269 a 275). O conceito do CPC/2015 é tecnicamente mais apurado que o do CPC/1973, pois nem sempre o demandado será chamado a juízo para se defender. No CPC/2015, o réu no processo de conhecimento será citado, em regra, para comparecer à audiência de conciliação ou mediação (artigo 334). Na consignação em pagamento, poderá o réu ser citado simplesmente para exercer o direito de escolha da coisa indeterminada que lhe deverá ser entregue (artigo 543). No procedimento de interdição, o interditando será citado para comparecer à entrevista pessoal perante o juiz (artigo 751). Na execução, o executado é citado simplesmente para satisfazer a obrigação (artigos

806, 811, 815 e 829). Em todos esses e em outros casos encontrados ao longo do CPC/2015, todavia, uma característica é comum à citação: com a efetivação desse ato, o destinatário passa a, invariavelmente, integrar a relação jurídica processual".

- **ARRUDA ALVIM** (*Manual...*, 16. ed., p. 766-768) ensina que "a existência da citação, no início de cada processo, seja no de conhecimento, no cautelar e no de execução, prende-se ao princípio da bilateralidade da audiência, sendo uma exigência impostergável para a existência do processo (em relação ao réu) e da sentença. Tanto o autor quanto o réu devem ser devidamente ouvidos para terem suas razões sopesadas pelo órgão julgador. Ora, o réu só poderá ser ouvido se tiver ciência da demanda que contra ele é movida, e a forma reconhecida como hábil a tanto, pelo sistema, é a citação, se bem que o comparecimento espontâneo do réu supre a sua falta (art. 214, § 1.º), pois aquele consubstancia a finalidade última da citação". Quanto à pessoalidade, afirma: "A citação poderá ser feita, pelo correio, pelo oficial de justiça ou por edital. O comum é que ela seja feita pelo correio, pessoalmente ao réu, ou ao seu representante, ou, ainda, ao seu procurador, desde que devidamente autorizados (art. 215); no silêncio da lei, no sentido de aí se dispor sobre uma modalidade especial de citação, diante de determinados pressupostos ou situações excepcionadas pelo legislador, é de se realizar a citação pelo correio, que é a regra geral (art. 222, com a redação que lhe deu a Lei 8.710/1993). À regra de que a citação há de ser feita pessoalmente (art. 215), ao réu, ou, então, ao seu representante ou mandatário com poderes especiais (interpretação *a contrario sensu* do art. 38), coloca-se uma exceção, tendo em vista os negócios praticados por administrador, por feitor ou gerente, quando, então, poderão estes ser citados em nome do réu, e não o réu, pessoalmente. Há, portanto, para estes casos, autorização legal para recebimento de citação (art. 215, § 1.º), embora confinada a certos e determinados atos". Em relação ao local de realização da citação, leciona: "Quanto ao local em que deva ser citado o réu, o art. 216, caput, disciplina a matéria, prevendo o que se poderia denominar de 'mobilidade do mandado', pois o réu será citado 'em qualquer lugar em que se encontre'. Evidentemente que esta regra, mantida no Código de Processo Civil pela Lei 8.710/1993, tem maior aplicação àquelas hipóteses em que a citação (ou intimação) por correio tenha sido frustrada (arts. 224 e 239, *caput*), já que não compete ao carteiro localizar o réu em outro lugar que não o endereço constante da carta citatória".

- **HUMBERTO THEODORO JÚNIOR** (*Curso...*, vol. 1, 56. ed., p. 538/541) entende que, "sem a citação do réu, não se aperfeiçoa a relação processual e torna-se inútil e inoperante a sentença. (...) Tão importante é a citação, como elemento instaurador do indispensável contraditório no processo, que sem ela todo o procedimento se contamina de irreparável nulidade, que impede a sentença de fazer coisa julgada. Em qualquer época, independentemente de ação rescisória, será lícito ao réu arguir a nulidade de semelhante decisório (arts. 525, § 1º, I, e 535, I). Na verdade, será nenhuma a sentença assim irregularmente prolatada". Em seu sentir, "a citação é indispensável como meio de abertura do contraditório, na instauração da relação processual. Entretanto, se esse se estabeleceu, inobstante a falta ou o vício da citação, não há que se falar em nulidade do processo, visto que o seu objetivo foi alcançado por outras vias". Quanto à pessoalidade, ensina que, "em regra, a citação deve ser sempre pessoal. Pode recair na pessoa do réu, do executado ou do interessado ou do seu representante legal ou procurador (NCPC, art. 242). Se incapaz o demandado, a citação será feita na pessoa de seu representante legal (pai, tutor ou curador). Se pessoa jurídica, em quem tenha poderes estatutários ou convencionais para representá-la em juízo (art. 242, *caput*)".

- **NELSON NERY JR. E ROSA MARIA DE ANDRADE NERY** (*Comentários...*, p. 767) conceituam: "Citação é a comunicação que se faz ao sujeito passivo da relação processual (réu, executado ou interessado), de que em face dele foi ajuizada demanda ou procedimento de jurisdição voluntária, a fim de que possa, querendo, vir se defender ou se manifestar". Quanto à importância da citação, ensinam que, "muito embora com o despacho da petição inicial já exista relação angular entre autor e juiz, para que seja instaurada, de forma completa, a relação jurídica processual, é necessária a realização da citação. Portanto, a citação é pressuposto de existência da relação processual, assim considerada em sua totalidade (autor, réu, juiz). Sem a citação não existe processo (Liebman. Est., 179). Em suma, pressuposto de existência da relação processual: citação (...). Uma vez realizada, o sistema exige que a citação tenha sido feita validamente. Assim, a citação válida é pressuposto de validade da relação processual. Em suma: a realização da citação é pressuposto de existência e a citação válida é pressuposto de regularidade da relação processual. Em suma, pressuposto de validade da relação processual: citação válida". Em relação à impossibilidade de se realizar a citação (p. 788), asseveram que "causam impossibilidade de o réu receber a citação as moléstias de caráter permanente, como a paralisia, cegueira, surdo-mudez etc. Verificando a existência de uma dessas moléstias, o oficial de justiça fica impedido de efetuar a citação, devendo certificar a ocorrência e devolver o mandado".

- **TERESA ARRUDA ALVIM WAMBIER, MARIA LÚCIA LINS CONCEIÇÃO, LEONARDO FERRES DA SILVA RIBEIRO E ROGERIO LICASTRO TORRES DE MELLO** (*Primeiros...*, p. 686) explicam que, "nas situações em que a lei autoriza o juiz a indeferir a petição inicial ou julgar liminarmente improcedente o pedido, extinguindo o processo com ou sem resolução de mérito, a lei expressamente dispensa a citação. Essa dispensa da citação decorre do fato de que, nessas hipóteses, não há prejuízo ao demandado. A extinção sem resolução de mérito não repercute sobre o direito material e o indeferimento da inicial, que implica a extinção do processo com resolução de mérito, só pode ocorrer nos casos em que o juiz proclama a prescrição ou a decadência ou, desde logo, julga improcedente o pedido formulado pelo autor. Em todas essas situações não há prejuízo ao demandado e, portanto, não há violação do direito processual civil fundamental ao contraditório".

Intimação

- **HUMBERTO THEODORO JÚNIOR** (*Curso...*, vol. 1, 56. ed., p. 559). Para esse autor, "trata-se de ato de comunicação processual da mais relevante importância, pois é da intimação que começam a fluir os prazos para que as partes exerçam os direitos e as faculdades processuais". Em relação à forma, define que "podem ser feitas pelo escrivão ou pelo oficial de justiça, ou, ainda, por publicação na imprensa ou eletrônica, esta última a via preferencial do Código atual (NCPC, art. 270)". Sobre os efeitos da intimação (p. 569), entende que "funciona a intimação, destarte, como mecanismo indispensável à marcha do processo e como instrumento para dar efetividade ao sistema de preclusão, que é fundamental ao processo moderno".

- **LUIZ GUILHERME MARINONI, SÉRGIO CRUZ ARENHART E DANIEL MITIDIERO** (*Novo Código...*, p. 286) ressaltam que "a diferença básica entre a citação e a intimação é que a primeira dá ciência ao demandado da propositura da ação, ao passo que a segunda se refere aos demais atos do processo e pode ter por destinatário qualquer um que participe do processo".

- **NELSON NERY JR. E ROSA MARIA DE ANDRADE NERY** (*Comentários...*, p. 809) explicam que "o CPC traz uma novidade provavelmente engendrada com o fito de acelerar a marcha do processo, facultando ao advogado que proceda à intimação do advogado da parte contrária pelo correio, comprometendo-se aquele que procede à intimação a informar o juízo acerca do envio do ofício de citação. Não obstante as boas intenções dessa iniciativa, ressoa nela a ideia de transferir ao particular um ônus que é do Judiciário, o que se nos afigura incorreto, visto que o juízo é quem deve trabalhar em prol da efetivação dos atos processuais de intimação, atos esses que são de natureza pública".

- **ZULMAR DUARTE** (*Teoria...*, p. 791), sobre a intimação realizada pelo próprio advogado, afirma que "a validade da intimação se condiciona à regularidade da comunicação, com a demonstração do envio para o endereço do advogado constante nos autos (artigos 77, inciso V, 105, § 2.º, 106, 274 e 287 do Código)". Em seu sentir, "o procedimento pode imprimir celeridade ao processo, na exata medida em que os advogados poderão substituir a contento o moroso procedimento de intimação realizado pelos cartórios ou secretarias judiciais. Todavia, em si, o procedimento tende a ser substituído naturalmente pela comunicação eletrônica, com potencial para se generalizar por sua maior celeridade e eficácia".

ENUNCIADOS DO FPPC

N.º 25. (*Art. 246, § 3.º; art. 1.071 e §§, CPC/15*) A inexistência de procedimento judicial especial para a ação de usucapião e regulamentação da usucapião extrajudicial não implica vedação da ação, que remanesce no sistema legal, para qual devem ser observadas as peculiaridades que lhe são próprias, especialmente a necessidade de citação dos confinantes e a ciência da União, do Estado, do Distrito Federal e do Município.

N.º 136. (*Art. 240, § 1.º; art. 485, VII, CPC/15*) A citação válida no processo judicial interrompe a prescrição, ainda que o processo seja extinto em decorrência do acolhimento da alegação de convenção de arbitragem.

N.º 272. (*Art. 231, § 2.º, CPC/15*) Não se aplica o § 2.º do art. 231 ao prazo para contestar, em vista da previsão do § 1.º do mesmo artigo.

N.º 273. (*Art. 250, IV; art. 334, § 8.º, CPC/15*) Ao ser citado, o réu deverá ser advertido de que sua ausência injustificada à audiência de conciliação ou mediação configura ato atentatório à dignidade da justiça, punível com a multa do art. 334, § 8.º, sob pena de sua inaplicabilidade.

N.º 274. (*Art. 272, § 6.º, CPC/15*) Aplica-se a regra do § 6.º do art. 272 ao prazo para contestar quando for dispensável a audiência de conciliação e houver poderes para receber citação.

BIBLIOGRAFIA

Fundamental

ARRUDA ALVIM, *Manual de direito processual civil*, 16. ed., São Paulo, Ed. RT, 2013; FERNANDO DA FONSECA GAJARDONI, LUIZ DELLORE, ANDRE VASCONSELOS ROQUE e ZULMAR DUARTE DE OLIVEIRA JR., *Teoria geral do processo: comentários ao CPC de 2015: parte geral*, São Paulo, Forense, 2015; HUMBERTO THEODORO JÚNIOR, *Curso de direito processual civil*, 56. ed., Rio de Janeiro, Forense, 2015, vol. 1; LUIZ GUILHERME MARINONI, SÉRGIO CRUZ ARENHART e DANIEL MITIDIERO, *Novo Código de Processo Civil comentado*, São Paulo, Ed. RT, 2015; NELSON NERY JR. e ROSA MARIA DE ANDRADE NERY, *Comentários ao Código de Processo Civil*, São Paulo, Ed. RT, 2015; TERESA ARRUDA ALVIM WAMBIER, MARIA LÚCIA LINS CONCEIÇÃO, LEONARDO FERRES DA SILVA RIBEIRO e ROGERIO LICASTRO TORRES DE MELLO, *Primeiros comentários ao Novo Código de Processo Civil: artigo por artigo*, São Paulo, Ed. RT, 2015.

Complementar

ADROALDO FURTADO FABRÍCIO, Réu revel não citado, "querela nullitatis" e ação rescisória, *RePro* 48/27, out. 1987, *Doutrinas Essenciais de Processo Civil*, vol. 7, p. 1223, out. 2011; ALEXANDRE FREITAS CÂMARA, *Lições de direito processual civil*, 16. ed., Rio de Janeiro, Lumen Juris, 2007, vol. 1; _____, The new brazilian civil procedure code project: brief analysis, *RePro* 199/205, set. 2011; ALÉXANDRO ADRIANO LISANDRO DE OLIVEIRA, Citação. Pessoa jurídica. Teoria da aparência, *RePro* 128/185; ALFREDO DE ARAÚJO LOPES DA COSTA, *Manual elementar de direito processual civil*, 3. ed., atual. Sálvio de Figueiredo Teixeira, Rio de Janeiro, Forense, 1982; ANDRÉ DE LUIZI CORREIA, *A citação no direito processual civil brasileiro*, São Paulo, Ed. RT, 2001; ANTONIO DALL'AGNOL, *Comentários ao Código de Processo Civil*: do processo de conhecimento – arts. 102 a 242, 2. ed., São Paulo, Ed. RT, 2007, vol. 2; ARLETE INÊS AURELLI, Litisconsórcio necessário: nulidade de processo por ausência de citação de um dos litisconsortes, *RePro* 45/288; ARRUDA ALVIM, Citação por edital, nulidade, somada à revelia, desnecessidade da manifestação do réu revel quanto à intenção do autor em desistir da ação, *RePro* 53/209; _____, Lei 11.280, de 16.02.2006 (análise dos arts. 112, 114 e 305 do CPC e do § 5.º do art. 219 do CPC, *RePro* 143/11; _____, O destinatário na citação pelo correio, *RePro* 5/177; _____, *Tratado de direito processual civil*, 2. ed., São Paulo, Ed. RT, 1996, vol. 2; ATHOS GUSMÃO CARNEIRO, Citação de réus já falecidos. Nulidade insanável do processo adjudicatório. Caso "Barra da Tijuca", *RePro* 117/221; CAMILO ZUFELATO, Da ineficácia da citação para interromper a prescrição em processo extinto sem resolução de mérito com base em ilegitimidade ativa de parte, *RT*, 914/229, dez. 2011; CÂNDIDO RANGEL DINAMARCO, *A reforma do Código de Processo Civil*, 4. ed., São Paulo, Malheiros, 1998; _____, *Instituições de direito processual civil*, 5. ed., São Paulo, Malheiros, 2005, vol. 3; CARLOS ALBERTO CARMONA, Citação e intimação no Código de Processo Civil: o árduo caminho da modernidade, *IOB* 1/19; CARLOS ALBERTO CHAVES, Da citação postal, *RT* 520/41, *RF* 263/95; CAROLINA BEATRIZ OLSEN LOPES, A importância das novas tecnologias para a prática do direito, *Revista de Direito Empresarial* 3/449; CLÁUDIO ZARIF, Questões relativas à citação com hora certa, *RePro* 108/235; DANIEL GUTIÉRREZ, Citação pelo correio: estudo sobre a sua evolução desde o CPC de 1973, *Temas controvertidos de direito processual civil*: 30 anos do CPC, Rio de Janeiro, Forense, 2004; DANIELA MARTINS MADRID, Resultado da citação como pressuposto processual, *RDDP* 47/9; DENIS DONOSO, Matéria controvertida unicamente de direito, casos idênticos, dispensa de citação e seus efeitos: primeiras impressões sobre a Lei 11277/2006, *RDDP* 38/43; _____, Algumas palavras sobre a intimação e as perspectivas para o novo Código de Processo Civil, *RePro* 196/493; DILVANIR JOSÉ DA COSTA, Os requisitos formais da citação inicial, *RT* 502/43; DJANIRA MARIA RADAMES DE SÁ RIBEIRO, Curador especial e citação pessoal, *RCDUFU* 1/223; EDUARDO ARRUDA ALVIM, *Curso de direito processual civil*, São Paulo, Ed. RT, 1999, vol. 1; EDUARDO HENRIQUE DE OLIVEIRA YOSHIKAWA, Inconstitucionalidade da citação por edital na ação popular (artigo 7.º, § 2.º, II, da Lei n. 4717/1965), *RDDP* 33/11; EDUARDO JOSÉ DA FONSECA COSTA, *Réu revel, vício de citação e querela nullitatis insanabilis*, *RePro* 164/84; EGAS DIRCEU MONIZ DE ARAGÃO, Citação por edital de pessoas falecidas, extinção do processo sem julgamento, por falta de pressuposto necessário à sua constituição, *RF* 325/119; ERNANE FIDÉLIS DOS SANTOS, A citação por precatória, *RBDP* 8/167; FABIANO CARIBÉ PINHEIRO, Os oficiais de justiça no exercício de suas atribuições o *modus procedendi* em ações que tramitam sob segredo de justiça. Análise detalhada, *RePro* 193/421; FRANCISCO C. PONTES DE MIRANDA, *Comentários ao Código de Processo Civil*, 3. ed., Rio de Janeiro, Forense, 1996, t. IV; FRANCISCO DE PAULA XAVIER NETO, A citação inicial e a regra do art. 215, § 1.º, do CPC, *RJTJSP* 99/15; FRANCISCO FERNANDES DE ARAÚJO, Cabe citação com hora certa em execução?, *RT* 584/284; GELSON AMARO DE SOUZA, Efeitos da sentença que acolhe embargos à execução de sentença por falta ou nulidade de citação, *RePro* 93/280; _____, Julgamento de mérito sem a citação do réu, *RJ* 275/46; _____, Validade do julgamento de mérito sem a citação do réu, *RePro* 111/69-80; GERALDO BARROS NETO, Citação pelo correio feita na pessoa de empregado da pessoa jurídica. Arguição de nulidade repelida, *RePro* 125/195; GIL TROTTA TELLES, Dos requisitos do mandado citatório no processo de execução, *RT* 690/274; _____, Revelia e citação por edital, *RAMPR* 6/79; HELCIO LUIZ ADORNO JÚNIOR E MARCELE CARINE DOS PRASERES SOARES, Processo judicial eletrônico, acesso à justiça e inclusão digital: os desafios do uso da tecnologia na prestação jurisdicional, *Revista de Direito do Trabalho* 151/187; HELENA DE TOLEDO COELHO GONÇALVES, A objeção de pré-executividade como via de discussão sobre a validade da citação: teoria da aparência, *RePro* 133/175; HENRIQUE GUELBER DE MENDONÇA, A informatização do processo judicial sem traumas, *RePro* 166/118; HUMBERTO THEODORO JÚNIOR, Citação inicial, *RBDP* 6/155; J. J. CALMON DE PASSOS, *Comentários ao Código de Processo Civil*, 8. ed., Rio de Janeiro, Forense, 1997, vol. 3; JAQUES BUSHATSKY, Citação de parlamentar no processo civil, *RePro* 73/120; JOEL DIAS FIGUEIRA JÚNIOR, *Comentários ao Código de Processo Civil*, 2. ed., São Paulo, Ed. RT, 2007, vol. 4, t. II; JOSÉ CARLOS BARBOSA MOREIRA, Citação de pessoa falecida, *RePro* 70/7; _____, Nulidade de citação. Prescrição, *Temas de direito processual* – Primeira série, 2. ed., São Paulo, Saraiva, 1988; JOSÉ EDGAR DE AMORIM PEREIRA, Da citação do comerciante por edital, *RDM* 69/19; JOSÉ MANOEL DE ARRUDA ALVIM NETTO, ALCIDES DE MENDONÇA LIMA, CLITO FORNACIARI JÚNIOR, LUIZ SÉRGIO DE SOUZA RIZZI e ANTÔNIO CÉZAR PELUSO, O destinatário na citação pelo correio, *RePro* 5/177, jan. 1977, *Doutrinas Essenciais de Processo Civil*, vol. 3, p. 139, out. 2011; LUÍS RENATO FERREIRA DA SILVA, Considerações sobre os efeitos da revelia na citação por edital, *RT* 630/259;

LUIZ ALBERTO AMERICANO, A representação judicial e a citação da União, *RDP* 97/199; LUIZ GUILHERME MARINONI e SÉRGIO CRUZ ARENHART, *Processo de conhecimento*, 6. ed., São Paulo, Ed. RT, 2007, vol. 2; LUIZ MANOEL GOMES JUNIOR e WASHINGTON DE ROCHA CARVALHO, Ação declaratória de inexistência de processo em virtude da falta de citação do litisconsorte necessário, *RePro* 104/255; LUIZ RODRIGUES WAMBIER, Citação realizada em pessoa errada – Teoria da aparência – Recurso especial, *RePro* 89/247; MARCELO ABELHA RODRIGUES, *Elementos de direito processual civil*, 2. ed., São Paulo, Ed. RT, 2003, vol. 2; MARCELO GUIMARÃES RODRIGUES, Inépcia da inicial por falta de requerimento de citação, prevalece a finalidade e o pressuposto de ordem pública diante do princípio dispositivo?, *RT* 682/275; MARIA ELIZA R. KOSHIBA, Ação rescisória – Ausência de citação, *RePro* 74/220; MARIA LÚCIA LINS CONCEIÇÃO DE MEDEIROS, Citação inválida e revelia: ação rescisória, *RePro* 65/253; MAURO BARCELLOS FILHO, A citação postal: uma inutilidade no Código de Processo Civil, *RePro* 85/34; MILTON SANSEVERINO e ROQUE KOMATSU, *A citação no direito processual civil*, São Paulo, Ed. RT, 1977; NELSON NERY JR., Citação com hora certa e a contestação do curador especial, *RePro* 55/7; _____, Citação pessoal do surdo-mudo, *RePro* 53/217; NESTOR DUARTE, A citação válida que não interrompe a prescrição, *RDPri* 8/189; _____, Limitações ao efeito interruptivo da prescrição em virtude da citação, *RPGESP* 34/159; OSMAR MENDES PAIXÃO CÔRTES, Ação rescisória contra decisão proferida em processo no qual inocorreu citação ou a citação foi nula: discussão sobre seu cabimento, *Aspectos polêmicos e atuais dos recursos cíveis e de outros meios de impugnação às decisões judiciais*, São Paulo, Ed. RT, 2003, vol. 7; PAULO MAGALHÃES NASSER, High Court inglesa autoriza citação pelo Facebook, *RePro* 206/395, abr. 2012; RITA GIANESINI, Da recorribilidade do cite-se, *Aspectos polêmicos e atuais dos recursos e de outras formas de impugnação às decisões judiciais*, São Paulo, Ed. RT, 2001, vol. 4; RODRIGO DA CUNHA LIMA FREIRE, É agradável o ato de ordenar a citação na execução, *Processo de execução*, São Paulo, Ed. RT, 2001, vol. 2; RODRIGO OTÁVIO BARIONI, A emenda da petição inicial após a citação do réu, *RePro* 121/51; WALTER PIVA RODRIGUES, O direito de ser citado, *Processo civil*: estudo em comemoração aos 20 anos de vigência do Código de Processo Civil, São Paulo, Saraiva, 1995; YUSSEF SAID CAHALI, Citação na pessoa do representante aparente da sociedade, *IOB* 7/103.

CAPÍTULO 30

PRAZOS PROCESSUAIS

> SUMÁRIO: 30.1. Devido processo, procedimento e prazo – 30.2. Prazos processuais – 30.3. Unidades de contagem dos prazos – 30.4. Prazos legais, prazos judiciais e prazos convencionais – 30.5. Prazos dilatórios e prazos peremptórios – 30.6. Prazos próprios e prazos impróprios – 30.7. Regras gerais quanto à contagem dos prazos; 30.7.1. Definição do termo inicial do prazo para a prática de atos pelo advogado; 30.7.2. Termo inicial quando há litisconsórcio; 30.7.3. Termo inicial para a prática de atos pela parte ou de terceiro; 30.7.4. Ausência de "prematuridade" do ato processual; 30.7.5. Exclusão do dia do início e inclusão do dia do fim; 30.7.6. Início da contagem apenas em dia útil; 30.7.7. Dia com horário de expediente forense anormal ou com indisponibilidade da comunicação eletrônica; 30.7.8. Cômputo apenas dos dias úteis, nos prazos em dia; 30.7.9. Termo final apenas em dia útil – Prorrogação para o primeiro dia útil subsequente; 30.7.10. Hipóteses de prazo em dobro; 30.7.11. Suspensão e interrupção de prazo.

30.1. Devido processo, procedimento e prazo

O exercício da atividade jurisdicional, pelos órgãos do Poder Judiciário, ocorre sempre dentro do processo, que é desencadeado pelo exercício do direito de ação. No processo se realizam os diversos atos processuais que são interligados entre si e se sucedem, sequencialmente, num movimento ditado pelas regras de procedimento que é, por assim dizer, a costura cronológica dos atos processuais, de modo que se realizem respeitando a necessária sequência lógica.

Portanto, a prática dos atos processuais, com o consequente desenvolvimento do procedimento e evolução do processo, é presa a limites temporais.

Em regra, há um momento oportuno para a realização de cada ato processual. Daí a relevância dos prazos para o processo.

A ideia de processo sugere a noção de "seguir adiante", "ir em frente", em direção a seu fim, que é a efetiva prestação da tutela jurisdicional. Assim, a realização dos atos processuais, que darão forma ao processo e são organizados de acordo com cada procedimento, deve ocorrer respeitando limites específicos e predeterminados de tempo.

Não se pode imaginar que o processo chegue ao fim, atingindo os resultados almejados, se não for organizada a prática dos atos antecedentes à prestação da tutela jurisdicional (sentença de mérito, na atividade cognitiva; satisfação do direito, na atividade executiva). O processo não terá resultado satisfatório caso se permita que cada ato possa ser realizado pela parte (ou pelo juiz) quando bem entender – sem que haja qualquer consequência pela distorção da ordem prevista no Código ou pela prática intempestiva dos atos processuais, decorrentes dos ônus processuais de cada parte ou dos poderes do juiz.

Nesse sentido, a fixação de limites temporais para a prática dos atos é vetor relevante para a concretização da própria garantia do devido processo legal (art. 5.º, LIV, CF/1988 – n. 3.6).

Essa diretriz vale tanto para o caso em que o momento para a prática do ato é ditado pela própria lei (ou pelo juiz, com amparo na lei), quanto quando houver pactuação de calendário processual pelas partes em conjunto com o juiz (v. n. 27.6.1.1). Mesmo quando há "calendarização", os prazos somente podem ser modificados em situações excepcionais e devidamente justificadas (art. 191, CPC/2015).

30.2. Prazos processuais

Assim, em princípio, para cada possível ato é atribuído um período máximo dentro do qual se admite a sua realização. Não sendo realizado o ato dentro desse período, o sujeito a quem era facultada ou competia a sua prática pode sujeitar-se a determinadas consequências processuais negativas.

Esse lapso de tempo em que deve ser realizado o ato processual é o prazo. Ele tem um termo inicial, isto é, um momento de início da sua contagem (*dies a quo*) e um termo final, ou seja, um momento em que se encerra (*dies ad quem*), sujeitando o titular do ônus ou do dever à respectiva consequência.

O fundamental é que o ato seja praticado antes do termo final. Por vezes, antes mesmo de ser formalmente intimada, a parte toma ciência espontânea de uma situação processual e desde logo realiza o ato cujo prazo a princípio apenas se iniciaria depois de sua intimação. Não há, nesse caso, nenhuma extemporaneidade, nenhuma intempestividade. A parte apenas foi zelosa e sua conduta até servirá para que o processo tramita mais celeremente. A despeito disso, chegou a se esboçar, em dado momento, orientação jurisprudencial no sentido de que o ato praticado nessa hipótese seria intempestivo por ser "prematuro", "precoce". Tal concepção era errada – tanto que foi majoritariamente descartada pelos próprios tribunais. Se a parte toma ciência espontânea de um ato do processo, a partir de então ela tem o direito de reagir a ele pelas vias cabíveis, no exercício do contraditório. O atual CPC sepultou definitivamente qualquer discussão (art. 218, § 4.º, do CPC/2015: "Será considerado tempestivo o ato praticado antes do termo inicial do prazo").

30.3. Unidades de contagem dos prazos

Em regra, os prazos são contados em dias, havendo, todavia, contagem que se faz em horas, em minutos e até em meses ou anos.

No cômputo de contagem do prazo em dias, consideram-se apenas os dias úteis (art. 219 do CPC/2015).

Um exemplo de contagem em horas tem-se no art. 107, § 3.º, do CPC/2015, que dispõe que, na hipótese de prazo comum, independentemente de ajuste prévio, os advogados das partes podem retirar os autos do cartório pelo prazo mínimo de 2 (duas) e máximo de 6 (seis) horas.

Exemplo de prazo contado em minutos é o dos debates orais, que se realizam ao final da instrução, na audiência de instrução e julgamento da fase de conhecimento (art. 364 do CPC/2015): o juiz, finda a instrução, "dará a palavra ao advogado do autor e do réu, bem como ao membro do Ministério Público, se for o caso de sua intervenção, sucessivamente, pelo prazo de 20 (vinte) minutos para cada um, prorrogável por 10 (dez) minutos, a critério do juiz".

Conta-se em anos, por exemplo, o prazo após o qual o juiz deve extinguir o processo por abandono das partes: um ano (art. 485, II, do CPC/2015).

Exemplo de prazo computado em meses: a suspensão do processo por convenção entre as partes pode durar um prazo máximo de seis meses (art. 313, II e § 4.º, do CPC/2015).

30.4. Prazos legais, prazos judiciais e prazos convencionais

Prazos legais são aqueles definidos pela própria lei. Prazos judiciais são os fixados pelo juiz.

De acordo com o art. 218 do CPC/2015, os prazos são, em regra, legais ("os atos processuais serão realizados nos prazos prescritos em lei"). Excepcionalmente, todavia, quando a respeito disso a lei não tratar, o juiz os fixará (o § 1.º do art. 218 do CPC/2015: "Quando a lei for omissa, o juiz determinará os prazos em consideração à complexidade do ato"). Na falta de previsão legal específica e de fixação pelo juiz no caso concreto, aplica-se um prazo legal geral de cinco dias para a prática de ato (art. 218, § 3.º, do CPC/2015). Já se a intimação for para comparecimento em juízo, e não houver previsão de prazo na lei nem ele tiver sido fixado pelo juiz, aplica-se prazo legal geral de 48 horas (art. 218, § 2.º, do CPC/2015).

No discurso tradicional do processo judicial civil, em princípio, as partes e o juiz não teriam maiores margens de disponibilidade relativamente aos prazos legais. Nessa mesma ótica, a tarefa de fixação concreta de prazos só seria atribuída ao juiz supletivamente, isso é, nos casos em que a própria lei não os previsse.

Mas essa concepção já não corresponde à realidade da ordem jurídica. Há ampla liberdade para, concertadamente como o juiz, as partes estabelecerem todo um calendário processual, fixando prazos específicos para a realização de cada ato que podem não corresponder minimamente aos estabelecidos em lei (art. 191 do CPC/2015 – v. n. 27.6.1.1). A parte pode também, desde que modo expresso, renunciar a um prazo que tenha sido estabelecido unicamente em seu favor (art. 225 do CPC/2015). Por outro lado, o juiz tem sempre o poder de ampliar prazos legais, de modo a torná-los mais adequados às peculiaridades concretas do processo (art. 139, VI, e art. 437, § 2.º, ambos do CPC/2015).

30.5. Prazos dilatórios e prazos peremptórios

O panorama normativo destacado no tópico anterior repercute também sobre a tradicional distinção entre prazos dilatórios e prazos peremptórios. Na definição clássica, prazos dilatórios eram os que poderiam ser alterados pela vontade das partes e também pelo juiz. Peremptórios eram os prazos inalteráveis, seja pelas partes, seja pelo juiz.

Não há mais prazos peremptórios nesse sentido. Nos termos do art. 222, § 1.º, do CPC/2015, peremptórios são os prazos que apenas *não podem* ser *reduzidos pelo juiz sem anuência das partes*. Isso significa que mesmo o prazo peremptório: (a) pode ser reduzido pelo juiz com a concordância das partes (art. 222, § 1.º, do CPC/2015, *a contrario sensu*); (b) pode ser ampliado ou diminuído por iniciativa consensual das próprias partes, com a chancela do juiz (art. 191 do CPC/2015); (c) pode ser ampliado pelo juiz, independentemente de assentimento das partes (art. 139, VI, do CPC/2015).

Nesse contexto, põe-se inclusive o *caput* do art. 222 do CPC/2015, que toma em conta a grandiosidade do território brasileiro somada à eventual dificuldade de comunicação por via terrestre: "Na comarca, seção ou subseção judiciária onde for difícil o transporte, o juiz poderá prorrogar os prazos por até 2 (dois) meses". Essa ampliação poderá inclusive exceder o limite de dois meses, quando houver calamidade pública.

Diante da extrema flexibilidade dos próprios prazos ditos peremptórios, pode-se até questionar a utilidade de contrapô-los à outra categoria, dos prazos dilatórios. Mas como a lei alude expressamente a uma classe de prazos peremptórios, isso significa que permanece havendo prazos dilatórios. Por contraposição, considerando-se os (poucos) limites impostos à modificação do prazo peremptório, pode-se dizer que dilatório é o prazo que: (a) pode até ser reduzido pelo juiz sem a anuência das partes (desde que o faça previamente, deixando isso claro às partes, e não reduza o prazo a ponto de inviabilizar ou dificultar extremamente a prática do ato pela parte); (b) pode ser diretamente alterado pelas partes, sem depender de uma chancela do juiz.

A lei não discrimina quais são os prazos peremptórios e quais os dilatórios. Mas, ao menos nesse ponto, parece possível manter o critério tradicional – desde que as categorias sejam compreendidas nos termos acima destacados. São casos de prazos peremptórios aqueles estabelecidos diretamente pela lei para estabelecer a marcha do procedimento, normalmente ditados para o cumprimento de um ônus pelas partes (ex.: prazo para contestar – art. 335; prazo para impugnar a contestação – arts. 350 e 351; prazo para recorrer – arts. 1.003, § 5.º, 1.023 e 1.070; prazo para responder ao recurso – art. 1.003, § 5.º; prazo para noticiar em primeiro grau a interposição do agravo de instrumento – art. 1.018, § 2.º etc., todos do CPC/2015). Os demais prazos são dilatórios.

30.6. Prazos próprios e prazos impróprios

Prazos próprios são aqueles cuja inobservância acarreta necessariamente uma consequência processual negativa para quem o descumpre. São impróprios os prazos cujo descumprimento não gera consequências processuais.

Normalmente, os prazos para as partes são próprios. Expirado o prazo para a prática do ato, a parte perde o direito de fazê-lo. É a preclusão temporal, de que se trata no cap. 31, adiante. Assim, o art. 223 do CPC/2015 estabelece que, "decorrido o prazo, extingue-se o direito de praticar ou de emendar o ato processual, independentemente de declaração judicial". Exemplos: se o réu não cumpre o prazo para contestar, ocorre a "revelia" (v. vol 2, cap. 10); se a parte não apela contra a sentença que lhe foi desfavorável, há o trânsito em julgado – que é o exaurimento da possibilidade de recurso contra o pronunciamento. A preclusão temporal apenas poderá ser afastada se a parte provar que não realizou o ato por justa causa – hipótese em que o juiz assinará novo prazo à parte (art. 223, *caput*, parte final e §§ 1.º e 2.º, CPC/2015). Exemplo de justa causa obstativa da prática de ato processual é o de grave calamidade pública que impeça a continuidade de funcionamento dos escritórios de advocacia e órgãos oficiais em uma localidade, tal como chuvas intensas que afetem o fornecimento de energia elétrica.

Mas a preclusão temporal não é a única decorrência que pode advir da inobservância do prazo próprio. Pode haver outras consequências. Por exemplo, se o prazo é comum às partes e o juiz concede ao advogado de uma delas prazo para retirar os autos de cartório e extrair cópias, o descumprimento de tal prazo gera a perda do direito de tornar a retirar, no futuro, os autos do cartório (art. 107, § 4.º, do CPC/2015).

Os prazos para o juiz (ex., arts. 226 e 227 do CPC/2015) e seus auxiliares (ex., art. 228 do CPC/2015) tendem a ser impróprios, pois seu descumprimento não acarreta a preclusão dos seus poderes (v. n. 31.3, adiante) nem outras consequências processuais. Todavia, da sua inobservância podem advir decorrências disciplinares, conforme dispõem os arts. 233, § 1.º, e 235 do CPC/2015 (aplicáveis, respectivamente, aos serventuários e aos juízes).

30.7. Regras gerais quanto à contagem dos prazos

As principais balizas legais para a contagem de prazos são a seguir expostas.

30.7.1. Definição do termo inicial do prazo para a prática de atos pelo advogado

O ato processual que dá início à contagem do prazo é a intimação, exceto no caso de formação da relação jurídica processual, em que o réu é citado para, se quiser, apresentar sua defesa ou comparecer à audiência de conciliação ou mediação, conforme o caso (v. vol. 2, cap. 7 e 8). As intimações dos atos processuais de caráter técnico (recorrer, impugnar manifestações, requerer, especificar ou acompanhar a produção de provas ou manifestar-se sobre elas etc.), no curso do processo, dão-se em regra na pessoa do advogado da parte – como visto no n. 29.2.2, acima.

O art. 231 do CPC/2015 regula as situações em que se considera realizada a intimação ou a citação para o fim de início da contagem do prazo para a prática de atos técnicos pelos advogados das partes. Conforme este dispositivo, inicia-se o prazo:

(a) na data da juntada aos autos do aviso de recebimento, na comunicação do ato processual por correio (v. n. 29.1.9.1.1 e n. 29.2.3.6);

(b) na data da juntada aos autos do mandado cumprido, quando a comunicação do ato processual se der por oficial de justiça (v. n. 29.1.9.1.2 e n. 29.2.3.5);

(c) na data da ocorrência da comunicação do ato por escrivão ou chefe de secretaria (v. n. 29.1.9.1.3);

(d) no dia útil seguinte ao fim da dilação assinada pelo juiz, na hipótese de comunicação do ato processual por edital (v. n. 29.1.9.2.1 e n. 29.2.3.7);

(e) no dia útil seguinte à consulta do teor da intimação ou citação eletrônica ou ao término do prazo para que ocorra a consulta, no processo eletrônico (v. n. 29.1.9.1.4 e 29.2.3.1).

A Lei 11.419/2006 disciplina em detalhes a intimação eletrônica, que não se confunde com a intimação mediante publicação no Diário da Justiça eletrônico. Considerar-se-á realizada a intimação no dia em que o parte a ser intimada efetivar a consulta eletrônica ao teor da comunicação, certificando-se nos autos a sua realização. Se a consulta ocorrer em dia não útil, considerar-se a intimação como realizada no primeiro dia útil seguinte. Tal consulta deverá ser feita em até 10 (dez) dias *corridos* contados da data do envio da intimação para o portal (i.e., inserção da intimação no portal), sob pena de considerar-se a intimação automaticamente realizada na data do término desse prazo. Confiram-se os exemplos no n. 26.4, acima;

(f) quando a intimação ou citação se der por carta precatória, rogatória ou de ordem, na data de juntada do comunicado ao juízo requerente ou, não havendo comunicado, na data de juntada aos autos de origem da carta cumprida (v. cap. 32);

(g) na data de publicação no Diário de Justiça (v. n. 29.2.3.2). O Diário de Justiça pode ser impresso ou eletrônico.

Quando impresso, a data de publicação do Diário é a da sua efetiva circulação (e não necessariamente aquela que nele conste impressa como tal).

Quando o Diário de Justiça é eletrônico, considera-se como data da publicação o primeiro dia útil seguinte ao da disponibilização da informação no respectivo *site* da *Internet* (art. 224, § 2.º, do CPC/2015; art. 4.º, § 3.º, da Lei 11.419/06);

(h) na data da retirada dos autos do cartório ou da secretaria (v. n. 29.2.3.3).

30.7.2. Termo inicial quando há litisconsórcio

Na hipótese de pluralidade de réus, o prazo para contestar (exceto quando citação se der através de publicação no órgão oficial ou mediante retirada dos autos do cartório ou da secretaria) começará a ser contado após a realização da última citação, observando-se as regras descritas no tópico anterior (art. 231, § 1.º, CPC/2015). Essa previsão apenas se aplica aos casos em que o prazo da contestação corre a partir da citação. É irrelevante nas hipóteses em que o prazo da contestação só terá curso depois da audiência de conciliação ou mediação.

Por outro lado, tal diretriz *não* se aplica à *intimação* de litisconsortes, pois, nesse caso, o prazo deve ser contado individualmente para cada um deles (art. 231, § 2.º, do CPC/2015).

30.7.3. Termo inicial para a prática de atos pela parte ou de terceiro

Se a intimação tem em vista a prática de um ato pessoal pela própria parte ou por terceiro que de algum modo participa do processo, não se aplicam os parâmetros indicados nos tópicos anteriores. Nessa situação específica, inicia-se o prazo na própria data em que ocorrer a intimação (art. 231, § 3.º, do CPC/2015), sendo irrelevante a data da juntada de seu comprovante aos autos.

30.7.4. Ausência de "prematuridade" do ato processual

Como já dito antes, a prática do ato antes da configuração de qualquer das hipóteses indicadas nos tópicos anteriores não implica sua intempestividade (art. 218, § 4.º, n. 30.2, acima).

30.7.5. Exclusão do dia do início e inclusão do dia do fim

No cômputo do prazo, salvo exceções expressas em lei, exclui-se o dia do início e inclui-se o dia do vencimento (art. 224, *caput*).

Assim, se o termo inicial é o dia 2, segunda-feira, a contagem inicia-se no dia seguinte, 3, terça-feira. Quanto ao termo final do prazo, se, por exemplo, ele se dá no dia 25, segunda, esse é o último dia em que se pode tempestivamente praticar o ato, e não na terça, dia 26.

30.7.6. Início da contagem apenas em dia útil

A contagem do prazo terá início no primeiro dia útil que seguir ao seu dia de início (art. 224, § 3.º, do CPC/2015).

Assim, se a intimação eletrônica se der numa sexta-feira, a contagem do prazo se inicia somente na segunda-feira seguinte. Se for feriado a segunda-feira, então a contagem do prazo tem início na terça.

30.7.7. Dia com horário de expediente forense anormal ou com indisponibilidade da comunicação eletrônica

No entanto, se no primeiro dia útil seguinte ao do começo do prazo o expediente iniciar-se depois ou encerrar-se antes do horário normal, a contagem do prazo apenas se iniciará no primeiro dia útil subsequente a esse (art. 224, § 1.º, do CPC/2015). A mesma regra aplica-se aos casos em que houver indisponibilidade da comunicação eletrônica – desde que obviamente o processo em questão comporte comunicação eletrônica.

30.7.8. Cômputo apenas dos dias úteis, nos prazos em dia

Já se indicou que, nos prazos processuais em dia, computam-se apenas os dias úteis (art. 219 do CPC/2015). Se, por exemplo, a intimação da sentença for publicada na quinta-feira, o prazo de cinco dias para os embargos de declaração (art. 1.023 do CPC/2015) começa a correr na sexta-feira, suspende-se no final de semana e volta a correr na segunda-feira, encerrando-se na quinta-feira.

30.7.9. Termo final apenas em dia útil – Prorrogação para o primeiro dia útil subsequente

Agora, mesmo que o prazo seja computado em periodicidade maior que o dia (mês, ano...), ele não apenas não pode começar a ser contado em dia não útil (como já visto no n. 30.7.6, acima), como também não pode encerrar-se em dia não útil. Se o último dia da contagem cai em dia não útil, prorroga-se o prazo para o primeiro dia útil subsequente.

E tal como se dá quanto ao início da contagem, o dia útil em que o expediente forense iniciar-se depois ou encerrar-se antes do horário normal (ou em que for indisponível a comunicação eletrônica) não serve para o término de contagem do prazo (art. 224, § 1.º, do CPC/2015), que prorrogará até o primeiro dia útil subsequente.

30.7.10. Hipóteses de prazo em dobro

Assegura-se ao Ministério Público (art. 180 do CPC/2015), aos entes representados por advogados públicos (art. 183 do CPC/2015) e à Defensoria Pública (art. 186 do CPC/2015) prazo em dobro para toda e qualquer manifestação no processo – exceto nos casos em que a lei já lhes fixa um prazo próprio e específico (art. 180, § 2.º, art. 183, § 2.º, e art. 186, § 4.º, todos do CPC/2015).

O art. 229 do CPC/2015 atribui também a litisconsortes representados por diferentes procuradores prazo em dobro para "todas as suas manifestações, em qualquer juízo ou tribunal, independentemente de requerimento", desde que os advogados sejam de escritórios distintos e que não sejam eletrônicos os autos (*caput* e § 2.º). Porém, se existindo somente dois réus, um deles for revel, cessa a contagem em dobro (art. 229, § 1.º). O prazo em dobro também não se aplica se o processo tiver forma eletrônica.

30.7.11. Suspensão e interrupção de prazo

Em regra, os prazos não são aptos a interromper-se, mas apenas a serem suspensos. Exceção a isso tem-se com a interposição de embargos de declaração, que interrompe o prazo para outros recursos (art. 1.026 do CPC/2015).

A diferença entre a suspensão e a interrupção está em que, na primeira, o prazo continua a correr, depois, do dia em que parou. Assim, se determinado prazo de quinze dias for suspenso quando já tenham decorrido dez dias, ao final da suspensão restarão cinco dias do prazo. Já na interrupção, o prazo é depois retomado desde o seu início. Então, retomando o exemplo dado acima: se ocorrer interrupção do prazo de quinze dias no quinto dia, uma vez cessada a interrupção, o prazo recomeça desde seu início, com o curso de mais quinze dias.

O art. 221 do CPC/2015 dispõe que o prazo é suspenso nas hipóteses de suspensão do processo (art. 313 do CPC/2015), como, por exemplo, em razão da "morte ou perda da capacidade processual de qualquer das partes, de seu representante legal ou de seu procurador" (art. 313, I, do CPC/2015), ou da convenção das partes (art. 313, II, do CPC/2015). Veja-se a respeito o n. 25.2.2, acima.

Haverá igualmente suspensão de prazo enquanto durar obstáculo em detrimento da parte (i.e., no mais das vezes, do advogado da parte), que a impeça de cumpri-lo (por exemplo, uma greve em repartição pública responsável pela emissão de uma certidão que o juiz mandou a parte apresentar no processo em determinado prazo).

O parágrafo único do art. 221 do CPC/2015 prevê ainda a suspensão dos prazos durante a execução de programas de conciliação e mediação instituídos pelo Poder Judiciário.

A EC 45/2004, trouxe regra inovadora, embora de duvidosa capacidade de produzir efeitos em favor da efetividade do processo. Trata-se do inc. XII do art. 93 da Constituição Federal, segundo o qual a atividade jurisdicional será ininterrupta, "sendo vedado férias coletivas nos juízos e tribunais de 2.º grau, funcionando, nos dias em que não houver expediente forense normal, juízes em plantão permanente".

À primeira vista, essa disposição eliminaria todas as hipóteses de suspensão de prazos que ocorrem nos meses de janeiro ou julho em determinados órgãos judiciais, que estão em recesso. No entanto, o STF reputou que o simples recesso não ofende a norma do art. 93, XII, da CF/1988. O CPC adota essa orientação, dispondo que, durante o recesso, que deve ocorrer entre os dias 20 de dezembro e 20 de janeiro, inclusive, suspendem-se os prazos (art. 220). Não há, nesse período, propriamente suspensão dos processos, mas apenas dos prazos e da realização de audiências. Os agentes do Poder Judiciário, do Ministério Público, da Advocacia e da Defensoria Públicas e seus respectivos auxiliares devem continuar atuando (art. 220, § 1.º: "Ressalvadas as férias individuais e os feriados instituídos por lei, os juízes, os membros do Ministério Público, da Defensoria Pública e da Advocacia Pública e os auxiliares da Justiça exercerão suas atribuições durante o período previsto no *caput*").

Quadro Sinótico

1. Processo	• Atos
	• Espaço de tempo (minuto, hora, dia, mês e ano)
	• Regra geral: contagem do prazo em dias úteis
2. Prazos	• Legais
	• Judiciais
	• Peremptórios
	• Dilatórios
	• Próprios
	• Impróprios

3. Regras gerais de contagem dos prazos em dias	• Intimação – Regra geral da comunicação – Os prazos nas intimações eletrônicas e por DJ eletrônico
	• Exclusão do dia do começo – Inclusão do dia final
	• Suspensão em feriados e finais de semana
	• Prorrogação do prazo – art. 224 do CPC/2015
	• Interrupção – Caso excepcional dos embargos de declaração
	• Suspensão
4. Consequências acerca do descumprimento de prazos	• Partes (advogados): art. 234 do CPC/2015; art. 34, XXII, do Estatuto da Advocacia
	• Juiz/desembargador: art. 235 do CPC/2015
	• Servidores: art. 233 do CPC/2015
	• Membros do MP e representantes da Fazenda Pública: art. 234, § 4.º, do CPC/2015

Doutrina Complementar

- **ARRUDA ALVIM** (*Manual...*, 11. ed., vol. 1, p. 479) afirma que o processo "constitui-se numa realidade jurídica que nasce para se desenvolver e morrer", referindo-se ao fator tempo como relevantíssimo para o processo, pois, nele, tudo acontece no tempo, "em função de um começo, desenvolvimento e fim", razão porque são fixados, de forma extremamente minuciosa, todos os prazos processuais destinados à prática dos atos do processo. Para esse autor, dois dos princípios informativos do processo têm reflexos profundos no tempo e nos prazos processuais: o princípio da paridade de tratamento e o da brevidade, "que vão ao encontro do princípio da economia processual". Destaca também os princípios informativos da teoria dos prazos, próprios "da mecânica do andamento dos processos": princípio da utilidade, continuidade, peremptoriedade e preclusão.

- **HUMBERTO THEODORO JÚNIOR** (*Curso...*, v. 1, 56. ed., p. 507). No sentir desse autor, "prazo é o espaço de tempo em que o ato processual da parte pode ser validamente praticado. Todo prazo é delimitado por dois termos: o inicial (*dies a quo*) e o final (*dies ad quem*). Pelo primeiro, nasce a faculdade de a parte promover o ato; pelo segundo, extingue-se a faculdade, tenha ou não sido levado a efeito o ato". Classifica os prazos em legais, judiciais e convencionais, segundo sejam fixados pela lei, pelo juiz ou ajustados pelas partes e, quanto à sua natureza, informa que os prazos podem ser dilatórios ou peremptórios.

- **LUIZ GUILHERME DA COSTA WAGNER JUNIOR** (Breves..., p. 355) sustenta que as crítica dirigidas à contagem de prazos apenas em dias úteis não bastam "para afastar os benefícios da modificação legislativa na medida em que, a experiência forense mostra que a tão indesejada morosidade dos processos não se deve a um, dois, cinco ou dez dias a mais no curso de um feito, sendo certo que outros fatores mais graves, como o excessivo número de recursos, a deficiência na estrutura dos fóruns e a mentalidade beligerante dos envolvidos no processo são, na realidade, os grandes vilões do sistema".

- **LUIZ GUILHERME MARINONI, SÉRGIO CRUZ ARENHART E DANIEL MITIDIERO** (Novo Curso..., v. 2, p. 118) afirmam que "a existência de prazos processuais evidencia a característica necessariamente temporal do processo e assinala ainda a tentativa do legislador infraconstitucional em dimensionar de acordo com o direito fundamental ao processo com prazo razoável a sua duração. Prazos são lapsos temporais que existem entre dois termos dentro dos quais se prevê a oportunidade para uma ação ou omissão".

- **NELSON NERY JR. e ROSA MARIA DE ANDRADE NERY** (*Comentários...*, p. 738) referem-se aos prazos próprios e impróprios, os primeiros "fixados para o cumprimento do ato processual, cuja inobservância acarreta desvantagem para aquele que o descumpriu, consequência essa que normalmente é a preclusão". Para esses autores, "prazos impróprios são aqueles fixados na lei apenas como parâmetro para a prática do ato, sendo que seu desatendimento não acarreta situação processual detrimentosa para aquele que o descumpriu, mas apenas sanções disciplinares. O ato processual praticado além do prazo impróprio é válido e eficaz. Normalmente são prazos impróprios os fixados para o juiz e auxiliares da justiça. São, também, impróprios os prazos para o curador especial contestar (art. 72, II do CPC/2015) e para o MP falar nos autos como *custos legis* (arts. 178 e 179 do CPC/2015)".

- **TERESA ARRUDA ALVIM WAMBIER, MARIA LÚCIA LINS CONCEIÇÃO, LEONARDO FERRES DA SILVA RIBEIRO E ROGERIO LICASTRO TORRES DE MELLO** (Primeiros..., p. 393) entendem que a exclusão do dia de início na contagem dos prazos "se justifica em virtude da seguinte circunstância: ao receber a intimação para a prática do ato processual (seja via imprensa oficial, seja via oficial de justiça), não se pode exigir que a parte ou seu advogado iniciem necessariamente nesta mesma data atos destinados ao cumprimento do ato, dado que se deu a cientificação para tanto exatamente nesta ocasião e seria no mínimo desarrazoado que se considerasse tal data como dia útil".

Enunciados do FPPC

N.º 19. (*Art. 190, CPC/2015*) São admissíveis os seguintes negócios processuais, dentre outros: pacto de impenhorabilidade, acordo de ampliação de prazos das partes de qualquer natureza, acordo de rateio de despesas processuais, dispensa consensual de assistente técnico, acordo para retirar o efeito suspensivo de recurso, acordo para não promover execução provisória; pacto de mediação ou conciliação extrajudicial prévia obrigatória, inclusive com a correlata previsão de exclusão da audiência de conciliação ou de mediação prevista no art. 334; pacto de exclusão contratual da audiência de conciliação ou de mediação prevista no art. 334; pacto de disponibilização prévia de documentação (pacto de *disclosure*), inclusive com estipulação de sanção negocial, sem prejuízo de medidas coercitivas, mandamentais, sub-rogatórias ou indutivas; previsão de meios alternativos de comunicação das partes entre si; acordo de produção antecipada de prova; a escolha consensual de depositário-administrador no caso do art. 866; convenção que permita a presença da parte contrária no decorrer da colheita de depoimento pessoal.

N.º 21. (*Art. 190, CPC/2015*) São admissíveis os seguintes negócios, dentre outros: acordo para realização de sustentação oral, acordo para ampliação do tempo de sustentação oral, julgamento antecipado do mérito convencional, convenção sobre prova, redução de prazos processuais.

N.º 23. (*Art. 218, § 4.º; art. 1.024, § 5.º, CPC/2015*) Fica superado o enunciado 418 da súmula do STJ após a entrada em vigor do CPC ("É inadmissível o recurso especial interposto antes da publicação do acórdão dos embargos de declaração, sem posterior ratificação").

N.º 82. (*Art. 932, parágrafo único; art. 938, § 1.º, CPC/2015*) É dever do relator, e não faculdade, conceder o prazo ao recorrente para sanar o vício ou complementar a documentação exigível, antes de inadmitir qualquer recurso, inclusive os excepcionais.

N.º 96. (*Art. 1.003, § 4.º, CPC/2015*) Fica superado o enunciado 216 da Súmula do STJ após a entrada em vigor do CPC "*A tempestividade de recurso interposto no Superior Tribunal de Justiça é aferida pelo registro no protocolo da Secretaria e não pela data da entrega na agência do correio*").

N.º 97. (*Art. 1.007, § 4.º, CPC/2015*) É de cinco dias o prazo para efetuar o preparo.

N.º 107. (*Art. 7.º; art. 139, I; art. 218; art. 437, § 2.º, CPC/2015*) O juiz pode, de ofício, dilatar o prazo para a parte se manifestar sobre a prova documental produzida.

N.º 116. (*Art. 113, § 1.º, art. 139, VI, CPC/2015*) Quando a formação do litisconsórcio multitudinário for prejudicial à defesa, o juiz poderá substituir a sua limitação pela ampliação de prazos, sem prejuízo da possibilidade de desmembramento na fase de cumprimento de sentença.

N.º 129. (*Art. 139, parágrafo único, CPC/2015*) A autorização legal para ampliação de prazos pelo juiz não se presta a afastar preclusão temporal já consumada.

N.º 131. (*Art. 190, CPC/2015*) Aplica-se ao processo do trabalho o disposto no art. 190 no que se refere à flexibilidade do procedimento por proposta das partes, inclusive quanto aos prazos.

N.º 179. (*Art. 559; art. 139, VI, CPC/2015*) O prazo de cinco dias para prestar caução pode ser dilatado, nos termos do art. 139, VI.

N.º 251. (*Art. 139, VI, CPC/2015*) O inc. VI do art. 139 do CPC aplica-se ao processo de improbidade administrativa.

N.º 266. (*Art. 15; art. 218, § 4.º, CPC/2015*) Aplica-se o art. 218, § 4.º, ao processo do trabalho, não se considerando extemporâneo ou intempestivo o ato realizado antes do termo inicial do prazo.

N.º 267. (*Art. 218; art. 1.046, CPC/2015*) Os prazos processuais iniciados antes da vigência do CPC serão integralmente regulados pelo regime revogado.

N.º 268. (*Art. 219; art. 1.046, CPC/2015*) A regra de contagem de prazos em dias úteis só se aplica aos prazos iniciados após a vigência do Novo Código.

N.º 269. (*Art. 220, CPC/2015*) A suspensão de prazos de 20 de dezembro a 20 de janeiro é aplicável aos Juizados Especiais.

N.º 270. (*Art.15; art. 222, § 1.º, CPC/2015*) Aplica-se ao processo do trabalho o art. 222, § 1.º.

N.º 271. (*Art. 231, CPC/2015*) Quando for deferida tutela provisória a ser cumprida diretamente pela parte, o prazo recursal conta a partir da juntada do mandado de intimação, do aviso de recebimento ou da carta precatória; o prazo para o cumprimento da decisão inicia-se a partir da intimação da parte.

N.º 272. (*Art. 231, § 2.º, CPC/2015*) Não se aplica o § 2.º do art. 231 ao prazo para contestar, em vista da previsão do § 1.º do mesmo artigo.

N.º 274. (*Art. 272, § 6.º, CPC/2015*) Aplica-se a regra do § 6.º do art. 272 ao prazo para contestar, quando for dispensável a audiência de conciliação e houver poderes para receber citação.

N.º 275. (*Art. 229, § 2.º; art. 1.046, CPC/2015*) Nos processos que tramitam eletronicamente, a regra do art. 229, § 1.º, não se aplica aos prazos já iniciados no regime anterior.

N.º 280. (*Art. 290, CPC/2015*) O prazo de quinze dias a que se refere o art. 290 conta-se da data da intimação do advogado.

N.º 293. (*Art. 331; art. 332, § 3.º; art. 1.010, § 3.º, CPC/2015*) Se considerar intempestiva a apelação contra sentença que indefere a petição inicial ou julga liminarmente improcedente o pedido, não pode o juízo *a quo* retratar-se.

N.º 341. (*Art. 975, §§ 2.º e 3.º; art. 1.046, CPC/2015*) O prazo para ajuizamento de ação rescisória é estabelecido pela data do trânsito em julgado da decisão rescindenda, de modo que não se aplicam as regras dos §§ 2.º e 3.º do art. 975 do CPC à coisa julgada constituída antes de sua vigência.

N.º 399. (*Art. 180; art. 183, CPC/2015*) Os arts. 180 e 183 somente se aplicam aos prazos que se iniciarem na vigência do CPC de 2015, aplicando-se a regulamentação anterior aos prazos iniciados sob a vigência do CPC de 1973.

N.º 400. (*Art. 183, CPC/2015*) O art. 183 se aplica aos processos que tramitam em autos eletrônicos.

N.º 401. (*Art. 183, § 1.º, CPC/2015*) Para fins de contagem de prazo da Fazenda Pública nos processos que tramitam em autos eletrônicos, não se considera como intimação pessoal a publicação pelo Diário da Justiça Eletrônico.

N.º 415. (*Arts. 212 e 219, CPC/2015; Lei 9.099/1995, Lei 10.259/2001, Lei 12.153/2009*) Os prazos processuais no sistema dos Juizados Especiais são contados em dias úteis.

N.º 416. (*Art. 219, CPC/2015*) A contagem do prazo processual em dias úteis prevista no art. 219 aplica-se aos Juizados Especiais Cíveis, Federais e da Fazenda Pública.

Bibliografia

Fundamental

ARRUDA ALVIM, *Manual de direito processual civil*, 11. ed., São Paulo, Ed. RT, 2007, vol. 1; HUMBERTO THEODORO JÚNIOR, *Curso de direito processual civil*, 56. ed., Rio de Janeiro, Forense, 2015, vol. 1; LUIZ GUILHERME MARINONI, SÉRGIO CRUZ ARENHART E DANIEL MITIDIERO, *Novo curso de processo civil: tutela dos direitos mediante procedimento comum*, São Paulo, Ed. RT, 2015, v. 2; NELSON NERY JR. e ROSA MARIA DE ANDRADE NERY, *Comentários ao código de processo civil,* São Paulo, Ed, RT, 2015; TERESA ARRUDA ALVIM WAMBIER, FREDIE DIDIER JR., EDUARDO TALAMINI E BRUNO DANTAS (COORD.), *Breves comentários ao Novo Código de Processo Civil,* São Paulo, Ed. RT, 2015; _____, MARIA LÚCIA LINS CONCEIÇÃO, LEONARDO FERRES DA SILVA RIBEIRO e ROGERIO LICASTRO TORRES DE MELLO, *Primeiros comentários ao novo código de processo civil: artigo por artigo,* São Paulo, Ed. RT, 2015.

Complementar

ADA PELLEGRINI GRINOVER, Benefício de prazo, *RBDP* 19/13; _____, Início do prazo e início da contagem do prazo, em *O processo em sua unidade* – II, Rio de Janeiro, Forense, 1984; ADROALDO FURTADO FABRÍCIO, Flexibilização dos prazos como forma de adaptar procedimentos – ação de prestação de contas, *RePro* 197/413; ALCIDES DE MENDONÇA LIMA, Calamidade pública, prazo para apelar, *RePro* 10/241; ALEXANDRE FREITAS CÂMARA, *Lições de direito processual civil*, 16. ed., Rio de Janeiro, Lumen Juris, 2007, vol. 1; ALFREDO BUZAID, O prazo para impetrar mandado de segurança, *RePro* 53/100; ALFREDO DE ARAÚJO LOPES DA COSTA, *Manual elementar de direito processual civil*, 3. ed., Atual. Sálvio de Figueiredo Teixeira, Rio de Janeiro, Forense, 1982; ANTONIO AURÉLIO ABI RAMIA DUARTE, Negócios processuais e seus novos desafios, *Revista dos Tribunais* 955/211; ANTONIO DE PAULA RIBEIRO, Decadência: contagem do prazo no caso de lançamento por homologação, *RDPGJERJ* 32/45; ANTÔNIO JANYR DALL'AGNOL, *Comentários ao Código de Processo Civil*, 2. ed., São Paulo, Ed. RT, 2007, vol. 2; ARNOLDO WALD, Contagem de prazo para recurso – Interpretação da Súmula 310 do STF, *RT* 486/38; ARRUDA ALVIM, *Tratado de direito processual civil*, 2. ed., São Paulo, Ed. RT, 1996, vol. 2; ATHOS GUSMÃO CARNEIRO, Dias feriados sucessivos – Recesso forense – Contagem dos prazos, *Estudos de direito processual civil em memória de Luiz Machado Guimarães,* Rio de Janeiro, Forense, 1996; CÂNDIDO RANGEL DINAMARCO, *Instituições de direito processual civil*, 5. ed., São Paulo, Malheiros, 2005, vol. 2; CASSIO SCARPINELLA BUENO, Visão geral do(s) projeto(s) de novo código de processo civil, *RePro* 235/353; CEZAR SANTOS, *Prazos processuais no CPC: teoria e prática*, Salvador, Ciência Jurídica, 1996; CRISTINA FERRAZ, Prazos no processo de conhecimento – Preclusão, prescrição, decadência, peremção, coisa julgada material e formal, São Paulo, Ed. RT, 2001; DIRCEU GALDINO, Mandado de segurança e as férias forenses, *RT* 679/267; DONALDO ARMELIN, Execução de medida cautelar liminarmente concedida e o prazo para a resposta, *RePro* 31/259; EDSON JACINTO DA SILVA, *Dos prazos no direito brasileiro*, Leme, Habermann, 2003; EDUARDO ARRUDA ALVIM, *Curso de direito processual civil*, São Paulo, Ed. RT, 1999, vol. 1; EGAS DIRCEU MONIZ DE ARAGÃO, *Comentários ao Código de Processo Civil*, 9. ed., Rio de Janeiro, Forense, 1998, vol. 2; ERNANE FIDÉLIS DOS SANTOS, *Manual de direito processual civil*, 12. ed., São Paulo, Saraiva, 2007, vol. 1; EURICO TEIXEIRA LEITE, Feriados e férias forenses, curso e vencimento de prazos contínuos e peremptórios, *RT* 110/483; EVARISTO ARAGÃO SANTOS, A EC n. 45 e o tempo dos atos processuais, *Reforma do Judiciário* – Primeiras reflexões sobre a Emenda Constitucional n. 45/2004, São Paulo, Ed. RT, 2005; FERNANDO DA FONSECA GAJARDONI, PONTOS E CONTRAPONTOS SOBRE O PROJETO DO NOVO CPC, *Revista dos Tribunais* 950/17; FLÁVIO CÉSAR DE TOLEDO PINHEIRO, Dos prazos e das férias forenses, *RT* 461/284; FRANCISCO C. PONTES DE MIRANDA, *Comentários ao Código de Processo Civil*, 3. ed., Rio de Janeiro, Forense, 1996, t. III; GELSON AMARO DE SOUZA, Prazo: como contar, *RBDP* 56/91; GEORGENOR DE SOUSA FRANCO FILHO, FÉRIAS (DE ADVOGADO) E RECESSO FORENSE, *Revista dos Tribunais* 955/57; GLAUCO GUMERATO RAMOS, CRÍTICA MACROSCÓPICA AO FETICHE DA CELERIDADE PROCESSUAL. PERSPECTIVA DO CPC DE HOJE E NO DE AMANHÃ, *RePro* 239/421; HÉLIO TORNAGHI, *Comentários ao Código de Processo Civil*, 2. ed., São Paulo, Ed. RT, 1978, vol. 2; HUMBERTO THEODORO JÚNIOR, Alguns reflexos da Emenda Constitucional n. 45, de 08.12.2004, sobre o processo civil, *RePro* 124/28; _____, Perda de prazos processuais, *RBDP* 15/57; _____, Prazos processuais, *RBDP* 12/63; JACY DE ASSIS, Prazo para resposta, *RF* 285/461, *RBDP* 16/107; JORGE FRANKLIN SALOMÃO BRANDÃO, *Prazos processuais*, Rio de Janeiro, Esplanada, 1992; JOSÉ CARLOS BARBOSA MOREIRA, O benefício da dilatação de prazo para a Fazenda Pública, *Temas de direito processual* – Primeira série, 2. ed., São Paulo, Saraiva, 1988; _____, Sobre prazos peremptórios e dilatórios, *Temas de direito processual* – Segunda série, 2. ed., São Paulo, Saraiva, 1988; JOSÉ EDUARDO CARREIRA ALVIM, *Elementos de teoria geral do processo*, 7. ed., Rio de Janeiro, Forense, 2001; JOSÉ SOARES SAMPAIO, *Prazos no Código de Processo Civil*, 6. ed., São Paulo, Ed. RT, 2002; _____, Tramitação de feitos cíveis durante as férias coletivas, *RBDP* 37/87; JÚLIO CÉSAR ROSSI, As informações prestadas através dos *sites* oficiais e os prazos processuais, *RDDP* 24/65; LARISSA CLARE POCHMANN DA SILVA e ALUISIO GONÇALVES DE CASTRO MENDES, Os impactos do Novo CPC na razoável duração do processo, *RePro* 241/15; LEONARDO JOSÉ CARNEIRO DA CUNHA, Consequências processuais da abolição das férias coletivas pela reforma do Judiciário, *Dialética* 24/80; _____, As prerrogativas processuais da Fazenda Pública e vicissitudes quanto aos prazos diferenciados previstos no art. 188 do CPC, *RT* 844/69; LEONARDO OLIVEIRA SOARES, CALENDÁRIO PROCESSUAL, Sucumbência recursal e o projeto de Novo CPC para o Brasil, *RePro* 227/197; LOUIS PIERECK DE SÁ, Direito processual civil: prazo processual, litisconsortes com diferentes procuradores, contagem em dobro, reflexões sobre o tema, *Adcoas* 33/1.149; LUÍS ANTÔNIO GIAMPAULO SARRO, Dos recursos no projeto de Novo Código de Processo Civil, *Revista de Direito Bancário e do Mercado de Capitais* 66/191; LUIZ FUX, *Curso de direito processual civil*, 3. ed., Rio de Janeiro, Forense, 2005; LUIZ GUILHERME DA COSTA WAGNER JUNIOR, *Processo civil*: curso completo, Belo Horizonte, Del Rey, 2007; LUIZ GUILHERME MARINONI e SÉRGIO CRUZ ARENHART, *Processo de conhecimento*, 6. ed., São Paulo, Ed. RT, 2007, vol. 2; LUIZ RASCOVSKI, APONTAMENTOS SOBRE O NOVO CÓDIGO DE PROCESSO CIVIL, *RT* 958/363; MARCELO ABELHA RODRIGUES, *Elementos de direito processual civil*, 2. ed., São Paulo, Ed. RT, 2003, vol. 2; MARCOS SALVADOR DE TOLEDO PIZA, Prazo da contestação nas ações de separação e divórcio, *RePro* 32/270; MARCOS VALLS FEU ROSA, *Prazos dilatórios e peremptórios*: comentários aos artigos 181 e 182 do Código de Processo Civil, Porto Alegre, SAFE, 1995; _____, Prazos dilatórios: da alteração dos prazos processuais por convenção das partes, *CJ* 56/263; NELSON NERY JR., O benefício da dilatação do prazo para o MP no direito processual civil brasileiro: interpretação do art. 188 do CPC, *RePro* 30/109; NORMA CHRISSANTO DIAS, *Os prazos processuais e seu reflexo na efetividade do processo civil,* Rio de Janeiro, Lumen Juris, 2003; ODILON DE ANDRADE, Observações à sistemática dos prazos no CPC, *RF* 113/307; PATRÍCIA CARLA DE DEUS LIMA, A contagem dos prazos no processo civil a partir da Reforma do Judiciário, *Reforma do Judiciário* – Primeiras reflexões sobre a Emenda Constitucional n. 45/2004, São Paulo, Ed. RT, 2005; REGINA CELIA ALMEIDA DA SILVA, PAULO SERGIO DA COSTA LINS e CARLOS SAMPAIO, *Prazos processuais,* Rio de Janeiro, Esplanada, 1994; SÁLVIO DE FIGUEIREDO TEIXEIRA, *Prazos e nulidades em processo civil,* Rio de Janeiro, Forense, 1987; SÉRGIO PORTO, O duplo grau de jurisdição, os prazos judiciais e a administração indireta, *Ajuris* 18/165; SIDNEI ALZIDIO PINTO, Férias e férias decretadas, feriados e recessos, *RT* 729/83; TRÍCIA NAVARRO XAVIER CABRAL, Convenções em matéria processual, *RePro* 241/489.

Capítulo 31

PRECLUSÃO[1]

> Sumário: 31.1. Noções gerais – 31.2. Espécies de preclusão; 31.2.1. Preclusão temporal; 31.2.2. Preclusão consumativa; 31.2.3. Preclusão lógica – 31.3. Preclusão e poderes do juiz.

31.1. Noções gerais

A preclusão é fenômeno exclusivamente processual, vinculado à ideia de que, passo a passo, os atos processuais vão acontecendo subsequentemente no processo, realizando o modelo procedimental que se tenha adotado em cada caso.

O instituto da preclusão está umbilicalmente ligado à questão do andamento processual, e de seu destino inexorável, que é o de extinguir-se, para dar lugar à solução concreta decorrente da prestação da tutela jurisdicional do Estado.

Se o processo deve "andar para a frente", isto é, desenvolver-se em direção a seu final, os atos processuais, que acontecem nos moldes previstos em cada procedimento, devem respeitar determinados prazos, nos quais deverão ser realizados, sob pena de, não o sendo, incidirem na hipótese as consequências da não realização dos atos. A consequência máxima é justamente uma determinada espécie de preclusão, a temporal, que incidirá sobre a parte que, devendo praticar um determinado ato, deixou de fazê-lo na forma e no tempo previstos na lei.

---

1. Sobre o tema, veja-se EDUARDO TALAMINI, *Coisa julgada e sua revisão*, São Paulo, Ed. RT, 2005, n. 2.8.

A preclusão também ocorre quando a parte pratica ato processual incompatível com outro que poderia praticar. Trata-se, nesse caso, da preclusão lógica. Também pode ser consumativa, isto é, decorrente da própria prática do ato processual que não pode tornar a ser praticado.

Assim, pode-se definir a preclusão como a perda de uma faculdade ou poder processual no curso do processo. Pode ser ocasionada: (a) pelo decurso do prazo, ou pela passagem da fase processual, para exercício do poder ou faculdade; (b) pelo anterior exercício do poder ou faculdade; (c) pela prática de ato logicamente incompatível com o exercício do poder ou faculdade.

A preclusão e a coisa julgada são institutos inconfundíveis, ainda que em parte inspirados nos mesmos princípios (segurança jurídica, proteção da confiança...): a preclusão apenas opera internamente ao processo; a coisa julgada projeta-se para fora da relação processual em que se formou. A preclusão destina-se a conferir segurança e previsibilidade ao jurisdicionado e eficiência à máquina jurisdicional, no curso do processo. Liga-se à garantia do devido processo legal, no sentido de processo razoável. A coisa julgada, inspirada em semelhantes valores, visa a preservar o *resultado* da atuação jurisdicional.

31.2. Espécies de preclusão

Os três diferentes motivos que ocasionam a preclusão servem de base para a classificação tradicional da preclusão. São três as espécies: preclusão temporal, preclusão consumativa e preclusão lógica. Podem atingir as partes e o juiz.

31.2.1. *Preclusão temporal*

A preclusão temporal é aquela que decorre do simples descumprimento do prazo para a prática de determinado ato processual (art. 223 do CPC/2015). É a modalidade de preclusão que mais diretamente se liga à necessidade de que o processo caminhe para frente.

Por exemplo, o autor tinha prazo de quinze dias para agravar da decisão de indeferimento da tutela urgente que ele pediu no processo. Não o fez no prazo legal e, no décimo sexto dia, não mais poderá recorrer, porque terá havido a preclusão temporal.

A possibilidade de que a parte pleiteie a inocorrência dos efeitos da preclusão temporal está prevista no art. 223, de que já tratamos anteriormente (v. cap. 30).

31.2.2. *Preclusão consumativa*

A preclusão consumativa ocorre quando o ato é efetivamente praticado, não podendo ser, portanto, repetido.

A interposição do recurso de agravo, no exemplo anteriormente dado, se ocorresse no nono dia do prazo de quinze dias, determinaria que, imediatamente, ocorresse a preclusão consumativa. Não poderia a parte, por exemplo, recorrer novamente, ou mesmo acrescentar outros argumentos ao recurso já interposto, nos outros dias "restantes" de seu prazo, assim como não poderia substituir seu recurso por outro, melhor elaborado, no prazo final.

As manifestações das partes, em regra, produzem efeitos imediatos. Portanto, consumado o ato para o qual havia prazo, a consequência prática da ocorrência da preclusão é que o prazo restante deixa de existir (ou de ser juridicamente relevante), não mais podendo a parte realizar novamente o mesmo ato processual.

O art. 223 não permite conclusão diversa. A previsão de que, "decorrido o prazo, extingue-se o direito de praticar ou de *emendar* o ato processual" não significa autorização genérica para o refazimento de qualquer ato já praticado: a disposição é apenas aplicável àqueles casos em que há norma autorizando a emenda do ato.

31.2.3. *Preclusão lógica*

A preclusão lógica não depende diretamente do fator tempo no processo, mas é resultado da prática de outro ato, incompatível com aquele que se deveria realizar no prazo processual respectivo.

Exemplo dessa situação é o do réu, condenado em ação de reparação de danos que, no prazo para o recurso de apelação, espontaneamente comparece em juízo e, sem qualquer ressalva, paga o valor da condenação. Este réu terá praticado ato incompatível com o direito de recorrer (art. 1.000, parágrafo único).

31.3. Preclusão e poderes do juiz

Essas três espécies de preclusão referem-se fundamentalmente aos ônus processuais das partes. Mas não se exclui a preclusão de poder do próprio juiz.

Não há para o juiz preclusão temporal, já que ele não sofre nenhuma consequência processual pelo descumprimento dos prazos que lhe são impostos. As consequências, quando cabíveis, serão administrativas, civis, penais etc. Os prazos são estabelecidos para o juiz a fim de que o processo tramite em prazo razoável e a tutela jurisdicional seja oportuna e efetiva. Proibir o juiz que descumpre os prazos de exercer os seus poderes apenas traria mais prejuízos para aqueles fins em função dos quais os prazos judiciais são postos. O juiz moroso responde nas outras esferas acima destacadas.

Há, todavia, preclusão consumativa, pois o juiz, a não ser diante de novas alegações ou de fatos novos, não pode, em princípio, decidir novamente a questão já decidida (art. 505). Essa proibição de "redecidir", todavia, não abrange questões de ordem pública (pressupostos processuais, condições da ação etc.).

Em regra, não haverá preclusão lógica dos poderes do juiz, pois isso implicaria, em certa medida, "decisões implícitas", que são decisão não fundamentadas – o que o ordenamento proíbe (CF, art. 93, IX; CPC/2015, art. 489, § 1.º). Apenas muito excepcionalmente, a preclusão lógica pode atingir poderes do juiz: assim, se o juiz, em vez de exercer juízo de retratação no agravo (v. vol. 2, cap. 25), dá cumprimento à decisão agravada, fica-lhe preclusa a possibilidade de se retratar depois (nesse caso, não se terá decisão implícita, não fundamentada, pois a fundamentação deverá residir na primeira decisão do juiz – aquela que foi objeto do agravo).

É comum na doutrina brasileira empregar-se a expressão "preclusão *pro judicato*" para se referir à preclusão dos poderes do juiz. No entanto, esse é um uso incorreto do termo. A expressão foi cunhada na doutrina italiana para se referir a um fenômeno muito específico, cuja ocorrência é inclusive extremamente discutível (seja no direito italiano, seja no direito brasileiro): o decurso de um prazo que geraria consequências também fora do processo (impedindo inclusive o ajuizamento de uma nova ação) e não apenas dentro dele.[2]

QUADRO SINÓTICO

Perda de uma faculdade ou poder processual, no curso do processo	
Fenômeno exclusivamente processual (diferença da coisa julgada)	
Espécies	• Temporal
	• Consumativa
	• Lógica
Ocorre	• Para a parte
	• Para o juiz (consumativa e, excepcionalmente, lógica)

DOUTRINA COMPLEMENTAR

- **ANTONIO DO PASSO CABRAL** (*Breves...*, p. 1.307) entende que "preclusão pode ser hoje definida como a extinção de situações processuais, abrangendo qualquer sujeito, partes ou juiz. Aliás, o novo CPC prevê preclusões para o juiz (por exemplo no art. 494). A preclusão gera uma "irreversibilidade tendencial" do procedi-

---

2. Sobre o tema, veja-se EDUARDO TALAMINI, *Tutela monitória*, 2. ed., São Paulo, Ed. RT, 2001, n. 2.3, p. 105-106, e *Coisa julgada e sua revisão*, cit., n. 2.8, p. 133-136.

mento, estabilizando situações processuais e contribuindo, assim, para a solução do processo de maneira ordenada e eficiente. E isso se aplica a todos os sujeitos do processo. Embora o art. 507 mencione que às partes é vedada a rediscussão, hoje se entende que também ao Estado-juiz é proibido de rever suas decisões, na mesma instância, sem que haja um incremento cognitivo (por exemplo, alterações fáticas ou normativas)".

- **ARRUDA ALVIM** (*Manual...*, 16. ed., p. 483) sustenta que o tempo, que é uma das dimensões da vida humana, está ligado também ao direito, na exata medida em que "o homem vive no tempo e está continuamente envolvido pelo Direito, este considera também o problema do tempo, dedicando-lhe atenção especial. Se isto é verdadeiro para o Direito em geral, maior é a importância do tempo no processo, pois este constitui-se numa realidade jurídica que nasce, para se desenvolver e morrer. Tudo isto, evidentemente, acontece no tempo, em função de um começo, desenvolvimento e fim. Daí porque são, minuciosamente, não só fixados os prazos processuais, para a prática dos atos, como também criadas as preclusões. Constituem-se os prazos processuais e as preclusões em dois aspectos através dos quais se exterioriza a disciplina do tempo no processo, em função da ideia de que o processo deve marchar em direção à sentença, irreversivelmente".

- **FREDIE DIDIER JR.** (*Curso...*, vol. 1, 17. ed., p. 418) ensina que "a preclusão é instituto fundamental para o bom desenvolvimento do processo, sendo uma das principais técnicas para a estruturação do procedimento e, pois, para a delimitação das normas que compõe o formalismo processual. A preclusão apresenta-se, então, como um limitador do exercício abusivo dos poderes processuais pelas partes, bem como impede que questões já decididas pelo órgão jurisdicional possam ser reexaminadas, evitando-se, com isso, o retrocesso e a insegurança jurídica".

- **HUMBERTO THEODORO JÚNIOR** (*Curso...*, vol. 1, 56. ed., p. 1.103) afirma decorrer a preclusão "do fato de ser o processo uma sucessão de atos que devem ser ordenados por fases lógicas, a fim de que se obtenha a prestação jurisdicional, com precisão e rapidez. Sem uma ordenação temporal desses atos e sem um limite de tempo para que as partes os pratiquem, o processo se transformaria numa rixa infindável". THEODORO JUNIOR classifica a preclusão em temporal, lógica e consumativa. Sobre a preclusão lógica, explica tratar-se daquela que "decorre da incompatibilidade entre o ato praticado e outro, que se queria praticar também".

- **JOSÉ FREDERICO MARQUES** (*Manual...*, 9. ed., vol. 1, p. 179) afirma que a preclusão é "fato processual impeditivo, que, conforme o acontecimento em que se configure, pode assim ser classificado: a) preclusão temporal, quando o decurso do tempo é que constitui ou forma o fato impeditivo; b) preclusão lógica, quando a incompatibilidade entre um ato processual já praticado e outro que se pretenda praticar se torna fato impeditivo a não permitir que se realize o ato posterior; c) preclusão consumativa, quando o pronunciamento decisório sobre uma questão toma as características de fato impeditivo, não possibilitando reexame posterior da referida questão (*ne bis in idem*)".

- **LUIZ GUILHERME MARINONI, SÉRGIO CRUZ ARENHART E DANIEL MITIDIERO** (*Novo Código...*, p. 520) destacam que "se a parte discute essa ou aquela questão no curso do processo, a decisão a respeito faz precluir a possibilidade de a parte continuar a discuti-la na mesma instância. A parte só poderá voltar a discutir questão já decidida, se, oportunamente, recorreu da decisão, tendo de fazê-lo então em sede recursal (art. 1.015, CPC), ou se a questão é infensa à preclusão por expressa determinação legal (por exemplo, art. 1.009, § 1.º, CPC)". Afirmam que "as alegações e defesas que se consideram preclusas com a formação da coisa julgada são unicamente aquelas que concernem ao mérito da causa".

- **NELSON NERY JR. E ROSA MARIA DE ANDRADE NERY** (*Comentários...*, p. 1.240), em comentário ao art. 507 do CPC/2015, sustentam que "a preclusão indica perda da faculdade processual, pelo seu não uso dentro do prazo peremptório previsto pela lei (preclusão temporal), ou, pelo fato de já havê-la exercido (preclusão consumativa), ou, ainda, pela prática de ato incompatível com aquele que se pretenda exercitar no processo (preclusão lógica)". Relativamente à preclusão *pro judicato*, asseveram que inobstante a preclusão envolver as partes, "pode ocorrer, também, relativamente ao juiz, no sentido de que ao magistrado é imposto impedimento com a finalidade de que não possa mais julgar questão dispositiva por ele já decidida anteriormente".

- **TERESA ARRUDA ALVIM WAMBIER, MARIA LÚCIA LINS CONCEIÇÃO, LEONARDO FERRES DA SILVA RIBEIRO E ROGERIO LICASTRO TORRES DE MELLO** (*Primeiros...*, p. 834) explicam que "pode-se falar em três espécies de preclusão: temporal, lógica e consumativa. Ocorre a primeira quando a impossibilidade de praticar o ato decorre de ter passado a oportunidade processual em que este deveria ter sido praticado; a segunda, quando, anteriormente, se praticou um ato incompatível com o ato que, posteriormente, se queira, mas já não se possa mais, praticar; e, finalmente, a preclusão consumativa se dá quando a impossibilidade da prática do ato decorre da circunstância de já se o ter praticado". No sentir desses autores (p. 391), "a preclusão temporal, contudo, comporta exceções, vale dizer, há hipóteses em que pode ser restituído o prazo à parte para que esta se desincumba da prática do ato processual. É necessário, para tanto, que a parte prove a ocorrência de justa causa que a tenha impedido de praticar o ato processual que lhe cabia".

Enunciados do FPPC

N.º 120. (*Art. 125, § 1.º, art. 1.072, II, CPC/15*) A ausência de denunciação da lide gera apenas a preclusão do direito de a parte promovê-la, sendo possível ação autônoma de regresso.

N.º 129. (*Art. 139, parágrafo único, CPC/15*) A autorização legal para ampliação de prazos pelo juiz não se presta a afastar preclusão temporal já consumada.

Bibliografia

Fundamental

ARRUDA ALVIM, Manual de direito processual civil, 16. ed., São Paulo, Ed. RT, 2013; FREDIE DIDIER JR., Curso de Processo Civil: introdução ao direito processual civil, parte geral e processo de conhecimento, 17. ed., Salvador, JusPodivm, 2015, vol. 1; HUMBERTO THEODORO JÚNIOR, Curso de direito processual civil, 56. ed., Rio de Janeiro, Forense, 2015, vol. 1; JOSÉ FREDERICO MARQUES, Manual de direito processual civil, 9. ed., atual. Ovídio Rocha Barros Sandoval, Campinas, Millennium, 2003, vol. 1; LUIZ GUILHERME MARINONI, SÉRGIO CRUZ ARENHART e DANIEL MITIDIERO, Novo código de processo civil comentado, São Paulo, Ed. RT, 2015; NELSON NERY JR. e ROSA MARIA DE ANDRADE NERY, Comentários ao código de processo civil, São Paulo, Ed. RT, 2015; TERESA ARRUDA ALVIM WAMBIER, FREDIE DIDIER JR., EDUARDO TALAMINI e BRUNO DANTAS (COORD.), Breves comentários ao Novo Código de Processo Civil, São Paulo, Ed. RT, 2015; _____, MARIA LÚCIA LINS CONCEIÇÃO, LEONARDO FERRES DA SILVA RIBEIRO e ROGERIO LICASTRO TORRES DE MELLO, Primeiros comentários ao novo código de processo civil: artigo por artigo, São Paulo, Ed. RT, 2015.

Complementar

ALEXANDRE DE ALENCAR BARROSO, *Acesso à justiça e preclusão civil*, 1996; ALEXANDRE FREITAS CÂMARA, *Lições de direito processual civil*, 16. ed., Rio de Janeiro, Lumen Juris, 2007, vol. 1; AMIR JOSÉ SARTI, O prazo preclusivo para impetração do mandado de segurança, *RePro* 28/116; ANTONIO ALBERTO ALVES BARBOSA, *Da preclusão civil*, São Paulo, Ed. RT, 1994; ANTONIO ALBERTO ALVES BARBOSA, Preclusão e coisa julgada, *Doutrinas Essenciais de Processo Civil*, vol. 6, p. 669, out. 2011; ANTONIO CARLOS MARCATO, Preclusões: limitação ao contraditório?, *RePro* 17/105; ANTÔNIO JANYR DALL'AGNOL, *Comentários ao Código de Processo Civil*, 2. ed., São Paulo, Ed. RT, 2007, vol. 2; ANTONIO LAMARCA, Prescrição, decadência e preclusão, *IOB* 19/288; ANTÔNIO VITAL RAMOS DE VASCONCELOS, O pedido de reconsideração e a preclusividade das decisões judiciais, *Ajuris* 40/155; ARAKEN DE ASSIS, Reflexões sobre a eficácia preclusiva da coisa julgada, *Ajuris* 44/25; ARRUDA ALVIM, *Tratado de direito processual civil*, 2. ed., São Paulo, Ed. RT, 1996, vol. 2; CÂNDIDO RANGEL DINAMARCO, *Instituições de direito processual civil*, 5. ed., São Paulo, Malheiros, 2005, vol. 2; CARLOS FERNANDO MATHIAS DE SOUZA, *Tempo e direito*, Coord. ARRUDA ALVIM et al., *Aspectos controvertidos do novo Código Civil*: escritos em homenagem ao Ministro José Carlos Moreira Alves, São Paulo, Ed. RT, 2003; CARLOS FRANCISCO BUTTENBENDER, *Direito probatório, preclusão & efetividade processual*, Curitiba, Juruá, 2004; CELSO AGRÍCOLA BARBI, Da preclusão no processo civil, *RF* 158/59; CELSO ANTÔNIO ROSSI, Do momento de reinício do prazo prescricional interrompido, *RePro* 31/135; CRISTINA FERRAZ, *Prazos no processo de conhecimento*: preclusão, prescrição, decadência, perempção, coisa julgada material e formal, São Paulo, Ed. RT, 2001; DIRCEU DE VASCONCELOS HORTA, Embargos declaratórios: dupla instância; preclusão; efeito modificativo; matéria de fato; dispensa de vista ao embargado, *Revista do TRT 12.ª Região* 1/39; EDSON JACINTO DA Silva, *Dos prazos no direito brasileiro*, Leme, Habermann, 2003; EDUARDO ARRUDA ALVIM, *Curso de direito processual civil*, São Paulo, Ed. RT, 1999, vol. 1; EDUARDO TALAMINI, *Tutela monitória*, 2. ed., São Paulo, Ed. RT,

2001; EGAS DIRCEU MONIZ DE ARAGÃO, *Comentários ao Código de Processo Civil*, 9. ed., Rio de Janeiro, Forense, 1998, vol. 2; _____, Preclusão: processo civil, *RIAPR* 21/11; _____, *Sentença e coisa julgada. Exegese do Código de Processo Civil*, Rio de Janeiro, Aide, 1992; ELYSEU ZAVATARO, Preclusão temporal na apresentação do rol de testemunhas, *RT* 562/268; ERNANE FIDÉLIS DOS SANTOS, *Manual de direito processual civil*, 12. ed., São Paulo, Saraiva, 2007, vol. 1; FRANCISCO C. PONTES DE MIRANDA, *Comentários ao Código de Processo Civil*, 3. ed., Rio de Janeiro, Forense, 1996, t. III; GALENO LACERDA, Coisa julgada e preclusão em ação civil pública, *RDBMA* 7/213; GUILHERME FREIRE DE BARROS TEIXEIRA, Natureza jurídica do prazo para impetração do mandado de segurança, *RePro* 149/11; HEITOR VITOR MENDONÇA Sica, *Preclusão processual civil: atualizado de acordo com a nova reforma processual*, São Paulo, Atlas, 2006; HÉLIO TORNAGHI, *Comentários ao Código de Processo Civil*, 2. ed., São Paulo, Ed. RT, 1978, vol. 2; HUMBERTO THEODORO JÚNIOR, A preclusão no processo civil, *RJ* 273/5, *RT* 784/11; _____, Da inexistência de coisa julgada ou preclusão *pro iudicato* no processo de execução, *RJMin* 105/41; _____, Decisão interlocutória – Efeitos da preclusão, *Carta Jurídica – Revista de Informação e Debates* 1/183; _____, Perda de prazos processuais, *Ajuris* 13/103, *RBDP* 15/57; JOÃO BATISTA LOPES, Breves considerações sobre o instituto da preclusão, RePro 23/45; _____, Preparo do recurso e preclusão consumativa, IOB 11/194; JOSÉ CARLOS BARBOSA MOREIRA, A eficácia preclusiva da coisa julgada material no sistema do processo civil brasileiro, *Temas de direito processual* – Primeira série, 2. ed., São Paulo, Saraiva, 1988; JOSÉ EDUARDO CARREIRA ALVIM, *Elementos de teoria geral do processo*, 7. ed., Rio de Janeiro, Forense, 2001; JOSÉ MANOEL DE ARRUDA ALVIM NETTO, Preclusão em ação reivindicatória, *Soluções Práticas – Arruda Alvim*, vol. 3, p. 423, ago. 2011; JOSÉ ROGÉRIO CRUZ E TUCCI, Sobre a eficácia preclusiva da decisão declaratória de saneamento, *Saneamento do processo* – Estudos em homenagem ao Professor Galeno Lacerda, Porto Alegre, Fabris, 1989; LAURO LAERTES DE OLIVEIRA, Da preclusão consumativa no preparo das custas recursais, *Ajuris* 66/258; LUIZ FUX, *Curso de direito processual civil*, 3. ed., Rio de Janeiro, Forense, 2005; LUIZ GUILHERME DA COSTA WAGNER JUNIOR, *Processo civil:* curso completo, Belo Horizonte, Del Rey, 2007; LUIZ GUILHERME MARINONI e SÉRGIO CRUZ ARENHART, *Processo de conhecimento*, 6. ed., São Paulo, Ed. RT, 2007, vol. 2; LUIZ MACHADO GUIMARÃES, Preclusão, coisa julgada, efeito preclusivo, *Estudos de direito processual civil*, Rio de Janeiro, Jurídica e Universitária, 1969; LUIZ MANOEL GOMES JUNIOR, Prescrição. Invocação a qualquer tempo. Artigo 193 do Código Civil de 2002 e a preclusão processual, *RePro* 121/107; MANOEL CAETANO FERREIRA FILHO, *A preclusão no direito processual civil*, Curitiba, Juruá, 1991; MANOEL DE OLIVEIRA FRANCO SOBRINHO e FRANCISCO RAITANI, Reforma de despacho saneador inexistência de recurso específico oportuno – inadmissibilidade daquela, através de reconsideração – preclusão, *Doutrinas Essenciais de Processo Civil*, vol. 3, p. 133, out. 2011; MARCELO ABELHA RODRIGUES, *Elementos de direito processual civil*, 2. ed., São Paulo, Ed. RT, 2003; MARCOS VALLS FEU ROSA, *Prazos dilatórios e peremptórios:* comentários aos artigos 181 e 182 do Código de Processo Civil, Porto Alegre, SAFE, 1995; MAURÍCIO GIANNICO, *A preclusão no direito processual civil brasileiro*, São Paulo, Saraiva, 2005; NORMA CHRISSANTO DIAS, *Os prazos processuais e seu reflexo na efetividade do processo civil*, Rio de Janeiro, Lumen Juris, 2003; PEDRO HENRIQUE PEDROSA NOGUEIRA, Notas sobre preclusão e *venire contra factum proprium*, *RePro* 168/331; RENATO DE LEMOS MANESCHY, Extinção do processo. Preclusão, *RF* 269/153; RODRIGO BARIONI, Preclusão diferida, o fim do agravo retido e a ampliação do objeto da apelação no novo Código de Processo Civil, *RePro* 243/269;

ROGÉRIO LAURIA TUCCI, Juiz natural, competência recursal, preclusão *pro iudicato*, violação de literal disposição de lei e ação rescisória, *RT* 838/133; ROSA MARIA DE ANDRADE NERY, Preparo e preclusão consumativa, *Reforma do Código de Processo Civil*, São Paulo, Saraiva, 1996; SIDNEY PEREIRA DE SOUZA JÚNIOR, A preclusão *pro judicato* na determinação de provas e a "limitação" do poder instrutório do juiz (art. 130 do CPC) (Comentários ao REsp 345.436/SP), *RePro* 158/264; TERESA ARRUDA ALVIM WAMBIER, *O novo regime do agravo*, 4. ed., São Paulo, Ed. RT, 2006.

Capítulo 32

CARTAS

> Sumário: 32.1. Noções gerais – 32.2. Espécies – 32.3. Requisitos – 32.4. Prazo – 32.5. Intimação – 32.6. Caráter "itinerante" – 32.7. Modo de expedição – 32.8. Cumprimento.

32.1. Noções gerais

Tradicionalmente são as cartas os meios através dos quais o juízo em que tramita o processo solicita a prática de atos fora dos limites da sua competência ou da jurisdição (art. 236). Através das cartas, podem ser praticados atos executórios, instrutórios e de comunicação. Assim tem sido ao longo da história do processo brasileiro. Na vigência do Código de Processo Civil de 1973, o juiz solicitava o necessário auxílio a outro juízo – sempre por escrito e respeitadas algumas formalidades que se incorporaram à praxe forense – para, por exemplo, ouvir testemunhas que tivessem domicílio nessa outra comarca ou seção judiciária.

Esse método sofreu profundas alterações no Código de Processo Civil de 2015. Embora continuem previstas no art. 237, sob as formas de carta de ordem, carta rogatória, carta precatória e carta arbitral, há sensível flexibilização do modo pelo qual juízos podem solicitar mútuo auxílio. As cartas devem ser eletrônicas, preferencialmente, embora possam ser físicas ou se utilizar de outro modo de transmissão de dados que garanta sua necessária publicidade.

É que as regras de cooperação nacional (cap. 7, acima), que fixam regras de recíproca cooperação entre os órgãos do Poder Judiciário, admitem novos padrões de comunicação, permitindo, portanto, que além das tradicionais cartas, que continuam sendo mecanismos que contém pedido de cooperação, possa o juiz lançar mão de novas formas, tanto para as próprias cartas, como para outros meios que permitam que a comunicação se dê com eficiência. A carta rogatória, destaque-se, é o meio pelo qual a autoridade judiciária brasileira solicita a cooperação do órgão jurisdicional estrangeiro.

É necessário destacar que não há mais rigor formal para o pedido de cooperação jurisdicional. Conforme dispõe o art. 69, ao dar alguns exemplos de cooperação, o pedido de cooperação, que deve ser atendido respeitando a razoável duração da prática do ato (diz a lei que deve ser prontamente atendido), "prescinde de forma específica". Isso quer dizer que embora não exista rigor formal, há necessidade de registro, o que exige que alguma forma adequada seja utilizada para que se dê a comunicação entre os juízos.

32.2. Espécies

São as seguintes as espécies de cartas:

I) de ordem. A carta de ordem é aquela expedida pelo tribunal para a prática de atos no juízo de primeiro grau (art. 237, I).

II) precatória. Expede-se a carta precatória para que se cumpra ou determine o cumprimento de ato por órgão jurisdicional de competência territorial diversa (art. 237, III). Isso ocorre, por exemplo, para: a oitiva de testemunha em outra comarca, a arrecadação de bens na herança jacente, os atos de constrição no processo de execução etc.

III) rogatória. É dirigida ao órgão jurisdicional estrangeiro quando necessária a prática de ato de cooperação jurídica internacional. Isto é, quando o processo em trâmite perante órgão jurisdicional brasileiro demanda a prática de ato fora dos limites da jurisdição nacional (art. 237, II). Também é possível que a carta rogatória seja expedida pelo órgão jurisdicional estrangeiro ao órgão jurisdicional brasileiro. De modo geral, a cooperação jurídica internacional é regida por tratado de que o Brasil seja signatário ou, na sua falta, pelo princípio da reciprocidade (art. 26). Sobre o tema, v. n. 7.1, *supra*.

IV) arbitral. Tem como objeto a prática de ato por órgão do Poder Judiciário em razão de pedido de cooperação formulado pelo juízo arbitral (arts. 237, IV, do CPC/2015, e 22-C da Lei 9.307/1996) e pode ser expedida inclusive para a efetivação de tutela provisória.

O parágrafo único do art. 237 do CPC/2015 também admite a expedição de carta ao juízo estadual quando tiver que ser praticado em local onde não exista vara federal ato referente a processo em trâmite perante a justiça federal ou o tribunal superior.

32.3. Requisitos

As cartas de ordem, precatória e rogatória devem necessariamente conter a indicação do juiz de origem e daquele que deverá cumprir o ato (art. 260, I), o inteiro teor da petição (exceto se a carta for expedida de ofício), do despacho e da procuração do advogado (inc. II), o ato processual objeto da carta (inc. III) e a assinatura do juiz, que será eletrônica quando a carta for expedida por esse meio (inc. IV). Além desses elementos, pode o magistrado determinar que se traslade para a carta peças do processo, podendo também instruí-la com documentos que reputar necessários, como, por exemplo, mapas, gráficos etc. (§ 1.º). Quando o ato a ser praticado for exame pericial sobre documento, a carta deverá ser instruída com o original do objeto da perícia. Nessa hipótese, deverá constar nos autos a respectiva reprodução fotográfica (§ 2.º).

No caso da carta arbitral, deverão constar os seguintes elementos: a indicação do árbitro e do juiz que deverá cumprir o ato, o inteiro teor da petição, o despacho do juízo arbitral, a procuração conferida ao advogado, a convenção de arbitragem e os documentos que comprovem a nomeação e a aceitação do árbitro (§ 3.º).

32.4. Prazo

O prazo para o cumprimento da carta será fixado pelo juiz que requisitar a prática do ato. O magistrado deve levar em consideração, ao fixar o prazo, a facilidade das comunicações e a natureza da diligência (art. 261).

O cumprimento da carta dentro do prazo ganha ainda mais relevância quando a prolação da sentença de mérito depender da apuração de fato ou produção de prova pelo juízo ao qual foi direcionada a carta. É que, nessa hipótese, se o requerimento se der antes da decisão de saneamento, o julgamento fica suspenso (art. 377). Esse prazo evita, portanto, que o processo fique indefinidamente suspenso. Todavia, por se tratar de prazo impróprio, se o juízo em que deve o ato ser cumprido não o fizer no prazo estipulado pelo solicitante, deverá a este informar das razões pelas quais não possa dar cumprimento, para que haja entendimento quanto à possível dilação. Também, é possível que a própria parte interessada no cumprimento da carta requeira que o prazo seja ampliado.

32.5. Intimação

O ato de expedição da carta deve ser comunicado às partes (art. 261, § 1.º). Além disso, em atenção ao princípio do contraditório, devem as partes ser intimadas para que possam acompanhar o cumprimento da diligência (art. 261, § 2.º), devendo a parte que tiver interesse no cumprimento da carta cooperar para que esse cumprimento se dê no prazo fixado (§ 3.º).

32.6. Caráter "itinerante"

A teor do que dispõe o *caput* do art. 262, "a carta tem caráter itinerante". Isso significa que, sempre que necessário, a carta pode ser enviada a um terceiro juízo – que não aquele ao qual foi dirigida – para a prática de ato. O órgão expedidor será comunicado do encaminhamento da carta ao outro juízo, devendo intimar as partes acerca do ocorrido (parágrafo único).

32.7. Modo de expedição

Assim como ocorre em relação à intimação, as cartas devem preferencialmente ser expedidas por meio eletrônico. Como já dito, será eletrônica a assinatura do juiz, quando a carta for expedida por esse meio (arts. 263 do CPC/2015, e 7.º da Lei 11.419/2006).

Além do meio eletrônico, a carta de ordem e a carta precatória poderão ser expedidas por telefone ou telegrama, de modo que deverão conter todos os requisitos do art. 260, acima tratados (art. 264).[1]

A transmissão deverá ser feita pelo secretário do tribunal (no caso da carta de ordem) ou pelo escrivão ou chefe de secretaria (na hipótese de carta precatória), por telefone, ao escrivão do primeiro ofício da primeira vara do juízo em que se cumprirá o ato, *se houver na comarca mais de um ofício ou de uma vara* (art. 265).

O secretário do tribunal, ao escrivão ou ao chefe de secretaria do juízo que recebeu a carta deverá confirmar o seu conteúdo no mesmo dia ou no primeiro dia útil subsequente, por telefone ou através de mensagem eletrônica enviada ao juízo que a expediu (§ 1.º). Ato contínuo, a carta será encaminhada para despacho (§ 2.º).

32.8. Cumprimento

O cumprimento da carta se dá pela expedição de mandado para a realização da diligência. A carta de ordem deve sempre ser cumprida, em razão da hierarquia entre o juízo ordenante e o ordenado. Em relação à carta rogatória, se concedido o *exequatur* pelo Superior Tribunal de Justiça,[2] também deve necessariamente ser cumprida.

---

1. Há um equívoco material no art. 264. Segundo dispõe o artigo, "carta de ordem e a carta precatória por meio eletrônico, por telefone ou por telegrama conterão, em resumo substancial, os requisitos mencionados no art. 250, especialmente no que se refere à aferição da autenticidade". Os requisitos que devem ser observados são os do art. 260 (que tratam das cartas) e não os do art. 250 (que tratam do mandado a ser cumprido pelo oficial de justiça).
2. A respeito, v. vol. 2, cap. 33, deste *Curso*.

Já na carta precatória ou arbitral, poderá o magistrado recusar o cumprimento fundamentando sua decisão – apenas se não forem observados os requisitos legais para sua expedição, ou quando não tiver certeza da autenticidade da carta, ou quando for incompetente em razão da matéria ou da hierarquia (art. 267). Nessa última hipótese, poderá o juízo ao qual se destina a carta remetê-la ao juiz ou tribunal competente para o cumprimento (parágrafo único). Não cabe ao juiz que recebe a carta arbitral aprofundar-se no exame da validade e eficácia da convenção arbitral que dá suporte à arbitragem. Há momentos próprios para essa averiguação (Lei 9.307/1996, arts. 32, I e IV c/c art. 33, *caput* e § 3.º, e arts. 38 e 39).

Inexistindo qualquer óbice, independentemente de iniciativa da parte, os atos requisitados por meio eletrônico ou telegrama devem ser desde logo cumpridos. O pagamento das custas deverá ser efetuado pela parte interessada no juízo de origem (art. 266), embora parte da doutrina admita que o pagamento seja realizado diretamente ao juízo em que se cumprirá o ato.

Em relação à carta arbitral, tramitando o procedimento arbitral em sigilo, o cumprimento se dará em segredo de justiça sempre que comprovada a cláusula de sigilo na arbitragem (arts. 189, IV, do CPC/2015, e 22-C, parágrafo único, da Lei 9.307/1996).

Realizado o ato e pagas as custas pela parte, a carta é devolvida ao juízo de origem, independentemente de traslado, no prazo de dez dias. Na hipótese de citação ou intimação por carta precatória, rogatória ou de ordem, a realização do ato deve ser desde logo informada ao juízo de origem, por meio eletrônico, independentemente da devolução da carta (art. 232).

Quadro Sinótico

Noções gerais			
Espécies	De ordem	Expedida pelo Tribunal	
		Dirigida ao juízo de primeiro grau	
	Precatória	Órgão jurisdicional de competência territorial diversa	
	Rogatória	Cooperação jurídica internacional	Tratado
			Princípio da reciprocidade
	Arbitral	Pedido de cooperação pelo juízo arbitral	
		Dirigida a órgão do Poder Judiciário	

Carta dirigida ao juízo estadual – processo em trâmite perante a Justiça Federal ou o Tribunal Superior (art. 237, parágrafo único, do CPC/2015)		
Requisitos	Art. 260 do CPC/2015	
Prazo	Fixado pelo juízo de origem	
	Dever de cooperação da parte interessada	
Intimação		
"Caráter itinerante"		
Modo de expedição	Meio eletrônico	
	Telefone	
	Telegrama	
Cumprimento	Hipóteses de recusa	Precatória ou arbitral (art. 267 do CPC/2015)
	Devolução no prazo de dez dias após o cumprimento	
	Dever de informar o juízo de origem (art. 232 do CPC/2015)	

Doutrina Complementar

- **HUMBERTO THEODORO JÚNIOR** (*Curso...*, vol. 1, 56. ed., p. 533) entende que "adotando o NCPC um sistema amplo de cooperação entre os órgãos judiciais, a solenidade das cartas precatórias é, às vezes, dispensada. Permite-se contato mais informal, entre autoridades judiciárias de diferentes circunscrições territoriais, quando os atos, a serem realizados fora da comarca, forem de menor significância que as citações, intimações e penhoras e outras diligências que só podem, de fato, ser cumpridas pelas cartas (arts. 67 a 69)".

- **NELSON NERY JR. E ROSA MARIA DE ANDRADE NERY** (*Comentários...*, p. 802) asseveram que "enquanto o CPC/1973 202 § 3.º dizia que as cartas de ordem, precatória ou rogatória poderiam ser expedidas por meio eletrônico, o LPE 7.º prevê que tais atos, bem como todas as comunicações oficiais que transitem entre órgãos do Judiciário e entre este e os demais Poderes da República, serão feitos preferentemente por meio eletrônico. E o CPC 263 referendou esta última posição. Tal medida visa acelerar o cumprimento de tais atos, normalmente emperrados pela burocracia interna do próprio Judiciário, como forma de fortalecer a garantia da prestação jurisdicional célere, contida no CF 5.º LXXVIII".

- PAULO OSTERNACK (*Breves...*, p. 713), sobre a carta arbitral, afirma que "o § 3.º do art. 260 do CPC/2015 contém regra inovadora, pois determina que a carta arbitral seja instruída com a convenção de arbitragem e com as provas da nomeação do árbitro e de que tenha aceitado a função. Caso contrário, o juiz recusará o cumprimento da carta arbitral (CPC/2015, art. 267)". Para esse autor, "tais providências conferem segurança ao juiz para empregar atos de força destinados ao cumprimento da decisão arbitral, na medida em que demonstram a regularidade da arbitragem e da solicitação que lhe foi encaminhada".

- TERESA ARRUDA ALVIM WAMBIER, MARIA LÚCIA LINS CONCEIÇÃO, LEONARDO FERRES DA SILVA RIBEIRO E ROGERIO LICASTRO TORRES DE MELLO (*Primeiros...*, p. 444) explicam que "as cartas precatórias consistem na requisição da prática de determinado ato processual (atos instrutórios, decisões concessivas de tutelas de urgência etc.) de um juízo a outro, sendo ambos do mesmo grau de jurisdição, porém com distintas competências territoriais. As cartas de ordem consistem em requisição da prática de determinado ato processual remetida por um juízo de instância superior a um juízo de instância inferior. Em geral, as cartas de ordem são provenientes do tribunal, no qual tramita determinado recurso ou determinada ação de sua competência originária, e destinadas ao juízo de primeiro grau subordinado a este tribunal, para que se dê o cumprimento de determinado ato processual. As cartas rogatórias, por sua vez, destinam-se à requisição, pelo órgão jurisdicional brasileiro, da prática de atos processuais à Justiça de outro país".

ENUNCIADOS DO FPPC

N.º 4. (*Art. 69, § 1.º, CPC/15*) A carta arbitral tramitará e será processada no Poder Judiciário de acordo com o regime previsto no Código de Processo Civil, respeitada a legislação aplicável.

N.º 24. (*Art. 237, IV, CPC/15*) Independentemente da sede da arbitragem ou dos locais em que se realizem os atos a ela inerentes, a carta arbitral poderá ser processada diretamente pelo órgão do Poder Judiciário do foro onde se dará a efetivação da medida ou decisão, ressalvadas as hipóteses de cláusulas de eleição de foro subsidiário.

N.º 27. (*Art. 267, CPC/15*) Não compete ao juízo estatal revisar o mérito da medida ou decisão arbitral cuja efetivação se requer por meio da carta arbitral.

N.º 417. (*Arts. 260, caput e § 3.º, 267, I, CPC/15*) São requisitos para o cumprimento da carta arbitral: i) indicação do árbitro ou do tribunal arbitral de origem e do órgão do Poder Judiciário de destino; ii) inteiro teor do requerimento da parte, do pronunciamento do árbitro ou do Tribunal arbitral e da procuração conferida ao representante da parte, se houver; iii) especificação do ato processual que deverá ser praticado pelo juízo de destino; iv) encerramento com a assinatura do árbitro ou do presidente do tribunal arbitral conforme o caso.

Bibliografia

Fundamental

HUMBERTO THEODORO JÚNIOR, *Curso de direito processual civil*, 56. ed., Rio de Janeiro, Forense, 2015, vol. 1; NELSON NERY JR. e ROSA MARIA DE ANDRADE NERY, *Comentários ao código de processo civil*, São Paulo, Ed, RT, 2015; TERESA ARRUDA ALVIM WAMBIER, FREDIE DIDIER JR., EDUARDO TALAMINI e BRUNO DANTAS (COORD.), *Breves comentários ao Novo Código de Processo Civil*, São Paulo, Ed. RT, 2015; _____, MARIA LÚCIA LINS CONCEIÇÃO, LEONARDO FERRES DA SILVA RIBEIRO e ROGERIO LICASTRO TORRES DE MELLO, *Primeiros comentários ao novo código de processo civil: artigo por artigo*, São Paulo, Ed. RT, 2015.

Complementar

ADALBERTO JORGE XISTO PEREIRA, Cumprimento de carta precatória em comarcas contíguas, *RePro* 91/241; ANTÔNIO PEREIRA GAIO JÚNIOR, Os limites da jurisdição nacional e a cooperação internacional no plano do novo Código de Processo Civil brasileiro, *RePro* 243/537; CAIO GONZALEZ DE BABO, Fundamentos da cooperação jurídica internacional, *Revista de Direito Constitucional e Internacional* 82/335; CARMEN TIBURCIO, A dispensa da rogatória no atendimento de solicitações provenientes do exterior, *RePro* 126/115, ago. 2005, *Doutrinas Essenciais de Direito Internacional* vol. 4, p. 943, fev. 2012; CLÁUDIO FINKELSTEIN, Homologação de sentença estrangeira e execução de carta rogatória no Brasil, Revista de Direito Constitucional e Internacional 50/255, jan. 2005, Doutrinas Essenciais de Direito Internacional vol. 4, p. 1031, fev. 2012; FELIPE FRÖNER, Cooperação internacional na perspectiva da normatização projetada e da normatização internacional, *RePro* 215/281; JOÃO PAULO HECKER DA SILVA, Notas sobre a jurisprudência do STJ com relação à homologação de sentença judicial ou arbitral estrangeira, *RePro* 239/335; JOSÉ MARIA TESHEINER, Cooperação judicial internacional no novo Código de Processo Civil, *RePro* 234/331; RUBER DAVID KREILE, A sentença estrangeira e a rogatória no STJ, *RePro* 133/121.

OUTRAS OBRAS DOS AUTORES

Luiz Rodrigues Wambier

Anuário de produção intelectual 2010. Curitiba: Arruda Alvim Wambier, 2010 (coord. com Teresa Arruda Alvim Wambier e Evaristo Aragão Santos).

As novas fronteiras do direito processual. São Paulo: RCS, 2007 (em coautoria com Luiz Manoel Gomes Jr., Paulo José Freire Teotônio, Ronaldo Fenelon Santos Filho).

Breves comentários à 2ª Fase da Reforma do Código de Processo Civil. 2. ed. revista, atualizada e ampliada. São Paulo: RT, 2002 (em coautoria).

Breves comentários à nova sistemática processual civil – Emenda Constitucional 45/2004 (Reforma do Judiciário), Leis 10.444/2002, 10.358/2001 e 10.352/2001. 3. ed. São Paulo: Ed. RT, 2005 (em coautoria).

Breves comentários à nova sistemática processual civil 2. São Paulo: Ed. RT, 2006 (em coautoria).

Breves comentários à nova sistemática processual civil 3 – A nova sistemática da execução de título extrajudicial – Súmula vinculante – Repercussão geral no recurso extraordinário – Demonstração da divergência no recurso especial – Atos processuais por meios eletrônicos – Inventário, partilha, separação consensual e divórcio por via administrativa – Legitimidade da Defensoria Pública para a ação civil pública. São Paulo: Ed. RT, 2007 (em coautoria).

Constituição e processo. São Paulo: JusPodium, 2007 (em coautoria com Fredie Didier Jr. e Luiz Manoel Gomes Jr.).

Coleção Doutrinas Essenciais – Processo Civil. São Paulo: Ed. RT, 2011 (coord., com Teresa Arruda Alvim Wambier).

Curso avançado de processo civil – Execução. 16. ed. São Paulo: Ed. RT, 2015. vol. 2 (em coautoria com Eduardo Talamini).

Curso avançado de processo civil – Processo cautelar e procedimentos especiais. 14. ed. São Paulo: Ed. RT, 2015. vol. 3 (em coautoria com Eduardo Talamini).

Execução civil – Estudos em homenagem ao prof. Humberto Theodoro Júnior. São Paulo: Ed. RT, 2007 (coord., com Ernane Fidélis dos Santos, Nelson Nery Junior e Teresa Arruda Alvim Wambier).

Liquidação da sentença civil – Individual e coletiva. 5. ed. da obra *Sentença civil* – Liquidação e cumprimento. São Paulo: Ed. RT, 2013.

Liquidação do dano – Aspectos substanciais e processuais. Porto Alegre: Sérgio Fabris, 1988.

Novo Código de Processo Civil Comparado – Artigo por artigo. São Paulo: RT, 2015 (coord. com Teresa Arruda Alvim Wambier).

Novo CPC Urgente – Guia esquemático para conhecer o novo CPC. São Paulo: Ed. RT, 2016.

Pareceres. São Paulo: Ed. RT, 2012.

Reforma do Judiciário: primeiras reflexões sobre a EC 45/2004. São Paulo: Ed. RT, 2005 (coord., com Teresa Arruda Alvim Wambier, Luiz Manoel Gomes Jr., Octavio Campos Fischer e William Santos Ferreira).

Temas Essenciais do Novo CPC. São Paulo: Ed. RT, 2016.

Tutela jurisdicional das liberdades públicas. Curitiba: Juruá, 1991.

Tratado Jurisprudencial e Doutrinário – Direito Processual Civil. São Paulo: RT, 2013, 3 vols. (em coautoria com Teresa Arruda Alvim Wambier).

EDUARDO TALAMINI

Arbitragem e Poder Público. São Paulo: Saraiva, 2010 (coord. com Cesar A. G. Pereira).

Breves comentários ao Código de Processo Civil, São Paulo: RT, 2015 (coord. com Teresa A. Alvim Wambier e Fredie Didier Jr.).

Coisa julgada e sua revisão. São Paulo: Ed. RT, 2005.

Curso avançado de processo civil – Execução. 15. ed. São Paulo: Ed. RT, 2015. vol. 2 (em coautoria com Luiz Rodrigues Wambier).

Curso avançado de processo civil – Processo cautelar e procedimentos especiais. 14. ed. São Paulo: Ed. RT, 2015. vol. 3 (em coautoria com Luiz Rodrigues Wambier).

Direito processual concretizado. Belo Horizonte: Fórum, 2010.

Parcerias público-privadas – Um enfoque multidisciplinar. São Paulo: Ed. RT, 2005 (coord. com Mônica S. Justen).

Processo e Administração Pública. Salvador: JusPodivm, 2016 (coord.).

Tutela monitória – A ação monitória: Lei 9.079/95. 2. ed. São Paulo: Ed. RT, 2001.

Tutela relativa aos deveres de fazer e não fazer – E sua extensão aos deveres de entrega de coisa (CPC, arts. 461 e 461-A; CDC, art. 84). 2. ed. São Paulo: Ed. RT, 2003.

Diagramação eletrônica:
WK Editoração Gráfica Ltda., CNPJ 13.342.196/0001-44.
Impressão e encadernação:
RR Donnelley Moore Editora e Gráfica Brasil Ltda., CNPJ 62.004.395/0026-06.

A.S. L9229